汉语副词研究论集

第五辑

顾　问／张谊生

主　编／邵洪亮

副主编／朱建军　宗守云

上海三联书店

目　录

试析现代汉语摹状副词
"可劲"与"死劲"的异同[*]
——兼论习语化"可劲儿造"的特征与功用

张谊生(上海师范大学)

0. 前言

0.1 《现代汉语词典》(第7版)、《现代汉语规范词典》(第3版)都只收录"死劲",没收录"可劲"[①];《汉语大词典》收录了"可劲",解释为"犹言'死劲'"。列举周立波《暴风骤雨》第二部十五:"老初也暴跳起来,大嗓门可劲地叫道:'把她捆起来,这老反动派!'"另外,"百度百科"对"可劲"的解释也是"犹言死劲",都认为二者是同义副词[②]。例如:

(1) 现在的男人都下贱,只要多少给一点便宜,他都死劲儿帮人家小姑娘。(刘震云《官人》)

(2) 野梅心疼陈晶玲,难得有机会帮一下忙,自然就可劲儿帮

* 本文初稿曾在第五届"汉语副词研究学术研讨会"(上海外国语大学 2019.11.15—17)上报告。根据董正存、杨德峰、唐正大等诸位先生的修改意见,本稿作了全面、系统的修改。本文是国家社科基金"汉语副词再演化的模式与功用、动因与机制的系统性研究"(20BYY153)、国家社科基金(15BYY131)"程度副词的生成、演化及其当代功能扩展的新趋势研究"的阶段性成果。

她管娃了。(陌陌依兰《婚不将就》)

0.2　那么,作为一对同义描摹性副词,"可劲"和"死劲"在性质特征、句法功能、表达功效各个方面,到底具有哪些内在相似性、哪些细微差异点呢? 问题是,迄今为止有关"可劲、死劲"的摹状用法、发展趋势以及功用差异等研究成果,居然一项也没有出现过。本文感兴趣的是:主要表示"努力地、拼命地、竭尽全力地"的"可劲、死劲"在句法功能、搭配方式、表达功效、语用倾向、发展趋势等方面,究竟有哪些细微而又重要的异同呢?

0.3　据此,本文将从三个方面对"可劲"和"死劲"的性质与特征、功能与用法、演化与发展以及兼类情况等,进行多角度的考察与分析。首先描写与辨析"可劲"和"死劲"的摹状功用、用法特点。然后分析与比较"可劲"和"死劲"的表达功效、语用特色。最后分析与揭示"可劲"的搭配选择、演化趋势,并且揭示"可劲儿造"的习语化倾向及其特定的表达功用,进而探讨与分析"死劲"的名、副兼类情况。

0.4　本文例句主要引自于北大语料库与人民网,全部注明出处(长句略有删节)。为了便于行文,对于儿化与非儿化的"可劲、死劲",文中统一用"可劲、死劲"来表述③。

1. 表义的侧重与特色

1.0　作为两个同义的摹状副词,"可劲"与"死劲"的基本语义相当接近,但是在表义倾向、语体特色与语用倾向三个方面都存在一系列细微而重要的差异。

1.1　**表义倾向:情态化与摹状化**。虽然都是表示"竭力地",但"可劲"还可以表示"尽情地、大胆地、随意地"乃至"在情绪激动或兴奋的状态下不受拘束与限制地"。例如:

(3) 不作死就不会死,某些演艺名人可劲作,一个很重要的原

因是德行少,钱太多。(《明星"嫖娼吸毒作死"因"缺德钱多"?》人民网 2014 - 09 - 16)

(4) 根本不懂鹅蛋脸、圆脸、瓜子脸各自的美,一味追求脸小,结果是不适合自己,又一堆后遗症,于是,其实是<u>可劲把自己往残了整去</u>了。(《中韩女星痴迷整容　术后容貌难以辨识》人民网 2015 - 08 - 31)

副词"死劲"一般都表示"竭尽全力地、非常努力地、拼了命地"摹状表达功用。例如:

(5) "当时我只看到河里有一抹红,知道那是个孩子,一旦沉下去,孩子就没了!"陈冬宝一下河,就拼命地游到落水者身边,将她<u>死劲地向上托起</u>。(《"昆山好人"又现美好一瞬》人民网 2013 - 01 - 14)

(6) 敲了半天门也无人应答,推门觉得里面有阻力,他觉得不对劲,<u>死劲地将门推开</u>后,发现门是被胶带封住了。(《青年男女出租屋内烧炭自尽　附近曾有类似案件》人民网 2015 - 01 - 03)

而且,虽然同样都是充当各种描摹性状语,但细究起来可以发现,"可劲 VP"主要强调各种行为的特定状况,而"死劲 VP"更侧重描摹各种行为的具体方式。试比较:

(7) 如今,中生代电视剧导演的"自救"终于可以在自家地盘上<u>可劲撒野</u>,如能重夺行业话语权,重树行业标杆,乐见其成。(杨文杰《延长艺术生命从不当"皇帝"开始》人民网 2015 -04 - 27)

(8) 民间操办的各种活动热度不减,踩高跷、锣鼓队、德州跑驴到处耍,在人声鼎沸的庙会上,成千上万的男女老少<u>可劲地吃</u>,可劲地糟,大把花钱,尽情赏灯,对大多数人来说,过元宵节要的就是这个气氛和心情。(《闹元宵千万要绷紧安全弦》人民网 2014 - 02 - 14)

(9) 司机突然跳下车,<u>死劲</u>抓着我男朋友的衣领,还要我们赶
　　紧付车费、当场给五星好评,不给不准走,我当然是拒绝
　　了。(《司机边开车边玩手机　听说不给五星拿砖头砸
　　人》人民网 2006 - 01 - 01)

(10) 作为市民投资者,希望有一个理想的投资渠道,有稳定
　　的网络理财监管环境,获得较高的投资回报,都是正常
　　的,但当政策和监管还不能如愿时,须增强自我控制力,
　　<u>死劲</u>捂住自己的口袋,走好投资理财的每一步,是非常
　　必要的。(《网络理财须抬头看天低头看地》《燕赵晚报》
　　2016 - 11 - 30)

由此可见,"可劲"与"死劲"在表达的语义方面,确实存在着一些
各自不同的侧重点。

1.2　语体色彩:方言体与口语体。虽然都是表示词汇意义
的描摹性副词,但是由于"可劲"是一个典型的东北方言口语词,
其北方方言特色无疑是相当明显的。试比较:

(11) 乘客东北口音,你就<u>可劲儿</u>忽悠吧,我没吃过猪肉还没
　　见过猪跑,没吃过鱼翅泡饭还没吃过猪肉炖粉条,我中
　　学地理那可是缸缸的 100 分,那十万大山不是有十万座
　　大山,名儿叫十万大山,而且那是在广西,飞机现在在云
　　南,你能把十万大山搬过来啊。(李承鹏《寻人启事》)

(12) 可怎么也是在国内的学校啊,该遵守的纪律还是要遵守
　　的,而且家里再有钱也不会让你这么<u>可劲</u>躁吧!(《〈小
　　时代〉也敢称时装剧? 大牌堆砌不是真奢华》人民网
　　2015 - 07 - 17)

而"死劲"有时虽然也带有一定的口语特色,但一般不会带任何明
显的方言色彩。例如:

(13) 面对减收,怎么办? 一个基层干部谈今年工作体会时对
　　记者说,"搞,<u>死劲</u>搞,只要不发疯。"(《多地突击征税愈

演愈烈　江苏主动推出税收优惠》人民网 2012 - 09 -
　　10)

(14) 陈先生为了不错过这班电梯,还是<u>死劲往里挤</u>,最终陈
　　先生电梯坐上了,但从电梯里出来后,却发现自己钱包
　　没了。(《常州医院俩月被盗 45 次　江苏省公安厅发布
　　就医防盗警示》人民网 2015 - 01 - 04)

当然,"可劲"的方言色彩也只是相对的,毕竟现在已是个普通话
摹状副词了,而"死劲"虽然是个较正规的摹状副词,但在一定的
语境中也还是具有一定口语色彩的。试比较:

(15) 很快,她听不进去公诉人的提问,也不容许公诉人打断,
　　只是反复说丈夫家暴的事:"他小二也打,见小三也<u>可劲</u>
　　<u>打</u>,三个孩子都打,往死了打。"(《患精神病女子勒死家
　　暴丈夫受审　称"保护孩子没错"》人民网 2013 - 11 -
　　17)

(16) 还是因为总能搞到科研经费、<u>可劲使唤学生</u>而"老板味"
　　十足? 抑或是像"泰斗"般接受众人的"顶礼膜拜"?
　　(《兰州石化与地方政府"互喷"的弦外之音》人民网
　　2015 - 01 - 12)

(17) 众人从车底拉起了一位大妈,大妈却突然挣脱,像泥鳅
　　样往车底<u>死劲钻</u>,边钻边骂。(《碰瓷大妈演技浮夸:离
　　车七八米慢条斯理趴下》人民网 2015 - 12 - 11)

(18) 张教导员拿着钱追了出去,老大娘见状<u>死劲推脱</u>:"你们
　　给我们打井都不收一分钱,吃我们几块雪糕总可以吧!
　　吃! 吃! 没关系。"(《点点滴滴总关情》人民网 2011 -
　　08)

总体而言"可劲"的方言色彩、口语特色的倾向性,肯定都比"死
劲"强得多。

1.3　表义侧重。强调式与凸显式。从搭配"VP"的语用选

择倾向看，"可劲"更强调"不管不顾、一个劲儿地"，而"死劲"则更凸显"竭尽全力、简直拼了命地"。试比较：

(19) 阿里在 O2O 上的布局一直在小心摸索，这也符合阿里的鸡血风格，开始干了就高呼战号，<u>可劲折腾</u>，阵地上插满小红旗。（《O2O：BAT 的第二次移动互联大战》人民网 2014 - 01 - 22）

(20) 为拼选举，台当局近来不断炒作两岸议题，一边阻挠两岸交流，一边还要往自己脸上贴金扮正义装高大，<u>可劲自嗨</u>。（《民进党"歹戏拖棚"　难挡两岸交流》《人民日报》2019 - 07 -09）

(21) 3 岁小孩被母亲抱出，小孩<u>死劲搂着母亲的脖子</u>，朱家银立即上前抱出小孩，随后他又从这条通道中成功救出 5 人。（《宜宾公交燃烧嫌疑人女友称其曾患有精神分裂》人民网 2014 - 05 - 14）

(22) "太可怕了，他<u>死劲咬着我的大拇指</u>，还扯着我的头发往墙上撞。"她趁机高声呼救，两分钟后邻居开门查看，她便马上躲入邻居客厅内。（《男子尾随取款女子楼道抢劫被人擒获》人民网 2013 - 02 - 05）

很显然，"折腾""自嗨"都是缺乏理性、不管不顾的行为与状态，而"咬""钻研"则都是需要竭尽全力或者认真努力地做才能达到或完成的行为与做法。再比如：

(23) 形式、题材、内容，都不重要，重要的是，得<u>可劲折腾</u>，用力捣鼓，总之，一定要生活得尽可能地"多"。就像他在《老炮儿》中的那个角色，明知道时代已经变了，规则也变了，却还是要披挂上阵，总之，一定要生活得尽可能地"多"。（《冯小刚封金马影帝：生活才是最大的电影》《西宁晚报》2015 - 11 - 23）

(24)《盲探》中，华仔和郑秀文<u>可劲要宝</u>，影片虽然有黑暗的情节,但总体上轻松搞笑;而《太极侠》则是一部武学电影,不仅有激烈的打斗,里维斯扮演的"超帅反派"更成为全片最大亮点。(《"小时代"后劲不足排片被超　单日票房不到 2500 万》人民网 2013－07－05)

(25) 我再也睡不着了,我听到表姐在下铺死劲地磨牙,好像对谁恨得咬牙切齿似的。我想,人真是会伪装自己啊,即使是在一起生活了几十年,不也仍然像陌生人一样么?(残雪《残雪自选集》)

(26) 江女士经过匿名电话所指小区某家店时,恰遇胡女士在店内,江女士觉得胡女士与匿名电话中描述的"小三"各方面都很吻合,遂冲上前去,朝胡女士脸部死劲抓挠。(《南昌一女子将路人当"小三"教训　道歉赔偿近万元》《南昌晚报》2014－11－13)

总之,由于构词理据与形成条件的不同,"可劲"与"死劲"具有各自的语义侧重与特色。

2. 语义的重心与倾向

2.0　就两词的语义重心来看,"可劲"与"死劲"在语义内涵的理性度高低、搭配选择的特配型多少、语用倾向的主观性强弱三个方面,都存在显著的区别。

2.1　语义内涵:理性度的高低。比较而言,"可劲"的语义内涵相对比较模糊,"死劲"则相对比较清楚,所以,有些"可劲 VP"的行为、状况,具有相对的非理性特征。例如:

(27) 从项目上的酒局与饭桌,到差旅中的行程与住宿;从前期承揽时的察言观色与可劲忽悠,到中期执行时的咬文嚼字与反复打磨,直至后期销售时的周密筹划与反复路演。(《中国投行的传言与真相》人民网 2013－11－06)

(28) 有研究称,小行星对地球的这一击,使地球表面又是大火,又是海啸,又是降温,同时天降酸雨,大地一片昏暗。不用说,由撞击而引发的火山爆发和地震,肯定也会跟着一同出来<u>可劲地闹腾</u>。(《民间人士找小行星也有收获》人民网 2013 - 06 - 20)

而绝大多数"死劲 VP"表示的行为、状况,都要"竭力地"去做,都是比较理性的。例如:

(29) 记者正在走访时,正好看到一名中年妇女在张贴小广告,她麻利地将已张贴在公话亭上的其他收驾照分小广告撕掉,从自己手中拿着的一叠广告纸中,抽出一张贴上,<u>死劲按压</u>好。(《收驾照分小广告频现高校校园》人民网 2013 - 10 - 03)

(30) 但因为有了去伦敦的"想法",想赢怕输。扣球凶狠的陈平、仲为君都不敢<u>死劲扣球</u>了,而是一味地吊球、轻拍。(《中国男排突然崩溃事出有因 赛前已出现输球征兆》人民网 2012 - 06 - 06)

而且,即使都是修饰一般性的行为、动作、状态,"可劲"的理性度也相对低一些。例如④:

(31) 近日,央视知名男主播微博晒出一张与林妙可的自拍照,留言称"碰到了小可爱林妙可,小时候录像见着我<u>可劲聊天</u>!(《林妙可淡妆与央视男主播自拍 被赞"小可爱"》人民网 2015 - 03 - 04)

(32) 五一劳动节,回家之后自然也不能闲着。到了春暖花开的时节,农家小院里的杂草在菜园里<u>可劲儿的疯长</u>,有的开出名不见经传的小花,或黄或粉,竟也媚态百般。(杨百林《农活》)

而"死劲 VP"所表示的具体现象,大多是各种具体的具有相对理性的行为与动作。例如:

(33) 情况三：被困车中时应对，爬到司机位**死劲按喇叭**。据
　　了解，有的车子在熄火后，按喇叭也会响，只要有一丝希
　　望，都不要错过。(《校车事故接连上演　家长必须告诉
　　孩子的自救常识》人民网 2011-12-16)

(34) 我离开办公室那天，**死劲攥着他的手**与他握手道别，我
　　一定会记得他给我的教训，只要还在这个公司里，我还
　　是有机会再翻身的。(北库　当代网络语料　网页
　　C000022)

由此可见，"可劲"与"死劲"的语义积淀导致两词在使用中呈现出
各自不同的语义内涵。

2.2　搭配选择：特配型的多少。由于"可劲"经常在口语中
频繁使用，所以"可劲 VP"连用的频率也比"死劲 VP"高得多，包
括与其他"X 劲 VP"的连用、配合。例如：

(35) 但民间操办的各种活动热度不减，踩高跷、锣鼓队、德州
　　跑驴到处耍，在人声鼎沸的庙会上，成千上万的男女老
　　少**可劲地吃，可劲地糟**，大把花钱，尽情赏灯，对大多数
　　人来说，过元宵节要的就是这个气氛和心情。(《闹元宵
　　千万要绷紧安全弦》人民网 2014-02-14)

(36) 在玩的时候，解开了束缚，如倦鸟出笼、困兽归山，**可劲
　　儿疯、使劲儿闹**吧，容易"放飞自我"，放松和放纵，有时
　　候就差一线，不可不慎啊。(《旅游放松别放纵》《人民日
　　报》2018-07-25)

而与"死劲 VP"配合连用的，常常是一些具有［＋竭力］［＋努力］
义素的副词、谓词。例如：

(37) 回忆起当时的紧张场景，他激动地说。"当时我只看到
　　河里有一抹红，知道那是个孩子，一旦沉下去，孩子就没
　　了!"陈冬宝一下河，就拼命地游到落水者身边，**死劲地
　　将她向上托起**。(《"昆山好人"又现美好一瞬》人民网

2013-01-14)

(38) 他定了定神,伸出蒲扇般的大手,一抹脸,猛的吐出几口
海水,<u>死劲跺了几脚</u>,他觉着脚下的钢板结结实实,他又
<u>用力搯了一下</u>大腿根,生疼。(《海子的梦》人民网
2014-02-24)

此外,"可劲儿+单音节谓词"的特定用法远比"死劲儿+单音节
谓词"的搭配组合多得多,比如"可劲儿骚、可劲儿浪、可劲儿作、
可劲儿闹、可劲儿躁"等,都很常见⑤。例如:

(39) 小岳岳唱歌唱的正来劲,郭德纲和于谦<u>可劲儿骚</u>:哈
哈,忘词了吧?(《一款能赚流量的视频 客户端快来围
观》凤凰网2018-06-08)

(40) 昨天发工资,<u>可劲儿浪</u>啊,和朋友去买买买之后就是胡
吃海喝,话说现在的龙虾真是很嫩呢,正是开吃的大好
时候,我有吃海鲜不过敏的体质,哈哈。《完了,熬夜黑
眼圈都出来了》百度快照2019-07-28)

(41) 小蒋随想:不作死就不会死,但有些款爷,就是要<u>可劲
儿作</u>,在自己作死的时候还以炫富而沾沾自喜;在旁人
对轰鸣噪音与巨大安全隐患嗤之以鼻时,却觉得这是
"速度与激情"。(《京城豪车狂飙案,有钱就作死》人民
网2015-04-13)

(42) "走走走,你们别在我家!"说着她就推我们走。老公噌
的一下就站起来了,拉着我和我妈说"老婆,咱们走,让
她一个人在家里<u>可劲儿闹</u>吧!"(《一只孤独的灵魂》百度
快照2017-12-29)

当然,"可劲儿+单音节谓词"用频最高的自然是"可劲儿造",现
在已基本凝固成了惯用语(第三节有专门论述),而"死劲"迄今为
止很少修饰单音节谓词,更谈不上高频共现。

2.3　语用倾向:主观性的强弱。"可劲"和"死劲"都具有一

定的主观倾向,但是"可劲"的主观性要比"死劲"强得多,即使修饰同一个"VP",差异性也相当明显。例如:

(43) 这年头,不把手机的存储空间填得严严实实,都不好意思说自己是智能手机,你就<u>可劲</u>装吧!(《手机助手又出大招:"你就装吧"话题走红网络》人民网 2014-04-21)

(44) 所以我们有了第一版品牌口号:"个性主题,<u>死劲</u>装!"但随后我们发现这句极具煽动性的流行语并没有凸显个性主题的核心特点——明星!(《音乐业界首创大咖装最时尚的 IT 设计师养成记》中华网 2015-08-14)

很显然,正是由于语体特色等原因,"可劲"的主观性比"死劲"要明显强一些。试比较:

(45) 真情、实干迸发出了足够的能量,老百姓坦言,"冷书记从早忙到晚,看她这样,我们也都很振奋,跟着她<u>可劲儿干</u>!"(《用心扶贫贵在"真"》《人民日报》2019-04-08)

(46) 有了切入点,布好了兵将,粮草充足,接下来就是撸起袖子,<u>死劲干</u>!认真且真诚地对待项目,绝不苟同的创想,加之精良团队的加持。(《恒茂,开启南昌未来生活 3.0 时代》骄阳科技 2017-12-13)

(47) 车晓透露,孙红雷非常好脾气,拍之前还特别嘱咐车晓"别有顾忌,别收着,<u>可劲儿打</u>,扛得住。"(《〈好先生〉画面质感被赞大片　首播零差评横扫台网》中国青年网 2016-06-01)

(48) 我是做保安上班时间被客人打了,就是为了停车位发生了争执,然后客人四五个围着我<u>死劲打</u>,我现在怎么办啊,是打官司还是私了比较好?(《为了停车位发生了争执》百度快照 2017-11-29)

而且,下面这类表述中"可劲",如果换"死劲"就显得很不自然,接受度不高。例如:

(49) 月薪三万元的人<u>可劲</u>(? 死劲)花钱后哭穷,难道不是另一种嘚瑟? 它难以引发社会同情,招致口水是自找。(《民间救援成绩斐然,政府该做点啥?》人民网 2017 - 07 - 28)

(50) 用不了几天就要到五一假期,盼星星盼月亮,终于到了我们<u>可劲儿</u>(? 死劲)浪起来的好日子。(《五一假期来袭 拿着这些潮物一起闯天下》新浪网 2018 - 04 - 25)

总之,正因为语义内涵、搭配选择和语用倾向三个方面都存在一定的差异,所以,"可劲"和"死劲"在理性度的高低、特配型的多少、主观性的强弱等,都有比较明显的区别。

3. 演化的趋势与特点

3.0　从这两个副词的演化趋势看,在功用拓展、习惯用法、功能兼类三方面都各有特点。

3.1　拓展的摹状功用。"可劲"搭配功能不断拓展主要有两个方面:首先,在一定语境中,"可劲"还可以修饰发话人自己不认可的消极性"VP","死劲"这类用例很少。例如:

(51) 心态失衡带来的问题是,要么令一些人在工作中消极懈怠,要么使一些人转向跑官、要官、买官,甚至还有一些人升官无望、<u>可劲捞钱</u>。(《官员"三年不升之痒"会产生哪些躁动折腾》人民网 2012 - 03 - 14)

(52) 不要迷信自己开的是好车就<u>可劲超速</u>,看看各种事故报告吧,无论是宝马还是保时捷甚至是号称最安全的沃尔沃都有因为高速超速导致严重事故的案例。(《为更安全的出行 "十一"用车开车技巧汇总》人民网 2012 - 09 - 24)

(53) 去年11月,"海燕"台风吹断了海底电缆,岛上连续停电数月,天气异常闷热、蚊虫也<u>可劲</u>地叮咬,更有时连续三四天停水。(《海南三亚西岛边防派出所:玳瑁岛上的守岛兵》人民网 2014 - 05 - 23)

(54) 对于这场口水战,宋丹丹身边工作人员"艳子姐姐"昨日在微博上回应说:"我们家丹丹姐今天估计闲家里,没拍戏吧,这<u>可劲</u>给别人做嫁衣了。"(《宋丹丹获封"微博女侠"》人民网 2011 - 09 - 03)

其次,现在"可劲"已经可以直接修饰一些基本上都是[-可控][-自主]语义特征的"VP",而"死劲"通常不能这样用,在所调查的语料中,一例也没出现过。试比较:

(55) 看着人家大狗和孩子们在草地上打滚,自己<u>可劲</u>(? 死劲)地流口水。我被狗害过,可以去找那个狗主质问责任,但我不能恨所有的狗,那会让我的仇恨莫名,让我自己无法得到宽恕。我们不能妥善处理与动物与自然的关系,我们会遭报应的。(《乐嘉的美好生活》人民网 2013 - 01 - 16)

(56) 我觉得好笑,本是一夜情的节目,竟不想衍生出了爱情,可终究没有笑得出来,泪水<u>可劲</u>(? 死劲)地淌。(《女人口述:伪装处女　多少男人被女人蒙过》人民网 2011 - 08 - 06)

(57) "你看,火就这么<u>可劲</u>(? 死劲)烧,还到不了20度,等天好点我还得再拉半车煤。"国强师傅披上厚厚的大衣对记者说,电视上都说全球变暖,怎么越来越冷了,要真暖了也不错,省煤就是省钱啊。(《中国聚焦:"极寒"天气笼罩中国》人民网 2012 - 02 - 07)

(58) 小鹅儿这阵子正托陈老师的福在<u>可劲儿</u>(? 死劲)蹿红,电影电视剧的片约不断,每次幽会,都能给陈老师带来一些影视快讯。(徐坤《热狗》新浪博客 2007 - 08 - 03)

很显然,这两方面的搭配对象的扩展性功用,都是副词"死劲"还不完全具备的⑥。

3.2　特定的习惯用语。当代口语里,"可劲儿造"在不断频繁使用过程中,尤其东北口语中已具有明显的习语化趋势;可以表示"不加限制地吃、用、花"等各种语义。例如:

(59) 从大年三十开始就放开肚皮<u>可劲儿"造"</u>,平时填满玉米面的肚子撑得溜圆,结果消化不良直跑厕所。(《人民日报》北库 1994 年第一季度)

(60) 现在生活好了,节假多了,年味似乎淡了,不再像过去那样攒一年的劲就等过年时狠劲造:好吃的,大鱼大肉地<u>可劲儿造</u>;带响的,鞭炮可劲放;宣泄着一年的辛劳,传达着生活的富足。(《赶回家吃团圆饭越来越重要了》人民网 2013 - 02 - 04)

(61) 过度指的是与平时相比过度饱餐或高脂饮食、大量吸烟、大量饮酒、夜间过度娱乐等。相当于大家说的胡吃海喝<u>可劲儿造</u>;通宵搓麻将玩得嗨。(《5 种坏习惯最伤血管　7 个症状说明你的血管堵了》人民网 2017 - 08 - 30)

(62) 早一会儿不干,非得等到上冻了挖沟,村里的道路去年刚修完,这又得挖了,反正国家有的是钱,<u>可劲儿造</u>呗!(《大冬天的改造下水道》顺义在线 2018 - 12 - 19)

"可劲儿造"还可以表示略带调侃的"浪费、损坏,随便捣乱、随意糟蹋"等意思。例如:

(63) a. 俺们东北这疙瘩的没啥好吃的,猪肉炖粉条<u>可劲儿造</u>。

b. 这鞋你就穿吧,<u>可劲儿造</u>都能穿上个十年八年的。

c. 刚换的衣服,你别<u>可劲儿造</u>。

d. 这帮孩子到了我家,一点也不客气,<u>可劲儿造</u>,快把

我家给造翻天了。(《"可劲儿造"什么意思?》百度知

道2018-03-25)

(64) "哎,你们说,"南希转睛一想,笑了,"如果我不管你们那

么许多,唱歌的可劲儿造,弹钢琴的爱谁谁——你们也

没办法吧?"(王朔《谁比谁傻多少》)

(65) 公用的东西,就可劲儿造? 网友发布的微博上,曝光了

9张在科技馆内的不文明行为,包括被小朋友踢坏的时

空隧道、贴着强力胶仍被扣下来的鼠标、标注着只有孩

子才能体验却有"壮汉叔叔"在玩的仪器、孩子直接坐在

展品上。(《公共科技馆载不动许多"修"》人民网2013-

11-08)

(66) 据《新民晚报》报道,由于今夏气候炎热,有个别居民竟

用水浇屋顶来达到降温的目的……问及那些可劲儿

"造"水者,他们的回答令人啼笑皆非:我们没感到水危

机呀,即使危机爆发,反正倒霉又不是我们一两个人!

(《人民日报》北库1998年)

很显然,"可劲儿造"现在已经基本凝固、定型了,完全具备了口头

性习惯用语的特点了。

3.3 存留的兼类功用。就两词的基本句法功能而言,"可

劲"从成词开始,就是个只能充当状语的摹状副词,而"死劲"成词

之初到现在都还保留着充当宾语的名词功能。例如:

(67) 当地村民表示,前段时间由于持续干旱,到化工厂排队

买水的拖拉机都排起了长队,多的时候,那车百八十辆

在那排着队,引出这苗上都浇上了,真费死劲了。(《村

民靠拖拉机拉水》人民网2015-07-31)

(68) 他也是人,不是神,人就有自己的脾气。他对我也开骂:

你想跟我较死劲是不是? 你非常了解他,他也不一定有

恶意。(《如果大导控制不住情绪,就让他骂吧》人民网

2014-01-28)

(69) 她告诉记者,张文君当年是班长,把班级工作打理得井井有条。张文君不是"小聪明",而是"大智慧"。"她从不花死劲,而是有的放矢,抓住问题的要害。"(《斯隆奖得主张文君:当年昆山中学有名的才女》2016-03-04)

(70) 姚明是第一节双方战成4平时,在球迷的欢呼声中现身场上的,他由于脚趾伤还没有彻底恢复,无论在起跳还是跑动的时候,明显有所顾忌,不大敢"发死劲"。(《新闻报道》北库　新华社2004年7月份)

其中的"费死劲、较死劲"现在大都充当谓语,也已有搭配习用化的趋势。当然,相当一些"V死劲"既可以充当谓语,也可以直接充当状语。例如:

(71) 吉子用死劲几下才将郑绍畋推下来,郑绍畋指着芳子笑道:"全是这小妮子。"(不肖生《留东外史续集》第67章)

(72) 万里见他濒临疯狂状态,不得不拼死劲把他按住,大声喝道:"柯起轩,你给我冷静下来! 你也不想想,人家对女儿都不惜死谏,若是见到你,那还有不拼命的吗?"(琼瑶《鬼丈夫》)

尤其是"下死劲",现在也已趋向习语化了,经常整个短语一起做状语,用频颇高。例如:

(73) 凤姐听了,下死劲啐了一口,骂道:"你们这一起没良心的混帐忘八崽子! 都是一条藤儿,打量我不知道呢。先去给我把兴儿那个忘八崽子叫了来,你也不许走。"(《红楼梦》第76回)

(74) 杨金龙成为杭州技师学院学生,他选择了汽车钣金与涂装专业,这个默默无闻的杨金龙,从不多话,但又很倔,有什么技能掌握不了,就下死劲钻研。(《金牌技工如何

炼成》人民网 2015 - 09 - 07)

总之,"可劲"和"死劲"这两个词,成词的理据与条件不同,发展趋势与方向也各有特点。

4. 结语与余论

4.1　综上所述,"可劲"与"死劲"的区别与差异可以归纳如下:首先,就表义的侧重与特色而言,主要包括情态化与摹状化的表义倾向、方言体与口语体的语体色彩、强调式与凸显式的表义侧重等三个方面。其次,就语义的重心与倾向而言,主要包括理性度高低的语义内涵、特配型多少的搭配选择、主观性的强弱的语用倾向等三个方面。最后,就演化的趋势与特点而言,主要涉及拓展的摹状功用、特定的习惯用语、存留的兼类功用等三个方面。

4.2　如果进一步拓展视野,可以发现,虽然《现代汉语词典》(第 7 版)、《现代汉语规范词典》(第 3 版)都还分别收录了"使劲、加劲、下劲、用劲"与"铆劲",但都只标为动词。其实,"使劲、加劲、下劲、用劲"现在也都已经基本副词化了,都成了动词兼摹状副词了⑦。例如:

(75) 而在玩的时候,解开了束缚,如倦鸟出笼、困兽归山,<u>可劲儿</u>疯、<u>使劲儿</u>闹吧,容易"放飞自我",放松和放纵,有时候就差一线,不可不慎啊。(原韬雄《迪士尼人偶演员被打头:警惕恶作剧心态》)

(76) "冯桂珍!上次你差点害死人,政府宽大了你,要你好好劳动,老实守法;这次你又<u>加劲</u>捣乱,算是罪有应得!"指导员做了决定。(冯德英《迎春花》)

(77) 哪怕一天喝一顿稀糊涂,没有糊涂喝挖草根充饥,我姓袁的也要跟着你<u>下劲儿</u>练兵,整饬军纪!(姚雪垠《李自

成》)

(78) 据说有一天,他看到一个老奶奶把一根胳膊般粗的铁杵在磨石上用劲地磨,说是要把它磨成针。李白大吃一惊:"这么粗的铁棍,何年何月才能磨成针呢?"(北库《中国儿童百科全书》)

不过,作为一个离合动词,当代汉语中"铆劲"的副词化,迄今还没完成。

进一步调查可以发现,现代汉语中偏正式"X 劲"类词,除了"死劲"外,可以充当宾语,也可以直接做状语的,还有"狠劲、巧劲"。例如:

(79) 今年以来,江口县横下一条心下狠劲,纠作风,更加注重作风问题的查处,始终保持严查高压态势,不断巩固作风建设成果。(《江口下狠劲重拳抓作风》铜仁监察网2015-03-18)

(80) 从立案执行到交付欠款,高区法院执行干警下巧劲、出硬招,仅仅用两个月就啃下了这块"硬骨头",这一仗打得可谓是既精彩又圆满。(《高等法院:下巧劲　出硬招　执行和解促和谐》山东法院网2017-03-03)

(81) 为攻破这一难题,吉阳区狠劲抓落实、巧劲提速度,合力攻坚,推进坟墓搬迁工作。(《东岸湿地公园项目内234座坟墓全部迁移》三亚新闻网2016-08-26)

(82) 巧劲干活保进度。4 月 14 日,组装车间接到在 C70H 敞车中侧门手把支座上增加捆绑孔工厂第 225 号工艺通知,有分散在工厂的各股道上的 104 辆车需要补钻捆绑孔。(《周喜明巧劲干活保进度》新浪博客2012-11-23)

可见,"狠劲、巧劲"除了可以充当宾语外,现在也可以直接充当状语了。

至于"来劲、起劲"两词,两本词典均标为形容词,其实"起劲"现在也已经副词化,而"来劲"则是形容词兼动词。例如:

(83) 俺统一了建州女真,你们<u>起劲地反对</u>,拼命地要扼杀俺。可你们自己,却去跪倒在异族统治者脚下,并勾搂他们来杀害自己本民族的同胞。(李文澄《努尔哈赤》)

(84) 你说干吗呀你说,瞧你那操行逼着我把你扔猴山里是不是?哥们儿这儿有一人跟咱们来劲,打不打丫的。""算了算了,别把人打坏了还得咱掏钱再把他修好。"(王朔《玩儿的就是心跳》)

问题是:表示"用力、着力"的"使劲、加劲、用劲、下劲"现在都已副词化了,那为什么"铆劲"还是离合动词呢?而这前四个副词之间又存在哪些细微的区别呢?还有,与"死劲"相近的"狠劲",其副词化的历程为什么也还在发展中而没能完成?此外,表示"获力、得力"的"来劲、起劲"都已转化为形容词了,那为什么"来劲"还兼着动词,而"起劲"却副词化了呢?看来,这一系列问题,都还有待进一步展开深入、细致的研究⑧。

附注

① 《现代汉语词典》(第7版)《现代汉语规范词典》(第3版)都收录了"死劲"一词,均标为名词和副词,但是没有收录副词"可劲"。

② 值得注意的是,现代汉语中的各个"X劲",在口语中发音基本上都是儿化的,但书面上有时些写成"X劲儿",有些写成"X劲"。为了便于行文,本文一律写作"X劲",但例句按照原文的写法。

③ 不过,对于所引例句原文中的"可劲儿""死劲儿",一律不改,都照原文引用。

④ 关于汉语副词状语后加助词"的"现象,可以参看(张谊生2012)的相关研究。

⑤ 值得注意的是,凡是修饰单音节词的"可劲儿",不管在口语中还是书面上,都必须显示儿化的。

⑥ 上面例(58)中"这<u>可劲</u>给别人做嫁衣了"的"可劲",也可以分析为两个副

词"可＋劲"。《现代汉语词典》(第 7 版)对"可"义项(6)的解释是:〈方〉可着,可劲儿吃,疼得他可劲儿打滚儿。"百度百科"对"劲"的解释是:尽,满:可劲儿干,表示"情绪高、劲头大、效果好"。不过有关"劲 jin"和"劲 jing"的副词化现象,迄今还没有任何研究成果,当然也没有得到学界的普遍认可。

⑦ 关于动词"使劲"副词化现象,可以参看李宗江(2014)。

⑧ 毫无疑问,相关的语言现象,完全可以写成系列论文,或者特定的硕士、博士论文(杨一飞 2007)(刘琉 2011)(李铁范 2015)。

参考文献

陈一   1989   试论专职的动词前加词,《中国语文》第 1 期。

董秀芳   2007   词汇化与话语标记的形成,《世界汉语教学》第 1 期。

李铁范   2015   方式词修饰动词的语义关系类型,《淮北师范大学学报》第 1 期。

李铁范   2015   《现代汉语方式词的认知功能研究》,上海师范大学博士学位论文。

李宗江   2014   "使劲":由动词向副词的语法化,《通化师范学院学报》第 3 期。

刘琉   2011   《现代汉语情状副词研究》,上海师范大学博士学位论文。

杨一飞   2007   《现代汉语实副词研究》,上海师范大学硕士学位论文。

杨一飞   2010   浅谈实副词的形成,《语言科学》第 1 期。

张谊生   2008   当代汉语摹状格式探微,《语言科学》第 2 期。

张谊生   2011   表迅捷义的"X 速"词族的功能、用法与发展,《语言教学与研究》第 4 期。

张谊生   2012   现代汉语副词状语的标记选择,《汉语学报》第 4 期。

张谊生   2014   《现代汉语副词研究·描摹性副词与限制性副词的区别》(修订本),北京:商务印书馆。

张谊生   2015   从情状描摹到情态评注:副词"生生"再虚化研究,《语言研究》第 3 期。

F. Ungerer, H. J. Schmid 2005 *An Introduction to Cognitive Linguistics*, Beijing: Foreign Language and Research Press 2005 (《认知语言学入门》,北京:外语教学与研究出版社)

Hopper J. Paul & Elizabeth Closs Traugott 1993 *Grammaticalization*, Cambridge: Cambridge University Press. (《语法化学说》Grammaticalization 外语教学与研究出版社,伦敦:剑桥大学出版社 2001 年)

Halliday, Michael A. K. 1994 *An Introduction to Functional Grammar.* 2nd edn. London: Edward Arnold.(《功能语法导论》,彭宣维等译,北京: 外语教学与研究出版社,2010 年)

Smith, C. S. 2003 *Modes of Discourse: The Local Structure of Texts,* Cambridge: Cambridge University Press.

(原载《汉语学报》2021 年第 1 期)

语气副词和语气词的三个区别及其层次关系

王　珏(上海交通大学人文学院)

0. 已有研究回顾

语气副词和语气词既可间隔共现,也可紧邻共现。如:

(1) "这个月你工作了多少小时?""嗯……大概 200 小时吧。"

(2) "你要回家多长时间?""很难说。""大约呢?""大约一个多月吧。"

(3) 或许吧,我要的幸福就是这样子,或许是我老了。

(4) 这个问题和语言无关,大概吧。

(5) "你肯好好待我吗?"她问,恋恋地望着他的眼睛。"当然啦,当然啦,"他坚决地说。

(6) 攒钱,买车,都给别人预备着来抢,何苦呢? 何不得乐且乐呢?

(7) 鲁迅所以为鲁迅,在于十年抄古碑。这真是透底之论。也许吧。

(8) 他何苦来着!

例(1)和例(2)的末一句,语气副词和语气词间隔共现,余例均为紧邻共现。

　　对语气副词和语气词共现的层次关系,学界主要有两种观点。一种观点认为语气词的层次高于所附句子及其中的语气副词。另一种观点认为语气副词是"最高层次的谓语性成分"(黄国营 1992)、"高层谓语"(张谊生 2000)或事件的"整体肯定性"成分(刘林、陈振宇 2015),居高临下地统御、评注或管辖全句及其语气词。由此可见,关于语气副词和语气词共现时的层次关系这一问题,还有讨论的余地。下文拟从两者的语音之别、句法之别、语义之别这三个角度略作展开。

1. 语音之别

语气副词和语气词在语音上表现出如下区别。

1.1　音节及其成分的语音区别

　　首先,语气副词的音节及其声韵调都属于音系,语气词的音节及其声韵调往往具有超音系性(赵元任 1926)。

　　其次,语气副词"各自保有自己的声调"(龙果夫 1958：6),语气词的声调则表现出多样化的特点。如"的、了、呢、吗、嘛、吧₁、吧₂、啊、哦、哎、哈;就是了、不是、来着、罢了、似的、着呢"为全轻声,"不、没、时"为语流轻读,"的话、的时候儿、得了、好了、算了"为半轻声,"而已、不成、不行、不可、没有、也罢、也好"为非轻声。据金有景(1984)估计,北方话语气词"了、呢、吗"的轻声化发生在公元十三、十四世纪。据此或许可以说,北方话语气词早已踏上轻声化之路,绝大多数现在已经实现了轻声化。然而,语气副词至今尚未出现轻声化的迹象。

1.2　与语调的关系区别

　　语调虽然属于整个句子,但其表示语气的核心部分——高低升降的调尾——却落在语气词前面的一个音节上(刘月华、潘文娱、故骅 2004：411;吴洁敏、朱宏达 2001：334)。特别是当"语气副词＋语气词"加上语调成句时,语调管辖范围仅到语气副词为止,而语气词在调尾之后。这使得调尾和语气词得以在线性分布上先后相续:语气副词与调尾同步在前,语气词在后。因此,语气词得以在调尾之后加重或延长以表示加重口气(吴洁敏、朱宏达2001:343—344;王茂林2003),其长度甚至可以是一般音节的3倍之长(张彦2006)。如:

(9) a. 说,你借钱干吗(嘛)用了。说啊——!

　　 b. 我考了一百分,一百分啊——!

其次,调尾和语气词以不同种类、不同频次、不同层次和不同功能关系共现组合,一起构成句子或其述题的语气结构——"语调＋语气词",表示对句子或其述题的"语气＋口气"综合值(王珏2020)。但是,语气副词只能位于调尾结束之前(易位句除外)或与句调的调尾同步,但不参与语气结构,不参与表达"语气＋口气"综合值。

1.3　小结

前述所论语气副词和语气词的语音区别可以归纳如下表。

表1　语气副词和语气词的语音区别

对比参项 词类	音节及其成分	本调或轻声	和调尾的位置关系	参与构成语气结构
语气副词	属于音系	本调	与调尾同步	否
语气词	超音系	轻声	调尾之后	参与

上表所列对立区别为区分语气副词和语气词功能及其层次关系提供了重要的形式依据。

2.　句法之别

2.1　语气副词的句法功能

先看如下例句:

(10) 这个看来似乎很简单的游戏,却含有非常奥妙的数学原理。(定语从句)

(11) 我开始怀疑莫非他有点精神病。(宾语从句)

(12) 汽车行驶了 40 分钟,或许 45 分钟,便到了郊区。(补语从句)

(13) 那孩子的死,或许,也是由于我呢。(主谓之间)

(14) "难道,难道",瑞丰的嘴唇颤动着,"难道你就不念其夫妇的恩情……?(主语之前)

(15) 商店关门了,大概。(句末)

(16) "你知道,我上这儿来,就是为了要学会做领子这门手艺。""哦,当然,当然。这个我也明白。"迪拉特回答。(单说成句)

上举例句里,语气副词依次位于定语、宾语、补语(例(10)—(12))和谓语或主语之前(例(13)(14))作状语,也可易位到句末乃至单说成句(例(15)(16))。据此,语气副词的分布可细分为由低到高的 5 个阶段,简示为如下线性序列:

低　　　　　　　　　　　　　　　　　高
定/宾/补语之前→谓语之前→主语之前→句末→单说成句

上面的序列可分为前后两大段:"定/宾/补语之前→谓语之前→主语之前"作状语,语气副词作状语;"句末→单说"为后段,语气副词作小句。

2.1.1　语气副词作状语

学界往往认为,语气副词无论分布在哪儿都是高层谓语。但上面例句却明明向我们显示出,在前段里,语气副词的句法层次逐步升高,句法和语义的辖域逐步扩大。如例(10)里"似乎"修饰作为定语的"很简单",例(11)里"莫非"修饰作为宾语的"他有点精神病",例(12)里"或许"修饰作为补语的"45 分钟",例(13)里

"或许"修饰作为谓语的"也是由于我呢"，例（14）里"难道，难道……难道"位于句首主语之前而修饰整个主谓短语"你就不念其夫妇的恩情……"显然，位于句首主语之前时，语气副词的句法层次理应最高，句法和语义的辖域最大，位于主谓之间的层次较低，而以定/宾/补语之前的层次最低。更重要的是，位于句首主语之前的语气副词由于拥有了句首位置，还可以后加话题语气词这种可选性话题后标。如：

(17) 老胡福至心灵，咂摸透了点意思："大概呀，哼，有难说的事！"

(18) 或许吧，我要的幸福就是这样子，或许是我老了。

(19) 本来嘛，人的胃口不一样，眼光也不一样，一样的事儿，十样的看法。

(20) 毕竟呢，她也是个妇人，她是个同盟者。

(21) 难怪呢，他这一向忽然阔起来了。

(22) 其实呢，去年我们将他们的灶都拆掉了，总算已经出了一口恶气。

(23) 索性呢，在这儿聊上一夜，刘、乐等也无睡意，陪他聊到次晨。（齐沪扬2002）

以上例句显示，语气副词和篇章话题的标记手段几乎完全相同，仅仅稍逊于意念话题，即不能带有词汇性话题前标。据此可以说，句首位置的语气副词，几乎拥有人际主位或话题的一切形式标记，包括信息已知性特征（与句首位置和非重读特征互为因果），也就具有了作为话语起点的功能，即言者对命题的主观性起点。进一步，与述题带有新信息和焦点信息相比，这种话题带有已知信息，意味着重要性降低。这为它们进一步易位到句末搭好了跳板。

2.1.2　语气副词作小句

作为话语起点的语气副词易位到句末，除了前引例（15）外，还可举出如下例句。如：

（24）现在还来得及，或许。

（25）"我就知道，"她说，"你会动心的。我说过，你会迷恋上这份手稿的。你打算怎么办？"我耸耸肩。"看能否有更多的发现，也许吧。"

（26）但的确如她所说，这个问题和语言无关，大概吧。

语气副词易位到句末，分布位置由述题之前移到了述题之后，并且与之间隔着停顿。这在一定程度上削弱了与述题之间的相关性（aboutness），为它们进一步独立单说成句准备好了条件，并且与不同语调相结合构成不同句类。如：

（27）"明天下雨一定不用考试体育了。""也许。"

（28）"你肯好好待我吗？"她问，恋恋地望着他的眼睛。"当然啦，当然啦，"他坚决地说。"你知道的。哦，我多么爱你。"

（29）"你要回家多长时间？""很难说。""大约呢？""大约一个多月吧。"（问句）

（30）鲁迅所以为鲁迅，在于十年抄古碑。这真是透底之论。也许吧。（陈述句）

（31）他何苦来着！（感叹句）

以上几例均为会话句里承前而隐省命题的高层谓语零句。例（27）为承前回应句，（28）为承前回答句，（29）（30）为承前问句或设问句，（31）为承前感叹句。

表面上，前引例（17）—（23）和例（27）—（31）均为"语气副词＋语气词/0"序列，但性质、功能及其形式则截然不同。前者位于句首作人际话题，非重读，伴随话题调，后跟话题停顿和话题后标；后者是句子，位于两个句间停顿之间，重读以凸显焦点，伴随句调以表语气类型，并后跟述题语气词以表示口气。对比如下表。

表 2　"语气副词＋语气词/0"的功能对比

"语气副词＋语气词/0"类别 \ 对比参项	±话题/成句	±非重读/重读	±话题调/句调	±话题停顿/句间停顿	±话题语气词/述题语气词
"语气副词＋语气词/0"作话题	＋	＋	＋	＋	＋
"语气副词＋语气词/0"作句子	－	－	－	－	－

　　值得注意的是,"语气副词＋语气词/0"作为零句的自由度很低,几乎不用于书面语,只用于日常会话。即使在日常会话里,也少作始发句,多作后续句;少作问句,多作答句或回应句;语义辖域只能是承前隐省的命题,一旦离开语境往往难以明其所指。

2.2　语气词的句法功能

　　学界"过去一般分析句子结构时都不考虑语气词"(马真2000:449),往往都将语气词视为句子而非短语层面的"语尾"或"句尾"。如王力(1927/1985:18)最早指出:

　　二词或数词相连,未能成句者,谓之短语。但助词与其他一词相连时,不能谓之短语。如:"赐也,何敢望回? 回也,闻一以知十,赐也,闻一以知二。"(《论语·公冶长》)"赐也""回也",皆宜视同一词附带语尾,不能称为短语。盖助词仅有声气,而无称谓动作限制关系诸作用者也。

　　唯有沈开木(1982)提出将"由语气词依附于词或结构体之后而形成的语法关系"视为7种句法关系之一的依附关系。但同时他也说:"从语气对词或句子的关系看,语气依附于词或句子之上,这是语调属于外音位(或次音位)使然,从语气词对语气的关系看,语气词乃是表示语气的辅助手段,它以词(音节)的形式来帮助语调表达细微的差别。"本文以为,与王力当年的认识相比,沈文进步有三。一是将语气词附着对象由"词"扩大到"句子"。

这与当时学界认识基本吻合。二是将语气词功能定位于"表示语气的辅助手段",而不再是笼统地表示语气。三是将语气词和语调及其功能联系起来,将语气词的功能定位于"帮助语调表达细微的差别"。将后两点合起来就是,语调表示语气,语气词表示语气的细微差别。这与吕叔湘(见张斌 1999)、胡裕树主编(1995)的认识是一致的。

其次,朱德熙也曾提出过"语气词结构"的问题(马真 2000:449)。如:

（32）　你 知 道 他 来 吗？

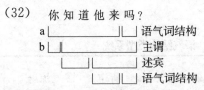

按 a 分析,重点问"你知道吗";按 b 分析,重点问"他来吗"。二者意思不同。马真认为,"提出'语气词结构'的概念对分化类似上面那个句子的两种意思确实有帮助。"但同时又说,这样会带来三个问题:(一)"语气词到底是句子平面上的东西呢,还是词组平面上的东西呢?"(二)"如果承认有语气词结构,那么语气词是否就不是句子平面上的东西了?"(三)"承认有语气词结构跟认为语气词是句子平面上的东西二者之间有没有矛盾?""这些问题都可以深入研究。"

其实我们可以换个角度观察。

首先历时地看,语调和语气词可分析为句标短语(CP)层面上同一机制产生的不同结果,语气词可分析为语调的一种变体,可能由语调历时异化而来(冯胜利 2015)。

其次共时地看,"出现在主谓结构后头的语气词,多半是附加在谓语上头的。举例来说,'你去吧'的构造不是'你去/吧'而是'你/去吧'。只有在某些类型的句子里,语气词才是加在整个主谓结构上头的。例如:谁去/呢? /(你去/呢)还是(我去/呢)? 有的时候,语气词是加在谓语内部一个成分上头的。例如:你觉得(谁去合适/呢)? /我知道(下雨/了)。前一句的'谁去合适呢'是'觉得'的宾语,后一句的'下雨了'是'知道'的宾语,都是谓语的一部分。"(朱德熙 1982:207)换言之,除了心理动词、认识动词和言说动词作谓语的句子和非是非问句外,述题语气词都是附着述题的。因此,4 类 26 个述题语气词分别强制性和 4 种语调及 3 种疑标两两共现组合,构成 75 式语气结构,分别表示 75 种"语气$_{(speech-act\ mood)}$＋口气$_{(tone)}$"综合值,从而构成语气结构类型系统(王珏 2020a)。

表 3　语气结构类型系统

语气词 语调/疑标	确信语气词:吗	确认语气词:吧$_2$	肯定语气词	惊讶语气词	合计
升调	A. 升调＋不定语气词(6)		C1. 肯定语气词＞升调(10)	D1. 升调＋惊讶语气词(3)	19
降调		B. 降调＋建议语气词(5)	C2. 肯定语气词＞降调(4)	D2. 降调＋惊讶语气词(5)	14
平调			C. 平调＋肯定语气词(10)	D3. 平调＞惊讶语气词(5)	15
曲调			C3. 肯定语气词＞曲调(10)	D. 曲调＋惊讶语气词(5)	15
疑标			C4. 疑标＞肯定语气词(9)	D4. 疑标＞惊讶语气词(3)	12
合计	6	5	43	21	75

上表所列语气结构类型系统里,每类/种/个语气词都用于特定数量、类型的语气结构里,与特定语调/疑标以不同频次、不同层次和不同功能关系共现。其中,确信语气词"吗"只与升调、确认语气词"吧$_2$"只与降调高频同现,构成上下位功能绝对一致的

语气结构;肯定语气词"了"既与平调、惊讶语气词"啊"既与曲调高频同现,构成上下位功能基本一致的语气结构,还分别与非平调、非曲调低频同现,构成上下位功能不一致的语气结构。如:

(33) 娘说:"军儿,看人家多光彩。将来你能吗?"(升调＋吗)

(34) 据说菜汤的营养价值更高,请你喝了吧!(降调＋吧₂)

例(33)里,"吗"和升调构成原型语气结构"升调＋吗",表示"是非问语气＋低确信口气"。例(34)里,"吧₂"和降调构成原型语气结构"降调＋吧₂",表示"祈使语气＋高委婉口气"。再如:

(35) a. 这本书我看了三天了。(平调＋了)

　　　b. 我两眼瞪大,低声说:"妙极了! 太好了!"(曲调＋了)

　　　c. 这本书你看了三天了?(升调＋了)

　　　d. 主席:现在开会了。(降调＋了)

(36) a. 他捡起地上的碎片一看,不禁惊呼一声:"这可是宝贝啊!"(曲调＋啊)

　　　b. 他回到家了啊。(平调＋啊)

　　　c. 那妹叫什么? 妹就叫妹啊?(升调＋啊)

　　　d. 你一定好好看书啊!(降调＋啊)

例(35)里,"了"依次和不同语调分别构成如下语气结构 4 种语气结构,表示 4 种语气及其下位口气综合值:

原型语气结构:"平调＋了"表示"陈述语气＋肯定已然/将然变化口气"

边缘语气结构:"曲调＋了"表示"感叹语气＋肯定已然/将然变化口气"

　　　　　　　"升调＋了"表示"是非问语气＋肯定已然/将然变化口气"

　　　　　　　"降调＋了"表示"祈使语气＋肯定已然/将然变化口气"

例(36)里,"啊"分别和不同语调构成如下 4 种语气结构,表示 4 种语气及其下位口气的综合值:

原型语气结构:"曲调＋啊"表示"感叹语气＋中性惊讶口气"
边缘语气结构:"平调＋啊"表示"陈述语气＋中性惊讶口气"
　　　　　　　"升调＋啊"表示"是非问语气＋中性惊讶口气"
　　　　　　　"降调＋啊"表示"祈使语气＋中性惊讶口气"

以上原型语气结构,自然是提取语气词的口气功能的最佳语境,边缘语气结构仅能作为参考。

2.3　小结

由上可知,语气副词能作定语、宾语、补语、谓语及全句的状语,也能作话题,还能和语调一起成为零句。语气词不能作任何句法成分,只能可选性附着述题,强制性与语调或疑标构成语气结构,分工合作表示对述题及其中语气副词的"语气＋口气"综合值。与之相反,语气副词不参与语气结构,只能作为语气结构所辖述题的成分之一或唯一成分(如前举例(27)—(31)里的语气副词)。据此,对述题进行直接成分分析时,理应先切分其语气结构,而后再切分其音段成份。

3. 语义之别

关于语气副词和语气词功能及其归属的认识,学界先后提出如下四种主要观点。

一是赵元任(1926)、王力(1943/1985:247)等主张两者都表示语气即情绪,只因分布位置不同而分为句末和非句末两类。

二是陆俭明(1983)、贺阳(1992)等主张分别表示情态或大语气的不同子范畴。

三是张伯江(1997)和李讷等(1998)主张,语气副词表示言者对事实真实性的态度,语气词表示言者传达确信的程度,如"的"为"确认性标记"(certainty marker),"吧"为"测度性标记"(uncertainty marker)。

四是鲁川(2003)和徐晶凝(2008:322)主张语气副词表示针对"事"的情态(modality),语气词表示言者针对"人"(听者)的语气(mood)。同时,刘林、陈振宇(2015)指出,语气副词"强调事件整体为真","了₂"具有肯定性、动态性及事件整体聚焦性,依附于整个句子。匡鹏飞、刘华林(2019)认为,"也许"属于意志类别,指向句中命题,强调言者对命题的情感、态度及评价;句末语气词属于功能类别,强调句子的交际目的或功能,不仅指向句中命题及整个句子,还指向听者,体现出一定的交互主观性。吕叔湘主编(2002)"了₂"的功能表述为"主要肯定事态出现了变化或即将出现变化"。释义中的"肯定"显然不是"表示"的同义词,据此当然也不能认为"了₂"的功能就是"事态出现了变化或即将变化",而是对"事态出现了变化或即将变化"予以"肯定"。如果将"事态出现了变化"简述为"客观已然","即将出现变化"简述为"主观已然"。则"了₂"的功能就是"肯定事态的客观或主观已然"。如:

(37) 看过两天了。/看了两天了。/已经看过两天了。/看两天了。

(38) 我不吃饭了。

对比:我决定(了),不吃饭(了)。

(39) 甲骨文太难学了!/房价太贵了!

对比:我发现(了),甲骨文太难学(了)!/我听说(了),房价太贵(了)!

(40) 他明天就结婚了。

对比:我知道(了),他们明天就结婚(了)。

(41) 快吃饭了,别玩儿手机了。

对比:告诉你(了),快吃饭(了),别玩手机了。

例(37)里"了₂"肯定事态客观已然,可带有"已经、了、过"和数量成分等。例(38)里,"了₂"言者肯定已然决定。例(39)里"了₂"肯定已然发现(即主观已然),可添加认知义动词"知道"等。例(40)里"了₂"肯定言者已知事态将然(也属主观将然),也可添加认识义动词。例(41)里"了₂"肯定言者已然预告。

主要由上述三四两种观点出发,语气副词和语气词的语义结构可对比如下。

表4　语气副词和语气词的语义结构对比

语义结构　词类	上位范畴	言者/听者指向	语义指向	语义
语气副词	情态 (modality)	言者指向 (speaker oriented)	事件	主观性及其程度
语气词	语气 (mood)	言者和听者指向 (speaker or listener oriented)	事件	主观性及其程度＋交互主观性

此外,4类语气词的语义功能要素还可分别表示如下(王珏 2020a,2020b,2021)。

表5　语气词的语义功能要素对比

功能要素　语气词	上位范畴	语义功能		
		言者/听者指向	主观性及其程度	交互主观性
肯定语气词:了	陈述语气	言者指向为主	(对事件真实性)肯定其客观或主观已然	提醒
惊讶语气词:啊	感叹语气	言者指向为主	(对事件意外性)惊讶	风格
确信语气词:吗	是非问语气	听者指向为主	(对肯定答案)低确信	低委婉
确认语气词:吧₂	祈使语气	听者指向为主	(对祈使事件)低确认	高委婉

　　由语义结构对比可知,虽然两者都具有表示言者对事件的主观性,但语气词已经演化出交互主观性功能,主观性及其主观化程度都明显高于语气副词,语法化程度高于语气副词。

4. 结语

　　以上依次讨论了语气副词和语气词之间的三个重要区别。语音之别说明,语气副词音节及其成分均属音系,语气词音节及其成分具有超音系性且早已开始轻声化。句法之别说明,语气副词能作述题里的状语、人际话题乃至零句,语气词不能作任何句法成分,而只能和语调及疑标一起强制性共现而构成述题(包括语气副词)或语气副词零句的语气结构。语义之别说明,语气副词表示言者不同程度地承诺事件为真,语气词表示言者对事件的主观性和对听者的交互主观性,后者的语义辖域层次高于前者,所表主观性及其主观化程度高于前者,所以位于句子述题之后这个最边缘位置。

　　其次,Rizzi(1997)把句子结构区分为词汇层(lexical layer)、屈折层(inflecrional layer)和标句层(complementizer layer)三个层次。据此,语气词和与之强制性共现的语调/疑标一起构成句子或其述题的语气结构,其中的语调/疑标表示言语行为语气(speech act mood)类型,语气词表示其下位口气(tone),分工合作表示句子或其述题的"语气＋口气"综合值。因此,语气结构必然属于标句层,位处句子最高层。进一步说,位于语气结构中的语气词理所当然地是最高层次的音段类标句词(王珏 2020a,2020b)。结合前述所论三个区别,应该有足够理由认为,语气副词和语气词紧邻或隔离同现时,后者的句法层次高于前者。

　　有学者指出,"了$_2$"具有"肯定性、动态性及事件整体聚焦性,依附于整个句子";语气副词(作者谓之"整体肯定性副词")则"强调事件整体为真",能自由地将"了₂"纳入其辖域。这等于说语气副词的层次高于"了₂"。转录该文例(28)—(31)如下(序号按重编):

(42) 我也觉得有些饿,便[随他去了]。

(43) 李如柏听了,吓得魂不附体,浑身抖个不停,几乎[都坐不住板凳了]。

(44) 这个进球好像[也把中国队打晕了]。

(45) 到这时,我果真[发现母亲老了],白发参半了。

(46) 诞生于十九世纪中叶的马克思主义是否[已经"过时"了]呢?

(47) 军人们,你们干嘛不打起精神来? 难道[我们已经无路可走了]吗?

通过对以上例句的分析,该文认为语气副词的句法层次都高于"了₂"而低于"呢""吗"。但这样分析,既和前述语气副词和语气词之间的三个区别存在矛盾,也有难以自圆其说。

首先,语气词在句末右向递层选用的顺序为"来着/而已>的>了₂>呢>吗/啊","了₂"恰在正中位置(王珏 2017,2018)。如果位于选用序列正中的"了"具有"事件整体聚焦性",那么位于其后的语气词选用段"呢>吗/啊"的层次当然更高,理应具有更明确的"事件整体聚焦性"。语气副词既然能自由地将"事件整体聚焦性"的"了₂"纳入其辖域,理应也能自由地将位于"了₂"之后、层次更高、"事件整体聚焦性"更明确的"呢>吗/啊"一并纳入其辖域。但该文却认为语气副词的层次高于"了₂",而在例(45)(46)里的层次低于"呢"和"吗"。这应该是它难以自圆其说的地方。

其次,前述语气副词和语气词之间的三个区别说明,语气副词位于述题之内作状语,语气词位于述题之后和语调一起构成对包括语气副词在内的述题的语气结构。仅以"果真"和"呢""吗"

"啊"共现为例：

　　(48) 如今商界,英雄辈出,果真巾帼不让须眉/呢。

　　(49) 这些草本植物果真值这个价/吗?

　　(50) 这一边胡适遗憾不已,那一边冬秀愈加欢喜,男人果真
　　　　　是一表人才/啊!

　　(51) 正说着,太监马永成亦入报道:"万岁不好了! 刘瑾要造
　　　　　反哩。"武宗道:"果真/吗?"

　　(52) 果真/啊! 男人都是大猪蹄子。

　　以上前三例里,"果真"在述题之前作状语,"呢"位于述题之
后和语调一起构成对述题的语气结构。后两例里,表面上是"果
真+语气词"单说成句,实际上是"果真"分别和语气结构"升调+
吗"或"曲调+啊"一起单说成句。据此,直接成分分析程序应该
是,先"由右向左"切分出各自的语气结构"语调+语气词",再依
次"由左向右"切分出剩余的音段成分。如例(48)(51)应分析
如下。

　　(48) 果真巾帼不让须眉/呢。　　　(51) 果真/吗?

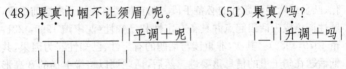

　　由上述直接成分分析可知,例(48)里的语气结构"平调+呢"
位于述题的第一层,表示对"果真巾帼不让须眉"的陈述语气及其
强肯定口气;"果真"位于第二层,表示对"巾帼不让须眉"的主观
评价。例(51)里的语气结构"升调+吗"位于述题的第一层,表示
对"果真"的"是非问语气+[低确信+低委婉口气]","果真"只能
位于第二层。如果语气词用于宾语小句,则应先切分出宾语小
句,然后再按如上程序对宾语小句进行切分。如:

　　(53) 他这才知道爱情这玩艺儿果真不便宜/呢!

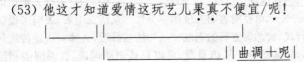

　　由上可见,无论在主句还是从句里,语气结构的层次都高于前面的"果真",语气结构里的语气词当然层次高于"果真"。

附注

① 主要参见黎锦熙(1924/2007:260)、朱德熙(1982:207)、陆丙甫(1988,1993:87—88)、陆俭明(1983)、杨德峰(2017)。黎锦熙代表了中心词分析法、朱德熙代表了直接成分分析法,陆丙甫代表了向心层次分析法。他们主要就语气副词和语气词间隔共现提出后者层次高于前者的。陆俭明、杨德峰主要就紧邻共现提出同样观点的。

② 斯托克威尔(1986:54—56)指出,副词的界域大于动词,可看作句谓语(即整个命题的谓语)。

③ 学界提出的话题标记系统应分为强制性和非强制性两个子系统。强制性标记包括,作为句法手段的句首位置和作为超音段手段的非重读、话题调、停顿。非强制性标记包括词汇性前标(动词、介词、代词)和语法性后标的话题语气词。因此,话题词语实现话题化的过程可表示为如下公式(＋表示强制性,±表示可选性):±话题前标　话题词语 ＋非重读＋句首位置＋话题调±话题后标＋停顿。强制性标记是话题性词语实现话题化、凸显或增强话题性的必备手段。句首位置首先以语序居前手段,使话题性词语成为话语起点并具备有定性和已知性(沈家煊1999:221;曹逢甫1979,1983)。其次,非重读与话题的有定性、已知性互为因果,共同降低话题在句子里的信息重要性。然后,话题调以略微上扬的音高形式凸显话题。最后,停顿紧跟话题,在书语里可以非强制性替换为各种非句末号,句法上将话题和述题隔开,时间上为言者边说边想和听者边听边想提供缓冲余地,提高听者对后续述题的期待。至于非强制性话题标记,词汇性前标以明确的词汇意义在话题说出之前增强其话题性,语法性后标即语气词以述题语气词的残留口气功能,在话题说出之时增强其话题性。

④ Halliday(1981)指出,英语句子的主位包括意念(ideational)、人际(interpersonal)和篇章(textual)成分,张伯江、方梅(1996:第三章)将北京话口语里主位成分分为篇章主位(textual theme)、人际主位(interpersonal theme)和话题主位(topic theme)。"人际主位"是"说话人把话语单元作为一个交际单位时表明态度的部分"。"从语义上看,表明了说话人的能愿、评议、情态等方面的态度。"从句法成分看,大体对应于传统句法学里的状语、述语等。从语类看,可以是认识动词语、言说词语和语气

　　副词。

⑤ 陆俭明(1983)指出,"副词独用是口语句法里所有的一种现象","是口语里句法成分大量省略的一种产物。"

参考文献

冯胜利　2015　声调、语调与汉语的句末语气,《语言学论丛》第 51 辑,北京:商务印书馆。

贺阳　1992　试论汉语书面语的语气系统,《中国人民大学学报》第 5 期。

胡裕树主编　1995　《现代汉语》(重订本),上海:上海教育出版社。

黄国营　1992　语气副词在"陈述-疑问"转换中的限制作用及其句法性质,《语言研究》第 1 期。

金有景　1984　北京话"上声＋轻声"的变调规律,《语海新探》第一辑,济南:山东教育出版社。

匡鹏飞、刘华林　2019　语气副词与句末语气词同现的语气融合及语用功能——以"也许"为例,《语文研究》第 3 期。

黎锦熙　1924/2007　《新著国语文法》,长沙:湖南教育出版社。

李讷、安珊笛、张伯江　1998　从话语角度论证语气词"的",《中国语文》第 2 期。

刘林、陈振宇　2015　从与"了 2"的共现关系谈汉语副词的意义类型,《语言教学与研究》第 5 期。

刘月华、潘娱、故铧　2004　《实用现代汉语语法》(增订本),北京:商务印书馆。

龙果夫　1958　《现代汉语语法研究》,北京:科学出版社。

陆丙甫　1988　"已经"同"曾经"的区别究竟在哪里,《语言教学与研究》第 1 期。

鲁川　2003　语言的主观信息和汉语的情态标记,《语法研究和探索》(十二),北京:商务印书馆。

陆俭明　1983　现代汉语副词独用刍议,《语言教学与研究》第 2 期。

吕叔湘主编　2002　《现代汉语八百词》,北京:商务印书馆。

马真　2000　关于虚词的研究,马庆株编《语法研究入门》,北京:商务印书馆。

沈开木　1982　论层次,《华南师院学报》第 1 期。

王珏　2017　语气词句末选用式及其系统研究,《当代修辞学》第 3 期。

王珏　2018　语气词句末选用顺序研究,《语言教学与研究》第 1 期。

王珏　2020a　由语调/疑标和语气词的共现关系构建述题的语气结构，《语言教学与研究》第 2 期。

王珏　2020b　由语气词功能模式研究其口气及其系统，《中国语文》第 5 期。

王珏　2021　由语气结构确定语气词的上位范畴，《语言科学》第 3 期，卢英顺、陈振宇主编《胡裕树先生 100 周年诞辰纪念文集》，上海：复旦大学出版社。

王力　1927/1985　《中国古文法》，《王力文集》第三卷，济南：山东教育出版社。

王力　1943/1985　《中国现代语法》，《王力文集》第二卷，济南：山东教育出版社。

王茂林　2003　普通话自然话语的韵律模式，社科院语言所博士学位论文。

吴洁敏、朱宏达　2001　《汉语节律学》，北京：语文出版社。

徐晶凝　2008　《汉语话语情态功能研究》，北京：昆仑出版社。

杨德峰　2017　副词后的语气词的意义或作用，《海外华文教育》第 3 期。

张斌　1999　序孙汝建《语气和口气研究》，孙汝建《语气和口气研究》，北京：中国文联出版社。

张彦　2006　句重音与句末语气词的音高，《汉语学习》第 2 期。

张伯江　1997　认识观的语法表现，《国外语言学》第 2 期。

张伯江　1996　《汉语功能语法研究》，南昌：江西教育出版社。

张谊生　2000　评注性副词功能琐议，《语法研究和探索》第 10 辑，北京：商务印书馆。

赵元任　1926　北京、苏州、常州语助词的研究，《清华学报》第 2 期。

朱德熙　1982　《语法讲义》，北京：商务印书馆。

R. P. 斯托克威尔　1986　《句法理论基础》，武汉：华中工学院出版社。

Rizzi,. 1997 The fine structure of the left periphery. In L. Haegeman (ed.). *Elements of Grammar*. Dordrecht：Kluwer. 281 - 337.

也说"稍微"的语义、句法特点[*]

杨德峰[1]　　姚秋宇[2]

([1] 北京大学对外汉语教育学院[2]　深圳龙华区外国语学校)

0. 引言

副词"稍微",学界已有不少探索,这些探索主要集中在"稍微"的语义、句法、语用上。

关于"稍微"的语义,看法不一致。北京大学中文系 1955、1957 级语言班(1982)认为"稍微"表示程度轻微或时间短暂。吕叔湘(1984)指出,"稍微"表示数量不多或程度不深。马真(1985)、《现代汉语词典(第 7 版)》也持这一看法。侯学超(1998)、杨琳(2009)认为"稍微"表示程度不深、数量不大、时间不长等。张谊生(2004)指出,"稍微"修饰数量短语,表示量少。杨彩影、石高峰、柴省三(2020)认为"稍微"具有[＋小量][＋程度低]的语义特征。

"稍微"的句法特点,研究得比较多。吕叔湘(1965)指出,"稍微"后边一般不是一个简简单单的形容词,而是一个形容词

　　* 本研究得到国家汉办项目"汉语作为第二语言的语法和语法教学研究"(HGJ201717)的资助,谨致谢忱!

带上"(一)点儿""(一)些"。他(1984)进一步指出,"稍微"可以修饰"动词"(动词常重叠,或前面有副词"一",或后面有"一点儿""一些""一下")、"形容词+一点儿"、"不+形/动"(限于"留神、注意、小心"等)、"有点儿+动/形"。侯学超(1998)、杨琳(2009)也持类似的看法。马真(1985)认为"稍微"能修饰某些词的否定形式,形成的"稍微不……"常在复句中充任条件分句或假设分句,可与"只是"连用,只用在"得"字前。时卫国(1996)认为"稍微"还可以修饰形容词的 ABAB 重叠式,他(1998)考察了各类动词和"稍微"及其呼应成分的组合关系,发现动态动词可接受"稍微"及各种相应成分的限制;静态动词一般后边带补语,有的则不能被"稍微"修饰。张谊生(2004)指出,"稍微"修饰的数量短语有两类,一类在定语位置上,一类在补语位置上,由动量和时量补语充当;用于非比较义时,"稍微"修饰的 VP 多为具体义,必须具有[+可控性],常常是[+积极义];他(2010)还指出,"稍微"可以修饰状态形容词"冰凉、花白、乌黑、笔挺"等。乐耀(2017)认为,"稍微"修饰的结构中的量范畴有数词形式和不定量形式两种,它们可以是确数和概数,并探讨了"稍微……(一)点儿/些"的语义特点,指出"稍微"与量范畴共现时两部分的语义并不重复。杨彩影、石高峰、柴省三(2020)发现,"稍微"修饰谓词性成分是其典型功能,修饰名词性成分是边缘功能。

"稍微"的语用特点,关注的较少。马真(1985)指出"稍微"修饰形容词可用于祈使句,郭姝慧(1991)也持此观点。张谊生(2004)认为"稍微"修饰 VP 常构成祈使句或条件句。乐耀(2017)发现,"稍微"不加量结构大多出现在描写、说明和操作类语体。

尽管学界对"稍微"的语义、句法和语用特点有一些研究,特别是句法方面,研究还不少,但是由于现有的研究大都是内省式的,因此,还不够深入、系统,有些地方还没涉及,某些看法还值得商榷。虽然也有对语料的统计分析,但不够细致、全面。鉴于此,本文将在对北京大学中国语言学研究中心开发的 CCL 语料库中的现代汉语语料统计的基础上,对"稍微"的语义、句法特点做一个全面、系统的考察和分析。

1. "稍微"的语义分布及修饰的成分的语义特点

1.1 "稍微"的语义分布

考察发现,"稍微"(包括"稍为",以下同)可以表示程度不深,也可以表示数量不大和时间不长,CCL 语料库中,"稍微"共出现了 3613 例[①],表示程度不深、数量不大和时间不长的情况如下表:

表1　"稍微"各意义的分布情况

数量、比例　　　意义	程度不深	数量不大	时间不长
数量	2827	437	349
比例	78.2%	12.1%	9.7%

从表中可以看出,"稍微"常用来表示"程度不深",语料中 2827 例,约占 78.2%,例如:

(1) 不过,**稍微**改良一下效果会更好。(子柔《时光向左女人向右》)

(2) 远方的事物看得**稍微**清晰一点了。(周而复《上海的早晨》)

例(1)"稍微改良一下"、例(2)的"稍微清晰一点"都表示程度不深。

表示"数量不大"的 439 例,约占 12.1%,例如:

(3) **稍微**喝点酒能放松神经,感觉生活也有情趣。(新华社 2003 年 10 月份新闻报道)

(4) **稍微**有一点历史常识的人都知道,旧西藏是一座人间地
狱。(1994 年报刊精选)

例(3)的"稍微喝点酒"表示"喝的酒量不大",例(4)的"稍微
有一点历史常识"类似。

表示"时间不长"的 349 例,约占 9.7%,例如:

(5) 杨先生**稍微**等一等,等等冼局长。(老舍《残雾》)

(6) 邓政委**稍微**停顿了一下,又接着问……(《人民日报》1994
年第 3 季度)

例(5)的"稍微等一等"、例(6)的"稍微停顿了一下"都表示时
间不长。

以上情况表明,侯学超(1998)、杨琳(2009)对"稍微"语义的
认识与语言实际相符,其他学者的看法不够全面。

张敏(1998)指出,认知语言学认为,语言客体范畴,从语音层
面的音位、音素、音节等,到形态学层面的词、词缀、附着词、词法
范畴等,到句法层面的词类、短语结构、句子以及功能、句法语义
范畴,如主语、施事、主题等,都体现出不同程度的原型效应,这些
范畴往往边界不清,有中心的原型成员和边缘成员的分别。显而
易见,"稍微"的意义也存在着范畴化现象,"程度不深"使用的最
多,是典型成员;"数量不大"和"时间不长"使用的很少,是边缘
成员。

1.2 "稍微"修饰的成分的语义特点

前文提到,张谊生(2004)认为"稍微"修饰的 VP 多为具体义,
必须具有[+可控性],常常是[+积极意义],那么语料中的情况
如何呢? 统计结果如下表:

表2　"稍微"修饰的成分的语义特点

被修饰成分及语义特点 ＼ 数量、比例		数量	比例(%)
动词	[＋可控]	1457	63.8
	[－可控]	825	36.2
	[＋具体]	1047	45.9
	[－具体]	1235	54.1
动词和形容词	[＋积极]	326	9.1
	[－积极]	242	6.7
	[＋中性]	3036	84.2

表中显示,"稍微"修饰[＋可控]动词的1457例,约占动词总数的63.8%,即六成以上,例如:

(7) 中指指腹按压其所在之处,**稍微用力**,会有轻微的酸胀感。(张小暖《女人养颜经》)

(8) "姑娘"们的言语行动使她微微地感到一些生趣,把心中那块石头**稍微提**起来一点,她觉到了轻松,几乎近于轻佻。(老舍《文博士》)

以上二例的"用力"和"提"都是[＋可控]动词。

修饰[－可控]动词的825例,约占36.2%,超过三分之一。例如:

(9) 宽宽的肩膀,因为上了年纪,**稍微**往下**溜**着一点。(老舍《二马》)

(10) 天上还有几颗懒得下去的大星,云色在灰白中**稍微带**出些蓝,清凉,暗淡。(老舍《我这一辈子》)

例(9)(10)的"溜""带"都是[－可控]动词。

"稍微"修饰的动词可以是[＋具体]义的,即具体的行为动作动词,语料中1047例,约占45.9%,接近一半,例如:

(11) 风**稍微一动**,尘土便随着飞起,可惜颜色太坏,若是雪白
　　 或朱红,岂不是很好……(许地山《先农坛》)

(12) 野求的脸,好容易**稍微转**过一点颜色来,听到这一声,马
　　 上又变成惨绿的。(老舍《四世同堂》)

例(11)(12)的"动""转"都是[＋具体]义动词。

也可以修饰[－具体]义的,即抽象动词,语料中 1235 例,约
占 54.1％,超过一半,例如:

(13) 你的话说得**稍微差**点分寸,人家就会说你骄傲自满,目
　　 中无人!(老舍《西望长安》)

(14) 好在是随便的说话,说了之后,觉得不怎样胜任的编辑
　　 也**稍微尽**了自己的责任,心也就安了许多了。(秦似《两
　　 年小志》)

以上二例的"差""尽"都是[－具体]义动词。

"稍微"修饰的成分主要是[＋中性]的,共3036 例,约占
84.2％,即绝大多数,例如:

(15) 然而我还能够从俯伏着的地面上,**稍微抬**起头来,看一
　　 看我的处境到底危险到如何程度。(施蛰存《三个命
　　 运》)

(16) 套下去,套了一半,衣裳散乱地堆在两肩,仿佛想起了什
　　 么似的,她**稍微停**了一停。(张爱玲《红玫瑰与白玫瑰》)

以上二例的"抬""停"都是中性的。

[＋积极][－积极]的都极少,分别为 326、242 例,约占
9.1％、6.7％,例如:

(17) 老二应该**稍微关心**点国事,即使没有舍身救国的决心,
　　 也该有一点国荣民荣……(老舍《四世同堂》)

(18) 他没有抬头,没有向中军看一眼,也没有**稍微踌躇**,低声
　　 说出来两个字:"斩了!"(姚雪垠《李自成》)

可以看出,"稍微"修饰的动词主要是[＋可控]动词,也有很

多[－可控]动词;动词为[＋具体]义的近一半,[－具体]义的超过半数;被修饰的成分绝大多数是[＋中性]的,[＋积极][－积极]的都极少,这与张谊生(2004)的结论有些出入。

以上情况表明,"稍微"修饰的动词也存在着范畴化现象,[＋可控]动词是典型成员,[－可控]动词是边缘成员;修饰的动词和形容词性成分[＋中性]的是典型成员,[＋积极][－积极]的是边缘成员。

2. "稍微"的句法特点

"稍微"修饰的成分非常复杂,可以是动词性的,也可以是形容词性的,还可以是介宾结构和方位结构,具体情况如下表:

表3　"稍微"修饰的成分

修饰的成分＼数量、比例	数量	比例(%)
动词性成分	2282	63.1
形容性成分	1322	36.6
介宾结构	4	0.1
方位结构	5	0.1

显而易见,"稍微"修饰动词性成分的最多,共2282例,约占63.1%,即六成以上,例如:

(19) 见了长顺,他的头**稍微扬**起些来,声音很低地说:"哟,你!""是我!"长顺笑了一下。(老舍《四世同堂》)

(20) 6月3日第八轮比赛观众人数**稍微增多**,也只有14.2万人,平均每场2.03万人。(新华社2001年6月份新闻报道)

例(19)的"扬起些来"、例(20)的"增多"都是动词性成分。

其次是形容词性成分,1322 例,约占 36.6％,三分之一多一些,例如:

(21) 风**稍微**大一点,而且是往兵营那面刮,大蝎立刻便令后退半里或一里……(老舍《猫城记》)

(22) 日子**稍微**窘迫,或发现有些方面不如人,没法从社交方式弥补,依然还不大济事……(沈从文《黑魇》)

例(21)的"大一点"、例(22)的"窘迫"都是形容词性成分。

介宾结构和方位结构分别只有 4 例和 5 例,约占 0.1％,都极少,例如:

(23) 剖腹者首先从左至右的切割,然后作**稍微**向上的第二刀,让其肠脏溢出。(刘流《烈火金刚》)

(24) 印第安人跟欧洲人混血的,这帮人在**稍微**下头一点。(《百家讲坛》)

例(23)的"向上"是介宾结构,例(24)的"下头一点"是方位结构。

可见,"稍微"修饰的成分也存在着范畴化现象:动词性成分是典型成员,形容词成分是次典型成员,介宾结构和方位结构是边缘成员。

2.1　修饰动词性成分

"稍微"修饰动词性成分也非常复杂,既可以是单个动词,也可以是动词性结构。动词中,可以单音节的,也可以是双音节的;结构中,可以是述宾结构,也可以是状中结构、述补结构。具体情况如下表:

表 4　"稍微"修饰的动词性成分

动词性成分	数量、比例	数量	比例(%)	
单个动词	单音节	4	0.2	12.2
	双音节	274	12.0	

数量、比例 动词性成分			数量	比例(%)	
动词性结构	述宾结构	V+数量+(名)	782	34.2	44.8
		无数量的	241	10.6	
	状中结构	有数量的　有(一)点(些)/ 一+VP	207	9.1	12.6
		宾语中有数量	12	0.5	
		无数量的	69	3.0	
	述补结构	有数量的　V+动量	523	22.9	30.2
		V+时量	48	2.1	
		无数量的	118	5.2	
	主谓结构		4	0.2	

2.1.1　修饰单个动词

从上表可以看出,"稍微"修饰单个动词的 278 例,约占动词性成分的 12.2%,这些动词主要是双音节的,一共 274 例,约占 12.0%,例如:

(25) 当身体**稍微好转**时,他就心急火燎般赶回家。(《人民日报》2000 年)

(26) 游泳是一项很好的减肥方式,站在齐颈深的水中,双腿略微分开,膝盖**稍微弯曲**,双侧平举,手指要紧挨在一起……(子柔《时光向左女人向右》)

上例的"稍微"分别修饰双音节动词"好转""弯曲"。

也可是单音节的,但仅 4 例,约占 0.2%,极少,例如:

(27) 他的态度**稍微变**了,是不是还和以前一样地爱着我?(《读者》(合订本))

该例的"稍微"修饰单音节动词"变"。

应该指出的是,4 例中有 3 例是"动词+了/着"(如例(27)),

再如：

> (28) 她走路永远是匆忙而专心,仿佛是置身外的万人万物于不顾,眉头**稍微**皱着,展现她神赐的奇异的神态,刺人的美。(网络语料)

该例的"皱"后有"着"。

如果没有"了"和"着",句子不成立,试比较：

> (27)'＊他的态度**稍微**变,是不是还和以前一样地爱着我?

> (28)'＊她走路永远是匆忙而专心,仿佛是置身外的万人万物于不顾,眉头**稍微**皱,展现她神赐的奇异的神态,刺人的美。

例(27)'、(28)'的"稍微"分别修饰"变"和"皱",与例(27)、(28)不同的是"变"后没有"了"、"皱"后没有"着",显然句子都不成立。

"稍微"修饰单音节动词,动词后要带"了/着",是韵律作用的结果。冯胜利(1997)指出,汉语的最基本的音步是两个音节。如果动词由两个音节组成,宾语是一个音节,就构成了"2＋1"式,"左重右轻",这种"扬抑"式不符合普遍重音要求,所以不能接受。"稍微"是一个双音节副词,后边出现单音节动词,同样是"左重右轻",也不符合重音要求,但"动词"带上"了"或"着"后,加重了动词的分量,使得单个动词得以独立,句子就成立了。

2.1.2　修饰动词性结构

"稍微"主要修饰述宾结构,语料中 1023 例,约占动词性结构的 44.8%,例如：

> (29) 只要他**稍微表示一点亲密**,任何女人都得拿他当个爱人。(老舍《四世同堂》)

> (30) 富特 05 队,积分增添到 31 分,名次暂时升到第十一位,保级形势**稍微有所好转**。(新华社 2002 年 3 月份新闻报道)

例(29)(30)的"稍微"分别修饰述宾结构"表示一点亲密"和"有所好转"。

"稍微"修饰的述宾结构主要有两类，一类是"V＋数量＋(名)"，共782例，约占34.2%，例如：

(31) 我想长官部的意图诸位**稍微换一个角度**，就不难理解。（电视电影《历史的天空》）

(32) 辛楣这样劝你，你就领情**稍微喝一点**罢。（钱锺书《围城》）

以上二例的"稍微"分别修饰述宾结构"换一个角度""喝一点"。

另一类是不带数量宾语的述宾结构，共241例，约占10.6%，例如：

(33) 人们说的"菜篮子"和"米袋子"情况**稍微得到改善**。（张佐良《周恩来的最后十年》）

(34) 说了之后，觉得不怎样胜任的编辑也**稍微尽了自己的责任**，心也就安了许多了。（秦似《两年小志》）

以上二例的"稍微"分别修饰述宾结构"得到改善""尽了自己的责任"，这些结构中的宾语都不带"数量"成分。

"稍微"还可以修饰状中结构，共288例，约占12.6%，例如：

(35) 你无法接受自己**稍微不喜欢**的人。（张小娴《把天空还给你》）

(36) 他决定变成廊坊的人。这不难，只要口音**稍微一变**，他就可以冒充廊坊的人。（老舍《四世同堂》）

例(35)(36)"稍微"分别修饰状中结构"不喜欢"和"一变"。

"稍微"修饰的状中结构的状语常常是数量成分"有(一)点(些)"和"一"，这样的用例207例，约占9.0%，例如：

(37) 我一向是对于年纪大一点的人感到亲切，对于和自己差不多岁数的人**稍微有点看不起**，对于小孩则是尊重与恐

惧,完全敬而远之。(张爱玲《造人》)

(38) 努尔哈赤不再镫里藏身,眼看那箭飞驰而来,他也取弓
　　　在手,用弓**稍微一拨**,那支箭就被拨到旁边草地里去了。
　　　(李文澄《努尔哈赤》)

例(37)"稍微"修饰的是"有点看不起",有状语"有点";例
(38)的"稍微"修饰的"一拨",有状语"一"。

也有一些宾语中含有数量成分的,但仅12例,约占0.5%,极
少,例如:

(39) 天气晴朗时,香味会比温度低的日子飘散得快,应**稍微
　　　多用一些**才能留存长久一些。(张晓梅《修炼魅力女
　　　人》)

该例的"稍微"修饰状中结构"多用一些",其中"宾语"为"一
些",是数量结构。

还可以修饰不含数量成分的状中结构,这样的用例69例,约
占3.0%,例如:

(40) 他忽然抓住交谈者的手,不知怎的使它**稍微向下弯**。
　　　(翻译作品《战争与和平》)

(41) 地区各路"诸侯"的事情,稍有"私心杂念",稍想留点"后
　　　路",**稍微不愿"过清苦日子"**,就会"心慈手软",当不了
　　　"黑脸包公"……(1995年《人民日报》8月份)

例(40)(41)"稍微"分别修饰"向下弯"和"不愿'过清苦日
子'",都不含数量成分。

"稍微"也常修饰述补结构,语料中689例,约占30.2%,
例如:

(42) 在相濡以沫的夫人的悉心照料下,钟南山两天后就退了
　　　烧;**稍微休息两天**,他又活跃在病房。(新华社2003年
　　　4月份新闻报道)

(43) 但只要**稍微想一下**就知道,理想和现实是连在一起的,

是互相形成的,是河跟河岸……(蔡康永《有一天啊宝宝》)

以上二例的"稍微"分别修饰述补结构"休息两天""想一下"。

"稍微"修饰的述补结构可以是带时量补语的(如例(42)(43)),但仅48例,约占2.1%,非常少,再如:

(44)就是没找到笔和纸时,脸色显得有些尴尬,我们就请他在住所门口**稍微等一会**,我们散完步一会就会来的。(《1994年报刊精选》07)

该例的"稍微"修饰带时量补语的述补结构"等一会"。

"稍微"主要修饰带动量补语的述补结构,语料中523例,约占22.9%,超过五分之一,例如:

(45)他严重地违反了职业道德和做人的标准,但在生命面前,道德自然要**稍微退后一步**。(网络语料\博客\杨恒均博客)

(46)走过自己的门口,是有点累得慌,他把背弯下去一点,**稍微弯下去一点**,拄着手杖,慢慢的,不忙,征服冯二是不要费多大力气的……(老舍《老年的浪漫》)

例(45)(46)"稍微"分别修饰的"退后一步""弯下去一点",都是带动量补语的述补结构。

"稍微"还可修饰不带数量补语的述补结构,共118例,约占5.2%,例如:

(47)小章的事业**稍微安顿下来**,你们就可以成家。(亦舒《流金岁月》)

(48)正坐,目视前方,口唇**稍微张开**(更易深入穴道),轻举双手指尖朝上,掌心朝向面颊。(张小暖《女人养颜经》)

以上二例的"稍微"分别修饰带趋向补语的述补结构"安顿下来""张开"。

除此之外,"稍微"也可以修饰主谓结构,但仅4例,约占

0.2%,极少,例如:

(49) 这个**稍微**父母看得不严点儿,就玩电子游戏去了。(梁
　　冬对话罗大伦)

吕叔湘(1984)指出,"稍微"可以修饰动词(动词常重叠,或前
面有副词"一",或后面有"一点儿""一些""一下")、"有点+动"
"不+动"等,这些结论显然不够全面,有的也不够准确,因为"稍
微"除了修饰这些成分外,还常修饰不含数量成分的结构;统计显
示,"稍微"修饰动词重叠式的仅 94 例,约占动词性成分的 4.1%,
即动词并非经常重叠。

由此可见,"稍微"虽然可以修饰单个动词和动词性结构,但
以修饰动词性结构最常见,约占动词性成分的 87.8%,即绝大多
数,说明"稍微"修饰的动词性成分也存在着范畴化现象:修饰动
词性结构是典型用法,修饰单个动词是边缘用法。

修饰动词性结构的情况也不同,以修饰述宾结构和述补结构
为常,分别约占 44.8%和 30.2%,即修饰述宾结构、述补结构是
典型用法;修饰状中结构、主谓结构分别只占 12.6%、0.2%,是边
缘用法。

实际上,修饰的以上三种主要结构内部,同样存在着范畴化
现象。述宾结构中,宾语带数量成分的占大多数,是典型用法,不
带数量的是边缘用法;述补结构中,补语为数量成分的是典型用
法,不是数量成分的是边缘用法;状中结构与述补结构类似,"稍
微"修饰含数量成分的占绝大多数,是典型用法,不含数量成分的
是边缘用法。

与结构类似,"稍微"修饰单个动词时,也存在着范畴化现象,
双音节动词占单个动词的 98.6%,即绝大多数,是典型用法;单音
节动词不到 3%,是边缘用法。

2.2　修饰形容词性成分

"稍微"修饰形容词性成分同样很复杂,可以是单个形容词,

也可是形容词性结构。单个形容词可以是单音节的,也可是双音节的;结构中,可以是状中结构、述补结构,也可是主谓结构,具体情况如下表:

表5　"稍微"修饰的形容词性成分

形容词性成分		数量、比例	数量		比例(%)	
形容词		单音节	6	231	0.5	17.5
		双音节	225		17.0	
形容词性结构	状中结构	有数量的	有(一)点(些)/一+AP	92	202	6.9	15.3
			补语中含数量	51		3.9	
		无数量的	59		4.5	
	述补结构	A+数量补语	877	883	66.3	66.8
		无数量的	6		0.5	
	主谓结构		6		0.5	

2.2.1　修饰单个形容词

表中显示,"稍微"修饰单个形容词的231例,单音节的仅6例,约占0.5%,比例极低,例如:

(50) 有两个胆子**稍微大**的,才嗫嚅着说……(李文澄《努尔哈赤》)

(51) 当然问他李太太美不美。他偏说李太太算不得美,皮肤不白啦,颧骨**稍微高**啦,更有其他什么缺点啦。(钱锺书《猫》)

以上二例"稍微"修饰的分别是单音节形容词"大"和"高"。

值得注意的是,6例中5例是"稍微+形+的",1例是"稍微+形+啦",也就是说,"稍微"修饰单音节形容词,后面必须带上其他成分,否则句子不成立。这种情况与"稍微"修饰单个动词类似,同样受韵律的制约。因为"稍微"是一个双音节副词,后边出现一个单音节形容词,就构成了"2+1"结构,"左重右轻",不符合重音范式。(冯胜利1997)"稍微+形"带上"的"或"啦"后,加重了形容词的分量,使得单个形容词得以独立,句子就成立了。

"稍微"修饰双音节形容词的225例,约占17.0%,很多,例如:

> (52) 黎明仍然只是**稍微稀薄**的黑暗。(《读者》(合订本))

> (53) 她身体很不强健,屡因**稍微过度**的劳动或心中有点不乐,她的大腿腰背便会酸起来……(鲁彦《菊的出嫁》)

例(52)(53)"稍微"分别修饰双音节形容词"稀薄""过度"。

"稍微"修饰的形容词主要是性质形容词,也有少数状态形容词,像"细弱""瘦削""光亮""扁平""专门""宏远"等,但用例极少。张谊生(2010)指出"稍微"可修饰状态形容词"冰凉、花白、乌黑、笔挺",CCL语料中没有发现这样的用例。

2.2.2　修饰形容词性结构

"稍微"主要修饰形容词性结构,其中述补结构883例,约占形容词性成分的66.8%,例如:

> (54) 冬季两项成绩**稍微好些**。(新华社2003年1月份新闻报道)

> (55) 宗教武装活动**稍微平静了两周**。(《人民日报》1995年1月份)

例(54)(55)的"稍微"分别修饰述补结构"好些""平静了两周"。

"稍微"修饰的述补结构中大多含有"数量"成分(如例(54)(55)),这样的共877例,约占66.3%。

也有不含数量成分的,但仅6例,约占0.5%,例如:

> (56) 当气氛**稍微冷下来**时,主持人不失时机地喊道:"……"
> (新华社2002年2月份新闻报道)

该例"稍微"修饰"冷下来",是含有趋向补语的述补结构。

"稍微"也用来修饰状中结构,共 202 例,约占 15.3%。状中结构中,状语可以为含有数量成分的"有点""有些""一"等,这样的共 92 例,约占 6.9%,例如:

(57) 稍微有点饿就忍不了。(韩政树《你可以成为小脸美女》)

(58) 距离稍微一远子弹打到轮胎上就不起作用了。(电视剧《天道》)

以上二例"稍微"修饰的"有点饿"和"一远"分别含有数量成分"有点"和"一"。

也可以修饰补语中含有数量成分的状中结构,但只 51 例,约占 3.9%,非常少,例如:

(59) 桌子腿儿稍微象腿粗一点。(老舍《二马》)

还可修饰状语中不含数量成分的,也非常少,共 59 例,约占 4.5%,例如:

(60) 对压实密度等数据,严格按国际标准控制,发现哪里稍微不合格,就推倒重来。(1994 年报刊精选/12)

(61) 但是印度的起步稍微比中国慢。(新华社 2001 年 5 月份新闻报道)

以上二例"稍微"修饰的"不合格""比中国慢",状语中都不含数量成分。

除此之外,"稍微"还可以修饰主谓结构,但仅 6 例,约占 0.5%,也极少,例如:

(62) 外面稍微动静大点儿。(六六《温柔啊温柔》)

该例的"稍微"修饰主谓结构"动静大点儿"。

吕叔湘(1965/1984)指出,"稍微"后边一般不是一个简简单单的形容词,而是一个形容词后头带上"(一)点儿""(一)些",此外,还可修饰"不+形""有点+形",这些结论比较符合语言实际,但也不够全面,因为"稍微"后也常出现单个双音节形容词和不含

数量成分的结构。时卫国(1996)指出"稍微"可修饰形容词
ABAB重叠式,语料中没发现这种用法。

综上可见,"稍微"修饰的形容词性成分同样存在着范畴化现
象:修饰形容词性结构的约占82.6%,即绝大多数,是典型用法;
修饰单个形容词的约占17.5%,比较少,是边缘用法。形容词性
成分中,述补结构约占66.8%,占多数,是典型用法;状中结构约
占15.3%,是边缘用法;主谓结构极少,是边缘的边缘。述补结构
和状中结构中,带数量的都占绝大多数,是典型用法;不带数量的
是边缘用法。

2.3   数量结构中的量范畴的特点

乐耀(2017)指出,"稍微"修饰的结构中的量范畴可以是确
数,也可以是概数,例如:

(63) 只要有人进门**稍微**碰动一下门帘,那枕头就会正好落在
       头上。(引自乐文)

(64) 你怎么**稍微**翻译了**两句**,他们就笑了。(引自乐文)

例(63)中的"一下"是确数,例(64)的"两句"是概数。

但是,乐文没有考察确数和概数的分布情况,那么它们的分
布情况如何呢? 统计结果如下表②:

表6   "稍微"修饰的数量结构中的量范畴特点

数量、比例　　　　　　形式	确数	概数
数量	480	2018
比例(%)	19.3	80.7

表中显示,"稍微"修饰的数量结构中的数量成分为确数的
480例,约占19.3%,不到五分之一,例如:

(65) 进入今年以来,阿尔及利亚的宗教武装活动**稍微**平静了
       两周,但从15日起又在各地频频发生。(《人民日报》
       1995年1月)

(66) 但在生命面前,道德自然要**稍微**退后**一步**。(杨恒均博
客)

以上二例的"两周""一步"都是确数。

"稍微"修饰的数量结构中的数量成分为概数的 2019 例,约
占 80.7%,即绝大多数,例如:

(67) 所以我国跟很多发达国家在一个起跑线上或者**稍微**落
后**几年**。(《人民日报》2000 年)

(68) 我想也有利于加拿大把它的经济发展速度的比例**稍微**
提高**一点**。(《人民日报》1993 年)

例(67)(68)的"几年""一点"都是概数。

可见,"稍微"修饰的数量结构中的数量成分也存在着范畴化
现象,"概数"是典型形式,"确数"是非典型形式。

"稍微"修饰的成分中大多数是概数,确数很少。这种情况的
出现,有着认知上的原因。因为"稍微"表示的程度是一个模糊
量,这就要求被它修饰的结构中的数量成分也应是一个模糊量,
即"概数",这样才能形成语义上的和谐。"稍微"修饰的结构中数
量为"确数"的应是一种后起用法,是类推泛化的结果。

3. 结语

综观全文,可以看出,"稍微"可以表示程度不深、数量不大和
时间不长,但主要表示程度不深,也就是说,表示程度不深是它的
主要意思,其他意思用的都很少。鉴于此,建议《现代汉语词典》
把"稍微"的释义改为"表示程度不深、数量不大和时间不长",这
样更符合语言实际。

"稍微"修饰的主要是[+可控]动词,[-可控]三分之一多一
点;被修饰的成分绝大多数是[+中性]的,[+积极][-积极]的
都极少;但"稍微"修饰的动词[+具体]义和[-具体]义的比例相

差不大。

句法上，"稍微"不仅经常用来修饰动词性成分，也常用来修饰形容词性成分，修饰介宾结构、方位结构的罕见。修饰的动词性成分可以是单个动词，也可以是动词性结构；单个动词可以是单音节的，但主要是双音节的；动词性结构可以是述宾结构、述补结构，也可是状中结构、主谓结构，但主要是述宾结构和述补结构，状中结构和主谓结构都很少或极少；述宾结构、状中结构和述补结构中以宾语、状语和补语为数量成分的最常见。

"稍微"修饰的形容词性成分可以是单个形容词，也可是形容词性结构；单个形容词可以是单音节的，但主要是双音节的；形容词性结构主要是述补结构，状中结构比较多，主谓结构极少。

"稍微"修饰单个动词、形容词，不但非常少，而且动词一般带"了/着"，形容词多带"的"等，这些情况是韵律规律的要求。因为"稍微"是双音节，构成一个自然音步，这样就与被它修饰的单音节动词或形容词形成一个"2＋1"结构，造成"左重右轻"，不符合汉语的韵律规律，动词带"了/着"或形容词带"的"等后，加重了动词、形容词的分量，动词、形容词得力独立，句子才得以成立。

"稍微"修饰的数量结构中的数量成分绝大多数是概数，确数的不太多，这与"稍微"的语义特点有直接的关系，因为"稍微"表示的是模糊量，能与概数形成语义上的和谐。

不管是语义上，还是句法上，"稍微"都存在着范畴化现象：语义上，表示"程度不高"的是典型意义，其他的是边缘意义；"稍微"修饰的动词[＋可控]的是典型成员，[－可控]的是边缘成员；被修饰的成分[＋中性]的是典型成员，[＋积极][－消极]的是边缘成员。句法上，"稍微"修饰动词性成分是典型用法，修饰形容词性成分是边缘用法；修饰动词性结构、形容词性结构为典型用法，修饰单个动词、形容词为边缘用法；动词性结构中，修饰述宾结构和述补结构为典型用法，其他的为边缘用法；形容词性结构中，修饰述补结构的为典型用法,其他的为边缘用法;"稍微"修饰的结构中的数量成分表示"概数"的是典型形式,表示"确数"的为边缘形式。

附注

① CCL 现代汉语语料库共 581,794,456 字符(5 亿多字),"稍微"共出现 3253 例,"稍为"422 例,其中 57 例"稍微"是词条之类,5 例"稍微"是有问题的例句(不完整或句法上存在问题),剔除这些,剩余 3613 例是本文统计、分析的对象。

② 本文统计的包括宾语、补语和状语中的数量成分,但不包括"一＋VP"和"一＋AP"中的"一",因为这些中的"一"并非真正表示数量。

参考文献

北京大学中文系 1955、1957 级语言班　1982　《现代汉语虚词例释》,北京:商务印书馆。

冯胜利　1997　《汉语的韵律、词法与句法》,北京:北京大学出版社。

郭姝慧　2001　试析副词"稍微"和"有点",《山西师大学报》(社会科学版)第 2 期。

侯学超　1998　《现代汉语虚词词典》,北京:北京大学出版社。

乐耀　2017　副词"稍微""多少"与量范畴的表达,《语言教学与研究》第 6 期。

吕叔湘　1965　语文杂记:"稍微"、"多少",《中国语文》第 4 期。

吕叔湘主编　1984　《现代汉语八百词》,北京:商务印书馆。

马真　1985　"稍微"和"多少",《语言教学与研究》第 3 期。

时卫国　1996　稍微＋形容词＋呼应成分,《山东大学学报》(哲学社会科学版)第 3 期。

时卫国　1998　稍微＋动词＋呼应成分,《枣庄师专学报》第 4 期。

杨彩影、石高峰、柴省三　2020　基于语料库的副词"稍微"的句法语义研究,《海外华文教育》第 2 期。

杨琳　2009　程度副词"稍微"和"多少"的句法语义比较,《襄樊学院学报》第 7 期。

张敏　1998　《认知语言学与汉语名词短语》,北京:中国社会科学出版社。

张谊生   2004 《现代汉语副词探索》，上海：学林出版社。

张谊生   2010 《现代汉语副词分析》，上海：上海三联书店。

中国社会科学院语言研究所词典编辑室   2016 《现代汉语词典（第 7 版）》，北京：商务印书馆。

非现实性视角下对
"再 P 也 Q"句式的分析

申慧敏　　古川裕
（大阪大学言语文化研究科）

0. 引言

现代汉语中表示假设让步的复句有两个典型的句式,如:

甲:即使(就是、就算、纵使、纵然、哪怕)P,也 Q。

乙:再 P(,)也 Q。

其中"P"和"即使/再"构成复句的前小分句,"Q"和"也"构成复句的后小分句,乙类句式还包括假单句①和紧缩复句的情况。

甲乙两类句式的共性是后小句中都有副词"也",所不同的是:甲类句式前小句用连词,该连词以"即使"为代表,还有"就是、纵使、哪怕"等;乙类句式的前小句中用副词"再"。

乙类句式可以被包含在甲类句式中,换言之,"再 P"能处于甲类句式中"即使"后面"P"的位置,"再 P 也 Q"可以在带有"即使"等有假设让步标记的复句中使用,如下例(1a)(2a),也可以独立作为一个假设让步复句使用,如下例(1b)(2b):

(1) a. **即使**脸皮**再**厚的人,假话说多了**也**要红脸。(巴金《随想录》)

　　b. 脸皮**再**厚的人,假话说多了**也**要红脸。

(2) a. 二小子不在家,大小子已经分开家另过光景,他没有
　　　依靠,只能自己一个人挣命刨挖。**即使**活路再紧张,
　　　他**也**不想麻烦少安。(路遥《平凡的世界》)

　　b. 二小子不在家,大小子已经分开家另过光景,他没有
　　　依靠,只能自己一个人挣命刨挖。活路**再**紧张,他**也**
　　　不想麻烦少安。

　　例句(1a)(2a)是乙类"再 P 也 Q"句式嵌在有假设让步标志
"即使"复句中使用的情况,如果将句中的关联词"即使"去掉,如
例句(1b)(2b),"再 P 也 Q"作为假设让步复句仍然成立。

　　通过上例(1)(2)中 a、b 句的对比可以发现,句式"再 P 也 Q"
中副词"再"的性质既不同于典型表程度义的副词,也不同于典型
的关联词。具体来说其特点体现在以下两个方面。首先,乙类句
式中"再"无法用其他的程度副词来替换,如:

(3)(即使)脸皮 * **更**/ * **最**厚的人,假话说多了也要脸红。

(4)(即使)活路 * **更**/ * **最**紧张,他也不想麻烦少安。

　　通过例句(3)(4)可以看出,虽然副词"更"和"最"也可以表示
程度,但是将"再 P 也 Q"中的"再"替换成"更"或"最",句子都是
不自然的。

　　其次,"再 P 也 Q"单独表示假设让步时,和仅仅作为关联词
的"即使""哪怕"等性质不同,"再"除了具有关联词的性质,还充
当句式中形容词或动词的修饰成分,如:

(5)从今往后,你们的日子长着呢,**再**甜的日子,**也**不可忘记
　　我们曾经有过的苦日子啊。(王旭峰《茶人三部曲》)

(6)你**再**解释,他**也**不会相信。(自拟)

(7)你**再**等,**也**是这么几个人。(自拟)

　　例句(5)(6)(7)都是"再 P 也 Q"表假设让步,其中例句(5)中
"再"修饰形容词"甜"表示程度,例句(6)(7)中"再"分别修饰动词

"解释""等"表达的意义是重复、持续。但在这一句式中,无论"再"用在形容词前还是动词前,和其他关联词相比,"再"都具有修饰作用。

围绕这些有趣的现象,本文将针对表假设让步的"再 P 也 Q"句式,以"再"修饰形容词时表程度义的句子为考察对象,讨论以下几个问题:该句式中"再"的本质是什么,和典型的程度副词以及关联词相比有何异同? 句式中"再 P"的语义功能以及和副词"也(都)"[②]的共现动因是什么?"再 P 也 Q"这一句式有怎样的语用效果?

1. "再"的本质

1.1 "再"的语义演变

关于"再"的语义演变,已有很多学者进行过讨论,主要观点如下:

史锡尧(1996)将"再"语义演变关系概括如下:

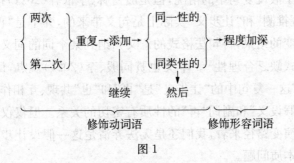

图 1

李秉震(2009)从认知的角度将"再"的语义演变路径概括如下:

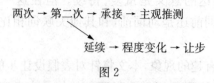

图 2

殷树林、李依轩（2021）在以往学者对"再"语义演变讨论的基础上，将"再"的语义演变路径概括如下：

图 3

以上三个关于"再"的语义演变图均是从历时的角度对"再"基本语义之间的发展关系进行概括，虽然发展路径有所不同，但有关"再"的基本义项具有一致性。李秉震（2009），如图2，提到了"再"表"主观推测"以及"让步"时的演变路径[③]，其中虽然关注到"再"用于假设复句中的情况，但是殷树林、李依轩（2021）指出，这一"主观推测"和"让步义"实际上是句义带来的，并不是"再"本身语义演变的结果，将句法格式的意义归纳到某个词的词义中这一处理方式缺乏合理性[④]。本文也赞同殷、李（2021）观点，认为"再P也Q"这一复句中的"让步义"是"再"和"也"共现、互相作用的结果，而"假设义"和副词"再"的性质有密切的关系。但仅仅从"再"的语义演变路径来看，我们还是无法弄清楚这一假设让步句式中"再"的本质问题。

并且，当"再"作为副词使用时，通常具有一定的语用特征。《现代汉语八百词》将其意义描述如下：

1）表示一个动作（或一种状态）重复或继续。多指未实现的或经常性的动作；

2）表示一个动作将要在某一情况下出现；

3）用于形容词前，表示程度增加；

4）"再"和否定词合用；

5）另外，又。

义项 1）和义项 2）中是"再"修饰动词的情况，一般是表示未来可能存在的或惯常性的动作和状态。义项 1）的使用也包括"再"在假设句中的使用，义项 3）是"再"修饰形容词的情况，其中也包含假设让步的使用。具体如以下例句：

(8) 别急，**再**坐一会儿！（吕叔湘《现代汉语八百词》）

(9) 今天来不及了，明天**再**回答大家的问题吧！（同上）

(10) 你（要是）**再**哭，小朋友**就都**不跟你玩儿了。（同上）

(11) （即使）天**再**冷，风**再**大，我们**也**不怕。（同上）

以上例句(8)(9)的"再"都是修饰动词用在祈使句中，虽然"再"的语义不同，但语义指向均为未来将要发生的事件；例句(10)修饰动词、例句(11)修饰形容词都是典型的假设句。仅仅从上述"再"语义演变关系来看，我们也无法讨论清楚"再"多用于将来时态，并且在表祈使、假设句式中使用频率高这一语用特征。⑤

1.2 "再"的虚化途径

从例句(8)—(11)来看，我们可以说"再"的使用条件符合非现实性(irrealis)的语义特征。非现实性(irrealis)是一个非常重要的语法语义概念，它既可以解释时态范畴(tense and aspect categories)的问题，也可以解释情态范畴(modality categories)的问题。⑥如例句(8)(9)的祈使句所表达的语义内容指向希望未来实现的事件，例句(10)(11)作为假设句所假设的条件以及结果表达在时态上指向未来，在事件的指向上是未定的，这些都符合非现实性的特征。而"再 P 也 Q"句式中，"再"既能充当副词修饰动词、形容词，又能充当关联词这一特征，是以非现实性为途径虚化的结果。这一虚化的阶段是"再"由数词语法化为副词的基础之上的进一步虚化，如：

(12) 一鼓作气，**再**而衰，三而竭。（左丘明《左传·庄公十
年》）

(13) 我们要学习、学习、**再**学习。（吕叔湘《现代汉语八百
词》）

(14) 还可以写得（比这）**再**精练些。（同上）

(15) 情况**再**严重，我们也能想法对付。（同上）

例句(12)是古汉语中"再"作为数词表示"第二次"，是对客观
情况的描述，例句(13)(14)中"再"作为副词使用，用于表示意愿、
祈使或假设的句式中。可以看出"再"使用的语境由现实性向非
现实性转变的趋势，而例句(15)中"再"具备副词和关联词两项功
能，也能说明副词"再"以非现实性的途径向副词兼关联词方向进
一步虚化，从而衍生出"假设义"。

我们认为从副词到兼词方向的虚化路径可以用非现实性范
畴这一原型范畴的典型性和非典型性来说明。非现实句的语义
特征可以概括为［未然］［未定］之间的析取关系。未来句、祈使
句、意愿句、义务句的语义共性是［未然］，不过不一定具有［未定］
的语义特征，属于时间层面上的限时义非现实句；假设句、条件句
和让步句可归属于认知层面上的推断义非现实句，一般具有两项
及两项以上的非现实性特征，是非现实句中的典型成员；而属于
时间域中的限时义非现实句的非现实性不如推断义非现实句典
型。⑦这一点也可由"再"的具体例句来说明，如：

(16) 回来一看，上午的实验许由根本就没准备，**再**过十五分
钟学生就要来了。（王小波《三十而立》）

(17) 后来还没看到。我还得点起灯来**再**看！（同上）

(18) 你们**再**打我**也**解决不了问题。（周国安《张权在逆境中
的不阿品格》）

(19) **再**艰难困苦**也**必须完成。（何炎年《我当潘汉年的地下

交通员》)

例句(16)—(19)从语义上来看都是非现实句。其中例句(16)是未来句、例句(17)是义务句,虽然都有[未然]的语义,但是事件状态都有确定性。而例句(18)(19)都是假设让步句,体现[假设][未然][未定]的非现实性语义特征。从以上的例句来看,在"再 P 也 Q"句式中,"再"作为兼词,其非现实性强于作副词,也能体现以非现实性途径虚化这一合理性。

并且,非现实性对时间域和认知域的提及,给我们提供一个从这两者关系出发去考虑"再"非现实性虚化途径的方式。沈家煊(1998)提及"隐喻"这一实词虚化的机制⑧,可以理解为从一个认知域到另一个认知域的投射(mapping)。而"再"以非现实性为途径的虚化也可以看作是由时间域到认知域的投射。这一投射既包括"再"修饰动词时表"添加""延续"义到"再"修饰形容词时表"程度"义的演变,也包括从体现以时间线为参考的动作、时间"增量"到主观认知上程度"增量"的发展。这在例句(16)—(19)中也得以体现。

因此我们也可以在"再"语义演变的基础上,对"再"的虚化途径进行进一步梳理:

表 1

发展阶段	① ② ③
词性	数词→副词→副词＋关联词－－→
语用特征	[已定]　[未然]　[未然][未定]
现实/非现实	现实客观性(时间域)→→非现实主观性(认知域)

注:①② 均表示"再"非现实性虚化阶段;
　③ 表示"再"作为兼词可能进一步发展的阶段。

"再 P 也 Q"中"再"的性质是表 1 中非现实性虚化第②阶段的结果,此时的"再"作为兼词所表现非现实性语义比起"再"单纯作副词时更加典型,非现实性虚化导致词性的改变也是"再"优于其他副词和关联词构成"再 P 也 Q"结果的原因。

2. "再 P"的未定性和任指性

前文论述了"再"通过非现实性的虚化途径由副词转变为具副词和关联词功能的兼词的过程。"再"通过虚化,［未然］［未定］［假设］的语义特征更为突出。"再 P 也 Q"句式中 P 的词性可以不一致,但是从量性特征看都表现为量幅而不是量点⑨,"再 P"在某一量幅范围内是不定的。我们以"再"位于形容词前的"再 P 也 Q"句式为例,对"再 P"的语义功能,以及"再"和"也(都)"共现的动因进行分析。先看以下例句:

(20) 财富再**宝贵**,也不能同生命相比。(昂苏尔•玛阿里《卡布斯教诲录》)

(21) **再穷也**不穷教育。(《人民日报》2000 年)

例句(20)(21)中的"再"都用于形容词前表示程度,但是"再

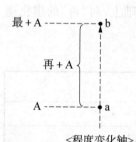

图 4

宝贵"和"再穷"并不能表示一个确定的程度范围或程度点,也就是说"再＋A"所表示的程度具有未定性和任指性,用图 4 表示如左:

"再＋A"反映在图 4 中所指的就是 a 到 b 这一程度区间范围内不确定的一点,即是一个非现实假设性的程度表达。"再"表程度时的这一未定性和任指性使"再"获得作为关联词的"假设义",这体现了"再"本身的非现实性。并且这一语义特征在"'再'字 NP"结构⑩的使用上也有所体现,如:

(22) a. 他是一位**最好的**演员。(古川 2009)

＊b. 他是一位**再好的**演员。

(23) a. 他不是**最好的**（φ）。（同上）

　　＊b. 他不是**再好的**（φ）。

(24) a. 你们话剧团里，**最好的演员**是谁？（同上）

　　＊b. 你们话剧团里，**再好的演员**是谁？

通过例句(22)、(23)和(24)的三组句子，我们发现"最"，除此之外还有"更/较/很/不"等程度副词所构成的名词性词组都具有指称性(referability)，均可指称实际存在的事物，而"'再'字 NP"结构所表示的名词性词组并不典型，一般不能在一个单句中直接充当主语或宾语，无法对事物进行具体的指称。

正是由于"再 P"结构的未定性和任指性，"再"在假设让步复句中使用时，后小句 Q 中通常需要有表示"类同"的"也"、表示"数量范围"的"都"，或"时间范围"的"总"与之共现①。这些共现副词的作用就是将"再 P"所指称的所有情况包括起来，符合语言表达的逻辑。

3. 再论"'再'字 NP"结构

3.1　充当句法成分的条件

我们知道"'再'字 NP"结构作为非典型的名词性词组一般不能在句中充当主语或宾语，但是如果有"也（都）"与之共现，则可以作为主语和宾语使用，如：

(25) **再好的笔也**经不住你这么使呀。（吕叔湘《现代汉语八百词》）

(26) 对不懂音乐的耳朵来说，**再昂贵的器材也**只是一种摆设。（《人民日报》1994 年）

(27) 甲：那些小偷啊，真不是东西。

　　乙：也别说，他们也够有本事的，你用**再结实的锁**，他**都**

　　根本不在话下,几下儿就能把锁弄开,比你拿钥匙开还快。(沈建华《汉语口语习惯用语教程》)

(28) 他就是欠了你**再**多的钱粮,你**也**不能去催要了。(史铁生《插队的故事》)

　　例句(25)(26)是同一类假单句,"'再'字NP"结构在句中充当整个句子的主语。例句(27)(28)是"'再'字NP"结构充当宾语的情况。通过例句我们发现"'再'字NP"结构充当主语或宾语的一个条件就是要有"也(都)"等副词与其共现。

3.2 "再"的功能发展

　　"'再'字NP"名词性词组之所以不能作为典型名词性词组使用,我们认为和"再"的语义演变以及非现实性虚化过程有密切关系。

　　从语义演变的过程来看,"再"和其他典型的程度副词相比,是从表重复、持续义修饰动词的副词演变而来的,其典型用法还是修饰动词,当"再"修饰形容词时我们可以称其为一类特殊的"假性程度副词"。

　　从句式特征来看,无论是在"'再'字NP"充当主语的假单句中,还是在"'再'字NP"充当宾语的复句中,"再+A"这一修饰成分都可以从原本的位置脱离变成主语或宾语后的谓语说明成分,成为一个典型的"再P也Q"假设让步复句,如:

(25) <u>再好的</u>笔**也**经不住你这么使呀。(吕叔湘《现代汉语八百词》)

(25') 笔**再好,也**经不住你这么使呀。

(26) 对不懂音乐的耳朵来说,<u>**再昂贵的**</u>器材**也**只是一种摆设。(《人民日报》1994年)

(26') 对不懂音乐的耳朵来说,**器材再昂贵,也**只是一种摆设。

(27) 甲:那些小偷啊,真不是东西。

乙：也别说，他们也够有本事的，你用**再结实的锁**，他都根本不在话下，几下就能把锁弄开，比你拿钥匙开还快。（沈建华《汉语口语习惯用语教程》）

(27')……**你用的锁再结实**，他都根本不在话下，几下儿就能把锁弄开，比你拿钥匙开还快。

(28) 他就是欠了你**再多的钱粮**，你**也**不能去催要了。（史铁生《插队的故事》）

(28') 他就是欠你的**钱粮再多**，你**也**不能去催要了。

从"再"的"假性程度副词"这一性质以及"'再'字 NP"中"再＋A"可脱离修饰成分的位置作主语或宾语的谓词成分构成典型的"再 P 也 Q"结构来看，也能在一定程度上推测图 4 中"再"的第③发展阶段，即可能逐渐接近程度副词的范畴。"'再'字 NP"名词性词组，以及与"再"相关的假单句可能只是"再"从"再 P 也 Q"（P 为形容词或形容词修饰成分）中的副词兼关联词属性发展为典型程度副词过渡阶段的一个句法上的形式。当然，第③阶段"再"由副词兼关联词朝典型程度副词的方向发展仅是基于当前语言事实之间关系的一个大胆的猜测。

4. "再 P 也 Q"的语用效果

上文对"再"以及"再 P"的语义功能进行了梳理，指出非现实性对"再"的虚化起到的助力作用，从语用效果来看，非现实性为"再 P 也 Q"这一假设让步句式的含义表达奠定了基础。

"再 P 也 Q"的表面语义是假设达到某种条件也不会出现非 Q 这一结果，实际的语用效果体现说话人对某一事件的主观观点，这些主观观点主要表现在以下几个方面：

1) 劝阻、建议、拒绝

(25) **再**好的笔**也**经不住你这么使呀。（吕叔湘《现代汉语八百词》）

含义：笔无论好坏，被你这样用都会坏掉。→你不要这样用笔了。

(29) 在天津火车站，他给我买了三兜包子递给我，我说："郑队长，我肚子**再**大，**也**塞不下。"（从维熙《鹿回头》）

含义：肚子多么大，也吃不了三兜包子。→不用给这么多。

2) 请求、提示

(30) **再**小的力量，**也**是一种支持。（CCTV 公益广告）

含义：无论力量的大小，都是支持。→请给予支持。

(31) **再**透明，我**也**是玻璃！**再**着急，**也**请慢慢走。（浦东机场公示牌）

含义：注意这里有玻璃。→不要着急，慢慢走。

3) 意愿、决心

(15) 情况**再**严重，我们**也**能想法对付。（吕叔湘《现代汉语八百词》）

含义：无论情况多么严重恶劣，都能想到办法应对→我们的决心很坚定。

4) 评介

(32) **再**聪明的机器，**也**比不上人的智慧和人的判断力。（《人民日报海外版》2004）

含义：机器虽然聪明→但是，比不过人类。

5. 结论和余论

本文以"再 P 也 Q"句式为讨论对象，首先基于"再"的语义演变和虚化途径分析了该句式中"再"的本质是副词兼关联词的词类性质。指出"再"性质的变化和非现实性的虚化途径有密切的联系,具体表现在词类、语义以及句法的各个方面。

　　本文着重讨论的是副词"再"经过非现实性的虚化途径,增添了"假设义",从而具备了关联词功能,进入兼词性阶段。另外,结合"'再'字 NP"名词性词组、假单句等语言事实,猜测"再 P 也 Q"中的"再"可能是由"假性程度副词"转型成典型程度副词的一个过渡阶段。虽然这一转型还没有具体的语言事实能够对其进行具体说明,但是从使用"再"的具体语境的语用特征来看,"再"由修饰动词和时间领域紧密联系,演变到"再"修饰形容词表示说话人主观认识领域的未定及任指对象这一虚化途径是可以确定的。

　　本文针对"再 P 也 Q"的句式的分析也有不足之处,比如在这一句式中,"再"修饰动词时一般还是表示持续或重复意义,此时的"再"是不是没有修饰形容词时的虚化程度高,或者说是和"再"修饰形容词时的语义演变互为两条不同的语义发展路径。关于这些问题,将另文讨论。

附注

① 古川裕(2009)曾主张如"再次的大夫也不会这么诊断"等,"再 NP 名词性词组"作主语的句子是假单句,即在句法形式上和单句基本相同,但在语义功能上和复句相同,并且可以转换为复句形式,如"大夫再次,也不会这么诊断。"此时"再+A"由假单句中的定语修饰成分转换为复句中的谓语说明成分。

② 古川裕(2009)指出除了"也"以外,其他副词也可共现在 Q 中,如"再好的朋友总有分手的一天""再好的东西都有失去的一天"等假单句。如将其变换为假设让步复句,没有副词"总""都"的话就不合法。

③ 李秉震(2009)指出"让步用法是从表程度变化的用法发展而来,当表程度变化的'再'不强调单向变化本身而只凸显变化后的状态时,让步的意义就产生了。有让步用法的'再'字句中,我们所关注的只是变化后的极端量,因此变化本身以及变化之前的性状并不凸显。"但该论文并没有对让步意义的产生过程进行具体的说明。"再"凸显变化后的极端量有一定道

理,但很难直接说明"让步义"是由此产生。

④ 马真(2016)也在讨论虚词研究方法论时指出,不应将句法格式的意义纳入到句法格式中某个词的词义之中。

⑤ 我们统计了《人生》(路遥著)、《三十而立》(王小波著)两部小说中"再"出现的情况,如下表:

	有效例句	语义指向未来	祈使、假设句式
《人生》	112 例	77 例(68.8%)	61 例("语义指向未来"中占比 79.2%)
《三十而立》	26 例	21 例(80.8%)	14 例("语义指向未来"中占比 66.7%)

- 有效例句不包含"再"为构词语素的句子。
- 除语义指向未来使用副词"再"的句子之外,"再"还用于表过去或现在的句子中,如以下例句:

1) 天津啊,那是到了天尽头了! 从此,我就**再**也没见我那心上的人儿!(路遥《人生》)

2) 她显然已经记不得他是谁了。是的,他现在穿得破破烂烂,满身大粪;脸也**再**不是学生时期那样干净,变得粗粗糙糙的,成了地地道道的农民。(路遥《人生》)

3) 下课以后班长、班干部、中队长、小队长争先恐后来找我谈话,然后**再**去向班主任、辅导员表功。(王小波《三十而立》)

4) 只要他一不注意,洗脸的毛巾就到浴室里成了共用的,大家都拿它擦脚。老姚把它找回来,稍微洗洗**再**用,结果脸上长了脚癣,偷他毛巾的就是他的助手王刚。(王小波《三十而立》)

上述例句 1)至 4)是"再"用于动词前分别表示"重复""持续"和"承接",但都不在"语义指向未来"的例句范围之内。

- 从上表的数据可知,"再"用于"语义指向未来"的句子的频率高,并且当语义指向未来时,多用于祈使、假设句式中。

⑥ 参考古川裕(2006)。

⑦ 参考张雪平(2012):现实句和非现实句的典型语义特征可以分别描写为:现实句:[现实性]=[已然][已定]([已然][已定]是共存关系);非现实句:[非现实性]=[未然]V[未定]([未然][未定]为析取关系)。并且,现实性和非现实性之间是一个连续统,是否是典型的非现实范畴成员主

要是看各类非现实句所满足的语义特征。假设、条件、让步等推断句满足
[假设][条件][未定][＋/(－)未然]，必定具备两项以上非现实性语义特
征；未来、祈使、祈愿、意愿、义务等现实句只能确保[未然]一项非现实性
语义特征，有些句子不能符合[未定]，甚至有较高的确定性，如"我明天再
去北京"。

⑧ 参考沈家煊(1998)"已发现的实词虚化机制有五种：隐喻、推理、泛化、和
谐、吸收"，本文重要提及的是"隐喻(Metaphor)"。

⑨ 参考李文浩(2010)。

⑩ 古川裕(2017)将"'再'字 NP"结构归为拟制名词性词组(pseudo noun
phrase)中的一类。

⑪ "也"在对举等部分情况下可以隐现，如"再穷不能穷教育，再苦不能苦孩
子"。

参考文献

古川裕　2006　关于"要"类词的认知解释——论"要"由动词到连词的语法
化途径，《世界汉语教学》第 1 期。

古川裕　2009　"再"字 NP 作主语的"假"单句，《汉语学习》第 5 期。

古川裕　2017　拟製名詞句"再好的演員"をめぐる日本語と中国語の对照
研究，《汉日语言对比论丛(第 8 辑)》，上海：华东理工大学出版社。

黄伯荣、廖旭东　2017　《现代汉语(增订六版)下册》，北京：高等教育出
版社。

李秉震　2009　从认知图示看"再"的语义演变，《语言教学与研究》第 4 期。

李凰　2009　"再 X 也 Y"的构式分析，《暨南大学华文学院学报(华文教学
与研究)》第 4 期。

李凰　2011　"再 X 也 Y"构式研究——"再"、"也"的影响，《语文知识》第
4 期。

李文浩　2010　"再 XP 也 VP"构式分析，《汉语学报》第 4 期。

吕叔湘　1999　《现代汉语八百词(增订本)》，北京：商务印书馆。

马真　2016　《现代汉语虚词研究方法论(修订本)》，北京：商务印书馆。

马真　2019　《现代汉语虚词二十讲》，北京：商务印书馆。

彭利贞　2007　《现代汉语情态研究》，北京：中国社会科学出版社。

申慧敏　2021　《形容词前"再"的语义功能研究——非现实性和程度
性—》，大阪大学言语文化研究科 2020 年度硕士论文。

沈家煊　1998　实词虚化的机制，《当代语言学》第 3 期。

史锡尧　1996　"再"语义分析——并比较"再""又"，《汉语学习》第 2 期。

石毓智　2001　《语法的形式和理据》，南昌：江西教育出版社。

邢福义　2016　《汉语语法学（修订本）》，北京：商务印书馆。

殷树林、李依轩　2021　"再"的词义演变动因，《语言教学与研究》第 2 期。

张雪平　2012　现代汉语非现实句的语义系统，《世界汉语教学》第 4 期。

东北方言表态程度副词"老"

曹秀玲　于　慧(上海师范大学对外汉语学院)

0. 引言

东北方言中,"老蹩了、挺老早的、这老些、费老劲"等生动表达形式很常见。目前学界对于程度副词"老"的专门研究尚不多见,相关研究多见于对东北方言语法系统或程度副词的描写和研究。相关研究如:曹曼莉(2009)运用三个平面语法理论分析东北方言形容词性和副词性程度词"老",祖迪(2012)讨论"老 X 了"的表达效果,张兆金(2014)和李雪莹(2017)讨论东北方言"很"类程度副词,其中包括"老"的语义特征和语法功能,鲁明芯(2017)分析黑龙江方言程度表达谈及"老",宋咏雪(2014)、张雷(2019)、王越(2020)讨论"老"的语用条件和影响因素。上述研究对本文富有重要启示,本文在此基础上讨论东北方言"老"的句法特点、表义倾向和情态表达功能。

1. "老"的句法分布

"老"同其他程度副词一样,可以修饰形容词性、部分动词性成分和少量名词。不同于其他程度副词的是,"老"与其他成分组合同时需要与"了"共现,还可以修饰不定量词"些"。同时,"老"还可以"嵌入"一些语法结构,形成独特的句法语义组合。下面分别加以考察。

1.1　"老X了"结构

1.1.1　修饰形容词性成分

陆俭明(2016:90)将性质形容词分为开放等级式形容词和封闭等级式形容词。开放等级式形容词没有明确标准或依靠具体语境才会获得标准,如"大/小、长/短、早/晚、深/浅"等。"老X了"结构对进入其中的形容词的感情色彩没有特别选择,根据说话人的预期和意愿有时表达偏离预期、事与愿违的"过于、过量"义。例如:

(1) 我们每天开会时间老早了。

(2) 今年双11优惠老小了,不如前几年力度大。

(3) 这头发给我剪得老短了,我都不适应了。

当说话人表达不含预期时,"老X了"单纯强调程度高,常有引发句和后续句相伴。例如:

(4) 我的书包老大了,什么都能装下。

(5) 我写的文章老短了,比兔子尾巴还短。

(6) 卡纸比刀都锋利,手指给我划得老深了。

上面例(4)(5)的后续句对前面表述加以因应,例(6)前一句交代背景信息,后面采用"老X了"结构。后续句和引发句多采用周遍和夸张表达手法,凸显程度之高。

封闭等级式形容词指有固定或者清晰标准的一类,如"碎、空、真、假"等。朱德熙(1956)称之为"绝对性质形容词",在意念上无程度或量的区别。张谊生(2000)提出,从语义关系的适用性来看,只有那些含有程度或者量度的词语才能被程度或者量度修饰。而在普通话中,绝对性质形容词有时也能受程度副词修饰。从认知语言学上看,原型范畴理论认为,客观事物在认知中的归类是模糊的,虽然客观世界中事物非真即假,但是在语言表达层面上,"真假"范畴之间仍然会存在界线的模糊性,为"真"和"假"之间的程度之分提供现实条件,最终在语言层面上通过程度词来体现。东北方言程度副词"老"也能修饰这类形容词,表示程度很深。例如:

(7) 我闺女不爱吃蔬菜,我把菠菜切得老碎了,放在肉馅里。

(8) 大家都过节去了,教室里老空了。

(9) 我真满十八岁了,老真了。

(10) 接完头发感觉老假了,整个头都不像自己的。

口语中,有些定中式复合词定语位置上的形容词性语素或区别词性语素本不可以被程度副词修饰,但当省略中心语且强调程度时,可以被"老"修饰。例如:

(11) 大哥,你都不知道我昨晚做的那个梦老噩老噩了。

(12) ——你是双眼皮吗?我看着咋像肿眼泡呢。

　　　——咋不是呢,你好好看看,我老双了。

1.1.2　修饰动词性成分

一般认为,除心理动词和能愿动词短语,其他动词不受程度副词修饰。例如:

(13) 发言的时候我老紧张了。

(14) 他这个人老会说话了,小嘴老甜了。

在东北方言中,很多动词短语都能受"老"修饰。例如:

(15) 这小孩老有礼貌了。

(16) 今天晚上这罐小咸菜老对我胃口了。

(17) 这忙我是帮还是不帮,老让人为难了。

(18) 这人真是老靠不住了。

以上例句中,"老"分别修饰"有NP"、"感觉"类VP、兼语短语和述补短语。这些短语均蕴含一定程度的量度义,搭配较为固定,不可随意类推。张谊生(2000)对程度副词与动词性短语组合现象有过详尽考察。

1.1.3 修饰某些名词

"老"修饰的名词包括一般名词和方位名词,前者学界讨论较多。研究认为,名词表示概念,若该概念能够激活人们认知域里的某一特征,则该名词可以受程度副词修饰,从而凸显该名词意义中的附加性质。例如:

(19) 你是没看见,她今天打扮得老淑女了。

(20) 即使我火气那么大,但还是表现得老绅士了。

上面例(19)(20)分别凸显"淑女"具有的"温柔、美好、贤良"和"绅士"具有的"优雅、谦和"等语义特征。

东北方言中的"老"还可以修饰方位名词"东、南、西、北、前、后",表示事物所在位置处于某一方位的一端。例如:

(21) 一小李家在哪儿?

一老北了,在黑龙江黑河。

(22) 一我怎么没看见小明啊?

一他坐得老后了。

除了单纯方位词,"老"也能修饰复合方位词"西北、东北"等。例如:

(23) 锅包肉和地三鲜这两样菜老东北了。

(24) 从面的粗细选择到取面方式,诶呀妈呀,老西北了!

1.1.4 修饰东北方言词汇

"老"经常修饰东北方言特有词汇,如"毙、盖、兴、事儿、带劲、埋汰、磨叽"等。例如:

(25) 一口米饭一口酸菜,老毙了!

(26) 这身行头,老盖了!

(27) 玩麻将玩上瘾了,这手气老兴了。

(28) 他老事儿了,啥不顺他心都不行。

(29) 这一身穿得老带劲了!

　　"老"还修饰由类后缀构成的附加式合成词,如"X 性/X 挺/X 乎/X 成"等,其中类后缀要轻读。"X 性/X 挺"所表词义带有一定的消极色彩,如"尿性、牲性""挤挺、呛挺、噎挺、闹挺"。例如:

　　(30) 这小子<u>老尿性</u>了,这么快就有房有车了!

　　(31) 这孩子<u>老牲性</u>了! 一发起火来谁也不认!

　　(32) 这床住两个人都费劲,<u>老挤挺</u>了。

　　(33) 别提了,<u>老闹挺</u>了,一宿都没睡着。

　　"X 乎/X 成"所表词义带有一定的积极色彩,如"喧乎、胖乎、肉乎""准成、老成、实成"等。例如:

　　(34) 阳台上新晒的被子<u>老喧乎</u>了。

　　(35) 我大侄子<u>老胖乎</u>了。

　　(36) 这人<u>老实成</u>了,我就爱跟他打交道。

　　上述东北方言词表意生动形象,带有浓郁的地方特色和不可替代的感情色彩。

　　作为程度副词,"老"与"了"组合表达程度夸张义,重在与听话人形成言语互动并感染对方获得认同感。看下面的一段对话:

　　(37) ——妈呀,那网上约的能准成吗?

　　　　　——咋不准成呢? <u>老准成</u>了! 现在年轻人都这么整!

　　　　　——真的? 那我也试试?

1.1.5　修饰不定量词"些"

　　东北方言中,程度副词"老"可以与不定量词"些"组合修饰名词短语,表示数量非常之多。例如:

　　(38) 其实我攒了<u>老些事儿</u>,一直没跟你说,有机会联系你。

　　(39) 我跟孩子<u>老些日子</u>没见了。

　　(40) 原先我那柜子<u>老些衣裳</u>了,后来胖了全穿不下了。

1.2　"老"嵌入其他结构

　　"老"除了作为程度副词构成"老 X 了"组合外,还可以嵌入否定副词或其他程度副词与修饰的谓词性成分之前。具体包括以下几种情况。

1.2.1　嵌入"否定词＋X"

东北方言中,少量性质形容词的否定形式,如"不少、不小、不早",能够嵌入程度副词"老",形成"不老少、不老小、不老早"。例如:

(41) 这么大一个行李箱,里面能装不老少呢!

(42) 岁数也不老小的了,还是赶紧结婚比较好。

(43) 天色也不老早了,早点回家休息吧。

张谊生(2015)提出,"不大、不太、不很"等是委婉的程度否定形式。不说"大"而说"不小",不说"晚"而说"不早",这些否定式本身就是委婉表达,再嵌入主观色彩较强的程度副词"老"进一步强化说话人的感情色彩。这类组合目前仅限于"不"与单音节形容词组合且有凝固化趋势。

1.2.2　"老"与其他程度副词共现

王力(1985:131)根据有无比较对象划分绝对程度副词和相对程度副词。张桂宾(1997)将"老、挺"归为次高级绝对程度副词,提出绝对程度副词语义上没有比较对象,仅以经验性的心理标准做出程度量幅上的判断,主观性比较强。东北方言中,"贼、死、可"与"老"同属绝对程度副词。此外,"这么"和"那么"表程度时,通常省略"么"且发生音变,说成"这([tʂən⁵¹])"和"那([nən⁵¹])"。张谊生(2000:28)提出,从相邻共现的角度看,同一种或不同种类的程度副词不能在同一层次上连续使用。然而,东北方言"老"与程度副词共现很常见,具体包括如下几种情况。

(一)"挺/贼/死/可/这/那老 X"作谓语

"老"置于其他程度副词之后形成"挺/贼/死/可/这(么)/那(么)老 X"结构(为便于称说,以下将"老"前面的程度副词统称为"y")。其中"挺/这(么)/那(么)"的使用频率远远大于"贼/死/可"。X 可以为动词性或形容词性成分。例如:

（44）他们家邻居的确<u>挺老招人烦</u>，上楼下楼从来不消停。

（45）这孩子<u>贼老气人</u>，说啥都听不进去。

（46）你别<u>死老不要脸</u>，赶紧还钱。

（47）我上次帮他弄过一次，<u>可老费时间</u>了。

（48）谁家垃圾就顺着窗户扔下来了，咋这<u>老缺德</u>啊！

（49）跟着他那<u>老受罪</u>，可苦了你了。

上面各例分别是"挺/贼/死/可/这/那"等程度词与"老"共现修饰后面的兼语短语、述宾短语和动宾式离合词。

语言事实表明，其他程度副词与"老"组合对其后 X 的表义倾向有选择作用，后面谓词性成分自身带有负面或不如意色彩，如上面例（44）—（49）。再如，形容词组合"挺老胖、贼老费劲、死老丑、可老难受、这老破、那老秃"等②。中性色彩形容词进入其中也会"染"上负面色彩。例如：

（50）晒得小腿<u>挺老黑</u>，大腿还挺白。

（51）这天儿<u>死老热</u>就算了，还湿的要命。

（52）烤冷面今天咋整得<u>这老咸</u>，吃完得一个劲儿地喝水。

（53）你说得<u>那老快</u>，我根本跟不上啊。

上面例句中的"黑、热、咸、快"等本无负面色彩，但与"y 老"共现后均呈现形状程度较高兼具负面色彩。

"挺/贼/死/可/这/那"与"老"共现是程度意义的重叠，程度越高负面色彩越明显。代词"这/那"在语境提示作用下表示程度，但仍具有较为明显的指示特征。有时其中的"X"为积极义形容词，但一般用于疑问句或者感叹句表示超预期或反预期。例如：

（54）她每天都够好看了，今天在台上惊艳了，咋<u>这老好看</u>？

（55）她每天邋邋遢遢的，今天咋<u>这老好看</u>？

上面例（54）和例（55）分别表示超预期和反预期。"y 老 X"不单纯表程度，删略"老"之后夸张和强调色彩虽然淡化，但程度义仍在。

1.2.3　"挺/贼/死/可/这/那老 X"作定语

"挺/贼/死/可/这/那老 X"作定语修饰名词性成分,与名词性成分之间出现数量成分,其中以"一量"最为常见。例如:

(56) 那天我给他发了<u>挺老长一段话</u>,我估计他也没听进去。

(57) 众所周知,老张是<u>贼老死性一个人</u>。

(58) 我去看房子了,<u>可老大一个楼盘</u>了,是沿湖别墅区。

(59) 他吃了<u>那老辣一盘卤味</u>,我估计现在嘴唇都在发麻。

上面结构中的"一量"常常省略数词"一"。例如:

(60) <u>这老大个北京</u>竟没有你的容身之处。

(61) <u>贼老大个盒子</u>就装这么点薯条,算是欺骗消费者了吧。

(62) <u>那老大个人</u>了,打针这种小事还呲牙咧嘴。

(63) <u>挺老好个事儿</u>,愣生生让你弄得一团糟。

"y 老 X"中 X 也可以只是"一量"结构,后面中心语承前或蒙后省略。例如:

(64) 我剪了头发,<u>挺老长一撮</u>。

(65) 地里的苞米都<u>挺老高一茬</u>了,今年必保是个丰收年。

(66) 他家裤子<u>死老贵一条</u>。

(67) 我妈在市场买的那些苹果都<u>可老大一个</u>。

(68) <u>挺老大一碗</u>只卖八块钱。

上面各例中名词性成分均出现在前文,"一量"之后没有中心语名词。

有时量词省略,"y 老 X"后面是"一名"组合。例如:

(69) 表面<u>挺老立正一小伙子</u>,实际上袜子都攒一起洗。

(70) <u>这老长一腿</u>,不跳舞可惜了。

(71) <u>贼老沉一辫子</u>坠得我脑瓜子快开瓢了。

(72) 被眉刀划了一下,<u>可老长一口子</u>呢。

(73) 他<u>死老抠一人</u>,回回掏钱费劲。

上面例(69)—(71)和(72)—(73)中"y 老 X＋一＋名词"分别充当话题和谓语。"y 老 X＋一＋名词"不单独成立,前面或后面有其他小句。"y 老 X"中 X 即使是积极色彩的,也因前后小句的因应被感染为负面的,如例(60)和(71)。

"y 老 X"中"X"可为"些","挺/可/这/那老些"仍表数量多,这类组合有凝固化趋势。例如:

(74) 你吃吧,我吃不下去了,已经吃了<u>挺老些</u>了。

(75) 昨天中午我吃了<u>可老些</u>了,今天一称还瘦了一斤。

(76) 是同一个妈妈生的,肤色怎么差<u>这老些</u>?

(77) 吃过<u>那老些</u>烤肉还是觉得在西塔吃的最好吃。

"挺/可/这/那老些"后面可加泛化量词"个"再修饰名词短语。例如:

(78) 这手也不知道一天搁哪受<u>这老些</u>个乱七八糟的伤。

(79) 河南春晚一下子上<u>那老些</u>个热搜。

1.2.4 "老"嵌入离合词

除了嵌入"不 X"和"yX"结构,"老"也可以嵌入某些离合词(主要是动宾式离合词)[22]。例如:

(80) 座便器都没有,水管也都在地上,后期得<u>费老劲</u>了。

(81) 我究竟什么时候才能不冲动?在这上面<u>可吃老亏</u>了。

(82) 这孩子天天让我<u>操老心</u>了/<u>上老火</u>了。

上面例句中"老"嵌入离合词内部做定语,也可以出现在离合词前面作状语。同类离合词再如"倒霉、缺德、坑人、愁人、享福、遭罪、上当、帮忙、争光"等。

动宾式离合词第二个语素多为名词性,可量化,处于数量多少的连续统上嵌入"老",表示数量多[23];离合词若处于程度高低序列上,则"老"可以出现在离合词前作状语,凸显程度高。"老"的分布受离合词构成成分和整体功能的制约[24]:没有程度之别的离合词前不能受"老"修饰,同样,不能量化的名词性语素前也不能出现"老",满足上述两个条件的离合词才既可以嵌入"老",同时"老"也可以出现在状语位置上。对比下面几个词项与"老"的组合情况：

词例	嵌入式（V 老 O）	作状语（老 VO）
费劲	＋	＋
发愁	－	＋
借光	＋	＋
结婚	－	－

1.2.5　嵌入"多（么）＋X"

"多（么）"可为疑问代词，询问或表示某种程度；也可以用在感叹句里，表达程度高。在东北方言中，"老"能嵌入"多（么）＋X"结构中，"多"通常音变为[tuo³⁵]，且音长变长，音强变强，"老"音长变短，音强变弱，形成独具特色的语音形式，表示程度更深或感叹语气更强烈。例如：

（83）虽然这条鱼看着也没<u>多老大</u>，但是重量还不轻呢。

（84）有<u>多老大</u>劲儿使<u>多老大</u>劲儿。

（85）——咱家这也没多大变化啊！

　　　——你才走几天啊，还想有<u>多老大</u>变化？

（86）你瞅瞅你那样，<u>多老</u>没出息！

以上例句，例（83）—（84）中，"多"为疑问代词表程度；例（85）"多"为疑问代词询问程度；例（86）"多"用于感叹句表程度高。

"X"有时为"些＋名词"。东北方言中，"多些"有固化倾向，用来询问"多少"或感叹数量之多⑧，"老"常常嵌入该结构，构成"多老些"。例如：

（87）你说营口这波疫情，耽误我<u>多老些</u>事儿！

（88）蒙古国给咱国送那些羊，能串<u>多老些</u>羊肉串啊！

(89) 你看看人家穿多<u>老些</u>,你看看你!

2. "老"的语义和语用表达倾向

2.1 "老"的语义色彩选择

"老"作为程度副词,不单纯表示程度,而是凸显伴随高程度的情态表达功能。"老"多出现在口语中,带有鲜明的夸张和渲染色彩,重在向"不知情"的听话人"宣介"。语音面貌相应地也有所改变:"老"([lau²¹⁴])通常是全句的重音所在:从音值上看,发音时元音[a]发音位置靠下靠后,元音[u]发音位置靠上靠后,使复元音[au]音程变长,音强变强,导致舌尖中音[l]滑向复元音的距离远,整个发音过程变长变重。例如:

(90) ——那条裙子你穿上'<u>老漂亮了</u>。

——是挺好看,就是太贵了。

(91) ——昨天那场电影'<u>老没意思了</u>。

——可不咋的,题材我不喜欢。

"老X了"中,X没有特别的感情色彩限制,以感叹形式强调程度高;"y老X"中,X带有明显的负面表达倾向,即便带有积极色彩也因前后小句的因应被取消(例见前文)。二者均表达说话人主观判断上的高程度量。

2.2 "老"的交互主观性

"老"与"了"组合夸张的语音面貌使表达具有超强感染力,令听话人感同身受。例如:

(92) 被蚊子咬得<u>老痒了</u>,快帮我挠挠。

(93) 那个女的<u>老能整事儿了</u>,咋咋呼呼的。

(94) 听说那家饭店的锅包肉<u>老好吃了</u>,咱们哪天去尝尝。

上面例(92)强调个人主观感受,例(93)和例(94)分别是对谈论对象和菜品的评论,后续句对上文夸张表达给予"应援"。因此,无论是正面还是负面评价均带有很强的感染力,旨在说服和感染听话人,从而影响对方判断或赢得对方认同,使其根据自身立场对说话人情感指向进行理性回应。因此,商场和网络直播间"老 X 了"使用频率很高,"X"自然为积极义形容词。例如:

(95) 这枕头老软乎了,买给小孩子准没错!

(96) 新款 ipad 是真好,这屏幕,用着老得劲了!

(97) 咱家螺蛳粉你们就放心吃吧,味道老正了!

(98) 新上的这款鞋,走一天路都不会累,老舒服了!

吴福祥(2004)认为,语言不光能表现人的主观性,还经常可以用来表现言语者之间的交互主观性(intersubjectivity)。㉖沈家煊(2001)指出,在言语交际中,无论是听话者还是说话者,每个参与者都是言语主体,说话者不仅表达自己主观意愿,还关注听话人感受,这就是话语中的交互主观性。

与推销时程度夸张的"老 X 了"以褒义形容词为主,"y 老 X(的)"则以负面表达为主(例见前文),二者形成鲜明对照。看一组例句:

(99) 贼老陡个坡儿,你一个新手就别尝试了!

(100) 可老费劲个事儿,我都不愿意帮他弄。

(101) 这老难个故事给小孩讲,听得懂吗?

(102) 那老破个楼根本没人买,就是烂尾楼。

上面例句中前半部分为"y 老 X+量+名",后续句则是根据这一负面倾向,劝阻对方或对事物追加负面评价。

"y 老 X"作谓语后面需要加"的",表达说话者的主观确认立场。㉗例如:

(103) 谁愿意去啊? 挺老早的。

(104) 贼老招人烦的,离他远点最好。

(105) 死老贵的,我不买。

(106) 可老费劲的,我才不想帮他办。

上面例（103）—（106）中，"挺/贼/死/可老 X 的"作为先行句或者后续句，用来交代背景信息或解释原因，表明说话人不情愿和不喜欢的态度。与"老 X 了"不同，前者可以是积极的也可以是消极的，"挺/贼/死/可老 X 的"只能是消极负面的，因此后续句多表劝阻、拒绝或否定。

吕叔湘（1999：162）提出，"的"可以用在句子末尾，表示一定语气。[28]姚双云（2015）认为语气助词"的"具有表达话语立场的作用，是立场标记范畴，可以与其他词汇手段或者句法手段联合使用共同表达言者的话语立场。[29]"y 老 X 的"中，"的"作为完句成分，起到确认负面表达的作用。

3. "老"表态功能的形成机制

东北方言程度副词"老"因其独特的句法语义表现引起学界关注，嵌入用法更是其他程度副词所不具备的：删略"老"后结构语义色彩有别；置于动宾式离合词前面或嵌入动宾之间结构表义有别。"老"的这种语义语用调节作用，源于"老"句法语义功能的历时演变及相应的功能迭代效应。《说文解字》释"老"为"考"，七十曰老。[30]"老"本义为"衰朽"，人到七十的状态叫"老"，后表示"年龄大"，再演变为与"陈旧、时间久、程度深"等义项相关的情感评价。[31]例如：

（107）他成天骑个老（破）洋车子，这里窜那里跑的。

（108）拎个老（破）皮箱成天往哪飞啊？

（109）他总戴个老（破）墨镜，嘚嘚瑟瑟的。

（110）天天啃个老（破）苞米，那玩意有啥可吃的？

上面各例"v 个老（破）N"结构中，"N"为人们生活息息相关的物品，"破"并非"受过损伤的，破烂的"义，而是"讽刺事物或人不好（含厌恶意）"[32]，带有明显的感情色彩，而"老"也并不表示"年龄大""原来的""旧的"等性质义,同样表达说话人对陈述对象的负面评价,指所评论行为是"多余的、故意做作、夸耀的",带有厌恶色彩。其中"破"不出现,"v个老 N"结构中依旧带有这种负面倾向。

"老"表程度高常伴随重音是语言象似性的表现。单用的"老"并无语义色彩选择倾向,但与其他成分组合后出现功能分化:"老"与"了"组合表感叹,"y＋老＋X(的)"组合表负面评价。无论其中 X 是何种语义色彩,受"y 老"修饰后,均表达"程度过量"的负向语义色彩。

为什么程度表达叠用不表"程度高量"而表"程度过量"呢?首先,程度词叠加之后,不仅表程度而且增加了感情色彩,如"挺老难"与"挺难"相比,后者为客观陈述,前者则带有主观评价色彩;其次,所谓"过犹不及",程度过量会导致负面评价。语言表达时带有说话人的一定标准和预期,超过这个范围便会向负面发展。这一点正如汉语许多重叠形式恰恰表达程度过量的负面色彩,如作为应答语的"行、行、行/对、对、对/好、好、好"有时带有"不耐烦"的意味。再如,东北方言特有程度副词"贼拉/死拉","拉"从某种意义上可视为是羡余词缀,与"贼/死"共现也使得整个程度副词带有负面色彩。

"老"作为东北方言程度副词,具有生动传神的情态表达功能,一些用法已进入普通话并收入《现代汉语词典》,显示出独特的语言表现力。

附注

① "老"不与"了"共现为频率副词用法,对比"我老紧张了"和"我老紧张"。东北方言中"诚"表程度也必须与"了"共现,但出现频率没有"老"多,用法也相对单纯。

② 陆俭明、沈阳(2016:90):《汉语与汉语研究十五讲》,北京:北京大学出版社。

③ 碎：零星；不完整；空：里面没有实际东西或者内容；真：真实，与"假、伪"
　　相对；假：虚伪的，不真实的，伪造的，与"真"相对。
④ 朱德熙(1956)：现代汉语形容词研究，《语言研究》第 1 期。
⑤ 张谊生(2000：28)：《现代汉语虚词》，上海：华东师范大学出版社。
⑥ 田祥胜(2012)：《试论绝对形容词》，浙江师范大学硕士论文。
⑦ 张谊生(2000：31)：《现代汉语虚词》，上海：华东师范大学出版社。
⑧ 陆俭明(2013：274)：《现代汉语语法研究教程》，北京：北京大学出版社。
⑨ 实际上，东北方言中"老"与不同单音节方位词组合概率不同，"南/北"高
　　于"东/西"。
⑩ 这两例中的"老西北了"和"老东北了"是有歧义的，还可以指生活在东北
　　和西北地区很长时间的人。
⑪ 各东北方言词语意思分别为：毙：表示让其他相较者"斜歪着身体倒下
　　去，接着断了气儿"；盖：表示压倒、超过，盖过其他相较者；兴：表示幸运；
　　事儿：表示过分挑剔；带劲：表示有力量，有活力。
⑫ 方言词语"埋汰"和"磨叽"已进入普通话。
⑬ 尿性：东北方言，形容一个人性格鲜明，有个性、有脾气，有时可引申为
　　"厉害"，褒义，多以戏谑口吻出现；牲性：东北方言，形容一个人的血性如
　　野兽一般。
⑭ 喧乎：形容质地松软、富有弹性。
⑮ 实成：形容很诚实或者身体强壮。
⑯ 张谊生(2015)：汉语否定的性质、特征与类别——兼论委婉式降格否定
　　的作用与效果，《汉语学习》第 1 期。
⑰ 王力(1985：131)：《中国现代语法》，北京：商务印书馆。
⑱ 张桂宾(1997)：相对程度副词与绝对程度副词，《华东师范大学学报》第
　　2 期。
⑲ 《汉语方言大词典》(2020)将"死"和"可"均归为程度副词，无比较项，为绝
　　对程度副词，前者表示程度达到极点，多含有贬义色彩，如"死埋汰"；后者
　　表示极高程度，积极、消极感情色彩均可，如"可难受了"。
⑳ 张谊生(2000：28)：《现代汉语虚词》，上海：华东师范大学出版社。
㉑ "这/那"与"老"组合表程度时，有时不表负面色彩，而是指示程度，此时常
　　伴随手势提示。
㉓ "老"主要嵌入动宾式离合词，也有个别动宾短语和非动宾式离合词嵌入
　　"老"的情况，例如"后老悔了"和"耽误老事儿了""合老适了"。
㉔ 东北话中还有"老鼻子"的说法，表示"多极了"，如"街上老鼻子人了"。

㉕ "老"之所以可以出现在两个位置，是因为"老"作定语可以表示数量多，如"周日外滩人老了。""我这个月事儿老了。"

㉖ 例如："我这个月给你多些钱你才够花？""—我今天自己就吃了 22 个饺子。—什么？多些？22 个？你不撑挺啊！"

㉗ 吴福祥（2004）：近年来语法化研究的进展，《外语教学与研究》第 1 期。

㉘ 不过"这/那老 x"后一般不出现"的"。

㉙ 吕叔湘（1999：162）：《现代汉语八百词》，北京：商务印书馆。

㉚ 姚双云、雷曦、朱芸、高娟（2015）：澳门中文与"的"相关的若干语法变异，《云南师范大学学报》第 1 期。

㉛ 许慎著，谦德书院注译（2020）：《说文解字》，北京：团结出版社。

㉜ 中国社会科学院语言研究所词典编辑室（2018：781）：《现代汉语词典》，北京：商务印书馆。

㉝ 中国社会科学院语言研究所词典编辑室（2018：1013）：《现代汉语词典》，北京：商务印书馆。

参考文献

安慧敏　2019　《"不＋程度副词＋X"格式的弱化否定研究》，上海师范大学硕士学位论文。

曹曼莉　2009　《东北方言中程度词"老"的研究》，江西师范大学硕士学位论文。

李雪莹　2017　《东北方言"很"类程度副词的研究》，吉林大学硕士学位论文。

刘丹青　2008　《语法调查研究手册》，上海：上海教育出版社。

刘宇　2015　《哈尔滨方言语法现象研究》，吉林大学博士学位论文。

陆俭明、沈阳　2016　《汉语与汉语研究十五讲》，北京：北京大学出版社。

陆俭明　2019　《现代汉语语法研究教程》，北京：北京大学出版社。

鲁名芯　2017　《黑龙江方言程度表达研究》，牡丹江：牡丹江师范学院。

吕叔湘　1999　《现代汉语八百词》，北京：商务印书馆。

吕叔湘　2018　《中国文法要略》，北京：商务印书馆。

宋咏雪　2014　东北方言程度副词"老"的新研究，《长春大学学报》第 9 期。

沈家煊　2001　语言的"主观性"和"主观化"，《外语教学与研究》第 4 期。

田祥胜　2012　《试论"绝对性质形容词"》，浙江师范大学硕士学位论文。

王力　1985　《现代汉语语法》，北京：商务印书馆。

王越　2020　《沈阳方言语法研究》，上海师范大学博士学位论文。

吴福祥 2004 近年来语法化研究的进展,《外语教学与研究》第 1 期。

许宝华、宫一天郎 2020 《汉语方言大词典》,北京:中华书局。

许慎 2020 《说文解字》,谦德书院注译,北京:团结出版社。

姚双云、雷曦、朱芸、高娟 2015 澳门中文与"的"相关的若干语法变异,《云南师范大学学报》第 1 期。

祖迪 2012 试析东北方言中"老……了"结构,《牡丹江大学学报》第 10 期。

张桂宾 1997 相对程度副词与绝对程度副词,《华东师范大学学报》第 2 期。

张雷 2019 浅析黑龙江方言"老"的用法及其影响因素,《语言文字学术研究》第 17 期。

张旺熹、李慧敏 2009 对话语境与副词"可"的交互主观性,《语言教学与研究》第 2 期。

张谊生 2000 《现代汉语虚词》,上海:华东师范大学出版社。

张谊生 2015 汉语否定的性质、特征与类别——兼论委婉式降格否定的作用与效果,《汉语学习》第 1 期。

张兆金 2014 《东北方言程度副词研究》,东北师范大学硕士学位论文。

中国社会科学院语言研究所词典编辑室 2016 《现代汉语词典》,北京:商务印书馆。

朱德熙 1956 现代汉语形容词研究,《语言研究》第 1 期。

朱德熙 1982 《语法讲义》,北京:商务印书馆。

Langacker, R. W 1990 *Subjectification*. Cognitive Linguistics, 1: 5 - 38.

Stein, D. & S. Wright 1995 *Subjectivity and Subjectivisation*. Cambridge: Cambridge University Press.

Traugott E. C. *Subjectification in Grammaticalization*. In Stein, D. & S. Wright 1995 *Subjectivity and Subjectivisation*. Cambridge: Cambridge University Press, 31 - 54.

评价性构式"X就X在Y"及"就"和"在"的整合定位功能[*]

陈昌来　朱　皋(上海师范大学对外汉语学院)

0. 引言

　　"输就输在心太软""妙就妙在谁都不知道上"这类"X就X在 Y"结构,此前已经有不少研究成果,如赵静贞(1986)、胡习之(1989)、赵曼(2003)、宛新政(2006)、陈颖(2014)等。过去的研究大多着眼于句法、语义、语用三个平面的研究视角;陈颖(2014)则是从构式语法出发,认为构式"A就A在X"具有主观评定、传信等多种功能。总起来看,过去的研究主要是基于静态视角,缺乏从动态或互动视角来认识该构式。本文将从整合和凸显的角度来进一步探讨"X就X在Y"构式义的形成条件,从而揭示构式形成的动因和机制。

---

　　* 基金项目:国家社会科学基金重大项目"中国语言学史"(分类多卷本)(16ZDA206);国家社会科学基金青年项目"汉语语篇意义整合的机制和手段研究"(18CYY045)

1. "X就X在Y"的构成

"X就X在Y"是现代汉语中一个常用的表达式,其中"X"为形容词性成分和动词性成分。例如:

(1) 许三观后来觉得自己确实干了一件傻事,<u>傻就傻在给林芬芳送什么肉骨头黄豆</u>,那么一大堆东西往桌子上一放,林芬芳的男人再笨也会起疑心。(余华《许三观卖血记》)

(2) 那些不声不响的尸首还吓不着人,<u>糟就糟在挂彩带伤的身上</u>,有些走劫运,刚翻进长墙就被枪火灌上了!(司马中原《狂风沙》)

(3) 红旗在地上睡了一夜。一间卧室一间起居室,窄窄小小的房子,<u>睡就睡在"榻榻米"上</u>,被褥在拉隔里。(胡小胡《太阳雪》)

(4) 再说那时哥儿们也不心齐,你打重,他打轻;你打东,他打西,这里下手狠点,那里要讲政策,妈的,<u>毁就毁在窝里哄</u>。(李国文《冬天里的春天》)

从以上例句中可以看出"X就X在Y"结构可以分为两类:一是"X"由形容词性成分充当,如例(1)(2)的"傻"和"糟";二是"X"由动词性成分充当,如例(3)(4)的"睡"和"毁"。不过,由动词性成分充当的"X就X在Y"结构实际上存在两种意义,如例(3)表示的是动作或行为发生的地点,"榻榻米"是"睡"的处所;例(4)表示的是动作或行为发生的原因,"窝里哄"是"毁"的原因,例(4)跟例(1)(2)表达的意义一致。本文暂不讨论表示动作或行为发生地点的"X就X在Y"结构,如"吃就吃在他家""写就写在废纸上"等。

表示原因的"X就X在Y"是一种图式性构式,由变项"X""Y"和常项"就""在"构成,其中前后两个"X"形式上相同,或均为

形容词性成分,或均为动词性成分。例如:

(5) 胡雪岩说:"先说我一帆风顺,不过到时候要收篷。啥时候呢?'帆随湘转处',<u>灵就灵在这个'湘'字上</u>,是指左大人;到左大人不当两江总督了,我就要'下坡骏马早收缰'了。"(高阳《红顶商人胡雪岩》)

(6) 可是没有!<u>惨就惨在这里</u>,没有!吴为又如何能够心安理得地面对这个由她残害,而又没有了救赎之道的女儿呢?(张洁《无字》)

(7) 冯文修:"你与他们同归于尽,你们家女儿呢?没爹没娘,百慧往后可咋个办?"牛爱国抱头哭了:"<u>我发愁就发愁在这一点。</u>"(刘震云《一句顶一万句》)

(8) 对付这等主儿,你不放出那轻狂风骚的骚劲儿,把他捞拨得爱又不是,恨又不能,丢不开,放不下的,还能指望他死心塌地娶你?妹妹,你<u>输就输在太文静服帖,一本正经</u>呢!(刘斯奋《白门柳》)

例(5)(6)中的"X 就 X 在 Y"结构前后两个"X"都是相同的形容词性成分;例(7)(8)中的"X 就 X 在 Y"结构前后两个"X"都是相同的动词性成分。从形式上看,前后两个"X"确实是相同的,刘鹏(2012)认为"X 就 X 在 Y"是拷贝式结构,陈颖(2014)认为"X 就 X"是"回声拷贝式",这里的拷贝指的即是"X"的拷贝。但是,形式上相同的"X"就是同一性质的"X"的吗?"X 就 X"是通过拷贝而形成的吗?关于这些问题笔者另有看法,下文将进一步解释与说明,这里先讨论变项"Y"的情况。

在"X 就 X 在 Y"中,变项"Y"的情况比较复杂,指示代词、方位短语、名词、名词性短语、动词性短语、小句甚至是复句都能进入该结构。例如:

(9) 那么战争结束了,一旦结束之后,他不再担任师长,就面临退回原来的少校军衔的窘地——从准将退回到少校这

个反差太大了！麦克阿瑟<u>怕就怕在这儿</u>。(马骏《麦克阿瑟》)

(10) 德布雷答道，"这套衣服剪裁得很合体，而且也很新。""我觉得<u>糟就糟在这一点</u>上。那位先生看来像是平生第一次穿好衣服似的。"(大仲马《基督山伯爵》译文)

(11) 虽然口袋里没钱，但他们心里有"底"，这个"底"来自他们的知识、经验和社会关系的积累。巴腊屯<u>穷就穷在观念</u>。(《人民日报》2003年)

(12) 人际交往<u>妙就妙在距离的美感</u>。水中望月，雾里看花，隔帘观美人，深山探珍宝。一切迷人的魅力，莫不在于神奇的距离效应。(《微博》BCC语料库)

(13) 我一时灵机一动，采用了鲁迅先生的办法，含糊答曰："唔！唔!"谁也不知道"唔，唔"是什么意思。<u>妙就妙在谁也不知道是什么意思</u>。(季羡林《喜鹊窝》)

(14) 要是这样的羞辱能解救她反倒好了。<u>惨就惨在她的伤痛是这样的羞辱既不能动摇，也不能摧毁的</u>。(张洁《无字》)

例(9)中的变项"Y"由指示代词"这儿"充当，当变项"Y"为指示代词时，通常为表示近指的指示代词；例(10)的"Y"是"这一点上"，即由"Np＋上"构成的方位短语充当；例(11)的"Y"由名词"观念"充当，由名词充当的"X"大多能和方位词"上"构成如例(10)中的"Np＋上"结构；例(12)的"Y"为名词性短语"距离的美感"；例(13)的"Y"为小句"谁也不知道是什么意思"；例(14)中的"她的伤痛是这样的羞辱既不能动摇，也不能摧毁的"是由两个分句构成的复句形式，并且包含关联词。

"X就X在Y"构式中的常项是"就"和"在"。关于"X就X在Y"中"就"的作用或功能，赵静贞(1986)、刘鹏(2012)、陈颖(2014)等都曾讨论过。赵静贞认为"X就X在Y"中的"就"关联同一谓词,表示假设关系,相当于"如果……就";刘鹏认为副词"就"是语气情态标志,语气肯定且态度坚决,具有很强的主观色彩;陈颖认为"就"意味着承接上文,表示加强肯定。我们认为"就"具有整合和限制两种功能。"X 就 X 在 Y"实际上可以看作由"X"和"X 在 Y"两个部分构成,"就"实质上具有把结果和原因整合为单句的功能,"就"前面是对某事物或状况的评定,后面是释因,通过"就"整合成一个评价性构式,"就"还有限制范围的作用。因为"评定"的原因或理由形成了一个集合,"就"限制的是其中一个原因范围。例如:

(15) 总而言之,男性等于讨厌的东西,就是这么一个公式呢,难办就难办在这个先入为主的公式上了。(今野绪雪《圣母在上》)

(16) 这就是人性的高贵,我经常讲人是生而高贵的,他高贵就高贵在他有一种超越自我的一种内在的天然的冲动。(冷成金《从文化视角看几首唐诗宋词》)

以例(15)为例,"难办就难办在这个先入为主的公式上了"的"难办₁"是对上文"男性等于讨厌的东西,就是这么一个公式呢"的评定,"难办在这个先入为主的公式上了"则是释因,二者通过整合标记"就"整合成"X 就 X 在 Y"结构,同时"就"起到限定原因范围的作用,如例(15)中"就"将原因范围限定在"这个先入为主的公式上"。再如例(16),"高贵₁"是对"人是生而高贵"的判定结果,"高贵在他有一种超越自我的一种内在的天然的冲动"是对"高贵"的限定性释因。此前学者们还认为肯定的态度是由于"就"的作用,其实不然。我们认为肯定的态度与说话人凸显释因有关,由于说话人有了评判的理由,从而加强了说话人肯定的态度。

"在"在现代汉语里可表示多种语法意义,如表示时间、处所、范围、条件等等。我们认为"X 就 X 在 Y"中的"在"表示定位,属于处所义的引申。构件"在"的功能在于对原因的定位,该定位属于心理空间位置的定位。现实世界中原因和结果常常不是一一对应的,可能是多种原因造成一种结果,也可能是一种原因造成多种结果,而"X 就 X 在 Y"则属于多因一果型。多种原因实际上就形成一个原因的集合,这个集合相当于一个心理空间范围。说话人用"在"定位其所倾向的那一个原因并予以凸显,可以说"在"的心理空间位置定位功能是表示空间位置的"N/V 在 L"构式的功能投射,其中的一个证据就是"X 就 X 在 Y"结构中的"Y"可以由表示地点的指示代词、方位短语充当。所以我们认为"X 就 X 在 Y"中"X 在 Y"的原型是表空间义的"N/V 在 L"构式。例如:

(17) 这个肉夹馍贵就贵<u>在料上</u>,馍外面一层烤得脆脆的,里面一层软软的,咬起来筋道。(《微博》BCC 语料库)

(18) 12 月份,天气最低的时刻应当是黎明前的四五点钟,但昨天的天气一反往常:早上 8 点前,气温为摄氏 3.2度;白天气温没有回升,反而持续下降。阵阵寒风让上海人再次体会到"冷就冷<u>在风里</u>"。(《文汇报》2001 - 12 - 14)

(19) 我打不开这东西,那要用特殊的钥匙来开,<u>那把钥匙在出纳身上</u>,他要到九点钟才来。(阿尔弗莱德·希区柯克《希区柯克悬念故事》译文)

(20) 有一次我曾经问过王立强:"你什么时候送我回去?"当时王立强和我一起<u>走在傍晚的街道上</u>,他拉着我的手,<u>走在夕阳西下的光芒里</u>。(余华《在细雨中呼喊》)

通过例(17)(18)"X 就 X 在 Y"与例(19)(20)"N/V 在 L"中"Y"与"L"的对应关系比较,我们认为"X 就 X 在 Y"结构整合了现代汉语中表示空间位置的"N/V 在 L"构式,并且结构形式没有发生改变,只是进入的词汇项类型改变了。具体表现为:名词不能作为 X 进入"X 就 X 在 Y"结构,性质形容词可以进入;进入该结构的"Y"的范围扩大了,不局限于方位名词。关于"X 就 X 在 Y"的词类准入情况,上文已经举例论述过,可以很清楚地看出"X 就 X 在 Y"与"N/V 在 L"词类准入的变化情况。从"N/V 在 L"到"X 在 Y"的变化,本质上是通过隐喻机制,使得不同概念域之间产生投射:

"N/V 在 L"(现实空间)──→"X 在 Y"(心理空间)

2. "X 就 X 在 Y"构式义的形成条件

Goldberg(1995)对构式的定义是"当且仅当 C 是一个形式意义的配对<Fi, Si>,且形式(Fi)的某些方面或意义(Si)的某些方面不能从 C 的构成成分或从其他已有的构式中得到严格意义上的预测。"换句话说,只要其形式或功能的某些方面不能从其组成部分或其他已经存在的结构中得到完全预测,就可以被看作是一个构式。"X 就 X 在 Y"作为一个构式,其构式义可以概括为"说话人对某个事物或状况的评价,并凸显评价的原因"。例如:

(21) 丹珏点了几样点心:生煎馒头,蟹粉小笼包,萝卜丝饼,豆浆。锦江的点心贵就贵在每样点心都比别家小一半,丹珏嘻哈着评价。(严歌苓《陆犯焉识》)

(22) "可是,妈妈在世的时候……""是呀,那时候真好啊! 什么都好! 如今什么都不行了!""太放肆了──糟就糟在这儿!"安努什卡简短而激烈地下断语道。(谢德林《波谢洪尼耶遗风》)

例(21)和例(22)中"X 就 X 在 Y"的构式义不是其构成部分意义的简单相加,并且其凸显原因的功能也不能从其组成部分中得到完全预测。我们之所以认为"X 就 X 在 Y"构式表示说话人对某个事物或状况的评价,依据是在上下文语境中常常有指称"X 就 X 在 Y"构式的成分,如例(21)中的"评价",例(22)中的"断语"

等都和上文中"X 就 X 在 Y"的构式义相照应。

"X 就 X 在 Y"的评价义是如何形成的？我们认为"X 就 X 在 Y"的构式义形成主要有以下三个条件。

2.1　构件"X"的贡献

构式"X 就 X 在 Y"具有评价义,主要和进入该构式的"X"有关。通过对 BCC 语料库中的语料统计,发现能够进入该构式的"X"通常情况下为谓词性成分,其中动词有 11 种,形容词有 79 种,动词使用频率最高的是"输",用例为 29 条,形容词使用频率最高的是"错",用例为 221 条。限于篇幅,下面仅选取使用频率排名前 10 的词汇进行统计。详细使用情况如下表:

表 1　"X"的使用情况

	序号	词语	词频	百分比	序号	词语	词频	百分比
动词	1	输	29	22.48%	6	赢	11	8.52%
	2	败	26	20.15%	7	亏	6	4.65%
	3	怕	17	13.17%	8	胜	5	3.87%
	4	吃亏	15	11.63%	9	栽	5	3.87%
	5	毁	11	8.52%	10	失败	4	3.10%
形容词	1	错	221	47.73%	6	倒霉	12	2.59%
	2	妙	98	21.16%	7	贱	10	2.15%
	3	穷	38	8.20%	8	特殊	9	1.94%
	4	苦	37	7.99%	9	可怕	8	1.72%
	5	怪	22	4.75%	10	贵	8	1.72%

通过上表,可以看出构件"X"对评价义形成的贡献。使用频率较高的形容词具有"评价"义这是毫无疑问的,通过上表可以看出进入该构式的形容词既有积极评价义的形容词,如"妙、贵"等,更有消极评价义的形容词,如"错、穷、苦、倒霉、贱、可怕"等。而

通过观察发现,进入构式"X就X在Y"的动词十分有限,这些动词都有共同的语义特征[＋结果][＋评价],动词作为X进入构式对于构式义的作用是不同的,动词有两个作用,分别是判定和评价,动词的评价功能相对于形容词来说是非主要功能,而评价是形容词的主要功能。例如:

(23) 案发的那天下午,要不是有个好看的女护士在他跟前晃来晃去的,我早一枪把他崩了! 妈的,我这人,这辈子<u>毁就毁在女人身上</u>,心太软,终究成不了气候。(张平《十面埋伏》)

(24) 集团新任总裁赵海均坦言:"现在看来,春都在发展中确实是轻视了管理。"而双汇集团总裁万隆也不避讳,他说:"依靠职工是根本,科学管理是生命,双汇<u>赢就赢在这两点上</u>。"(《文汇报》2000－1－1)

例(24)中"毁就毁在女人身上"中的"毁"是对"这辈子"的判定,具有结果义,同时又具有消极评价义;例(24)中"双汇赢就赢在这两点上"的"赢"是对"双汇"的判定,具有结果义,同时又暗含积极评价义。反观形容词进入"X就X在Y"所表现的作用只有评价义,这是形容词本身所具有的。形容词进入该构式时,常常在上下文中有所体现,表现为上下文中已经出现某种结果或已经对事物做出判定。例如:

(25) 列宁反批评道:这种观点是<u>错误的,错就错在不懂得从资本主义过渡到社会主义可以有各种不同形式,对资本主义和资产阶级可以有各种不同的方法</u>。(《科技文献》,转引自 BCC)

(26) 雨很细腻地下着。世界灰色调的更突出了她的红伞。整整帽,藏好光头。我<u>倒霉就倒霉在跑不及时又态度不好</u>,所以多蹲了几个月局子。我不在乎。(《福建日报》1992－1－26)

例(25)中"错就错在……"上文已经对"观点"做出判定"是错误的",所以形容词"错"对构式义只是贡献评价义;例(26)中"倒霉就倒霉在……"下文已经补充"多蹲了几个月局子"这一结果,所以形容词"倒霉"只是对结果的评价。

通过以上分析,我们认为动词和形容词进入构式"X 就 X 在 Y"对于构式义的贡献是不同的,动词贡献判定义和评价义,形容词则贡献评价义。它们处于事件过程中的不同层次,动词所具有的判定义是原型构式"V 在 L"的遗留,在整合后和评价义叠置在一起,在评价事件中的时间顺序是先判定后评价;形容词是整合后扩展的词类项,通常出现在上下文中已经出现某种结果或已经对事物做出判定的环境中,在评价过程只贡献评价义。

2.2　因果事理逻辑

事件的形成和发展有其自身的基本原则,该基本原则导致其内部的次事件依次发生,我们认为基本原则就是事理逻辑。事理逻辑包括事件之间的顺承、因果、条件和上下位等关系。"X 就 X 在 Y"是一个由整合而成的评价性结构,其内部的"X"和"X 在 Y"遵循事理逻辑中的因果关系。例如:

(27) 什么地方看得出你是党员、你是干部? 就看你能否比别人多吃苦、多干活。光荣就光荣在这儿,特殊也特殊在这儿。(《人民日报》1995)

(28) 大气还是小家子气,这是渗透出来的。你再装,都装不像,装不出来。可怕就可怕在这种渗透上,不知道什么时候,它就出来了,你一点办法都没有。(《文汇报》2002 - 6 - 21)

例(27)和(28)遵循的是评价过程中的因果事理逻辑。评价过程中的因果事理逻辑通常有两种:一是先说明原因,后评定;二是先评定,然后说明原因。"X 就 X 在 Y"构式遵循的是评价性过程中的第二种因果事理逻辑,评价性过程中有评定、说明原因两个步骤,两个步骤遵循第二种因果事理逻辑依次发生。如例(27)中,说话人先用形容词"光荣"对党员、干部进行评定,然后说明原因"多吃苦、多干活"(即"这儿")光荣;例(28)中说话人现对"装不像,装不出来"这一事件评定为"可怕",再说明原因"这种渗透"可怕。"X 就 X 在 Y"构式的因果事理关系如下图所示:

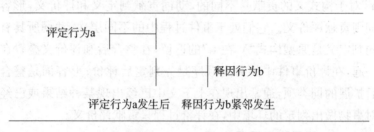

图 1　因果关系示例

2.3　原因信息的凸显

构式"X 就 X 在 Y"中既有旧信息,又有新信息,其中"X"是旧信息,"Y"是新信息。通常把旧信息称为预设,新信息称为焦点。预设是交际双方共知的信息,是旧信息。例如:

(29) 文殊乡是个穷地方,<u>穷就穷在乡镇企业不发达</u>,农业没有形成特色,要想把这个乡的经济搞上去,就得大力发展乡镇企业和发展高效农业。(《人民日报》1999)

(30) 因为股市之"弱",<u>弱就弱在诚信问题上</u>,投资人之所以不敢买股票,也是因为上市公司诚信太差,弄不好就会踩上地雷。(《文汇报》2002 - 12 - 9)

例(29)和(30)中的"X"有时是沿用上文中的"X",如例(29)中"文殊乡是个穷地方"之"穷";例(30)中的"股市之'弱'"。像上述例句中的"文殊乡是个穷地方""股市之'弱'"等都是预设,属于共享性知识,是旧信息。由于"X 就 X 在 Y"中"X"有时沿用上文中的"X",因此前一个"X"属于旧信息。那么,后一个"X"也属于旧信息吗？我们认为本质上后一个"X"不是旧信息。刘鹏(2012)认为"A就A在"属于回声拷贝结构,通过拷贝而强调"X",陈颖(2014)也认为"A就A在P"属于双强调构式。从形式上看,前后两个"X"确实形式相同,但是这两个"X"性质一样吗？我们认为在"X就X在Y"构式中前后两个"X"管辖的语义范围不同,前一个"X"是对上文中整个事物或事件的评定,而后一个"X"只是管辖事物或事件的某一方面,语义指向上表现为前一个"X"指前,后一个"X"指后。例如:

(31) 因为我做医生要有本事,也要有医德,否则病人活着不找我,死了也要找我。肿瘤这个病,<u>可怕就可怕在会转移、复发</u>。(《文汇报》2003 - 11 - 20)

(32) 沃兰德反驳说,同时嘴角一撇,冷冷地一笑,"你刚刚来到这屋顶上,就干了件蠢事。我可以告诉你蠢在哪里。<u>蠢就蠢在你的语气上</u>。"(米·布尔加科夫《大师与玛格丽特》译文)

例(31)中第一个"可怕"语义指向的是"肿瘤这个病",意思是"肿瘤这个病"可怕,后面一个"可怕"语义指向的是"会转移、复发",意思是"会转移、复发"这种情况可怕;例(32)中第一个"蠢"语义指向的"事",第二个"蠢"语义指向的是"语气"蠢。可见,前后两个"X"虽然形式上一样,但是语义范围和语义指向并不一样,所以不能看作同一个"X",也就谈不上通过回声拷贝的手段来强调"X"。因此,"X就X在Y"并不能算是双强调构式。

为什么说后面一个"X"本质上属于新信息范围呢？就是因为它指向的是"Y",既然后面一个"X"语义指向的是"Y",那么后面一个"X"也应该是新信息,但是相对于"Y"属于次要信息,因为前面已经提及。"X就X在Y"中的"Y"属于新信息也就是焦点,且是一个对比焦点。上文曾提到"X"表示评定,在说话人看来,评定的原因或理由有多种,这就形成原因或理由的集合,说话认为"Y"

是该集合中最根本的原因或理由。说话人通过"Y"和集合中的其他原因或理由对比,凸显"Y"。例如:

(33) "港为城用,城以港兴"。这是被历史所证实的真理,闽东穷<u>就穷在缺少一个大港观念,缺少一个"环三都澳经济圈"的观念</u>。(《福建日报》1992-8-1)

(34) 若不是有这么一段奇缘,宫里的宝贝又怎么会到我们手里!赵先生连连点头:"东西也罢了,<u>珍贵就珍贵在从皇宫里流出来的</u>,可让我开了眼界。"(黄蓓佳《新乱世佳人》)

例(33)中,说话人认为闽东穷的原因或理由有很多,但缺少"观念"是这些原因或理由中最突出的一个,因而说话人通过和其他原因或理由对比,凸显这一观念;例(34)中,说话人认为"东西"珍贵的原因和理由有很多,但"从皇宫里流出来的"这个原因或理由是"珍贵"的根本原因,因而说话人通过和其他原因或理由的对比,凸显"从皇宫里流出的"这个原因。

3. 构式"X 就 X 在 Y"形成的动因和机制

3.1   经济原则与概念整合

就"X 就 X 在 Y"构式来说,该构式是说话人在语言经济原则指导下,通过句法上的省略与整合而达到表达最大信息量的目的。通过挖掘构式"X 就 X 在 Y"内在的意义,发现其丰富的意义和其本身简单的形式不是对应的。上文认为"X 就 X 在 Y"是一个评价性构式,包括评价和释因两个过程,其中评价过程又包括判定和评价,同时说话人还要凸显评价的原因,所以说话人传达的信息量很大,说话人传达如此多的信息量理应采用复杂的语言形式,如可用"认为 X,X 的原因在于 Y"来表达,但这不符合经济性原则或省力原则。为了省力,而又不改变所含的信息的量和质,说话人需要句法上的操作或使用能够满足上述条件的句法格式,从而既达到省力的目的,又不违背量的原则和质的原则。史维国(2014)认为就经济原则的范围来说,其包括"说话人经济原则"和"听话人经济原则",前者以简化使用为目的,后者则以反歧义为目的。"X 就 X 在 Y"构式是基于说话人视角,以简化使用为目的语言形式,因此语言的经济原则是构式"X 就 X 在 Y"形成的动因之一。而实现这一目标的机制则是通过句法上的省略与整合。

　　所谓"概念整合"的本质是关系的整合,因为信息输入空间与空间之间的连通靠的是关系,而且关系是必不可少的,关系将空间与空间连通起来才形成了认知网络。空间与空间之间的连通关系主要表现为:1. 因果关系(cause-effect relation);2. 时间关系、空间关系(time-space relation);3. 身份连通关系(identity relation);4. 部分与整体关系(part and whole relation);5. 特征、范畴、意图关系。(王正元,2009)"X 就 X 在 Y"的构式义就是遵循因果关系的事理逻辑。因果关系将"评定"和"释因"两个空间连通起来,使得松散游离的空间形成网络,认知操作也就得以进行。在"X 就 X 在 Y"中,"评定"是行为空间,"释因"是原因空间,二者通过整合标记"就"及"在"整合成单句形式(紧缩形式)的"X 就 X 在 Y"结构,"就"起到限定原因范围的作用,"在"则起到定位某个原因的功能。需要说明的是,行为空间和原因空间在认知上的时间顺序是行为空间先发生,原因空间后发生,这与客观的原因与结果之间的时间顺序相反。构式"X 就 X 在 Y"的概念整合如下图:

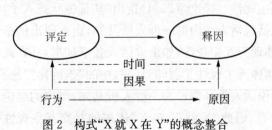

图 2　构式"X 就 X 在 Y"的概念整合

3.2　交互主观性与回溯推理

构式"X 就 X 在 Y"由评价和释因两部分构成，其中释因部分就是说话人向听话人传达原因信息。其实，原因信息就是评价的证据。陈颖（2014）认为构式"A 就 A 在 P"具有传信功能。确实如此，实际上从语言形式上也可以看出相关证据来。例如：

(35) 乔乔直着脖子瞪着我低声嚷，"你真以为找着她就能解决你的问题？告诉你，你倒霉就倒霉在那把刀上，那把所谓包银的刀上化验出了人血，和高洋的血型一样。"（王朔《玩得就是心跳》）

(36) 关八爷闲闲的品着茶说："我不懂，一个姑娘叫形容成这样，不是西施就是王嫱，怎么花名这等俗法，偏叫小馄饨呢？""嘿，您有所不知，她这人，妙就妙在这个花名儿上。"（司马中原《狂风沙》）

所谓"言之有据"，说的就是人们对自己陈述的真伪负有责任，不可信口开河。人们在陈述事实和交代信息时，对其真实性和准确性自行估价，并通过各种语言形式和形态加以表达。（严松辰，2000）例（35）（36）中的"告诉你""您有所不知"就是说话人向听话人交代某种信息的插入语，该信息是说话人评价的证据或原因。

但说话人为什么要向听话人交代评价的证据或原因呢？真的仅仅是为了"传信"吗？我们认为"传信"本质上体现了人类认知的交互主观性。Nuyts（2001）指出"从证据状态入手，认为如果证据为包括说话人在内的一群人所共知，由此得出的结论为大家所共有，体现交互主观性；如果说话人独享证据，并在此基础上得出结论，则体现主观性。"例（35）（36）中的"告诉你""您有所不知"已经表明说话人将证据设为一群人所共知，得出的结论即评价为大家所共有，因此"X 就 X 在 Y"体现的是交互主观性。吴福祥（2004）认为"交互主观性指的是说/写者用明确的语言形式表达对听/读者'自我的关注',这种关注可以体现在认识意义上,即关注听/读者对命题内容的态度。"说话人进行评价时会构建一个心理空间,其中说话人预见听话人可能持有对所陈述命题不利的认识立场,说话人通过"X 在 Y"为命题提供论据。这正如 Schiffrin (1990)所说,"语言活动中说话人的活动(它包括说话人期望达到的感知效果以及预期之外的感知结果)和听话人对所有可接收信息的理解之间的相互作用,也就是说'交互主观性'不仅涉及说话人对听话人的关注,而且设想了听话人对话语的理解及反应。"

在"X 就 X 在 Y"中,"X"和"X 在 Y"存在因果关系,属于溯因式因果构式。赵贞静(1986)、胡习之(1989)认为该构式是假设式的因果句。邢福义(2016)认为假设式复句以假设为根据推断某种结果,即以某种虚拟性原因作为推断的前提。而"X 就 X 在 Y"属于推断构式,"X"是根据语境中的信息所作的断言,是已然的,而不是虚拟的,而"X 在 X"是推断的原因,不一定是事实。可见,回溯推理是构式"X 就 X 在 Y"形成的机制之一,为了明晰构式"X 就 X 在 Y"的推理过程,我们将正向和回溯两种推理用三段论刻画如下:

① 正向推理:
　　Y 是某事或某物的一方面　　　　　　　(大前提)
　　某事或某物具有 X 的性质　　　　　　　(小前提)
　　Y 具有 X 的性质　　　　　　　　　　　(结论)

② 回溯推理:
　　Y 是某事或某物的一方面　　　　　　　(大前提)
　　Y 具有 X 的性质　　　　　　　　　　　(小前提)
　　某事或某物具有 X 的性质　　　　　　　(结论)

上述所展示的是两种推理过程,构式"X 就 X 在 Y"所蕴含的是回溯推理过程,从已有的"Y 是某事或某物的一方面""某事或某物具有 X 的性质"出发,在多元的集当中择优选出一个最合理、最可能的"Y 具有 X 的性质"作为解释。

4. 结语

本文基于构式语法理论从整合和凸显的角度探讨了构式"X 就 X 在 Y"的构式义形成条件以及构式形成的动因和机制。主要观点是:

1) 构式"X 就 X 在 Y"是强调原因的构式,并不是双强调构式。

2) 构式"X 就 X 在 Y"是由评定和释因两个部分整合而成,其中副词"就"具有整合和限制两种功能,"评定"和"释因"整合遵循的是因果事理关系;"X"表示评定,包含多种原因,形成一个原因集合,通过"就"限制其中一个原因"X 在 Y"的范围。

3) 构式"X 就 X 在 Y"中的"Y"属于新信息也就是焦点,是一个对比焦点。说话认为"Y"是评定原因集合中最根本的原因或理由。说话人通过"Y"和集合中的其他原因或理由的对比,凸显"Y"。

4) 形容词和动词进入构式"X 就 X 在 Y"时对构式义的贡献不同,它们处于评价过程中的不同层次,动词所具有的判定义是原型构式"V 在 L"的遗留,在整合后和评价义叠置在一起;形容词是整合后扩展的词类项,在评价过程中只具有评价义。

5) 经济原则和交互主观性是构式"X 就 X 在 Y"形成的动因;概念整合和回溯推理是构式"X 就 X 在 Y"形成的机制。

参考文献

陈红燕、陈昌来 2019 "客气"类谦辞构式与功能演化,《当代修辞学》第 4 期。

陈颖 2014 双强调的"A 就 A 在 P"构式,《语言研究》第 2 期。

胡习之　1989　"A就A"与"A就A在M"，《阜阳师范学院学报》第1期。

姜礼立、罗耀华　2019　回溯推理在语义识解中的应用——以"怪不得"的演变为例，《古汉语研究》第2期。

刘鹏　2012　论形容词"A就A在"拷贝式结构，《三峡论坛（三峡文学·理论版）》第6期。

史维国　2014　汉语研究应重视"语言经济原则"，《中国社会科学报》（4月21日）第A08版。

宛新政　2006　"V就V在P"格式的语义结构和语用功能，《语言教学与研究》第3期。

王正元　2009　《概念整合理论及其应用研究》，北京：高等教育出版社。

吴福祥　2004　近年来语法化研究的进展，《外语教学与研究》第1期。

邢福义　2016　《汉语语法学》，北京：商务印书馆。

徐盛桓　2004　充分条件的语用嬗变——语言运用视角下的逻辑关系，《外国语》第3期。

严辰松　2000　语言如何表达"言之有据"——传信范畴浅说，《解放军外国语学院学报》第1期。

赵静贞　1986　"V就V在……"格式，《汉语学习》第4期。

赵曼　2003　"NA就A在M"式探析，《滁州师专学报》第4期。

中国社会科学院语言研究所词典编辑室编　2016　《现代汉语词典》（第7版），北京：商务印书馆。

朱庆祥　2020　从的功能互动视角审视句式"有点（儿）VP"的语义色彩倾向机制，《当代修辞学》第2期。

Adele E. Goldberg 1995 *Constructions: a construction grammar approach to argument structure*. Chicago: Chicago University Press.

Nuyts, Jan 2001 *Subjectivity as an Evidential Dimension Epistemic Modal Expressions*. Journal of Pragmatics, 33: 383-400.

Schiffrin, D 1990 *The Principle of Intersubjectivity in Communication and Conversation*. Semiotica, (01).

Xiao Ding, Zhongyang Li, Ting Liu, Kuo Liao 2019 *ELG: An Event Logic Graph*. Computer Science(07).

汉语主观副词与客观副词的分野[*]

陈振宇¹　　王梦颖¹　　陈振宁²

(¹ 复旦大学中国语言文学系　　² 江汉大学人文学院)

1. 主观性研究中的核心问题

1.1　主观性的多维度以及主客观的界限

从 20 世纪 60、70 年代开始,主观性(subjectivity)与主观化(subjectivisation)研究已经成为语法及语法化研究中的一个热门话题,有不同的理论学派,如历时主观化和共时主观化等等。如在 Langacker 的"概念化中的主观化"(subjectification in conceptualization)理论中,"主观的"和"客观的"指的是"概念主体和客体":一个实体是"被客观地解释",即它在"台上",作为概念的明确的、焦点化的客体,而"被主观地解释",即它在"台下",作为概念的隐含的、非自觉的主体(参看 Langacker 2000 中有关主观化的专章)。不过,由于大多数句子都有台上台下的解释问题,所以一般的句子并不在本文的考察范围之内。

───────────────

　* 本研究是国家社科基金后期资助项目(项目号:19FYYB032)的成果之一。曾在"第四届汉语副词研究学术研讨会"(2017,福建厦门)以及上海大学学术讲座上报告,感谢张谊生、赵春利、邵洪亮等与会者指教。感谢《语言科学》匿名专家提出的宝贵意见。文中错谬盖由作者本人负责。

本文仅仅就主观化研究中的"语法化中的主观化"（subjectification in grammaticalisation）来进行考察，即 Traugott（1995：48）等学者所研究的"语词所表达的主观性"问题，可以综合为下面几个方面：

1) 所谓"主观化"，涉及多个语法化维度。如：

命题功能（Propositional function）──→话语功能（Discourse function）

客观意义（Objective meaning）──→主观意义（Subjective meaning）

非认识情态（Non-epistemic modality）──→认识情态（Epistemic modality）

非句法主语（Non-syntactic subject）──→句法主语（Syntactic subject）

句法主语（Syntactic subject）──→言者主语（Speaking subject）

完全的自由形式（Full, free form）──→粘附形式（Bonded form）

因此，主观和客观的定义，就不能像早期那样说得过于狭隘和绝对，而需要用一个较为宽泛、有一定程度差异的表述方式，按照 Traugott（1995a）的观点，广义地说，主观化即说话者对他所说的东西的信念与态度的语法表达方面的发展（the development of a grammatically identifiable expression of the speaker's belief or the speaker's attitude to what is said）。有了"信念"，就可以避免早期研究者只考虑"态度与评价"的局限，从而注意到各种主观的认识和描写。

有时主客观的区分很容易看出来，如对说话者的评价、态度、情感的表达，肯定是主观的；对事物的直接陈述，对它的信息内容的具体化，则往往是较为客观的（但也不一定完全客观，因为还有视角问题）。但是有时主客观的区分却不那么明显，甚至还存在着不少语词，它们从原来的客观意义发展到主观意义，并没有显示出太大的区别，很容易混淆。

2）1992年剑桥大学举行了关于"主观性"和"主观化"的专题研讨会并在1995年出版了会议论文集 *Subjectivity and Subjectivisation*，沈家煊（2001）对它进行了介绍。论文集的第一篇文章是对当时"主观性"和"主观化"研究现状予以综述，作者 Edward Finegan 认为研究主要集中在三个方面：①说话人的视角（perspective），②说话人的情感（affect），③说话人的认识（epistemic modality）。三个方面中，"视角"是最深入的，甚至动词论元的选择也由视角决定，因此如果用"有无主观视角"作为主客观区别，则没有哪一个描写不是受制于视角选择，因此没有一个话语是客观的。所以从语法化的角度讲，我们无法用视角作为研究的落脚点。另一方面，"情感"是指特殊的、强烈的情感，这使得研究的范围会局限在感叹、祈使等特殊领域中。有情感表达的当然是主观的，但如果以此为标准，将会使研究对象大大缩小。

我们认为，认识的主观性才是划分（语法化中的）主客观界限的关键。历史上，对这一问题研究最多的是"情态"（modality）研究，包括义务情态（deontics）和认识情态（epistemic）。很多重要的主观性理论都是从情态研究开始的。如 Traugott（1989：36）认为不清楚是否有真正的客观情态（truly objective modality）存在，尤其在认知领域更是如此，因此她提出"弱主观"（weakly subjective）与"强主观"（strongly subjective）的概念，从而把 Lyons（1982：109）所说的"You must be very careful"的四个意义重新表述为：

a. You are required to be very careful.（你得非常小心。）[义务情态—弱主观]

b. I require you to be very careful.（我要求你非常小心。）

［义务情态—强主观］

c. It is obvious from evidence that you are very careful.（显然，你非常小心。）［认识情态—弱主观］

d. I conclude that you are very careful.（我得出结论，你非常小心。）［认识情态—强主观］

Traugott 对 must 的划分是否合理需要进一步研究，不过这表明她与前人在理论上存在差异。她从英语的语气助词（modal auxiliaries，如"must、shall、will"）、断定言语行为动词（assertive speech act verbs，如"insist、suggest"）、语气副词（modal adverbs，如"apparently、probably、evidently"）三个方面来论证，提出如下情态主观性强弱演化次序：（引自 Traugott1989：43）

趋向Ⅰ　趋向Ⅱ　　趋向Ⅲ　　　　　　趋向Ⅲ

主要动词＞前模态词＞义务情态＞弱认识情态　　　＞强认识情态

惯常体（habitual）

预言的未来（prophetic/rel future）

Traugott 建议在趋向Ⅰ、Ⅱ与趋向Ⅲ之间划出界限，左边的Ⅰ、Ⅱ是非认识情态的区域，而右边的Ⅲ是认识情态的区域。从金钱方面的债务到某种行为方面的债务可视为隐喻转化，从具体行为如"站在……上"到言语行为如"坚持……"也可视为隐喻转化，但向认识情态如结果、信念、据说（hear-say）、猜想等的转化，却不能如此看待，它们是会话含义的规约化（conventionalizing）的结果。请注意，在上述系列中，即使是弱认识情态也比强义务情态主观性更强，所以仍然保持了她所主张的语法化单向性原则（向主观性增强的方向演化）。

对规约化过程最好的解释，是"语用增强过程"（process of pragmatic strengthening）理论（Traugott & König 1991）。他们假定说话者总是允许听话者做出一个较强的解释，以推理出比他所说的更多的东西，随着时间流逝，说话者的这一反复允诺，使听者把一个附加的、富于表现力的目的赋予说话者，从而把原来的语用意义重新分析为语义意义，这就是"语义化"（semanticisation）。例如当说 you must go 意味"允许你去"（You are allowed to go）时，在一定的语境中，就可以表示"我要你去"（I want you to go），因此使"你"具有一定的义务要去；当说 you must go 意味"你应该去"（You ought to go）时，在一定的语境中，就可以表示"我认为你不得不去是事实"（one believes/concludes that it is true that you have to go），由此实现了由义务情态向弱认识情态的过渡。

Traugott 的这一研究，开启了主观与客观之间的连续统模型，也提出了主客观划分的基本界限，即"从非认识情态到认识情态"。不过，这一界限还太"刚性"了，实际上正如她自己的研究所示，在道义或更低的语法层次中，也有强弱不等的主观性。

1.2   汉语的难题

汉语中存在"动词＞助动词＞副词＞连接性成分"的语法化路径，这就意味着汉语中副词与助动词彼此界限模糊，很难严格区别。再加上助动词和副词的语义涉及情态，所以汉语副词的主客观区分也是一个令人头痛的问题。汉语学界的确已经在考虑副词语义主观性强弱连续统，一个典型的做法是通过共现语序来呈现其语义主观性的强弱差异。如张谊生（2014：222）列出的汉语副词层级：

评注性—关联—时间—频率—范围—程度—否定—协同—重复—描摹性

但在这一层级中，各个环节大致还是根据语义来区分的，而且究竟哪一个地方是主观性和客观性的分界并不清楚。例如"白白"与"没"（同属否定副词）、"一直"与"一向"（同属时间副词），每一组内部的成员其主观性并不相同。张谊生（2000）分出副词三大类：描摹性副词、限制性副词和评注性副词，把否定副词全部纳入限制性副词。但潘海峰（2017：66,78）则认为,应该将否定副词分为两类,一般否定副词属于限制性副词,而元语否定副词属于评注性副词;表量的副词也可以兼表情态,即所谓"主观量"。

让我们用一个例子来展示研究中的问题:有关认识的副词"几乎"。前人对"几乎"的属性觉得十分迷惑,根据赵春利和钱坤（2018）的综述,历史上有的把它归入范围副词（张谊生2000）,有的归入程度副词（李泉1996：384）,有的归入情态副词（太田辰夫2003：273）,有的归入语气副词（宋玉柱1981）。把"几乎"归入不同词类的原因是对它的主观程度的认识不同。我们将杨德锋（2017）、赵春利和钱坤（2018）等的论述结合在一起,总结出"几乎"有如下这些语法性质:

1）后面多为肯定结构,但否定结构也不少,"几乎＋不/没"都可以,但"几乎＋别"没有。

2）可用于句首,只要后面有周遍性主语,如"几乎所有人都来了"。也可用于句中状语位置。

3）可用于陈述句和疑问句,但很少用于感叹句,一般不用于祈使句。

4）前面不能有否定副词,没有"不/没/别＋几乎"的用法。（"不是"类外围副词很特殊,不算在内）

5）有"几乎差一点［范围］"（几乎差一点就翻船了）、"几乎已经［时间］"（几乎已经处于完成状态）、"几乎不可能［认识］"（几乎不可能被拦截）、"几乎应该［认识］"（这对于你来说是很复杂,几乎应该是没法完成的）、"几乎白白［否定］"（几乎白白流走了）、"几乎好像［评注］"（车子启动后怠速很低,几乎好像快要熄火了）、"几乎根本［评注］"（今日的局势之下,俄罗斯几乎根本就没有逃生的机会）、"几乎必须［评注］"（为了留住高学历人才,这个高新区几乎必须依靠大力度的人才补贴政策）、"几乎顿时［时间］"（我几乎顿时就已经辨认出来,这是威尼斯）等。（"［］"内的

分类是根据张谊生 2014 的命名)

这些性质有的表现出相当强的主观性,如"几乎"可用于句首,可以在主观性很强的评注副词(当然只是部分评注副词,大多数评注副词前面不能加"几乎")之前,不能在否定副词之后。但有的却显示出非主观性的一面,如后面可以是肯定结构也可以是否定结构,不能用于感叹句和祈使句。显而易见的结论是,"几乎"并不表示真正的客观性,而是一种主观的认识;但"几乎"虽有主观性,却未必是最强的那种主观性。

这正是我们研究中最大的困惑:

a) 如何去衡量一个语词单位的主观性强弱,从而更好地呈现出主观性的梯度。

b) 应该在哪里划出界限(哪怕界限存在一定的模糊性),从而使我们能较好地将主观副词与客观副词区分开来。

这两个问题实际上也是一个问题:使用哪些特征来检验语词,往往受制于研究者对主客观分界的理解。例如李俊玲(2007)用是否用于比较句或是否用于"比"字句,"副词+形容词"是否只能用于谓语等来检验程度副词的主观性,这是一个不错的方法,但比较句只适用于程度副词,对大多数副词来说无用。句法位置和所使用的句式有更大的适用性,可以作为一个重要的参数,但不同的句法位置是否就意味主观性的不同? 这本身也是一个问题。

再如刘烨(2011)使用否定句、感叹句和疑问句来检验"白"和"瞎"的主观性,也是不错的方法。但问题是只要有其他可以让感叹句满足的因素存在,很多副词都可以用于感叹句中。因此只有对那些必须用于感叹句或根本不能用于感叹句的副词来说,才算是区别性的特征。最后,由于在具体语料中,一句话算不算感叹句,许多情况下很难断定,所以这一检验方法也不太好用。与感叹句比较,否定、疑问和祈使更容易判断,更适合作为检验标准。

除此之外，如果没有较为通用的检验标准，还会忽略一些细节，如徐以中和杨亦鸣（2005）令人信服地论证了汉语"都"的主观客观等级，认为就主观性而言，"都"（语气副词）＞"都"（时间副词）＞"都"（范围副词）。但是，"范围"实际上可以分出两种：左向关联的"我们都来了"和右向关联的"他都干些吃力不讨好的事"。该文没有考虑的是，左向和右向的主观性是否有差异？如果有，谁更大？这是因为文中仍然缺乏一个标准化的检验标准，而对当前问题的讨论未必可以适用于新的问题。

2. 汉语副词主观性程度调查

2.1　调查工作

本研究一共调查了 968 个副词义项，我们使用北大 CCL 语料库进行调查，同时参考了百度网上的实时语料，作为重要的补充。

义项的选择始于 2007 年，当时从《现代汉语虚词词典》（北京大学出版社，1998）中抽取了全部 751 个常用副词义项，后来根据工作的需要，又在《现代汉语八百词》等研究成果的基础上增添了一些义项。已经发表了一些阶段性成果：陈振宇（2010a；2010b）介绍了副词用于或不用于疑问的种种情况，李红叶和陈振宇（2015）介绍了副词接受或不能接受否定的情况，刘林和陈振宇（2015）则介绍了副词与"已经……了 2"搭配的情况。

在这些研究的基础上，参照其他学者的研究成果，我们进一步添加了若干语法特征，一共 16 种（X 表示所调查的副词）：别 X、X 别、要［义务需要］X、X 要［义务需要］、没（有）X、X 没（有）、已经 X（个体事件）、已经 X（状态变化）、X 已经、不 X、X 不、X（疑问）、X（非疑问）、X（疑问/非疑问）、XnegX（正反问）、X 可用于关系从句。

需要说明的是，这些特征的选择，对已有的研究依赖性很强。如果已有的研究错了，那么这一选择也就可能会有问题，但迄今为止,这是汉语学界可以看到的最全面的一个量化研究系列了,所以暂时以此作为基础。相信将来会有更多更好的研究。

本调查表主要是基于"认识/道义情态是主客观分界的主要模糊地带"的观念,采用三大句法操作来检验主客观的区别:否定、疑问和关系化。不过,否定中还包括一些祈使操作。

1) 否定限制。(客观)命题性成分可以较为自由地被否定,而主观性成分在否定操作中很受限制(参看李红叶和陈振宇 2015;张汶静 2017)。所以首先调查两对肯定和否定的结构:①"别 X"/"X 别"——"要 X"/"X 要"(这就是所谓祈使式),②"没(有)X"/"X 没(有)"——"已经 X"/"X 已经"。其次,由于"不"没有与之相反的肯定形式,所以只调查一对结构:"不 X"/"X 不"。

另外,"已经 X"有两个不同的意义。一是表示某个特定事件的发生,这时副词实际上并不是"已经"的语义作用点,如:

(1) a. 他们已经重新开始了。(也即"已经开始")

　　b. 这事已经逐渐淡出了人们的视线。(也即"已经淡出")

　　c. 我们已经按期到达了指定地点。(也即"已经到达")

　　d. 已经美美地睡了一觉。(也即"已经睡了一觉")

二是表示某个特定性状的达到,这时副词是该性状的一部分。如:

(2) a. 他现在已经十点才来上班了。

　　b. 他三年前就已经不上班了。

　　c. 这人已经有点风魔了。

　　d. 你已经很不错了。

在考察之前,我们先把它们区分开来。不过考察后的数据表明这二者都是客观特征。

2) 疑问限制。(客观)命题性成分可以较为自由地提问,而主观性成分在疑问操作中却很受限制。陈振宇(2010a;2010b;2010c:196—262)有详细论述。调查的"X(疑问)",指副词的辖域中必须是疑问结构,"X(非疑问)"指该副词的辖域中排斥疑问结构,"X(疑问/非疑问)"指该副词的辖域中是自由的,可以是疑问结构,也可以是非疑问结构。这里的疑问只包括询问,而不包括反问等特殊用法。

"XnegX"构式则指该副词可否用于正反问。一般认为,副词不能用于正反问,而助动词可以。如赵元任(1979:331)就认为"没有"是助动词,理由是可以用"有没有 VP"来提问。我们的调查表明,汉语副词的确大多不能这样用,但也的确存在所谓"反例",而且还不少,例如:

(3) a. 她问我<u>经</u>不<u>经常</u>坐公交车?

　　 b. 小坏蛋,看你以后还<u>乱</u>不<u>乱</u>说话!

　　 c. 我以后买东西<u>尽</u>不<u>尽量</u>索要发票呢?

　　 d. 产品研发投入过大,公司财务捉襟见肘,"<u>工资照</u>不<u>照常发</u>"成了当时公司的头等难题。

这使我们推测,汉语副词是"助动词型副词"(auxiliary adverb),与英语等语言的"附加语型副词"(adjunct adverb)不同。附加语型副词与助动词区别极大,不但处于不同的句法位置上,而且不具有相互演化的历史关系,是两个完全不同的系统。而汉语副词与助动词通常都处于谓语前这一位置上,有的副词是从助动词演化而来,在句法位置上既有"副词+助动词"语序(他<u>的确能够</u>完成任务),也有"助动词+副词"语序(这样的话他也<u>能够常</u>来看您)。汉语副词与助动词是一个系统,因此能否否定、能否用于正反问,就只是一个语义与习惯的问题。总的趋势是,越来越多的副词会具有助动词的语法操作,这可能是助动词用法的保留,也可能是副词受助动词用法的影响而逐步感染获得的。我们的语料调查表明,副词用于正反问的情况是在逐步扩大之中(将另文详细讨论)。不过,这的确与主客观性有关,因为不能否定的副词就不能用于正反问,而用于正反问的副词(多是方式、时间等副词）仅仅是能够否定的副词中的一部分。

3）内嵌限制。（客观）命题性成分可以担任小句甚至短语层面的概念功能，因此可以较自由地内嵌于从句之中，而情态成分由于是句子层面的言语活动功能，所以在内嵌操作中很受限制。陈振宇、马宝玲和薛时蓉（2015）提出从句有内嵌深度：从句内嵌越浅，与独立小句的区别越小；内嵌越深，区别越大。还认为内嵌最深的是定语从句，它分为同位语从句（自指）和关系从句（转指）。其中关系小句是句法考察中关心的重点，我们也用它作为标准，认为能自由进入关系小句的副词，其主观性是较弱的。

我们使用 Excel 表进行调查，横轴为所调查的特征，纵轴为所调查的副词，如果一个副词有某一特征，标记为 1；如果没有标记为 0。特征分布相同的副词放在同一框中。下图是整个数据表中的一部分：

2.2　副词主观特征和客观特征

根据计算，各个特征自然汇聚为两簇，如下图所示：

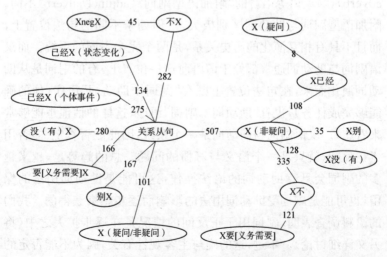

图 1　汉语副词主观性考察诸特征之间的关系

表 1　调查数据表①

副词	X(疑问)	X(非疑问)	X(疑问/非疑问)	别X	X别	要[义务需要]X	X要[义务需要]	没(有)X	X没(有)	已经X(个体事件)	已经X(状态变化)	X已经	不X	X不	X不X	关系从句
难道	1	0	0	0	0	0	0	0	1	0	0	1	0	1	0	0
莫不是、莫非、岂不、岂非	1	0	0	0	0	0	0	0	1	0	0	1	0	0	0	0
不定,到底1[追问]、究竟1	1	0	0	0	0	0	0	0	0	0	0	1	0	0	0	0
毕竟1[追问]、倒是2[追问]、究1,终究2	1	0	0	0	0	0	0	0	0	0	0	0	0	0	0	0

我们把它们归类一下,得到以下两簇特征,且两簇特征存在相当好的对应关系:

1) 主观性特征：X(非疑问)/X(疑问)、X 别、X 要[义务需要]、X 没(有)、X 已经、X 不。即主观副词尽量用于道义、时间及否定词的前面(外围),不能被否定、被要求、被加以时间性质,不用于关系从句,不能有正反问。简单一句话,即一般只用于独立小句或嵌入较浅的从句(如宾语从句),不能进行各种基本句法操作,辖域内或者必须是疑问或者必须不是疑问,等等。

2) 客观性特征：X(疑问/非疑问)、别 X、要[义务需要]X、没(有)X、已经 X(个体事件)/已经 X(状态变化)、不 X、XnegX、关系从句。即客观副词尽量用于道义、时间及否定词的后面(内部),可以被否定、被要求、被赋予时间性质、可用于关系从句、可构成正反问、可自由地管辖疑问非疑问结构等等。

3. 汉语副词主观性程度类型

3.1　副词主观性分布

968 个副词义项,调查共得到基础类型 279 个。显然,对一个具体的副词义项而言,主观性特征越多,主观性越强;客观性特征越多,主观性越弱。副词义项有如下图所示的主观性等级(图 2 每个点代表一个副词基础类,共 279 个,但由于不少点相互重叠在一起,因此图 2 看不到这么多)。

可以看到,图中副词义项的分布没有集中的区域,大体上还是较为均匀的,也就是说,相当地"弥散"(dispersive)。向右上角的方向是主观性增强方向;左下角方向是减弱方向。

1) 横轴为不具有的特征的总数量,能使用的特征越少,说明该副词越是受到限制,不能参与各种句法操作,主观性越强;能使用的特征越多,说明该副词各种句法操作越为自由,主观性越弱。

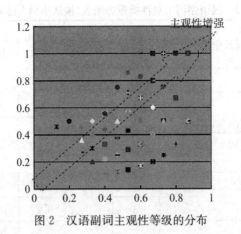

图 2　汉语副词主观性等级的分布

我们有：不自由指数＝1－[(主观特征数＋客观特征数)÷特征总数]。不自由指数用来衡量一个副词不能运用的特征的多少,其中"特征总数"就是本文表 1 所调查的那些特征的数量。当不自由指数为 0 时,表 1 所有的特征都可用于该副词,当不自由指数为 1 时,所有特征都不可用于该副词。显然不自由指数越大,则能够运用的特征越少,该副词主观性越强。

2) 纵轴为主客观特征数量的比率,比率越大,主观性越强;比率越小,主观性越弱。我们有：主客观比例＝主观特征数÷(主观特征数＋客观特征数)。主客观比例用于衡量一个副词的主观特征的相对频率。当它为 0 时,没有主观特征,当它为 1 时,所有可运用于该副词的特征都是主观特征。显然它的数值越大,主观性越强。两个指数的取值范围都在 0 至 1 之间。

3.2　副词主观性等级

由于两个维度都很重要,因此在最终的主观性判断上需要综合考虑。下面是主观性指数的计算方法：

$$主观性指数＝(不自由指数＋主客观比例)÷2$$

表2　汉语副词主观性指数等级表(按从小到大排列)

副词义项	主观特征数	客观特征数	不自由指数	主客观比例	主观性指数
一齐、一起	0	8	0.47	0	0.235
专门	1	8	0.4	0.11	0.255
到处1[到各处]、独自、连夜、偷偷、相2[互相]、一道、一块儿、一同	0	7	0.53	0	0.265
互相、相互、先	2	7	0.33	0.2	0.265
经常	3	8	0.27	0.27	0.27
都1[总括]	6	7	0.13	0.46	0.295
当众、反复、亲自、单独、互、敢	1	7	0.47	0.125	0.298
来回、闷头、私下、私自、在[活动持续]	0	6	0.6	0	0.3
同时[一起]、立刻、完全、时常	2	7	0.4	0.22	0.31
另、另外、常	3	7	0.33	0.3	0.315
当面、一概	4	7	0.27	0.36	0.315
尽快、再2[进一步]、逐渐、顺便、各、真3[心理]、真的3[心理]	0	5	0.67	0	0.335
迭次、极力、竭力、率先、悄悄、亲、亲手、痛、远1[距离]、远远1[距离]、再三、自2[自动/自己]、自行、纵情、专、强行、擅自、乱、挨个、按期、按时、诚心、分头、苦、如期、如实、同、不、特别2[突出,尤其]	1	6	0.53	0.14	0.335
全1[总括]、全都1[总括]	6	6	0.2	0.5	0.35

副词义项	主观特征数	客观特征数	不自由指数	主客观比例	主观性指数
断然 2[坚决地]、马上 1[动作快]、一下、一下子、早早/早早儿、决意、照常、更、更加	2	6	0.47	0.25	0.36
暂	5	6	0.27	0.455	0.363
从新、一致、重[重新]、重新、渐、够 1[足够]、要 1[将要]	0	4	0.73	0	0.365
早、时刻、时时、一直、常常	3	6	0.4	0.33	0.365
一律、尽量	4	6	0.33	0.4	0.365
虚、一口、现[现场,当场]、暗自、白、白白、大肆、故、胡、胡乱、就地、空口、厉声、轮番、贸然、亲口、轻易、任意、擅[擅自]、顺手、死命、无端、瞎、一气、硬 2[硬来]、再次、再度、动辄、光、过[过于]、过于、净 1[总括]、只顾、趁/乘势、从实、大、大举、大力、鼎力、分别 1[多人分头去做]、共 1[一起做]、共同、好好、火速、及时、即刻、即时、竭诚、精、朗声、默默、频频、亲身、亲眼、如数、锐意、实地、实时、顺势、通力、稳步、悉心、相继、一举、一一、依次、照实、着力、着实 1[切实]、着意、逐步、逐个、逐一、倍加、随时、专程、成天、大致、最	1	5	0.6	0.17	0.385
渐次、即将、将要、就要[即将]、快 1[接近]、快要、马上 2[快要,即将]	0	3	0.8	0	0.4

副词义项	主观特征数	客观特征数	不自由指数	主客观比例	主观性指数
时不时、单、再 1[重复]、一路、全 2[完全]、公然、借故、刻意、动不动、太、一味、赶紧、特意、立即、立马儿、稍微、稍为、预先、日夜、很	2	5	0.53	0.29	0.41
只、各自	5	5	0.33	0.5	0.415
照旧、照样 1[照旧]、从此	4	5	0.4	0.44	0.42
故意、趁早、照例、老 1[一直]	3	5	0.47	0.375	0.423
刚、刚刚、将 1[将来]、正 1[活动持续]、正在[活动持续]	0	2	0.87	0	0.435
死死、急忙、尽 3[总括]、活活、活生生、冷不丁、冷不防、凭空、顺口、一会儿、一面、自相、边、肆意、随处、随地、妄、只管、左右 1[左右逢源]、草草、趁/乘便、尽自、径直、径自、竟自、屡、大大、当即、赶快、赶早、及早、尽数、早日、不断、鱼贯、重点、均 1[平均]、确实 2[方式]、照 1[按照什么要求]、成倍、接连、就便、就近、就手、连、连着、批量、齐声、悄然、随机、偷眼、新、忽 2[连用]、要 3[意愿]、大体、得 1[必须]、须、渐渐、先后、该 1[应该做什么]	1	4	0.67	0.2	0.435
下阈值≈0.46					

副词义项	主观特征数	客观特征数	不自由指数	主客观比例	主观性指数
分别2[非"分头"义]、各各[各自]、继而、净2[列举]、全2[列举]、一总1[总数]	0	1	0.93	0	0.465
越[越……越]、独、随口、随手、一边、一个劲儿、执意、成心、当真1[心理]、存心、屡次、屡屡、趁/乘机、沿街、沿路、沿途、好生、根本2[彻底]、一并、加倍、毅然、稍稍、多么、非常、格外、十分、必须、可能2[有机会]	2	4	0.6	0.33	0.465
通通(通统、统统)、只是、总1[时间]、总是[时间]、暂时、从小	5	4	0.4	0.556	0.478
一再、突然、处处、至少1[量]	3	4	0.53	0.43	0.48
永远、始终、一例、全然[完全]	4	4	0.47	0.5	0.485
死、空、狠命、信手、一股脑、一头、匆匆、次第、顺次、随着、立时、特2[特意]、特别3[特意]、陆续、略微、略为、顺带、愈发、愈加、愈益、竞相、就此、就势、徒然、迅即、不住、频[频频]、日见、日渐、特地、真正、不屑、尽1[老是总是]、稍、大为、尽先、默[默默]、齐(齐)、生生、小、一力、逐日、够2[达到相当水平]、时2[时而]、足以、好[容易]、要4[祈使]、必[道义,必须]、曾、差不多2[大约]	1	3	0.73	0.25	0.49

副词义项	主观特征数	客观特征数	不自由指数	主客观比例	主观性指数
又 1[重复]、抵死、有意、又 4[连用]、不时、益发、越发、越加、丝毫、永、分外、十二分、一时 1、一时间、随后、没(有)、总共	2	3	0.67	0.4	0.535
照样 2[同样]、到处 2[处处]、起码	3	3	0.6	0.5	0.55
单单、仅、仅仅	4	3	0.53	0.57	0.55
率性[索性]、狠、狠狠、一发、好不、尽 2[尽量]、逐、随即、忽而 2[连用]、一总 2[一次性付清]、趁/乘兴、当头、得以、纷纷、基本[程度]、连忙、连声、略、略略、美美、猛地、默然、劈面、日益、稍许、深为、双双、万般、微、微微、一连、一手、约略 2[粗略地]、整整、足足、要 2[认识]、比较 1[量幅]、不用、怪、极、极度、极端、极其、极为、将近、较、较为、老 2[程度高]、蛮、甚为、万分、无比、无从、无日不、无须、无需、无庸、无由、毋须、毋庸、依稀、犹如、率性、猛、任情、生[生生]、必得、才 2[时间,刚]、大略、比较 2、惯于、一时之刻、已、最为	1	2	0.8	0.33	0.565
首先、一定	6	2	0.47	0.75	0.61

续 表

副词义项	主观特征数	客观特征数	不自由指数	主客观比例	主观性指数
愣、务必、少、亟待、亟须、时而、再也不、特别1[格外]、许[允许]、不由得、差不多1、甚、不必、不光、不仅(仅)、不只、顶、行将、毫、好[程度]、将4[推测未来]、决计、颇为、忒、特1[格外]、挺、相当、异常、有点儿、有些、决然、多半[数量、时间]、大半[数量]、大约、拢共、通共、一共、曾经、已经、已然、便、素常	2	2	0.73	0.5	0.615
绝对[意愿]、索性、好像、可能1[认识]	5	2	0.53	0.71	0.62
只好、不免、不再、才1[条件时间复句]、迟早、就3[限定]、差点儿、迟迟、几乎、平素、又2[追加增补继续]、本、按理	3	2	0.67	0.6	0.635
暂且、偶尔[不经常,间或]、必定、必然、本来、起初、起先、通常、原来[过去]、至今	2	6	0.6	0.67	0.635
紧自、径、登时、决绝、直2[其他]、将次、连连、相率、每1[每次]、无须乎、但、谨、徒、唯、惟、并非、不愧、不日、初、猝然、陡、陡然、忽然、霍然、既[已经]、将将[勉强达到或接近]、交互、历历、满2[程度]、猛然、蓦然、偶1[不经常,间或]、日[日益]、枉自、未、兀自、业经、业已、一壁、犹、犹似、约[中性用法为"大	1	1	0.87	0.5	0.685

副词义项	主观特征数	客观特征数	不自由指数	主客观比例	主观性指数
约"替代]、早经、至、骤、骤然、足、共 1[总数]、全都 2[列举]、而后、尔后、更其					
横竖(直)、反倒、还是、也、有时	6	1	0.53	0.86	0.695
上阈值≈0.7					
仍旧、仍然、依旧、依然、委实、当然、编[编编]、恐怕、明明、碰巧、偏偏、恰好、确实 1[认识]、真的 2[真正的而不是虚假的]、正好、正巧、自然	5	1	0.6	0.83	0.715
快 2[祈使]、并不、从不、从没、从未、每 2(每)[往往]、未尝 2[不曾]、再 3[主观量]、就是 3["不是/除了…就是"]、都 3[时间]、何等、何其、就 4[意愿]、颇、撑死、几[几乎]、猛丁、猛不防、突、不单、惯常、决、绝、宁、宁可、宁肯、宁愿、实在、适才、死活、一(……就)、有心、大概 2[大约]、都 2[列举]、又 3[照应前文]	2	1	0.8	0.67	0.735
最好、无不、不曾、间或、恰恰 1[恰好]、仍、一向、终究 1[终竟]、就 1[条件时间]、素来、照理、必[认识,必定]、刚好、刚巧、根本 1[认识]、基本[认识]、愣是、难免、一度、早已、还 1[追加]、其实 1[实际上,对上文评说,位于句首]	4	1	0.67	0.8	0.735

副词义项	主观特征数	客观特征数	不自由指数	主客观比例	主观性指数
独独、千万、姑且、只得、历来、未曾、向来、一贯、亦、早晚、该2[推测估计]、好似、险些、纯（粹）、从来、高低、久久、偶然、恰巧、压根儿、一时2[偶然、突然，或交替进行]、一准、远2[程度]、远远2[程度]、多少、确乎、俨然、充其量、终于、特别是[突出，尤其]、尤其是、却、大都、大多	3	1	0.73	0.75	0.74
倒[倒是]、倒是1、反正[可接陈述或反问]、好歹、真的1[认识]	6	0	0.6	1	0.8
不过、才4[反驳强调]、就是1[限定]、可（是）[不表转折，表确实]、大半[可能性]、大概1[推测可能]、的确、定1[定当]、都4[语气]、多半[认识]、反而、果然、好在、或[猜测估计]、或许、或者[猜测估计]、竟、竟然、居然、均2[总括]、可惜、恐、怕、偏巧、甚而[突出极端]、甚而至于[突出极端]、甚至[突出极端]、甚至于[突出极端]、似（乎）、万一、往往、未必、无非、显然、想必、想来、兴许、幸好、幸亏、也许、原来[新发现的情况]、自1[认识]	5	0	0.67	1	0.835

副词义项	主观 特征数	客观 特征数	不自由 指数	主客观 比例	主观性 指数
难道、万万、左右 2[认识]、毕竟 2、多[认识]、至少 2[认识、愿望]、编生、还 2[仍然]、何曾、何尝 2[何曾]、就 5[强调]、未尝 1[后加否定]、终归、终归、准、准保、皆[总括]、总归、别 2[担心]、当真 1[认识]、到底 2、定然、反[反倒]、仿佛、分明、敢情、怪不得、果不其然、果真、可巧、难怪、其实 2[确认]、幸而、许是	4	0	0.73	1	0.865
莫不是、莫非、岂不、岂非、权且、尚、至多[认识、愿望]、就 2[主观量]、统共、方才[不是"刚才"]、免得、未免、尤其、横是、确[的确]、殊不料、殊不知、定 2[必然、认识]、断然 1[认识]、固、固然、怪道、合着、尽管、就是 4[强调]、唯独、惟独、幸、真 1[确实]、正 2[正好恰巧]、诚然、无怪、无怪乎、幸喜、着实 2[的确]	3	0	0.8	1	0.9
不定、到底 1[追问]、究竟 1、方、还 3[主观量]、即[同就]、莫 1[祈使]、省得、务、休[祈使]、总得、大凡、但凡、凡、凡是、究竟 2、恰、容或、统[统统]、总 2[认识]、诚、大抵、俱 1[总括]、明[明明]、总算、别 1[祈使]、不妨、断[认识]、断断[认识]、非得、管[一定必定]、好赖、何必、何苦、剪直、简直、	2	0	0.87	1	0.935

副词义项	主观特征数	客观特征数	不自由指数	主客观比例	主观性指数
就是 2[意愿]、切切、且、势必、爽性、未始[后加否定]、一旦……、硬 1[认识]、硬是、犹自、怨不得、真 2[感叹]					
毕竟 1[追问]、倒是 2[追问]、究 1、终究 2、(与其……)不如、(与其……)无宁、(与其……)毋宁、甫、不禁、才 3[主观量]、刹那、刹时间、得 2[必定]、登、定当、断乎[认识]、顿、顿然、顿时、甫、盖 1[承接上文]、盖 2[认识]、概[一概]、赶忙、赶巧、姑、何不、何尝 1[建议]、何妨、何须、忽 1[忽然]、忽地、忽而 1[忽然]、霍地、既而、间、将 2[接近于]、将 3[勉强达到或接近]、仅只、究 2、举凡、俱 2[一起]、遽然、亏、满 1[总括]、满 3[反预测]、莫 4[没有]、蓦、蓦地、乃、偶 2[偶然]、偶或[不经常,间或]、恰恰 2[数量]、切[祈使]、顷刻、权、容、霎时、甚或[突出极端]、甚且[突出极端]、时 1、始、势[势必]、是凡、殊、倏地、倏忽、倏然、遂、特为[特意]、万、无任、勿[祈使]、悉、向[向来]、像、旋 1[随即]、旋 2[现场,当场]、旋即[随即]、一经、一径、益、尤、尤为、愈、约略 1、约莫、乍、照 2[照旧/常]、正 3[状态持续]、直 1[简直]、至于、终竟	1	0	0.93	1	0.965

调查结果说明:

1) 汉语副词在主观性方面很难完全分出不同的类型,因为数据呈现出几乎完美的连续统分布,也就是说,找不到可以用于划断的决定性的"缺口"。

2) 但是的确各个副词的主观性差异很大,有主观性极弱的,也有主观性极强的,两端差异明显。

3) 没有主观性指数为 0 或为 1 的副词,最小的也在 0.2 以上。因此,即使是最客观的副词也多多少少有一点主观性。确有副词主观性极大,达到 0.965,这几乎已经快到顶了。从这一点看,汉语副词是偏向主观性的。

4) 主观性等级与副词的语义类有关联,评注性副词的主观性指数都很高,方式副词中很多副词指数很低;但同一语义类型的副词,在主观性上有时也会相差很大,如同样是张谊生(2014:22)所归纳的程度副词和否定副词,却分布在一个较大的区域之中,这为潘海峰(2017:66,78)的观点提供了证据:

程度副词序列:很/稍微 0.41<十分/非常 0.465<稍许/极/最为 0.565<特别/相当/有点儿 0.615<何其 0.735

否定副词序列:不 0.335<没(有)0.535<别/莫［祈使］0.935<莫［没有]0.965

4. 主观性副词与客观性副词的划分

为了找到划分主客观副词的界限,我们仍然需要在上表划出阈值。阈值的划分,并不是根据区间的大小来决定的,区间为 0 到 1,并不是就一定按照 0.5 或者 0.4~0.6 来进行划分。需要根据调查项目也就是这些副词的指数取值分布来划分。如果这些副词都分布在主观性指数很大的一段,或者都分布在主观性指数很小的一段,则其内部很难有主观性的区分;现在我们发现副词的主观性分布有大有小,这才有区分的必要,而如果大多数副词都偏向主观的一端,则在分类时也会向主观一端偏移。这一技术的优点是:如果研究者在最初选择调查的项目时,因为某种原因使得主观性指数的数值整体地发生偏向,如使数值都比较大,则采用我们的技术方法后,在阈值划分时会对此进行补偿,使得这种偏向得到纠正。

我们采用自动聚类的技术来进行划分,步骤如下:

1)先使用本文的数据对 279 个基础类型进行自动聚类计算,经过四层聚类后。共得到 10 个类,其主观性分布如图 3 所示:

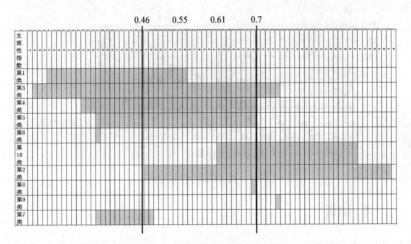

图 3　汉语副词主观性指数分布

可以看到,副词的确是按主观性强弱分布,其中 1、3、4、5、6、7 类是主观性弱的副词;而 10、2、8、9 类是主观性较强的副词。但是由于聚类是基于相似性的,所以这两大集团之间会有交错的情况。

2)根据图 3 的分布,我们主张,将主观性副词的大致阈值设为 0.7 以上,而客观性副词的大致阈值是 0.46 以下,0.46 到 0.7

的区间为中间的模糊地带,也就是既不那么主观,也不那么客观的,或者既主观又客观的副词,其中靠近0.7的,如0.6以上的可以称为"弱主观性副词"。另外请注意,0.46和0.7的数值是个大概的数值,并不是绝对的界限,而仅仅是反映图2中的大致分布而已。

从数量分布看(见图4)我们这次所考察的全部汉语副词义项中,客观性副词的数量略小于主观性副词,从这一点看,汉语副词是偏向主观性的。三者的比例是:客观副词(0.768)——中性副词(0.895)——主观副词(1)

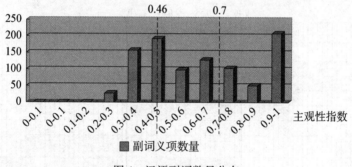

图4　汉语副词数量分布

5. 结语

本文提出了新的量化分析方法,先确定考察的特征,再通过自动蕴涵计算,分析了各个特征之间的关系,从而提取出两簇特征作为依据。在此基础上,设计了"主观性指数"衡量指标,为每个汉语副词义项打分,从而排出它们的主观性等级。最后又根据自动聚类计算,找出主客观的大致划分阈值。

我们发现,汉语的副词,在主观性方面是一个几乎无缺口的连续统,十分地弥散,不过可以划分出大致的区域。主观性等级与副词语义类型有关但也有相当多错位的情况。不过从总的情况来看,主观性副词不但在数量上占优势,而且有不少副词达到了极高的主观性;相反,客观性副词却多多少少带有一定的主观性,很难达到高度的客观。

现在回到前面所说的"几乎"难题,我们尝试来加以回答。从表3中可以查到与"几乎"相似的几个副词的主观性排序,可以看到"几乎"比表示约数的"差不多2"大得多,比"简直"小得多,而"差不多1、几乎、险些"则处于大致相同的等级上,这和赵春利和钱坤(2018)的结论大体一致,唯一的区别是赵和钱认为"险些"比"几乎"更客观,但我们觉得二者的指数相差十分微弱,所以可以看成是同一等级:

差不多2(大约)0.49<差不多1(判断)0.615<几乎0.635<险些0.74<简直0.935

我们的结论是:"几乎"是弱主观性的副词,或者是中性副词中主观性较强的一种。再看主客观界限与情态的关系,数据如下所示:

该1[应该做什么]/须/得1[必须]0.435<必须0.465<要4[祈使]/必[道义,必须]0.49<务必/许[允许]0.615<好像/可能1[认识]0.62<必定/必然0.635<明明0.715<快2[祈使]/最好/必[认识,必定]/根本1[认识]0.735<该2[推测估计]/好似/一准0.74<也许/似乎/大半[可能性]/大概1[推测可能]/或[猜测估计]/或许/或者[猜测估计]0.835<定然/许是0.865<定2[必然,认识]0.9<莫1[祈使]/务/休[祈使]/别/断断/管[一定必定]0.935<何妨/何须/断乎[认识]/盖2[认识]0.965

应该说,的确,道义情态(有下划线的)一般都比认识情态(无下划线的)主观性低。但也有例外,这例外说明"客观道义情态"(下划直线)和"主观道义情态"(下划曲线)的区分,在汉语中是完全成立的,二者的指数差异较大:前者小于0.5,后者大于0.7。认识情态一般都是主观性较强的副词(都大于0.6),呈现一种连续统的分布，但内部也有较大的差异，即两端相差很大，因此把它分成"弱主观认识情态"和"强主观认识情态"没有问题，只是究竟在哪儿断开不太明确，我们主张划分在 0.7 处；另外，表确定和可能的认识情态副词都分布在较宽的区域，不过主观性最强的那部分一般都是表示确定意义的。

再看副词"都"的几个义项：都 1（总括）0.295＜都 2（列举）/都 3（时间）0.735＜都 4（语气）0.835

这完全证实了徐以中和杨亦鸣（2005）的等级序列，其中"都 1（总括）"就是左向关联的范围副词，它几乎是完全客观的；而"都 4"是语气副词，它是高度主观的；"都 3"是时间副词，居于其中，但也具有很强的主观性。与徐、杨不同的是，我们还认为"都 2（列举）"作为右向关联的范围副词，它的主观性也比较强，与时间副词"都 3"的指数取值相同，而与左向的"都 1"很不同，例如右向时不能否定"＊你不都干些吃力不讨好的事"，不能内嵌在关系小句中，等等。

本研究也留下了一些需要进一步考察的问题：

第一，按生成语言学制图理论，越是主观性强的项目句法位置应该更高，但我们的研究发现，同一个汉语副词在状语位置上有多个位置，这是一种常态，因此，就有可能在语序上倒过来，如前面所说的"几乎根本""几乎顿时"等例子，"几乎"的指数是 0.635，但评注性副词"根本 1"是 0.735，而"顿时"虽为时间副词，但指数高达 0.965（因为它的用法极为受限）。类似的例子还有不少，所以共现时的语序与主观性强弱之间可能是一种更为复杂的关系，而不是简单的正比关系。那么我们应该如何确定共现语序的制约因素？

第二，一个副词如果处于不同的句法位置，是否会导致它的主观性发生改变？如果能发生改变，则是否意味着它的主观性等级也会不同？这时的主观性强弱又如何确定？它与该副词默认的主观性强弱之间是什么关系？这些重大的问题都需要进一步的思考。

附注

① 调查数据使用"永新语言学"网站的开放程序进行自动蕴涵分析和自动聚类计算（方法详见陈振宇和陈振宁 2015；陈振宁和陈振宇 2015，2017）。

参考文献

Chao, Yuen-ren（赵元任）. 1979. 汉语口语语法［*A Grammar of Spoken Chinese*］，Trans. by Shuxiang Lü（吕叔湘），北京：商务印书馆［Beijing：The Commercial Press］。

Chen, Zhenning（陈振宁），& Zhenyu, Chen（陈振宇）. 2015. 用语图分析揭示语言系统中的隐性规律——赢家通吃和赢多输少算法［Revealing covert laws in language systems through graphs —— algorithms of winner-get-all & winner-more-loser-less］. 中文信息学报［*Journal of Chinese Information Processing*］2015. 5：20－30。

Chen, Zhenning（陈振宁），& Zhenyu, Chen（陈振宇）. 2017. 基于偏向相似性的自然语言关联和聚类研究［Cluster and Association Analysis of Natural Languages Based on Inclined Similarity Measures］. 中文信息学报［*Journal of Chinese Information Processing*］2017. 1：205－220。

Chen, Zhenyu（陈振宇）. 2010a. 现代汉语副词与疑问［Adverb and interrogative category in modern Chinese］. 北京大学语言学论丛（第四十一辑）［*Essays on Peking University Linguistics Study（41）*］，303－338. Beijing：Shangwu Yinshuguan，北京：商务印书馆［Beijing：The Commercial Press］。

Chen, Zhenyu（陈振宇）. 2010b. 疑问范畴中副词的功能［The function of adverb in interrogation category］. 对外汉语研究（第六期）［*Research on Chinese as a Second Language（6）*］，136－158. 北京：商务印书馆［Beijing：The Commercial Press］。

Chen, Zhenyu（陈振宇）. 2010c. 疑问系统的认知模型与运算［*Cognitive Model of Interrogation System and Its Derivation*］. 上海：学林出版社［Shanghai：Xuelin Press］。

Chen, Zhenyu（陈振宇），& Zhenning, Chen（陈振宁）. 2017. 通过地图分

析揭示语法学中的隐性规律——"加权最少边地图"［Revealing covert laws in grammar with sematic maps analysis —— weighted maps with least edges］. 中国语文［*Chinese Language*］2017. 5：428 - 437。

Chen, Zhenyu（陈振宇）, Baoling, Ma（马宝玲）, & Shirong, Xue（薛时蓉）. 2015. 从汉语角度看极性问的类型学性质——真性极性问形式与疑问语气成分的区别［The typological nature of polar question from the view of Chinese — The difference between the realpolar questioning and the interrogative mood elements］.（中国台湾）清华中文学报［(*Taiwan*) *Tsinghua Chinese Journal*］2015. 14：67 - 128。

Li, Hongye（李红叶）、& Zhenyu, Chen（陈振宇）. 2015. 对"副词＋VP/AP"结构的句法否定［Syntactic negation in terms of "adverb＋VP/AP" structure］. *Hanyu Fuci Yanjiu Lunji*（*dier ji*）汉语副词研究论集（第二集）［*Articles of Modern Chinese Adverbs Research (Volume 2)*］, 131 - 153. 上海：上海三联书店［Shanghai: Shanghai Joint Publishing Press］。

Liu, Lin（刘林）, & Zhenyu, Chen（陈振宇）. 2015. 从与"了2"的共现关系谈汉语副词的意义类型［Study of semantic types of Chinese adverbs based on the co-occurrence relationship between adverbs and le2］. 语言教学与研究［*Language Teaching and Linguistic Studies*］2015. 6：102 - 112。

Li, Junlin（李俊玲）. 2007. 程度副词的主观性研究［*The Study of the Subjectivity on Degree Adverbs*］. Master's Thesis, 华中科技大学［Huazhong University of Science and Technology］。

Li, Quan（李泉）. 1996. 副词和副词的再分类［Adverbs and itsreclassification］. 词类问题考察［*Research on Words*］, ed. by Hu Mingyang（胡明扬）, 364 - 390. 北京：北京语言学院出版社［Beijing : Beijing Language and Culture University Press］。

Liu, Ye（刘烨）. 2011. 预设否定副词"白"和"瞎"的主观性语义分析［Semantic analysis of presumptive proposition words "bai" and "xia"'s subjectivity］. 浙江海洋学院学报［*Zhejiang Ocean University Journal*］2011. 2：75 - 80。

Ōta, Tatsuo/Taitianchenfu（太田辰夫）. 2003. 中国语历史文法［*A Historical Grammar of Modern Chinese*］, Trans. by Shaoyu Jiang, & Changhua, Xu（蒋绍愚、徐昌华）. 北京：北京大学出版社［Beijing：Peking University Press］。

Pan, Hanfeng（潘海峰）. 2017. 汉语副词的主观性与主观化研究［*Research*

on Subjectivity and Subjectivisation of Chinese Adverbs]. 上海：同济大学出版社[Shanghai：Tongji University Press]。

Shen, Jiaxuan（沈家煊）. 2001. 语言的"主观性"和"主观化"[Subjectivity and Subjectivisation of Language]. 外语教学与研究[*Foreign Language Teaching and Research*] 2001. 4：268 - 320。

Song, Yuzhu（宋玉柱）. 1981. 现代汉语语法论集[*Articles of Modern Chinese Grammar*]. Chubanshe,天津：天津人民出版社[Tianjin：Tianjin People Press]。

Xu, Yizhong（徐以中）, & Yiming, Yang（杨亦鸣）. 2015. 副词"都"的主观性、客观性及语用歧义[The subjectivity, objectivity and pragmatic ambiguity of Chinese adverb "Dou"]. 语言研究[Studies in Language and Linguistics] 2015. 3：24 - 29。

Yang, Defeng（杨德峰）. 2015. 说"差不多"和"几乎"[Discussion on "chabuduo" and "jihu"]. 天中学刊[*Tianzhong Journal*] 2015. 3：365 - 379。

Yang, Defeng（杨德峰）. 2017. "几乎"的句法语义特点[Syntactic and semantic features of "jihu"]. 汉语副词研究论集（第三辑）[*Articles of Modern Chinese Adverbs Research（Volume 3）*],99 - 104. 上海：上海三联书店[Shanghai：Shanghai Joint Publishing Press]。

Zhang, Wenjing（张汶静）. 2017. 汉语否定表达的限制性条件研究[*Research on Restrictive Condition of Chinese Negation*]. Ph. D. Dissertation,复旦大学[Fudan University]。

Zhang, Yisheng（张谊生）. 2000. 现代汉语副词的性质、范围与分类[On properties, scope and classification of Chinese adverbs]. 语言研究[Studies in Language and Linguistics] 2000. 1：51 - 63。

Zhang, Yisheng（张谊生）. 2014. 汉语副词研究[*Research on Chinese Adverbs*]. 北京：商务印书馆[Beijing：The Commercial Press]。

Zhao, Chunli（赵春利）, & Kun, Qian（钱坤）. 2018. 副词"几乎"的分布验证与语义提取[Distributional verification and semantic extraction of adverb "jihu"].语言教学与研究[*Language Teaching and Linguistic Studies*] 2018. 3：82 - 92。

Finegan, Edward. 1995. Subjectivity and subjectivisation：an introduction. In Dieter, Stein, & Susan, Wright（eds）. *Subjectivity and Subjectivisation*, 1 - 15. Cambridge：Cambridge University Press.

Langacker, Ronald W. 2000. *Grammar and Conceptualization*. Berlin; New York: Mouton de Gruyter.

Lyons, John. 1982. Deixis and subjectivity: loquor, ergo sum?. In R. J. Jarvella& W. Klein (eds). *Speech ,Place ,and Action: Studies in Deixis and Related Topics*, 101 - 124. Chichester and New York: John Wiley.

Traugott, Elizabeth C. 1989. On the rise of epistemic meanings in English: an example of subjectification in semantic change. *Language* (65): 31 - 55.

Traugott, Elizabeth C. 1995. Subjectification in grammaticalization. In Dieter, Stein, & Susan, Wright(eds). *Subjectivity and Subjectivisation*, 31 - 54. Cambridge: Cambridge University Press.

Traugott, Elizabeth C. , & Ekkehard König. 1991. The semantics-pragmatics of grammaticalization revised. In Elizabeth C. , Traugott, & Bernd Heine (eds). *Approaches to Grammaticalization ,volume 1 ,189 - 218*. Amsterdam: John Benjamins.

(原载《语言科学》2020 年第 4 期)

副词依附性强弱的句法
表现及语义和语用制约[*]

樊中元(广西师范大学文学院)

0. 引言

副词的基本句法功能是位于谓词性前面充当状语,具有唯状性。但从句法形式上看,副词却与谓词成分的句法关系存在不同的表现形式。例如:

(1) 以我的性格,是不能眼睁睁地放过这种卑鄙家伙的反正。（村上春树《天黑以后》）

(2) 王小石问:"一切行动都照常吗?"对方答:"照常。"(温瑞安《说英雄谁是英雄》)

例(1)中的"反正"移到句末,形成副词与谓语中心成分的句法形式倒置关系。例(2)中,"照常"后面的谓词成分脱落,形成谓词空缺、副词独立成句的句法形式。无论例(1)还是例(2),都是副词与谓词句法关系的非常态形式。而对于副词内部成员来说,这种非常态句法形式却不是均质的。例如:

(3) 他反正很喜欢这种生活反正。

＊ 基金项目：2020 年广西哲学社会科学规划研究课题(项目号：20FYY016)

　　　　→﹡他反正喜欢这种生活很。

　　(4)王小石问:"一切行动都照常吗?"对方答:"照常。"

　　　　→﹡王小石问:"一切行动都照常吗?"对方答:"都。"

　　例(3)中副词"很"不能位移,例(4)中"都"不能脱离谓词而独立成为句子形式。

　　人们关注到了副词和谓词成分的非常态句法形式及其在副词内部的非均质表现,并进行过一些探讨,这主要体现在:一是副词的移位。陆俭明(1982)、孟琮(1982)、张伯江、方梅(1995)、杨德峰(2016)等概括了副词后移的句法类型、语义功能等,并对副词移位产生的语音、语义和语用条件进行了具体分析。另外,尹洪波(2013)、杨德峰(2016)、方梅(2017)等对前置于句首的饰句副词的类型、功能及其影响因素进行了句法、语义和语用上的研究,并比较了饰句副词与饰谓副词在语义、功能上的区别。二是副词性成分作非主谓句的研究。陆俭明(1982)、李泉(2001)、罗耀华(2010)等对现代汉语中能作非主谓句的副词进行了统计分析,并从副词作非主谓句的句法特征、语义规约和语用功能等方面进行了阐述。三是多项副词同现的排列顺序。黄河(1990)、袁毓林(2002)、史金生(2011)等探讨了多项副词同现的排列顺序及影响排列顺序的语义、认知等动因。

　　我们认为,副词修饰限制谓语中心成分时,两者构成一个句法整体,副词和谓语中心成分形成句法依附关系。但是,当副词和谓语中心成分在句法形式上产生改变时,则这种依附关系就产生强弱关系的变化。因此,人们对副词的移位、排列顺序及其独立成句等句法形式变换的讨论,实际上反映了副词与谓语中心成分在句法上的依附性强弱关系。基于此,本文在已有研究的基础上进一步讨论两个方面的问题:一是副词与谓语中心成分的多样性句法形式及其依附性强弱关系,二是语义和语用因素对副词与谓语中心成分依附性强弱的制约关系。语料上主要来自于 CCL

语料库、BCC 语料库及引用文献,部分为自拟,文中不再一一注明。

1. 副词依附性强弱的句法表现

　　副词修饰限制谓语中心时,所有的副词都能紧邻谓语中心,形成基本句法形式"副词＋谓语中心",因此我们可以把该形式看作是副词与谓语中心成分句法关系的原型式。如果以原型式为参照来观察副词与谓语中心成分的句法形式关系,那么我们发现:有的副词必须紧邻谓语中心成分,两者构成原型式关系;有的副词没有紧邻谓语中心成分,而是在原型式基础上产生形式变换:或是副词与谓语中心成分产生形式距离,或是谓语中心脱离副词而形成副词悬空等。副词与谓语中心成分的紧邻与非紧邻的形式表现,实际上体现了副词与谓语中心成分之间的依附性强弱关系。原型式中的副词与谓语中心紧邻,具有强烈的依附性;而由原型式而产生的各种变化形式中,副词与谓语中心成分具有距离或空置的非紧邻关系,句法上具有依附上的弱化特征。下面我们从位距、位移和悬空等角度谈谈副词与谓语中心成分依附性强弱的句法表现。

1.1　位距形式

　　位距形式是指副词与谓语中心成分的位置距离关系。主要有两种形式。

　　1.1.1　停顿。这是指副词与谓语中心成分之间是否有停顿形式。例如:

（5）a. 不痛老子也喊痛！起码,看了两眼！

　　　b. 头疼,头疼,平时啊没有过的。

（6）a. 省市各级领导业已组织有关部门正在进行全力抢救。

　　　→＊省市各级领导业已组织有关部门正在进行全力

啊抢救。

b. 虽然广告植入太严重，可是还是看得鼻子很酸啊！

→＊虽然广告植入太啊严重，可是还是看得鼻子很

啊酸！

例(5)中的副词与谓语中心语成分之间有停顿，其中例(5a)的停顿不加语气词，例(5b)的后面加停顿语气词"啊"。例(6)的副词与谓语中心成分之间不能有停顿关系。副词与谓语中心成分之间有无停顿体现了副词与谓语中心成分之间的依附性强弱，没有停顿关系的比有停顿关系的依附性要强。

1.1.2　间距。当副词与谓语中心成分之间插入其他成分时，两者就产生形式上的距离关系。张谊生(2000)在说明限制性副词与描摹性副词的句法功能区别时，谈到了两者与中心语之间粘合的松紧关系。描摹性副词和中心语之间一般不能插入其他成分，必须与谓语中心成分紧邻，形成零距离关系；限制性副词与谓语中心成分中间可以插入其他成分，形成距离间隔关系。例如：

(7) 发烧友们从体育馆大门蜂拥进入馆内。

→＊发烧友们蜂拥从体育馆大门进入馆内。

发烧友们从体育馆大门马上进入馆内。

→发烧友们马上从体育馆大门进入馆内。

(8) 这几个罪犯趁着夜色畏罪潜逃。

→＊这几个罪犯畏罪趁着夜色潜逃。

这几个罪犯趁着夜色立即潜逃。

→这几个罪犯立即趁着夜色潜逃。

史金生(2011)对情状副词内部成员的连用顺序和规则进行了考察，认为不同类别的情状副词连用时具有前后顺序的约束。其例如：

(9) 执意亲自前往→＊亲自执意前往

（10）纷纷高声叫好→＊高声纷纷叫好

（11）断然拦腰截断→＊拦腰断然截断

（12）依约如期赶到→＊如期依约赶到

情状副词连用的排列顺序反映了不同情状副词与谓语中心的依附性强弱。在情状副词的排列顺序上,越靠近谓语中心的情状副词,与谓语中心的间距越近,对谓语中心的依附性越强,反之则弱。

从副词与谓语中心成分的位距关系看,没有停顿关系的比有停顿关系的依附性要强,没有间距关系的比有间距关系的依附性要强。可表示为:［－停顿］［－间距］＞［＋停顿］［＋间距］。

1.2　位序关系

这是指副词与谓语中心成分的位置顺序关系。副词附加于谓语中心前面构成基本的"副词＋谓语中心"的位序形式。但是交际中副词与谓语中心的位序会形成以下变化形式。

1.2.1　后移。是指原处于谓语中心成分前的副词移到整个句子的句末,形成谓语中心在前副词在后的易位现象。例如:

（13）这个房呢,就是,好像是我的姥姥的,姥爷的房子大概。

（14）也许我真的没有出息也许。

副词后移有两种情况:一是如例（13）,副词"大概"移到句末后,其原位置成为句法空位;一是如例（14）,副词"也许"移到句末后,原位置上的"也许"继续保留,后移的副词属于成分追加,原位副词和追加副词在句法形式上形成同现关系。

副词后移是一种常见的口语现象,根据陆俭明（2001）、张伯江、方梅（1995）等,后移副词目的主要是在语义上进行补充。但是并非所有的副词都能移位。例如:

（15）一大早他就特地从家里赶过来。→＊一大早他就从家里赶过来特地。

（16）光打游戏就花掉了半个学期的学费。→＊打游戏就花掉了半个学期的学费光。

1.2.2　前置。是指原处于谓语中心成分之前并在同一个谓语结构范围之内的副词脱离谓语结构而前移到整个句子之前。例如:

(17) 渐渐地,就把祖上留下来的财产全给花光了。

(18) 顺便,他看清了小伙子那张充满厌倦和愚蠢的自负的脸。

(19) 也许男人跟男人在一起像一群刺猬。

例中的"渐渐""顺便""也许"都前置到句首,成为饰句副词。根据能否前置到句首,尹洪波(2013)、杨德峰(2016)等把副词划分出饰句副词与饰谓副词两类。一般来说,饰句副词既可前置在句首作状语,也可在句中作状语。而饰谓副词只能位于句中作状语,不能前置到句首。例如:

(20) 他已经半年多没去了。

　→ * 已经他半年多没去了。

(21) 大家一齐点了点头。

　→ * 一齐大家点了点头。

从副词和谓语中心成分的依附性强弱看,不能后移或前置的副词比能后移或前置的副词的依附性要强。可以表示为:[-后移][-前置]>[+后移][+前置]。

1.3　副词悬空

这是指在话语交际中,副词修饰限制的谓语中心成分不出现,副词后面为句法空位,副词独立成句,成为非主谓句形式。例如:

(22) 我站在他们面前有些局促地说:"嗯,请问你们点些什么?""照常吧,他们是我的好哥们。"

(23) 康熙久久地凝视着那张舆图:"及早削藩,好了结朕这块心病啊。""及早!"索额图心里一震,"皇上下决心了?"

例(22)(23)中，副词"照常""及早"后面的谓语中心省略，由副词独立充当一个句子，成为副词性非主谓句。现代汉语中能够独立形成非主谓句的副词不多，陆俭明(1982)、李泉(2001)、罗耀华(2010)的统计分别是 65 个、87 个、77 个，邢公畹(1994)认为汉语中能形成非主谓句的副词大约有八分之一。例如：

(24) 梅玲拿起电话找彭先生，电话声中懒洋洋的。"彭大叔？你睡得好吧？吃过早饭没有？好的，马上。"

　→ *"彭大叔？你睡得好吧？吃过早饭没有？好的，即刻。"

(25) "我对卢贝隆区相当熟悉，却从来没看过这样的地方。""确实。我花了五年的时间才找到的。"

　→ *"委实。我花了五年的时间才找到的。"

还有一种半截话的副词悬空形式，就是说话者为省力而把副词后面的谓语成分省去不说出来。例如：

(26) 有一年过年，他打电话给大儿子问："你在哪里啊？"大儿子答曰："在丈母娘家。"又打电话给小儿子问："你在哪里？"小儿子答曰："在丈母娘家。"继而小儿子反问："老爸你在哪里啊？"郎咸平答曰："我也。"

(27) "怎么只有我们两个人呢，他怎么不去？""他另外。"

例(26)(27)中的"也""另外"后面的谓语中心省略，副词悬空。与例(22)(23)不同的是，例(22)(23)副词悬空后，副词能够独立成句，而例(26)(27)的副词必须和主语一起成句，副词不能单独成句。如：

　→ *有一年过年，他打电话给大儿子问："你在哪里啊？"大儿子答曰："在丈母娘家。"又打电话给小儿子问："你在哪里？"小儿子答曰："在丈母娘家。"继而小儿子反问："老爸你在哪里啊？"郎咸平答曰："也。"

　→ *"怎么只有我们两个人呢，他怎么不去？""另外。"

　　从副词和谓语中心成分的依附性强弱看,不能悬空的副词比能悬空的副词依附性要强,表示为:[－悬空]>[＋悬空]

　　副词依附性强弱的句法表现是基于副词和谓语中心成分的原型式状中结构而产生的不同变式。如果从类别角度看,相同类的副词具有相同的依附性强弱关系,不同类的副词具有不同的依附性强弱关系。但实际上,虽然副词类别与其依附性强弱有一定的基本对应关系,但副词依附性强弱在个体差异上的表现也很明显。以时间副词"正、早就、随后、早晚"为例:

	停顿	间距	后移	前置	悬空
正	－	＋	＋	－	－
早就	＋	＋	＋	－	－
随后	＋	＋	＋	＋	－
早晚	＋	＋	＋	＋	＋

　　虽然都是时间副词,但"正""早就""随后""早晚"的依附性强弱关系却不同,表示为:正>早就>随后>早晚。

2. 语义和语用对副词依附性强弱的制约

　　副词依附性强弱是与副词语义性质和语用特征密切关联的,不同语义类别的副词及其在话语交际中体现的语用特征制约着副词依附性强弱。以下我们从语义和语用两个方面探讨副词依附性强弱的形式体现与语义和语用的制约关系。

2.1　语义制约

　　黄河(1990)、袁毓林(2002)、史金生(2011)等在多项副词排列顺序的研究中,认为副词排列顺序是受语义制约的,基本遵照语义距离原则,即词语之间的语言距离反映概念距离,概念距离随语言距离的变化而变化。语言距离越近,概念距离就越小,语言距离越远,概念距离就越大。同样,根据我们的考察,副词依附性强弱是受副词的语义特征制约的,其制约的基本原则是:副词和谓语中心成分在语义距离上越近,副词对谓语中心成分的依附性就越强,则副词在形式距离上越接近谓语中心成分。而副词和谓语中心成分在语义距离越远,副词对谓语中心成分的依附性就越弱,则副词在形式距离上越远离谓语中心成分。下面我们从副词的语义类别角度具体谈谈语义对副词依附性强弱的制约关系。

语气副词是表达说话者的主观态度和主观情感的,它和句子的命题意义形成句子的两个语义要素。从语气副词的语义作用范围来看,它是作用于整个句子层面的。因此,语气副词和谓语中心成分的语义关系比较疏远,依附性比较弱,这就在位距、位移和悬空等句法形式上体现出多样化特征。例如:

(28) a. "你想找到他吗?" "或许。"

　　 b. 或许一般的人会认为他是一个实用主义者,没有任何的梦想。

　　 c. 大岛眯细眼睛看我,"这样确实再好不过或许。"

(29) a. 你们领导升官了,难怪他今天换了一件新衬衫。

　　 b. 随后,朝她快步走来,上上下下地打量着秀米,嘴里不住地道:"难怪,难怪。"

　　 c. 哦,原来是保定府的客官,难怪。

从事件要素功能上看,时间是确立事件发生的基本参照,是人们对事件进行认知处理的基本要素。从时间与事件各要素的关联角度看,它不仅仅是与事件动作具有关联,而是能与事件的各要素形成整体关联。因此,对于表达事件时间义的时间副词(包括频率副词、重复副词)来说,在句法形式上,它与谓语中心成分并不一定形成强烈的依附关系,而是往往出现在谓语动词所构成的命题的较为外围的位置(袁毓林,2002),可具有停顿、间距、后移、前置、悬空等形式表现。例如:

(30) 至今,志艳的妻子仍带着两岁的孩子在家种责任田。

（31）所以甭管怎么着吧，我结婚十一年了将近。

（32）没有这个机会天天朗诵，偶尔。

　　范围副词主要作用于事件参与者，表示动作参与者的总括、限制、递加等。因此，范围副词不直接作用于谓语中心成分，在形式表现上，范围副词与谓语中心成分可形成间距、前置、后移，甚至悬空关系。例如：

（33）因为在过去的每一年里，我们所进的书都统统会被新生们卖出去。

（34）1957 年，一顶"右派"的帽子扣在中央美术学院即将毕业的傅小石的头上。仅仅，小石的宿舍是全院最活跃的地方。

（35）班上同学不见了大都。

（36）你们准备一块儿走，还是分批走？一块儿。

　　否定副词是句中的焦点算子，其功能往往是能标示句中的焦点成分，其与谓语中心成分的依附形式关系表现为：一是可位于谓语中心成分的其他成分前，不与谓语中心成分形成紧连关系；二是由于要标示焦点成分，否定副词不能离开焦点成分而前置或后移；三是受否定副词的语篇功能和语义功能影响，否定副词常常能独用，形成句法悬空形式。例如：

（37）他也不把自己再拴在一个女人身上，家庭和孩子对他来说都是过于沉重的负担。

（38）绢子猛地顶撞了一句。"不。是我应该向你道歉。"

（39）这东西好，东西不错！为什么你早不拿出来呢？

　　　→＊这东西好，东西不错！为什么你早拿出来呢不？

　　程度副词表示事物性质、状态或动作的量的变化程度，其语义辖域是具有性质、状态或动作变化的量的成分。因此，语义上与其修饰限制的谓语中心成分有紧密的关联，而在句法形式上，程度副词与谓语中心成分紧邻而形成较强的依附关系，两者之间一般不产生间距、停顿、后移、前置或悬空关系。但有时程度副词与情状副词或者和某些兼语结构连用时,程度副词可放在情状副词和兼语结构的前面,此时程度副词和谓语中心成分形成间距关系,如"很大声地说""非常独断专行""更让大家生气""非常令人担心"等。另外,有些程度副词也可能产生停顿和后移。例如:

(40) 好,下面我们请姆文达卡来表演歌曲。我稍微,我稍微介绍一下姆文达卡先生。

(41) 十四王子是个聪明能干的人,美中不足的缺陷,只是年龄稍微小些。

→十四王子是个聪明能干的人,美中不足的缺陷,只是年龄小些稍微。

情状副词表示动作的方式、状态、情状等,是对动作本身的方式、状态和情状等进行描述,其辖域只是动作本身,因此,它们与动作的语义最为密切,并且情态副词中副词的语义与动词具有比较严密的语义对应关系,某个或某些副词只能修饰限制某个或某些动词,辖域比较窄。陆丙甫(1993)对各种语言的优势语序分析中也证明了方式成分与动词语义上的亲近的关系。因此,情状副词与谓语中心成分在语义上亲近的关系,也在形式上体现出其与谓语中心动词的紧密依附关系,表现为一般不能停顿、移位、前置或悬空等。例如:

(42) 开船后不久海上就起了大风暴,两个战士相继牺牲。

→*开船后不久海上就起了大风暴,相继两个战士牺牲。

→*开船后不久海上就起了大风暴,两个战士牺牲相继。

→*开船后不久海上就起了大风暴,两个战士相继啊牺牲。

→*两个战士怎么牺牲的? 相继。

总体上来看,副词依附性强弱与副词的语义类型形成主要以下关系:

依附性强弱:弱——→强

语义类型:语气副词＞时间副词/范围副词＞否定副词＞程度副词＞情状副词

以上我们只是从副词的语义类别角度考察副词的依附性强弱关系,但从整个副词来看,"其内部又不是一个均匀的整体,其内部各小类,甚至成员之间在功能、意义和用法等诸方面都存在着相当的差异"(张谊生,2000)。因此,从语义角度考察副词依附性强弱关系,一方面体现于不同的副词类别之间的差别,另一方面,在同一个副词类别的成员中,由于不同成员在语体色彩、韵律特征、语义规约等方面的表现不同,因而所表现出来的依附性强弱也存在着强弱等级的个体差别。

2.2 语用制约

功能语言学注重从功能角度解释语言形式的变化,认为语言的组织形式完全是出于社会交际目的的考虑,语言表达形式的多样性源自互动交际中不同的功能需求,不同的需求之间的相互竞争塑造了语言的结构形式,因此,对语言形式的研究不应该割裂结构与其动因的关系(Du Bois, 1985;方梅,2018)。基于功能的语言观,我们认为副词依附性强弱的多样性形式是话语交际的功能驱动结果。具体来说,语用对副词依附性强弱的多样性形式的制约关系主要表现为信息特征的形式制约和功能表达的形式体现。

2.2.1 信息特征的形式制约。这是指信息结构或成分对副词依附性强弱的表现形式产生约束限制作用。张伯江、方梅(1996)认为语气词总是出现在表达重要信息的核心成分之前,而一定不出现在焦点成分里。在一个句子中,动词或形容词谓语中心往往是信息焦点成分,而描摹副词、程度副词与谓语中心成分

粘附比较紧,相当于粘合结构,容易组成同一个信息单位,同处于信息焦点地位,所以它们之间基本不允许有停顿或移位等。例如:

(43) 不远处依稀传来一些喊叫声。

　　→ *不远处依稀啊,传来一些喊叫声。

　　→ *不远处传来一些喊叫声依稀。

(44) 这是一个十分奇怪的孩子。

　　→ *你是一个十分啊奇怪的孩子。

　　→ *你是一个奇怪的孩子十分。

　　李湘、端木三(2017)调查了方式状语在句子中的信息地位问题,结果表明,方式状语往往容易成为句子的焦点信息,在结构上与谓语中心成分形成较强的依附性,因而表示方式的副词在作状语时一般不能产生停顿、移位、悬空等句法形式。例如:

(45) 妈妈昨天独自去舅舅家了。

　　→ *妈妈昨天独自啊去舅舅家了。

　　→ *妈妈昨天去舅舅家了独自。

(46) 到了工地后大家分头忙自己的事。

　　→ *到了工地后大家分头呢忙自己的事。

　　→ *到了工地后大家忙自己的事分头。

(47) 你是怎么把这些东西扔出去的?

　　→ *"逐个。"

　　否定副词属于句中的焦点算子,因此,当否定副词对句内某个成分产生管辖时,则该成分就成为句中的焦点成分。如果某个副词被否定副词管辖而成为焦点成分,则该副词不能移位。例如:

(48) 你们为什么不马上把这个情况告诉他呢?

　　→ *你们为什么不把这个情况告诉他呢马上?

(49) 最近几个月,李师傅没有经常和我见面。

　　→ *最近几个月,李师傅没有和我见面经常。

汉语中的"是""连"等在句中经常作信息焦点标记,其后的成分往往是信息焦点成分,下面两组例子中,有或没有"连""是"作焦点标记所产生的副词悬空结果不一样。比较:

(50) a. 我也不想去旅游了。

　　　→不想去旅游了,我也。

　　 b. 他终于回到了老家。

　　　→回到了老家,他终于。

(51) a. 连我也不想去旅游了。

　　　→﹡不想去旅游了,连我也。

　　 b. 是他终于回到了老家。

　　　→﹡回到了老家,是他终于。

2.2.2　功能表达的形式体现。这是指副词依附性强弱的形式体现是基于话语交际的某些功能表达的驱动。方梅(2017)论述了相同的副词在句首和在主语后的意义差别。表评价义的副词在句首或句中体现了说话者的信度差别,一些多义副词在句首或句中所表达的语义不同。例如:

(52) a. 他确实不知道这件事。

　　 b. 确实,他不知道这件事。

(53) a. 窗外的月光渐渐地暗淡下去了。

　　 b. 渐渐的,文秋像变了一个人,微笑时时洋溢在脸上。

例(52b)中,"确实"前置,相对于(52a)来说,更明确地反映了说话者的主观确定的态度。例(53a)中,"渐渐"侧重于表达暗淡的方式,(53b)则更侧重于表达后面两个小句事件发生的时间范围。关于副词前置,方文还从篇章角度解释了前置副词在场景转换、话题链阻断以及标记事件进程等方面的功能。

罗耀华(2010)认为副词非主谓句有话语衔接、语义强调和突出以及表达主观态度的功能。例如:

(54) 记者:"在吉林参加比赛的这一个赛季中送给'黑哨'的

钱总共加起来有多少?"

李书福:"这个账我忘了,要查一查才知道。"

记者:"大概呢?"

李书福:"我不知道这个。"

例(54)中的"大概"一方面起到了延续话题、引导话语进程的作用,另一方面又达到了突显话语信息的功能。

在关于副词后移的讨论中,陆俭明(2001)、张伯江、方梅(1996)、杨德峰(2016)等认为副词后移的基本功能是起到语义补充或语气强调的作用。例如:

(55) 我和老头儿我们俩人呢,反正是二百多块钱吧将近。

(56) 但他也希望井上织姬能尽快结束这样的诱惑,起码。

(57) 人纯洁就是没办法呀,这被抓的反应太激烈了简直。

(58) 突然觉得自己不大正常,我,忘记吃药了难道?

例(55)(56)中的"将近"和"起码"是说话人在表达前面的话语之后,再把遗漏的信息进行补充,达到话语意义的完整。例(57)(58)中的"简直"和"难道"是语气副词,语气副词后移的一个功能是加强全句的语气。

3. 结语

副词的基本功能是修饰限制谓词性成分作状语,其原型结构可表示为"副词+谓语中心",但在原型结构下,副词和谓语中心成分可产生句法形式的多样性变化,这些句法形式的具体变化主要有停顿、间距、后移、前置、悬空等类型,而不同副词在这些变化类型中所体现出现的差异反映了副词与谓语中心成分依附性强弱关系。根据我们的考察,从语义上看,不同语义类型的副词所产生的句法形式变化结果是不同的,因而表现出来的依附性强弱也不同。同时,语用中的信息特征和功能表达也对副词依附性强弱具有一定的制约作用。不过，由于副词内部成员在意义、功能及语用等角度上存在着比较大的个性差异，因而不同的副词在依附性强弱上也必然体现出个体特征。因此，更深入地分别考察单个副词在依附性强弱上的个性特征，这对于更好地揭示副词的语义、语法和语用功能以及副词的合理分类会有较好的指导作用。

参考文献

方梅　2017　饰句副词及相关篇章问题，《汉语学习》第 6 期。

方梅　2018　《浮现语法：基于汉语口语和书面语的研究》，北京：商务印书馆。

黄河　1990　常用副词共现时的顺序，北京大学中文系编《缀玉集》，北京：北京大学出版社。

李泉　2001　《汉语语法考察与分析》，北京：语言文化大学出版社。

李湘、端木三　2017　"自然焦点"有多"自然"?，《世界汉语教学》第 4 期。

陆丙甫　1993　关于建立深一层的汉语句型系统刍议，《语言研究》第 1 期。

陆俭明　1982　现代汉语副词独用刍议，《语言教学与研究》第 2 期。

陆俭明　2001　《汉语口语句法里的易位现象》，沈阳编《陆俭明选集》，长春：东北师范大学出版社。

罗耀华　2010　《现代汉语副词性非主谓句研究》，武汉：华中师范大学出版社。

孟琮　1982　口语里的一种重复，《中国语文》第 3 期。

史金生　2011　《现代汉语副词连用顺序和同现研究》，北京：商务印书馆。

邢公畹　1994　《现代汉语教程》，天津：南开大学出版社。

杨德峰　2016　也说饰句副词和饰谓副词，《汉语学习》第 2 期。

尹洪波　2013　饰句副词和饰谓副词，《语言教学与研究》第 6 期。

袁毓林　2002　《多项副词共现的语序原则及其认知解释》，《语言学论丛》（第 26 辑），北京：商务印书馆。

张伯江、方梅　1995　《北京口语易位现象的话语分析》，《语法研究和探索》（七），北京：商务印书馆。

张谊生　2000　《现代汉语副词研究》，上海：学林出版社。

Du Bois, John W 1985 *Competing motivations*. In John Haiman (ed), Iconicity in Syntax. Amsterdan: John Benjamins.

副词"抢着"的来源与演变

顾春晖　　刘红妮(上海师范大学人文学院)

0. 引言

汉语中有一类"X着"类副词。迄今对这类"X着"副词的演变研究,董秀芳(2016:197—198)谈到了"跟着""接着""亏着""合着"等,梁姣程(2016)对"赶着""亏着""明着""伙着""眼看着"这五个副词进行了探讨。除此以外,汉语中还有不少已经成为副词的"X着",在李宗江等(2011)就列举了二十几个,副词"抢着"就是其中之一。"抢着"尽管在《现代汉语词典》(2016)中还未被收录,但据李宗江等(2011)以及实际语言中的用例,"抢着"主要用在动词谓语前状语的位置,具有一定固定的语义,表示"争先恐后地,积极地",所以我们认为"抢着"已是副词。

副词"抢着"是由动词"抢"+体标记"着"词汇化而来,词汇化是语言演变的重要方面之一。刘红妮(2019)指出"X着/了/过"是否是跨层组合与一定的语法体系对助词的规定有关,如果语法体系认为助词与前后两个成分之间没有粘附关系,那"X着/了/过"这样的结构就是跨层组合,如果语法体系认为"着、了、过"这些助词是后附于动词的,那么"X着/了/过"就不能算作典型的跨层组合。本文采纳吴竞存等(1992)提出的观点,即助词介于前后两个成分之间，既不前附，也不后附；并且采用刘红妮（2019）的划分标准，认为副词"抢着"是从非句法结构跨层词汇化而来。

关于"抢着"的来源和演变，就笔者所见，还未看到相关成果，本文将较为详细地探究副词"抢着"的历时演变过程、动因和机制。所引语料来自北京大学语料库（CCL）以及汉籍全文检索（第二版）。

1. "抢"与"着"的演变发展

副词"抢着"，由动词"抢"＋动态助词"着"组成的非句法结构跨层词汇化而来，其词义在李宗江（2011）中被明确标注为："争先恐后地，积极地"。

1.1 "抢"的语义发展

"抢着"作为副词，这一释义与动词"抢"的意义脱离不开，在《现代汉语词典》（2016）中，"抢"的词义为［动词］：1.争夺，争抢；2.抢先，争先；3.突击。副词"抢着"的意义与"抢"的第二个词义相关。"抢"一字在《说文解字》中并未收入，《广韵》对其释义为"拒也，突也"。"抢"为形声字，从手，仓声，本义指迅速的撞碰，读qiāng，先秦时期已有用例。这种意义的"抢"与"抢着"无关。例如：

（1）蜩与学鸠笑之曰："我决起而飞，抢榆枋，时则不至，而控于地而已矣，奚以之九万而南为？"（先秦·庄子《逍遥游》）

直到明清时期，本义的"抢（qiāng）"也被频繁使用着，例如：

（2）春瑛顿时捶床拍案，呼天抢地地哀哭起来。（清·《八仙得道》第七十回）

后期，"抢（qiāng）"出现引申义，义为"反着、顶着"，这种意义的"抢"与"抢着"无关。例如：

(3) 他又问:"那壁小娘子莫非莺莺小姐的侍妾乎?小姐常出
    来么?"被红娘抢白了一顿呵回来了。(元·王实甫《西厢
    记》第三折)

(4) 丁奉、徐盛便分水陆两路追袭。徐盛教拽起满帆,抢风而
    使。(明·罗贯中《三国演义》第四十九回)

例(4)中"抢风而使"中"抢"的意义较为明显,为"顶着风"的
意思,而例(3)中的"抢白"指顶嘴的意思,"抢"的意义在整个词义
中有所体现,但已经有弱化的趋势。

"抢"除了读 qiāng,还可读 qiǎng,表示抢夺意义,大约元明
时期开始使用,例如:

(5) (试官云)那个秀才,祭丁处不会抢馒头吃。(元·杨显之
    《临江驿潇湘秋夜雨》)

(6) 子牙曰:"你众将俱各领符一道,藏在盔内,或在发中亦
    可。明日会战,候他败走,众将先赶去,抢了他的白骨幡,
    然后攻他关隘。"(明·许仲琳《封神演义》第八十六回)

例(5)中"抢"为抢夺义,是及物动词,后面加了名词"馒头",
例(6)的"抢"同样为"争夺"义。

约在元明时期,表"抢夺"义的"抢"也引申为"争先"义,明代
使用较为频繁。这种意义的"抢"与副词"抢着"有关。例如:

(7) 正待要走,却惊醒了那人,起来说道:"这是我丈人家与我
    做本钱的,不争你偷去了,一家人口都是饿死!"起身抢出
    房门,正待声张起来。(明·冯梦龙《醒世恒言》第三十三
    卷)

(8) 那一日正是放告日期,闻氏束了一条白布裙,直抢进栅
    门,看见大门上架着那大鼓,鼓架上悬着个槌儿,闻氏抢
    槌在手,捣得那鼓振天的响。(明·冯梦龙《喻世明言》第
    四十卷)

例(7)中"抢"后接趋向动词"出"及宾语"房门",并未直接带

宾语,再者"房门"也无法作为"抢夺"义的"抢"的宾语,因此在此句中"抢"应当理解为"抢先","抢出房门"可以理解为抢先出房门,离开房间。例(8)中"抢进栅门"及"抢槌在手"中"抢"分别理解为"抢先"和"抢夺"。在"抢"表示"抢先"义的时候后常接趋向动词"出、来、入"等,表现出了主语发生动作时的匆忙状态。

明末"抢"又引申指"突击",不过当时语料较少,清末民初时"突击"义的"抢"使用的比较频繁,常有"抢修、抢收、抢险"等词。这种意义的"抢"与"抢着"无关。例如:

(9) 庞葱、巴宁奋力抢救,田胜、田忌四面杀进,二将各自奔归本寨。(明·《周朝秘史》第九十七回)

(10) 六年,巡抚李卫请将骤决不可缓待之工,先行抢修,随后奏闻。"抢修"之名自此始。(《清史稿》卷一二八)

(11) 一天晚上,何氏乘夜深人静,抱着幼女沉入深渊中。人们发觉之后,已经来不及抢救了。(民国·曹绣君《古今情海》卷九)

以上是对"抢"语义演变的简单归纳。"抢着"词义为"争先恐后地,积极地",其主要由"抢"提供,与之最为相关的是表示"争先、抢先"义的"抢(qiǎng)"。

1.2 "着"的语法化

关于"着"的演变许多学者都研究过,学界普遍都赞同的观点是"着"由表"附着"义的实义动词语法化为表"持续"义的动态助词,最早写作"著",后来写成"着"。绝大多数学者都认为动态助词"着"主要发展阶段在唐代,吴福祥(2015)指出唐代"着"不仅可以表示状态持续或动作进行,还可以表示动作完成,宋元时期"着"大多表示状态持续和动作进行。随着"了"的完善,"着"不再用来表示动作完成。大约在明代,动态助词"着"的用法逐渐固定下来,多用来表示动作或状态的持续,并且一直沿用到现代汉语中。

　　总而言之,东汉以前,"着"作为一个实义动词,表示"附着"义。例如:

(12)"风行而着于土,故曰其在异国乎!"(先秦·左丘明《左传·庄公二十三年》)

　　东汉时期,"着"可以与其他动词连用,一般置于其他动词后面与之构成连动结构,而且连动式"V+着"两个动词在句子中语义不是均衡的,重心主要落在前一个动词上,因此"着"的动词性减弱,给后续"着"的语法化创造了条件。

　　蒋绍愚(2017)指出魏晋时期,连动结构演变为动补结构,"V+着"后接处所名词,同时补语"着"的意义会根据前面动词动态、静态的区别有所不同(如例13和14),此时"着"仍然有"附着"义,但动作性已经大大减少。到隋唐时期,"V+着"后名词扩大到实体名词(如例15),这种用法中"着"进一步虚化,不再是表"附着"义的动词,而是语法化为表示动作状态的助词。明朝中后期助词"着"的用法逐渐稳固,一直沿用至今。"着"的语义经过了从空间向时间的投射(蒋绍愚 2017),结构上由"V+着+N"重新分析为"[V 着]+N",从而"着"完成了语法化。

(13)既还,蓝田爱念文度,虽长大,犹抱着膝上。(南朝·刘义庆《世说新语·方正》)

(14)王子敬时为谢公长史,谢送版,使王题之,王有不平色,语信云:"可掷着门外。"(南朝·刘义庆《世说新语·方正》)

(15)净能都不忙惧,收毡盖着死女子尸,钉之内四角,血从毡下交流,看人无数,皆言帝城之内敢有此事,谁不叫呼。(唐·《敦煌变文集》)

2. 副词"抢着"的跨层词汇化过程

"抢"表示"抢先"的语义在元明时期开始使用,大约在明末发展成熟,而"着"在唐朝开始语法化为虚词,在唐朝中后期及以后,"着"作为表"持续"的助词频繁使用,明朝中叶"着"的助词用法才稳固下来。因此"抢"与"着"二字的连用出现较晚,在元杂剧中有少量语料。例如:

(16) 撒因答剌孙,见了抢着吃,喝的莎塔八,跌倒就是睡。(元·关汉卿《邓夫人苦痛哭存孝》)

(17) 好弟兄,这房子当要一千锭,只要五百锭;当要五百锭,则要二百五十绽。人都抢着买了。(元·秦简夫《东塘老劝破家子弟》)

例(16)和例(17)都是"抢着+V"结构,例(16)中,"撒因答剌孙"是指"酒",这里"抢着吃"可以在"抢着"后面补上名词"酒","见了抢着吃"就是指人们见了酒就抢酒喝,因此这里的"抢"动作义很明显。例(17)中同样可以在"抢着"后面补上宾语"房子",也就是说,因为房子的价格很便宜,且数量及其少,人们便要"抢着买","抢"的动作义也比较明显。这两例中"着"作为助词,表示动作的持续,因此"抢着"为"动词+助词"的跨层结构,同时"抢着"与后面的动词构成连动式,在句子中作谓语。

明清时期,"抢着+V"出现了一种可以两可理解的情况。例如:

(18) 这伙男女那里顾个冷热、好吃不好吃,酒肉到口,只顾吃,正如这风卷残云,落花流水,一齐上来抢着吃了。(明·施耐庵《水浒传》第四十三回)

(19) 李纨叫把烟火抬出来放了罢。于是,把未放的烟火,二十余架一起放了,又放了好些爆仗,赛月明、飞天、十响之类。这些孩子们又都抢着要放。(清·《补红楼梦》第三十四回)

例(18)和例(19)中都是"抢着+V"的形式,"抢着"后面有动词,这些动词是句子的语义重心,"抢着"处于从属地位。这两例与例(16)和例(17)有所区别,从表面上看,与上述二例一样,"抢着"后面存在一个被省略了的宾语,但相比起例(16)和(17)语料中"抢着＋V"表示"抢着(NP)"与后续动作伴随发生,这两例中"抢着"与后面的动词之间表现出更强的修饰性,我们认为这两条语料可以有两种解释,第一种解释与上述相同,即认为"抢着吃"和"抢着要放"还是连动结构,"抢"表示"抢先,争先",后面可以补上宾语:例(18)"抢着"后面可以补上名词"酒肉",例(19)"抢着"后面可以补上名词"烟花";也就是说主语"抢着吃"和"抢着要放"存在一个抢的对象,所以这里的"抢"动作性还是比较强的。第二种解释就是认为这里的"抢着＋V"是偏正结构,那么例(18)和例(19)中的"抢着吃"就可以解释成"争先恐后地吃","抢着要放"即为"争先恐后地要放",这样解释时,"抢着"的动作性就要弱很多。正因为这两例存在作第二种解释的可能,在这种情况下,"抢着"的从属地位更加明显,非句法结构"抢＋着"在多种因素的影响下,具有被重新分析的可能。

　　以上的"抢着"都尚未成词,只是一个"抢＋着"的非句法结构,副词"抢着"大约在明末形成,"抢着"作为副词一般在句中作状语,修饰后面动词。例如:

(20) 相栋宇恐怕说岔了话,抢着说了素姐来意:"先到了洪井胡同,正见了调羹,已是嫁了鄾都知县,不曾随任;又到了当铺,我才雇了轿子送他回来。"(明·《醒世姻缘传》第七十七回)

(21) 天师忽然抢着说道:"佛门软弱,弱水也是软弱,两个都是一家,故此有个道理。(明·罗懋登《三宝太监西洋记》第十五回)

　　例(20)和例(21),"抢着"都处于"抢着＋V"的结构中,后面都没有宾语,也不存在承前省略宾语的情况,"抢"义为"抢先、争先",又因为不存在省略的宾语,所以"抢"的动作性已经变得非常弱。语料中"抢着"前主语都为单人,谓语动词动作的发出者是确定的,且从句义来看主语已经比旁人抢到先机做出后续动作,此时"着"已经失去了作为助词应有的体标记功能,变成具有依附性的词内成分。所以这两例中"抢着"已经成为副词,"抢着说"就是偏正结构,可以理解为"争先恐后地说"。

清朝时期,副词"抢着"发展得更为成熟,"抢着"后面的"V/VP"范围更广,不再局限于言说类动词,"抢着"作副词的使用频率更高。例如:

(22) 本来这位先生也是不走运气,由今早晨出来就没开市,人家别的卦摊拥挤不动,抢着算卦,他这里盼的眼穿,连个人都没有。(清·郭小亭《济公全传》第一百八十一回)

(23) 金头虎说道:"我问的是楼底下那群人,摔倒的爬起还跑,是干什么的?"跑堂的说道:"咱这饭卖的贱,他们都抢着来吃饭。"(清·张杰鑫《三侠剑》第五回)

(24) 因即问道:"这位尊姓大名,还未请教。"雷大春便先向四面一看,见无旁人,因抢着代答道:"贤弟,你怎么知道,这就是宁王千岁的龙驾!"(清·唐芸洲《七剑十三侠》第一百七十四回)

(25) 魏翩仞抢着代笔,自己先写了一张陆桂芳。刘瞻光说:"翩仞总是叫这个小把戏。(清·《官场现形记》第八回)

(26) 继之还没有开口,就有一位同事抢着问道:"岷怎么样的礼贤下士? 快告诉我,等我也去见见他。"(清·吴趼人《二十年目睹之怪现状》第四回)

例(22)到例(26),这些语料中"抢"的动作义同样很弱,而且前后文中也并不能找到"抢着"被省略的宾语,"抢着"与后面的动词之间呈现出修饰关系更为明显。董秀芳(2004)提到一般由

"着"参与构成的词,往往在这个词中"着"表示持续的体标记功能已经完全丧失,具有独立性的助词"着"进一步变为了词内成分。这些语料中"抢着"处于状位,起修饰动词的作用,义为"争先恐后地"或"争相、竞相",而"着"的体标记功能也消失了,"抢着"由"抢+着"的非句法结构经过重新分析,词汇化为一个副词。在这些例子中,"抢着"描摹了后续动作发生时的情状。张谊生(2000)对副词类型做出了划分,将主要用来描摹情状或方式,词汇意义相当实在的副词称为描摹性副词,"抢着"在明末就已经有明确作为副词的语料,它在有着完善的副词功能的同时,词汇意义相较于其他典型副词还是比较实在的,在使用中大多也紧贴中心语,"抢着"就可以被划分为描摹性副词。

从例(22)—例(26)可以看出,作为副词的"抢着"修饰后面的谓语,主要表现出主语发出动作时的状态,同时"抢着"也会根据语境有不同的语义侧重,如在例(22)、例(23)和例(26)都是表现出主语发生动作时"恐落人后、急迫"的样子,在例(24)和例(25)中则表现出主语"积极主动"的样子。

民国时期,副词"抢着"也一直沿用。例如:

(27) 彭玉麟不待志锐念完,抢着大赞道:"好诗好诗! 若是置诸《山谷集》中,谁人分得出来。"(民国·徐哲身《大清三杰》第九十八回)

(28) 胡庄连忙从袋中取出毛巾要揩席子,朱继霖已顺手拿了条抹布抢着揩了。(民国·不肖生《留东外史》第二十一章)

3. "抢着"词汇化的动因与机制

跨层词汇化与词汇化一样,都是指一个非词结构发展成词的过程,"抢着"从一个非句法结构成为一个副词,它的成词与虚化同步进行，"抢着"的成词主要受到以下动因与机制的影响。

3.1　连动结构句法环境的影响

汉语中副词一般都修饰动词，在句中作状语。这就意味着"抢着"要词汇化为副词，需要句子中出现另一个动词做句子的谓语，而"抢着"只能作状语修饰这个动词。"抢着"作为一个非句法结构时，"抢"的动作义明显，一般都在句子中作谓语，后面可接宾语。在实际语料中"抢着"单独作谓语的情况不太多见，更多的是出现在"抢着＋V"的结构中，对于"抢着＋V"这种"V$_1$着V$_2$"结构，学界存在两种看法，一种认为这是连动结构，一种认为这是偏正结构，本文采用学界普遍看法，认为其为连动结构。"V$_1$着V$_2$"作为连动结构也可内分，朱德熙（1982）将其分为两类：一是V$_1$、V$_2$表示两个伴随发生动作，但语义重心在V$_2$，V$_1$说明V$_2$方式，如：关着窗子睡觉/躺着玩手机等；一类是V$_2$表示V$_1$目的，如：留着明天吃/哭着要买新衣服等。

从李宗江等（2011）中标注的"抢着"副词义："争先恐后地，积极地"可以判定非句法结构"抢着＋V"属于朱德熙（1982）指出的第一类，在这样的"抢着＋V"连动式中，"V"是语义重心，"抢着"处于从属地位，特别是在这种结构中"抢着"后面几乎不带宾语，那么"抢着"所处的位置就与副词位置相同，因此慢慢地演化为副词。"'X着'的副词用法实际上就是从连动结构'V$_1$着V$_2$'变来的"（董秀芳2016：198）。所以"抢着"能从一个非句法结构跨层词汇化为副词正是受到"抢着＋V"连动结构的句法环境影响。

3.2　"抢"语义的弱化与"着"体标记功能的脱落

董秀芳（2011：41）指出一个非词的语言成分在成词的时候，"在语义上要有一定的改造，最常见的就是语义弱化或脱落，和语义发生隐喻或转喻引申"。"抢着"在成词过程中，"抢"由一个表示"争抢、抢夺"这样动作性强的实义动词，引申出"抢先"这种动作性弱的抽象动词，与此同时，部分非句法结构"抢着"中，"抢"为

"抢先"义,但因其后可以补出省略的名词,因此其动作性还是比较强,直到成为副词,"抢着"中的"抢"语义上更加弱化。而"着"作为助词,依然有表持续的功能,但在副词中"着"的体标记功能已经完全脱落,成为一个词内成分。"抢着"的整体语义就演化为描摹"争先恐后地"这种情状,处于状位的"抢着"就慢慢蜕化掉动词的功能,成为一个副词。

3.3　心理组块机制与高频使用

陆丙甫(1986)指出:"人们在理解语句时常常一边听一边及时处理,能够组合在一起的成分会尽量组合在一起,这就是认知心理学所谓的心理组块机制。"在语句环境中,"抢着"发生了从句法层面单位到词汇层面单位的转换,这一过程就可看成心理组块造成的重新分析过程。非句法结构"抢着"中,"着"是一个无具体词义的持续体标记,成为副词后,"抢着"的整体语义由"抢"提供,"着"完全就是一个用于补足音节的词内成分。通过对 CCL 古代汉语语料库中有效语料的统计,发现"抢着"作副词的语料数量非常多,足以表现其在实际中的高频率使用。而高频使用更容易使得人们对某一双音语言成分组块。由此"抢着"就从一个松散的非句法结构演化为一个凝固的词。

4.　结语

"抢"与"着"的连用出现得比较晚,元代出现,有少量用例,从明末开始才有较多的语料出现,这与"抢"表示"抢先、争先"的语义成熟晚,和"着"的助词用法固定晚有关。明代时期存在着可以两解的"抢着",真正的副词"抢着"则在明末形成,在清代成熟,并且一直沿用至今。"抢着＋V"连动结构的句法环境,"抢"语义的弱化和"着"表持续的体标记功能的消失是"抢着"发生跨层词汇化的动因。认知心理学提出的心理组块机制和副词"抢着"的高频使用也为其成词起到了促进作用。

参考文献

董秀芳　2011　《词汇化：汉语双音词的衍生和发展（修订本）》，北京：商务
　印书馆。
董秀芳　2016　《汉语的词库与词法》（第2版），北京：北京大学出版社。
蒋绍愚　2017　《近代汉语研究概要（修订本）》，北京：北京大学出版社。
李宗江、王慧兰　2011　《汉语新虚词》，上海：上海教育出版社。
梁姣程　2016　《汉语副词"X着"的多角度研究》，华东师范大学论文。
刘红妮　2019　《汉语跨层结构的词汇化研究》，上海：学林出版社。
陆丙甫　1986　语句理解的同步组块过程及其数量描述，《中国语文》第
　2期。
吴竞存　梁伯枢　1992　《现代汉语句法结构与分析》，北京：语文出版社。
吴福祥　2015　《近代汉语语法》，北京：中国社会科学出版社。
张谊生　2000　《现代汉语副词研究》，上海：学林出版社。
中国社会科学院语言研究所词典编辑室　2016　《现代汉语词典》（第7
　版），北京：商务印书馆。
朱德熙　1982　《语法讲义》，北京：商务印书馆。

试说现代汉语副词"再"
表接续义的语义来源

关辛秋(中央民族大学中国少数民族语言文学学院)

0. 引言

　　现代汉语副词"再"主要有两大语义：表重复义和表接续义。两大语义的来源学界均有论及。从以往研究所援引的表重复义的语料中，可以看到"再"表重复义清晰的沿用脉络。但"再"表接续义的语料有前期十分匮乏，到明清突涨的特点，对接续义的产生也有理据不足的臆断之嫌。

　　jai/tʃai/是满语中的固有词、基本词、常用词，其实词义是"第二"，虚词义表示做完一件事情接续完成另一件事情，词类为副词。副词/tʃai/使用时，通常在它的前面有表示"……之后"的后置词/maŋni/或带有表示"……之后"副动词附加成分/fi/的动词；清代的满文语料显示，在它的后面，接续要发生的动词需采用祈使式中的请愿式与之配合使用。

　　本文通过研读清代满文文献，依据所掌握的满、汉文对照语料，统计、归纳接续义"再"在明清六部小说中的语义和功用，观察现代汉语著作中有关接续义"再"的多个典型例句，初步推测，表接续义的汉语副词"再"可能借自满语副词/tʃai/，汉语不仅选用

与/tʃai/发音相近、语义上有关联的汉字"再"来对译这个满语副
词,带有接续义"再"的句子大多隐含地借入了满语中与/tʃai/相
搭配的表祈使(请愿)的语气,也借入了满语表形态变化的底层
结构。①

1. 满文文献中的 jai

满文文献中副词 jai 的语义与现代汉语副词"再"的接续义相
同,发音上相似。这是偶合吗? 还是两者之间有着内在的联系?

1.1　清代满汉合璧满语教材《清文启蒙》和《清文接字》中的 jai 与"再"的对译语料举例

成书于 1730 年(雍正八年)的《清文启蒙》是清代影响最大的
一部满语文教材,清代已有英文版行世②。该书共分四卷,专辟
《兼汉满洲套话》一卷(第二卷)讲授满语口语。刊行于 1864 年
(同治三年)的另一部满语文教材《清文接字》,全书满语"浅近而
义例最详"。③两部教材均采用满汉口语对译,以近乎直译的方式
通过汉语教授标准、规范的满语口语。这两部书虽然相隔 134
年,但其中均有汉文"再"和满语 jai 对译的口语例子。1730 年(雍
正八年)这条语料是目前笔者所搜集到的最早的 jai 与"再"对译
的实例。

例 1 来自《清文启蒙》:

(1) **书中汉文原文**　暂时進我家裡去呵一鐘清茶**再**去罷④

满文原文国际音标转写　taqʰa　mini　poo-tə　tartʰai
tosi-fi

汉文对译及语法注释　暂时　我的　家-在(与位格)　很快
地　进入-之后(表分离副动词附加成分)

əmu　χuntʰaχan　kəɲien　tʃʰai　omi-fi　tʃai　kənə-kʰini
一　盅、酒杯　清澈的　茶　喝-之后(表分离副动词附加成分)

再　去-祈使式中的请愿式

例2来自《清文接字》：

(2) 书中汉文原文　等着起了身的時候**再**商量

满文原文国际音标转写　tʂura-qʰa　maŋŋi　tʃai
xəpəʂə-kʰi⑤

汉文对译及语法注释　动身-了（动词过去时附加成分）　之后
（后置词）　再　商议-祈使式中的请愿式

1.1.1　满文 jai 的语义和含有 jai 的句子的结构特征从这两句话的满语来看，jai 都有表示做完一件事情接续做另一件事情的语义。jai 用在后面要发生的动作"/kənəmpi/（去）"和"/xəpəʂəmpi/（商议）"之前。-mpi 是满语动词原形的词尾。这两句话中满语所使用的语法手段有所不同。第一句在动词"/tosimpi/（进入）"和"/omimpi/（喝）"两个词干后都附加了表示这个动作结束以后再做另一动作的表分离的副动词附加成分/fi/。由于有 fi 的接入，满语的动作先后、接续关系在音节结构上比汉语更清楚。第二句/tʂuraqʰa/（动身了）的动词原形是/tʂurampi/，/qʰa/是满语动词的过去时附加成分，它的后面使用了后置词/maŋŋi/（……之后）。/qʰa/音节加上后置词/maŋŋi/两相配合表示动作在将来完成，它们与后面的动作/xəpəʂəmpi/（商议）的先后关系在语音上就表达得非常清楚了。两个句子在动作先后关系都交代很明确的基础上使用了/tʃai/（再）和表示祈请语气的动词形式/kənəkʰini/和/xəpəʂə-kʰi/，/kʰini/和/kʰi/是满语动词请愿式的附加成分，用来表达祈请的语气，同时也标示出/tʃai/（再）后面的动作还没有发生。这两句话也充分展示了形态变化丰富的语言的特点。

我们可以将含有 jai 的满语句子用一个简单的结构来表示：动作在先完成的表达形式＋jai＋动词的祈使式。

1.1.2　jai 与"再"的对译句在语义和表达的底层结构上具有一致性，两句话的汉文原文都选用了汉字"再"与 jai 对译。第一句的满语两次在动词词干后用了含有"之后"语义的/fi/音节,但在汉语中并没有对译出来。第二句的汉文也没有把含有"……之后"语义的/manɡi/翻译出来,但却用"了"字对译了满语的过去时。汉文虽然没有将满语的词义和形态变化过细地对译出来,但是通过一个"再"字把动作的先后关系表达得精当明了。"再"在这两个汉语句子中不可或缺,这也充分显示了虚词在分析性语言中的重要作用。

例1的汉文句尾用了语气词"罢"来对译满语中表达祈请的语气。例2的汉文虽然没有用"罢"来对译满语的祈请语气,但是句子中隐含了祈请的语义,我们是可以在后面加上一个表祈请的语气词"罢"或"吧"的。

虽然满文和汉文的语序、书写形式、动词的结构方式不同,但是透过现象可以看出带有 jai 和"再"的句子在语义上和表达上的高度一致性。

1.2 《现代汉语词典》中表接续义的"再"与《重刻清文虚字指南编》中的虚字 jai 词条的释义与例句

《现代汉语词典》(第5版)在单字"再"条目下,词性标注为副词,其下列出 a)—f)6个义项,可粗分为重复义和接续义两类。其中"e)"的义项是"表示一个动作发生在另一个动作结束之后:咱们看完了这个节目～走|你把材料整理好～动笔。"⑥这是现代汉语词典对接续义的解释和例句。词典中这两个例句中的"再"与上述例1、例2两个满语例句中汉文对译的"再"是同一个,都是表接续义的语义。

刊刻于光绪二十年(1894)的《重刻清文虚字指南编》是满语文历史上重要的语法著作,这部专讲满语虚词的语法书把 jai 单独作为一个词条来介绍。《重刻清文虚字指南编》是《清文虚字指南编》(1884)的修订本。它这样描述 jai 的用法。"一事方完又一事",译成汉语有"再""暨""及""次""至于""至若"六个表达与之

对应,其中一个对译的就是汉字"再"。书中所给的 jai 对译成汉文"再"的例句是:⑦

（3）**书中汉文原文**　該處員缺　已揀員　補授矣　再所遺之缺　可否派員署理之處恭候　欽定

满文原文国际音标转写　χaraŋŋa　pa　i　χafan　i　oron-tə,

汉文对译及语法注释　　所属的　地方　的　官员　的（官）缺-对（与位格）

满文原文国际音标转写　əmkəri　χafan　pə　sontʂo-fi　sinta-χa,

汉文对译及语法注释　　已经　官员　宾格　选拔-之后派出-了（过去时附加成分）

满文原文国际音标转写　tʃai　ərə-i　tʰutɕʰi-kʰə　oron　pə,

汉文对译及语法注释　　再　此-的　发生-的（形动词过去时附加成分）　（官）缺　宾格

　　*/tʰutɕʰikʰə　oron/为固定搭配,汉语对译为"所遗之缺"

满文原文国际音标转写　χafan　tʰutɕʰipu-fi　taisəlaputɕʰi　otʂoro　otʂoraqʰu　pa-pə,

汉文对译及语法注释　　官员　派-之后　署理-如果（条件副动词附加成分）　可以　不可以　地方-宾格

　　*署理:意为官员出缺或离任由其他官员暂时代理职务。

满文原文国际音标转写　χəsə-i　tʰoqʰtʰopu-kʰi.

汉文对译及语法注释　　谕,敕-的　决定-祈使式中的请愿式

　　*/χəsəitʰoqʰtʰopumpi/为固定词组,汉语对译为"钦定"。

1.2.1　《指南编》中 jai 和"再"的语义是"一事方完又一事"

这个例句的清代汉文对译,现在读起来有些难懂,不知道对当时的人来说是不是也不好懂。如果只看汉文原文,可能会把这个

"再"理解成重复义,即官缺的情况再出现时。但这个例子是著者专为 jai 表示"一事方完又一事"并对译为"再"所举,其用意非常明确。"一事方完又一事"的意思是,做完一件事情之后接着做另一件事,而不是重复相同的一件事。所以这个"再"应该不是重复义。

/pə/是满语的宾格助词,在 jai 之后,/pə/出现了两次,意指它前面的部分是动词"钦定"的宾语。依据书中这句话满文的断句,和 jai 之后所使用的宾语格助词,结合其表达的意思,书中的汉文应该这样断句:该處員缺,已揀員補授矣。再,所遣之缺、可否派員署理之處,恭候欽定。将这句满文译成汉语,意思是,"关于该处官缺之事,补位官员已经选拔派出了。接下来有两件事祈请皇上您来钦定,一是这样一类官缺的补位事宜;二是可不可以在缺官员的地方由其他官员暂时代理。"也就是钦定两件事,官员补位和怎么补。这样一来,出现在"再"的前后两件事就清楚了。汉文用表示事件完成的语气词"矣"表达前面一个事情已经完成,添加了"恭候"两个字来表达满语中祈请的语气。这句汉文译文后面不适合加"罢"或"吧"。[8]

同样,《指南编》中 jai 与"再"的语义和底层表达均一致,但是例 3 中 jai 的前面一事做完之后,不是做"又一事",而是要做两件事。也就是说可以"再"做两件事。这个特点在汉文的明清小说也呈现了出来,后文将介绍。

1.2.2   "再"和 jai 在《现汉》《指南编》中的核心语义相同,表达上的底层结构一致。《现代汉语词典》中的"表示一个动作发生在另一个动作结束之后"与《重刻清文虚字指南编》的"一事方完又一事",分别是对汉语"再"和满语/tʃai/的语义解释,细节上,汉语的关注点在动作的完成,满语的视角在整个事件的完结,但是两个释义的核心语义一致。

现代汉语词典例句中"再"之前的"看完了""整理好"也蕴含

了动作在前完成的语义。虽然满汉两种语言的语法手段不同,满语自身所使用的语法手段也不同,但是汉语副词"再"和满语副词jai 在语义上可以说完全相同。

jai 后面的满语动词"/xəpəʂə-kʰi/(商议)"和"/kənə-kʰini/(去)""/tʰoqʰtʰopu-kʰi/(决定)"都用了动词的祈使式中的请愿式,这个请愿式可以对译为汉语的"吧"。细细体会《现代汉语词典》的两个例句"咱们看完了这个节目～走"|"你把材料整理好～动笔"也暗含着请愿的语义,只是汉语在"走"和"动笔"这两个动词上没有表形态变化的标记。我们是可以在这两句话后面加上"吧"的。

以上分析可见,"再"和 jai 的核心语义相同,含有 jai 和"再"的句子,其表达的底层结构具有一致性。

jai 与"再"在满汉合璧的文献中多次成对出现,用"再"来对译jai。如果汉、满之间存在相互借用的情况,那么满语副词 jai 会是早期的汉语借词吗?

1.3　jai 是满语实词中的固有词、基本词、常用词,义为"第二"

jai 在满语中的实词义是序数词"第二"。《御制清文鉴》是清代第一部官修满文大辞典,成书于康熙四十七年(1708 年),列12000 余词条,没有汉语翻译。jai 被收入该词典的文学部(šu tacin i šošohon)数目类(ton ihacin),在基数词 uju/utʂu/(第一)词条的释义中介绍了 jai/tʃai/(第二)。"凡编定等级、次序,把起始的叫作 uju,接在 uju 后面的叫作 jai。这以后计数时在基数词后加 ci(/tɕʰi/),ilaci(/ilatɕʰi/第三),duici(/tui tɕʰi/第四),tangguci(/tʰaŋŋutɕʰi/第一百),一直数到 minggaci(/miŋŋatɕʰi/第一千)。"[⑨] jai 没有被列为单独一个词条。从这段话得知,jai/tʃai/是序数词"第二",满语序数词的构词方法是,从"第三"开始,在基数词后面附加音节 ci/tɕʰi/表示序数。

时隔 63 年,乾隆三十六年(1771)《御制增订清文鉴》修订完成。增订版是满汉双语词典。在增订版中,jai 仍列在数目类中,与《御制清文鉴》不同的是,jai 被列为一个独立的词条。对译的汉文是"第二"。满文的解释是"把接在 uju(第一)后面的叫做 jai(第二)"。⑩

《御制清文鉴》和《御制增订清文鉴》收入的词汇几乎都是实词,作为助语虚字的 jai 没有被收入其中。这可能和这两部皇帝钦定的词典按实词编目分类有关。这不等于说 jai 不常用或它的副词用法没有产生。

1.4 表接续义的满语副词 jai 在长达三百余年的满文文献中都有记载

上述三个例句,从文体上,有口语也有书面语;从时间跨度上,从雍正(1730)到同治(1864)再到光绪(1894),历经 164 年。除了上述三部满语教材中的例子,作为副词"一事方完又一事"的语义,我们在另一部满语文教科书中找到了更早的例子。

1.4.1 《清书指南》(1682)中的 jai 据已掌握资料,满语历史上的第一本教科书是初刻于康熙壬戌年(1682),由汉人沈启亮编写的《清书指南》,它早于《御制清文鉴》(1708)26 年。这部书的第二卷"满洲杂话"也就是满语对话卷,用来教授满语口语,它不是满汉合璧,是满语单语本。对话卷很薄,总共才有 8 页,每页有两面,相当于有 16 页。该卷每一页上的卷数标码都是用的 jai,以标明是第二卷,这是它的实词用法,说明 jai 是可以独立使用的序数词。以下是该卷中 jai 表接续义的副词用法的例子。⑪

(4) 汉文意(笔者译) 到我家了,进屋喝了茶再走吧。

满文原文国际音标转写 mini poo-tə isintɕi-χa,

汉文对译及语法注释我的 家-在 （与位格） 来到了(动词过去时附加成分)

满文原文国际音标转写 mini poo-tə tosi-fi

汉文对译及语法注释　　我的　家-在(与位格)　进入-之后
(表分离副动词附加成分)

满文原文国际音标转写 tʂʰai omi-χa maŋŋi, tʃai kənə-kʰini

汉文对译及语法注释　　茶　喝-了(动词过去时附加成分)　之后(后置词)再　去-(祈使式)

这个康熙年间(1682)的满语口语例子,它的结构和前述三个例子一致,即用表示动作先后的形态变化手段/fi/,用表示时间先后的后置词/maŋŋi/,然后用加上动词祈使式中的请愿式把后面希望对方做的事表达了出来。这个实例把 jai 的副词用法又向前推了 48 年(相较于雍正八年,1730 年)。仅就本文所举的四个实例,副词 jai 在满语口语中已经使用了 212 年。虽然雍正年的"暂时进我家里去喝一钟清茶再去罢"和康熙年"到我家了,进屋喝了茶再走吧。"(笔者译)两句话的汉语意思很接近。但就现有语料,最早将 jai 对译为汉字"再"是雍正八年这个例子。

1.4.2　jai 在现代满语(1989)中仍在使用从《现代满语八百句》(1989)记录的语料来看,直到 20 世纪八十年代末,副词 jai 仍在满语中使用。例如:

(5)**书中汉文原文**　　快洗脸,然后再吃饭。

书中国际音标记音　　χɵtun tərə pə ovu, amʌlə tsai puta tʂɘvo.

汉文对译及语法注释快　脸　宾格　洗(祈使式中的命令式)　之后时位　再　饭　吃(祈使式中的命令式)

(6)**书中汉文原文**　　先洗洗脸,然后再睡。

书中国际音标记音　　nənəmə tərə pə ovu, amʌlə tsai amqa.

汉文对译及语法注释 先　脸　宾格　洗(祈使式中的命令式)之后时位　再　睡(祈使式中的命令式)

　　黑龙江省富裕县友谊乡三家子满族村被誉为"世界满语活化石",20 世纪八十年代满语学者季永海、赵志忠、白立元多次深入该村进行语言调查,用国际音标记录了大量当时的满语口语语料,辑成《现代满语八百句》一书。例 5—例 6 均引自该书。⑫

　　这两个例句中的满语/tsai/和对译的汉语"再"都是接续义。但这两个句子与前面的四个例句有四点不同:

　　第一,/tsai/前面的动词/opompi/(洗)与/tsai/的组合形式,既没有用动词词干 opo＋fi,也没有用表将来完成的 opoχo＋maŋŋi 组合,而是单独用了动词/opompi/(洗)的祈使式中的命令式/ovu/。

　　第二,/tsai/的前面都使用了表示时间和位置的时位名词/amʌlə/,其书面语是 amala。用这个名词来凸显动作的先后关系,而不是像前四个例子,依靠动词的形态变化或将动词变为表将来完成的组合方法,以表达在前发生的动作。

　　第三,/tsai/的读音不同于清代满语书面语发作/tʃai/,而是与现代汉语普通话"再/tsai/"极为相似,满语的第一号元音是后 ɑ,不是前 a。

　　第四,两个句子最后结尾的动词/tʂəvo/(吃)、/amqa/(睡)是动词的祈使式。不同于前四个例句的是,它们是动词/tʂəmpi/(吃)和/amqampi/(睡)祈使式中的命令式而不是祈愿式。

　　虽然这两个例句粘着语的特点减弱了,分析性语言的特点增加了,jai 的读音也发生了一些变化,更接近汉语的"再",含有 jai 的句子还可以用命令式煞尾,但是 jai 表接续义的副词用法并没有变。

　　从清代的《清书指南》(1682)、《清文启蒙》(1730)、《清文接字》(1864)、《重刻清文虚字指南编》(1894)到 20 世纪八十年代末的《现代满语八百句》(1989),五部文献历经 307 年,虽然我们只在这些满文文献中选取了六个例子,但它们将满语中表接续义的副词 jai 的语义、用法和含有 jai 的句子结构都记录得非常完整，其中四部记录了与汉字"再"的对译情况。这六个 jai 可以被看作是它们在三百零七年间的六个时间结点，通过它们把满语中表接续义的副词 jai 的使用轨迹连成了一线。

1.5　乾隆朝《御制翻译四书》中满语对"再"的翻译

乾隆二十年，清高宗弘历敕译的满汉合璧《御制翻译四书》出版。书中的满文当是规范、准确的。汉文《四书》成书时，"再"的接续义还没有出现。前文介绍接续义"再"与满语 jai 的对译语料已经出现在雍正八年，在乾隆朝之前。如果汉语"再"的接续义是其自身从重复义发展而来，满语的 jai 借自汉语，那么乾隆朝的满文在对译汉文《四书》中的"再"时，有没有可能直接使用雍正朝已经在使用的 jai？我们对《御制翻译四书》中满文对"再"的翻译进行了查阅。《四书》中共出现了六次"再"，两次在《论语》中，四次在《孟子》中。⑬

1.5.1　满语用自有动词 dahimbi（重复做）对译汉语中表动作重复的"再""再拜"一词出现了三次。1. 问人于他邦，**再拜**而送之（《论语·乡党》）。2. 北面稽首**再拜**而不受（《孟子·万章章句下》）。3. 以君命将之，**再拜**稽首而受（《孟子·万章章句下》）。满文将"再拜"翻译成一个由两个动词组成的偏正关系词组 dahime dorolombi，dahime 是动词 dahimbi（重复做、再次做）的副动词形式，将词尾 mbi 去掉，在词根上加上副动词的附加成分 me 用来补充说明主要动词 dorolombi（行礼、施礼）。"再拜"直译成满语是"再一次行礼、施礼"。

表重复义的"再"还出现在"子闻之，曰：'再，斯可矣。'"（译文：孔子得知后说："考虑两次，也就可以了。"⑭《论语·公冶长》）满文还是用动词 dahimbi（重复做）来对译，但使用了动词的条件—假定式 dahici（假如或如果做两次）。ci 是动词条件—假定式的附加成分。这个 ci 把汉语中隐含的条件—假定的语气翻译出来了。

　　上述四次"再"的重复义,翻译中都没有出现 jai,而是使用满语中自身就有的表达"重复做"的动词 dahimbi。

　　1.5.2　满语用 juwe(基数词:二)对译汉语中表动量的"再"。在"一不朝,则贬其爵;再不朝,则削其地;三不朝,则六师移之。"(译文:一次不朝见,就贬低其爵位;两次不朝见,就削减其封地;三次不朝见,就派军队讨伐它。《孟子·告子章句下》)中,满文将"再"对译为:juwe(基数词:二)mudan(量词:次、回、遍),意为"两次"。原句中的"一""三"对译为 emu(基数词:一)＋mudan,ilan(基数词:三)＋mudan,"一次""三次"。这三个表基数的数量词词组用来说明动作 hargašanjirakū oci(如果不朝见)的次数。如果依据这个对译的例子就认为汉语的"再"是基数词是草率的,说"再"表示动量是合适的。

　　1.5.3　满语用 jai(序数词:第二)对译"再命曰"中的"再"在"初命曰:'……。'再命曰:'尊贤育才,以彰有德。'三命曰:'……。'四命曰:'……。'五命曰:'……。'"(译文:"盟约的第一条规定:'……。'盟约的第二条规定:'尊重贤明的人,养育人才,从而彰显有德行的人。'盟约的第三条规定:'……。'盟约的第四条规定:'……。'盟约的第五条规定:'……。'"⑮《孟子·告子章句下》)中,满文将"再命曰"对译为:jai(序数词:第二)de(位格助词:在……里面)fafulahangge(所约束的内容。fafulambi 动词,约束、发令。hangge 过去时动名词的附加成分),意为:在第二条里所规定的内容是:……。从"初"到"五",五个数字,满文都对译为序数词。这条材料里虽然出现了 jai,但这是它的实词义,而非虚词义。

　　在这里虽然满文用 jai 对译了"再",但不能简单地认为"再"的意思是数词"第二"。满文将"命"译成了动名词,反观汉语,"再命曰"中的"命"是动词还是名词?看字面让人有些犹疑难定。如果没有从"初"到"五"的接连叙述,单看"再命"的话,它与"再拜"的结构是相同的。"再命曰"语出《孟子》,这么容易找到的例子,《康熙字典》《辞源》《辞海》《汉语大字典》却都没有选它作为"再"是数词的援例(详见本文 2.1《说文解字》等五部汉语字典中的"再")。这说明这些词典的编纂者们不能确定这个"再"是数词。

1.5.4　满文译者认为"再拜"中的"再"是动词满文《四书》的材料说明,满语自身有明确表达重复义的动词 dahimbi,用来对译汉语"再拜"中做状语的"再"和"再,斯可矣"中的动词"再"。表示数量时,"再"被对译成了满文的基数词 juwe(二)或序数词 jai(第二)。"再"的接续义在《四书》还没有出现。

在《现代汉语词典》(第 5 版)中把"再"的重复义和接续义的词性都标为副词,从《四书》的满文对译来看,"再"的重复义是动词。杨逢彬(2016)指出"战国早、中期的文献,'再'一般只充当状语修饰谓语动词,但有时也直接充当谓语。"他举了《左传》和《国语》中六个"再"单独做谓语的例子。⑯动词能充当谓语,也能充当状语。我们把"再拜"中的"再",像满语译者一样将其理解为动词,是完全说得通的。

1.6　从满文的记音来看,jai 是满语词

综合 jai 的读音,目前应该有三种,第一种是国内通行的满文词典的标音,记作/tʂai/,类似于汉语的宅、摘、寨等字的发音,它的辅音是一个舌尖后的不送气清塞擦音;第二种是目前在欧美等国家广泛使用的,由夏威夷大学满学家陆西华(Gertraude Roth li)教授编著的满语教材 Manchu：A Textbook for Reading Documents(《满语:一部用于阅读文献的教科书》)中的语音标注,记作/dʑai/⑰,它的辅音是一个浊的舌叶不送气塞擦音;第三种是《现代满语八百句》中所记录的现代满语的读音/tsai/,这个发音与现代汉语的"再"/tsai/非常接近。

不论是上述哪一种读音,都会觉得它和汉语的"再/tsai/"发

音相近，从而推想或许满语的 jai 是来自汉语的借词。但是从 jai 的满文记音来看，它应该不是借自汉语，而是满语的固有词。

1.6.1   从上古至今，"再"的声母均为[ts]。汉语"再"上古属精母、之部，拟音为[tsə]；《广韵》中的反切是"作代切"，中古的音韵地位是精母、代韵、开口、一等、去声、蟹摄，拟音为[tsɒi]。与"载"同音。⑱现代汉语的读音为[tsai⁵¹]。王力先生认为"文言读 ə 的，白话念 ai 或 ei"。⑲据此，"再"的韵母从上古到中古再到现代可能是经历了从[ə]到[ɒi]再到[ai]变化的，但是"再"的声母是没有变化的，一直是[ts]。

1.6.2   清代满语标准语中辅音字母 j 发作[tʃ]。满文辅音字母 j 的读音一直是有争议的。关辛秋（2007）依据清代汉文、朝鲜文、英文、蒙古文对满语的注音文献，与满语同语系的蒙古语族中的蒙古语、达斡尔语，与满语同语族的鄂温克语、鄂伦春语、赫哲语的辅音分布，他人现代锡伯语、现代依布气满语、现代满语黑龙江方言和嫩江方言的记音资料得出，j 在清代满语标准语中的发音为舌叶、不送气、清塞擦音/tʃ/，jai 的读音是/tʃai/。⑳与上述三个读音/tʂai//ʥai//tsai/都不同。

早在 1632 年，清天聪六年，皇太极就命满语文学者达海改制老满文，颁布了新满文，新满文沿用至今。这套新满文设计了十个特定字母专门记录外来词语，其实主要是记汉语。它们可以记录汉语特有的而满语中没有的元音[ɿ]和[ʅ]，辅音[ts][tsʰ][tʂ][tʂʰ][z]。使用这些特定字母记录词汇，既可以标出它们的准确读音，又可以明确宣示某个词是来自汉语的。例如《御制增订清文鉴》中汉语"西藏"的"藏"、"宗室"的"宗"、"贝子福晋"的"子"都用特定字母把这些字的辅音记作[ts]，而不是记作[tʂ]或[tʃ]。这套特定字母至今仍在使用。

如果 jai 是汉语借词，在满语中，汉语的"再"可能会用这套特定的满文字母将它记为/tsai/而不是/tʃai/，也就是说利用满文标示借词音位的特定字母和标注它固有词的满文字母,完全可以把这两个音节都准确地标注出来。

满文的设计者情有独钟地专为汉语借词设计了 10 个特定字母,这些字母表明了清代官方对汉语借词的读音既兼收并蓄又泾渭分明的语言态度。[20]在《清文启蒙》的第一卷语音卷中,作者在教授完所有的语音十二字头以后,非常用心地附上 17 个"满洲外单字"和 33 个"满洲外联字"两部分。从英文版的译文得知,这些是来自外语的单音节(单字)和词(联字)。这些单音节都含有元音[y],这是当时汉语中已经出现的特有的撮口呼元音,用这些单字记录汉语中带有/y/、/ny/、/ly/、/tɕʰy/、/tɕy/、/ɕy/等音节的汉字,可见《清文启蒙》的著者为精确记录汉语语音之用心。33 个联字中除了四个词(两个蒙古语词:/sain/好、/tain/武器;两个汉语词:/paimpi/拜托、/tʰoompi/唾骂)现今尚能辨认出来自蒙语和汉语外,其余 29 个词很难确认出其外语来源。但是《清文启蒙》的编写者还是要把它们拣选出来,特别说明这些词来自外语,不是满语本来就有的。这些例子从侧面说明,如果满语的 jai 是汉语借词,满文可能要泾渭分明地用/ts/来记录这个辅音声母,而不是用满语的自有辅音字母来记录。

从以上满文文献、满汉合璧文献所呈现的语料可以初步得出:jai 作为副词表接续义是满语的原有用法,将其对译为汉字"再"不晚于雍正八年。jai 的读音与"再"相近。满语中含有 jai 的句子,句子中的动词和结尾的动词都需要有相应的形态变化。jai 与"再"的对译句在语义和表达的底层结构上具有一致性。

2. 汉文文献中的"再"

据已掌握资料,汉语史对副词"再"的研究聚焦到了它的演变路径、早期词性、产生的年代。栾允庆(1995)、韩二林(2008)、殷晓杰、张家合(2011)、闫坷(2015)都认为"再"的副词义是由数词演变而来的。②它早期的词性是数词。"再"的早期词性是数词吗？

2.1 《说文解字》等五部汉语字典中的"再"

《说文解字》《康熙字典》《辞源》《辞海》《汉语大字典》这五部字典的共同点是，都注重解释汉字的形、音、义，并尽可能地反映汉字形音义的发展。

2.1.1 《说文》中"再"是兼有动量义的动词，本义是"重复做"或"第二次做"，所重复的是做同一件事，无接续义"再"在东汉的《说文解字》中已有记载，它的释义为"一举而二也。从冓省。"从"举"字来判断，"再"是一个动词。"一举而二"表示动作重复做或一个动作第二次做。可以这样理解，不论是重复做还是第二次做，都是做的同一件事，"再"没有先做一件事然后再做另一件事的语义。"从冓省"的意思是"再"取了与"冓"字相关的意义，但不取"冓"的全形，只保留了"冓"形体的一部分。《说文》对"冓"的解释是："交积材也。象对交之形。凡冓之属皆从冓。"③"冓"古同"构"。"交积材也。象对交之形"就是把材木相架在一起。从"冓"的外形上，看有叠加、重复的含义。"冓"字的甲骨文为"二鱼碰头"之形，是两只鱼头对头，竖着上下叠放在一起。不管是两只碰头的鱼，还是叠加的木材，虽然"冓"字上下两部分写起来不太一样，但它在字形演变之前所依据的甲骨文和最初造字所要描绘的事物都是同一件事的重复或叠加，没有另外一件不同的事加入。

从《说文》中"再""冓"的释义可以得出，"再"的本义与"重复做""或"第二次做"相关，所重复的是同一件事。这个本义一直保留至今。"再"兼有动量义，使它的动词义和数量发生了关联，这使得它的动词义不单纯。

2.1.2 《康熙字典》中所引《玉篇》的释义"两也"，或成为后世所言"再"的数词义依据，没有收"再"的接续义《康熙字典》

(1716 年)汇集了《说文解字》、《玉篇》(南朝梁大同九年,公元 543年)、《广韵》(北宋真宗时期,公元 1008 年)对"再"的释义。并列举了《书经》(周代,公元前 10 世纪)、《礼记》(西汉,公元前 202年—公元 8 年)、《左传》(创作于战国中期,公元前 453 年—前 386年之间)和《楚辞》(战国时期,前 475 年—前 221 年)中的四个实例。

"《唐韵》《集韵》《韵会》并作代切,音载。《说文》一举而二也。从冓省。徐曰:一言举二也。《玉篇》两也。《广韵》重也,仍也。《书·禹谟》朕言不再。《礼·儒行》过言不再。注:知过则改,故不再也。《左传·僖五年》:一之谓甚,其可再乎。又子例切,音祭。《楚辞·九章》背法度而心治兮,辟与此其无异。宁溘死而流亡兮,恐祸殃之有再。"㉔《康熙字典》的"再"词条表明,读音上,"再"在三部韵书中都读/tsai⁵¹/,与"载"同音。只是在《楚辞》中读作祭。这也许是为了押韵而临时变读。语义上,《玉篇》和《广韵》记载了"再"的两个意思。"两也"即两次或第二次。"重也,仍也"即重复。(《康熙字典》用"重"来释"仍",并举《前汉·王莽传》中"吉瑞累仍"为例。㉕)随即举了四个例子来说明"再"的这两个语义。

《玉篇》中"两也"的出现可能是后来学界认为"再"的副词义是从数词演变而来的拐点。怎样理解"两也"?从"两也"可以逆推得出"再"是数词吗?从例句中"不再"和"可再"的构成来看,这两处"再"都不是数词。

"两也""重也"两个语义一直沿用至今。可以把这两个语义归并为重复义。因为这些例子中的重复,是重复的同一件事,没有做完一件事再做另一件事的语义。我们注意到,《康熙字典》并没有收"再"的接续义。前文介绍满汉合璧文献中将满文的 jai 对译为汉字"再"的例子出现在康熙朝之后的雍正八年。

2.1.3　《辞源》中的"两次""第二次"将"再"归入数词,没有收"再"的接续义《辞源》（第一版：正编初版 1915 年；第二版：1979 年；第三版：2015 年）对单字"再"词条的解释比《康熙字典》简略。"两次，第二次。<u>书大禹谟</u>：'朕言不再。'<u>左传僖五年</u>：'一之谓甚，其可再乎？'后泛指多次，又指重复，再次。"㉖

　　《辞源》虽未说明为何将"再"释为"两次、第二次"，但这一释义的源头可能来自《玉篇》中的"两也"，用现代汉语将其对译为"两次、第二次"。"两次"和"第二次"的释义已经将"再"的词类划定在数词了。同样是古籍中"不再"和"可再"的例句，本义是动词的"再"被解释为数词"两次"和"第二次"。

　　《辞源》引用的是《康熙字典》中的例子，但是它把四个例子简省到了两个。同时它指出"再"在后来的发展中保留了"重复、第二次"的语义，增加了"多次"的词义。同样，《辞源》中所说的"两次，第二次""多次"也是指做的同一件事，而不是一事做完之后再做另一件事。我们也注意到，直至 2015 年的第三版，《辞源》也没有将"再"的接续义收入进去。

　　2.1.4　《辞海》换新例，仍持"再"为数词，义为"两次或第二次"；收"再"的接续义，其核心语义和表达的底层结构与清代满语的例子一致，也与清代汉语、《现代汉语词典》一致。《辞海》语词分册（旧版 1936 年，新版 1977 年）三卷本（上、下册加上增补本）在单字"再"项下列出四个义项。"①两次或第二次。如：一而再，再而三。《荀子·富国》：'今是土之生五谷也，人善治之，则亩数盆，一岁而再获之。'②重复；又一次。如：再接再厉；学习，学习，再学习。③连续两个动作，表示先后关系。如：过两天再说；吃了饭再谈。④更加。如：再好没有了。"㉗

　　《辞海》语词分册中，收入了"再"的接续义。"再"的这四个义项，前两个义项是重复义，这是古已有之，一直沿用的语义，但是第一个义项采用的是《辞源》中数词的释义；第三个是接续义；第四个义项说明"再"还可以表示程度加深。比起《康熙字典》和《辞源》,"再"多了③和④两个义项。

　　仔细观察第一个义项"两次或第二次"的例子,与前两部词典所选用的"不再"和"可再"的例子不同。《辞海》换了援例,一个是"一而再,再而三",另一个语出战国时期创作的,《荀子·富国》中的一句,"一岁而再获之"。从"一而再,再而三"的表面结构来看,"一"和"三"都是数词,从而得出"再"也是数词。"一而再,再而三"的意思是"一次又一次地做某事""反复地做某事",在实际使用中应该是把"做某事"省去了。如果单从"一而再,再而三"的表面结构来判断"再"是数词,不免有失偏颇,也割断了"再"与其动词本义之间的关系。

　　如果把"一岁而再获之"中的"再"释义为"第二次",于现代汉语而言,很文从字顺,但事实上,"再获"与"再拜"的结构是一样的。"再获"的"再"同样可以理解为动词"第二次做"。因而把"再"释为数词"两次、第二次"是值得商榷的。

　　"再"的第三个义项,从语义的描述和例子都是典型的接续义的用法了。"再"前面的"过两天"和"吃了饭"隐含着做完一件事之后的语义,"再"后面的动作"说"和"谈"是将要做的另一个动作,不是要重复做前面的动作。如果我们想加重或强调祈愿的语气,都可以在"再"表接续义的这两个例句的后面加上"吧"。"过两天再说吧""吃了饭再谈吧"这两个例句中表接续的"再"的核心语义和句式结构与清代汉语、《现代汉语词典》一致,其表达上的底层结构与清代满语的例子也一致。

　　2.1.5　《汉语大字典》再换新例,坚持"再"为数词,义为"两次;第二次";引《红楼梦》作为"再"的接续义援例《汉语大字典》(第一版八卷本,1990 年;第二版九卷本,2010)列出了"再"的三个义项。第一个是"两次;第二次"。"再"做数词的释义一直保留,还列出了这个释义的依据来自《玉篇》,举了两个古代文献中的例子。一是出自《书·多方》的"……,至于再,至于三,……"。"一而再,再而三"的出处就来自"至于再,至于三",因此"至于再"中的"再"是不是数词仍然是要打个问号的;二是《史记·苏秦列传》中的"秦赵五战,秦再胜而赵三胜"。这个"再胜"与"再获""再拜"的情形是一样的。虽然《汉语大字典》给出了两个新例子来说明"再"是数词,但是透过"再"与其他数词共现的结构,从"再"所处的实际语境和"再"的本义来看,"再"不是数词,至少不是像"一"和"三"那样纯粹的数词。

第二个义项是"重复;继续",也是列《玉篇》中的"重也,仍也"作为释义依据。重复义举了杜甫《自京赴奉先县咏怀五百字》中的诗句"惆怅难再述"。"继续"的例子是"李季《当红军的哥哥回来了》:'鲜血铺下胜利路,狗强盗,看你能再活几天!'"这个"再"是继续做着同一个动作,可以归为重复义。两个例子,一古一今,说明重复义的存在与没有偏离本义的演变。

和头两个义项按意义划分不同,该字典第三个义项是按词类分的,"3 副词。1.表示一个动作发生在另一个动作之后,相当于'然后'。……2. 另;另外。……3. 表示程度,相当于'更'、'更加'。……4. 与否定词配合使用,强调情况的周遍性。……5. 用于让步句,常同'也'、'都'配合使用,有'即使多么'、'不管怎样'的意思。……6. 表示转折,相当于'却'、'也'。……7. 表示两种行为或情状并举、并存,相当于'且……且'、'又……又'。也作'载'。……"⑧

"再"用作副词有七个义项之多,一眼望去,每一个与本义之间的关系都不简单。本文只着力在它的第一个义项,即它的接续义。

《汉语大字典》为接续义举了两个非常典型的来自汉语文献的例子。一个来自《红楼梦》的第四十一回:"(把杯子)取来再商量。"另一个引自《中国农村的社会主义高潮(中)》(中共中央办公厅编,人民出版社,1956 年):"以上普遍问题解决以后,再对特殊问题作个别处理。"

前一个例子取自刘姥姥和凤姐的对话,"(把杯子)取来再商量。"是刘姥姥对凤姐说的,刘姥姥位低,她肯定不敢用命令的语气和凤姐说话,因而我们可以依据刘姥姥的身份在这个句子的后面加上一个"吧"字,使语气变得舒缓。后一个例子,如果它出现在对话中,可以加"吧"也可以不加"吧",但是在政论性的文章中不适合加"吧"。

通过梳理五部汉语字典对"再"的释义和举例,我们观察到:

第一,关于接续义的例子,最早引用的文献《红楼梦》是清代乾隆年间的。这是偶然现象吗? 为什么没有更早的例子。相较于重复义的使用,其所引用的文献显示出从古至今延续性、稳固性的特点。

第二,四个接续义的例子,三个可以在句子结尾加语气词"吧",一个可加可不加。

第三,《辞海》和《汉语大字典》对接续义的解释不严谨。它们将接续义解释为:"连续两个动作,表示先后关系。""表示一个动作发生在另一个动作之后,相当于'然后'。"都认为是两个动作之间的先后关系。但仔细分析,这个描述并不准确。比如例句"吃了饭再谈。"前一个动作是"吃",后一个动作是"谈"。说话人的意思是先完成"吃饭"这件事,然后谈(那件)事。并不是先完成"吃"这个动作。因而,把接续义描述为:"表示一件事做完之后做另一件事,相当于'然后'"可能更贴切。这个语义和满语 jai 的用法"一事方完又一事"完全一致。

第四,"两次"或"第二次"的义项在后四部字典中都出现了,这和《说文》中对"再"的解释有偏差。"两次"是数量词,"第二次"是表示序数的数量词。《说文》说,再,"一举而二也。""举"的意思是"对举也,从手"。《说文》中"举"的篆文显示:双手将物品向上托起。"一举而二"可以理解为双手将物品向上托起两次的动作过程。也就是说"再"是一个动词,而不是数量词。这种对"再"解释和认识上的偏差可能会对接续义来源的解读产生影响。满语中的 jai 作为实词,才是一个真正的、可以单独使用的、表示序数"第二"的数量词。

第五,上文中所举的所有的"再"表重复义的例子,都是同一个动作做两次或第二次或多次,而不是做两个不同的动作。这是重复义和接续义的最重要的区别。

2.2　四部古代汉语虚词著作与"再"

我们查阅了四部重要的古代汉语虚词著作,这四部著作分别完成于 1711 年(《助字辨略》)、1981 年(《古汉语虚词》)、1985 年(《古代汉语虚词通释》)和 1992 年(《近代汉语虚词研究》)。1981 年和 1992 年的两部没有收入虚词"再",1711 和 1985 两部收入了"再",但没有谈及其接续义。由此看来,把收与不收"再"的原因归于时间顺序理据不足,可能在判定"再"算不算虚词上难把握。

2.2.1　上世纪 80 年代两部虚词著作没有收"再"词条

《古汉语虚词》(杨伯峻 1981)没有收"再"。以上限定在晚唐五代前后,下限定在清代前后的虚词为研究对象的《近代汉语虚词研究》(刘坚等,1992)也没有收"再"。在 20 世纪后二十年成书的时间点上,对"再"的重复义和接续义在现代汉语中的用法的归纳和解释都比较稳定,但在其溯源的古汉语虚词著作里却没有单例出来,这当中必有缘故。

2.2.2　清康熙年虚词著作收"再"的重复义,未收接续义《助字辨略》(刘淇,初刻于清康熙五十年,1711)收了"再",举两个实例,列出三个用法。一是以《左传·襄公二十四年》中"胡再不谋"为例,用"更"表示动作行为重复的语义来解"再"。"再,犹更也。"二是以《魏书·陈思王传》中"再寝再兴"为援例,认为这个"再"可以解释为古文里常用来表示同时做两个动作的"载",也可以解释为"屡次"的"屡"。"此再字,与载通,语辞也。或云:再,犹屡也,言行役非一朝一夕也。亦通。"㉘这里又一次用新语料记述了"再"表"重复"和"多次"两个义项，但是没有涉及接续义。

2.2.3 《古代汉语虚词通释》（何乐士等，1985）收入了"再"，指出了它的词性、在句子结构中的位置、含义（附例句）和可对译的现代汉语。认为"再"是副词，常用于动词前。其含义为"表示同一动作行为进行了两次，同一动作行为的第二次，或者表示同一动作行为的继续。可译为'再次''两次''第二次''继续'等"；"表示同一动作行为的多次重复。经常以'再……再……''再三'或'再……三……'连用来表示，可译为'不断''多次''许多次'等。"㉙每一个可对译的现代汉语都举了古籍中的实例。这些语义可以归为重复义，同样，该书没有提及接续义。

该书作者正确地观察并概括出"再"表示的是同一动作的重复。用"可译为""两次""第二次"等词语，意指"再"的意思相当于但不是完全等同于"两次""第二次"等数量词。这与其他词典将"再"直接释为数量词"两次""第二次"有重要而显著区别。

作者对"再"在句子中常用于动词前的总结引人思考，常用于动词前，这显然不是数量词的典型功用，那么表重复义的"再"早期到底是什么词性？

2.3 副词"再"的早期词性是动词而非数词

除了前述关于"再"的词性，也有学者通过观察古代汉语的语料认为它可以表示动量和物量（王克仲1982）；是序数词和动量词（王硕2010）。本义是动词"重复"，不是"两次"或"第二次"（任学良1987）。㉚闫坷通过统计发现，"再"在上古、中古、近古基本上用作状语。何乐士指出它常出现在动词前。王硕总结出，《说文》时期"再"所修饰的动词多为有"过程意义"的动作动词。由此看来，如果"再"在早期是数量词，它在句子中的功用与汉语中典型的数量词所担当的角色都是矛盾的。但是如果"再"是动词，以往所观察到的它在句子中的功用就都能得到顺畅的解释了。

　　前文从"再"在《说文》中"一举而二也"的解释,也得出"再"的本义是动词,兼有动量义,表示两次、第二次做某一动作。从"一举一动""一举两得""一举多得""举动"等词语来判断,动词"举"除了有双手托起的意思,可能比较早就有了泛指动作、行为的语义了。"再"作为动词有些特殊,它既包括动作还兼含动作的数量。其实这样的动词算不上特例,"屡"(表示多次做)应该也属于这种情况。通过以上分析,"再"的重复义应该是由这个动词义演化而来,而不是从数词而来。

　　如果"再"的早期词性不是数词,以往推测"再"的接续义产生于数词"第二",由数词"第二"的语义演变为表示"然后"的副词接续义就成了无本之木。

3. "再"的接续义应该另有来源,推测其借自满语的 jai

　　关于接续义出现的年代,前人较少专门论及。闫坷概括地说:"'再'字在现代汉语中的意义用法,在近古已经全部出现,"文章中举了《水浒传》和《红楼梦》中表接续义的例子。较之《红楼梦》,明代《水浒传》中的例子,把接续义出现的时间又向前推了若干年。奇怪的是,从先秦到明清之前,我们始终没有找到"再"表接续义的语料,但是在明清的文学作品中,接续义的语料却大量出现了,绝大多数出现的场合是在对话中。比如,《西游记》中"再"出现了 546 处,其中 103 处是接续义,99 处在对话中。《初刻拍案惊奇》使用了 420 次"再",其中 58 次是接续义,45 次在对话中。《儒林外史》中共使用了 251 次,其中 86 次是接续义,78 次在对话中。将接续义"再"频繁用于文学作品的人物对话中,可见"再"是当时口语中经常使用的词。

　　前文分析得出,接续义"再"由数词演变而来理据不足。接续义的语料又在明清之际大量出现。满语的 jai 与汉字"再"发音相似,"再"的本义"重复做"或"第二次做"与满语副词 jai 在语义上有关联。根据满、汉文的对译语料,jai 与接续义"再"的核心语义都是做完一件事接续做另一件事。满语中使用 jai 的句子和汉语中,不论是明清汉语还是现代汉语,带有"再"的句子在表达的底层结构上非常一致。据此,推测"再"的接续义可能借自满语 jai,最初是由于满汉语言之间的口语接触引发的。

3.1 明清之际《三国演义》《红楼梦》等六部小说中接续义"再"使用的总体情况

为洞悉"再"的接续义在明清时期的全貌,按成书的时间顺序,我们对《水浒传》(创作于元末明初)、《三国演义》(创作于明初洪武年间,1368 年—1398 年)、《西游记》(明中晚期,成书于万历元年,1573 年)、《初刻拍案惊奇》(明朝末年,成书于 1627 年)、《儒林外史》(清乾隆十四年创作,1749 年)、《红楼梦》(初版乾隆五十六年,1791 年)六部小说中的"再"进行了统计分析。这里列出的是大家比较公认的成书时间,由于各种历史原因,事实上我们现在能够读到的作品不一定是这些小说最早的版本。但是不管是哪个版本,这六部小说出自明清两代是确定的。

"再"在六部小说中表接续义的呈现情况归纳如下:

第一,六部作品中,表接续义的"再"都已经出现。例如:

(7) 林冲钻将出来,见天色黑了,寻思:"又没打火处,怎生安排?"想起离了这半里路上,有个古庙,可以安身。"我且去那里宿一夜,等到天明**却**做理会。"把被卷了,花枪挑着酒葫芦,依旧把门拽上锁了,望那庙里来。入的庙门,**再**把门掩上,傍边止有一块大石头,掇将过来,靠了门。(《水浒传》第十回)[32]

(8) 牙将谷利大呼曰:"主公可约马退后,**再**放马向前,跳过桥去。"孙权收回马来有三丈余远,然后纵辔加鞭,那马一跳飞过桥南。(《三国演义》第六十七回)[33]

(9) 众僧们一齐跪下道:"孙老爷说得是:一则天晚,二来我
等有些愿心儿,今幸平安,有了宝贝,待我还了愿,请老爷
散了福,明早**再**送西行。"(《西游记》第十八回)⑬

(10) 子文道:"且完了官府的世情,**再**来写退婚书及奉还原约
未迟。而今官事未完,也不好轻易就是这样还得。总是
银子也未就领去不妨。"(《初刻拍案惊奇》卷之十)⑮

(11) 三公子道:"既然如此,你去把我们前日黄家圩那人来赎
田的一宗银子,兑七百五十两替他上库,**再**写我两人的
名帖,向德清县说:'这杨贡生是家老爷们相好',叫他就
放出监来。你**再**拿你的名字,添上一个保状。你作速去
办理!"(《儒林外史》第九回)⑯

(12) 紫鹃停了一会儿说道:"二爷有什么话,天晚了,请回罢,
明日再说罢。"(《红楼梦》第一百一十三回)⑰

第二,从语用来看,接续义"再"多出现在对话中,如例8-12;
多用于介绍未来的计划或安排,如例8-12;也可以用来描述已经
先后发生的事情,如例7;可以连续使用两次,如例11,这与满语
例3的情形相同。

第三,从结构来看,通常接续义"再"前面的句子中有表时间
先后顺序的标志词与之配合。如:做了……,再……(例7);……
后,再……(例8);待……了,再……(例9);且……了,再……(例
10)。除了这些标志词,还会出现表未来的时间词与之配合,如:
明早(例9),明日(例12)。在有祈请语气的对话中,可以在"再"
字句的后面加上"罢"或"吧"(例8-11),例12已经用了表祈请的
"罢"。这与满语带有 jai 的句子的底层结构非常一致。

3.2 以毛氏本《三国演义》为个案,其语料显示,在"再"的接
续义出现之前,可能是由"却"和"却再"承担着接续义"再"的角色

3.2.1 表接续义的副词"却"在汉朝已经出现,从先秦至明
清之前表接续义的"再"没有出现。那么汉语中有没有其他的词

来承担接续义副词的角色呢？通过查找资料我们初步断定，现在转折义使用最多的"却"，在相当长的一段时间里可能承担着接续义的角色。上文例7中的"却"就是其接续义在《水浒传》中的实例。我们在汉典网⑧上查到了三个年代上早于《水浒传》的例子。三个"却"汉典网释义为"再"，英文对译为 then(然后)。一个是收于《玉台新咏》的《古诗为焦仲卿妻作》中的诗句"却与小姑别"。《玉台新咏》是汉朝至梁朝的诗歌总集。另两个例子是唐代的，一个是杜甫《闻官军收河南河北》中的"却看妻子愁何在"；一个是白居易《琵琶行(并序)》中的"却坐促弦弦转急"。

　　这三个例子过去通常把"却与小姑别"的"却"解释为"从堂上退下来"，因为主人公之前的方位是"上堂(拜阿母)"；把"却"和后面的动词"看""坐"放在一起解释，"却看"意为"回头看"，"却坐"是"退回去坐下来"。以往做这样解释可能依据的是"却"的本义是"退"，就设法从"退"的语义上去解释"却"。"从堂上退下来"、"回头看""退回去坐下来"，这些动作可能是根据诗句的上下文按逻辑推理出来的，甚至是杜撰出来的，而不认为单字"却"本身除了有转折义还可以承担接续义，因而不把"却"解释为接续义。

　　3.2.2　毛氏本《三国演义》中的接续义"却""再"分担了"却"的接续义。清朝初年，毛纶、毛宗岗父子对《三国演义》重新加以修订，成为该书广泛流传的一种本子。"刊行之后，至今又约三百年了，内容上没有什么大变动。"⑨选定这部书、这个版本作为统计对象，是因为它的修订者明确，刊行时间清楚，流传广泛，在明清六部作品中年代上更靠前。

　　120回本《三国演义》共有1117处使用"却"，其中接续义有793处，这当中640处是"却说"一词中表示接续的"却"，153处是单字"却"表示接续。其余是"却"的31处转折义和"失却""推却"两个动词，共8处，各4次。

　　"却说"在章回小说里非常常见。"动 旧小说的发语词，'却说'后头往往重提上文说过的事。"④在旧小说中,"却说"用于一段文章或一个情节的开头,说它是发语词确实是它的功用。但是从《三国演义》中 640 处"却说"后面的内容来看,"重提上文说过的事"的情况并不占多数,相反,占绝对优势的意思是"接下来说……",其他几部小说的情况也是如此。满文将"却说"翻译成 tereci(tere 这,此;ci 从),意为"从此"。

在我看来,这个"却"是接续义。可能由于"却"的接续义很早就退出了使用,以至于字典中都不列这个用法。所以人们在解释"却"的用法时总是绕不开它的本义"退"。

单字接续义"却"在《三国演义》第二回中第一次出现,"坚从城上飞身夺弘槊,刺弘下马;却骑弘马,飞身往来杀贼。"第一百二十回最后一次使用,"遂遣使罢其兵权,降为司马,却令左将军孙冀代领其军。"单字"却"的接续义遍布全书。最多时一段文章连用 6 个接续义"却"。

例(13),《三国演义》第四十回　蔡夫人议献荆州　诸葛亮火烧新野④

先教云长:"引一千军去白河上流头埋伏,各带布袋,多装沙土,遏住白河之水。至来日三更后,只听下流头人喊马嘶,急取起布袋,放水淹之,却$_1$顺水杀将下来接应。"又唤张飞:"引一千军去博陵渡口埋伏。此处水势最慢,曹军被淹,必从此逃难,可便乘势杀来接应。"又唤赵云:"引军三千,分为四队,自领一队伏于东门外,其三队分伏西、南、北三门,却$_2$先于城内人家屋上,多藏硫黄焰硝引火之物。曹军入城,必安歇民房。来日黄昏后,必有大风,但看风起,便令西、南、北三门伏军尽将火箭射入城去,待城中火势大作,却$_3$于城外呐喊助威,只留东门放他出走。汝却$_4$于东门外从后击之。天明会合关、张二将,收军回樊城。"再令糜芳、刘封二人:"带二千军,一半红旗,一半青旗,去新野城外三十里鹊尾坡前屯住。一见曹军到,红旗军走在左,青旗军走在右,他心疑必不敢追。汝二人**却**₅去分头埋伏。只望城中火起,便可追杀败兵,然后**却**₆来白河上流头接应。"

　　这段话出现了6个"却",却₁和却₆的接续语义很清楚,但是在判断"却₂"至"却₅"这四个"却"时出现了两难,说它们是转折义,可是并不典型,因为句子前后没有明显的转折关系,说它们是接续义又似乎暗含着转折的意味。对比《三国演义》中清楚、明确的转折义"却",例如:"城内粮草甚多、人马缺少"(第一百十二回),"虽然聪明,却被孙綝把持,不能主张。"(第一百十三回)接续义的"却"在使用中很容易和转折义的"却"相混淆,从而出现"却"的两个语义分工不明的情况。这可能是满语jai能得以借入汉语的原因之一。

　　3.2.3　毛氏本《三国演义》中的接续义"却再"可能是一个"汉义+音译"的满语借词。"却再"在《三国演义》中出现了5次,其中3次"却再理会",如例14;1次"却再图之",1次见例15。

　　例(14)刘辟曰:"将军且行,**却再**理会。"(第三十一回曹操仓亭破本初　玄德荆州依刘表)

　　例(15)瑜命且回军商议,使甘宁引数千军马,径取荆州;凌统引数千军马,径取襄阳;然后**却再**取南郡未迟。(第五十一回　曹仁大战东吴兵　孔明一气周公瑾)

　　这两个例子中的"却"和"再"是同一个意思,都表示接续,可以将句子中的"却再"替换为一个"再"。推测满语副词jai借入汉语后,曾经历过从"却再"再到"再"的过程。"却再"是一个"汉义(接续义"却")+音译("再"音译jai)"的外来词,类似于啤酒、芭蕾舞、吉普车这样的外来词。

　　"却再"表接续义在《水浒传》120回本中出现了35次,《西游记》中2次,《初刻拍案惊奇》0次,《儒林外史》0次,《红楼梦》0次。由此看来,经过一段时间之后,随着接续义"再"的稳定使用,"却再"也退出了。

3.2.4　毛氏本《三国演义》中的接续义"再"不够活跃,地位也不稳固。

不包括"却再",接续义"再"在《三国演义》使用了 32 次,其中单字"再"17 次,如例(8);"再"在固定词组中 15 次,"再作良图"8 次(其中 1 次为"再作后图");"再作商议"5 次(其中 1 次为"再作计议");"再作区处"2 次。数字显示,有近一半数量的接续义"再"出现在带有"再"的固定词组中。和单字"却"表示接续的用量 153 次比起来,单字"再"出现 17 次,可见接续义"再"在清初版的《三国演义》中还不够活跃,地位也不够稳固。

3.3　《红楼梦》中单字"再"接续义的使用量猛增

人民文学出版社 1982 年出版的 120 回《红楼梦》中,单字"却"的接续义没有找到实例,在发语词"却说"中的接续义还保留,共有 65 处。"却再"表接续的用法没有发现。接续义"再"仍出现在固定词组中,共 9 次,"再作道理"6 次,"再作主意""再作定夺""再作打算"各 1 次。

单字"再"作接续义在《红楼梦》中飙升到了 408 次。《红楼梦》的篇幅大约是《三国演义》的 1.4 倍,但单字接续义"再"的使用数量是后者的 24 倍(《三国演义》中"再"作接续义共 17 次)。如果以《红楼梦》作为时间轴的参照点的话,至此满语副词 jai 借入到汉语的过程已经完成。

4.　结语

吕叔湘先生把形态变化丰富的语言形象地比喻为"到处扎上些小辫",而汉语喜欢剃光头,"我们觉得光头最舒服"[⑫]。从汉语带有接续义"再"的句子结构来看,汉语不仅把满语副词 jai 借了进来,也把 jai 之前满语动词表动作先后的语义和表达 jai 之后的祈愿语气,也就是把扎的小辫儿都借了进来。

接续义"再"的借入分担了副词"却"的一部分功用,满足了分析性语言的内在需求。

在汉语史的征程中,接续义"再"的出现和使用犹如在明清之际半路杀出的一员猛将,由于它来自民间的口语接触,从后来的表现可以看出,它不仅有冲劲还有着旺盛的活力,时至今日它依然十分活跃。

附注

① 文中的满文按国际上通用的拉丁字母转写。标音按《满汉大辞典(修订本)》第 1147—1148 页所附的音位系统标注,语法注释的术语主要参考、采用了该辞典所附的"满语语法概要"。(《满汉大辞典(修订本)》安双成主编,辽宁民族出版社,2018 年)。由于满文辅音字母 j 的读音有争议,文中 j 的读音依据笔者的研究记作/tʃ/,而不是该辞典的标音/tʂ/。本文1.6.2 介绍了 j 的读音争议情况。

② 英国传教士亚历山大·伟烈(Alexander Wylie)将《清文启蒙》译成英文,咸丰五年(1855)该书由伦敦宣教会在上海出版。

③ 引自《清文接字》完颜崇实序,第四页。(清)嵩洛峰编著,影印本收于《早期北京话珍稀文献集成》之《清文接字·字法举一歌》,刘云主编,王硕满文校注,王洪君、郭锐、刘云总主编,北京大学出版社,2018 年。

④ 此句引自《清文启蒙》第二卷,第四十八至四十九页,(清)舞格编著,影印本收于《早期北京话珍稀文献集成》之《清文启蒙》(卷二)第 869 至 870 页,刘云主编,[日]竹越孝、陈晓校注,王洪君、郭锐、刘云总主编,北京大学出版社,2018 年。

⑤ 此句引自《清文接字》第十一页,出处同注 3。

⑥ 引自《现代汉语词典》(第 5 版)第 1693—1694 页,中国社会科学院语言研究所词典编辑室编,商务印书馆,2005 年。

⑦ 详见《重刻清文虚字指南编》下卷,第四十八至四十九页,蒙古万福厚田著,汉军凤山禹门订,光绪甲午年(1894 年)刻,京都隆福寺聚珍堂书坊梓行,笔者所见(2006—2007 年)该书存于伦敦大学亚非学院。

⑧ 学界普遍认为祈使语气词"吧"是"罢"的书写替换形式,但对"吧"出现的年代有分歧。例如孙锡信(1999)指出"祈使语气词'罢'使用了很长时间,清代时出现了代替'罢'的新形声字'吧'。"(引自孙锡信《近代汉语语气

词——汉语语气词的历史考察》第163页，语文出版社，1999年）蓝鹰
（2004）则认为"吧"的出现可以追溯到元杂剧时代，甚至更早。（详见蓝鹰
《从元杂剧看现代汉语的句尾语气词》，载于《广播电视大学学报》（哲学社
会科学版）2004年第2期，第86至88页）

⑨ 译自《御制清文鉴》第三卷第三十八页，uju（第一）词条，康熙四十七年
（1708）武英殿刻本。

⑩ 译自《御制增订清文鉴》第七卷第八十页，jai（第二）词条，乾隆三十六年
（1771）武英殿刻本。

⑪ 引自《清书指南》卷之二，第一页，娄东沈启亮弘照氏缉，京都西河沿宛羽
斋李伯龙书坊发兑，康熙壬戌初刻（1682）。

⑫ 例5、例6引自《现代满语八百句》第8页，第18页。季永海、赵志忠、白立
元编著，中央民族学院出版社，1989年。

⑬ 《四书》中六个含有"再"的句子的满文对译，按文中引用顺序，详见清代满
汉合璧国学丛书《四书：满汉对照》第252页（《论语·乡党》）；第748—
749页（《孟子·万章章句下》）；第197页（《论语·公冶长》）；第814—815
页（《孟子·告子章句下》），吴元丰主编，辽宁民族出版社，2019年。

⑭ "子闻之，曰：'再，斯可矣。'"一句的断句和译文引自《论语新注新译》第
95页，杨逢彬著，北京大学出版社，2016年。

⑮ 译文引自《读古人书之〈孟子〉》第164页，邵永海著，北京大学出版社，
2018年。

⑯ 出处同注13。

⑰ 该教材第17页描述辅音 j 的读音，"As *j* in *just*"，意为 j 的发音如英语
just/ʤʌstʰ/中的辅音/ʤ/。详见 *Manchu：A Textbook for Reading
Documents*（《满语：一部用于阅读文献的教材》）第二版，Gertraude Roth
li 编著，夏威夷大学出版社，2010年。

⑱ 引自《汉字古音手册》第124页，郭锡良著，北京大学出版社，1986年第
一版。

⑲ 引自《汉语史稿》上册第158页，"现代白话 ai, ei 的来源"，王力著，中华书
局，1980年。

⑳ 参见关辛秋：《关于满文辅音字母读音的探讨（上）》，《满语研究》2007年
第二期，第22至28页。

㉑ 2017年第六十届国际阿尔泰学永久年会在匈牙利布达佩斯举行，会议的
主题是"Ideas behind symbols-languages behind scripts（符号背后的思想-
文字背后的语言）"，我提交并发表的论文是《On the Loan Phoneme and

Syllable Letters in the Manchu Script(满文中的借词音位和借词音节字母)》,文章用三个汉语成语"泾渭分明""兼收并蓄""情有独钟"来说明满文借词音位字母背后的语言态度。

㉒ 详见栾允庆《试论"再"的词义与词性》,《北方论丛》1995 年第 2 期,第 63—65 页;韩二林《试论"再"的词义与词性》,《陕西教育》2008 年第 3 期,第 18 页;殷晓杰、张家合《也说副词"再"的产生年代》,《语文学刊》2011 年第 8 期,第 3—4 页;闫坷《"再"字用法演变研究》,《太原大学教育学院学报》2015 年第 6 期,第 46—48 页。

㉓ 引自(汉)许慎撰《说文解字》说文四下,冓部,中华书局影印本(1963 年第一版,1983 年北京第 7 次印刷)第 83 页,"再"和"冓"的释义。

㉔ 引自《康熙字典(标点整理本)》,清·张玉书、陈廷敬等,汉语大词典编纂处整理,上海辞书出版社,2008/2018 年重印,第 56 页"再"条。

㉕ 同上书,第 17 页"仍"条。

㉖ 引自《辞源》(第三版)上册,第 431 页"再"词条。何九盈、王宁、董琨主编,商务印书馆,2015 年。

㉗ 引自《辞海(语词分册)》(上)第 53 页,"再"词条。辞海编辑委员会,上海辞书出版社,1982 年。

㉘ 引自《汉语大字典》(第二版九卷本之第 1 卷),第 20 页,例子从略。汉语大字典编辑委员会编纂,四川出版集团·四川辞书出版社、湖北长江出版集团·崇文书局,2010 年。

㉙ 引自《助字辨略》第 213 页,"再"项下。(清)刘淇著,中华书局,1954 年版,1983 年印刷。

㉚ 引自《古代汉语虚词通释》第 765—767 页。何乐士等编著,北京出版社,1985 年。

㉛ 详见王克仲:《上古汉语"再"字的调查报告》,《辽宁大学学报》1982 年第 4 期,第 92—96 页;王硕:《程度副词"再"的产生及特点》,《语文建设》2010 年第 61 期,第 39—40 页;任学良:《"去""再"的词义史》,《杭州师院学报》1987 年第 2 期,第 66—71 页。

㉜ 引自《水浒传》(上)第 139 页,(明)施耐庵著,人民文学出版社,1997 年第 2 版,2020 年 7 月印刷。

㉝ 引自《三国演义》(下)第 558 页,罗贯中著,长江文艺出版社,1981 年第一版,1985 年 2 月印刷。

㉞ 引自《西游记》(上)第 206 页,吴承恩著,中国华侨出版社,1998 年第一版。

㉟引自《初刻拍案惊奇》第 101 页,(明)凌濛初编著,中华书局,2009 年第一版,2020 年 9 月印刷。

㊱引自《儒林外史》第 101 页,吴敬梓著,人民文学出版社,1958 年第一版,2019 年 2 月印刷。

㊲引自《红楼梦》(下)第 1517 页,(清)曹雪芹著,人民文学出版社,2008 年第 3 版,2019 年 10 月印刷。

㊳详见汉典网(https://www.zdic.net/hans/%E5%8D%B4),2021 年 5 月 6 日查询。

㊴引自人民文学出版社 1973 年 8 月何磊所撰《三国演义》出版前言(1982 年 8 月修订)第 4 页。《三国演义》,人民文学出版社,1953 年第一版,2020 年 10 月第 73 次印刷。

㊵引自《现代汉语词典》(第 5 版)第 1135 页,出处同注 6。

㊶引自《三国演义》上册第 337 页。出处同注 39。

㊷引自吕叔湘著《语文常谈》第 60 页,生活·读书·新知三联书店,2008 年第一版,2019 年 8 月第 9 次印刷。

"不如"的功能表达及其演化关联

胡承佼(安徽师范大学文学院)

0. 引言

关于"不如",目前存在不同看法。《现代汉语八百词》、《现代汉语词典》(第7版)均将"不如"视为动词,用于"比较",意为"比不上"。例如:

(1) 且说玉叶的姐姐金枝,长得虽<u>不如(比不上)</u>玉叶那么美丽,倒也清秀端庄,为人厚道,善良。(李文澄《努尔哈赤》)

(2) 他反复地对跟随在自己身边的第二标标统李家福强调,练兵<u>不如(比不上)</u>练跑,在晋南这种鬼地方,只有擅长跑才能把军队的威力发挥最大化。(兰色幽香《太平天国》)

《现代汉语虚词词典》认为"不如"有副词用法,副词"不如"用来"表示前后两件事经过比较后,选择后者",相当于"还是"。例如:

(3) 房子也很要紧,靠大哥分房子不知要等哪一年,<u>不如(还是)</u>把现有的房子翻修,装天花板,铺水泥地,那小天井也得修整修整……(陆文夫《清高》)

李宗江、王慧兰(2011)则提出"不如"的作用在于"针对上文

的情况,提出下文的建议或做出自己的选择。"例如:

(4) 文玉一脸的不高兴。范吉射说:"等一等。我们现在三比
三,<u>不如</u>(我建议)让公主来投上一票。"(冯向光《三晋春
秋》)

其实,"不如"表"比较""选择""建议",三者之间具有非常密
切的关联,"选择"以"比较"为基础,"建议"是言谈中对"选择"的
交互化。经过"比较"可以获得倾向性"选择",当发话人将自己认
可的"选择"告诉受话人就会形成给予对方的"建议"。反过来看,
给予"建议"意味着已经做出了倾向性"选择",做出倾向性"选择"
意味着已经经过了优劣"比较"。可见,"比较""选择""建议"三者
之间具有一种单向蕴涵关系,没有"比较"就无所谓倾向性"选
择",没有倾向性"选择"也就谈不上"建议"对方这样而不那样。
也就是说,表"建议"的"不如"句有赖于以"选择"和"比较"作为语
义背景,表"选择"的"不如"句有赖于以"比较"作为语义背景,而
不是相反。比较:

(5) 这下江水山第一次在领导面前激烈地咆哮起来,"政委,
叫我回家<u>不如</u>枪毙了我好!"(冯德英《苦菜花》)

(6) 你如果再过来,我就死在你面前,反正失身也是死,<u>不如</u>
保住清白而死!(吴老狼《逆天吴应熊》)

(7) 这下拉拉不干了,她反对道:"参加集体活动要花钱的,<u>不</u>
<u>如</u>在家看电视看书。"(李可《杜拉拉升职记》)

例(5)是表"比较"的"不如"句,例(6)是表"选择"的"不如"句,例
(7)是表"建议"的"不如"句。例(5)中的"不如"意在通过比较强
调"叫我回家"难以接受,发话人实际上并无选择或建议"枪毙了
我"的意思。例(6)中的"不如"表示发话人宁可选择"保住清白而
死"也不愿"失身而死",该选择显然是发话人在对"失身而死"与
"保住清白而死"加以衡量比较的基础上做出的,这其中并没有建
议的意思。例(7)中的"不如"表示发话人的建议:(我建议大家)

在家看电视看书，(不要去参加集体活动)。这种建议的提出源于发话人"杜拉拉"已经对"参加集体活动"与"在家看电视看书"进行了比较和选择，最后其再将自己认可的选择告诉大家，从而表达出一种建议。

　　综上，"不如"句表"比较""选择""建议"三者之间的分立与交叉可以概括为单向蕴涵式：建议→选择→比较，语义背景上前者蕴涵后者，"后者是前者的预设"(陈振宇、钱鹏，2015)。表"比较"的"不如"句传达的是，A 比不上 B；表"选择"的"不如"句传达的是，A 比不上 B，故而我选择 B；表"建议"的"不如"句传达的是，A 比不上 B，如果是我会选择 B，故而建议你也选择 B。除了比较优劣、评估选择、提供建议外，"不如"有时候在语句中还能兼以调控、组织前后话语结构，从而表现出一定的篇章衔接功能。此时，发话人运用"不如"意在协调句际关系，而非着重于表达比较、选择或建议的概念。形式上，由于目的不在于表达概念，居于命题外层面，这种情况下的"不如"在小句中的位置比较灵活，并且可以删除。而一般的表比较、选择或建议概念的"不如"句中，"不如"通常无法删除，即使有时似乎能删除，也会影响到概念意义的传达。比较：

　　(8) 龙啸云跺脚道："这畜生实在太可恶，我不如索性废了他，也免得他再来现世！"(古龙《小李飞刀》)

　　(9) 你想也别想，给他指标我不如去送人情呢，考军校指标可比士官指标难弄多了。(随缘珍重《简单欲望》)

例(8)"不如"是为了更好地衔接语义连贯的三个小句，以便进一步强调、突出它们之间的推论性逻辑联系，可以被删除。例(9)"不如"无法删除，一旦删除，既影响结构的自足性，又影响选择概念意义的传达。

　　以往对于"不如"的研究大多集中于其语义表现和相关表达结构的单维刻画，如蒋静(2003)、高顺全(2004)、周有斌(2004)、李贤卓(2013)。本文准备就"不如"种种功能表现及其之间的内在联系展开描写和讨论,在详细描写各种功能用法的基础上着力考察其相互间的演化关联,以图整体把握"不如"功能表达的内部机理。关于"不如"具体的语法化过程,李素琴(2011)已有初步研究,本文暂不涉及。

1. "不如₁"的差级比较功能

用于表比较的动词"不如₁"表示差比关系,比较过程中一般包括比较对象 A、比较对象 B 以及比较点 C 三个要素,比较点 C 基于上下文语境或听说双方共有的背景知识有时可以不出现。整个比较关系表达的基本意思是:就比较点 C 而言,A 对象比不上 B 对象。例如:

(10) 因担心欧元(A)不如马克(B)坚挺(C),德国人反对加入单一货币者越来越多。(《人民日报》1996 年 12 月)

除了由体词性成分充当 A、B 比较对象外,谓词性成分也可以充当 A、B 比较对象。此时,这些谓词性成分并非用来陈述具体动作,而是用于指称特定事件,表示 A、B 这两件事,已经被指称化。即,A 事比不上 B 事,后者优于前者。例如:

(11) "难得你来救苦救难,口聊(A)不如手聊(B),手聊更实惠(C)!"老马打断了话题。(朱邦复《东尼!东尼!》)

对"不如₁"所在表达结构影响更大的是比较点 C 的特性表现。差比通常是就比较对象 A、B 的某方面的属性进行优劣评判,该方面的属性即是比较点 C,比如个子高矮、长相美丑、实力强弱等均可作为比较点。换言之,比较点 C 在概念认知上实际是个复合性概念结构,可表示为 C<具体方面,性质属性>。表达中,发话人可以只呈现某个具体方面,也可以只呈现某种性质属性,还可以将某个具体方面和与之相配的某种性质属性同时呈现。

1.1　名词性 C 与动词性 C

当 C 呈现为某一具体方面时,其主要由名词性成分和动词性成分来充当,与之相配的性质属性则不出现。名词性成分充当的 C 在句法上有话题化、由介词结构引进、置于独立结构三种表现。话题化过程中,名词性成分充当的 C 可以与比较对象分离,也可以由比较对象来限定领属。比较:

(12) 济南军区队(A)前 8 轮积分倒数第二,实力(C)远不如积分第三位的前卫队(B)。(《人民日报》1995 年 3 月)

(13) 赛后,中国棋院华以刚等围棋行家一致认为,华学明(A)的综合实力(C)显然不如三村智保(B),失利在情理之中。(《人民日报》1995 年 4 月)

例(12)比较点 C 独立占据话题位置,例(13)比较对象 A 为比较点 C 的领属定语,"A 的 C"整体作为话题。

名词性成分充当的 C 也可以通过介词结构"在……方面/上"来引入,"在 C 方面/上"整体充当"不如₁"的状语。例如:

(14) 拿下 31 分 8 个篮板 11 次助攻的比斯利赛后坦言,大鲨鱼(A)在斗志(C)上不如对手(B)。(《新民晚报》2014 年 12 月 22 日)

名词性成分充当的 C 还可以置于独立结构之中。例如:

(15) 那里素姐进门,见上边一个妇人遍身绫罗,珠环翠绕,身后站着几个妾模样的女人(A),论长相(C),都不如这个妇人(B),便小心行了礼……(扫雪煮酒《明朝五好家庭》)

动词性成分充当的 C 句法上也有话题化、由介词结构引进、置于独立结构三种表现。如:

(16) 玉田有点受刺激了,说:"谢永强有什么了不起! 写字(C)我(A)不如他(B),扛个袋子比试比试,小样,累趴下他。"(张继《乡村爱情》)

(17)《中美人权状况比较》,从 24 个方面揭示了<u>美国</u>(A)在<u>平等分享和普遍保障基本人权</u>(C)上不如<u>中国</u>(B)的基本事实。(《人民日报》1996 年 4 月)

(18) 要说<u>写诗下棋</u>(C),<u>我</u>(A)肯定不如<u>你</u>(B),但是要说打架……(萧瑟朗《校园美女攻略宝典》)

作为比较点的动词性 C 实际上也已经指称化,不表示具体动作。以上三例中的动词性 C 都表示某一具体方面,代表的是指称化的事件,不再用于陈述具体行为动作。

1.2　形容词性 C

当 C 表示某一具体属性时,其主要由性质形容词性成分来充当,与之相配的具体方面则不出现。此时的 C 在句法上有充当谓语中心语和置于独立结构两种表现,尤以前者最为常见,如例(10)(11)。形容词性 C 置于独立结构的情况则同名词性、动词性 C 相近,大都由"论/说"之类的"言说"类成分接引。例如:

(19) 论<u>漂亮</u>(C),<u>霍丹斯·布里格斯</u>(A)尽管都不如<u>这里任何一个姑娘</u>(B),但她照样能叫他为之倾倒……(德莱塞《美国悲剧》)

话题化与指称之间存在一定关系(Xu, L. J. ＆ D. T.,Langendoen, 1985),一个对象越容易被指称化,往往越容易实现话题化。与指称的概念距离上,名词>动词>形容词(">"表示"近于")。认知上,概念距离远意味着句法上操作难度大,这导致相比名词性和动词性 C,形容词性 C 话题化的难度最大。徐烈炯、刘丹青(1997)论述了话题的结构与功能,值得讨论的是:置于独立结构中的 C 能否视为话题? 广义上讲,似乎未尝不可,将例(15)(18)(19)中的 C 看成话题也说得通。但即便承认其话题地位,也只能视作有标记标题,与例(12)(13)(16)中 C 充当话题的情况还是有所不同。换言之,如果不承认置于独立结构中的 C 是话题,那么使用"不如₁"的比较表达中,名词性与动词性 C 均可话题化,形容词性 C 则无法话题化;如果承认置于独立结构中的 C 是话题,那么"不如₁"比较表达中,名词性与动词性 C 均可实现为无标记话题,形容词性 C 则至多实现为有标记话题。显然,比较点 C 的性质在其中起到了重要影响。由于性质不同,难以指称化,形容词性 C 也难以像名词性、动词性 C 那样经由介词结构"在……方面/上"单独引进。少数形容词性 C 出现在介词结构"在……方面/上"中,这是 C 后存在"这"类定指代词对 C 加以复指的结果。如果将"这"类定指代词移除,单独的 C 仍无法出现在介词结构中。可见,介词结构中体现指称的是"C+'这'类定指代词",而非独立的 C。比较:

(20) a. 在自信(C)这点上,韩国队(A)整体上不如土耳其队(B)。(《毕熙东:土耳其为韩国"定位"》,中国青年网,2010 年 6 月 8 日)

　　 b. *在自信(C)上,韩国队(A)整体上不如土耳其队(B)。

1.3　形容词性 C 语义选择的不对称性

相比名词性、动词性 C,形容词性 C 存在语义选择上的不对称性。即,作为比较点的形容词性 C,语义上具有表"好"、表"优"的倾向,表"差"、表"劣"的形容词性 C 通常不能作为"不如₁"差比表达的比较点。这与形容词性比较点 C 的量级(scale)表现有关。同一范畴的成员往往可以按照它们的数量或程度大小排列起来(沈家煊,1999),充当 C 的性质形容词也不例外,比如〈差,好〉〈丑,美〉〈劣,优〉等。当基于某一性质属性 C 说"A 不如 B"时,也就意味着说话人认为 B 具有 C 属性,而 A 在属性程度表现上则低于 C。显然,发话人使用"不如₁"差比表达,是基于 C 对比较对象 A 传达一种负向评价。以〈丑,美〉为例,说"A 不如 B 美"时,A 在性质属性上量的取值范围为负向的"丑←美"(人总是着重避免不好的一面),刚好与负向评价相吻合,因此被准允;而说"A 不如

B 丑"时,A 在性质属性上的量取值范围为正向的"丑→美"(人总
是着重追求好的一面),则与负向评价相悖,因此不被准允。再以
〈差,好〉为例,比较:

(21) a. 刮风(A)不如下雨(B)好(C),下雨能留郎到五更。
（尤凤伟《金龟》）

b. ＊下雨(A)不如刮风(B)差(C),下雨能留郎到五更。

以上具体讨论了比较点 C 对"不如₁"表达结构的影响。需要
注意的是,前文已经指出比较点 C 在语句中可以不出现,由听说
双方根据共有的背景知识或上下文语境来理解。例如:

(22) 我坦率地对朋友说:"台湾的酒(A)实在不如大陆的
(B)。"（邓友梅《无事忙杂记》）

(23) 他说人心已经变坏了,化缘(A)还不如讨饭(B),化缘是
什么也化不到。（高行健《灵山》）

例(22)受话人根据背景知识可以推知比较的是"酒的味道的好
坏",即:味道上,台湾酒比不上大陆酒。例(23)受话人根据下文
"化缘是什么也化不到",可以推知比较的是"收获的大小",即:收
获上,化缘比不上讨饭大。

2. "不如₂"的选择和建议功能

相对于表"比不上"的动词"不如₁",副词"不如₂"虽还存留一
定的比较意味,但其表达重点已经不是比较,而是在于突出发话
人的一种选择和建议。例如:

(24) 肉卖完或者卖不完,下午都没有买主,耗着(A)也是干
耗着,不如早点关门歇息(B)。（陆步轩《屠夫看世界》）

(25) 练了一套拳后,胡子就说东边有个亭子,不如到那里去
坐一会儿(B)。这时老管也不见外,跟着一起往亭子走
去。（邓友梅《话说陶然亭》）

例(24)侧重选择,例(25)侧重建议。

2.1 "不如₁"与"不如₂"的区分

该如何区分动词"不如₁"和副词"不如₂"? 如何看待"不如₂"选择功能和建议功能的差异? Austin(2002/1962)将言语行为分为"记述行为"(locutionary act)、"施事行为"(illocutionary act)和"取效行为"(perlocutionary act)三类。运用动词"不如₁",从言语行为看实际是记述性行为,意在传达"某个具体方面的性质属性上,A比不上B"这一信息。运用副词"不如₂",从言语行为看实际是施事性行为,意在促使自己(此时表现为选择功能,突出"我应怎么做")或他人(此时表现为建议功能,突出"你应怎么做")采取"施行B"的措施。如前文所说,建议是言谈中对选择的交互化:"选择"是言者做出自我认定,甚至可以视为是给自己的建议,不必涉及他人,如例(24);"建议"是站在对方立场,替他人进行认定,必然涉及他人,如例(25)。亦即,虽都是施事性行为,但选择与建议还是存在施事意图(illocutionary point)方面的差别。由此,动词"不如₁"和副词"不如₂"可以通过能否添加施事性言语行为的施事对象来加以形式上的区分,动词"不如₁"的前头无法添加施事对象,副词"不如₂"的前头能够添加施事对象。表选择时,"不如₂"的前头添加"我"较常见(涉及自我);表建议时,"不如₂"的前头添加"你"较常见(涉及他人)。比较:

(26) 尽管她并不在乎钱,可是花钱办事(A)总不如差人办事(B)省力气(C),何况那些为她办事的人都是自觉自愿的。(陆文夫《人之窝》)

(27) 柳娘说:"师哥在店里吃住(A)也不洁净,不如索性搬了来住(B)。东耳房收拾一下我住,西屋让给师哥。"(邓友梅《烟壶》)

例(26)中的"不如"是表示差比的"不如₁",其前头无法添加"我""你"之类的成分作为施事性言语行为的施事对象。例(27)中的

"不如"是提供建议的"不如₂",其前头可以添加"你"之类的成分作为施事性言语行为的施事对象。

与"不如₁"表达结构将认知关注焦点放在 A 对象上不同,"不如₂"表达结构的认知关注焦点则是放在 B 对象上。"不如₁"聚焦于对 A 对象进行负向评价,"不如₂"聚焦于对 B 对象给予正向认同。仍以例(26)(27)看,例(26)发话人聚焦于负向评价"花钱办事",例(27)发话人聚焦于正向认同"搬了来住"。除了上述不同外,"不如₂"和"不如₁"还有一些差异。首先,"不如₂"频繁用于取舍已定式表达中。取舍已定本质上就是发话人传达一种对所取对象的正向认同。例如:

(28) 一年一年的蹉跎下去,实在不了(A);不如抓着机会就出洋,管它是哪一国(B)。(苏雪林《棘心》)

其次,"不如₁"表差比时,A、B 两个比较对象都要出现;而"不如₂"只有表选择时才需明确 A、B 对象,舍 A 选 B,表建议时 A 对象可以缺省,无需说得那么明确。例如:

(29) 沙小姐,我看你们卫生间也没面镜子,不如你去宜家或者百安居买面能照全身的长条镜安在这里(B),不贵,两百来块……(李可《杜拉拉升职记》)

再次,"不如₂"表达中的 A、B 均是表述行为动作的动词性成分,且并未指称化。即"不如₂"是传达一种行动上的选择和建议,这与"不如₁"的静态比较有明显差别。同样是动词性 A、B,在"不如₁"表达中,它们代表指称性事件;在"不如₂"表达中,它们代表陈述性行动。可以通过测试在 A、B 后面能否加体词性复指成分来验证。比较:

(30) a. 这位姓许的神秘姑娘,年轻貌美而且武功深不可测,结仇(A)[这]不如结友(B)来得实际有利。(云中岳《金门圣女》)

　　 b. 这位姓许的神秘姑娘,年轻貌美而且武功深不可测,结仇(A)不如结友(B)[这样]来得实际有利。

(31) 诸位，两个铜钱，你们拿着嫌碍手,放着嫌碍眼(A)[?],
不如丢给我换一份秘方[?](B)。(余华《一个地主的死》)

例(30)a 和(30)b"不如₁"表达中,动词性 A、B 可分别由体词性成分复指,表指称性事件。例(31)"不如₂"表达中,动词性 A、B 后无法添加体词性复指成分,表陈述性行动。

2.2　"不如₁"到"不如₂"的功能演化

从动词"不如₁"差比功能到副词"不如₂"选择、建议功能,"不如"这种发展演化的内在机制实质上是一种由因及果的认知转喻(Hopper, Paul J. & Elizabeth C. Traugott, 1993)。它符合人们的常规逻辑推衍:因为 A 比不上 B,所以自己选择 B 或建议他人选择 B。与功能发展演化相伴的是,"不如"表达主观化程度的加深。"不如₁"表差比,可以是基于客观事实的比较,也可以是带有一定主观认识的比较;"不如₂"表选择、建议,则大多是发话人在传递自己的认识与看法,主观性较前者更强。比较下面一组例子:

(32) 人工栽培的人参叫园参(A),一般 6 年以上就可采收,药效(C)不如野山参(B)。(《中国儿童百科全书》)

(33) 衣服至少还能陪我,男人(A)还不如衣服(B)靠得住(C)呢! 就这样吧,走一步看一步。(六六《蜗居》)

(34) 他心里想:俺杀死后金几十人,即使向他们投降了(A),性命也难保,不如拼他一死(B),多赚他们几个。(李文澄《努尔哈赤》)

(35) 我看,不如把明远将军赶快抬回白羊店,一面设法医治,一面替他准备后事(B)。(姚雪垠《李自成》)

例(32)(33)表差比,"不如"是"不如₁",区别在于:例(32)为基于客观事实的比较,主观性不明显;例(33)为基于个人体验的虚拟比较,有一定的主观性。例(34)(35)分别表选择和建议,"不如"是"不如$_2$",两例在表达上都有明显的主观性,不同在于:相比例(34)的主观化,例(35)体现的是交互主观化。

沈家煊(2003)以 Sweetser(1990)为基础,提出了"行""知""言"三个概念域。以此分析"不如"的功能演化:"不如$_1$"涉及行域和知域,"不如$_2$"涉及知域和言域。仍以例(32)至(35)看,例(32)是客观上的衡量,属于行域;例(33)是主观上的认识,属于知域;例(34)是认同选择,同样属于知域;例(35)是声称建议,属于言域。可见,由客观比较到主观比较再到认同选择进而提出建议,"不如"这一功能演化序列与概念上由行域到知域再到言域的语法化进程相一致。邓思颖(2013)认为,行域在句法上处于谓语层次,言域则应该位于更高的层次(如小句)。"不如$_1$"与"不如$_2$"的分布差异可以由此得以解释。与动词"不如$_1$"处于谓语部分不同,副词"不如$_2$"表选择、建议时则是位于小句中,衔接小句。比较:

(36) 我们(A)还不如一粒灰星儿(B)呢,灰星儿也不一定人家一吹就飞跑呀……(戴厚英《流泪的淮河》)

(37) 我对她说,这样攒法(A)恐怕不行,因为通货膨胀的厉害,不如她每月将她退休金借给我(B),到时我还她一双玉镯就是。(张洁《世界上最疼我的那个人去了》)

例(36)"不如$_1$"是谓语中心语;例(37)"不如$_2$"居于小句句首,衔接前后关联小句。

以上,基于同"不如$_1$"的比较,着重分析了副词"不如$_2$"表选择与表建议这两种主观性的功能表现。要指出的是,选择与建议之间并不截然对立,很多时候只是言者视角的不同。选择是发话人的自我取舍,而一旦发话人站在受话人立场告知受话人去取舍,这就成了一种建议。前者是主观化的,后者是交互主观化的。正如交互主观化一定蕴涵主观化(吴福祥,2004),"不如$_2$"表建议时实际上也总会蕴涵选择意味。例如：

(38) 肖阳看出了他的意思，急忙又凑上来说："何必打草惊蛇 (A)呢，不如放长线钓大鱼(B)。"(李晓明《平原枪声》)

发话人"肖阳"对受话人"他"提出建议"放长线调大鱼"，但取 B 舍 A 的选择关系同样蕴涵其中。

2.3 "不如$_2$"的礼貌功能

建议是一种非强制性言语行为，为受话人留有不采纳该建议的权利，给予了受话人一定余地。这使得有时为了缓和气氛，顾全受话人面子，发话人会有意使用表建议的"不如$_2$"，以顺应交际的礼貌原则。换言之，除了前面分析的功能外，"不如$_2$"在一定程度上还兼具语用上的礼貌功能。比较：

(39) a. 刘中正见中村的气稍微平息了一点，才进前献计道："太君，八路所以逞强，全仗青纱帐之力，我看不如让老百姓把庄稼砍了(B)！"(李晓明《平原枪声》)

 b. 刘中正见中村的气稍微平息了一点，才进前献计道："太君，八路所以逞强，全仗青纱帐之力，我看让老百姓把庄稼砍了！"

"刘中正"与"中村"地位不等，处于弱势，为了顾及"中村"的面子，他只能以提议的方式说出自己的想法——不如让老百姓把庄稼砍了。如果去掉"不如$_2$"，虽然整个表达基本意思未变，但语气上却有命令之嫌，有悖"中村"在行动中的领导决策地位。

3. 浮现的篇章衔接功能

具有连接功能是现代汉语副词的基本功能之一(张谊生，1996)，副词"不如$_2$"亦不例外。"不如$_2$"的篇章衔接功能与其主观性功能表现之间并不冲突，"逻辑连词本就是表达评价立场的方式之一"(Stubbs，M.，1986)。具体来说，"不如$_2$"涉及两类衔接关

系:一是选择衔接,一是推论衔接。例如:

(40) 我50岁生日,亲朋好友凑了1000元礼金表示祝贺。我
　　　想吃了太可惜,不如给山里娃娃念书呢。(《人民日报》
　　　1995年7月份)

(41) 如果主公进攻邯郸,难免其咎。不如让我去进攻邯郸,
　　　将来主公可以推卸罪责。(冯向光《三晋春秋》)

例(40)"不如₂"表选择的同时,显现出篇章上的选择衔接功能。
例(41)"不如₂"表建议的同时,显现出篇章上的推论衔接功能,
即:基于"主公进攻邯郸,难免其咎",推论"让我去进攻邯郸"应该
更好,因为"将来主公可以推卸罪责"。

"不如₂"篇章上的选择衔接功能同其表达上的选择功能一体
两面,这里不予更多讨论。更有意思的是,表建议的"不如₂"何以
会产生篇章上的推论衔接功能? 回溯推理起到了重要作用。演
示如下:

事理:既然P(因),由此推论出那么Q(果);

事实:基于X,提出建议Y;

结论:将X视为因,Y视为果,由X同样可以推论出Y。

也就是说,"不如₂"篇章上的推论衔接功能并非自身原本就
有,而是借助回溯推理在表达建议的过程中"浮现"(emergent)出
来的。例如:

(42) 上几年大学至少得花四五万块,还不如去打工。就说考
　　　上学,也毕业了,谁还有十万块再去跑分配? (梁鸿《中
　　　国在梁庄》)

此例,发话人利用"不如₂"提出建议"去打工"。从篇章层面看,
"不如₂"在"上几年大学至少得花四五万块""考上学,也毕业了,
谁还有十万块再去跑分配"与"去打工"之间又起到了很好的推论
衔接作用,前者正是发话人宣称建议后者的理由。

人际功能的加强诱发情态化,篇章功能的凸显引起关联化。

（张谊生，2010）就"不如"而言，前者体现为从"不如₁"表差比到"不如₂"表选择、建议的功能演化，后者则体现为"不如₂"建议功能的进一步弱化和推论衔接功能的进一步强化。随着关联化的凸显，人们使用"不如₂"时，其注意焦点有时已经从关注提出建议转而关注语句间的内在逻辑联系，从而为篇章理解提供必要支持。有一类"我不如 VP"表达式为此提供了重要例证：其中的"不如₂"无论是选择意义还是建议意义都极其微弱，发话人使用它最主要的目的就是为了更好地衔接前后关联小句，藉以强调小句间的逻辑关系。例如：

（43）钟宗简直有些啼笑皆非，心想："这女人会有这般难缠，我不如一走了事，凭我的轻功，谅她也追赶不上！"（上官鼎《红花谷》）

与关联连词搭配，是篇章衔接功能的典型表现。"不如₂"还能同关联连词"既然"前后搭配使用，这进一步证明其在篇章上具有推论衔接功能。例如：

（44）既然花钱找地方盖假大观园、假荣国府，不如留下点真王府、真园子，用盖假古董的地方盖新楼。（邓友梅《四合院"入门儿"》）

与"既然"搭配的"不如₂"，作用即在于组织、调控前后语句，彰显语句之间的逻辑联系。就这点而言，"既然"和"不如₂"相当于句际间的"调节器"，将原本的隐性推论关系显性化。反过来看，受篇章中"推论"框架义和"既然"关联连词的"感染"，"不如₂"的推论衔接功能又会被进一步巩固。很多独立承担推论衔接功能的"不如₂"，都可以添加上"既然"与之搭配。例如：

（45）［既然］没有文化即使进了机关也做不了什么大事，至多做个勤杂工，那还不如做大饼呐，做大饼只有个早市，做勤杂工却是没早没晚的。（陆文夫《人之窝》）

4. "与其 A, 不如 B"中的"不如"

"与其 A, 不如 B"表达结构, 先秦时期即已出现。例如:

(46) 魏不与我约, 必攻我; 我与其<u>处而待之见攻</u>(A), 不如<u>先伐之</u>(B)。(《战国策》卷七)

(47) 虽克与否, 无以避罪。与其<u>勤而不入</u>(A), 不如<u>逃之</u>(B)。(《国语》卷第七)

以上两例, "与其 A, 不如 B"均表取舍选择, 发话人舍 A 行为, 取 B 行为。

虽然此时的"与其"和"不如"并未语法化, 但"与其 A, 不如 B"作为一种"语段组织形态"(胡承佼, 2012)确已存在。到现代汉语阶段, 表取舍选择时, "与其 A, 不如 B"更是被高频使用。例如:

(48) 我们卷烟业也流传了两句话: 与其<u>许多人合吃一条牛</u>(A), 不如<u>一人独吃一条狗</u>(B)。(周而复《上海的早晨》)

(49) 我想的是一些人把地荒了, 一些人却不够种, 与其<u>收起来</u>(A), 不如<u>重新分地</u>(B), 使每一寸地都不闲, 使每一个人也都不闲。(贾平凹《秦腔》)

一部分学者认为"与其 A, 不如 B"中的"不如"已经是比副词更虚的连词, 如周刚(2002)。"与其……不如……"是一种框式关联结构, 认为"不如"是连词显然受到了"与其"存在的影响。实际上, "与其……不如……"中"与其"和"不如"的地位并不相等: 离开"与其", "A, 不如 B"可以自足; 反之, 离开"不如", "﹡与其 A, B"无法自足。比较:

(50) a. 是的, 越怕死越不灵, 与其<u>窝窝囊囊地死</u>(A), 不如<u>痛痛快快地拼</u>(B)! (李存葆《高山下的花环》)

b. 是的, 越怕死越不灵, <u>窝窝囊囊地死</u>(A), 不如痛痛快快地拼(B)！

c. ＊是的，越怕死越不灵，与其<u>窝窝囊囊地死</u>(A)，<u>痛痛</u>
<u>快快地拼</u>(B)！

就像同样表取舍选择的"宁可……也不……"框式关联结构
一样，很难说"宁可"是连词，"也不"就一定是连词，"也"和"不"的
词类性质并未因此改变。语篇中反复出现的组织模式可能变为
某种固定的句法格式，发生"句法化"(syntacticization)。（董秀
芳，2015）"与其 A，不如 B"正是这种情况，严格来说，其中的"与
其"和"不如"并不能分开认识和处理，是一体化的构式。句法化
过程中，"与其 A，不如 B"事实上正由松散、并列、语用性的篇章结
构逐步演变为关系紧凑、语法性的句法结构（彭睿，2009），由语用
的衔接转化为语法的关联。例如：

(51) a. 针对目前一些地方采取的请专家做陪审员的做法，
贺卫方认为<u>与其做陪审员不如做专家证人</u>。（《人民
日报》1999 年）

b. 针对目前一些地方采取的请专家做陪审员的做法，
贺卫方认为<u>做陪审员不如做专家证人</u>。

例(51)a 中"与其 A 不如 B"是整体充当宾语，并且小句间的停顿
也已消失。如果硬性去掉"与其"，变成(51)b，随着"与其……不
如……"格式的消失，(51)b 中的"不如"难以被理解为连词，"做陪
审员"与"做专家证人"也难以再视作小句。

也就是说，对"与其 A 不如 B"中"不如"的认识必须放在整个
"与其 A 不如 B"结构的演化进程中来考察，它受"与其 A 不如 B"
整体结构的影响和制约。限于篇幅，关于"与其 A 不如 B"结构的
形成与发展，留待另文考察。根据以上所论，我们认为独立的、专
职化的连词"不如"在现阶段还未真正成熟。即使承认"与其 A 不
如 B"中"不如"是连词，这个连词"不如"仍是以依托整合化、构式
化的"与其……不如……"句法格式为前提。

5. 结语

综上所述,现代汉语中"不如"的功能复杂而多元,如果只单从一个方面着手分析,就难免出现偏颇和分歧。"不如"看似复杂的功能其实有迹可循,主观化与关联化是"不如"功能演化的决定性推手。从差比到选择、建议是"不如"主观化和情态化加强的结果;从选择、建议到篇章衔接则是"不如"关联化加强的结果。至于礼貌功能,则是"不如$_2$"表建议时在语用层面上的进一步扩展。

虽然"不如"的语法化进程并未结束,这导致现阶段各种功能用法并存,不同用法间存在纠葛,难以完全厘清,但其功能演化的整体脉络无疑是清晰的。"差比——选择、建议——篇章衔接"这样的演化轨迹与"意念成分——人际成分——篇章成分"(Halliday,M.,1985)的语法化路径相一致。动词"不如$_1$"与副词"不如$_2$"目前已经基本明确。而所谓的连词"不如"实际上必须依托于固化格式"与其 A,不如 B",尚未真正成熟。但正如彭睿(2007)所言,"实词性词项和构式在特定语境里获得语法功能,而且一旦被语法化后又产生新的语法功能",将来会不会出现独立的连词"不如$_3$",要留待时间验证。

本文对于"不如"的研究也给我们一些启发,即:考察多功能词语尤其是处于语法化过程中的多功能词语,若仅仅囿于某一具体功能应该是不够的,这可能会忽视功能与功能之间的某些关键的联系;多功能词语的考察应立足于各项功能的整体观照和细致爬梳,抽丝剥茧,从而寻找到各功能之间的发展线索和演化关联,以便真正搞清楚其发展的内部机理。

参考文献

陈振宇、钱鹏   2015   蕴涵、预设和完备性,《当代语言学》第 1 期。

邓思颖　2013　再谈"了₂"的行、知、言三域——以粤语为例,《中国语文》第
　　3 期。

董秀芳　2015　上古汉语叙事语篇中由话题控制的省略模式,《中国语文》
　　第 4 期。

高顺全　2004　"与其 P,不如 q"格式试析,《南开语言学刊》第 1 期。

侯学超　1998　《现代汉语虚词词典》,北京:北京大学出版社。

胡承佼　2012　"A 着呢"语串的构成差异及其演化历程,《安徽师范大学学
　　报(人文社会科学版)》第 5 期。

蒋静　2003　比较句的语义偏向及主观程度的差异,《上海师范大学学报
　　(哲学社会科学版)》第 4 期。

李素琴　2011　"不如"的语法化考论,《湖北社会科学》第 4 期。

李贤卓　2013　试论作为话语标记的"不如",《语言与翻译》第 4 期。

李宗江、王慧兰　2011　《汉语新虚词》,上海:上海教育出版社。

吕叔湘主编　2002　《现代汉语八百词(增订版)》,北京:商务印书馆。

彭睿　2007　构式语法化的机制和后果——以"从而"、"以及"和"极其"的
　　演变为例,《汉语学习》第 3 期。

彭睿　2009　语法化"扩展"效应及相关理论问题,《汉语学报》第 1 期。

沈家煊　1999　《不对称和标记论》,南昌:江西教育出版社。

沈家煊　2003　复句三域"行、知、言",《中国语文》第 3 期。

吴福祥　2004　近年来语法化研究的进展,《外语教学与研究》第 1 期。

徐烈炯、刘丹青　1997　《话题的结构与功能》,上海:上海教育出版社。

张谊生　1996　副词的篇章连接功能,《语言研究》第 1 期。

张谊生　2010　《现代汉语副词分析》,上海:上海三联书店。

中国社会科学院语言研究所词典编辑室编　2016　《现代汉语词典(第 7
　　版)》,北京:商务印书馆。

周刚　2002　《连词与相关问题》,合肥:安徽教育出版社。

周有斌　2004　可转换成"宁可 B,也不 A"的"与其 A,不如 B"的类型及其
　　他,《语言研究》第 4 期。

Austin, John Langshaw. 1962 *How to Do Things With Words*, Beijing:
　　Foreign Language Teaching and Research Press, 2002.

Halliday, M. 1985 *An Introduction to Functional Grammar*, London:
　　Arnold Ltd.

Hopper, Paul J. & Elizabeth C. Traugott. 1993 *Grammaticalization*,
　　Cambridge: Cambridge University Press.

Stubbs，M. 1986 A Matter of Prolonged Fieldwork：Towards a Modal Grammar of English，*Applied Linguistics* 7：1 - 25.

Sweetser，Eve. 1990 *From Etymology to Pragmatics：Metaphorical and Cultural Aspects of Semantic Structure*，Cambridge：Cambridge University Press.

Xu，L. J. & D. T.，Langendoen. 1985 Topic structures in Chinese，*Language* 61：1 - 27.

副词"活活"的产生和语法化
——兼论语义演变中核心义与语境变异的互动

胡　朗(成都中医药大学)

0. 引言

　　《现代汉语词典》(第 7 版)将表"在活着的状态下"的"活"标为动词,却将表"在活着的状态下(多指有生命的东西受到损害)"的"活活"标为副词,其间存在何种关联? 语料中跟在非生命体后的"活活"又当如何解释? 这些问题都涉及副词"活活"的产生与语法化过程中的语义演变——虚化。笔者认为,核心义和语境变异两者的互动在其中起着关键作用。

　　关于"核心义",张联荣(2000：238)将其定义为"如果一个多义词的所有义位共有一个遗传义素贯穿其中,这个遗传义素自然就成了这个词的意义核心"。王云路(2006)认为它是"由本义概括而来,贯穿于所有相关义项的核心部分,是词义的灵魂。"王云路、王诚(2014)则进一步区分了核心义和核义素、核心义项,指出核义素属于词源学概念,是以一组同源词或一个词族为研究对象,通过同源词义素分析法而得到的,是词源系统中的元素;核心义属于词义学范畴,以一个多义词的词义类聚为研究对象。核心义项是该词在当代语言中最典型、最中心的用法。可以说,"核心义"是蕴含于词诸多相关义项中的、具有高度抽象性和概括性的语义特征集合。这些语义特征不一定是核心义素,但在整个词义演变中发挥着至关重要的作用,既提供了词义演变的出发点、意义空间,同时又制约着词义演变的方向,并在词义演变的结果中有所体现。

语义演变的最终实现,核心义是一个关键要素,而另一个则是语境变异。Himmelmann(2004)提出了"基于语境的语法化观"(the context-based view on grammaticalization),强调语法化项是在其组合环境中发生了语法化,并将其看作一种语境扩展(context-expansion),包括:同构项类型扩展,即演变项的组合成分的类型增加;句法环境扩展,即演变项出现的句法环境增加;语义-语用环境扩展,即所用的语义和语用环境增加。江蓝生(2016)则提出,汉语中存在"常规结构式组合成分变异(词类变异、义类变异、词义变异和多次变异)"和"结构式语义羡余"两种语法化诱因。其实,要实现语法化和语义演变,语用、语义和结构上都要达到一些条件才行,而这些条件不是建立在以往条件的消失基础上,就是在以往条件的基础上增加。因此,笔者将汉语中的这些语境变化统称为语境变异,并将其分为:句法环境变异,包括演变项的句法环境扩展或转移;语义-语用环境变异(包括语体变异),即使用范围扩展或转移;组合成分变异,即所搭配的成分在语义类别或语法功能上发生变化。

那么,"活活"如何虚化?在虚化中的核心义和语境变异的互动过程为何?这一互动过程是如何发生的?其中的核心义从何而来?哪一种语境变异对于语义演变更为关键?因此,本文拟基于副词"活活"的产生和语法化中的虚化过程,围绕上述问题进行探讨。

1. "活活"产生过程中的"互动"

先秦时期,"活"就作为动词开始出现,表"存活"义,如:

(1) 围地吾将塞其阙,死地吾将示之以不<u>活</u>。(《孙子兵法·九地》)

(2) 勇于敢则杀,勇于不敢则<u>活</u>。(《老子》)

例(1)的动词"活"在否定副词"不"之后,共同充当介词"以"的宾语;例(2)的"活"则直接充当谓语。

在汉代和魏晋南北朝,动词"活"可出现在谓词性成分前,发生了句法环境变异,在句法位置上具有了副词化的基础,如:

(3) 猎师念言:"我若杀取其皮不足为贵,当<u>活</u>将去。"(佛陀跋陀罗共法显译《摩诃僧祇律》卷一)

(4) 或生剥牛羊驴马,<u>活</u>爓鸡豚鹅鸭。(崔鸿《十六国春秋》卷三十五)

例(3)的"活"表示"在活着的状态下"发生的行为,属于动词。例(4)的"爓"义为"用热水烫而去毛","活"与"生"相对,表示在鸡豚鹅等活着的状态下用热水烫它们。

唐代,"活"较多出现在状语位置,通常与含[+使受损]义的单音动词搭配,但还具有较强的[+活着]义,如:

(5) 师镬地云:"诸方火葬,我这里一时<u>活</u>埋。"(《镇州临济慧照禅师语录》)

(6) 而薛朗巢危食尽,遂就<u>活</u>擒。(《全唐文·长芦崇福禅寺僧堂上梁文》)

(7) 闵<u>活</u>捉一豚,从头咬至项,放之地上仍走。(张鷟《朝野佥载》卷六)

(8) 苏州贞元中,有师好<u>活</u>烧鲤鱼,不待熟而食。(《酉阳杂俎》卷三)

例(5)(6)(7)(8)中"活"后的动词都含[+使受损]义。在后代,此类"活V"形式由于处于同一音步中,满足了一个韵律词的条件,在反复搭配使用的过程中,已经固化为一个词,如收录于《现代汉语词典》(第7版)的"活捉"和"活埋"等。

元代,"活"的状语位置分布增多,且发生了组合成分变异和语义-语用环境变异,组合成分在类别上有所扩展,从动词扩展到了动结式,甚至有的动结式后还带有宾语,从强调动作行为变为强调结果。在句子中,"动结式"成为表达焦点,"活"的[+活着]义明显弱化,在与致死类受损行为的互动中,"活"不仅说明在"活着"状态下受损,还重点描摹了"悲惨""残忍"的情状,演变为副词,如:

(9) 俺军中也做了银妆甲铠,俺哥哥在酷寒亭怕不活冻煞。
　　(杨显之《郑孔目风雪酷寒亭》第四折)

(10) 街坊都骂,骂你个不回头呆汉活气杀大浑家。[①](同上书第一折)

两例中的"煞"和"杀"都表"死亡"义,是结果补语。在与此类致死义动结式搭配时,"活"如果解释为"活着",则明显有赘述之嫌。也就是说,说话人用"活"必有言外之意,其意在表明自己对生命体受到损害的关注,凸显的是行为主体的"残忍"和行为客体的"悲惨""可怜"。例(9)的"活"在动结式"冻煞"前,在语义上指向行为客体,表示"悲惨地";例(10)中的"活"在动结式及其宾语"气杀大浑家"前,指向行为主体,表示"残忍地"。此类"活"在语境中还用为构形重叠"活活",如:

(11) 贬咱到阴山口外,活活的折罚煞。(吴昌龄《张天师断风花雪月》第四折)

(12) 若说的不是呵,我就活活的敲死了也。(萧德祥《杨氏女杀狗劝夫》第四折)

虽表达相同的字面意义,但例(11)(12)的构形重叠"活活"与例(9)(10)的"活"在表层形式和语法意义上都有所区别。在表层形式上,"活活"所接成分多为偶数音节形式,而"活"则多为单数音节形式;"活活"后带"的","活"则不能。在语法意义上,"活活"相对"活"主要是强调了动作的摹状性。

从源头上来说,单音副词"活"与"活活"的出现有密切关联。汉语重叠一般有两种可能性,一是语言的重复使用,一是语音韵律的双音化。②"活"在使用中带"的",发生重叠,主要与韵律上的协调和摹状性的增强有关。吕叔湘(1943)指出,由于"的"在宋元之际入声的韵尾辅音脱落,只剩下一个短促而升降不显的音,与轻声相似,被用来代替仍读作上声和去声的"底"和"地",因此原有的结构助词"底"和"地"在宋代以后就逐渐改写为"的"。"活活"带的"的"其实就是常出现在谓词性结构中的"地",与其前的"活活"共同表示一种情状,具有强摹状性。

明代,"活活"明显增多,且在状语位置上得到频繁使用,使用范围不断扩展,其后"的"可有可无,如:

(13) 那晓得张天师逼勒我们下水,一任的响雷公,把我们<u>活活</u>的逼死于海水之中。(《三宝太监西洋记》第八十八回)

(14) 那些东邻西舍听得哭声,都来观看,齐道:"虎一般的后生,<u>活活</u>打死了。可怜! 可怜!"(《醒世恒言》卷二十九)

(15) 妙智狠做一日灌他一个大醉,一条绳<u>活活</u>的断送了他。(《三刻拍案惊奇》卷八)

(16) 我做太子的为父杀贼,这理之当然,怎么<u>活活</u>的吃水军大都督陈堂一亏,逼勒得举刀自刎?(《三宝太监西洋记》第八十九回)

(17) 没个亲戚朋友与他辨诉一纸状词,<u>活活</u>的顶罪罢了。(《二刻拍案惊奇》卷十八)

例(13)的"活活"后接动结式加处所补语,例(14)的"活活"后接动结式,例(15)的"活活"后接动宾式,后搭成分都表示的是致死性行为；例(16)和(17)中"活活"的后搭成分则说明的是一种非致死性行为。"活活"的搭配成分无论在结构还是语义上都呈现多样化，副词用法已较以前成熟。虽然此时"活"还存在少量此类用法，但其搭配已十分受限，数量也有限。通过对"三言两拍"的统计，其中"活"与"活活"相关语例分别占比 15.16％和 84.84％，前者如：

(18) 列位地方邻里，都是亲眼看见，<u>活</u>打死的，须不是诬陷赵完。(《醒世恒言》卷三十四)

(19) 这样人留你何用？也只是<u>活</u>敲死你。(《初刻拍案惊奇》卷十七)

此时的"活"在搭配上具有单一性，使用率降低。这在一定程度上说明了"活活"的副词性在明代就已有所体现，开始了构词重叠化。"活活"在此时的核心义虽仍是[＋活着]，但已有弱化表现，同时包含了"残忍""悲惨"的意味。而"活"的此类用法由于摹状性的缺失及经济原则的作用，在与"活活"的竞争中逐渐受到限制，只用于惯用搭配中，在现代汉语中已基本不存在。

2. "活活"语法化中的"互动"

随着在受损语境中的大量出现，"活活"吸收了语境中的[＋受损]义，发生了受损语境变异，主要表现为语义-语用环境变异和组合成分变异，包括其搭配的受损谓词性成分和受损对象的变异。

在受损类谓词性成分上，明代，"活活"就可出现在"中心语＋程度补语"的动补结构之前，如：

(20) 这父母之仇，几时得报？<u>活活</u>的气杀孩儿也。(佚名《谢金吾诈拆清风府》第二折)

(21) 因他利害，把俺这姑子们<u>活活</u>躁杀了。(李开先《林冲宝

剑记》卷下)

(22) 甄监生口里哼道："活活的急死了我!"咬得牙齿格格价响。(《二刻拍案惊奇》卷十八)

上述语例中"活活"前的主语都基本承前省略,属于零形回指,"活活"所在结构可以表示为"(N1)＋活活＋心理动词＋死/杀(……)＋N2"。吉益民(2017)指出,从生命活动域中的"终结"映射到抽象程度域中的"极性"在汉语中是一种惯用的表达策略,其基础是二者的过程性及极端性,一个是从生到死的过程,一个是从低量向高量、极量的过程,"生死"过程的终端与"量范畴"最高极量则是相对的。而"V死O"格式表程度最晚在宋代就已经出现。③由此,例(20)(21)(22)与不致死的心理动词搭配的"杀"和"死"无论从语义还是年代上来看,都是程度补语,而非结果补语,它们的程度义及其与动词构成的"心理动词＋死/杀"分别表现为组合成分的词义变异和语义-语用环境变异,对"活活"的语义产生了压制。

重叠式是一种调量的手段④,"活活"相对"活"增强了摹状性,主要用于描摹生命体严重的受损状态,通常表示"残忍地""悲惨地",侧面说明了受损的严重度较高,含有[＋量]这一隐性特征。例(20)和(21)的"杀"分别与其前的心理动词"气"和"躁"构成了"动补结构",(22)中的"死"与其前的"急"及其后的"我"构成动补结构带宾语,受动补结构的影响,"活活"所隐含的[＋量]特征被激活,发展出加强肯定、表强调的"夸张性感叹"用法,语义上发生了虚化。值得一提的是,例(20)虽是元代语料,但在语料库中只发现此一条,因此从可靠度来看,仅凭此条语料就断定此类"活活"在元代存在有所不妥。

这一用法的"活"在明代也少量存在,"活活"交替使用,如:

(23) 呆子放下钯,捶胸跌脚道："师父! 莫要问! 说起来就活活羞杀人!"(《西游记》第八十五回)

(24) 行者道:"活羞杀人,这个不过是饮食之类。若说出来,
　　　就是我们偷嘴了,只是莫认。"(《西游记》第二十四回)

例(23)和(24)的"活活"与"活"分别与带宾语的动补结构"羞
杀人"搭配,但"活"的这类用例极为个别,并不是其典型用法,且
在现代汉语中已基本不存在。也就是说,"活活"的这一用法实质
上还是由在变异语境中受到语义压制的"活活"虚化而来的。

在受损对象上,"活活"的受损对象呈现出生命度差异。
Comier(1989)根据有无生命特征,按照生命度从高到低提出"人
(human)>生物(animate)>无生物(inanimate)"这一生命层级
序列。现代,"活活"的组合成分在义类上发生了变异,从生命体
为受损主体扩展到非生命体,在生命度上明显有所降低,语义-语
用环境也从生命体受损变为非生命体受损,如:

(25) 更令纪世瀛痛心疾首的是,陈春先亲手创办起来的,被
　　　誉为中国民办第一家的"北京市华夏新技术研究所"活
　　　活被一桩科技协作纠纷案拖了十几年以至于奄奄一息。
　　　(1994年9月《报刊精选》)
(26) 他听说国内一厂家生产出口的女鞋中,有一只后跟出了
　　　问题,挫伤了一位洋顾客的脚,结果巨额的索赔活活将
　　　那片厂压垮了!(1996年《人民日报》)

两个语例中的"活活"指向的是非生命体,相对其他用法的语
义指向对象,其生命度明显有所降低。例(25)"活活"指向的是
"研究所",对应的是生命动词"奄奄一息","活活"的[+活着]义
受到压制,在与非生命体受损的互动中激活了说话人惋惜的态
度。例(26)中的"活活"指向的是非生命体"那片厂",其对应的是
非生命动结式"压垮",在互动中激活了说话人对其被拖压垮的惋
惜态度。

此类"活活"还蕴含一种"偏预期"的意味,即现实与预期相偏
离,在某方面存在不一致,包括与预期相反(参看单威2017)。从

受损角度来看,偏离预期也可以是一种受损,⑤只是这种受损是较抽象的,是相对隐性的。因此,"活活"可以用于此类语境。但值得注意的是,"偏预期"义目前还只是在一定语境中蕴含,还没有成为核心义的成员。

3. "活活"的核心义-语境互动过程

3.1 核心义决定语境变异方向

"活"本是一个共相本能动词,即动物与人类共有的本能动作行为动词,其核心义为[+活着],也可用于其他动词前,强调在活着的同时发生了其他行为或事件,这为其副词化奠定了基础。

在虚化中,由于在受损语境中大量出现,[+受损]这一义素被"活活"吸收,并核心化,这促使其用于更多的受损语境。副词"活活"主要处于 S+adv+V 这一框架中,其语境变异的内容也就集中在受损对象和受损谓词性成分上。

3.2 语境变异和核心义对演变的诱发和制约

动词"活"用于其他动词前时,强调在活着的同时发生了其他行为或事件,当其后搭成分逐渐扩展到受损类动结式时,句法环境发生了变异,凸显的是受损结果,主要表示"残忍地""悲惨地"等意义。

"活活"向表"夸张性感叹"的虚化与"中心语+程度补语"的动补结构"V死(O)"的成熟有关。在用于状态描摹时,其一般后接受损义动结式,隐含了受损的程度量。而当"活活"的组合成分和语义-语用环境发生了类型的转变,结构从"活活+动结"转变为"活活+述程","活活"的状态描摹义就受到压制,"活活"隐含的受损"量"义在语境中被激活,并且主观化为一种主观程度量。具体来说,就是"活活"以生命体的受损度为映射始源域,以主观程度量为映射目标域,用生命体的受损度来隐喻主观程度量,即用严重受损的异化来跨域映射抽象的主观量,表示一种夸张性强调。张谊生(2013)提到,最终转化为程度副词补语的词语在语义上都具有[＋损失]等语义特征,可用于凸显、强调的语义特征。吉益民(2017)则说明了汉语中存在的"生命活动域"到"抽象程度域"的跨域映射。这些都可以说明从"严重受损"到"夸张性强调"这一隐喻路径的合理性。"活活"通过这一路径完成了情状描摹到主观评注的语义功能转变。

生命度可以是一个与语言演变有关的参项⑥,参与者由人类变为非生命体是最普遍的语义演变路径之一。⑦"活活"的受损对象之所以会从生命度高的生命体扩展到生命度低的生命体,是因为生命体受损有一个从生到死、从完好到伤残的过程,而非生命体受损则也有一个从存在到没有、从完好到有损的过程,后者与生命体受损具有相似的变化过程。这一"隐喻"路径推动了本用于生命度最高的人"活活"用于生命度低的非生命体等语境。一般来说,动作主体、体验者都是人类,而一旦语境中的参与者,即组合成分的语义类别发生了变化,就会激活新的语义。"活活"处于 S＋adv＋V 框架中,其中 S 和 V 是典型成员,它一方面要受到其前的 S 的生命度管辖,另一方面又要受到其后的 V 的生命度的制约,两者共同构成了一个"框架语境",当至少其中一个生命度发生改变,跨越了不同的生命度等级,都会导致"活活"发生语义上的改变。当 S 为非生命体,"S 人＋活活＋V 人"转为"S 物/人集体＋活活＋V 人/物",生命度降低的 S 和 V 无法激活[＋活着]义,只能激活 adv"活活"的喻指性特征[＋存在],在其与语境的互动中,说话人的"移情"(empathy)开始发挥作用,即言语交际双方情感相通,能设想和理解对方用意。(何自然,1991)说话人进行了视角转换(perspective taking)或者认知换位,将自己置于移情对象所处的状况或状态中,激发出主观性消极感受,"活活"用于表达愤怒、可惜等不同的情感态度。

"活活"产生和语法化中的具体互动过程可表示如下图：

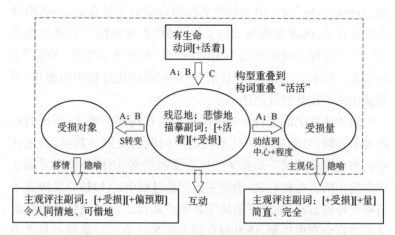

图 1　"活活"产生和语法化中的核心义-语境变异互动图

（A：组合成分变异；B：语义-语用环境变异；C：句法环境变异）

4. 结语和余语

"活"是个典型的有生动词,其虚化一直都未脱离生命度的影响,这与其本义所包含的强生命度有关。元代,由于表达中对韵律协调和强摹状性的需求,出现了用于描摹的副词性构形重叠"活活"。明代,随着使用频率增加、使用范围扩大,"活活"进一步转化为构词重叠,用于生命受损的语境,并渐渐吸收了语境中的［＋受损］义,这为其用于其他受损语境奠定了基础。"活活"的受损语境开始发生变异,从凸显受损结果到凸显受损程度,从生命体的受损到非生命体的受损,前者是含"受损量"的"活活"在"动补结构"的影响下,主观化为表主观量的主观评注副词"活活"。后者是表"生命体"受损的"活活"来表示"非生命体"的受损,通过移情和主观化虚化为表消极性感受的主观评注副词"活活"。其实,"活活"的非虚化演变中也涉及核心义-语境互动,如其"强行地、不顾他人地"这一语义的产生与组合成分变异及语义-语用环境变异有关,前者表现为动词义类变为"非意愿性""非致死性变化",后者表现为所在的表"动作性处置"的处置式变为"致使"义处置式。但本文主要关注"活活"产生和语法化过程中的虚化,对非虚化便不在此展开论述。

语法化项的语义特征和语法化项所在构式的语义-语用特征的关系如何,是解决语法化本质这一问题的关键。其实,语法化项的演变很多情况下是在某一核心义和语义-语用环境变异的互动中发生的。在核心义-语境变异互动过程中:(1)核心义决定了语境变异的方向,提供了语境变异的空间;(2)语境变异导致的语义不适宜会产生压制,诱发原有词义产生改变;(3)演变不是无方向的,它在核心义的制约和语境变异的压制的互动中发生。也就是说,语境变异提供了语义演变的动力,核心义提供了语义演变的"土壤"。

核心义具有动态性特征,语境吸收而来的隐性语义特征是其重要来源。在产生过程中,"活活"在拥有[+活着]义的同时用于各种致死性和非致死性语境,在语境中隐现[+受损]特征,在语法化过程中,"活活"的[+活着]义不断弱化,而[+受损]义,在频繁使用中核心化,制约着"活活"的语境变异方向——凸显受损量或凸显受损对象。当然,特定核心义成员演变出的义项是有限的,随着核心义的变化,其激活点不同,则演变出的义项也就不同。

句法环境变异主要发生在虚化的初始阶段:句法位置的改变,为副词化提供了位置基础,是演变开始的一个特征;句法环境上是否能出现在"的(地)"之前,则进一步推动了"活活"的构形重叠及其摹状性的增强。由于组合成分中的词变异大多也会导致其与演变项的语义关系发生变化,因此两者常常会伴随发生,并贯穿于语义演变的始末。这充分说明了语义-语用环境变异是语义演变中的重要特征,同时,也体现了组合成分变异在汉语语法化中的重要性。

其实,语义演变中核心义和语境变异的互动具有复杂性,基于副词"活活"的演变虽能说明互动过程及其中的一些规律,但难以真正说清楚。因此,本文只是这一"互动"探索的第一步,笔者将另文进行系统性探讨。

附注

① 为更清楚地表明此处"杀"表结果而非程度,避免引起不必要的误解,笔者列出其上下文如下:"准备着送灵车,安排着装衣架,摆列些高驮细马,走去衙门自告咱。问官人借对头踏,乱交加,奠酒浇茶。但见的都将你做话靶,满城人将你来怨煞。街坊都骂,骂你个不回头呆汉活气杀大浑家。"

② 参看储泽祥(2018)。

③ 参看唐贤清、陈丽(2011)。

④ 参看朱德熙(1956)。

⑤ 当然,偏离预期不一定是受损,也有可能是受益。但在"活活"的使用中,其偏预期意味主要用于受损语境。

⑥ 参看 Comrie Bernard 著、沈家煊译(1989)。

⑦ Heine Bern & Tania Kuteva(2002)。

参考文献

储泽祥　2018　汉语构词重叠与构形重叠的互补分布原则,《世界汉语教学》第 2 期。

单威　2017　现代汉语偏离预期表达式研究,吉林大学博士学位论文。

何自然　1991　言语交际中的语用移情,《外语教学与研究》第 4 期。

吉益民　2017　主观极量唯补结构的建构机制与运行状况,《世界汉语教学》第 4 期。

江蓝生　2016　超常组合与语义羡余——汉语语法化诱因新探,《中国语义》第 5 期。

吕叔湘　1943　论"底、地"之辨及"底"字的由来,《中国文化研究汇刊》第 3 期。

彭睿　2009　语法化"扩展"效应及相关理论问题,《汉语学报》第 1 期。

唐贤清、陈丽　2011　"死"作程度补语的历时发展及跨语言考察,《语言研究》第 3 期。

王云路　2006　论汉语词汇的核心义,《山高水长：丁邦新先生七秩寿庆论文集》,台湾：台湾中央研究院。

王云路、王诚　2014　《汉语词汇核心义研究》,北京：北京大学出版社。

张联荣　2000　《古汉语词义论》,北京：北京大学出版社。

张谊生　2013　程度副词"到顶"与"极顶"的功能、配合与成因——兼论从述宾短语到程度副词的结构与语义制约,《世界汉语教学》第 1 期。

张谊生　2015　从情状描摹到情态评注：副词"生生"再虚化研究,《语言研究》第 3 期。

中国社会科学院语言研究所词典编辑室　2016　《现代汉语词典》（第 7 版）,北京：商务印书馆。

Comrie Bernard 1989 *Language Universals and Linguistic Typology：Syntax and Morphology*（2nd *edition*）University of Chicago Press.（《语言共性和语言类型》北京大学出版社,芝加哥大学出版社 2010 年）

Heine Bern & Tania Kuteva 2002 *World lexicon of grammaticalization* Cambridge：Cambridge University.

Himmelmann 2004 *Lexicalization and Grammaticalization：Opposite or Orthogonal?* In Bisang, Himmelmann & Wiemer（eds）*What Makes Grammaticalization — A Look from Its Fringes and Its components* Berlin & New York：Mouton de Gruyter.

跟随类"V着"的功能
斜坡及认知差异
——以"跟着""随着""接着"为例

贾　雪　黄健秦(上海外国语大学国际文化交流学院)

0. 引言

　　学界对"X着"的研究,成果丰硕,伴随着语法化和词汇化,"X着"主要有动词结构、介词、副词、语篇关联词等成分。

　　对于"X着"介词的系统归纳,早有学者涉及。赵元任(1968)列举的"X着"介词有 11 个:冲着、朝着、对着、为着、沿着、顺着、凭着、靠着、照着、按着、按照着;陈昌来(2002)认为有 27 个含"着"的双音节和三音节介词:就着、挨着、按着、本着、奔着、朝着、趁着、乘着、冲着、当着、对着、借着、尽着、冒着、凭着、任着、顺着、随着、为着、循着、向着、沿着、依着、仗着、照着、针对着、依仗着。

　　但少有对"X着"副词的研究,李宗江、王慧兰(2011)在典型"X着"类虚词系统之上,还着眼于一些正在活跃着的"X着"类虚词,包含介词:顶着、可着、仗着、随着等;副词:明着、暗着、憋着、跟着、接着、慌着、急着、紧着、忙着、争着、赶着等;语篇关联词:跟着、接着、合着等。《汉语新虚词》却采取从宽收词的原则,反映了词汇的变化,对"X着"类虚词作了全景式的勾勒,对本文具有启发意义。

综合前贤们的观点,我们发现"X 着"的词汇化主要朝着两大路径发展:介词化和副词化。本文拟选取其中一组语义相近,跨越介副两种词类的跟随类"V 着"作个案分析,在句法功能、语义及认知等方面进行差异分析。

1. 跟随类"V 着"的共时层级地位

1.1 "X 着"的共时连续统

1.1.1 韵律词

据冯胜利(1996)关于汉语"韵律词"的论述,在韵律构词学中最小的能够自由独立运用的韵律单位是"音步",而汉语最标准的音步是两个音节,因此根据韵律构词法的理论,汉语的"标准韵律词"只能是两个音节。

"X 着"绝大部分由"1+1"音节构成一个韵律词,可以是词也可以是结构。如:

(1) 等医生走过去,已经走出了前门,老娘姨还在那里呆呆地望着。(萧红《回忆鲁迅先生》)

(2) 路过东关桥头的时候,他不由瞥了一眼他那个亲切的"王国"——那里永远躺着、坐着、站着许许多多等待劳动机会的同伴……(路遥《平凡的世界》)

这里"望着""躺着""坐着""站着"还没有凝固成词,但是双音节组成一个韵律词,是一个自然、独用的韵律单位。

1.1.2 语法词

语法词,是指"X 着"在实际运用中句法上已具备词的功能与作用,但是词义融合与内部深层结构方面尚未完全成词。

(3) 爹的信上说,他们正忙着支援前线,我捉摸就是支援刘邓大军过黄河吧!(杜鹏程《保卫延安》)

(4) 人前不说人后说,<u>明着</u>不说<u>暗着</u>说,私下各种消息,都打桃儿那儿传到香莲耳朵里。(冯骥才《三寸金莲》)

如上例中,"忙着""暗着""明着"在实际运用中承担着副词的功能,使用频率也很高,可以称为"语法词"。如上文所述,李宗江《汉语新虚词》中收录了这些词语,但严格意义上来说这些词并没有正式进入词库,因为词义没有完全虚化,内部深层结构还没有完全凝固。

1.1.3　词汇词

词汇化过程中,"X着"逐渐固化,高频率促发,最终"X着"结构稳固、词义凝练,正式进入词汇库藏,成为词汇词。

(5) 黑潮一般的人群漫入绿色大漠,只带着嘴来,<u>本着</u>"靠山吃山"信念来吃草漠,吃海子,吃溪流,自然包括吃大荒草漠上一切活物。(严歌苓《陆犯焉识》)

(6) 是县里来人啦,这是咱们受活上百年来第一次有县上来要粮,你就打开缸盖、面罐,让人家<u>可着</u>力气挖了吧。(阎连科《受活》)

(7) 为了减轻农民负担,中央已经采取了一些重大措施,<u>随着</u>国家财力的增强,今后还要采取更多更有力的措施。(《文汇报》2002)

(8) 远远地突然有一道光照过来,<u>跟着</u>是人声和奔跑的脚步声。(夏娃《水晶戒指》)

(9) <u>接着</u>,"轰"的一声,整个屋子忽然燃烧起来,就像是纸扎的屋子被点起了火,一烧就不可收拾。(古龙《七杀手》)

以上词语"本着""可着""随着""跟着""接着"结构稳固、词义凝练,在各类虚词词典中也已有专门词条作释,日常使用频率高,因此,是已经正式进入词汇库藏的词汇词。

综合考察"X着",共时层面上包括韵律词、语法词和词汇词三个不同的阶段,这也说明词汇和语法没有明显的界限,两者不是截然分开的，词汇和语法的互动是语言运作的机制。在词汇和语法的互动中，推动"X着"系统的运作，进而使"X着"系统具有开放性、动态性，不断有新的词语进入词汇库藏。

1. 2　研究对象的确立

我们可以用图表总括出"X着"的共时层级系统：

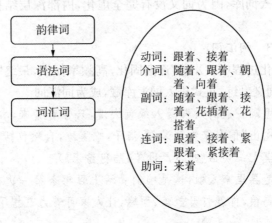

韵律词

语法词

词汇词

动词：跟着、接着
介词：随着、跟着、朝着、向着
副词：随着、跟着、接着、花插着、花搭着
连词：跟着、接着、紧跟着、紧接着
助词：来着

图1　"X着"的共时层级系统

共时层面上值得瞩目的情况是"随着""跟着""接着"都有不只一种性质和功能存在，并且都处于比较活跃的状态，选择这三个词作为研究对象有以下几个方面的原因：

一方面，可以遇见的语言事实是，在"随着""跟着""接着"作为动词、介词、副词、连词的功能具有着密切的联系，在语法化后原本的语言形式并没有成为遗迹，反而相当活跃。

另一方面，"随着""跟着""接着"的语义看似相近，但实际有内在认知理据上的不同，"随"与"跟"看似近、实则远，"跟"与"接"看似远、实则近，但是词典中三个词经常存在互相解释的情况。如在《现代汉语词典》(第七版)中副词"跟着"的释义为："紧接着：听完报告跟着就讨论"，介词"随着"的释义为："跟着：随着形势的发展,我们的任务更加繁重了";在朱景松《现代汉语虚词词典》中副词"接着"的释义为"紧跟着",副词"跟着"的释义为"紧接着"。这种互相解释的处理方式没有体现出三者之间的细微差别,反而略显杂糅、混淆。

　　因此,我们选定"随着""跟着""接着"作为研究对象,根据语料统计出三者的功能差异,最终基于认知语言学理论,抽象出三者的意象图式,对比认知结构上深层差异。

2. 跟随类"V 着"的功能斜坡

2.1　跟随类"V 着"的词典收录情况

表 1　跟随类"V 着"的词典收录情况

收录情况 词典	随着	跟着	接着
《现代汉语词典》(第 7 版)	介词:跟着。	动词:跟②(在后面紧接着向同一方向行动)。副词:紧接着。	动词:连着(上面的话)。副词:表示跟前面的动作紧相连。
《虚词历时词典》(何金松)	时间副词:接着。	人事介词:跟,与。	时间副词
《现代汉语虚词词典》(朱景松)		副词:紧接着(出现某种情况)。	副词:随后,紧跟着(做事,或出现某种情况)。
《现代汉语虚词词典》(王自强)	介词:组成介词结构,表示产生某种结果所依据的条件。副词:有"接着""跟着"的意思,表示由于前面所说的原因而产生后面的结果。		

收录情况 词典	随着	跟着	接着
《汉语虚词词典》(唐启运、周日健)	介词：组成介词结构，用在句首或动词前面，表示动作、行为或事件的发生所依赖的条件。副词：用在因果复句的正句，表示甲事紧跟乙事发生，并以乙事为条件。		
《现代汉语常用虚词词典》(武克忠)	介词：①引进某种结果或现象产生、出现的原因或条件。②引进动作、行为或某种情况、某种变化所跟随、依附的对象。有时相当于"跟着""伴随着"等。副词：①表示某一动作、行为或情况而产生，相当于"跟着""伴随着"。用在动词前面作状语。②表示某一动作、行为或情况紧跟着另一动作、行为或情况而产生。相当于"接着""跟着"，用在动词前面作状语。		
《汉语新虚词》(李宗江)		副词：①因为前面所述的某种情况而盲目地做出反应。②因上文提到的某人或某事而得到好处或受到牵连。	副词：一个动作停止后再继续进行。

续　表

收录情况 词典	随着	跟着	接着
《近代汉语虚词词典》(钟兆华)	介词：①用于动词之前,指示行为发生的朝向。②用于动词之前,指示行为状态发生的原因。	介词：与;和。用于动词之前,指示共同行为对象。	

上表列出了部分词典对"跟着""随着""接着"的收录情况,结合词汇实际运用情况,尊重语言事实,我们认为共时层面上"随着""跟着"已经介词化和副词化了,"接着"已经副词化了,且有进一步标记化倾向。

具体用例如下：

(10) 随着季节变换,特别是北半球冬季将至,非典有复发的可能。("随着"作介词)

(11) 她笑了,我也随着笑起来。("随着"作副词)

(12) 咱们办了多少案子,都是跟着感觉走。("跟着"作介词)

(13) 好像天快黑了——已经黑了。他一个人守在窗子跟前,他心里的天也跟着黑下去。("跟着"作副词)

(14) 看着那团又勃勃燃烧起来的火焰,我想接着讲我们的故事。("接着"作副词)

(15) 他开始哭泣了,先是没有声音的流泪,接着他扑在桌子上呜呜地大哭起来。("接着"作关联副词)

值得注意的是"接着"的篇章连接功能非常突出,张谊生(1996)总结出了副词在篇章连接中的六大功能,第一大功能就是表顺序,根据事件在坐标上的先后起止,又可以分为表先时、后时、起始和终止。文中把"接着"归入表后时顺序的衔接副词中,通常位于两个事件的语句或片段的中间。如：

(16) 我听着轻轻挪动的声音。接着,一切又都沉寂下来。

(17) 我闭着眼,没吱声,接着,头枕着胳膊偏脸看他。

这类独用的表衔接功能的"接着"在语料中占有相当多的分量,根据独用频率可以推断,作为副词的"接着"衔接功能最强,"跟着"次之,"随着"最弱。

2.2　跟随类"V着"的功能斜坡

为了更清晰地观察"跟着""随着""接着"在共时层面的功能差异,厘清三者作为介词和副词的分布差异,我们从 CCL 现代汉语语料库中收集包含"随着""跟着""接着"的所有语料,考虑到语料的普遍性,打乱顺序后随机选取了"跟着""随着""接着"的语料各 200 例进行频率统计,数据如下:

表2　跟随类"V着"的词性统计

词性 ＼ V着	随着	跟着	接着
动词结构 VP	21	46	6
	10.5%	23%	3%
介词	161	81	
	80.5%	40.5%	
副词	18	68	114
	9%	34%	57%
关联副词		5	80
		2.5%	40%

通过上表,我们初步得知共时层面上"随着"作介词、"接着"作副词更为典型,而"跟着"处于介副中间状态,三者的功能差异正好形成一个"介(随着)—介副(跟着)—副(接着)"的"斜坡",并且"跟着""接着"越来越多地出现(语篇)关联词用法。

张斌(2010)中认为现代汉语介词与空间范畴有关,而副词根据意义有不同的分类,基本的分类中就包含有时间副词。"随着"

"跟着""接着"在作为副词修饰谓语时,都表示事件顺序或时间进程上的推进,与时间性关系密切,都属于时间副词。因此,介词属于空间范畴,时间副词属于时间范畴。

表示空间相互关系的介词又大致可以划分为三种:静止性介词(在一个空间轴上所表示的点都是完全静止的,所有动作都是在这个点上完成的)、"点"性介词(空间轴上表示的点是运动的,无论是源点还是终点,都相对着隐含着另一个终点或源点)和"线"性介词(空间轴上表示的是一段距离)。

"跟着""随着"在作为介词时为"线性介词",在空间轴上表示一段距离,最初是表示途径义的,"接着"则应当归为"静止介词"(一个点)。根据功能斜坡,"随着—跟着—接着"应该空间性依次递减、时间性依次递增。

3. 跟随类"V着"的认知差异

3.1　基于形态结构图式系统的概念构建

伦纳德·泰尔米(Talmy, L)(2010)在《伦纳德·泰尔米认知语义学十讲》中,指出任何一种语言都具有"开放类形式(词汇形式)"和"封闭类形式(语法形式)"两大子系统,开放类形式用于表达概念内容,封闭类形式用于表达概念结构。同时,泰尔米还进一步划分出形态结构、视角位置、注意力分布、力动态系统和认知状态五大图式系统。其中形态结构是语言利用封闭类对空间、时间等层面的概念构建。基于形态结构的概念构建,能够对概念在空间、时间方面的关系、属性做出描写。如形态结构图式系统下对虚构运动的描写。虚构运动是指利用运动表征静止的物体,在语言和认知中,这种现象非常普遍。如:

(18)"他的目光穿过窗户,扫向马路对面的餐馆。"

(19)"阳光在地板上缓缓流动。"

(20)"我一边驾着马车,一边欣赏扑面掠过的风景。"

这些句子中静止的目光、阳光、风景,在虚构运动的表述下,带有了动态的属性。运动发生必然伴随空间的变化,虚构运动的语言表述下,静止事物实际空间并未发生改变,虚构运动的空间变化所形成的动态性,实质上是一种"感思"层面的空间隐喻。

泰尔米指出,运动事件属于形态结构的图式系统,其在论述语言如何而表达运动事件时,指出运动事件氛围四个语义组成要素,即焦点(运动主体)、运动状态(移动或静止)、路径(相对参照点的运动方位和路线)、背景(参照对象)。四个语义组成要素在世界各语言系统中都可以找到,具有普遍性。

"随着""跟着""接着"三个跟随类"V 着"词语在作为副词修饰谓语时,都表示时间顺序或时间进程上的推进,与时间性关系密切,作为介词时,都表示一定空间上的位置关系,主要应用于对空间、时间层面上的概念构建中。做副词使用时,三者虽然表示时间性关系,但与词汇原本在空间层面上运动变化趋势紧密相关,带有空间隐喻的属性,做介词使用时,则可通过运动事件的语义四要素解读其空间特征。可以利用形态结构图示系统的相关理论进行分析。

3.2　形态结构图式系统下"V 着"的语义特征

3.2.1　"随着":焦点跟随背景或与之并行的同向持续移动

基于泰尔米关于语言描述运动事件的语义四要素,对"随着"的特征进行分析。

例句:

(21) 随着时间流逝,我开始相信曾经有过的那位妻子,在很久以前死去。(余华《此文献给少女杨柳》)

(22) 随着时间的推移,我内心的愤怒渐渐平息,我开始意识到一位真正的作家所寻找的是真理。(余华《活着》)

(23) <u>随着</u>年岁的增长、阅历的丰富、思想认识的深刻,其学术观点也会与时俱进,趋于圆熟。(《文汇报》2003 年)

(24) 过去全区年产几百万根卖不掉,现在年产 1000 万根供不应求。楠竹价格也<u>随着</u>翻了一番。(《人民日报》)

"随着"作为介词使用时,其空间特征是受"随"的语义影响的,带入运动事件的语义四要素来看,"随"的运动主体即焦点,往往是伴随着作为参照对象的"背景",或相对距离较小的跟在其后,在空间上表现出跟随或并行的关系。"随着"在语义表达上也带有这样的空间特征。

如例(21)中,"随着"介引部分"时间流逝"视为背景,"我开始相信……"作为焦点,后者与前者后发生,即跟随"时间流逝"出现"开始相信"的变化。

例(22)中,"随着"介引部分"时间的推移"可视为背景,而"我的愤怒渐渐平息"可视为焦点,"时间的推移"与"愤怒的平息"是相对并行发生的,即在时间推移过程中,愤怒减弱到平息。

这种并行并非严格的同步并行,而是紧密关联或有所交叉的状态。

又如例(23)中,"年岁的增长、阅历的丰富、思想认识的深刻"作为"随着"运动事件的背景,"学术观点与时俱进,趋于圆熟"作为焦点,两者的发生则是并行、关联、交叉前进的。

同时,"随"在表达上,其运动状态往往是非静止的,具有明显的移动趋向,其趋向与参照背景是同向的。与之相应的,"随着"作为介词使用时,也表现出一种动态趋向,其与"随着"的背景运动也是保持一致方向的。形态结构图式如图 2:

"随着"的空间趋向较为明显,并且介词多表示空间变化的属性,但从常见的例句来看,"随着"做介词的典型表达中,大多表现出较强的时间性,如例(21)—例(23)中,"随着时间流逝""随着时间的推移""随着年岁的增长……",都有明显的时间性特征。例

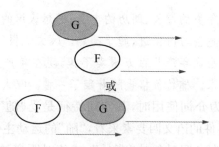

图2 "随着"的形态结构图式

(24)中,虽然没有明显出现表示时间的词语,结合前文,可以明确这句是省略了"随着"后的部分语义,也就"过去"到"现在"的变化,依然带有时间性的特征。

引入泰尔米关于虚构运动的论述,这种时间性特征,可以认为是从"感思"层面,利用"流逝""推移""增长"等运动性描写,对抽象的时间、情感、观点等的一种动态、具象的表达。时间的运动是看不见,通过空间性的运动变化,以隐喻的形式描述时间、抽象事物的发展,在语言交际从编码到解码的过程中,这种空间隐喻,更容易帮助人们实现对抽象概念的理解。例(24)中"供不应求"又能够作为"价格翻了一番"结果,其内在的抽象逻辑关系,也可以通过"随着"形成具象连接。同类的句子又如:

(25) 随着音乐,他们的朗读渐渐进入了忘我的情境。(科技文献)

(26) 从早晨起一直紧张着的精神,随着醉意,一下子松垮了。(井上靖《冰壁》)

"随着"以"随"的空间性特征为基础,通过空间隐喻的作用,能够实现对抽象时间概念的具象表达,其在"空间-时间"特征上,表现为焦点跟随背景或与之并行的同向持续移动特征。

3.2.2 "跟着":焦点在背景后的同向持续移动

"跟着"与"随着"在表达上有一些相似之处,其也有自身的特征。引入运动事件四要素对"跟着"进行分析。

例句:

(27) 宝玉笑道:"你们这些人原来重玉不重人哪! 你们既放了我,我便<u>跟着</u>他走了,看你们就守着那块玉怎么样?"
（曹雪芹《红楼梦》）

(28) "我们索性摇到湖心亭前面去,"淑华提议道,便拿起桨来划,使船向湖心亭流去。后面一只船也<u>跟着</u>动了。
（巴金《春》）

(29) <u>跟着</u>大大走,习大大访巴西前夕

(30) <u>跟着</u>《新闻联播》学汉语

(31) <u>跟着</u>党走,才能永远不掉队

(32) <u>跟着</u>贝尔去旅行

(33) <u>跟着</u>"红头文件"有肉吃?

(34) <u>跟着</u>80后种田,错不了

"跟着"在表达上带有较强的空间性,常与表示位移类的动词一同出现,如例(27)中"我便跟着他走了",例(28)中"船也跟着动了",例(29)中"跟着大大走",例(31)中"跟着党走"以及例(32)中"跟着贝尔去旅行",都有明确的位移动词,这也是"跟着"的典型用法。"跟着"在运动事件的表达中,其运动状态多为移动,而非静止的。

结合"跟"的语义,"跟着"所描述运动事件的焦点,在空间层面上是位于背景之后的,在运动路径上,与背景保持相同移动方向。其形态结构图式如图 3:

图 3 "跟着"的形态结构图式

　　如例（27）中，"我跟着他走了"，焦点"我"跟在背景"他"之后"走了"，焦点"我"是跟随移动，在运动路径上，与背景"他"移动方向是相同的；例（28）中，"后面一只船也跟着动了"，"跟着"后面介引的跟随对象被省略，焦点"后面一只船"在空间上是跟随在"淑华"所乘坐"船"的后面，运动路径上，焦点与背景移动方向相同，都是向着"湖心亭"移动。

　　"跟着"不仅用于表达客观世界的空间变化，通过空间隐喻的作用，也广泛用于较为抽象的发展、变化等概念的表达。如例（29）"跟着大大走"，并非真的跟着"习大大"去往空间上的什么地方，而是指新闻视线紧跟"习大大"行程。例（31）中"跟着党走"，也并非是跟着"党"在空间上移动，而是指跟随"党"的领导，按照党的决策、方针开展工作，谋求发展，后面的"不掉队"也是表示不偏离党的科学领导方向，是以"跟着"的空间特征，表示抽象层面的发展方向。同样还有例（33），"红头文件"是指国家政策的大方向，"跟着红头文件"就是跟随国家政策的方向开展和落实工作，这里的方向也是非客观空间层面上的方向，而是抽象的、虚拟的方向。

　　另外，从例（29）—例（34）几个例句，"跟着……"多作为标题出现，根据我们在人民网上搜索到的语料显示，"跟着"在标题中的应用非常广泛。此类标题多省略主语，且"跟着"介词结构后的NP成分，往往是标题核心内容，由于"跟着"本身自主性较强，这样的标题设计，更容易增强受众第一视角代入感，并更快速抓住中心内容。虽然"跟着"和"随着"在介引对象时有时能互相替换，但在新闻标题中却不能替换，这里"跟着"后面的NP是话语表达者想要凸显的新闻中心内容，主语却隐含起来，就是说新闻读者是作为已知的背景信息。

　　3.2.3　"接着"：起于背景间断处的接续移动

　　从"接"两手交叉的本义上，可以看出"接着"的语义中也是带有空间认知特征的。引入运动事件四要素对"接着"的特征进行分析。

例句：

(35) 牛玉圃不等他说完，便<u>接着</u>道："你既然姓牛，五百年前是一家。我和你祖孙相称罢！"（清《儒林外史》）

(36) 有一条被汽车撞了的半大的花狗瘫在雨水中，它的血在水中浸漫着，浓浓淡淡，先是黑红，<u>接着</u>艳红，再是粉淡，慢慢慢慢就化在了雨水里边了。（阎连科《受活》）

(37) 这时，马路边的小学操坪，传来了师生们高唱国歌的声音。<u>接着</u>，一面鲜红的五星红旗，升起在学校的上空。（《人民日报》2016 年）

(38) 不料站在他前边的人也<u>接着</u>他的话说："顶多也不过值一百五十万！"（赵树理《三里湾》）

(39) 三元顾问楼栋<u>接着</u>话题说："江湖形势严峻，资金面匮乏。如今长电巨兽下水，短期对市场有巨大冲击。况且如今这行情……"（《都市快讯》2003 年）

(40) 看着那团又勃勃燃烧起来的火焰，我想<u>接着</u>讲我们的故事。（迟子建《额尔古纳河右岸》）

(41) 李老师介绍说："我的大哥。"<u>接着</u>告诉我，他的大哥刚刚从县上调到这个公社来当书记了。（陈忠实《珍珠》）

(42) 他在黑板上写字时，我怯生生地对他说："老师，雪球捏好了。"他总算看了我一眼，嘴里"嗯"了一下，<u>接着</u>继续写字。（余华《在细雨中呐喊》）

(43) 他开始哭泣了，先是没有声音的流泪，<u>接着</u>他扑在桌子上呜呜地大哭起来。（余华《许三观卖血记》）

"接着"在语义上有"连接""接续"之意，结合例句来看，"接着"多是在前面表达的事件、行为或话题间断或停止情况下，引出后面的内容。将"接着"所在语句视为运动事件，"接着"之后的内容可以视为焦点,之前间断、停止的内容可以视为"背景","接着"
的焦点运动路径,是在背景间断、停止处起始,继续向前移动,这
一过程中,背景多为静止或已然结束。如例(35)中,"牛玉圃不等
他说完,便接着道:……","他"并未说完而间断,"牛玉圃"在间断
点接着说后面的内容。又如例(36)中"先是黑红,接着艳红,再是
粉淡","艳红"的状态,是在"黑红"状态结束后,转变而来,也可认
为是在"黑红"停止后,接续以"艳红"。例(38)中,"站在他前面的
人"说话是以"他的话"结束或间断为起点的。例(41)中,"接着"
前"介绍"和其后"告诉我"的行为主体都是李老师,"接着"后面的
"告诉我",是在"介绍说:'我的大哥'"结束后,继续开始的新的行
为。例(43)中"接着"之后的行为"扑在桌子上呜呜地大哭起来",
是在"没有声音的流泪"这一行为或状态结束后,才继续发生的。
结合空间隐喻,将"接着"前后的部分以空间上的变化来解释,就
可以得到"接着"的形态结构图式,如图4:

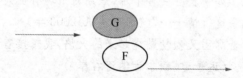

图4 "接着"的形态结构图式

需要注意的是,"接着"语句中,前面的内容,并不完全都是结
束,而不再延续的,从语义上,仍能够看出是持续状态。如例(37)
中,"鲜艳的五星红旗"升起时,从逻辑上可以知道"师生们高唱国
歌的声音"并没有结束。例(40)中,"讲我们的故事"发生时,按照
逻辑"又勃勃燃烧起来的火焰"也应当没有熄灭。这种情况,我认
为应当从话题重心的转移来理解,这两个例句中,"接着"之前的
内容虽然逻辑上仍然存续,但在话题表达的重心上已经转移,前
面的内容往往被弱化,或在话题转换中不再提及,相当于在语义

表达的重心变化过程中,前面语义内容已经结束,"接着"后面的内容成为新的重心继续推进。

此外,经过"句中副词——句子副词——关联词——标记"的虚化过程,"接着"在话语言谈中常直接用于表示一种提醒听话人或继续话轮的行为。如:

(44) 老人轻叹:"你听说过这样的父子关系吗?"江雨薇轻轻的摇了摇头。"接着,"老人再说下去:"我的太太去世了。"(琼瑶《心有千千结》)

(45) 他不理会她的插嘴,继续说下去。"接着,一个客户临时出了点状况,取消了我们一个月前就已预定好的会面……"(凌淑芬《不肯上车的新娘》)

"接着"与话语类 NP 和言说类 VP 搭配也是其典型特征,通常出现在对话体中,不限于口语或书面语,可以表示提醒听话人或继续话轮,例如上句中言说者的言谈被打断或中止了,为了让话轮继续下去,会在开始讲话时用"接着"提醒听话人,说出"接着"的同时伴随着提醒行为。

3.3 "V着"的意象图式差异比较

对比"随着""跟着""接着"三者的形态结构图式,结合运动事件四要素,对三者差异性进行比较。

3.3.1 焦点与背景移动的空间关系

(1) 前后跟随。"随着"与"跟着"的运动事件表达中,焦点均可以跟随背景出现,表现出前后跟随的空间关系,"跟着"最为典型。

(2) 相对并行。"随着"不同于"跟着",焦点可以与背景保持相对并行的运动状态,在背景的空间移动(或虚构移动)同时,焦点发生移动。

(3) 停止接续。"接着"的形态图式可以清晰阐明这种空间关系,虽然是背景的运动先发生,但背景运动因间断或终止而停止后,焦点的运动接续发生,如同运动会的接力跑。

3.3.2　焦点与背景的运动状态

"随着""跟着""接着"三者焦点的运动状态皆为"移动",而非"静止",差异主要体现在背景的运动状态上。"随着"与"跟着"背景都处于空间上或空间隐喻上的"移动"状态,"接着"与前两者不同,多数情况下背景在焦点的运动发生前,其"移动"状态已经结束,处于"静止"或趋于"静止"的状态。

3.3.3　焦点与背景的路径

（1）路径相同。"随着"与"跟着"在焦点与背景的移动路径上,基本是保持一致的,焦点跟随或伴随背景,在空间或时间层面上,以相同方向移动或发展。

（2）路径相异。"接着"的焦点在空间或时间层面上的移动,是发生于背景移动停止后,多数情况下方向基本一致,但路径则为背景移动路径终止,焦点移动路径开始。

从"跟着""随着""接着"三者本身的语义特征来看,"跟着"和"随着"都带有一定的延续性意味,"跟"与"随"都可持续,但"接着"在表达上更倾向于作为连接两个事件、话题或同一事件、话题的不同阶段、内容的标记,其作用可描述为一个连接点,延续性意味较弱。

此外,根据功能斜坡,"随着—跟着—接着"应该空间性依次递减、时间性依次递增,但是依据语义分析,应当是"跟着"—"随着"—"接着"的"空间—时间"的层级序列。

4. 余论

分析结果中有矛盾的一点,介词属于空间范畴,时间属于时间范畴,为什么"随着"作为介词典型,却本身时间性强呢?

我们认为原因有二:一是"随着"可能受"随"提前介词化的影

响("随"在西汉就开始介词化了）；二是"随着"发展到现代汉语中，介词用法中典型结构是"随着 N 的 V"，占了语料的 70% 左右，由于"的"的作用，"随着"介词结构不同于典型的介词结构，NP 弱化了，VP 突显了。

李宇明（1986）认为中心语"V"既有动词原来的语法性质又增加了"语法位"的性质。"语法位"指词在具体语句中所占的位置，分为主位、宾位、述位、定位、状位、补位、句末位等，这些语法位本身具有一定的语法性质。动词"V"进入主位、宾位时，除了具有动词本身的性质外，同时增加了语法位的性质，具有了指称性，前边带上了定语。所以说"N 的 V"中的"V"仍是动词，只是新添了语法位的一些性质。

因此，"随着 N 的 V"结构在语言使用中，我们心理中凸显的是 V 的动态性和时间的进程。

参考文献

陈昌来　2002　现代汉语介词的内部差异及其影响，《上海师范大学学报（社会科学版）》第 5 期。

冯胜利　1996　论汉语的"韵律词"，《中国社会科学》第 1 期。

何金松　1994　《虚词历时词典》，武汉：湖北人民出版社。

侯学超　1998　《现代汉语虚词词典》，北京：北京大学出版社。

李宇明　1986　所谓的"名物化"新解，《华中师范大学学报》第 3 期。

李宗江、王慧兰　2011　《汉语新虚词》，上海：上海教育出版社。

泰尔米、伦纳德　2010　《泰尔米认知语义学十讲》，上海：外语教学与研究出版社。

唐启运、周日健　1989　《汉语虚词词典》，广州：广东人民出版社。

王自强　1998　《现代汉语虚词词典》，上海：上海辞书出版社。

武克忠　1987　《现代汉语常用虚词词典》，浙江：浙江教育出版社。

吴云　2003　认知框架下的空间隐喻研究，《当代修辞学》第 4 期。

张斌　2010　《现代汉语描写语法》，北京：商务印书馆。

张谊生　1996　副词的篇章连接功能，《语言研究》第 1 期。

赵元任　1968　《汉语口语语法》，北京：商务印书馆。

中国社会科学院语言研究所词典编辑室　2016　《现代汉语词典（第七版）》，北京：商务印书馆。

钟兆华　2015　《近代汉语虚词词典》，北京：商务印书馆。

朱景松　2007　《现代汉语虚词词典》，北京：语文出版社。

Talmy, L 2000 *Towards a Cognitive Semantics*. Vol 1 & 2 Cambridge, Massachusetts：The MIT Press.

论程度副词"相当"
形成的特殊路径*

雷冬平(重庆师范大学文学院)

0. 引言

关于副词"相当",早先学者们都关注其词性和词义的研究(郭朝,1984;刘治平,1984;司平,1985;沙平,1987;戴金堂,1988),同时也有学者研究"相当"在具体语境中所呈现的语义(赵文源,2009;呼叙利,2012)。然而,副词"相当"是怎么形成的却鲜有关注。近来,曹秀玲(2008)对"相当"的虚化及其相关问题进行了研究,认为副词"相当"的形成过程是:先秦时期,"相当"还是动词性短语,义为"两军相持、对峙"与"指两事物(或多事物)相配、合得上";到了汉代,"相当"义同先秦,但表示"相称""相配"义的"相当"的出现频率增加,"相"的词义逐渐虚化,"相当"不断凝固成词。到六朝、隋唐五代时期,除了继承汉代"相配"义外,"相当"还有两事物空间上的"相对、相向"义,主要作谓语,同时在这一时期产生了"适合""合适"义,先是作谓语,到宋代出现了大量"适

---

　　* 本研究获得国家社科基金一般项目"构式语法视阈下汉语常用单音节动词语义的历史演变研究"(项目号15BYY142)资助,谨致谢忱!

合"义的"相当"充当状语的例子，"相当"获得状语位置后，直到民国时期才真正演变成程度副词。

呼叙利（2013）对曹秀玲关于"相当"的演变路径进行了否定。首先否定了清初"相当极贵"的程度副词用例，也否定了宋代出现的作状语的"相当去"的用例，还否定了"相当"作状语的最早用例"相当开"。最后呼文得出结论说"无论是古代汉语还是现代汉语，可能都不存在'合适'义的'相当'处于动词前作状语（非程度状语）的用法"。既然形容词"相当"在整个古代汉语中都没有作状语的用例，那么，二十世纪初出现的副词"相当"是如何形成的呢？呼文没有给出答案。

众所周知，汉语副词基本上都是在状语的位置上虚化而成的，这是副词虚化的基本路径。张谊生（2000：151）认为，"总的来说，汉语副词的形成，主要是在谓词前面的状语位置上实现的，但是也应当看到，现代汉语中的部分副词的虚化是在补语位置上实现的。"而对于近代汉语中的副词，杨荣祥（2005）认为只有在状语的位置上才能形成。也就是说，某个实词在具备演变成副词的语义基础之后，一般还经历了一个实词（形容词）作状语的阶段，然后由于语义和句法两个方面的促动导致了该词重新分析而虚化成副词。如总括副词"都"和程度副词"分外"等的形成（杨荣祥，2005：100—114），程度副词"雄"（雷冬平，2012）等的形成莫不如此。另外，杨荣祥（2005）并不认为近代汉语中的副词"甚""极""非常"等可以充当补语，我们暂不讨论汉语副词是否可以在补语的位置上得以形成，我们要提出的问题是，除了状语和补语这两个语法位置，副词还可以在其他句法位置上得以形成吗？回答是肯定的，这个副词就是"相当"，它的形成就是在定语的句法位置上进行的。

1. 形容词"相当"及其定语功能

　　既然"合适"义的形容词"相当"在整个古代汉语中都没有状语的用例子,那副词"相当"到清代末民国初年的形成是不是突变的呢? 如果我们只关注状语位置上的"相当",则必然找不到副词"相当"的演变路径。其实,"相当"在先秦产生的"相配"义除了在汉魏南北朝时期以及隋代大量使用外(参见曹秀玲,2008),在隋唐宋元明清也一直有大量的使用。它们可以在句中充当谓语。如:

(1) 其户部行郎官,仍望委中书门下,皆选择<u>与公务相当</u>除授。如本行员数欠少,亦任於诸行稍闲司中,选其才职资序相当者,奏请转授。(《唐文拾遗》卷五十六)

(2) 巢丧二州,怒甚,自将精兵数万壁梁田。重荣军华阴,复光军渭北,掎角攻之,贼大败,执其将赵璋,巢中流矢走。重荣兵亦<u>死耗相当</u>。(《新唐书》卷一百八十七)

(3) 其入有常物,而一时所输则变而取之,使其直<u>轻重相当</u>,谓之"折变"。(《宋史》卷一百七十四)

(4) 老子今年,年登七十,阿婆<u>年亦相当</u>。(宋·曹彦约《满庭芳·寿妻》词)

(5) 今五品以上阙员甚多,必<u>资级相当</u>,至老有不能得者,况欲至卿相乎?(《金史》卷八)

(6) 最莫把青春弃掷,他时难算风流帐,怎辜负银屏绣褥朱幌。<u>才色相当</u>,两情契合非强,怎割舍眉南面北成撇漾。(元·范居中《套数[正官]金殿喜重重南·秋思》)

(7) 曹姨道:"周生江南秀士,<u>门户相当</u>,何不教他遣谋说合,成就百年姻缘,岂不美乎?"(明·凌濛初《警世通言》第三十四卷)

(8) 更兼二人<u>年貌相当</u>,天生就的一双嘉耦。(清·文康《儿

女英雄传》第十回)

这种用法一直沿用到现代汉语中,诸如"年龄相当""实力相当"的说法皆此类。《现代汉语词典》(第 6 版,2012:1419)释之为:"动(数量、价值、条件、情形等)差不多;配得上或能够相抵:旗鼓~|年纪~|几支球队实力~|拦河大坝高达一百一十米~于二十八层的大楼"。《现代汉语词典》的这种释义值得商榷,将形容词和动词两种意义混合在一起,并都视为动词义,这是不够准确的。直接的证据是,《现代汉语词典》(第 6 版,2012:138)释"差不多"为形容词,释"相抵"为动词和释"相配"为形容词(2012:1419),也就是说,在《现代汉语词典》对"相当"的释义中包含了形容词和动词两种语义,动词语义的"相当"用于"相当于"用法,后面带宾语。[①]而且动词带宾语的用法是现代汉语才有的用法。在古代汉语和近代汉语中,"相当"为形容词还有实际用例的证据,那就是释为"差不多""相配"义的"相当"是可受程度副词修饰。而动词区别于形容词的一个最大的语法特征就是,动词(除心理动词外)一般不能受程度副词的修饰,那么,我们把能够受程度副词修饰的"相当"释为形容词是理由充分的。如:

(9) 当孝武时,虽征伐克获,而士马物故亦略相当。(《汉书·匈奴列传下》)

(10) 军至寅识迦河,与吐蕃合战,胜负略相当。(《新唐书·韦挺列传》)

(11) 阎某人乃是知州班次,署理知府,未免衔缺不甚相当。(清·李宝嘉《官场现形记》第三十四回)

(12) 老身在陈州,久知王太师为人忠厚,乃先帝老臣,此段姻缘,实甚相当。(清李雨堂《万花楼演义》第六十二回)

(13) 天生你这般才貌,又天生文年兄这才学,年纪又甚相当,而不能配合,此乃命也!(清·夏敬渠《野叟曝言》第一百二十九回)

(14) 余命诸将鸣鼓吹角以致贼师,贼果蜂涌至,余据地势,杀伤颇相当。(清·昭连《啸亭杂录》)

即使在现代汉语中,此类"相当"也是可以受程度副词修饰的。如:

(15) 在这两位挚友看来,这门儿女亲事是十分相当的。(张清平《林徽因》)

(16) 后来,县视学王畏岩先生遣人到郭家替女儿说亲,论年龄郭开贞最相当。(《作家文摘》1994年)

(17) 也许贾母曾有过将秦可卿许配给嫡孙的考虑,但贾琏、贾珠成年后都另有更相当的女子可娶。(刘心武《刘心武精选集》)

可见,作为"相配""差不多"义的"相当"是一个形容词,这种意义在具体的语境中也可以理解成"合适"义。这种"相当"充当谓语的用法是非常多见的,多为人所注意,不为人所注意的是,形容词"相当"从唐代起出现了充当定语的用例。如:

(18) 若勋伐素高,人才特异者,候有相当用处,即具名闻奏,量加奖擢。(《全唐文》卷六十七)

(19) 任人如本道有相当职员,任奏请改转。其余官序稍高者,许随表赴京,到日,量才奖授。(《唐会要》卷七十九)

例(18)"相当用处"指与人才相配、可发挥其使用之处,即"合适的位置";例(19)"相当职员"也指"合适的职位"之义。

此后,宋元明时期都难以见到"相当"作定语的用例。一直到清代,这种作定语的用例则比较常见。如:

(20) 凡历法所测,皆弧度也,弧线与直线不能为比例,则剖析浑员之体,而各于弧线中得其相当直线。(《清史稿》卷五百六)

(21) 如限内还中国,则德国在胶州湾所用款项由中国偿还,另以相当地域让与德国。(《清史稿》卷一百五十七)

(22) 孙宝琦即派道员萧应椿等与德公司总办毕象贤、领事贝斯商议收回，而毕象贤等则以中国欲收回三路矿权，须以<u>相当之利益</u>互换，否则不允。(《清史稿》卷一百五十七)

(23) 老妇人听得儿子死了，便觉终身无靠，从五月间就托亲戚、邻里替我寻访个养老儿子做女婿。这几月来，总没个<u>相当的人</u>。(清·李百川《绿野仙踪》第二十二回)

"相当"作定语，可以直接和名词结合进行修饰，如例（20）（21），也可以在名词前添加助词"之"或者"的"进行修饰，如例（22）（23），其意义是一致的，都可以理解成"差不多""合适"之义。

2. 类推机制、结构赋义与程度副词"相当"的形成

"相当"充当定语的唐代用例是出现在"有＋相当＋名词"这样的结构中（如例18、例19），这种结构在清代更多起来，但基本上都在"相当"与名词之间用助词"之"或者"的"连接，形成"有＋相当＋的＋名词"结构②。如：

(24) <u>有相当之货财或艺能</u>，足以自立者。(《清史稿》卷一百二十)

(25) 对于他们三位的家属，咱们大家回到镖局之内，自<u>有相当的待遇</u>，生者，死者，必都有安置，也就对得起他们了。(清末·张杰鑫《三侠剑》第一回)

(26) 你们行侠作义之人，不愿居官，本都院必<u>有相当的报酬</u>。(同上书，第七回)

清末形成的"有＋相当＋的/之＋NP"结构是副词"相当"形成的临界环境，这种结构中的 NP 一般都具有"高低大小"的量度语义特征，其中的"相当"既可以理解成形容词"合适、差不多"之义，又可以理解成"有"字句构式凸显"大量"语义，"有相当的待遇"即表

达为"有丰厚的待遇"之义。不仅如此,曹秀玲(2008)还指出,"这类'相当'修饰名词性成分,表示事物达到较大的数量和规模,其后只能出现'大量'义修饰语。即使修饰语不出现也可以补出,可见'相当'修饰大量义成分是无标记的。"即"有相当的报酬"可以理解成"有相当高的报酬"之义。我们认为曹先生的调查是可靠的,这种"大量义的成分是无标记的"是因为"大量义"是"有+宾语"结构的构式语义,这种构式语义是"有"字本身各个构成成分相互整合的结果。刘丹青(2011)指出,"有"字领有句具有表多的倾向,表多的要求是"有"字领有句固有的基本属性,潜存于"有"字语义里的本性,就是既"多"又"好"③,这种基本属性可以影响到"有"字句的句法结构,主要表现在对组合性贬义定语和主观少量定语的强烈排斥。也就是说,在"有"字领有句中,名词前的定语一般来说都是凸显大量的。所以,当例(25)(26)中说"有相当的报酬"和"有相当的待遇"亦即可理解成"有相当多的报酬"和"有相当高的待遇"这样的语义。

另外,"有"字后面的成分一般是分析成宾语,"有"也具有名物化的功能(雷冬平,2013),也就是说,不管"有+相当+的/之+NP"结构中"的"字之后是名词性成分还是谓词性成分,在整个"有"字结构中都可以看成是宾语性质的名词性成分,所以这一结构可以发生扩展。如:

(27) 比校对还要重要的便是校订了,校订的人须具有相当的修养和知识。(民国·陈邦贤《自勉斋随笔》)

(28) 他对于柔软操和舞蹈都有相当的研究。(同上)

(29) 他对于音乐也有相当的研究。(同上)

例(27)中"相当的"之后是名词短语,例(28)(29)中"相当的"之后则是动词"研究",这是结构类推的结果。当动词替代了名词占据"相当的"之后的句法位置,"相当"的语义为了与其后成分的语义相互协调,则会朝着程度量的方向发展,同时"相当"的句法功能也可能发生重新分析。当然在"有"字句中,由于句式的管控,"相当"还难以重新分析成状语。那么,"相当"如何才能演变成副词呢?这主要还是要看构式语义的强制赋义和成分凸显。如:

(30) 周先生能知此书半真半假,则其见解既高,言红楼属于张侯家事,度其耳目闻见,必有相当范围可信,惜未为条举耳。(民国·黄浚《花随人圣庵摭忆》)

如果说,例(25)(26)还能勉强理解成"有合适的待遇"和"有合适的报酬"的话,那么例(30)理解成"有合适的范围"则难以成立。从上下文中可以看出,此例是表达"有很大的范围可信"之义。"相当"一词的形容词语义"合适"在句中已无法与其后的名词语义相互和谐,这与"有"字动宾结构强制要求名词前的修饰语是大量语义的条件相互矛盾,为了解决这种语义矛盾,"相当"的语义以及光杆名词的理解都要进行重新定位。所采用的方法就是,利用"有"字句固有的语义基本属性激活名词前所隐含的具有"大量"特征的修饰语,通过构式赋义,将构式的"大量"语义赋予名词前的修饰语成分并使之得以浮现,则"相当"在理解上不再直接修饰名词位置上的成分,而是修饰名词前的修饰语。也就是说,例(30)中含有一个潜在的句式,即"有相当广远之范围"这样的构式。这样,"相当"的副词功能就形成了。如:

(31) 盖罗马之金币,以及希腊之银钱,当时已由大夏传入中国,至今山西尚有窖岁当时亚力山大东征时之银币,可知尔时流行有相当之广远。(民国·黄浚《花随人圣庵摭忆》)

"有相当之广远"即"流行范围有相当广远"之义,亦可以理解成是"有相当广远之流行范围"。所以,构式内部构件语义的不和谐导致了相关成分语义的变化,同时语义的重新分析后又强制了相应的性质与之相匹配,形成了"有+相当+的+形容词+名词"这样的结构,如果说例(31)因为名词话题化放到了"有"的前面从

而显得不够典型的话,我们再看以下二例:

(32) 后面小丘,树木修整,确有<u>相当的规模</u>。(民国·秦翰才
　　　《满宫残照记》)

(33) 据《记事簿》所载,有一个<u>相当庄严的规模</u>。(同上)

此二例就鲜明地展现了上文所论述的副词"相当"的语用语法化的过程,即在例(32)结构语义的作用下,其所蕴含的"大量"语义在例(33)中用一个含有"大量"义的"庄严"来浮现,这样一来,"相当"在句法结构上直接修饰形容词充当状语,可以认定为是一个程度副词。因此,程度副词"相当"是在句法结构"有+相当+的+名词"中,由于结构类推和构式赋义,句式所蕴含的"大量"语义通过形容词的使用得到外化,从而使得结构变化成"有+相当+形容词+的+名词",这一过程在民国时期形成。程度副词"相当"一旦形成,它就拥有了副词的一般功能,并在使用上逐渐摆脱了"有"字句的束缚。如:

(34) 拖着一板车的货物攀山过岭,<u>相当的辛苦</u>,真是"滴自己
　　　的汗,吃自己的饭"。(民国·陈邦贤《自勉斋随笔》)

(35) 她的父亲病是依然未好,可是她的创口已<u>相当的严重</u>
　　　了!(同上)

(36) 所以防治它的方法,也<u>相当困难</u>。(同上)

(37) 俄人于是役,执行清野除舍之战略<u>相当彻底</u>。(民国·
　　　张慧剑《辰子说林》)

(38) 所以时人称傅"先生"的文章是"天书",这种讽刺是<u>相当
　　　尖刻</u>的!(民国·佚名《汉奸丑史》)

副词"相当"充当状语,修饰语前可有"的",也可无"的",这时候的"的"已不再是定语的标记助词,而是变成了一个语气词,添加与否只是主观语气的轻重程度不同。"加与不加主观化的强弱有别,相应地'相当'表示的程度就有高低之分:有'de'作为介接成分可以舒缓节奏,增强语势,否则只能靠逻辑重音强调程度之

高。"(曹秀玲,2008)这种情况一直沿用到现代汉语中。

关于这一结构还要特别说明的是,"有＋相当＋的＋名词"结构本身就具有"大量"的构式语义,所以,名词前表示"大量"的形容词能否浮现,取决于名词本身的语义是否具有量度语义特征,而不应该取决于"有＋相当＋的＋名词"结构是否能够变换成"相当＋有＋名词"(曹秀玲,2008)。如:

(39) 对臭虫,蚊子,苍蝇,他都<u>有相当的胆量</u>去扑杀。(老舍《火葬》,转引自曹秀玲2008)

虽然例(39)可以变换成"相当＋有＋名词"结构,但是变换前后"相当"有形容词和副词的功能区别,这容易让人误解副词"相当"是通过这样的变换形成的。而且例(39)中的形容词"相当"解释成"合适、相配"义亦不甚通畅的,其实此例同样是凸显"胆量"之"大量度"的语义特征,表达的是"他都有相当大的胆量去扑杀"之义。"胆量"显然是一个可以用形容词来凸显其大量的语义特征的名词。这种例子在现代汉语中很多,如:

(40) 在来往穿梭的汽车大军里,自行车一族想要骑出一条自己的路来,那必须<u>有相当大的胆量</u>,甚至是豁出去的心理才行。(滕效宏《非机动车道咋就成了机动车的"菜"?》,兰州晚报,2013-09-23)

(41) 进入古堡的人需要<u>有相当大的胆量</u>和勇气。(《长春市候选景区:长影世纪城》,新浪网,2012-05-04)

(42) 她能够巧妙地运用她那完美的身躯,非常狡猾的手段以及<u>相当大的胆量</u>,把每一个欲火难忍的人镇住。④

这同时也说明副词"相当"形成后,并不意味着"有＋相当＋的＋名词"结构就消亡了,在现代汉语中,我们仍然能够看到很多例(39)这样的"有"字结构使用,这是语法化滞留性在句法结构上的表现。我们看两组例子,如:

(43) a. 实际上原先的计划渠道经过几十年的建设和发展已<u>有</u>

相当的水平,低层次的市场是替代不了这种计划渠道的。

b. 有2500多年历史的苏州,是闻名世界的历史文化名城,有光辉灿烂的传统文化,在衣食住行、娱乐、欣赏等消费文化方面有相当高的水平。

c. 中国队的年轻选手水平相当高,尤其是张丹、张昊很有潜质。

(44) a. 轿车生产企业的规模、水平达到具有国际竞争力并能生产出大批量、低成本的轿车要有相当的时间,因此现在大力发展轿车工业,不是拔苗助长,而是未雨绸缪。

b. 而对于结构和功能较为复杂的组织器官,如肝脏、心脏、肾脏等,其临床应用尚有相当长的时间,还有待于世界各国科学家的共同研究与探索。

c. 这种设计应该能在高空缓慢地飞行,续航时间相当长。

两组例子显示,在现当代语料中,既可以看到"有+相当+的+名词"结构中"相当"的形容词凸显程度的用法(如 a 例),也可以看到"有+相当+形容词+的+名词"结构中"相当"的副词用法(如 b 例),同时可以看到"相当"由于话题化而突破了"有"字句式的副词用法(如 c 例),这是语言在使用过程中构式语义浮现、构式内部成分语义和谐语用的结果。在现代汉语中也能够见到不是"有"字句式下的"相当+的+名词"的用法,而且也能够找出演变的三个层次。如:

(45) a. 刚才我谈的是上策。我们可以给你相当的时间进行考虑。

b. 要使所有新老队员能够进行默契的配合,这需要相当长的时间进行磨合。

c. 我们每天在一起呆的时间相当长,经常交谈。

但是这并不能否认副词"相当"是在"有＋相当＋的＋名词"结构中形成的,因为例(45)中的 a、b 二例其实都能够找到"有"字句式的影子,而且最重要的是从语言历史发展来看,历史文献用例是先有例(43a)和例(44a)这样的例子,然后才有例(43b)和例(43b)这样的例子,最后才有突破"有"字句式的"相当"副词的用法。因此,在这三个结构中,"有＋相当＋的＋名词"字句式是副词"相当"形成的典型环境,这种典型环境在习用化的过程中会得到扩展和突破。

3. 结语

从研究来看,程度副词"相当"的形成路径是与众不同的。这种不同主要是体现在它形成的句法位置和触发机制的不同,它不是在状语或者是补语的位置上形成的,也不是由形容词做状语到副词作状语的重新分析而触发的,它的形成是在"有＋相当＋的＋名词"结构中类推扩展、构式赋义以及语义外现的结果。我们将这一过程概括如下:

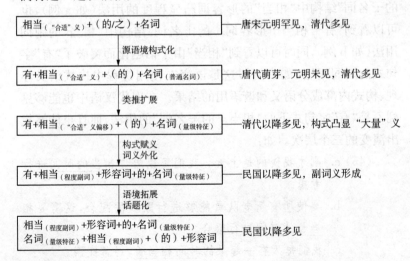

从该演变路径中可以一目了然地看出,"有＋相当＋的＋名词"构式对于程度副词"相当"的形成是相当重要的。刘丹青(2011)指出"有"字领有句的语义特征对句法结构中的名词修饰语有强制"大量"语义的限制要求。从研究来看,这一要求同时也会影响到"有"字句构式内部其他成分的身上,因为名词前的修饰语总是"大量"的,那么这种语义要求当然就会同时施加到该修饰语前的成分上,当"相当"处于名词修饰语前时,它为了能够修饰这个含有"大量"义的形容词,那么演变成表示程度高的副词则是其为满足构式语义内部和谐的必然选择。所以,一个构式的形式和语义是一个平衡的系统,其中某个构件的语义发生变换或者强制具有某种特征的话,其他构成成分的语义将会作出相应的变化来达到新的平衡,同时,一个构式的形式和语义也是相互对应的,当语义发生变化之后,要有新的形式来与之相对应。

附注

① 其实,我们认为把"相当于"单独列为一个动词词条会更为妥当些。

② 曹秀玲(2008)已经注意到这种结构,并用现代汉语中的这种结构与副词"相当"结构进行变换,这种变换分析实际上体现了曹先生已经初步认识到这种结构与副词"相当"之间存在着密切的关系。

③ "有身份""有知识"结构中蕴含了"有高贵/显赫的身份""有丰富/渊博的知识"这样的语义。《现代汉语词典》(2012:1578—1580)分别释"有会子""有年""有日子"等动宾式词语为"表示时间已经不短""已经有许多年""指有好些天"之义,这都说明"有＋宾语"构式的语义凸显大量。

④ 本文例句如没有标明出处,则皆来自于北京大学 CCL 语料库(网络版)。

参考文献

曹秀玲 2008 "相当"的虚化及其相关问题,《中国语文》第 4 期。

戴金堂 1988 "相当"词性的认定,《辽宁教育学院学报(社会科学版)》第 2 期。

郭潮 1984 "相当"的副词特点,《汉语学习》第 5 期。

呼叙利 2012 "相当"商诂,《语言研究》第 1 期。

呼叙利 2013 《"相当"的虚化及其相关问题》献疑,《中国语文》第 4 期。

雷冬平 2012 隐喻与极性程度副词"雄"的形成,《古汉语研究》第 2 期。

雷冬平 2013 现代汉语"有/无＋Prep/V"类词的词汇化及其动因,《汉语学习》第 1 期。

刘丹青 2011 "有"字领有句的语义倾向和信息结构,《中国语文》第 2 期。

刘治平 1984 这些"相当"是形容词还是副词?,《汉语学习》第 5 期。

沙平 1987 关于"相当"的词性分析——与郭潮等同志商榷,《福建师范大学学报(哲学社会科学版)》第 4 期。

司平 1985 "相当"的义项和词性的分合,《汉语学习》第 6 期。

杨荣祥 2005 《近代汉语副词研究》,北京：商务印书馆。

张谊生 2000 《现代汉语副词研究》,上海：学林出版社。

赵文源 2009 "相当"有"整齐"义,《语言研究》第 2 期。

中国社会科学院语言研究所词典编辑室 2012 《现代汉语词典》(第 6 版),北京：商务印书馆。

（原载《汉语学习》2018 年第 3 期）

情态副词的性质与分类

李　敏[1]　张　雪[2]
([1] 上海交通大学人文学院　[2] 东华大学国际文化交流学院)

1. 情态副词的范围

副词本身就是一个大杂烩,所以对于副词的定义和范围一直以来就有很多争议。在对副词的分类的讨论中,有的提到了情态副词的术语,但是和我们所说的情态副词还很不一样。刘月华(2001:212,1983)把副词分为七类,分别是时间副词、范围副词、表示重复频率的副词、程度副词、语气副词、肯定否定副词、情态副词。她所说的情态副词主要是指的下面的这些词:猛然、依然、仍然、逐步、逐渐、渐渐、亲自、擅自、百般、毅然、互相、特地。可以看出,刘月华所说的情态副词主要是指的动词的一种情状,和我们这里所说的情态副词不是一个概念。在刘月华的分类中,语气副词这一类中的一些词才是我们所说的情态副词,如"也许"。当然,其他的语气副词不是我们所说的情态副词。

钱乃荣(1990)把副词分为七类,分别是:程度副词、范围副词、时间频率副词、肯定否定副词、情态方式副词、语气副词、关联副词。其中他也用了"情态副词"的名字,但是他的所指和刘月华差不多。真正的情态副词他归纳到语气副词之下。黄伯荣、廖序东的《现代汉语》(1991)的分类和钱乃荣的差不多,只是少了关联副词的分类,对于情态副词的实质内涵也是和钱乃荣一样的,不是我们这里所说的情态副词。

这样看来,其实大家早就对情态副词有分类并有论述,只是采用了不一样的名称。综合来看,大家采用的名称不外乎下面几种。第一种是叫语气副词,如我们刚才介绍的刘月华(2001)、钱乃荣(1990)、黄伯荣、廖序东的《现代汉语》(1991)等。在他们的分类中,语气副词里面只有一小部分是属于真正的情态副词的,其他的如"到底、偏偏、索性、简直"就不是属于情态副词。

第二种称之为"可能与必然"副词,代表人物为赵元任(1968:348)。他将副词分为范围和数量副词、估价副词、肯定否定副词、时间副词、可能与必然副词、程度副词、处所副词、方式副词。其中他说的估价动词很像是其他人所说的"语气副词",不包括真正的情态动词的那部分,如"索性、简直"等。他说的"可能与必然"副词比较接近于我们所说的情态副词,当然,其中对于某些表示必然义的副词可能还需要进一步讨论,如"绝对、差一点(没)"。但是他列出的其他的大部分词都是真正的情态副词,如"一准儿、没准儿、不定、大概、也许"。还有的我们认为是情态动词,如"一定"。不管怎么说,赵元任(1968)把这些词拿出来单独归为一类是比较有见地的,因为这些词和那些语气副词(估价副词)还是很不一样的。可惜后来的人没有坚持这样做,而是将它们混在了一起。

第三种名称是称之为评注性副词,张谊生(2000)给我们理出了一个比较全面的现代汉语副词的分类表(见张谊生,2000:21)。他从语义功能和句法功能的角度将副词分为三类,即评注性副词、限制性副词和描摹性副词。然后在此基础上很细致地将它们分为十类,如关联副词、时间副词、否定副词等等。在他的分类中,评注性副词包括两种,即"传信和情态""语气和口气"。他认为评注性副词在句法上可以充当高层谓语;在句子中的位序比较灵活,可以在句子中或句尾;主要作用是表示说话人对事件、命题的主观评价和态度。从他的论述来看,他把所有可以表示主观态度的副词都看成是评注性副词,没有从现实和非现实的角度去划分这一类副词。他对传信的范围的定义包括张伯江(1997)所说的第三类,即对事件的确信程度。但是这一类里有很多很难说是表示非现实的,如"确实、根本、绝"等。不过这些词和情态副词在句法上有比较多的相似之处。

　　所以虽然是名称各异,在以前的研究中都论述到情态副词。在归类的时候,只有赵元任(1968)是把它单独作为副词的一个次类的。大部分文章都把情态副词和语气副词以及可以表示主观化的副词放在一起。问题在于,大家对副词的研究基本上都是根据意义或者有时候参照形式。在副词的研究中,意义起到比较重要的作用。所以如果从意义的角度来看,将这些副词都混在一起不是最好的选择。如果认为这样的分类太细,至少我们应该在大类下再分小类,而且避免使用"语气副词"作为这一类别的名称,因为这容易引起误导。

　　问题的关键还和如何定义情态或如何定义主观性有关。如果认为所有主观性的东西都是情态的,那么问题的焦点就落在如何判断一个句子是主观的? 如下面两句:

(1) 张三打了李四。

(2) 李四被张三打了。

用"被"字句的时候更多的带有说话人的感情,那么我们是不是可以说它是主观的? 如果是,那岂不是"被"字也是情态词了? 而且目前的研究表明,从主观到客观是渐变的。因而,要决定一个句子是不是主观就比较困难。比如副词"只",一般的文章都把它归纳为范围副词:

(3) 我只吃了两个苹果。

(4) 他只呆了两天就走了。

既然强调数量这么少,"只"有这么多,那是不是可以认为这是主观性的呢? 如果认为是主观性的,那岂不是就是情态的进而是非现实的了?

但是要决定一个句子是否是现实句就比较容易,只需要看看说话人对于命题的态度,即他是否把命题当成是现实或事实来陈述的,以"好像"为例:

(5) 他好像只来过一次。

(6) 这位同志我好像在哪儿见过似的。

(7) 好像他不喜欢吃蒜。

"好像"是一个情态副词,属于命题外成分。套用我们的公式:S→M(P)就可以知道,说话人把命题"他只来过一次""这位同志我在哪儿见过""他不喜欢吃蒜"当做非现实来说的。这样做的好处在于我们比较好地掌握判断一个句子是不是非现实句,也比较符合人类语言的运用心理。

所以我们觉得,可以把副词首先分为命题内副词和命题外副词(高层谓语)。然后再把一般人所归纳的所谓"语气"副词的一类(其实就是命题外副词)重新分为表示现实范畴的副词和表示非现实范畴的副词。表示现实范畴的副词就是态度副词(如"倒、才、难怪"之类),表示非现实范畴的副词就是情态副词(如"大概、也许"之类)和语气副词(如"难道、到底"之类)。情态副词和语气副词不一样,情态副词和情态动词一样,它的对象是"命题",表示的是"言者"基于固有的主观认识而对于"命题"的主观情绪,并体现为对于"命题"的态度。而语气副词的对象是"听话人",体现了"说话人"跟"听话人"交际的意图,并体现为对于"听话人"的"态度"。

这样我们就可以确定我们的研究范围,即情态副词的范围。那么在考察情态副词时,我们要参照以往的文献对于副词的统计和介绍。汉语虚词词典所收副词的情况差异性比较大。吕叔湘主编的《现代汉语八百词》收录副词 210 个,《现代汉语虚词例释》收录副词 473 个,侯学超的《现代汉语虚词词典》收录副词有 656 个,孙德金(1996)收录了副词 665 个。应该说,它们的收录基本上囊括了主要的副词。可能有些比较少用的副词或比较冷僻的副词没有收录到,这基本上不影响我们的讨论。

在统计情态副词时,我们选择收录副词最多的张谊生(2000)和孙德金(1996)作为标准,再从《现代汉语词典》里做补充,来确定情态副词的成员。有的词如"敢是"就明显是一个情态副词,但是孙德金就没有收录。所以综合各家的成果应该不会有重要的遗漏。我们收集到的典型的情态副词如下:

八成　保不定　保不齐　保不住　保不准　保管　保准
必　必定　必将　必然　别　别是　纯粹　大概　定然　多半
仿佛　敢是　敢许　管保　好像　或　或许　绝对　看　肯定
恐怕　没准儿　怕　怕是　千万　势必　似乎　似　说不定
宛然　未必　无须　务必　务须　想必　想来　险些　兴许
许　俨然　也许　一准儿　准　准保　准定

对于我们典型的表非现实的情态副词表我们要说明几点。

其一,判别是否是典型的非现实情态副词的标准是不借助情态动词就可以表示非现实情态意义。如:

(8)他别是病了。

(9)他多半失败了。

这里的"别是、多半"不借助情态动词就可以表示非现实情态意义,所以是情态副词。如果一定要借助情态动词,则不是典型的非现实情态副词。比如"万、万万"这两个词一般都要借助情态动词的帮助,所以不能看成是典型的非现实情态副词:

(10)孩子长大,倘无才能,可寻点小事情过活,万不可去做空头文学家或美术家。

(11) 瑞贞,你听我的,你<u>万</u>不<u>要</u>做那样的事,<u>万</u>不<u>要</u>打掉那孩子。

这里都用了情态动词"要"。否则就只是纯粹加强语气的副词,如:

(12) 这真是<u>万万</u>想不到的。

(13) 我<u>万万</u>料不到你有这么一着。

而与之语义接近的"千万"却可以不借助情态动词:

(14) 他<u>千万</u>注意!

(15) 你<u>千万</u>小心。

其二,有的副词仅仅表达传信情态,如"确实、诚然、难怪"等词,这样的词为数不少。我们认为这样的词主要表达张伯江(1997)所说的传信情态的第三种,即"对事件的确信程度"。我们觉得,如果只是单纯的表达这个意义的话,那它表达的就基本上是现实范畴。

其三,有的词获得的承认较少,如"肯定"。各家都没有收录这个词。倒是《应用汉语词典》收录了这个词的副词用法"一定;必定;无疑问(跟'未必'相对)":

(16) 他<u>肯定</u>会来的。

(17) 你<u>肯定</u>记错了。

(18) 胜利<u>肯定</u>是属于人民的。

可能这和这个词的其他用法有关系,这个词可以作动词和形容词,所以这可能妨碍了大家对其副词用法的认识。

其四,某些词处于中间状态,如"明明、算是、显然"这样的词:

(19) 他<u>明明</u>不想来。

(20) 他<u>算是</u>完成了任务。

(21) 他<u>显然</u>没有兴趣再继续做下去。

这几个词实际上是带有认识义,并有轻微的推测义。但是我们认为,在连续统的轴上,它们更靠近现实。这样的词并不太多,所以并不影响我们的结论。

其五,不是主观性的副词就是情态副词。认为主观性副词是情态副词的观点是错误的。张谊生(2006b)把副词分成描摹性副词、限制性副词和评注性副词,评注性副词通常认为有较明显的主观评注功能。但是张谊生(2006:271)指出,"汉语三类副词之间的界限不是固定不变的,随着语言的发展,绝大多数常用的限制性副词都已兼有主观评注功能。"依此来看,如果将主观性和非现实情态等同的话,我们只会看到数量巨大的非现实标记成分,而这些实际上并不真正属于表示非现实的成分。

2. 情态副词的句法特点

情态副词既然表达非现实范畴,无疑也是命题外成分。这一点和情态动词没有什么区别。比如,当我们说:

(22) 他大概在准备考试。

(23) 他也许听过这首歌。

我们是通过情态副词"大概""也许"来对命题"他在准备考试""他听过这首歌"作出判断和推测。命题也是说话人所要传达的只存在于思想领域的非现实。这是情态副词和情态动词的共性。除此之外,情态副词还有其自身的特点,而这些特点主要表现在句法上,所以下面我们来看看情态副词的句法特点。

2.1 高层谓语

高层谓语的概念是斯托克威尔(1986)分析英语的全句副词时提出来的。他认为下面的副词就是高层谓语:

(24) She is obviously intelligent. ＝It is obvious that she is intelligent.

(25) He is apparently stupid. ＝It is apparent that he is stupid.

这样的副词构成了对整个命题的表述,是命题的谓语。

(26) 山不转水转,说不定我明天就调到你们局。

这里就包含两层表述。第一层是"我明天就调到你们局",高层的则是"我明天就调到你们局是可能的"。所有的高层谓语都是这样的:

(27) 孙武倘若打这儿过,只怕会改写他的兵法。

(28) 要是家父还活着,看到我这情形,恐怕会惊吓而死!

所以一个句子首先应该有两个层次,首先是高层表述和低层表述,然后在低层表述里再分为命题外成分和命题内成分。就如同下图所示:

高层表述{低层表述[命题外成分(命题内成分)]}

因此,高层表述当然也是在命题之外的。这其实也比较切合Verspoor and Dirven(1998)所说的洋葱构造。当然他们的分析没有我们这么细致。张谊生(2000:48—50)认为这样的副词是高层谓语的句法特点体现在三个方面。第一是有些副词在充当高层谓语进行评注时,可以直接带上语气词(如"其实呢");第二是有些副词本身还可以受其他副词或形容词的修饰(如"很显然");第三是有些副词不但可以充当高层谓语,而且还可以单独成句(如"果然")。但是这三个特征都只能适用于某些词,对于其他的词就无能为力了,比如带语气词,"说不定"都很少带语气词,也不受"很"修饰,单独成句时我们一般把它看成是动词短语。

所以这不能不说是一个遗憾。或许我们应该找到一个覆盖面更大的句法特征。既然它是高层表述,"高一级的谓语",那么这样的副词是针对整个句子而言的,所以我们应该把它们看成是句子成分,而不是句法成分。情态动词才是句法成分。所以,情态副词很难转为句法成分,表现在它们很难成为句子的定语:

(29) 别看它价格低,说不定在秤头上做手脚,这可是小商贩惯用的伎俩。

　　——＊说不定在秤头上做手脚的伎俩

比较：

　　——可能在秤头上做手脚的伎俩

（30）阿爹，搬吧，挪挪窝，恐怕还会挪出些福气来。

　　——＊恐怕还会挪出些福气来的想法

（31）从下种到收获，保不准得遇多少"险"，过多少坎，遇多大急。

　　——＊保不准遇险的时候

比较：

　　——得遇险的时候还是会遇险

　　而情态动词是比较能够自由地出现在定语中的，它们能够出现在低一层表述中：

（32）能说服他的论据

（33）（愤怒）有会爆发的时候

（34）不准抽烟的地方

（35）可能投的反对票

（36）应该十分注意的地方

　　这是因为情态副词和其他成分之间的关系是动态的关系，所以是属于句子层面的。而转指成定语则是静态的短语层面的结合，所以是句法成分。这也是语言学家们在研究中比较注意的，所以语言类型学家研究有的语言如德语时主要是看的小句的语序，而不是看的主句的语序。

2.2　非限定形式

　　就是不可能承担句子主要动词的限定形式。如何来体现这一点的呢，我们认为就是表现在能不能被"不"否定上。我们提出的判断情态动词的标准"A 不 A"格式其实就是在此基础之上的。"必须"虽然不能够进入到"A 不 A"格式之中，至少它还可以被否定。但是情态副词由于不负载句子中主要动词的限度形式，所以它们不能够被"不"否定：

　　(37) 他也许赞成我们的提议。

　　　　——＊他不也许赞成我们的提议。

　　(38) 他大概带来了三个人。

　　　　——＊他不大概带来了三个人。

　　(39) 他准保答应你。

　　　　——＊他不准保答应你。

所以它们更不可能出现在"A 不 A"格式中：

　　(40) ＊他也许不也许赞成我们的提议？

　　(41) ＊他大概不大概带来了三个人？

　　(42) ＊他准保不准保答应你？

其实副词中，好像除了某些频率副词、范围副词和重复副词之外，其他的副词都很难被"不"否定。这些副词能够被"不"否定和"不"的特点有关，说明"不"既可以否定命题内成分，也可以否定命题外成分。但是这里"不"不能修饰情态副词显然是和情态副词的特点有关的，"不"可以出现在限定形式之中，它是属于句法成分，它的辖域超不过低层表述。所以它不可能修饰情态副词。

作为非限定形式的另一个体现是与"时""体"的关系上。比如"会"和"大概"都可以表示一种或然性。但是和情态副词"大概"相比，"会"更容易受到时态的制约：

　　(43) 东京会发生地震。

　　　　大概东京发生地震了。

　　　　大概东京已经发生地震了。

　　　　＊东京已经会发生地震了。

这说明情态副词不受时态的限制，也无法限制时态。这都和它是非限定性成分有关系的。我们在前面提到，英语里的情态副词对时态也是没有影响的，看下面的例子（may 是情态动词，

maybe 是情态副词）：

(44) Maybe he finished the job.

　　Maybe he will finish the job.

　　Maybe he is finishing the job.

　　He may finish the job.

　　＊He may finished the job. （正确的说法是：He may
　　have finished the job)

　　其实不仅仅是"会"，其他的词也存在这个问题。石毓智
(2006：343)提到一般副词后的动词还可以加上体标记或者重叠，
助动词之后的动词则不可以，如：

(45) 他曾经开过火车。　　＊他会开过火车。

　　他已经完成了任务。　　＊他能完成了任务。

　　她认真地准备着功课。＊她愿意准备着功课。

　　她忽然望了望四周。　　＊她肯望了望四周。（转引自石
　　毓智，他把"肯""愿意"这样的词也看成是助动词）

　　其实石毓智的话不全对，太绝对，这些句子换成"可能"情态
动词后都是可以成立的：

(46) 他<u>可能</u>曾经开过火车。

　　他<u>可能</u>已经完成了任务。

　　她<u>可能</u>准备着功课。

　　她<u>可能</u>望了望四周。

　　不过如果换成别的情态动词的话就比较受限制了，比如"能"
"会""可以"等比较典型的情态动词：

(47) ＊他<u>能</u>曾经开过火车。

　　＊他<u>能</u>已经完成了任务。

　　＊她<u>能</u>准备着功课。

　　＊她<u>能</u>望了望四周。

　　这些情态动词也不是完全不能与这样的"体"标记连用，比如

以"能"为例，它可以和"着"连用：

(48) 不，他一定不能存着这种汉奸的心理。

(49) 有萝卜我们还能渴着？

但是它们连用的时候确实是很受限制，这种限制可能和句型、动词都有关系：

(50) *他能写着字。

(51) *他不能渴望着这些东西。

这种限制在除"可能"以外的情态动词上都有明显的体现，这也是一个比较有意思的话题。当然不是本文的重点。

而情态副词除了"千万、无须、务必、务须"几个表示义务情态的词以外，其他的表示认识情态的情态副词都可以比较自由地与之搭配：

(52) 他说不定曾经开过火车。

(53) 他八成已经完成了任务。

(54) 她也许准备着功课。

(55) 她大概望了望四周。

这充分说明了情态副词作为句子中动词的一种非限定性成分，对句子的主要动词的语法特点并没有影响。

3. 情态副词的类别

我们将情态副词从两个角度来分类。第一个角度主要是从意义的角度出发，第二个角度是从句法的角度出发。而从句法的角度出发的分类将和我们对情态词的连续统的分析有关。

3.1 从意义出发分类

可以分为两大类，一类是表示义务情态，一类是表示认识情态。表示义务情态的词比较少，只有"千万、无须、务必、务须"等几个词。举例如下：

(56) <u>千万</u>不要上他们的当。

(57) 你<u>无须</u>这么在意他。

(58) 缺漏之处,我已作记号,请<u>务必</u>留意。

根据英语学界的研究(如 Bybee 等人),英语的情态副词一般都是表示认识情态的,没有表示义务情态的。所以我们有理由相信,这几个词除了"千万"以外,其他的几个词是短语的词汇化。

第二类是认识情态,情态副词主要就是表示认识情态的。从传统逻辑学到语言学的情态研究,大家都是把情态分成必然性(necessity)和可能性(possibility)的(Lyons,1977:787)。我们这里对认识情态也可以这么分。我们可以先把情态副词表示的情态分成可能性的和必然性的。但是这样的分类有点笼统。我们将可能性认识情态进一步分成三个小类。下面三个小类都是表示可能性的。

第一小类是表示简单可能性的情态副词,表达的是对某一件事情不十分肯定的推测或估计。这样的词是:保不定、保不齐、保不住、保不准、纯粹、大概、多半、或、或许、没准儿、说不定、未必、想来、险些、兴许、许、也许。

第二小类是高增霞(2002)所说的担心-认识情态,如:怕、怕是、看、别、敢是、敢许、恐怕。这是一种混合型的情态,这种情态既是认识又是态度的,既表现了说话人对所陈述事实状况的确信程度,又表现了他对事情的期望程度。

第三小类是表示比拟义的情态副词,这样的副词是:似、仿佛、好像、似乎、宛然、俨然。这一类词也表示推测、判断或者感觉不十分确定,而这种不十分确定的推测、判断等是通过对某一行为、状况或事物加以想象或夸张来表达的。

第四小类是表示必然性的情态副词,表示说话人强烈的确信程度或信念。这样的副词是:八成、保准、保管、必、必定、必将、必然、定然、管保、绝对、肯定、势必、想必、一准儿、准、准保、准定。

3.2 从句法角度分类

根据情态副词在句子中出现的句法位置的不同,我们可以将情态副词分成两类,一类情态副词是既可以出现在句首,即出现在主语的前面,我们称之为句首情态副词。这样的副词有:八成、保不定、保不齐、保不住、保不准、大概、多半、仿佛、好像、或许、怕是、看、肯定、恐怕、没准儿、似乎、说不定、未必、无须、务必、务须、想必、想来、兴许、也许。

另一类是只能够出现在句子中间,即只能够出现在句子主语之后的情态副词,我们称之为句内情态副词。这样的情态副词有:保管、保准、必、必定、必将、必然、别、别是、纯粹、定然、敢是、敢许、管保、或、绝对、怕、千万、势必、似、宛然、险些、许俨然、一准儿、准、准保、准定。

4. 关于情态词的连续统

长久以来,学者就情态动词的范围和特点争论不休,所以直到现在,大家对情态动词的成员有哪些还是争议较大。而对于情态副词,专门的研究比较少,有的只是在研究副词的时候才会提及。所以大家对情态词的认识并不够全面,也没有用联系的观点来审视问题。下面我们将从连续统的角度来审视这个问题,我们的基本观点是:从动词到语气副词是一个连续统,它是语言不断语法化的结果。我们认为这个连续统是这样的:

动词——情态动词——情态副词(句内)——情态副词(句首)——语气副词

4.1 从动词到情态词

汉语的基本情态动词在历史上是从动词发展出来的,在先秦时代,这样的用法是比较普遍的。

(59) 曰:"不为者与不能者之形何以异?"曰:"挟太山以超北

海,语人曰:'我不能。'是诚不能也。为长者折枝,语人
曰:'我不能。'是不为也,非不能也。"(孟子·梁惠王上)

杨伯峻、何乐士(1992:209)认为这几句拿"不为"和"不能"相
对比,可以把"能"看作是省略了动词"为"的助动词,也可以把
"能"看作助动词单独作谓语。也许是认为"省略说"有点牵强,他
们补充说在下面的例子里,"可"很难说是省略了动词:

(60) 充仲子之操,则蚓而后可者也。(孟子·滕文公下)

因为这样的情况下,"可"不知道加什么动词好。所以认为此
时助动词后面省略了动词的说法是难以成立的。这样的例子还
有很多:

(61) 非曰能之,愿学焉。(论语·先进)

(62) 小子鼓鸣而攻之可也。(论语·先进)

而且,在现代汉语里,典型的情态动词"会"还存在着动词的
用法:

(63) 他会英语。

不太典型的情态动词更是如此:

(64) 他不准我们抽烟。

(65) 这里不许学生喧哗。

比较:

(66) 这里不准抽烟。

(67) 教室里不许喧哗。

"准""许"后面没有名词,如果说语义上有,那也顶多是隐含,
不是省略。省略是说补出语是唯一的,隐含是说补出语不是唯一
的,也就是说它已经不是原来的用法了。所以从"准"和"许"这两
个词上我们也可以得到情态动词最初是由动词发展而来的共时
证明。

因为情态动词是由动词发展而来的,所以就不难理解为什么
情态动词承担了句子中主要动词的限定形式。这当然是因为在

历史上它是句子中的头一个动词,当然就承当限定形式了。现代汉语也是如此,我们以最典型的限定形式"A 不 A"格式为例:

(68) 你去不去上课?

　　* 你去上不上课?

实际上,在现代汉语语言学界里,很多人主张将情态动词和后面的动词之间的关系划成动宾关系,而不是状中关系,如石毓智(2006)、北京大学中文系汉语教研室编《现代汉语》。

这种由动词到情态词的演变观还可以通过对情态副词的观察得到证明。这些情态副词虽然不一定从情态动词演变而来,但是大多数一定是从动词或动词短语演变而来的。比如"说不定"就是从动词短语演变而来的,现在还有其动词性用法:

(69) 我说不定什么时候去。

(70) 我保不住他的安全。

这样的词还有"保不定、保不齐、保不住、保不准、怕、怕是、看、别、敢是、敢许、恐怕、似、仿佛、好像、似乎、宛然、俨然"等。

吴福祥(2002)认为,一种语法结构或形式,如果能够兼表示两种语法意义,那么它就是未充分语法化的语法结构。所以这里的情态副词也可以看成是没有充分语法化的语言成分。

当然,情态副词除了从动词或动词短语演变而来的,还有从情态动词演变而来的,如"未必、想必"等。比如"未必"就是由否定词"未"和情态动词"必"边界消失而来的,"想必"也是属于这种情况。

4.2　从句内情态副词到句首情态副词

关于情态副词,我们认为它们在句法上经历了一个由句内向句外变化的过程。情态动词基本上没有这样的过程,从我们上面对情态动词的句法特点的分析中可以看出,像"会""能/能够""可以"等大部分情态动词是不能够移动到句子的主语前面的。这还是因为情态动词负载了句子中主要动词的限定形式,所以这限制

了它们的句法位置。只有"可能"可以移动到句子的主语(尤其是
施事主语)前面,如曹逢甫(1996)提到的例子:

a. 可能他已经买了那本书。

b. 他可能已经买了那本书。

c. 可能他那本书已经买了。

d. 他可能那本书已经买了。

e. 他那本书可能已经买了。

f. 可能那本书他已经买了。

g. 那本书可能他已经买了。

h. 那本书他可能已经买了。

但是,移动到句首的话它的副词性就增强,表现就是不能被
"不"否定:

＊a. 不可能他已经买了那本书。

b. 他不可能已经买了那本书。

＊c. 不可能他那本书已经买了。

＊d. 他不可能那本书已经买了。

e. 他那本书不可能已经买了。

＊f. 不可能那本书他已经买了。

＊g. 那本书不可能他已经买了。

h. 那本书他不可能已经买了。

越移到句首,情态副词性越强,这在那些由动词或动词性短
语演化而来的情态副词身上表现得更为明显。比如正如高增霞
(2003)所揭示的,"怕"开始的时候是动词,然后逐渐语法化到情
态副词,经历了由动词到情态副词的转变:

Pa 害怕(动词)→Pb 疑虑担心(动词)→Pc 担心推测(副
词)→Pd 猜测(副词)

研究它们的句法位置我们可以发现,在表示前两种意义的时
候,"怕"的位置是非常严格的,即不可能移到句首(以下的关于

"怕"的例句都引自高增霞：2003）：

(71) 小偷儿怕警察。——＊怕小偷儿警察。

(72)（小汶）怕他已受了凉。——＊怕小汶他已受了凉

其实到第三和第四种意义的时候，如果是单音节，句法位置还是很固定的：

(73) 你去的话，怕有生命危险。——＊怕（我）有生命危险。

(74) 这个瓜怕是有十几斤。——＊怕这个瓜是有十几斤。

但是如果是双音节的"怕是"就可以比较容易的移动到句首了：

(75) 他……说："信也命，不信也命，先生怕是有什么劫难吧？"

——怕是先生有什么劫难吧？

这说明了情态副词性越强，就越容易地移到句首。高增霞（2003）提到，表示第三种和第四种意义时，"怕"不能够被否定：

(76) ＊这个瓜不怕是有十几斤。

这证明了我们所提出的看法，情态副词不负载句子中主要动词的限定形式，而"不"又体现了这种限定形式，所以它不能够被"不"否定。

不是所有的情态副词都能完成彻底的语法化过程，所以我们可以看到有些情态副词还是不能够出现在句首的，这证明它们还更多的残留了语法化以前的一些特征。

4.3　从情态副词到语气副词

语气副词是指的像"难道、究竟"这样与发话行为有关的副词。从情态副词到语气副词完成了一个转变，那就是从表示说话人的认识到针对话语的对象，即听者。比如"难道"这样的词就更多的是针对听者而言的。所以也应该把其看成是表示语气的，而不是表示狭义的情态的。

所以，我们认为语言中呈现出这样的情态词的连续统：动

词——情态动词——情态副词（句内）——情态副词（句首）——
语气副词。连续统的两端都不是情态词，中间的才是情态词。

参考文献

北京大学中文系 1955/1957 级语言班编　1982　《现代汉语虚词例释》，北京：商务印书馆。

曹逢甫　1996　汉语的提升动词，《中国语文》第 3 期。

陈振宇、朴珉秀　2006　话语标记"你看""我看"与现实情态，《语言科学》第 2 期。

崔希亮　2003　事件情态和汉语的表态系统，载《语法研究和探索（十二）》，北京：商务印书馆。

戴耀晶　2000　试论现代汉语的否定范畴，《语言教学与研究》第 3 期。

戴耀晶　2005　现代汉语否定表达的语义确定性问题，载邵敬敏、陆镜光主编《汉语语法研究的新拓展》，浙江：浙江教育出版社。

高增霞　2003　汉语担心–认识情态词"怕""看""别"，《语法研究和探索（12）》《《中国语文》杂志社编，北京：商务印书馆。

贺阳　1994　汉语完句成分试探，《语言教学与研究》第 4 期。

侯学超　1998　《现代汉语虚词词典》，北京：北京大学出版社。

黄伯荣、廖旭东　1991　《现代汉语》，北京：高等教育出版社。

黄和斌、戴秀华　2000　双重情态动词的句法、语义特征，《外语教学与研究》第 3 期。

蒋勇　2006　虚指的通指义和极向性，《语言教学与研究》第 1 期。

李基安　1999　情态意义和情态助动词意义，《外国语》第 4 期。

李铁根　2002　"了"、"着"、"过"与汉语时制的表达，《语言研究》第 3 期。

李小川　2003　情态动词否定之研究，《常德师范学院学报（社会科学版）》第 2 期。

李战子　2000　情态——从句子到语篇的推广，《外语学刊》第 4 期。

李战子　2001　学术话语中认识型情态的多重人际意义，《外语教学与研究》第 5 期。

廖秋忠　1989　《语气和情态》评介，《国外语言学》，第 4 期。

刘丹青　2003　《语序类型学与介词理论》，北京：商务印书馆。

刘月华、潘文娱、故铧　2001　《实用现代汉语语法》（增订本），北京：商务印书馆。

鲁川 2003 语言的主观信息和汉语的情态标记,载《语法研究和探索(十二)》,北京:商务印书馆。

鲁晓琨 2004 现代汉语基本助动词语义研究,北京:中国社会科学出版社。

吕叔湘 1992 理论研究和事实研究,载《语法研究和探索(六)》,北京:商务印书馆。

吕叔湘 1999 《现代汉语八百词》(增订本),北京:商务印书馆。

马贝加 1994 能愿动词"要"的产生及其语义,《温州师范学院学报》第5期。

马贝加 2002 "要"的语法化,《语言研究》第4期。

马庆株 1988 能愿动词的连用,《语言研究》第1期。

马庆株 1989 自主动词和非自主动词,《中国语言学报》第3期。

彭利贞 2005 现代汉语情态研究,复旦大学博士学位论文。

齐沪扬 2002a 《语气词与语气系统》,安徽:安徽教育出版社。

齐沪扬 2002b 论现代汉语语气系统的建立,《汉语学习》第4期。

齐沪扬 2002c 情态语气范畴中语气词的功能分析,《南京师范大学学报》第3期。

齐沪扬 2003a 语气副词的语用功能分析,《语言教学与研究》第1期。

齐沪扬 2003b 语气系统中助动词的功能分析,《中国语言学报》第11期。

钱乃荣 1990 《现代汉语》,北京:高等教育出版社。

沈家煊 2001 语言的"主观性"和"主观化",《外语教学与研究》,第4期。

沈家煊 2003 复句三域"行、知、言",《中国语文》第3期。

石毓智 2001b 《语法的形式和理据》,南昌:江西教育出版社。

石毓智 2004 《汉语研究的类型学视野》,南昌:江西教育出版社。

石毓智 2006 《语法的概念基础》,上海:上海外语教育出版社。

史金生 2003 语气副词的范围、类别和共现顺序,《中国语文》第1期。

斯托克威尔PR 1986 《句法理论基础》,吕叔湘、黄国营译,武汉:华中工学院出版社。

孙德金 1996 汉语助动词的范围,载胡明扬主编《词类问题考察》,北京:北京语言文化大学出版社,第286-307页。

王虹良 1996 认识情态与强制情态之探讨,《兰州大学学报》第4期。

王巍 2000 "助动词+动词+了"的语义、句法关系刍议,《汉语学习》第2期。

吴福祥 2002 汉语能性述补结构"V得/不C"的语法化,《中国语文》第

1 期

谢佳玲　2002　汉语的情态动词,台湾清华大学博士论文。

徐晶凝　2000　汉语语气表达方式及语气系统的归纳,《北京大学学报(哲社版)》第 3 期。

杨伯峻、何乐士　1992　《古汉语语法及其发展》,北京:语文出版社。

于康　1996　命题内成分与命题外成分——以汉语助动词为例,《世界汉语教学》第 1 期。

张爱民、张德岁　2003　助动词边界的模糊性,《宿州师专学报》第 2 期。

张宝胜　2006　也说"复句三域",《语法研究和探索(十三)》,北京:商务印书馆。

张伯江　1997　认识观的语法表现,《国外语言学》第 2 期。

张敏　1998　《认知语言学与汉语名词短语》,北京:中国社会科学出版社。

张谊生　2000　《现代汉语副词研究》,上海:学林出版社。

张谊生　2003　从量词到助词——量词"个"语法化过程的个案分析,《当代语言学》第 3 期。

张谊生　2006a　试论主观量标记"没""不""好",《中国语文》第 2 期。

张谊生　2006b　元语言理论和汉语副词的元语用法,载《语法研究和探索(十三)》,北京:商务印书馆。

赵元任　1968　《汉语口语语法》(A grammar of spoken Chinese),University of California Press,吕叔湘译,北京:商务印书馆 2001 年版。

Bybee, Joan L.　1985　*Morphology—A Study of the relation between meaning and form*, John Benjamins, Amsterdam.

Lyons, J.　1977　*Semantics* (V. 2) Cambridge University Press.

汉语逐指范畴的形式演化和意义内涵

——以"逐 X"与"每 X"、"XX/一 X(一)X"重叠式为例

刘　君(上海外国语大学国际文化交流学院)

0. 引言

指示既是说话人明确所指的必要手段,又是人类对客观世界认知精密程度的直接反映。距离指示词"这、那"存在语言共性,"逐指"则是汉语独居特色的一类指示范畴。我们把逐指称为范畴,因为它在形式和意义上存在集群,成员包括(1)逐指代字"每、各"(马建忠,1983);(2)重叠式,如"日日、人人、处处、步步、子子孙孙";(3)时间名词作状语(太田辰夫,2003),包括"每一、多、逐一"等义项。吕叔湘(1982)认为,逐指是从个体的角度立言而意在全体,所以又叫"普称"。黎锦熙(1986)认为"夫唯逐指,故能遍及,犹总括矣"。后来研究如华玉明(1994)、郭继懋(1999)、张谊生(1999)、卢卓群(2000)、詹卫东(2004)、张旺熹(2006)、李文浩(2010)、麻爱民(2014)等在论述名量词重叠时使用了"逐指/逐量"概念。

既有研究存在三个问题,(1)忽视了更为基本的"逐 X"形式。清人李调元在《剿说》中就已提及这类语言现象:"自宋以来多用逐字为辞,如逐人、逐事、逐件、逐年、逐月、逐时之类,皆谓随其事物以为区处,无所脱漏,故云逐也。"现代汉语"逐 X"分为两类,一

类是"逐一、逐个、逐步、逐日、逐级、逐次"六个副词,另一类是"逐月、逐时、逐件、逐事、逐人"等准副词结构。(2)仅把逐指概念分化为"每一、多、逐一"等浅层解释,未能从范畴出发对成员进行深层对比。(3)未能构拟出逐指范畴,特别是"逐 X"的语法化模式。本文拟解决这些问题,首先剖析"逐 X"的语法化路径和规律,再从句法、语义、语用三个角度进行相关格式比较,归纳出逐指范畴的概念内涵及认知模型。

1. "逐 X"的语法化路径和规律

1.1　形成期:从对称格式到独立应用

3 世纪以前,"逐"是"追逐义"动词。"随从义"早在先秦就已引申产生。魏晋以后,特别是在唐代,骈俪文体的盛行使得"伴随义"的"逐"与"随"频繁对称搭配。以《全唐诗》为例,"随/逐"对称共现的就有 201 例。如:

(1) 家山随日远,身事逐年多。(杜荀鹤《泗上客思》)

还见于彼时佛经文献,如:

(2) 五欲业山随日灭,沉迷障欲逐日摧。(《敦煌变文集·维摩诘讲经文》)

"随"的虚化进程比"逐"早,唐代"随日、随月、随年"已较常见(彭睿,2009)。经由"随/逐"对称式的频现,"逐"吸收了"随"的搭配格式,形成了"逐日、逐月、逐年"等新用法。

表 1　唐代典型文献中"逐"后附搭配分布表　　单位:个

文献	文献年代	+名词		+量词		
		时间名词	其他名词	个体量词	集合量词	动量词
全唐诗	618—907	39	0	0	0	0

续　表

文献	文献年代	+名词		+量词		
		时间名词	其他名词	个体量词	集合量词	动量词
备急千金药方	652	2	0	0	0	0
开元占经	718—726	1	0	0	0	0
外台秘要	752	2	0	0	0	0
李相国论事集	811—830	0	0	0	1	0
四时纂要	880—920	3	0	0	4	0
总计		47	0	0	5	0

　　唐代独用的"逐X"极少见,如《祖堂集》等不见用例。上表除《全唐诗》外,多是兵医农政类应用性文献,由于其不求语词文雅,接近口语,反映了当时的语言面貌。据上表可知:

　　(一)"逐日"成词最早,且已可与"不""渐渐"等词连用。

　　(二)"逐日"等词首先在诗歌中高频出现,然后扩散到其他语境。

　　(三)8世纪中后期出现"逐件、逐束、逐垄、逐场"等"逐+量词"格式,如:

　　　　(3)孔子曰:"'吾不亲祭,如不祭。'况享荐器物,至于破损,大乖精洁之诚。"当时便敕所司,并令修饰,务在精细,无至因循了日,逐件进呈。(《李相国论事集》卷五)

唐代"逐X"充当状语比例为83%,独用比例为17%,极少数担任定语、补语或谓语成分。如:

　　　　(4)为贪逐日俸,拟作归田计。亦须随丰约,可得无限剂。(定语例)(《全唐诗》)

　　　　(5)及其长大,……,由(游)闲逐日,更返倒父母。(补语例)

（《敦煌变文集》）

(6) 鹪鹬飞数逐月,如正月一飞而止于窠中,……。（谓语例）

（《酉阳杂俎》）

1.2　发展期：用例规模化与指称结构的出现

"逐 X"从北宋始发展迅速,用例趋于规模化,如《朱子语类》头几卷就出现"逐一、逐个、逐夜、逐件、逐处、逐事、逐物、逐些、逐句、逐字、逐段、逐人"等用法。10 世纪产生的"逐人",11 世纪产生的"逐一",12 世纪产生的"逐事"和"逐步"等较为常用。在各文献中,《朱子语类》"逐 X"用频很高。究其原因,一则该书是宋代有代表性的、用语通俗的语言材料①,二则经过先前 3 个世纪的积累,南宋时"逐 X"的词汇化程度有了大的扩展。

表 2　宋元"逐"后附搭配分布表　　　　单位：个

文献	年代	数词	＋名词		＋量词		
			时间名词	其他名词	个体量词	集合量词	动量词
旧五代史	907—960	0	36	0	32	10	0
苏轼文集	1037—1101	6	11	6	22	52	7
朱子语类	1130—1200	75	75	30	224	15	7
全相平话	1321—1323	0	4	0	0	0	0
宋史	1343—1346	9	22	7	11	66	0
元代奏议集录	1271—1368	1	10	0	4	0	0
总计		91	158	43	293	143	14

六部文献共有"逐 X"742 例,其中,X 为量词的最多,占 61％,名词占 27％,数词占 12％。"逐＋量词"格式中,个体量词最多,集合量词居次,集合量词的 X 项多数为行政区划词语,如"逐州、逐司、逐路、逐县、逐户"等。在"逐＋名词"格式中,时间名词居

多。另外，《苏轼文集》见"逐次"5 例，"逐场"2 例，《朱子语类》中见"逐步"4 例、"逐番"3 例。

北宋始"逐 X"发生了从修饰动作行为到指称体词性成分的偏移，指称手段包括定语修饰和指代两种。句法功能也变得相当宽泛，主要出现在定语、主语、宾语、兼语等位置，以状语定语为多。如：

(7) 须是有旁通历，逐日公事，开项逐一记，了即勾之。（状语例）（《朱子语类》卷一百一十二）

(8) 业，便是逐日底事业，恰似日课一般。（定语例）（《朱子语类》卷九十五）

(9) 十一月甲戌朔，诏宰臣、参知政事依旧许令骑马入中书大门，至逐厅下马。（宾语例）（《续资治通鉴长编》卷四十七）

(10) 颁诸州新定格式、律令，请委逐处各差法直官一人，专掌检讨。（兼语例）（《旧五代史》卷四十三）

该时期有三种特殊的逐指形式，是"逐 X"与数量词重叠式的糅合（沈家煊，2006）。(1)"逐 XX"。如"逐个个、逐事事"等；(2)"逐 X 逐 Y"，如"逐事逐物、逐件逐事、逐句逐字"等；(3)"逐 XY"，如"逐个字、逐些零碎、逐件大事、逐一层"等。从现代汉语看，"逐 XX"和"逐 XY"不再使用，"逐 X 逐 Y"产生了"逐 X、逐 Y、逐 Z……"的变体。三种格式反映出"逐"已泛化使用，语法化程度较深。

1.3　稳固期：词汇窄化与描摹功能单一化

明清时期，"逐 X"各方面趋于稳定。句法上，状位化加强，其他句法位置很难再容纳"逐 X"；词汇上，整体数量减少，少数词语成为专职副词，发展出表达"渐变"方式义的描摹功能。

表3　明清时期典型文献"逐X"结构搭配表　　单位：个

文献	数词	+名词		+量词		
		时间名词	其他名词	个体量词	集合量词	动量词
三国演义	6	0	0	0	0	0
西游记	4	12	0	0	0	0
二刻拍案惊奇	6	13	0	22	1	1
醒世姻缘传	3	30	2	24	1	0
儒林外史	1	7	0	3	0	0
红楼梦	1	0	0	2	1	1
总计	21	62	2	51	3	2

　　据上表，"逐X"主要成员用频为：日逐[2]（31）＞逐日（28）＞逐一（22）＞逐件（14）＞逐个（9）＞逐年（1）＝逐时（1）＝逐步（1）＝逐次（1），用作状语的比例为98%，定语为2%。可见，至此"逐X"的定语功能完全萎缩。明清时"逐"结合能力减弱，各词性间，量词性X减少，集合量词仅剩"逐队、逐瓮、逐对"等数例，时间名词和量词比例相当，数词和副词比例抬升，该趋势延续至今。从《四世同堂》《家春秋》《平凡的世界》《看上去很美》《五星大饭店》《蛙》看，"逐X"共33例，全部充当状语，典型成员为：逐一（10）＞逐步（6）＞逐个（4）＞逐日（2）＞逐年（1）。

1.4　"逐X"的历时演化规律

1.4.1　语法化和词汇语素化

　　"逐X"经历了"跟随→伴随→指称→方式"的语法化过程。"跟随→伴随"是一条有普遍意义的语法化模式（Heine & Kuteva，2007/2002），在音韵环境和词义演化因素的影响下，"逐"从"跟随义"变为"伴随义"，通过语义共振（马清华，2005）吸收了

"随"的语义特征,产生介宾结构,继之脱离对称语境,发展出能独立运用的"逐十量词"结构。

唐代中后期的"逐日、逐月"有两可解释,可重新分析(reanalysis),部分仍可释为"随、按"。如:

(11) 当须可随则随,逐时而用,所利则大,故云"随时之义大矣哉"!(《周易正义·上经随传》卷三)

同时出现了"每"义的新用法。如:

(12) 鸡逐日不下树,其邑必有水忧。(《京房易候》)

宋元"逐 X"语法化程度深化,如前所述,一方面,用例呈规模化发展,以调查文献单位长度的用频计算,宋元时"逐 X"的平均数量较之唐代扩张了16倍;另一方面,"逐 X"成为指称结构,出现"逐十名量词/动量词""逐十时间名词/地点名词""逐十数词"等多样化搭配形式。介宾结构向指称结构的转变是一个转喻操作,即介宾结构"Y 逐 X"的认知图式中的前项 Y 背景化,后项 X 得到了更显著的注意焦点。

"逐"早在唐代就已是词内单位,如例(12)。出现在否定副词"不"前面,表明"逐日"已成为副词,"逐"是词内语素。随着"逐"的意义虚化,直到完全变成"虚语素",其搭配范围先扩大后缩小。元以后,"逐 X"用例收缩,明清出现锐减,最终"逐步、逐个、逐日、日逐"稳固下来,成为"逐 X"表达方式义的词汇主体③。"逐 X"从短语结构降格为副词,这同时也是"逐"语素化的过程。

综上,"逐 X"的语法化模式可概括如下:

表4　"逐 X"历时演化情况表

	萌发期	形成期	发展期	稳固期
存在时期	春秋→魏晋南北朝	魏晋南北朝→唐代	唐代→元代	明代至今
功能意义	跟随	伴随	指示	方式

	萌发期	形成期	发展期	稳固期
结构句式	逐+X	S_1([逐+X]+VP),(S_2)	VP+[逐+X] [逐+X]+VP [逐+X]+NP	[逐 X]+VP
句法功能	谓语	状语	状语、主语 定语、宾语	状语
要素性质	动词	介词	代词	自由语素

需要注意的是,"逐"的演化不是一个连续虚化的过程,而是经历了"实词→虚词→实词→虚语素"的曲折变化。

1.4.2　概念范畴化

生成语法认为指称结构是一类具有限定性语义特征的名词性短语(何元建,2011),"逐 X"对所指称的集合类名词起量化限定作用。那么,历时看,量化义从何而来?董正存(2015)认为"Y逐 X"结构产生量化义的前提是 X 具有复数意义且内部离散,董文援引了"逐垄、逐月、逐年"三例。该观点值得商榷。首先,"逐月"首见于公元 652 年,"逐垄"首见于公元 880 年,两者相差两百多年,很难同时催生出"逐"的新义项。其次,"逐日/逐月/逐晨/逐夜+VP"中时间词的复数意义既不显豁也非必然存在。实际上,指示代词做名词的修饰语时,必须标识其单复数性质,而零标记正是名词单数表达的一种手段(石毓智,2003)。

我们认为"逐 X"的"量化义"起源于先秦汉语单音节名词作状语表达"每、逐"义的语言现象(太田辰夫,2003)。魏晋以降,单音节状语需要通过语法或词汇手段双音化,"逐 X"便是一例。如:

(13) 王叔和曰:伤寒之病,逐日浅深,以施方治。(《伤寒论》)

也即,"逐"结合的是带有状位属性的,而非纯粹词汇意义上的名词。这也解释了"逐＋名词"结构名词前不用数词的原因。同时,北宋以后量词趋于成熟,量词具有把对象离散化的个体化功能(大河内康宪,1993),与指称功能存在密切关系(刘丹青,2012),量词与指示词"逐"连用,成为带有复数色彩(plural idea)的指称结构。

1.5 "逐 X"的语法化过程也就是其概念范畴化的过程。总体来看,在"跟随→伴随→指称→方式"的语法化链条上,从实义性的语言结构到带有抽象概念的一簇词汇,"逐 X"形成了逐指的范畴形式。其中,"逐"与状语位置的单音词汇结合获得指称义,是生成逐指概念的关键环节。

2. 成员比较与范畴意义

本章首先从句法、语义及语用三个角度比较"逐 X"与"每 X""XX/一 X(一)X"重叠式等五种形式的性质差异,然后归纳出逐指的范畴意义。

2.1 句法、语义和语用的差异

我们选取历代典型文献统计对比,以考察各逐指形式的使用情况,图表如下:

表 5 逐指形式用况对比表　　　单位:个[④]

朝代	文献出处	每 X	XX	一 XX	一 X一 X	逐 X
晋	世说新语	2	10	0	0	0
	搜神记	6	10	0	0	0
	后汉纪	6	14	0	0	0

朝代	文献出处	每 X	XX	一 XX	一 X 一 X	逐 X
唐	兵要望江南	0	8	0	1	1
唐	朝野金载	21	12	0	0	0
唐	酉阳杂俎	31	14	0	0	1
宋	苏轼文集	162	185	0	0	110
宋	太平广记	329	184	0	0	6
宋	朱子语类	243	1135	1	4	385
元	南村辍耕录	32	32	0	0	9
元	宋史	291	113	0	0	119
元	西厢记	6	10	4	0	1
明	二刻拍案惊奇	36	144	15	6	48
明	西游记	49	166	165	3	19
明	喻世明言	72	131	16	0	22
清	儿女英雄传	38	69	64	12	10
清	红楼梦	182	242	16	34	8
清	儒林外史	139	43	29	18	13
现代	家春秋	239	134	18	152	52
现代	四世同堂	154	51	31	31	14
现代	平凡的世界	298	68	69	22	26

2.1.1　句法性质

逐指形式在唐代以前用例稀少,宋元时发展迅速,明清有所降低,并保持稳定至今。除谓语外,逐指形式主要充任状语、定语、主语,古代以作状语和主语为主,现代则转为状语和定语成分居多。唐代以来,用作状语的比重不断降低,现代汉语中逐指形

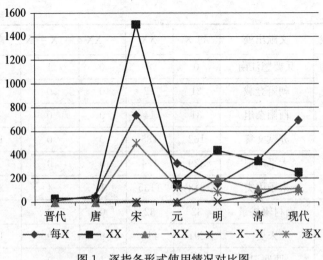

图1　逐指各形式使用情况对比图

式的句法分布情况是：状语(58％)＞定语(35％)＞主语(7％)。

　　充当状语的逐指形式，唐代及以前为每 X 和 XX 两种，比例相当；宋元两代增加了逐 X，每 X、XX 和逐 X 出现比例为 2.9：2.6：1；明清时状语位置新增"一 XX"和"一 X 一 X"两种重叠式，其用频低于逐 X。在状语位置，现代汉语"每 X"首次超越"XX"跃居首位，五种形式用频相对比为：每 X(11.8)：XX(8.2)：一 X 一 X(8.1)：逐 X(3.8)：一 XX(1)。宋元时逐指形式主语位置分布率为 16％，主要是 XX 形式(96％)。明清时主语位置分布率为 25％，由"一 XX"(50％)、"XX"(33％)、"每 X"(17％)三种组成。现代汉语中，除逐 X 以外的逐指形式都可作定语，其中又以"每 X"(76％)最多，"一 XX"(14％)较多。

　　具体而言，五种形式表现各有不同。每 X 在古代汉语中主要充当状语成分(73％—93％)，现代则均衡分配于定语(53％)和状语(41％)。逐 X 在宋元时用例广泛，明清以后则近 100％用作状语。三种重叠式之间存在某种程度的关联性，"一 XX"和"一 X 一

X"在明清时高频出现,同时,XX以50％幅度下降,现代汉语比例达到均衡,为XX(2):一XX(1.7):一X一X(1)。在句法功能上,除"一X一X"绝大多数充任状语成分以外,"XX"与"一XX"功能分散,"XX"多充任状语(78％),"一XX"多充任定语(56％)。

2.1.2　语义性质

引入"指称/陈述"两分结构进行语义特征分析。

表6　逐指形式语义特征分析表

逐指形式	指称		陈述	
	定指	不定指	描摹	限制
每 X	＋	－	－	＋
XX	＋	－	－	＋
一 XX	＋	＋	＋	－
一 X 一 X	＋	＋	＋	－
逐 X	＋	－	＋	－

(说明:"＋"表示有此性质,"－"表示无此性质。)

逐指形式限定后项名词,具有指称含义。逐指形式均是有指成分,所指事物要么在上下文语境中显性存在,要么可通过回指法还原出来,不存在非实体的无指对象。"一XX"和"一X一X"有定指和不定指两种用法,既可明确指称既定对象全体中的每项个体,又可指称部分个体。定量来看,二者的指称功能分布率不同,"一XX"不定指用法的使用率是87％,定指用法为13％,"一X一X"主要用在状语位置,表达陈述性功能,在指称方面,其不定指用法使用率为82％,定指用法为18％。"XX"和"每X"具全称量化义,是定指的[5]。"逐X"也是定指的,如下:

(14) 赵匡胤称帝后,采用先南后北的方针,<u>逐个</u>消灭了<u>荆南、湖南、后蜀、南汉、南唐</u>等国。

(15) 从六七岁起,<u>乳牙逐个脱落</u>,长出恒牙。

(16) 婺源俗：豕必方切大块。首蹄肝肺心肠肚尾肾等，每件<u>逐位</u>皆均有。（《朱子语类·卷九十》）

在指示方向上，"逐 X"可后指，如例（14）；也可前指，如例（15）（16）。指称对象可以是上下文中明确出现的实指成分，如例（14）（16）；也可为泛指成分，如例（15）。这些类型都能在语境中辨认出来，是定指成分。

描摹和限制是状语的两个主要语义功能，五种逐指形式均能出现在状语位置，表达话语的陈述功能。"每 X"为限定成分，袁毓林（2012）、陈振宇、刘承峰（2012）已有论及。说话人用"XX"时，并非仅称谓名词对象，而是复量指代个体对象，意在强调个体均具有谓项属性，"XX"是对全句句法语义起约束作用的限制性状语成分。如"他们个个买了保险"一句"个个"的逻辑表达式就可写为：

$$\exists X[[X=他们]\,\&\,\exists P[[P=买了]\,\&\,\exists Y[[Y=\{保险\}]\,\&\,P(X,Y)\,\&\,\forall Xi[[X_i\in X]\rightarrow[P(X_i,Y)]]]]]$$

"一 XX/一 X 一 X/逐 X"均作描摹性状语，由于说话人观测角度的不同，三者在语义内容上指向施事、受事、工具、成事、止事，以及动词核心等成分，在指向功能上表现出参与对象和动作行为在时间、处所、程度、幅度、频度以及认知扫描等方面的序列性。"一 XX/一 X 一 X"属于具体方式类（何洪峰，2012），描摹变化情态，用于直陈语气，而"逐 X"是非情态性的，属于抽象方式类，多用于虚拟语气。在降格述谓结构的句法环境（如：<u>逐个环节</u>抓管理）和政论/科技/经济类文体语境（如：各级领导……扑下身子深入基层，<u>逐项、逐件、逐单位、逐人</u>地去落实）下，"逐 X"更为适用。

2.1.3　语用性质

逐指形式有多重语用表现。首先，数量重叠式具有象似性，能直接仿拟事物情态，有比喻形象性色彩，"一 XX"表现为轻快和紧张,"一X一X"表现为庄重和凝重(马贝加、张丽敏(2001),宗守云(2010))。其次,逐指形式在语句表层对限定项构成了一个"词语语境"。Stanley&Szabo(2000)认为,所有的全称量化短语都具有指示性(indexical),它们都有一定的指示范围,如"所有同学"会随谈话语境以及说话人的不同发生改变。西槙光正(1992)也认为量化词形成了"词语语境",在语用上具有表达范围上的制约能力。再次,仿拟情态和范围限制还是就表层语境而言的,只是显性的语用意义,而逐指的深层语用义则存在于认知语境。Langacker(1997)指出,认知与语境之间是相互作用的。语境并非完全客观存在,而是与人的概念系统具有互动关系。我们观察到,许多用例不作认知分析便难以解释。如:

(17) 小红烫的头发<u>一卷一卷</u>的。/＊小红烫的头发<u>一卷卷</u>的。

(18) <u>一辆一辆</u>的汽车驶过门口。/<u>一辆辆</u>的汽车驶过门口。

　　同样是对名词对象的描述,前句组不可用"一XX"格式,后句组则通用。从认知上看,在观察者眼中,烫发的层次局部上可以分别,整体看起来就难于分辨,而行驶中的汽车则呈现离散化的先后顺序。这种差异也并不只是由事物本身的情态决定的,另如在"杨家将＿＿＿＿＿都是英雄"的表述中,"XX/一XX/一X一X"均适用。选择哪个主要取决于说话人用何种"心理距离"来描述对象。认知视角决定了指示对象和范围的不同。

2.2　逐指的范畴意义

　　张旺熹(2006)认为量词重叠式逐量表达的决定性因素是时间的一维性。其实不然,即使在状语位置,也有诸如"梯田<u>一层一层</u>地向上蜿蜒盘旋"一类的空间性表达。逐指是平行于时间、空间的一种概念。Violi(2000)认为每一个词项总是隐含地被指向一个由心智中知识和经验构成的标准语境。我们认为逐指是以群指为基本功能,以个体量化意义为核心意义的语法范畴,它激活了指称群体的心理操作,创造了集群指称的标准语境。各逐指形式指称方式不一,是由认知的方向和细度差异造成的,"每 X"表"群体单指",凸显个体;"逐 X"表"群体连指",凸显个体关联;数量词重叠式存在"宏观/中观/微观"的视域差异,其中"XX"表"个体全指","一 XX"表"个体复指","一 X 一 X"表"个体单指",宏观视域下仅能见出客观对象存在内部离散,而越趋微观,越能辨识个体。视域宽窄和个体凸显度的反比关系构成了逐指的认知基础。

同是指称集群事物的基本范畴,逐指不同于"遍指"。遍指形式包括(1)与"都/也"共现的疑问代词(谭永祥(1980),李临定(1982));(2)"一个也没"等否定小量表达式(陆俭明,1986);(3)量词重叠(李晋荃,1981)。遍指强调周遍性,其核心意义在于凸显集群事物的全体。据孙维张(1990),遍指的相对概念当为偏指。就逐指而言,(1)无论是"每/各"(马建忠,1983)、"人人/事事"等名词重叠式(萧迪忱,1956),还是"个个/一个个/一片一片/一阵一阵"等数量词重叠式(黎锦熙(1986),田文玉(1985)),逐指凸显的不只是全体,还包括集群的组成部分—个体以及个体的关联性,如"一 X 一 X"由作为个体的"一 X"和表现个体复叠的重叠语法手段组成。(2)"一 XX、一 X 一 X"做定语和状语时,并非全称量化,无法具备遍指义。(3)李晋荃(1981)等把"XX"量词重叠式归入遍指,我们则认为"XX"常与"都"共现,不是简单地遍指复数名词,而是对句子语义的一种逐指性(distributive)操作,宜归入逐指一类。

3. 结语

本文以逐指范畴为研究对象,研究其形式演化和意义内涵问题。

首先，"逐X"是逐指范畴的基本成员。"逐X"本身包含一簇语言单位，典型成员包括公元7世纪产生的"逐日"，8世纪产生的"逐件"，10世纪产生的"逐人"，11世纪产生的"逐一、逐个"，12世纪产生的"逐事、逐步"等。"逐X"经历了"跟随→伴随→指称→方式"的语法化过程。其中唐末"逐X"结合了状语位置的单音节名词，是"逐X"产生对集群事物量指称义的关键。

其次，逐指范畴形式存在家族相似性分布特征。范畴核心内涵是"以个体量化为核心意义，表达群指基本功能"，同时，逐指成员具个性意义。从指称上看，五种形式都可作定指成分，"一XX"和"一X一X"还有不定指用法。从陈述功能看，"每X"和"XX"是限制性状语成分，而"一XX"、"一XX"和"一X一X"是描摹性状语成分。从认知视角上看，"每X"表"群体单指"，"逐X"表"群体连指"，"XX"表"个体全指"，"一XX"表"个体复指"，"一X一X"表"个体单指"。这种差异是由语用竞争关系造成的，"逐""每""XX/一X(一)X重叠式"等几种形式构成了在语素层、词汇层、结构层表达逐指范畴的主要外延。

附注

① 据徐时仪(2000)，《朱子语类》是朱熹门人弟子记载的朱熹讲学语录，由于是边听边记，往往是直接记录朱熹的原话，保存了大量活的口语。
② "日逐"产生于五代时期，与"逐日"是一对逆序同义词，现代汉语已不再使用。
③ 也曾出现"逐"单独表示"逐个"义的"逐问"(《史记·秦始皇本纪》)、"逐细"(《红楼梦》)等，但近乎孤例，本文不作讨论。
④ 本次调查对文献的选择兼顾文本的典型性、长篇幅和调查对象的高频性三个标准。
⑤ 司富珍(2009)：除"天天"等表时间成分外，大部分周遍性主语为逻辑宾语，在生成上具有宾语转换(object shift)操作，由"新信息""有定性/定指性"、焦点等语义解释所驱动。

参考文献

陈平　1987　释汉语中与名词性成分相关的四组概念，《中国语文》第 2 期。

陈振宇　刘承峰　2012　谓词前后不对称与"都"字句，《语言研究和探索》
　　（十六），北京：商务印书馆。

[日]大河内康宪　1993　量词的个体化功能，载大河内康宪主编《日本近、
　　现代汉语研究论文选》，北京：北京语言学院出版社。

董正存　2015　汉语中序列到量化的语义演变模式，《中国语文》第 3 期。

郭继懋　1999　再谈量词重叠形式的语法意义，《汉语学习》第 8 期。

郭艳瑜　2013　《现代汉语量词重叠式生成语法研究》，北京大学硕士学位
　　论文。

何洪峰　2012　《汉语方式状语研究》，北京：中国社会科学出版社。

何元建　2011　《现代汉语生成语法》，北京：北京大学出版社。

华玉明　1994　试论量词重叠，《邵阳师专学报》1994 年第 3 期。

黎锦熙　1986　《比较文法》，北京：中华书局。

李临定　1982　名·动句变换分析，《语言研究》第 2 期。

李晋荃　1981　动词前面不是宾语的位置——试谈"前置宾语"问题，《苏州
　　大学学报（哲学社会科学版）》第 2 期。

李文浩　2010　量词重叠与构式的互动，《世界汉语教学》第 7 期。

刘丹青　2012　所谓"量词"的类型学分析，http://www.blcu.edu.cn/cscsl_
　　y/newworks/liudq.doc。

刘月华　1983　状语的分类和多项状语的顺序，《语法研究和探索》（一），北
　　京：北京大学出版社。

卢卓群　2000　名词重叠式的历史发展，汪国胜、谢晓明、邢福义《华中语学
　　论库（第二辑）——汉语重叠问题》，武汉：华中师范大学出版社。

吕叔湘　1982　《中国文法要略》，北京：商务印书馆。

———　1999　《现代汉语八百词》增订本，北京：商务印书馆。

陆俭明　1986　周遍式主语句及其他，《中国语文》第 3 期。

麻爱民　2014　汉语量词重叠式历时发展研究，《语言研究》第 10 期。

马贝加、张丽敏　2001　汉语量词比喻用法初探，《语文研究》第 2 期。

马建忠　1983　《马氏文通》，北京：商务印书馆。

马清华　2005　《并列结构的自组织研究》，上海：复旦大学出版社。

彭睿　2009　语法化"扩展"效应及相关理论问题，《汉语学报》第 1 期。

司富珍　2009　《多重特征核查及其句法影响》，北京：北京语言大学出
　　版社。

沈家煊　2006　"糅合"和"截搭"，《世界汉语教学》第 4 期。

宋玉柱　1981　关于数词"一"和量词相结合的重叠问题，《现代汉语语法论集》，天津：天津人民出版社。

孙维张　1990　论语义范畴系统的建构，《吉林大学学报》第 1 期。

谭永祥　1980　关于"宾语前置"的问题，《安徽师大学报（社会科学版）》第 1 期。

田文玉　1985　略论"一量状语"的语法意义，《华中师院学报》第 1 期。

石毓智　2002　论汉语的结构意义和词汇标记之关系——有定和无定范畴对汉语句法结构的影响，《当代语言学》第 1 期。

——　2003　汉语的"数"范畴与"有定"范畴之关系，《语言研究》第 2 期。

［日］太田辰夫著，蒋绍愚、徐昌华译　2003　《中国语历史文法》，北京：北京大学出版社。

王宇　1990　古代汉语的量词作状语问题，《古汉语研究》第 4 期。

吴福祥　2006　《语法化与汉语历史语法研究》，安徽：安徽教育出版社。

［日］西槙光正　1992　《语境研究论文集》，北京：北京语言学院出版社。

萧迪忱　1956　《复音语词连写的条例》，《拼音》第 2 期。

徐时仪　2000　略论＜朱子语类＞在近代汉语研究上的价值，《上海师范大学学报》第 4 期。

袁毓林　2012　《汉语句子的焦点结构和语义解释》，北京：商务印书馆。

詹卫东　2004　范围副词"都"的语义指向分析，《汉语学报》第 2 期。

张定　2016　"追逐"动词语义图，《当代语言学》第 1 期。

张恒悦　2012　量词重叠式的语义认知模式，《语言教学与研究》第 4 期。

张谊生　1999　现代汉语名词的 AABB 复叠式，《徐州师范大学学报》第 1 期。

张旺熹　2006　《汉语句法的认知结构研究》，北京：北京大学出版社。

周芍　2010　量词"层"和"重"语义对比分析，《汉语学习》第 4 期。

宗守云　2010　《集合量词的认知研究》，北京：世界图书出版公司。

Heine, Bernd & Tania Kuteva 2007/2002 *World Lexicon of Grammaticalization*. Cambridge University Press. 中译本《语法化的世界词库》，龙海平、谷峰、肖小平译，洪波、谷峰注释，北京：世界图书出版公司，2012 年。

Langacker, R. W. 1997. The Contextual Basis of Cognitive Semantics. Nuyts & E. Pederson. *Language and Conceptualiztion*. Cambridge. Cambridge University Press.

Stanley，J. & Z. Szabo. 2000. *On Quantifier Domain Restriction*. Mind and Language，(15).

Viola. P. 2000. *Prototypicality，typicality，and context//ALBERTAZZI L. Meaning and Cognition*. Amsterdam：John Benjamins. Huangquantitication and predication in mandarin Chinese.

（原载《汉语学报》2018 年第 2 期）

汉语副词"动不动₂"的共时考察

刘彦琳(上海市嘉定区金鹤学校)

0. 前言

对外汉语教学过程中发现,副词"动不动₂"在相关例句中出现在状位,语义模糊,较难概括,学生在认知过程中存在困难。但是已有的相关研究较少且缺乏对副词"动不动₂"的细致分析。因此本文拟对副词"动不动₂"进行全面描写和考察,通过共时分析得到副词"动不动₂"的句法功能、语用功能、语义特征。并尝试在"X 不 X"模型下通过对比获得副词"动不动₂"的独特性。

1. "动不动"的词典义考察

通过查阅部分常用词典,发现辞书对"动不动"和相关词语的释义各有出入。例如下表:

表1　常用词典对"动不动"的相关释义

词语	词典	释义	附加义
动不动	《现代汉语词典》(第7版)	副词,表示很容易产生某种行为或情况,常跟"就"连用。	多指不希望发生的。

词语	词典	释义	附加义
动不动	《汉语大辞典》	副词,比喻某种现象频繁发生,一般跟"就"连用。	常含厌烦义。
动不动	《现代汉语八百词》	一种表示一般的疑问;另一种是固定短语,表示极容易作出某种反应或行动。	多用于不希望发生的事。
动	《古汉语常用字字典》(第5版)	副词,动不动,常常。	无
动辄	《现代汉语虚词词典》	表示很容易从事某项活动,相当于"动不动"	常常有不情愿的意味。

词典收录差异表现在:一是是否被列为词条;二是释义内容差异,包括附加义和与"就"共现情况等。除释义外,副词"动"和"动辄"关系较为密切。通过教材和词典收录情况,"动不动"有两种情况:一是"动"和"不动"组成表疑问的联合短语"动不动₁";二是有语法和词汇意义的副词"动不动₂"。

2. 副词"动不动₂"的共时分析

词典释义中,副词"动不动₂"一般跟"就"共现连用。实则副词"动不动₂"前后存在更多成分,句法位置更丰富。释义上,不同情况下凸显的语义重点及倾向有所不同。以往较多关注副词"动不动₂"后面成分,以下将共时分析副词"动不动₂"前后成分,全面考察句法环境探讨其句法功能。

2.1　副词"动不动₂"的句法功能

副词"动不动₂"句法功能丰富,句法位置相对固定,前后出现较多成分。前面有体词性成分、谓词性成分、其他成分(主要指连词和副词),成分可单独出现,也可同时出现。后可出现词或短

语、小句和复句。(位置的前后并非和"动不动₂"相邻,是相对位置)例如:

(1) 北方佬到了梅肯,她吓得动不动就晕过去,难道不是我一直在保护她?(玛格丽特·米切尔《飘》)

(2) 此人是本堂区财务管理委员,可这是个动不动就哭的笨蛋。(司汤达《红与黑》)

　　例(1)外层是主谓结构,谓语是述补结构,"动不动₂"构成状中结构作谓语的补语。"动不动₂"前有体词性成分、谓词性成分,后有副词和短语。例(2)"动不动就哭"作定语,整个定中短语作宾语,小句前"可"表小句间转折关系。因此副词"动不动₂"前后可出现的成分较多。

　　副词"动不动₂"修饰谓词性成分为主,具有"附谓性"或"述谓性"。根据BCC语料库中的627条语料,副词"动不动₂"后是动词的语料有73条(11.6%),后述动词主要有两类:动作动词52条(8.3%)和心理动词有21条(3.3%)。但副词"动不动₂"后是动词短语的语料较多,而且短语类型分布特征明显,初步统计得到如下表:

表2　副词"动不动₂"后述成分情况

短语类型	动词				名词	其他	小计	共计
	行为	心理	存在变化消失	判断				
述宾	214	9	8	8		0	239(38.1%)	
状中	97	5	0	0		0	102(16.3%)	
连动	40	0	0	0		0	40(6.4%)	
述补	34	3	2	0		0	39(6.2%)	489(78.0%)
定中	24	3	2	0	3		32(5.1%)	
联合	27	3	1	0		0	31(4.9%)	
兼语	3	0	3	0		0	6(1.0%)	

短语 类型＼词类	动词				名词	其他	小计	共计
	行为	心理	存在变 化消失	判断				
其他	102	27	4	0	0	5	138(22.0％)	138 (22.0％)
小计	541	50	20	8	3	5	627(100％)	627 (100％)

后述成分是短语的语料占 78.0％。短语类型主要以述宾为主占 38.1％,短语中绝大部分是动作动词。短语按照出现频率从高到低依次为:述宾＞状中＞连动＞述补＞定中＞联合＞兼语。因此"动不动$_2$"后短语语义首先强调施受关系,体现施事对受事的作用;其次注重动作的描述或伴随性状态;最后是动作连续性行为、结果、动作主体等。

2.2　副词"动不动$_2$"的语用功能

副词"动不动$_2$"具有丰富的语用功能,以下主要从语篇衔接、句类表征、焦点凸显三个方面进行考察。衔接方式分内部显性和外部隐性衔接。句类主观量和句类的出现频率有关,"动不动$_2$"可以凸显句子内部信息强度最高的成分。

2.2.1　语篇衔接功能

语篇连贯性离不开语言衔接作用。一方面语篇内部语言形式之间发挥衔接机制产生联系,发挥逻辑衔接作用。另一方面语篇外部情境因素作为非语言特征部分,为内部衔接机制提供背景知识,发挥情感衔接作用。二者互为补充,最终形成内部连贯和外部连贯的完整语篇。

"动不动$_2$"非连词,不同于一般连接词,但句法位置固化使连接作用越来越明显。作为语段重要环节,具有独特衔接方式,尤其当"动不动$_2$"位于句首时,发挥显性衔接功能,与其他成分共现,联结其他小句,体现小句间语义联系,构成具有连贯性语段甚至语篇,达到交际目的。Halliday 和 Hasan(1976)将篇章衔接划分为四类,分别是:增补型、转折型、原因型、时间型。"动不动₂"小句主要为中心语义构成"增补型"手段,还有部分"转折型"手段。例如:

（3）他满头棱角,<u>动不动</u>触犯人;又脾气急躁,止不住要冲撞人。（杨绛《记傅雷》）

（4）我的亲亲,对我来说,你的幸福是高于一切的,虽然咱们<u>动不动</u>就吵!（托马斯·哈代《无名的裘德》）

增补内容可以是事件结果、具体表现等,中心句可前可后。例（3）满头棱角的结果会触犯别人。例（4）副词"动不动₂"表转折型手段时语境中出现两种对立情况,此类语料较少。表增补型手段时中心句可隐可现,小句语义一致连贯。但是当副词"动不动₂"位于在句中时,前面出现谓词性成分和体词性成分,小句之间的显性逻辑联系较弱,需要情感衔接发挥相应的作用,情境语境和文化语境作为外部衔接方式,可以使"空环"意义得到解码。例如:

（5）你想想宋明礼教的时候,比如说女人,年纪轻轻的丈夫死了……那时候的女人为什么<u>动不动</u>殉葬?她丈夫一死,她做烈女,节烈女,她就死了,她就殉葬了……（梁东《梁冬对话王东岳》）

因此"动不动₂"发挥隐形衔接功能,使相关主观性表更丰富。情境中交际双方认知背景不同,通过激发认知过程完成识解,是有言语效果的言语行为。隐性衔接情感衔接作用强,使意义连贯。语段通过隐性链接实现有效性,由语篇上下文意义和空缺语境意义共同组成。

2.2.2　句类表征功能

"动不动₂"作为有连接作用的副词,基本的功能是结构和语义上的衔接,在语篇衔接功能的基础上,基于语料发现,副词"动不动₂"在语篇中的不同句类之间分布存在差异,不同的句类表征功能产生丰富的语用功能。根据 627 条有效语料,不同句类出现频率从高到低为:陈述句 569 条(90.7%)>感叹句 24 条(3.8%)>疑问句 21 条(3.3%)>否定祈使句 13 条(2.1%)。句类凸显副词"动不动₂"语义特征,表现不同语用功能。例如:

(6) 他的母亲是个胖子,动不动就头晕,但还是忙着给人们做衣服挣些钱。(王祥夫《雨夜》)

(7) 他以前不也做过这种事吗?动不动就突然拿出一叠钞票给人家!(水桥文美江《东京仙履奇缘》)

(8) 女人为什么动不动就哭呢?我那么喜欢你。(江国香织《东京塔》)

(9) "你别动不动就发火呀!""你说我爸是什么人?"(莫应丰《将军吟》)

别晨霞、方绪军(2009)认为陈述句主要陈述事实或表达观点,本身无明显感情色彩,可容纳不同语义特征成分参与,具有较强的包容性。陈述句不压制副词"动不动₂"自身较强的主观性,可包含不同语义成分,如对动作轻易发生事实的描述如例(6)。感叹句较陈述句更易表达言者主观态度,不仅"动不动₂"小句表达情感强烈,邻近小句也表达言者态度,如例(7)感叹句前是反问句,自问自答,表达对行为的否定。疑问句形式上主观态度不直接,但主观量较丰富,持否定态度。例(8)形式上是特殊疑问句,对生气存在疑问,实则言者认为女人不应该哭,否定态度明显。否定祈使句中副词"动不动₂"表言者主观态度强烈,不仅传达出否定态度,还包含不满,如例(9)。

副词"动不动₂"在不同句类表征不同,出现频率从高到低为:陈述句>感叹句>疑问句>否定祈使句。言者视角参与表达的主观态度不同,一般情况下主观量从多到少大致为:否定祈使句＞疑问句＞感叹句＞陈述句。主观态度越明显，句类出现频率反而越低，符合礼貌原则，避免直接消极表述。同句类中"动不动₂"主观量也存在差异，因此取决于具体语言环境，但"动不动₂"的语义特征存在普遍性规律，表明动作行为特点，不同语境下凸显的焦点语义未发生变化。

2.2.3　焦点凸显功能

表评价的副词"动不动₂"在不同句类中主观态度有差异，但"动不动₂"凸显的焦点并未发生变化。陈兴（2014）指出焦点在句法上可作为短语特征标记。但"动不动₂"作为修饰性成分关联焦点，可以是词、短语或句子。"动不动₂"本身有实在意义可以重读，删略后句义必然改变。因此"动不动₂"是关联成分的标记成分，也是小句的焦点敏感算子（聚焦词/焦点化词）。刘探宙（2008）提出传统语法分类中副词是汉语焦点算子的主力军。

表评价的副词"动不动₂"作为焦点敏感算子，焦点域可以是词、短语、小句或复句。不仅可修饰限定后述动作行为，而且凸显所在的小句成为中心句的较高非必备条件。例如：

(10) 有属狗的，专擅讨好领导，爱好打小报告，动不动就咬人整人；有属鸡的，只会唱高调。（孙力、余小惠《都市风流》）

通常情况下"动不动₂"小句和中心句的关系形式上可概括为："动不动P，Q"或"Q，动不动P"。P表焦点成分，Q表中心句。例(10)中Q在P前，P的"咬人整人""专擅讨好领导"和"爱好打小报告"是并列关系，都是Q"有属狗的"的具体表现，P中"咬人整人"已不单表动作行为，内涵更丰富。P与Q逻辑关系是：P和Q关系是既不充分也不必要，但P是得到Q的较高非必备条件。对比其他并列小句，P和Q逻辑关系更易成立。

副词"动不动₂"和"就"共现有512条（81.7%）。"动不动VP"与"就"共现可以呈现更丰富的意义和内涵。词典释义表明

"动不动$_2$"常和"就"连用。"动不动 VP"与"就"共现可以呈现更丰富的意义和内涵。"动不动就 VP"中"就"位置固定灵活性小，可以省略，"就"是可以用来标记焦点成分的副词。白梅丽（1987）指从言者对情境的期望和评价角度看，"就"具有减值强调的负向性。因此副词"就"表示实际量少于预设既定量，强调评价的负向性。因此副词"动不动$_2$""就"都有焦点的负向评价性功能。焦点是跟预设或背景相对、令人感兴趣、有交际价值的信息中心。因此"动不动就 VP"结构的含义为：言者预设动作行为发生次数少或频率低，事实上却高频出现。"动不动就 VP"中"动不动$_2$"和"就"都可凸显焦点成分，但处于不同层次。张全生（2010）提出不排除一个句子有更多焦点，但只要处于不同层次，且满足一个层次一个焦点即可。具体如下：

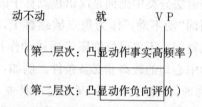

图 2　结构"动不动就 VP"的焦点层次分布

第一层次"动不动$_2$"凸显"VP"的实际高频率行为，第二层次"就"凸显言者对"VP"的负向评价。屈承熹（2005）认为评量副词常表达言者的态度意图，带言者预设，有时对听话者有想法预设，与认知和语境密切相关。因此表负向评价意义的"动不动$_2$"除修饰限定作用外，还带有预设属性。"就"的隐现不影响预设和评价结果。"就"共现时，显性标记负向评价。未共现时，隐含预设和隐性负向评价仍然成立。因此有无"就"语义和语用上无明显区别，但语音上起补足音节的作用，四字音节更朗朗上口。

2.3 "动不动₂"的语义特征

副词"动不动₂"具有丰富的句法功能和语用功能,但是离不开自身的基本语义特征。"动不动₂"具有基础语义特征、外层语义特征、高层语义特征。例如:

(11) 您今天晚上是怎么了,动不动人就没了呢?(纪德《帕吕德》)

(12) 她平日不是爱哭闹的孩子,可是现在动不动便哇的一声哭叫起来,发泄她小心眼中的委屈。(老舍《四世同堂》)

(13) 亮亮在村里,劳动不行,又会吃烟,动不动又发大火,又爱认个死理。(贾平凹《人极》)

副词"动不动₂"的基本语义特征[+反复性]主要客观描述动作行为,以陈述句为主,主观性成分参与较少,事件类型特征有三种情况:一是对已发生行为作总结,如例(11)。二是对客观持续性动作行为进行规律性总结,如例(12)。三是客观行为反复性较高,发生状态化和性质化,如例(13)。三种情况反复性程度呈现递增式。以[+反复性]为语义基础的外层语义倾向性表明是将来发生的可能性,但倾向义以客观现实为前提。[+倾向性]本是言者对动作预测,因此主观量明显增加。例如:

(14) 湘湘顿时火起。"你别动不动就发火呀!"(莫应丰《将军吟》)

(15) 我似乎不再让他觉得碍手碍脚,他也不再动不动就对我摆出冷冰冰的傲慢态度来。(夏洛蒂·勃朗特《简·爱》)

倾向性行为较多出现在对话语体的否定祈使句中,话语主体对高频率行为进行否定,建议将来降低动作频率,因此第二人称较常出现,如例(14)。客观陈述事实时,第三人称否定陈述句也可出现,如例(15),存在将来标记"不再"。以动作行为的[+反复性][+倾向性]客观语义特征为基础的高层语义[+评价性]主观

量最高。例如:

> (16) 孙老板心说,没这么容易罢?罗老板心说,<u>动不动</u>就打
>   人屁股,层次太低了罢?但是这两位都不说话,只有侯
>   老板说出来了:这不成。(王小波《青铜时代》)
> (17) 一个衣衫褴褛、野猫一样的面孔,满嘴醉话,<u>动不动</u>赌咒
>   骂人的家伙,却也要讲起什么名誉来了!(莎士比亚《温
>   莎的风流娘儿们》)

评价动作行为是方式,对动作行为或者事件主体进行否定是
目的。如例(16)动不动打人层次很低,不能接受和认可。例(17)
认为这样形象的人不应该讲名誉。评价性来源于主观性,因此具
有丰富的感情色彩。具有强烈情绪和态度的反问句和感叹句经
常具有评价义。

副词"动不动$_2$"具有基础语义特征[＋反复性]和外层语义特
征[＋倾向性]以及高层语义特征[＋评价性],语义特征客观量依
次递减主观量递增,形成连续统。句类表征中,一般陈述句主要
强调[＋反复性],否定祈使句主要强调[＋倾向性],反问句和感
叹句主要强调[＋评价性]。"动不动$_2$"语义特征概括为:动作行
为实际已具有反复性,话语主体对动作行为具有消极评价义,因
此言者建议降低动作行为频率和倾向性。句类表征强调的语义
特征各有倾向。

3. 副词"动不动$_2$"和"时不时"的比较

副词"动不动$_2$"形式上属"X 不 X",个例中仍存在和副词"动
不动$_2$"功能类似的"时不时",以下主要从句法、语义、语用方面考
察二者的差异化表现,进一步分析二者产生不同倾向性的原因。

3.1 句法表现

二者的句法表现主要从句法位置倾向和句法搭配差异来考

察并分析原因。

3.1.1　句法位置

句法位置是语义和语用功能的具体体现。二者部分句法环境类似，但仍存在差异。句法位置采用林璐（2018）划分方式：句首位、句中位、句末位、插入语。

BCC 语料库"动不动₂"627 条，"时不时"460 条。首先二者后述体词性成分较少，均有 3 例。然后二者后面都存在无实词的语料，分别是 3 例和 4 例。其次"动不动 2"和"时不时"前无成分的语料分别是 318 条（50.7%）和 168 条（36.5%），前面存在主语的语料分别是 235 条（37.5%）和 231 条（50.2%）。副词"动不动₂"在句首的语料多于"时不时"，有主语的语料少于"时不时"。最后二者后面的成分以短语为主，分别是 489（78.0%）和 417（90.7%）。"动不动₂"后述其他成分具体情况是：动词 73（11.6%）＞小句 59（9.4%）＞复句 3（0.5%）。"时不时"后其他成分情况是：小句 23（5.0%）＞动词 9（2.0%）＞复句 6（1.3%）。因此通过对比副词"动不动₂"句用法更显赫，倾向于句首位，"时不时"倾向于句中位。

林璐、宋盼盼（2018）提出副词与话题相关易位于句首，位置体现主观性差异，由强到弱为：插入语＞句首＞句中＞句末。话语主体主观性强于事件主体主观性，二者体现感知主体主观成分参与程度的差异。"动不动₂"小句主观性倾向强于"时不时"，位置倾向呈现出差异性。对立概念划分往往相对，呈现连续统状态，非典型成员外部语义特征处于渐变状态，语用需求下会向对立面转化，因此少数"时不时"在外围性状语的句首位置，可单独作状语。少数副词"动不动₂"也会出现在内在性状语的句中位置。

3.1.2　句法搭配

副词"动不动₂""时不时"前后常出现的词、短语、小句、复句。通过考察 460 条"时不时"语料和 627 条"动不动₂"语料发现：首先"时不时"后述动词分别是行为动词 426 条（92.6%）＞存在变化消失动词 19 条(4.1%)＞心理动词 7 条(1.5%)＞判断动词 1 条(0.2%)。后述体词性成分有 3 条语料,4 条语料后无实词。"动不动₂"627 条语料中行为动词 541 条(86.3%)＞心理动词 50 条(8.0%)＞存在变化消失动词 20 条(3.2%)＞判断动词 8 条(1.3%)。3 条语料后述是体词性成分,3 条语料后无实词,2 条语料是形容词性谓语句。"时不时"和"动不动₂"后动作动词都占绝对优势,但"时不时"后动词动作性更强,动作属性更明显。而且"时不时"后动词呈现出部分差异,首先存在动词重叠式,后面动词可表动作重复发生但短时完成。其次"时不时"后动词短语中会出现如"一下""一次""点""个"等表动作少量意义的补语或定语。与"时不时"具有时间属性有关,指向谓语中心的动作具有[＋反复][＋短时]特征。

其次经统计,其他部分搭配成分情况如下表:

表3　副词"动不动₂"和"时不时"前后其他成分

动不动₂	前成分	表示否定	不、别、没、未
		连　词	而且、却、或者、可、甚至、所以、要么、以至
		副　词	反正、为什么、老是、怎么、往往、总是、倒是
		能愿动词	会、可以、能、要
	后成分		就、便、还、又、地
时不时	前成分	连　词	并(并且)、却、而且、尽管、然后、甚至、所以、因此、因为、因而
		副　词	便、还、竟、仍(仍旧/仍然)、反倒、就、又、老是、都以后、只、倒、更、已经、总是
		能愿动词	会、可以、能、要
	后成分		地

"时不时"前面连词和副词种类较多说明可出现在更丰富的逻辑关系中,连接性功能更强。并且"时不时"后加"地"的语料较

多,说明"时不时"具有较强修饰性和描写性。欧阳斌(2016)指出副词加"地"表明副词具有描写性基因可表情态。最后二者前面都可出现能愿动词,"时不时"前能愿动词以认识情态为主。"动不动₂"也可表认识情态,并且常出现能愿动词否定式表道义情态,和出现在否定祈使句和否定陈述句中有关。

最后副词"动不动₂"和"时不时"后小句和复句较少,"动不动₂"后小句 59 条,复句 4 条。"时不时"后小句 23 条,复句 6 条。小句情况呈现部分差异性。"动不动₂"后主谓小句 35 条(59.3%)＞把字句 18 条(30.5%)＞被字句 6 条(10.2%)。"时不时"把字句 10 条(43.5%)＞被字句 7 条(30.4%)＞主谓小句 6 条(26.1%)。"动不动₂"后小句情况差距较大,"时不时"各类小句相对均衡。

主谓句式无标记,原型施事语义特征没有限制。把/被字句是有标记句式,有强调的内容。张伯江(2000)指出,把/被字句要求非光杆形式,后带表结果意义的词语,表达事件带来变化,相对主谓句式具有"强施动性"。于东兴(2018)称把字句共情功用是交互主观性,是说话人将自身态度、立场通过把字强调宾语而投射给听话人,这种自身立场/态度是说话人对听话人可能态度/立场的预判。

因此副词"动不动₂"对小句的句式限制性弱,无标记意义的主谓句出现频率更高,"时不时"对小句的句式限制性强,通过强调内容体现主观态度,因此要求把/被小句在"时不时"后出现频率更高。

3.2　语义特征

以下主要从二者语义特征的共性和差异方面考察语义的本质区别。

3.2.1　语义共性

杨德峰(2002)提到"时时"是重叠式副词。《现代汉语词典》

对"时不时"释义为：方言，经常。因此"时不时"也是通过语言重叠的象似性获得底层的语义特征[＋持续性]，指称后述动作具有[＋反复性]行为特征。因此"时不时""动不动$_2$"都可客观修饰限定动作表重复性，是可以表动作频率的副词。第三人称视角客观陈述现在或已发生事实，可以表认识情态，因此二者前都可出现"老是""总是""往往""常常"等。其次"动不动$_2$"和"时不时"均具有"X 不 X"形式特征，尤其共有主观性显性模标"不"，可表达对动作行为主体的主观性态度和评价，均具[＋评价性]特征，因此"时不时"可从客观性较强的句中位到主观性较强的句首位或独立成分位置。

3.2.2　语义差异

二者对后述动作行为都具有[＋反复性]的修饰限定功能，但限定方式不同，副词"动不动$_2$"从动作状态持续性上限定，"时不时"从时间维度的延续性上限定，因此语义特征[＋反复性]出发角度不同。"时不时"后出现动词重叠式或补语、定语，强调动作行为反复发生但持续时间较短。其次"时不时"后加"地"较多，描写性强于"动不动$_2$"，强调发生频率，音节较为和谐，尤其作为独立成分时。最后二者都具消极评价义，但评价义出现频率和强弱不同，"动不动$_2$"否定句比例高于"时不时"，包括否定陈述句和否定祈使句，疑问句和感叹句同样多于"时不时"。因此"动不动$_2$"消极义更明显，出现频率更高。

3.2.3　语义特征差异性原因

首先主客观语义倾向源于副词语义离动词中心远近，首先是表动作状态的"动不动$_2$"，其次才是时间维度的"时不时"。杨德峰(2002)指出重叠式副词带"地"因为副词和动词概念距离远。时间因素受主观因素影响较小。因此主客观倾向由词汇化根源决定。其次二者形式基础"X 不 X"有主观显性模标"不"，具有否定功能，但二者否定功能不相同，副词重叠式"动动"和副词"动不

动₂"语义相同,多用于话语主体对话题的评价,"动不动₂"属语用
否定。"时不时"属语义否定,"时时"和"时不时"语义不同,"时
时"后动词可以是持续性动词有延续性,前面搭配"一直"等词。
"时不时"后可出现短时义动词重叠式或补语、定语,"不"是对动
作持续性地否定,并非对反复性否定,"不时"也具有非持续性的
反复义。因此二者都具主客观语义基础,但有不同主客观倾向。

3.3　语用功能

副词"动不动₂"和"时不时"语体上差异较小,均偏口语化,但
语用功能上,二者存在较大差异。主要体现在小句的信息性质、
人际功能、感情色彩。

3.3.1　信息性质分析

赵霞(2011)提出人类经验分六种过程:物质过程、心理过程、
行为过程、关系过程、言语过程、存在过程。首先过程上,"动不
动₂"小句是中心句较高非必备条件小句,中心句可作为背景或已
知信息不出现,小句不仅表达简单行为过程,还包含心理过程,尤
其认知过程。"时不时"小句客观陈述具体行为过程,不需要复杂
的心理过程。其次信息预设上,二者可表达主观消极义,和"时
时"小句相比,"动不动₂"小句在预设和事实偏差下消极评价义更
强烈。王宪坤(2007)指出"动不动₂"小句预设行为主体动作频率
低次数少,是说话前主观选择的态度或观点,与话语主体意图相
关。最后新旧信息上,"动不动₂"小句表达非表层字面含义,是新
信息。"时不时"小句表明字面意思不需要复杂认知的过程,是旧
信息。因此"动不动₂"小句信息解构更复杂,小句新信息价值
更高。

3.3.2　人际功能分析

副词"动不动₂"可用于否定句,包括否定陈述句和对话语境
中的否定祈使句。根据本文统计,"时不时"小句中陈述句占
98%,不常出现在否定句中,较少出现在对话中,主要用于陈述客

观事实。通过统计,副词"动不动 2"前无主语语料占 392 条(62.5%),主语是第三人称占 183 条(29.2%),第一人称和第二人称占 22 条(3.5%)和 30 条(4.8%)。副词"时不时"前无主语语料 229 条(49.8%),主语是第三人称占 213 条(46.3%),第一人称和第二人称占 14 条(3.0%)和 4 条(0.9%)。副词"时不时"第三人称为主客观陈述事实,不期待进入下次话轮。"动不动 2"在否定祈使句中调节成命令语气,希望听者满足言者主观预设,降低行为频率和动作倾向性。副词"动不动$_2$"在否定陈述句中以第三人称为主,言者传递新信息,增加主观成分,期待听者参与话轮,增强听者和言者间的交际互动性,希望达成共识,形成情感共鸣。

3.3.3　感情色彩分析

话语主体对动作行为主观评价时,"动不动$_2$"小句绝大多数体现消极义,但"时不时"小句可体现消极义,还可经常出现积极义。副词"动不动$_2$"的消极否定性强于"时不时"。因为副词"动不动$_2$"属语用否定,话语主体对事件主体动作行为进行主观否定,与话题相关性较强,消极义占主导。副词"时不时"属语义否定,对事件主体动作语义特征否定,与语篇话题相关性较弱,客观陈述性较强,积极义评价也可出现。例如:

(18) 尽管如此,大陆的流行音乐仍能在其夹缝中生存发展且时不时大放异彩。(1994 年报刊精选)

(19) 雪芳也总是好吃好喝地执行,时不时地还给老人添上一两件新衣服。(1994 年报刊精选)

二者的评价义强弱程度不同。例(18)和(19)中的"时不时"表积极义。因此"动不动$_2$"词典释义中存在"多指不希望发生的事""厌烦义""不情愿的意味"等语义特征。"时不时"消极评价义未占主导,释义无附加意义。

4. 结语与余论

　　基于语料库数据统计。首先句法环境，副词"动不动₂"常表主观性倾向于句首，副词"时不时"常表客观性倾向于句中，主客观上二者形成连续统。其次语义特征，二者均具有客观性的语义基础，底层语义特征[＋持续性]和指称后述动作行为的[＋反复性]语义特征。二者均具有"X 不 X"形式特征，共有主观显性模标"不"，话语主体表达对事件主体的[＋评价性]。但反复性来源不同，主观消极评价义强弱和出现频率不同。最后语用功能，"动不动₂"小句是新信息，信息价值更高，解构更复杂，"时不时"小句是旧信息。"动不动₂"小句人际交互功能更强，可出现在否定句中，尤其在第二人称否定祈使句中，通过命令语气希望听者满足说话者预设。感情色彩上副词"动不动₂"以消极否定评价义为主，副词"时不时"积极评价义也可经常出现。

　　宋前后口语语料有限，收集整理困难，词汇化过程只可通过演绎得出，可能缺乏严密论证过程。词汇化过程需历时考察的词语较多，且未能完全解决遗留问题。然后"动"实义动词用法比副词用法更显赫，相关副词较少，"X 不 X"形式的副词也较少，因此本篇暂未讨论副词"动不动₂"的词汇化过程。

参考文献

白梅丽　1987　现代汉语"就"和"才"的语义分析，《中国语文》第 5 期。
别晨霞、方绪军　2009　"动不动 VP"的格式义及语用功能，《阜阳师范学院学报》第 1 期。
陈兴　2014　结果次谓语结构的焦点凸显，《外语学刊》第 4 期。
林璐、宋盼盼　2018　英语副词 again 句中位置分布的主观性差异体现，《语言研究》第 4 期。
刘探宙　2008　多重强势焦点共现句式，《中国语文》第 3 期。
欧阳斌　2016　现代汉语副词作状语"地"的隐现及其对外汉语教学，南昌大学硕士学位论文。

屈承熹　2005　《汉语认知功能语法》,哈尔滨:黑龙江人民出版社。

王宪坤　2007　时频副词"动不动"和"经常"的对比研究,吉林大学硕士学位论文。

杨德峰　2002　试论副词作状语带"地"的问题,《暨南大学华文学院学报》第 3 期。

于东兴　2018　汉语的交互主观性研究,华东师范大学博士学位论文。

张伯江　2000　论"把"字句的句式语义,《语言研究》第 1 期。

张全生　2010　焦点副词的连用和一句一焦点原则,《汉语学报》第 2 期。

赵霞　2011　名物化隐喻和经验的重构,《江苏科技大学学报》第 2 期。

Halliay, M. A. K., Hasan, R. 1976. *Cohesion in English*. London: Longman Group Limited/Beijing: Beijing Foreign Language Teaching and Research Press.

副词"尽管"的语义、
功能要求及词汇化[*]

刘　焱[1]　李晓燕[2]

([1] 上海财经大学国际文化交流学院　[2] 河南省郑州市二七区兴华小学)

0. 引言

《现代汉语词典》(第 7 版)对副词"尽管"的解释如下:表示不必考虑别的,放心去做。但该释义无法解释下列偏误:

(1) * A:杨经理,想请你帮个忙。

　　B:我尽管帮您。(上海财经大学外国留学生练习题)

(2) * 虽然我们现代人的生活很紧张,我们尽管试试谈话,这个代沟的问题能解决,这个代沟的问题能解决。(HSK动态作文语料库)

(3) * 她说如果我有什么不明白的事,我要问她。(HSK 动态作文语料库)。

尽管偏误(1)和(2)中的"尽管"符合词典释义,但整个句子仍然是不合语法的。可见,词典的释义还不够准确。词典的释义是基于祈使句用法而概括的。考察更多的例句之后,我们发现,副

---

* 基金项目:国家社科基金项目"现代汉语反预期范畴研究"(15BYY148)。

词"尽管"的用法不止祈使这一种,还包括其他非祈使场景的用法,如例(3)等。偏误的存在说明词典释义是不全面的。

相对于连词"尽管"而言,学界对副词"尽管"的关注较少,关注点主要集中在三个方面:语义的概括,如《现代汉语词典》(第7版)、张斌(2001)等;"尽管"性质的认定,如张谊生(2000)认为"尽管"属于限制性副词下位分类中的范围副词,而李小军、徐静(2017)认为"尽管"属于情态副词。第三是关于副词"尽管"的语法化研究,如李计伟(2007),丁健(2010),霍生玉(2010),李小军、徐静(2017),李晓燕(2019)等。

上述事实说明还需要对副词"尽管"的语义、功能等方面进行更加全面、深入的研究。本文即尝试解决上述问题。

1. 副词"尽管"的语义、语境要求与功能

基于大规模语料库,我们发现,副词"尽管"经常出现的语境有叙事、请求和允诺三种,在这三种不同的语境中,"尽管"呈现出不同的语义特点和功能。

1.1　叙事场景——概括描写

"尽管"可以用于叙事描写中,描述一个正在进行的动作行为,事件中的施动者"无所顾忌地、尽情地做某事"。例如:

(4) 水洒着的地方,尘土果然不起了。但那酷烈可怕的阳光,偏偏不肯帮忙,他只管火也似地晒在那望不尽头的大街上。那水洒过的地方,一会儿便干了;一会儿风吹过来或汽车走过去,那弥漫扑人的尘土又飞扬起来了。洒的尽管洒,晒的尽管晒。(胡适《本分》)

(5) 倩如继续说:"现在要剪头发的确需要很大的勇气。刚才我到学堂来,一路上被一些学生同流氓、鲟神(即一些专门调戏妇女的年轻人)跟着。什么'小尼姑''鸭屁股',还

有许多不堪入耳的下流话,他们指手划脚地一面笑一面说。我做出毫不在乎的样子尽管往前面走……"(巴金《家》)

(6) 俄国车夫都有灵敏的嗅觉来代替眼睛,因此他尽管闭着眼睛。(果戈里《死魂灵》)

以上三例都是描写。例(4)描述的是两个正在进行的动作行为——"晒"和"洒",例(5)描述的是一个正在进行的动作行为"走"。例(6)描绘的是正在进行的动作行为"闭着眼睛"。施动者不考虑别的因素影响、无所顾忌地持续着"晒"或"洒""走""闭着眼睛"等动作。

综上,描摹性"尽管"的语义可以概括为:纵使自己/他人无所限制地、使用各种方式地进行某一动作行为。这也许是李小军、徐静(2017)认为"尽管"为情态副词的主要原因。

1.2　祈使语境——恳切请求

"尽管"更常出现的语境是祈使语境。例如:

(7) "诸位有什么话,尽管说,待会儿好转告诉区长、所长。"（老舍《龙须沟》）

(8) "说说你自己,这里是你的世界,用不着有任何顾虑。想说的尽管一吐为快。你肯定有话要说。"(村上春树《舞!舞!舞!》)

"尽管"大量出现在祈使语境中,但值得注意的是:该类祈使语境为请求而非命令。高名凯(1948/1980)指出:"一般的看法是把命令和请求看作是两回事:命令是由上向下的发令,请求是由下的求肯;前者难以违反,后者则不能强制他人。……所以'请求'总是客气的。"而相对于"VP!"请求类祈使句而言,"尽管VP!"的礼貌性更强:对方可以"无所限制地、使用各种方式地进行某一动作行为",更符合"提供帮助"言语行为"诚意条件"(sincerity condition)——说话人真心实意的想提供帮助。在这种语境下,"尽管"也浮现出了"(请对方)放心地、无所顾忌地、没有任何条件限制地做某事"的意思。"请求"类"尽管"祈使句的常规用法是:你尽管 V(,我 S)。其句式义是这样的:请对方无所顾忌地做某事,说话人一定会实现对方的预期结果。这一语义在形式上也有所体现:说话人会使用"请"等敬语;或者使用其他可以消除对方顾虑的辅助语。例如:

(9) 毛泽东见人到齐便言归正传:今天请诸位来,是想说一下肃反问题。咱们四个今天枣园夜谈,有啥说啥,我不打棍子,不抓辫子,你们知道什么尽管说。(1993 年《作家文摘》)

(10) ……李惠之不能怠慢,所以他即佯装热情,下床拉起李弥,安慰道:"兄弟不必担心,有用得到愚兄的地方,请尽管说!"(1996 年《作家文摘》)

(11) 刘义最后这么讲:"大家不要怕,有工作队给你们作主,大家尽管说!"(1993 年《作家文摘》)

可以说,"请求"类"尽管"隐含着"说话人一定会实现对方的预期结果"一义,故近期出现一种流行构式"你尽管 V,……算我输"(详见袁晓珊 2018、魏新哲 2019),这一搞笑的流行构式正是对"尽管"常规句式的解构。例如:

(12) 学生代表:"老师你尽管出题,会做一道算我输"。(网络用语)

(13) 老师:"寒假作业你尽管写,写得完算我输"。(网络用语)

"你尽管 V,……算我输。"的构式义可以概括为:言者请求对方尽情地、放心地做某事,但(对方)绝不会达到预期目的的。前一分句的慷慨允诺(尽管 V)与后一分句的结果(算我输)突转形成了落差,从而达到调侃、幽默的目的。这一流行构式也从侧面说明了"尽管"的语义特点:尽情地、无所限制、持续、使用各种方式地做某事。

1.3　允诺语境——慷慨承诺

"尽管 VP"请求言语行为的诚意条件也使得"尽管 VP"可以用来表示承诺言语行为：说话人同意、允许受话人或者第三方"随意地、无所顾忌地、没有任何条件限制地做某事"。例如：

(14)"春玲，亲爱的人！"孙若西猛冲上来，抓住姑娘的手，激动地说，"你有话尽管说，只要你爱我，就是叫我赴汤蹈火，孙若西决不畏惧！说吧，玲！为了我们伟大圣洁的爱情，你就是要天上的星星，我也能摘下来！"（冯德英《苦菜花》）

(15)"我们也买它，行吗？"克罗威问。"尽管买，尽管买。别让我妻子知道是我告诉你们的。"（海明威《永别了，武器》）

允诺性"尽管 VP"主要用于答句中，用于肯定回复受话人的请求，如上两例；也可以是对第三方的允诺。例如：

(16)刀白凤不理丈夫，仍是向着木婉清道："你跟她说，要我性命，尽管光明正大的来要，这等鬼蜮伎俩，岂不教人笑歪了嘴？"（金庸《天龙八部》）

(17)他坐着苦思冥想片刻，然后说："他尽管走，可是我看不出为什么伊沙贝拉非走不可。爱玛我想，我要设法说服她多跟我们住一阵子。她和孩子们可以好好住一段时间的。"（简·奥斯汀《爱玛》）

还可以用于表假设的虚拟句中。例如：

(18)要是谁想责怪我，他尽管去责怪好了。（夏洛蒂·勃朗特《简·爱》）

(19)能要尽管要，不要白不要，自然是多多益善。（1995年《人民日报》）

请求和允诺两种语境中的"尽管"应为评注副词：其主要作用

并不是描述动作行为的方式,而是表明说话人的主观态度——诚恳地请求或允许对方做某事。回到本节开头偏误部分,例(1)的偏误原因在于:该语境为允诺性语境,是诚恳地允许"对方"放心地去做某事,"尽管"的主语应为第二人称,不能是第一人称。应改为:

(1')　A:杨经理,想请你帮个忙。

　　　　B:您尽管说,我一定会帮您的。

概括而言,副词"尽管"的语用功能有两种:一是概括描写,主要用于叙事语境,描写动作行为者无所顾忌地做某事;二是评注,诚恳地请求或慷慨地允诺对方无所顾忌地去做某事。

2. 副词"尽管"的搭配及功能要求

不管是何种语境,"尽管"突出的都是"无所顾忌"这一语义特征,或者是动作者无所顾忌地做某事,或者言者请求或允许对方无所顾忌地做某事。因此,副词"尽管"在句法搭配及语篇构成上也有特殊的要求。吕叔湘(1980)《现代汉语八百词》指出,"尽管"后面的动词一般不能用否定式,不能带"了、着、过"。此外,副词"尽管"对动词和语篇也有特殊的要求。

2.1　对动词的要求

副词"尽管"量的特点限制了动词的使用:其后修饰的动词或动词性短语不能是具有[＋短时][＋不可重复]语义特征的动词,也不能是[＋微量]或[＋少量]的动词性短语。例如:

(20)　尽管敲。

　　　＊尽管死。

(21)　有啥要我办的,尽管说。

　　　——＊有啥要我办的,尽管说说。

——＊有啥要我办的,尽管说一下。

例(20)"敲"是短时动词,但是可重复的,因此可以受全量副词"尽管"修饰;而"死"是不可重复的短时动词,故不可以受"尽管"修饰。例(21)中,"说"是可持续动词,因此可以受全量副词"尽管"修饰;而"说说"和"说一下"是短时、少量动词,故不可以受"尽管"修饰。

回到文章开头的偏误(2),其偏误原因在于:重叠动词"试试"表示短时、少量,与"尽管"全量要求不符。故 HSK 作文库将其改为"尽量":

(2') ＊虽然我们现代人的生活很紧张,我们尽管试试淡话,这个代沟的问题能解决。

——虽然我们现代人的生活很紧张,但我们尽量试试谈话,这个代沟的问题能解决。

2.2 对语篇的要求

不同语境中,"全量"有不同的体现或要求:描摹语境中,多为对比句式。例如:

(22) 但也有个别领导干部却干打雷不下雨,表面上也让别人"揭短",可常常是你尽管揭,我这里"岿然不动",更谈不上去"补短"了。(2000 年《人民日报》)

(23) 蒋淑英这一团委屈,怎样说的出来? 说出来了,又显然是不满意于洪慕修。所以问的他尽管问,哭的还是尽管哭。(张恨水《春明外史》)

"请求"或"允诺"语境中,体现的形式较为多样,可以是表示周遍性的句式:"不管什么……都……""无论……都……"。例如:

(24) 这时我就对医生说:"医生,无论用多少血,你都尽管抽吧,我是母亲的儿子呀!"(1995 年《作家文摘》)

(25) 徐文平说,几天前,当地一个公司老板,算来也是他的表哥,曾找到他撂下一句话:"要多少钱你们尽管开口,搞倒他们(指这四个运政人员)对你们没什么好处。"(《人民日报》2000年)

或者表示周遍性的短语,如下两例中的"要多少钱""楼上楼下":

(26)女人高声叫骂,男人装得很坦然地对警察说:"老总,我们是老百姓家,哪里会做犯法的事,不信楼上楼下尽管查看。"(《作家文摘》1994年)

(27)所以大年三十怎么了啊?就是一切事尽管做,不往心里去。(元音老人《佛法修证心要》)

回头看偏误(3),其偏误原因在于:前一部分"有什么不明白的问题"为遍指,指"任何不明白的问题",因此其后应使用全量副词"尽管"。故HSK作文库使用"尽管"进行修改:

(3')＊她说如果我有什么不明白的事,我要问她。(HSK动态作文语料库)

——她说如果我有什么不明白的事,我可以尽管问她。

3. 副词"尽管"的词汇化

3.1 语法化过程

根据CCL语料库,"尽管"连用较早出现在唐代,为状中性动词短语,"尽"为范围副词"全部"之意,"管"为动词"掌管、负责"。但用例较少。例如:

(28)暂辞堂印执兵权,尽管诸军破贼年。(唐·韩愈《次潼关上都统相公》)

宋元时期,用例稍多。例如:

(29)燕社鸿秋人不问,尽管吴笙越鼓。(宋·吴潜《贺新郎·用赵用父左司韵送郑宗丞》)

(30) 尘埃扫尽无他虑,尽管高楼自在眠。(宋·陈藻《诵中庸》)

(31) 正礼三千贯。度量阔,眼皮宽,把断送房奁全尽管。(元·贾仲明《萧淑兰情寄菩萨蛮》)

此时,"尽管"为偏正关系的短语,可后接名词或名词性短语,意为"全掌握、全负责"。

宋代"管"已经副词化,出现了副词用法如"只管",且高频出现,但奇怪的是,CCL语料库中不见"尽管"的副词用例,这也许与"只管"的使用有关。李小军、徐静(2017)认为:"'尽'和'只'虽然一为限定,一为总括,但是成词后的'只管'与'尽管'语义却无多大差异,原因在于'只管'是'只负责VP','尽管'是'全部负责VP',都是指全部心思负责某项事务"。此看法非常独到。需要补充的是,随着使用频率的增加,"管"的"负责"义也进一步减弱,"持续"特征增强,故"只管"新增加了"只持续性做某一件事"的意思,并进一步引申为"尽情地持续性做某事"之义。例如:

(32) 杜宇多情芳树里,只管声声历历。(宋·赵师侠《调歌头》)

(33) 青山只管一重重,向东下,遮人眼。(宋·毛滂《一落索(东归代同舟寄远)》)

(34) 只管寻芳逐翠,奔驰后,不顾倾危。(宋·则禅师《满庭芳·咄这牛儿》)

明代,出现了"尽管"用在动词、形容词前的用例。例如:

(35) 又见地下脚迹,自缸边直到门边,门已洞开。尽管道:"贼见我们寻,慌躲在酱缸里面。"(凌濛初《二刻拍案惊奇》,霍生玉(2010)例)

(36) 酒保听得,慌忙上来招呼道:"师父何事生气?要酒菜时尽管叫,自添将来。"(明·施耐庵《水浒古本》)

(37) 装好汉发个慷慨,再是一百两一家,分与三个女儿,身边

剩不多些甚么了。三个女儿接受，尽管欢喜。（凌濛初
《二刻拍案惊奇》，霍生玉（2010）例）

(38) 这数个，多是吴中高手，见了懒龙手段，尽管心伏，自以
为不及。（凌濛初《二刻拍案惊奇》，霍生玉（2010）例）

此时，"尽管"已经演变为副词，意思是"尽情地做某事"，可用
于祈使句中，也可以用于描述句中。

综上，词性方面，"尽管"由偏正关系的动词性短语演变为副
词。相应地，在意义方面，"尽管"由"全部掌管"演变为"无所顾忌
地、尽情地做某事"这一意义。

3.2　演化机制及动因

3.2.1　重新分析

"尽管"副词化的主要机制是句法环境的变化——后接成分
的泛化。"尽管"最初组合时为跨层结构——状中性动词性短语，
主要作谓语，后接名词宾语。随着使用频率的增加，"尽管"可以
后接动词性宾语甚至小句。带动词性宾语或者说居动词前这一
位置为"尽管"副词化提供了句法环境。"尽管＋N"时，"管"是谓
语中心；而在"尽管＋V"中，V逐渐成为谓词中心，"尽管"不再是
事件中心，句法地位降低，动词性逐渐减弱，修饰功能逐渐增强，
随着高频使用，状中结构的边界逐渐消失，最后融合为副词了。
其结构关系发生了重新分析（reanalysis）："尽管 V"由动宾短语重
新分析为偏正短语。

$$尽管 V \longrightarrow 尽管 V$$

[尽]管高楼自在眠　　[尽管]叫

述语　宾语　　　　状语　中心语

"尽管"重新分析后变为副词了。

3.2.2　主观化

"主观性"（subjectivity）是指语言的这样一种特性，即在话语
中多多少少总是含有说话人"自我"的表现成分。也就是说，说话

人在说出一段话的同时表明自己对这段话的立场、态度和感情，从而在话语中留下自我的印记。（参看 Lyons1977：739，沈家煊2001）"主观化"（subjectivisation）是指语言为表现这种主观性而采用相应的结构形式或经历相应的演变过程。

"尽管"词汇化的过程中，也经历了主观化过程。最初"尽管"为跨层结构时，主要是客观地陈述一个事实。例如：

(39) 暂辞堂印执兵权，尽管诸军破贼年。（隋唐五代《全唐诗》）

宋代，"尽管"多为事件、场景描写，带有了一些主观评价义。如：

(40) 尘埃扫尽无他虑，尽管高楼自在眠。（宋·陈藻《诵中庸》）

(41) 燕社鸿秋人不问，尽管吴笙越鼓。（吴潜《全宋词·贺新郎·用赵用父左司韵送郑宗丞》）

(42) 国中无主，不问军民人等，只是抱头鼠窜，那个又敢来抵当？［尽管］南朝三个将国，一直杀到番王殿上。（明·罗懋登《三宝太监西洋记》）

李小军、徐静（2017）曾指出："尽管天下盐铁"是纯客观性的，但是"尽管高楼自在眠"的主观性已经很强，是当事人的内心想法。这一看法非常准确。例(42)是言者处于上帝视角的描述，主观性更强。类似的用例很多：

(43) 哪知牛力真大，牛皮真厚，竟似毫无知觉一般，尽管背着仙姑缓缓而行，口中还不住的唱些不干不净的村歌儿。（李小军、徐静（2017）例）

(44) 他二人（按：二郎和玄珠子）尽管开玩笑，铁拐先生却不觉面上突然变色，暗暗想道："言为心身，二仙身为正神，职司重任，怎么不拿别的话寻欢取笑，反把诖误二字互相赌赛似的。"（李小军、徐静（2017）例）

　　上两例都是言者对正在发生的场景的描述，正是事件的"未然、正然"使得"尽管"带有情态描写的主观性。

4. 结语

　　现代汉语中，副词"尽管"有两种不同的语义：一是"无所顾忌地、尽情地做某事"，主要用于描写或叙述语境，V 为正然（正在实施）状态，"尽管"为摹状副词。语义之二是请求或允许对方"无所顾忌地、尽情地做某事"，主要用于对话中，凸显说话人的诚意态度，V 为未然（未实施、将实施）状态，"尽管"为评注副词。两种不同的语义有三种不同的出现语境：叙事、请求和允诺。

　　在上述三种不同的语境中，"尽管"呈现出不同的语义特点和功能。副词"尽管"的语义形成与构成成分"尽"的"全量"语义有关，故对其所修饰的动词有语义要求，同时也影响着语篇的构成。"尽管"的语义呈主观性递增趋势：由客观描摹到表明说话人的诚意态度，这也是其词汇化并进一步语法化的原因。

参考文献

丁健　2011　语法化视角下的双音节副连兼类词，《汉语学习》第 5 期。
高名凯　1948/1980　《汉语语法论》，北京：商务印书馆。
霍生玉　2010　"不管""尽管"的语法化，《汉字文化》第 5 期。
李计伟　2007　关于对外汉语教学的汉语词语语法化研究——以"尽管"和"简直"为例，《云南师范大学学报》（对外汉语教学与研究版）第 1 期。
李小军、徐静　2017　"管"的语义演变及"不管""尽管"的词汇化，《江西师范大学学报》第 6 期。
李晓燕　2019　《现代汉语"尽管"研究》，上海财经大学硕士学位论文。
吕叔湘　1980　《现代汉语八百词》（增订本），北京：商务印书馆。
沈家煊　2001　语言的"主观性"与"主观化"，《外语教学与研究》第 4 期。
魏新哲　2019　网络流行语"你尽管××，××算我输"句式浅析，《戏剧之家》第 27 期。

原晓珊　2018　从网络流行语"你尽管××，××算我输"说起，《现代语文》第 4 期。

张斌　2001　《现代汉语虚词词典》，北京：商务印书馆。

张谊生　2000　《现代汉语副词研究》，上海：学林出版社。

中国社会科学院语言研究所词典编辑室　2016　《现代汉语词典》北京：商务印书馆。

John Lyons. *Semantics*, Cambridge：Cambridge University Press. 1977.

"全称否定＋只"构式的定景
机制及其语法效应

鲁承发　　王姿若(上海师范大学人文学院)

1. "全称否定＋只"构式的语法表现

现代汉语中,"谁""哪儿""啥""什么"等疑问代词(Wh)可以前置于否定性谓语(Neg＋VP)之前,形成全称否定小句(袁毓林,2011;刘丹青,2013[①]),并可以跟含范围副词"只"的小句连用,形成"全称否定＋只"构式,[②]如:

(1) 在关东我谁都不想,只想你。

(2) 你哪儿都不能去,只能去东北。

(3) 整个下午他啥也没干,只看了点闲书。

(4) 等会要是倩彤问我为什么不回到锦昌身边,**我决定什么也不说,只说锦昌根本不知道我回港处理钱债纠纷一事,便算了。**[③]

这类构式的语法表现比较有特点,主要体现在:第一,语用功能存在"凸显"与"淡化"的差异(夏军,2014)。比如,例(1)(2)中,"只"的约束成分"你""东北",都是被"凸显"的对象;而例(3)(4)中,"只"的约束成分"看闲书"、"说锦昌根本不知道我回港处理钱债纠纷一事",都是被"淡化"的对象。

　　第二,存在两种逻辑语义。根据蔡维天(2004),"只P"有两层意义:预设义,即"肯定P";断言义,即"否定非P"。在"全称否定＋只"构式中,全称否定小句既可能与"只"小句的预设义不存在语义矛盾,也可能存在语义矛盾。如:

　　(5) a. 婆家人她谁都不信,她只信娘家人。

　　　　b. 家里人他谁都不信,只信他老伴。

　　(6) a. 王治郅什么也没说,他只是笑了笑。

　　　　b. 你现在什么都不能干,只能做作业。

　　例(5)中,两个小句的谓词相同,"只"的语义都指向谓语中的名词性成分。不过,两句的逻辑语义不同:(5a)中,"谁"的用法为"任指"[①](袁毓林,2011;刘丹青,2014),其所指论域是"婆家人",全称否定小句先全量否定"婆家人","只"小句再肯定"娘家人"。由于"娘家人"不隶属于"婆家人",所以,本句不存在语义矛盾,合乎逻辑,是"质"的否定。(5b)中,"谁"指称"家里人",全称否定小句先全量否定"家里人",再肯定"老伴"。由于"老伴"隶属于"家里人",所以本句存在语义矛盾,违反逻辑。此类构式为语用否定句,其语义机制是"全称否定可以在穷尽性否定之中保留例外情况",它并不表示完全相反,而表示"少于"或"低于"的关系,(袁毓林,2011:201)是"量的否定"。例(6)中,两个小句的谓词不同,"只"的语义都指向谓语所代表的事件。(6a)中,否定"说什么"与肯定"笑",不存在语义矛盾;(6b)中,先否定"干什么",再肯定"做作业",由于"做作业"隶属于"干什么",本句存在语义矛盾。

　　第三,在句法上,"只"约束对象的数量所受限制不同。有时,"只"约束的对象不能太多,(夏军,2014)如:

　　(7) a. 家里人他谁都不信,只信他老伴。

　　　　b. ? 家里人他谁都不信,只信他老伴、他二闺女和他的大孙子。

　　(7a)可接受,(7b)中,增加了"只"约束对象的数量,句子可接

受度降低。但是,我们发现,有时,"只"又可以约束多个对象,如:

(8) a. 裤袋里什么也没有,只有一截蜡烛、一把小折刀、一小
块板烟和一团绳线。

b. 她会让索菲娅把她称之为外衣的所有"toiettes"都查
看一下,把那些"passess"都翻新,把新的晾一晾放好。
**她自己呢,什么也不干,只不过在前房跳来奔去,在
床架上窜上窜下,躺到床垫上和叠起的枕垫、枕
头上。**

(8a)中,"只"约束的对象达到 4 个,即"蜡烛、小折刀、板烟、
绳线"。(8b)中,"只"约束对象达到 3 个,即"跳来奔去、窜上窜
下、躺"。并且,在语感上,(8b)还可以增加更多约束对象,如增加
"只在店里晃来晃去"等。

综上所述,"全称否定+只"构式的语法表现是比较丰富的:
在语用上,存在凸显、淡化的差异;在语义上,存在合乎逻辑与违
反逻辑的差别;在句法上,"只"约束对象的数量所受限制不同。
那么,这些语法特点是如何形成的呢? 本文将从"全称否定+只"
构式的定景机制角度,来考察其语法浮现过程。所谓定景
(grounding),是指前、后景信息的设定。它包括两个方面:一是,
从设定结果看,前后景信息最终呈现怎样的组配方式;二是,从设
定过程看,说话人采用怎样的手段,来达成这样的信息组配方式。
下面来分别讨论。

2. "全称否定+只"构式前后景信息的组配方式

刘云、李晋霞(2017:97)指出,前景(foreground)、后景
(background)是"篇章语法研究的两个重要概念,反映了篇章语
法从'重要性'或'凸显度'出发分析语篇的一种研究理念。"另外,
该文还指出,"由于篇章语法研究首推叙事语篇,因此人们一提到

前景、背景就自然与叙事语篇挂起钩来"。不过,Unger(2006:97)认为,"前后景的区分本质上并不依赖于语篇的类型。"胡建锋(2011:44)在界定前后景时,也"不限于叙述语体,而是扩大到了所有类型的话语。"据此,我们认为,"全称否定＋只"构式虽然不是典型的叙事语篇,但由于存在"凸显度"的差异,便也可以从前后景角度进行分析。

　　从概念角度讲,前景是指篇章中突出的信息,后景是指不突出的、置于背后的信息。(徐赳赳,2010:280)不过,在具体界定前后景信息时,学界有多种标准,本文采用"语用标准",⑤即:与交际意图(communication intention)直接相关的小句为前景,与交际意图不直接相关,只起辅助、详述、评价作用的小句为后景。(Hopper & Thompson,1980:280;Francis,2012:10;刘云、李晋霞,2017:97)另外,Grimes(1975:243)、van Kuppevelt(1995:817)认为,"在缩写故事时,前景小句都是不可删除的内容,否则就无法忠实呈现故事内容。"本文根据"语用标准",并借助"删除法",⑥将"全称否定＋只"构式区分为三种信息组配方式:

2.1　前景＋前景(Ⅰ式),如:

(9) a. 刘八爷和黄胖子报案时说,**他们啥也没看见,只听见了小六子的叫声**。

　　 b. 刘八爷和黄胖子报案时说,他们啥也没看见。

　　 c. 刘八爷和黄胖子报案时说,他们只听见了小六子的叫声。

(10) 如果他同意下属的请示,就重新写下这个字,把它夹杂在文章中,加盖印章发回;如不同意,**就什么也不写,只盖上一个印**。

　　例(9a)中,"只"小句不能删除,因为删除后,会造成重要信息的遗漏。如,(9b)遗漏了"听见了小六子的叫声"这一重要信息。我们认为,(9a)的全称否定小句也不可删除,至少其表达的信息是不可缺失的。比如,将(9a)与(9c)相比,"只"小句的断言义存在差别:(9a)中,断言义为否定"看见什么"。至于有没有闻到什么,触摸到什么,都不在说明范围之内。而(9c)中,断言义为否定"听见小六子叫声"以外所有的事,其否定范围扩大了。因此,(9c)并不十分忠实于原交际意图。再如前文的(5a),将"婆家人她谁都不信,她只信娘家人"与"她只信娘家人"相比,前者仅表达"不相信婆家人",至于"亲戚、朋友"相不相信,都不在说明范围之内;而后者表达"不相信娘家人以外的所有人",其否定范围也扩大了,与原交际意图不符。

　　例(10)与例(9a)(5a)稍有不同,表现在:上文的语境已经提供了"同意"的表示方法:写下一个字、盖印。因此,即使删除"什么也不写"后,仍可以根据语境推断出"只盖印"的断言义是"不写什么"。但是,话语的可删除,并不代表信息的可删除。假如"不写什么"这一信息是缺失的,即,仅知道"不同意"的表示方法为"只盖印",而不知道其具体否定什么,也会造成交际意图无法完整传达。比如,若请示中并没有写字,而是出现了一些"特殊的折痕",根据"如不同意,就什么也不写,只盖印",还是能明白,其表达的是"不同意"。但是,根据"如不同意,就只盖印",便会产生疑问,"只盖印"是否也包括"不能有折痕"?从另一角度来说,假如"同意"的表示方法是"设置特殊折痕、盖印"。此时,即使写上字,只要没有折痕,也是表达"不同意"。因此,从信息层面来讲,"什么也不写"所表达的信息是不可缺失的,只有知道"只盖印"所否定的具体内容是什么,才能清晰知晓"不同意"的表示方法。

　　由上可知,I式中,若"只"小句所传达的信息缺失,会造成重要信息遗漏;若全称否定小句所传达的信息缺失,会造成"只"小句的断言义否定范围扩大。这说明,两个小句所传达的信息都与交际意图直接相关,都是前景信息。[⑦]当然,两种前景信息也存在差别,表现在:

第一,肯定与否定的句法差异,导致两者的信息性质不同。沈家煊(1999:44)指出,"肯定句提供的信息:在听者不知道命题P的情况下告诉他P;否定句提供的信息:在听者可能相信P或熟悉P的情况下否认或反驳P。"如例(9)(10),"只"小句是肯定句,其提供的信息,"只听见了小六子的叫声""只盖印",都是听者未知的新信息。再看全称否定小句:(9a)中,既然报案,提供目击信息就符合预期;(10)中,"同意"的表示方法包含"写下这个字",这是语境已经出现的命题,为听者所熟悉。苗兴伟(2011:223—224)指出,符合期待的信息或者交际语境中已经出现的命题,都是后景信息,否定结构通过否定这类后景信息,可以使其前景化,从而达到凸显相关信息的话语功能。也就是说,本式中,全称否定小句主要是通过否定合乎预期信息或者语境已经出现的命题,来提供前景信息。

第二,两个小句的信息量不同。"只"小句既存在预设义,又存在断言义,使得"只"小句的信息量相对较大。如(9a),"只"小句既表达"听见了小六子的叫声",又否定"听见小六子的叫声"以外的事;而全称否定小句仅传达"什么也没看见"。不过,全称否定小句也有其自身的信息价值,表现在:它可以将"只"小句的断言义具体化。

2.2　后景＋前景(Ⅱ式),如:

(11) a. 祁老太爷什么也不怕,只怕庆不了八十大寿。

　　b. 祁老太爷什么也不怕。

　　c. 祁老太爷只怕庆不了八十大寿。

(12) 呼唤旗袍,并非要全体黄皮肤的华人妇女,**什么都别穿了,只穿旗袍。**

例(11)(12)的交际意图分别是,讲述"祁老太爷怕什么""要求华人妇女穿什么"。两例中,"只"小句与交际意图直接相关,是前景;全称否定小句并不直接相关,是后景。这也可以通过删除法来论证:如,例(11b)中,"只"小句被删除后,话语提供的是错误信息;(11c)中,全称否定小句被删除后,并未造成断言义否定范围的扩大,本句可以完整传达交际意图。

需要说明的是,例(11)(12)中的"什么"所指论域所受到的语境限制不同。袁毓林(2011:201)指出,在具体语境中,"Wh 的所指所涉及的论域,取决于说话人在特定语境中的临时设定。"例(11)中,语境未严格限定"什么"的所指范围,可以将其界定为"任何事物"(张莹,2011:135)。即,"祁老太爷什么也不怕"可理解为"祁老太爷任何事物都不怕"。而例(12)中,"什么都别穿了,只穿旗袍"并不能理解为"包括内衣在内的任何其他衣服都不穿,全身只穿一件旗袍";应理解为"任何与旗袍有相同功能的其他外衣都别穿,只穿旗袍",即,"什么"的所指论域是"任何外衣"。当然,例(11)(12)中,由于"只"约束的对象"庆不了八十大寿""旗袍"都分别隶属于"什么"的所指论域,所以,两句都是"量的否定"。

2.3 前景十后景(Ⅲ式),如:

(13) a. 他的诚实,守规矩,爱体面,他以为就是他的钢盔铁甲,永远不会叫污辱与手掌来到他的身上。现在,他挨了打,**他什么也不是了,而只是那么立着的一块肉。**

b. 现在,他挨了打,他什么也不是了。

c. ? 现在,他挨了打,他只是那么立着的一块肉。

(14) 四川洪雅县一农民每天晚上都看见屋后山坡上有团白色毫光,天亮去看时,**却什么也没有,只有翠竹<u>丛丛</u>,青草簇簇。**

这里首先要讨论例(13)(14)的逻辑语义。从语用功能角度看,两例都属于"淡化"类构式,夏军(2014)认为,"淡化"类构式都是"量的否定"。对此,我们并不认同。前文已述,Wh 的所指论域,"取决于说话人在特定语境中的临时设定"。(13a)中,他是

"诚实、规矩、爱体面"的人。现在挨了打,使他精神崩溃,认为"自己不再是一个体面的、有尊严的人",即,"什么"的所指是"体面的、有尊严的人","立着的一块肉"并不隶属于其所指论域。(14a)中,"什么"所指论域是"任何能够发出白色亮光的事物","翠竹、青草"并不隶属于其所指论域。由于肯定的对象并不隶属于否定的内容,所以,两例并不存在逻辑矛盾,是质的否定。

再看其前后景的配置。例(13a)中,"他自认是一个体面的、有尊严的人",是语境已经出现的信息,全称否定小句通过否定这一信息,成为前景信息,这也是说话人的交际意图所在。而"只"小句的预设义"他是立着的一块肉",是常识中预设的信息,并非说话人特别想传达给听话人的信息,是后景信息。这也可以通过删除法来论证:(13b)中,"只"小句被删除,并不影响交际意图的完整传达;而(13c)中,全称否定小句被删除后,"只"小句的断言义不明,导致话语的可接受度较低。⑧当然,听话人仍可以根据断言义,理解交际意图;但是,这种表达过于曲折,不符合表达习惯。例(14)也是同理,不再赘述。

2.4 小结

综上,"全称否定＋只"构式存在三种前后景组配方式,如下表所示:

表1 "全称否定＋只"构式的前后景组配方式

类型	组配方式	删除"只"小句	删除全称否定小句
Ⅰ式	前景＋前景	会遗漏重要信息	否定范围扩大,不忠实于原交际意图
Ⅱ式	后景＋前景	信息错误	否定范围未扩大,能完整传达交际意图
Ⅲ式	前景＋后景	能完整传达交际意图	表达过于曲折,不符合表达习惯

Ⅰ式、Ⅱ式中，"只"小句都是前景信息，所以被"凸显"；Ⅲ式中，"只"小句是后景信息，所以不被"凸显"，有"淡化"之感。那么，"全称否定＋只"构式中，两个小句为什么有时充当前景信息，有时又充当后景信息呢？这就需要从前后景信息的转化角度进行分析。

3. "全称否定＋只"构式中前后景信息的转化成因

"全称否定＋只"构式前后景信息的转化，有两方面的促成因素：一是识解方式的改变，这是内在的驱动因素；二是话语策略的调整，这是外在的实现手段。下文将从识解方式与话语策略两个角度具体分析。

3.1　Ⅰ式的识解方式

Langacker（2008：57—67）指出，意义不仅包括概念内容，也包括识解（construal）该内容的特定方式。识解，指人类以不同方式来构想与描绘同一情景的认知能力，它包括很多方面的内容，与本文相关的主要是"调焦（focusing）"与"侧显（profile）"。"调焦"是指对概念内容的选择，如同一张照片只能拍摄某一部分场景一样，一个语言表达式也只能选择某些概念内容来描述。这些被选择的概念内容被称为语言表达式的"辖域"，它又分为两个层面：一是最大辖域（maximal scope），指虽然未在脑海中激活，但表达式可及的所有概念内容；二是直接辖域（immediate scope），指在脑海中激活的、与表达式直接相关的概念内容。"侧显"，是指直接辖域中作为注意中心被凸显出来的那部分概念内容。

据此，就可以分析Ⅰ式的识解方式。具体来讲，范围副词"只"关涉三个集合：肯定的对象（用"B"表示），否定的对象（用"C"表示），B与C的合集（用"A"表示）。（蔡维天，2004；郭锐2006；徐以中，2010）Ⅰ式中，集合A是直接辖域，而与A相关的、可及的概念内容为最大辖域。仍以上文的例(5a)(6a)为例：

(15) a. 婆家人她谁都不信,她只信娘家人。

　　　b. 王治郅什么也没说,他只是笑了笑。

(15a)中,肯定的对象 B 是"娘家人",否定的对象 C 是"婆家人",两者的合集 A,即"娘家人与婆家人",是当前谈论的直接对象,也是本句的直接辖域。从注意力分布来看,B 与 C 都是注意的对象,只不过"B(娘家人)"被肯定,"C(婆家人)"被否定。那么,亲戚、朋友,乃至政府官员等,她信不信任呢? 从本句无从得知。这是因为,这些人都处于最大辖域之中,未进入直接论述的范围。(15b)叙述的是王治郅当时的言行,其中,肯定对象 B 是"笑",否定对象 C 是"说",这两种言行在脑海中实际激活,是本句的直接辖域。至于王治郅当时有没有摇摇头、眨眨眼,或者其他举止行为,都在最大辖域之中,本句并未涉及。综上,Ⅰ式的识解方式是：对象 B 与 C 处于直接辖域,两者都是注意对象,其中 B 被肯定(用阴影表示),C 被否定(用空白表示);与 B、C 相关的概念语义是最大辖域,如下图所示：

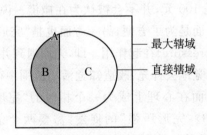

图 1　Ⅰ式识解方式示意图

3.2　Ⅱ式的识解方式与话语策略

Ⅰ式中,对象 B 与 C 都是注意对象。此时,如果说话人的注意力发生了侧显,将注意力集中于 B 之上,就会改变语言表达方式,如：

(16) 俺别的什么都不要,只想要千岁爷的那个阿香!

本句中,否定"别的什么"与肯定"阿香",并不存在语义矛盾,是合乎逻辑的。不过,与例(15)相比,例(16)的话语策略有所不同,表现在:例(15)中,B、C 各自都是有明确的所指,如(15a)分别是"婆家人"与"娘家人"。但是,例(16)中,对象 C 并没有明确的所指,它只是通过"别的"来限定,即以 A 与 B 两者的补集形式出现,对象 C 的具体内容只能依靠听话人去推测,如,可能是指"金银珠宝、高官厚禄"等。话语策略上的变化,体现出说话人注意力分布的变化,即说话人的注意焦点已经集中于对象 B 之上,而否定的对象 C 具体内容是什么,说话人已经不再关心,只是用"别的"来代称。此时,"别的"一旦脱落,就会形成Ⅱ式,如:

(16') 俺什么都不要,只想要千岁爷的那个阿香!

"别的"脱落后,"什么"的所指论域就发生了变化,从指称"别的东西",变为指称"所有的东西",即从指称 C 变为指称 A。以整体 A 代替部分 C,这是一种转喻现象。实际上,在语言中,这种转喻是时常发生的。比如,所买的衣服实际是 99.5 元,当别人问价格时,若回答是 100 元,并不会被认为在撒谎。说话人之所以会如此回答,一方面是为了方便,另一方面也是"完形压强"(gestalt psychological pressure)在起作用。即,人们遇到并不完整的事物时,往往会不自觉地去补充、改造知觉活动范围中存在的事物,使它趋于完整,从而在心理上成为一个相对的"完形"。(Croft & Cruse,2004:63)"完形压强"的促发,需要两个条件:第一,在"量"上比较接近,即,被完形的量必须是小量。比如,99.5 元与 100 元相差无几,所以可以说成 100 元;如果衣服实际是 70 元,就很难说成 100 元。第二,在"质"上,被完形的小量必须无关紧要,不会改变事件的性质。比如,考了 99.5 分,一般不能说考了 100 分。这是因为,100 分是满分,99.5 分不是满分,两者是不同性质的事件。而考了 69.5 分,说成 70 分一般可以接受,因为两事件的性质没有本质的差别。

再来看例(16')。从量的角度看,被否定的 C 与总范围 A 在量上非常接近,这已经具备了"完形"的第一个条件;从质的角度看,B 虽然量小,但并非无关紧要,正常情况下,是不允许进行完形操作的,否则,就会违反会话合作原则中的"质的准则"。不过,Grice(1975)指出,说话人可以通过有意违反"质的准则",来表达特殊的会话含义。本例中,听话人首先听到的是全称否定小句,得到的信息是"什么都不要"。再听到"只"小句时,其预设义是:要阿香;其断言义是"除阿香以外的任何赏赐都不要"。这一断言义与全称否定小句不符,说明说话人有意违反了"质的准则"。这会促使听话人启动语用推理,来推测说话人的真实交际意图。经过推理,听话人意识到,说话人提供全称否定小句的目的,不是要提供一个前景信息,而是要对后面真正的交际意图进行铺垫、衬托,即,通过先行否定一个全量,再肯定其中的一个小量,"这种非常规表达,吸引了听话人更多的注意力",并能形成"万绿丛中一点红"的强烈对比效果(夏军,2014),从而达到凸显与强化"只"小句的话语功能。

经考察,Ⅱ式都可以加上"别的"或"其他"等词。因此,我们认为,Ⅱ式的形成机制是:首先,说话人调小焦距,将注意力集中于对象 B,使得 B 被侧显,成为注意中心;⑨对象 C 从直接辖域向最大辖域隐退,⑩其具体内容不再实际激活,只以"别的""其他"等词代称;其次,在完形压强作用下,说话人有意违反"质的准则",让"别的"等词脱落,从而形成Ⅱ式。由于"完形操作"的必要条件之一是:被完形的量必须是小量。这也导致,Ⅱ式中"只"约束对象不能多。Ⅱ式的识解方式可用下图表示:

3.3　Ⅲ式的识解方式与话语策略

Ⅲ式中,肯定的对象 B 本来处于最大辖域之中,说话人通过"调大焦距",让对象 B 进入直接辖域之中,从而达到侧显对象 C

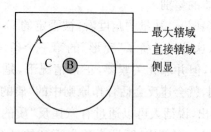

图 2   Ⅱ式识解方式示意图

的目的,如:

(17) 我问张坚卫:"你会唱歌、跳舞吗?"他憨厚地摇摇头说:
"**我什么都不会,只会喝茶、抽烟**,这是长期在部队里
养成的习惯。"

本句中,"什么"的所指是诸如"唱歌、跳舞"之类的才艺。即,
交际双方谈论的语篇主题是"会什么才艺",这是直接辖域。而
"喝茶、抽烟"并不是才艺,它处于最大辖域之中,原本是不应当进
入当前语境的。此时,说话人通过"调大焦距",扩大直接辖域,让
"喝茶、抽烟"进入直接辖域之中,并实际表达出来。

Grice(1975)指出,会话应遵守"量的准则",即"只提供足量的
信息,不提供过量的信息"。"只会喝茶、抽烟",对于当前问题来
说,是过量信息。说话人之所以要有意违反"量的准则",也是为
了传达特殊的会话含义,即"凸显 C"。其理解过程是:听话人听
到"只"小句时,发现"只"小句的预设义"会喝茶、抽烟"是偏离语
篇主题的过量信息。这会激发听话人启动语用推理,来推测说话
人的话语意图。经过推理,听话人发现,"只"小句的预设义虽然
是冗余的过量信息,但是,其断言义却是与语篇主题直接相关的。
其断言义是,"除喝茶、抽烟之外的都不会",当然包括"唱歌、跳舞
之类的才艺也不会",这样,"我什么都不会"就得到了重申与强
化。再如,前文的例(3),"整个下午啥也没干"中的"啥",指称"任

何有意义的、值得做的事",如"学习、做家务"等。本句通过只肯定"看了点闲书",来重申、强化"除'看闲书'之外的任何有意义的事都没干"。例(4)中,通过阅读小说可知,她与男朋友锦昌之间发生了很多纷争,并最终分手了。本句通过"只说锦昌不知道我回港",来重申强化"任何闹分手的事也不说"。例(13a)(14a)也是如此,不再赘述。

Ⅲ式中,到底多少对象可以从最大辖域进入直接辖域,并没有严格的限制。比如,例(17)中,说话人让"喝茶、抽烟"两个对象进入直接辖域。实际上,还可以让更多的对象进入,如"我什么都不会,只会喝茶、抽烟、打打小牌";也可以让更少的对象进入,比如,"我什么都不会,只会喝喝茶"。这就可以解释,前文的例(8)中,"只"约束对象较多的原因。(8a)是小说《飘》里的一句话,联系上下文可知,此时主人公正在翻找财宝与食物,"什么"主要是指称这些,说话人让最大辖域中的"蜡烛"等4个对象进入直接辖域,来重申"任何财宝与食物都没有"。(8b)中,"什么"的所指是"查看toiettes"之类的活,说话人让最大辖域中的"在前房跳来奔去"等三个对象进入话语,来重申、强化"什么活都不干"。

综上所述,Ⅲ式的识解方式是:说话人调大焦距,让对象B从最大辖域进入直接辖域之中,其作用在于烘托、强化对象C,使得对象C被侧显,成为注意中心。说话人通过有意违反"量的准则",实现了前后景的转化。Ⅲ式的识解方式可用下图表示:

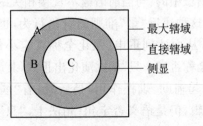

图3　Ⅲ式识解方式示意图

4. 结语

"全称否定＋只"构式的定景机制是：在特殊的话语功能需求驱动下,说话人通过改变识解方式与话语策略,促使听话人启动语用推理,从而实现前后景的转化。在此过程中,"全称否定＋只"构式的语法特点也被不断塑造成型,从而浮现。具体来讲,"全称否定＋只"构式的基本用法是：全称否定小句是先从反面否定合乎预期的信息或者语境已经出现的命题,"只"小句再从正面提供信息。两者都与交际意图直接相关,都在直接辖域中激活,所以都是前景信息(Ⅰ式)。

当说话人改变识解方式,将注意力集中于"只"小句所肯定的对象时,全称否定小句所否定的对象就向最大辖域隐退,其具体内容不在头脑中实际激活,而只是以"别的"等词来代称。说话人在"完形压强"作用下,让"别的"等词脱落,导致全称否定小句提供的是错误信息。这种有意违反"质"准则的言语行为,会激发听话人启动语用推理,从而达到凸显、强调"只"小句的话语功能。在此过程中,"全称否定＋只"构式演化出Ⅱ式,其语法特点是：语用上,"只"小句被凸显;语义上违反逻辑,表达"量的否定",是语用否定句;句法上,"只"约束对象的数量必须很少。

当说话人改变识解方式,将注意力集中于否定对象时,说话人可以让最大辖域中的、与当前语篇不直接相关的过量信息进入直接辖域之中,这种违反"量"准则的言语行为,也会激发听话人启动语用推理,从而达到重申、强化全称否定小句的话语功能。在此过程中,"全称否定＋只"构式演化出Ⅲ式,其语法特点是：语用上,"只"小句起辅助、烘托作用,是后景,有"淡化"之感;语义上,语句符合逻辑,仍是语义否定句;句法上,"只"约束对象的数量可多可少。

附注

① 刘丹青(2013：59)仅讨论了"什么"前置于否定性谓语之前的情形，该文认为，构式的全量义由否定谓语、全量算子和受事前置的特殊语序合力造就的构式语义。

② 本文的"全称否定小句"特指"Wh＋Neg＋VP"小句，通过否定"全、所有"等全称量化词而形成的全称否定小句，不在本文讨论范围之内。

③ 本文的例句除转引自前人文献、自拟外，均取自北京大学现代汉语语料库(CCL)。另外，若提供了相关语境信息，为了方便阅读，则将"全称否定＋只"构式所涉及的语句加粗。

④ "任指"是指，在所涉及的范围之内没有例外，并且任选其中一个成员都足以代表全体成员。(袁毓林，2011：197)"全称否定＋只"构式中的疑问代词都是任指用法。

⑤ 除"语用标准"外，主要还存在三种标准：一是，根据"时间序列"，即在时间序列之中的故事主线内容为前景，否则为后景。(Labov 1972)二是，根据"句法特点"，如，完整体小句为前景，非完整体为后景；(Hopper 1979)独立小句为前景，依附、内嵌小句为后景。(Reinhart 1984；方梅 2008)三是，"及物性标准"，即，高及物性小句为前景，低及物性小句为后景。(Hopper & Thompson，1980)本文之所以不采用这三种标准，有两点原因：一是，这三种标准对于"叙事语篇"非常适用，但不太适合本构式。二是，根据最新的研究，"语用标准"更具有普适性。如 Li(2014：104)指出，前后景信息本质上是一种语用现象，同时，与小句的语义、语法特点相关联。

⑥ 由于背景信息与交际意图不直接相关，所以，删除后一般不影响主要交际意图的传达。但是，背景信息并不等同于羡余信息，也有其信息价值。

⑦ 目前，否定句能否提供前景信息，还存在不同的看法。如，Galia(1985：267)将"肯定句表前景、否定句表后景"作为前后景信息的界定标准之一。我们认为，这一标准并不适用于"全称否定＋只"构式，因为，如果据此将全称否定小句都界定为后景信息，"只"小句都界定为前景信息，就无法解释其"凸显"与"淡化"语用功能的差别。

⑧ 当"只"小句否定的内容具有一定的规约性时，听话人可以根据常识，理解其断言义。此时，删除全称否定小句，话语是可接受的。如"川贝母种子长出 200 来棵像是花生秧子的植物，秋后拔出，根部什么也没结，只有须

子。"可以删为"秋后拔出，根部只有须子"。当然这样的表达还是有些曲折，不如"秋后拔出，根部什么也没结"自然。

⑨ Ⅱ式中，"只"实质上是一种场景聚焦用法，关于这一用法，详参见夏军（2018）。

⑩ 这种隐退又存在两类：一类是，直接辖域与最大辖域边界依然明晰，如"家里人他谁都不信，只信他老伴"。直接辖域是"家里人"，最大辖域是所有相关的人，如"亲戚、政府官员"等；另一类是，直接辖域与最大辖域边界比较模糊，如例(16)，直接辖域具体指称什么已经非常模糊，与最大辖域已经难以区分了。

参考文献

蔡维天　2004　谈"只"与"连"的形式语义，《中国语文》第2期。

方梅　2008　由背景化触发的两种句法结构，《中国语文》第4期。

郭锐　2006　衍推和否定，《世界汉语教学》第2期。

胡建锋　2011　"不是……吗？"反诘问句的前后景功能，《当代修辞学》第3期。

刘丹青　2013　汉语特色的量化词库：多/少二分与全/有/无三分，《木村英树教授还历记念，中国语文法论丛》，白帝社。

刘丹青　2014　论语言库藏的物尽其用原则，《中国语文》第5期。

刘云、李晋霞　2017　论证语篇的"前景—背景"与汉语复句的使用，《华中师范大学学报》第4期。

陆俭明　2016　从语言信息结构视角重新认识"把"字句，《语言教学与研究》第1期。

苗兴伟　2011　否定结构的语篇功能，《外语教学与研究》第2期。

邵敬敏、赵秀凤　1989　"什么"非疑问用法研究，《语言教学与研究》第1期。

沈家煊　1999　《不对称和标记论》，南昌：江西教育出版社。

夏军　2014　凸显例外与淡化例外，《当代修辞学》第5期。

夏军　2018　论副词"只"的场景聚焦用法，《中国语文》第5期。

徐赳赳　2010　《现代汉语篇章语言学》，北京：商务印书馆。

徐以中　2010　"只"与"only"的语义指向及主观性比较研究，《语言教学与研究》第6期。

袁毓林、王明华　2011　"Neg＋Wh＋VP"和"Wh＋Neg＋VP"意义同异之辨，《中国语文》第3期。

张健军　2014　转折复句的定景机制及其研究意义,《语言教学与研究》第2期。

张莹　2011　"谁、什么"的词类归属及其所构成的句式,《兰州学刊》第8期。

Croft, William & D. A. Cruse 2004 *Cognitive Linguistics*. Cambridge: Cambridge University Press.

Francis Cornish 2012 Micro-syntax, macro-syntax, foregrounding and backgrounding in discourse. *Belgian Journal of Linguistics* 26 (1): 6 - 34.

Galia Hatav 1985 Criteria for identifying the foreground. *Theoretical Linguistics* 12(1): 265 - 273.

Grice, H. P. 1975 Logic and conversations. Dalam Cole, P. & Morgan (Ed.), *Syntax and semantic: Speech act. New York*: Academic Press: 41 - 58.

Grimes, J. E. 1975 *The Thread of Discourse*. The Hague: Mouton.

Hopper, P. J. 1979 Aspect and foregrounding in discourse, In Talmy Givón (ed.) *Syntax and Semantics*, Vol. 12. Academic Press: 213 - 241.

Hopper, Paul & Sandra Thompson 1980 Transitivity in grammar and discourse. *Language* 56(2): 251 - 299.

Labov, William 1972 The Transformation of experience in narrative syntax. *Language in the Inner City*. University of Pennsylvania Press. 354 - 396.

Langacker, Ronald W. 2008 *Cognitive Grammar: A Basic Introduction*. New York: Oxford University Press.

Li Wendan 2014 Clause structure and grounding in Chinese written narrative discourse. *Chinese Language & Discourse*. 5(2): 99 - 145.

Reinhart, Tanya 1984 Principles of gestalt perception in the temporal organization of narrative texts. *Linguistics* 22(6): 779 - 809.

Unger, Christoph 2006 *Genre, relevance and global coherence*. Palgrave Macmillan.

van Kuppevelt, J. 1995 *Main structure and side structure in discourse*. Linguistics 33(4): 809 - 833.

"怪不得"的语义演变
及其回溯推理

罗耀华[1]　姜礼立[2]

([1] 华中师范大学文学院　[2] 湖南师范大学南方语言文化研究中心)

0. 引言

前贤关于"怪不得"的研究,主要集中在句法、语义、语用以及语义演变等方面,并取得了丰硕的成果。各家对于表示"不能责备"义的动词性"怪不得"的认识较为统一,但是对于用于复句中表示"醒悟"义的"怪不得"的属性的认知仍存在争议:《现代汉语八百词》(增订本)(1980)、《现代汉语虚词词典》(2001)、郑晓蕾(2005)、《商务馆学汉语词典》(2006)、董玲玲(2009)、张薇、李秉震(2011)、聂俊伟(2012)、《汉语大词典》(2012)、王利(2014)、《现代汉语词典》(第 7 版)(2016)、任今梦(2017)等将此类"怪不得"归入副词,而太田辰夫(1987)、张宝林(1996a)、张斌(2001)、周刚(2002)等认为这类"怪不得"应划入连词中。关于"怪不得"的演变历程各家观点也不统一:郑晓蕾(2005)、张富翠(2009)认为副词"怪不得"出现在清代;张薇、李秉震(2011)指出"怪不得"形式最早出现在元代;聂俊伟(2012)、张舒雨(2016)等则认为"怪不得"的副词用法出现在元代;张明友(2010)考察发现元代"怪不

得"已虚化成话题标记;李宗江(2016)指出明代语篇标记"怪不
得"已经形成。以上研究多是列出观点,但并未对"怪不得"的语
义演变进行系统研究,专文研究"怪不得"的有陈宝珠(2010)、王
利(2014)和任今梦(2017)。王文和任文均认为副词"怪不得"是
由动词短语演变而来,但王文认为副词"怪不得"成词于清代,而
任文则认为成词于元代。陈文与王文和任文又有所不同,认为清
代"怪不得"已由动词短语演变成连词。前贤时哲关于"怪不得"
的研究,对我们有一定的启发,但我们认为"怪不得"的演变历程、
演化机制以及语义识解等都还可以深入探讨。

1. "怪不得"的演变历程

《说文解字》:"怪,异也。从心,圣声"。《汉语大词典》"怪"有
8个义项,动词用法有:a. 惊异,觉得奇怪;b. 责备、埋怨。"怪不
得"中"怪"的初始义就来源于动词"责备、埋怨"义。

"得"最早用作动词,后来又由动词虚化出两个助词"得":
"得$_1$"放在动词后面,表示动作实现或有了结果;"得$_2$"放在动词前
面,表示可能,它比"得$_1$"出现得早。(a)"V 得 O"和"VO 不得"不
对称,是因为它们有不同的来源。前者的"得"是由"得$_1$"进一步
虚化而成的,后者是"不得$_2$"放在动词后面而成的。(b)"V 得 O"
产生的时代(唐代)远晚于"VO 不得"(汉代),是因为"不得$_2$"很早
就可以置于动词之后,而"V 得 O"中的"得"由得(动词)→得$_1$(表
实现)→得$_1$(表可能)(蒋绍愚,1995)。"得"的语义演变和语法化
路径问题,纷繁复杂。吴福祥(2009)把"得"的语法化路径概括
为:本为"获得"义他动词,先秦两汉文献里,"得"也可以用于他动
词之后构成连动式"V 得 O";大约在魏晋六朝,"得"在非"得"义
动词后逐渐虚化成表动作实现或有结果的动相补语;唐代,动相
补语"得"在不同语境里开始发生多向语法化,一是在非已然语境

里语法化为能性补语;二是在已然语境里演变为完整体标记;三是在"V 得_{动相补语}"后接谓词性成分这一环境里语法化为结果/状态/程度补语标记;最后,表示某种结果/状态的述补结构"V 得C"在未然语境里进一步语法化为能性述补结构,相应地,原来的结果/状态补语标记"得"演变为能性补语标记。我们赞同吴福祥所构拟的"得"语法化路径。吴福祥(2009)刻画"得"的语法化历程如图 1 所示:

图 1　汉语语素"得"的语法化历程

　　再看"不得"。不同的辞书有不同的解释。《现代汉语词典》(第 7 版):·bu·de 助 用在动词、形容词后面,表示不可以或不能够:去～|要～|动弹～|马虎～。《现代汉语规范词典》(2004):bùdé① 动 得不到;没有得到:求之～|～要领。② 动 不能;不可以:会场内～吸烟。不得 bùde 动 用在动词、形容词后面,表示不可以或不能够:动弹～|马虎～。《汉语大词典》:不得 1. 不能得到;得不到。《诗·周南·关雎》:"求之不得,寤寐思服。"2. 不能;不可。唐王昌龄《浣纱女》:"吴王在时不得出,今日公然来浣纱"。

　　从词条收录上看,《现代汉语词典》(第 7 版)只收录了谓词后的"不得",《现代汉语规范词典》则明确将谓词前"不得"和谓词后"不得"处理为两个词条,而《汉语大词典》则将两种不同分布的"不得"置于一个义项之下未做区分。从词语定性上看,《现代汉语词典》将谓词后"不得"处理为助词,《现代汉语规范词典》将谓词后"不得"和谓词前"不得"都处理为动词,《汉语大词典》则未标注词性。李广瑜(2012)认为应区分两个"不得",即将谓前"不得"

和谓后"不得"作为两个词条收入。谓前"不得"读音为"bùdé",词性为助动词;谓后"不得"读音标注为"bu·de",词性为助词。

先秦时期

先秦时期的甲骨文和殷墟卜辞中,"不"就可以用作副词,表否定(王绍新,1992;姜宝昌,1992)。"得"的用法如前所论,"不"和"得"的组合,有如下用法:

(1) 子墨子言曰:"今者王公大人为政于国家者,皆欲国家之富,人民之众,刑政之治,然而不得富而得贫,不得众而得寡,不得治而得乱……是其故何也?"(墨子《墨子·尚贤上第八》)

(2) 人既专一,则勇者不得独进,怯者不得独退,此用众之法也。(孙武《孙子兵法》)

(3) 刑余罪人之丧,不得合族党,独属妻子,棺椁三寸,衣衾三领,不得饰棺,不得昼行。(荀况《荀子·礼论》)

例(1)中"不得……而得"并举,"不得"意思是"没有得到",为否定副词"不"+获得义动词"得"组成的短语①;例(2)中的"不得"意思是"不能"②;例(3)中的"不得"表示禁止,先秦时期的"不得"均出现在表示某种制度的场合,是对从事 VP 行为的一种否定性规定③。先秦表禁止的"不得"的语义限制性较大,语气强硬,大多可以用施为动词"禁止"进行替换(金颖,2011)。后两种用法,均用于动词前。

两汉时期

这个时期,"不得"仍延续先秦时期的用法,例如:

(4) 项王有背约之名,杀义帝之负……战胜而不得其赏,拔城而不得其封;非项氏莫得用事;为人刻印,刓而不能授;攻城得赂,积财而不能赏。(司马迁《史记》卷九十七《郦生陆贾列传第三十七》)

(5) 故行险者不得履绳,出林者不得直道,夜行瞑目而前其

手。(刘安《淮南子》第十卷《缪称训》)

(6) 是故圣人使人各处其位,守其职,而不得相干也。(刘安
《淮南子》第一卷《原道训》)

例(4)中的"不得"意思是"得不到"④,为短语;例(5)中的"不
得"为"不能"⑤;例(6)中的"不得"则表示禁止。同样,后两种用
法,位于核心动词前。

唐宋时期

(7) 一似八十老婆嫁与三岁儿子,年虽长大,要且被他三岁儿
子索唤,不得自由。(《中华大藏经》编辑局《中华大藏经》
卷四十七《筠州洞山悟本禅师语录》)

(8) 师云:"火焰上泊不得,却归清凉世界去也。"(释道原《景
德传灯录》卷第八)

(9) 晋元帝制曰:"小功缌麻,或垂竟闻问,宜全服,不得服其
残月,以为永制。"(杜佑《通典》卷九十八《小功不税服
议》)

例(7)"不得自由",意思是"得不到自由";例(8)"泊不得"意
思是"不能停留";例(9)"不得"则表禁止。李广瑜(2014)将"不
得"的演变归纳为图2。

```
路径"不得(没得到)"→"不得(没达成/客观不能)"→"不得(认识不能)"→"不得(不许)"
意义类   非主观意义      非主观意义          主观意义        交互主观意义
概念域   行域₁           行域₂               知域            言域
影响               句法环境变化          主观化           交互主观化
因素               完形隐喻            语用推理          语用推理
                   叙述语境            推测语境          禁止语境
```

图2　语义演变的路径、方向及影响因素

沈阳、冯胜利(2008)指出"得"在先秦时期一般表"可能",表
"许可"出现较少,且只以否定义出现(否定句或反问句)。有了
"不可能">"不许可"的演变,不许可即禁止,不被允许做则不能

够做到,反之则不然。

我们认为,"不得"的演变,受出现环境的制约,可以分为"不得$_1$"和"不得$_2$","不得$_1$"分布在动词前;"不得$_2$"分布在动词后。

"不得$_1$"的演变路径为:"不得"(没有得到)＞"不得"(不能)＞"不得"(禁止)。跟"得"的演变不同,"不得$_1$"在演变过程中,没有经历"动相补语"阶段。

"不得$_2$"相对复杂,分带宾语和不带宾语两种情形,即:A."V不得$_2$O";B."V不得$_2$"。A类表达客观地叙述一种事实,表示对某种客观事实的否定,而不表示禁止或劝阻(于康,2004);李宗江(1994)归纳为:客观地报道某一动作实现的可能性。

A."V不得$_2$O"中"不得$_2$"的演变路径为:"不得"(没有得到)＞"不得"(不能),如"耐不得寂寞"。

B."V不得$_2$"中"不得$_2$"分两类,一类跟A相同,演变路径:"不得"(没有得到)＞"不得"(不能),如"进不得退不得";另外一类则表示禁止或劝阻,演变路径为:"不得"(没有得到)＞"不得"(禁止),如"去不得"。

"怪"与"不得"的结合,最早是以短语形式出现的,较早的用例出现在五代,例如:

(10) 又因一日峰见师,便拦胸把云:"尽乾坤是个解脱门。把手拽教伊入,争奈不肯入!"师云:"和尚怪某甲不得。"峰云:"虽然如此,争奈背后如许多师僧何!"自后闽王钦敬,请住安国阐扬宗教矣。(泉州昭庆寺僧《祖堂集》)

作为动词性短语,表示不能责怪、不应该责怪,往往在"怪"与"不得"之间插入宾语(代词)。如例(1)"和尚怪某甲不得",意为和尚不能怪某甲,"不得"作为能性补语,表示道义情态。

宋代,这种用例逐渐增多。例如:

(11) 你明日且到了人家,我慢慢央人与你爹娘说通,他也须怪我不得。(冯梦龙《错斩崔宁》)

(12) 怪他不得,你既不能用他,又无粮食与他吃,教他何如
　　　得?（朱熹《朱子语类》）

线性序列上,紧密结合在一起的"怪不得",在《现代汉语八百
词》(增订版)、《商务馆学汉语词典》、《汉语大词典》、《现代汉语词
典(第7版)》等工具书均有释义:怪不得,(动)不能责怪,该用法
始于宋代。例如:

(13)（陈丈)又云:"也怪不得州郡,欲添兵,诚无粮食给之,其
　　　势多招不得。"（朱熹《朱子语类》）

(14) 某尝说,怪不得今日士大夫,是他心里无可作做,无可思
　　　量,"饱食终日,无所用心",自然是只随利欲走。（朱熹
　　　《朱子语类》）

例(13)中"怪不得"已成词,"不"表示否定的语法意义,"得"
为能性补语,"不得"组合成一个语法单位,跟在"怪"的后面,后带
名词宾语"州郡","怪"为核心动词,"不得"为补语,整个为述补复
合词。《汉语大词典》中也收录有动词"怪不得",它将其解释为:
(动)不能责备,它给出的初始例证即例(13)。例(14)"怪不得"后
接体词性宾语,意为"不应该责怪今日士大夫","怪不得"虽然在
线性序列上前后相连,但核心动词为"怪",其结构层次为"怪‖不
得|今日士大夫"。

由于述语和补语之间的结合十分自由,且内部结构关系很明
显,因此很多带宾的双音述补结构又不太像词汇词（董秀芳,
2011:78）。所以这类词一般被称之为词法词（Di
Sciullo&Williams,1987)⑥ 或短语词（吕叔湘,1979:11—25）。
这一时期,动词"怪不得"也是如此,词汇化程度并不高,称为短语
词(词法词)更为合适。首先,语义上"怪不得"并未专门化,词义
比较透明,可以用"不能责怪"替换,如例(13)(14);其次,结构上
"怪"和"不得"的联系还比较松散,中间还可以插入名词性宾语,
如例(11)(12)。

　　这种动词用法的"怪不得"一直到现当代还有用例情况。例如：

(15) 谁知他贪心不死，尚欲设法挽回，只因此一举，遂连身家性命一齐断送。也是他作恶多端，当受显报，孽由自取，却怪不得王莽了。（黄士衡《西汉野史》）

(16) 是的，躲到一个谁也找不到的地方，这样对方要我杀你时，我可以用找不到作为推托，如果对方代我找到了你，那就是你的运气太坏，怪不得我了。（古龙《圆月弯刀·钓饵》）

　　元代，"怪不得"后所带的宾语的类型开始扩展，由体词性宾语扩展为小句宾语。"怪不得"所带宾语的变化，是其发生演变的关键。例如：

(17) 怪不得小生疑你，偌大一个宅堂，可怎生别没个儿郎，使得梅香来说勾当。（王实甫《西厢记杂剧》第一本《张君瑞闹道场》）

(18) （做揖科，云）小师父恕罪！烦报你惠安长老，道有故人陈季卿特来相访。（行童云）你这先生，这才是句说话。怪不得自古以来，儒门和俺两家做对头的。（徐征《全元曲·陈季卿误上竹叶舟》）

(19) 普天下有的婆娘，谁不待要占些独强？几曾见这狗行狼心，搅肚蛆肠？（带云）你养着奸夫，倒着我有这屈事也。（唱）倒屈陷我腌臜勾当，（带云）也怪不得他赃埋我来。（臧懋循《元曲选·灰阑记》）

　　例(13)—(16)中"怪不得"的宾语均为体词性成分，"怪不得"为句中核心动词，意思是"不能责怪"；而例(17)—(19)"怪不得"的宾语分别为"小生疑你""自古以来，儒门和俺两家做对头的""他赃埋我来"三个包含述谓结构的小句。由体词性宾语扩展到句子宾语，这为"怪不得"的语法范畴的变化提供了条件。例

(17)—(19)的三个宾语小句中均含有消极色彩的词语如"疑""做对头""脏埋"，可以做两解：例(17)、例(18)的"小生疑你""儒门和俺两家做对头的"和例(19)"他脏埋我来"都是已然发生的不好的事件，本该受到责备，但是事出有因，所以可以免于责备，故可理解为"不能责备"义；另一方面，也可以理解为说话人明白了某种原因，所以对先前觉得奇怪的事情有所醒悟，故可解作"醒悟"义。这正是"怪不得"语法化历程中的中间状态。

但当"怪不得"后接小句表达的是非消极事件时，"怪不得"已不再具有"责备义"，此时其已经演变成了表示"醒悟"义的语气副词，用来表达情态。这种用法在明代开始出现，例如：

> (20) 如霞是有心招风揽火的，答道："先生这早在外边回来，莫非昨晚在那处行走么？"任君用道："小生独处难捱，怪不得要在外边走走。"（凌濛初《二刻拍案惊奇》）

> (21) 遂同十六院夫人，一齐都到第三龙舟上来看。只见那女子果然娇美异常。萧后说道："怪不得陛下这等注目，此女其实有几分颜色。"炀帝笑道："朕几曾有错看的！"（齐东野人《隋炀帝艳史》）

例(20)(21)中的小句"要在外边走走"和"陛下这等注目"都是中性事件，"怪不得"只可理解为说话人（言者：魏撰之）对命题"要在外边走走""陛下这等注目"的幡然醒悟、理解的主观感情，不能理解为动词"不能责备"义。正如下文所讨论的那样，识解"怪不得"，须进行回溯推理，"怪不得"由句中的主要动词，发展到非句子主要动词，并形成"怪不得 S"的格局，逐渐丧失主要动词地位，用来表达情态，称为命题外成分，表达说话人对命题的主观观点、态度和看法，具有主观性。

"怪不得"在由动词演变为语气副词的过程中，还经历了主观化。例如：

> (22) 这是你妈妈自家请我上门的，须怪不得别人。（凌濛初

《二刻拍案惊奇》)

(23) 亮祖看了一会,心中想道:"有这等的事,怪不得从来军
　　 士说,殿上神明像我。可见得我这身子,就是罗眼神蜕
　　 化的。方才路上遇着的道人,戴着铁冠,想就是题诗点
　　 化我来。不免向我前身,也来拜他几拜。"(无名氏《英烈
　　 传》)

例(22)"怪不得"为句中谓语动词,具有命题功能,带体词宾
语"别人",阐述的是客观事实,具备客观意义,为句中的非认识情
态。而(23)中"怪不得"为语气副词,具有情态功能,其辖域为后
面的整个命题,它不再具备命题功能,而是用来表达言谈功能,由
已知事实,运用回溯推理,得出"从来军士说,殿上神明像我"的原
因。这样看来,"怪不得"作为语气副词,表达说话人对命题的主
观评注,它是一个倾斜的现象,起初在形式和结构上以具体的、词
汇的、客观的意义表达为主,在一定句法环境中反复使用,逐渐演
变为抽象的、语用的、人际的和基于说话人的功能,并实现由命题
功能变为言谈功能;由客观意义变为主观意义;由非认识情态变
为认识情态的转变,实现主观化。

清代,"怪不得"的用例较明代明显增多。我们分别考察了
明、清时期各 20 部作品,[⑦]涵盖这两个时期具有代表性的通俗文
学作品、笔记小说、传奇、戏曲和杂剧等。在这些文献语料中,明
代"怪不得"出现了 40 例,而清代"怪不得"则出现了 258 例。清
代"怪不得"后接小句的形态句法特征和感情色彩与明代相比,又
有了一些新的发展:

A."怪不得"可位于小句前,单独使用,用作副词表"醒悟"
义。例如:

(24) 秋谷听了道:"怪不得,我说这里天津地方那里有你这样
　　 电气灯一般的人! 原来果然是上海来的。"(张春帆《九
　　 尾龟》)

(25) 季苇萧道:"怪不得,你是个美人,所以就爱美人了。"(吴敬梓《儒林外史》)

B. "怪不得"后接的小句,还出现了含有褒义色彩的事件。例如:

(26) 靳直大喜道:"好孩子,怪不得侄儿夸你,说是诸葛复生!这个圈子,便是周瑜也跳不脱;何况文白!"(夏敬渠《野叟曝言》)

例(26)中"怪不得"后接的小句"侄儿夸你,说是诸葛复生!"含有褒义色彩的词语"夸""诸葛复生"等,所以小句"侄儿夸你,说是诸葛复生!"不再是表示对听话人或者他人有所伤害的事件,因此"怪不得"只能理解为表示"醒悟"义的语气副词。

C. "怪不得"后接小句的主语可以是指物名词或者抽象名词(短语),亦或者是零形式。例如:

(27) 闺臣忖道:"怪不得碑记说他,幼谙剑侠之术,长通元妙之机',果然竟有道理。"(李汝珍《镜花缘》)

(28) 怪不得这十余天就出了三个案子,原来是黄昆所为。(张杰鑫、常杰淼《三剑侠》)

(29) 紫芝道:"原来也打着了,怪不得那么惊天动地的。"(李汝珍《镜花缘》)

例(27)和(28)"怪不得"后接小句的主语分别是指物名词"碑记"和抽象名词短语"这十余天",而例(29)则是零形式。所以"怪不得"受后接小句主语的影响,其找不到可以明确责备的指人对象,因此只能理解为表"醒悟义"的语气副词。

上述变化说明"怪不得"语气副词的用法在清代已渐趋成熟。

明清时期,"怪不得"还出现了与"原来"共现,用于因果复句中,表示关联作用的用例。明代,该用法使用的频率极低,北大语料库仅出现2例。例如:

(30) 撰之道:"怪不得闻俊卿道自己不好说,原来有许多委

曲。只是一件：虽是闻俊卿已定下在彼，他家又不曾晓得明白，小弟难以自媒，何由得成？"（凌濛初《二刻拍案惊奇》）

(31) 怪不得师父要来化斋，原来是这般好处。（吴承恩《西游记》）

清代，这一用法明显增加，北大语料库中共出现79例。"怪不得"用于因果分句之间，在发挥连接因果分句的功能时，使因果分句之间的关系更加明确。它既可以出现在先因后果句中，也可以出现在先果后因句中。太田辰夫（1987）、张宝林（1996a）、张斌（2001）、周刚（2002）等均将此类用法的"怪不得"归入连词，例如：

(32) 秋谷不觉大怒道："原来你这个人如此的不知好歹，怪不得张书玉要敲你的竹杠。照你这样说来，倒是我多事的不是。我也不管你们的闲事，我去回复他就是了。"秋谷说这几句话时声色俱厉。（张春帆《九尾龟》）

(33) 知县一听，气得颜色更变："怪不得这十余天就出了三个案子，原来是黄昆所为。"（张杰鑫、常杰淼《三剑侠》）

"原来"是因标，引导原因小句，"怪不得"是果标，引导结果小句。表醒悟的"怪不得"所在的语段，一般包括如下语义因子：A. 已实施的某行为；B. 表领悟的小句（内含"怪不得"）；C. 探究原因的小句。如例(32)已实施的行为"秋谷不觉大怒道"；表领悟的小句"张书玉要敲你的竹杠"；探究原因小句"你这个人如此的不知好歹"。例(33)同样可进行这样的分析。徐朝红（2017）指出，可以从句法功能和句法位置两个方面来辨析连词：关联性是基础，句法位置是关键。连词一般须具备两个基本特征：一是必须出现于关联场合；一是可以用于主语前后或只能用于主语之前，黄盛璋（1957）、赵元任（1979）、张宝林（1996b）认为功能词只能出现在主语之前，一定是连词。明清时期，北大语料库中共有81例"怪不得"出现在"怪不得……原来""原来……怪不得"这类因果关系复句里,并且均位于小句句首,具有话语衔接的功能,故可理解为连词。但相较于典型的连词如"因为……所以"等,"怪不得"并非典型成员,一般还兼有表语气的作用。

归纳起来,"怪不得"的演变历程如下图 3 所示:

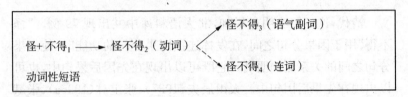

图 3 "怪不得"的演变历程

2. "怪不得"的演变机制

Crowley(1992)、Harris & Campbell(1995)、吴福祥(2005)以及贝罗贝(2008)等主张语法演变的机制一般只有三种:a. 类推(扩展);b. 重新分析;c. 借用。其中类推和重新分析是语法演变的内部机制,借用是语法演变的外部机制。吴福祥(2013)又基于上述研究,主张语法演变的基本机制有四种,即作为内部机制的重新分析和类推(扩展),以及作为外部机制的语法借用和语法复制。而诱发"怪不得"发生演变的机制主要是重新分析和类推。

2.1 重新分析

重新分析(reanalysis)指在没有改变表层结构形式的情况下,一个本来可以分析为(a,b),c 的结构,由于认知角度的变化,变成了 a,(b,c)。王灿龙(2005)指出:从根本上说,重新分析完全是听者(或读者)在接受语言编码后解码时所进行的一种心理认知活动,听者(或读者)不是顺着语言单位之间本来的句法关系来理解,而是按照自己的主观看法作另一种理解。也就是说,在句子结构不变的情况下,由于人的理解发生了变化,同一种语言形式被赋予了一种新的解释。重新分析可以对"怪不得"的语法化加以合理的解释。例如:

> (34) 每日这般用心弄时,虫子怎么蛀的? 这是怪不得人,也怪不得虫子,你的不是。(佚名《朴通事》)

例(34)中"怪不得"为动词,它们与后面的成分构成动宾词组,结构层次为"怪不得|人""怪不得|虫子",但是随着句法环境的变化,"怪不得"后接成分不再是 NP 性成分,而是小句 S,"怪不得"一般位于小句句首,如例(17):

> (35) 怪不得小生疑你,偌大一个宅堂,可怎生别没个儿郎,使得梅香来说勾当。(王实甫《西厢记杂剧》)

例(35)"怪不得|小生疑你"可以作两种分析,一种是仍分析为动宾结构,另一种是将"怪不得|小生疑你"由动宾结构重新分析为状中结构。"怪不得"的语法化就是在状中结构中逐步完成的。

2.2　类推(扩展)

类推(analogy)指的是一个句法模式的表层形式发生改变但并不涉及其底层结构直接或内在的改变。(Harris and Campbell,1995:51)类推(扩展)本身不涉及规则的改变,但是它可以通过扩大一个新规则的使用范围来改变一个语言的句法,因此很多语法演变往往涉及重新分析和类推(扩展)两种机制的交互作用。(吴福祥,2013)一般而言,语法化分两个步骤:先重新分析,然后类推(扩展),重新分析存在于言语个体的大脑之中,只有通过类推,重新分析的结果才能外现。(李明、姜先周,2012)元代,当"怪不得"后接宾语由 NP(如例 13—14)扩展为小句 S(如例17—19)时,"怪不得+后接成分"由动宾结构重新分析为状中结构。明清时期,"怪不得"又在类推(扩展)机制的作用下,其后接小句 S 由表示消极意义(如例 17—19)扩展为表示非消极意义(如例 20、21、26),其后接小句 S 的主语由有生主语(如例 17—19)扩展到无生主语(如例 27、28)或者零形主语(如例 29),此时"怪不得"对后接小句的支配作用消失,"怪不得"用来表达说话人的主观观点和评价,即语气副词。

3. "怪不得"的语义演变与回溯推理

3.1 语义演变

作动词的"怪不得"是"不能责怪"的意思,后来为什么演变成"醒悟"义,语义如何演变的?《汉语大词典》中"怪"有 8 个义项,作为心理活动动词,人们普遍的心理为"少见多怪",尤其是奇异的事物,因其不同寻常,所以感到惊异和惊奇。领悟作为一种心理活动,包含较为宽泛的内容:醒悟、顿悟、恍然、发现、明白、知道等都可纳入其中。当事态的发展,与人的预期不符,人容易产生负向情绪,指责、责怪等心理活动也就形成了;而当人了解了事态之所以如此发展的原因,也就有所领悟,自然不会再去责怪,不再觉得奇怪。"怪不得"的语义演变可归纳为图 4:

责怪(人的活动) ──否定作用──▶ 怪不得:不能/不应该责怪 ──回溯推理──▶ 领悟:明白了不应该责怪的
                                      (人的活动)   原因,不觉奇怪(性质)

图 4 "怪不得"的语义演变

(36) 孙小官道:"这是你妈妈自家请我上门的,须怪不得别人! 况且姐姐你适才未醒之时,我已先做了点点事了,而今不必推掉得。"(凌濛初《二刻拍案惊奇》)

(37) 我听了这话,暗想原来是个仕宦书香人家,怪不得他的夫人那样明理。(吴趼人《二十年目睹之怪现状》)

例(36)中的"怪不得"为动词,带体词性宾语"别人",意为不能责怪。能带宾语,具有[＋指称性],或为人称代词(我、你、他等),或为指人名词(别人、子瞻、士大夫)等;(37)中"怪不得"为语气副词,表明白了原因,不觉得奇怪,后接 S,具有[＋陈述性],句法环境的变化,致使"怪不得"的语义功能发生变化,最终导致语法化。

3.2　回溯推理

"怪不得"的语义识解,须用回溯推理。张学立(2004)将其定义为:从已知事实出发,结合推论者的背景知识,借助充分条件假言推理的肯定后件式,由后件出发过渡到前件的一种非归纳的或然性推理。由已知事实去推断产生这一事实原由的逻辑方法,一般逻辑形式为:(q→(→q))→p,前提为有效式:q→(p→q)。这是强调事实命题 q 为推理的逻辑起点,其前提为有效式,是一个蕴涵怪论。但是回溯推理的结论是或然的。因此,也可以用模态命题表示为:(□q→≤(p q))→◇p(陈江,2001)。对于回溯推理,国内外哲学界提出过五种看法:A. 是结果推导原因的思维过程。B. 是由某个已知事实的命题推出导致该命题成立的理由的推理。C. 是揭示已知事实相关性范围的逻辑方法。D. 是前提由结论导出的推理。E. 是一种或然性推理,它是依据思维者的背景知识,借助充分条件假言推理的肯定后件式,由后件出发过渡到前件的逻辑推理。波兰学者齐姆宾斯基(Chimbinski)给出的推理形式:[8]

p	(已提出的前提)
如果 q,那么 P	(通常被省略的前提)
q	(结论)

该模式得到国内学者普遍认同,但从直观上不能体现回溯推理结论的或然性,不易于从形式上将回溯推理与演绎推理区分开来。何向东(1985:260)的逻辑推理形式略有不同,可概括为:(q∧(p→q))→◇p。我们采信何向东模式,由于在结论中包含"可能"算子,在命题逻辑范围内不能做出判定,必须在模态逻辑系统内

来解决这一问题,该模式更符合"怪不得"的语义模式:

(38) 话表郭公一闻田旺义是兵部田贵之侄,不由生嗔,暗思: "怪不得横行霸道,苦害良民,仗势欺人。这田旺义与宋雷相似,我进大名府严究此案后,进京本参田贵。"(储仁逊《八贤传》)

运用回溯推理,例(38)可形式化为:

(39) q　　　田旺义是兵部田贵之侄。　　　(已知事实)

如果p,那么q　如果田旺义敢横行霸道,苦害良民,那么可能与田旺义是兵部田贵之侄有关。(隐含前提)

所以,(可能)p　田旺义横行霸道,苦害良民,仗势欺人。(结论)

　　回溯推理得出的结论具有或然性,更符合可能世界(possible world)的观点,因为在不同的可能世界中,命题的真假情况是不同的,必须给出每一个可能的世界中的赋值。如例(38)作为事理"田旺义敢横行霸道,苦害良民,仗势欺人,是因为他是田贵之侄";作为事实"田旺义是兵部田贵之侄";推理则是"田旺义横行霸道,苦害良民,仗势欺人"。通过这一推理,"怪不得"就产生了"醒悟"义。"怪不得"作为模态算子的主观性(subjectivity)反映出言者在说出一段话的同时,流露出说话人的主观观点、态度、评价等,留下自我的印记。回溯推理得出的结论具有或然性,甚至可连续进行推理:

(40) 怪不得有的时候,他对雨杭几乎是低声下气的,怪不得他看雨杭的眼神,总是带著歉意,怪不得他永远有一颗包容的心,去面对雨杭的骄傲和别扭,怪不得会把整个曾家的事业,毫无保留的交给他……怪不得,怪不得,怪不得……怪不得。(琼瑶《烟锁重楼》)

　　例(40)多次使用"怪不得",进行系列推理,得出结论 C_1、C_2……C_n,这些结论可能为真,可能未必,这样结论具有非必然性,符合"怪不得"表达情态具备的特点,甚至具备主观性。

4. 结语

本文从历时的角度,对"怪不得"的演变历程与机制进行了详细探讨,并运用回溯推理的方法对"怪不得"的演变进行了语义识解。研究发现,动词"怪不得"产生于宋代,由述补短语"怪|不得"演化而来。而语气副词"怪不得"则是由动词"怪不得"演变而来,产生于明代。随着"怪不得"后接成分的扩展,由后接 NP 性成分逐步扩展为 S,当 S 表达非消极事件时,"怪不得"对后接小句的支配作用消失,从而使"怪不得+后接成分"由动宾结构重新分析为状中结构,进而演变为语气副词。同样,受动词"怪不得"后接成分扩展的影响,"怪不得"在明清时期还可以与关联词"原来"共现,用于因果复句中,起关联作用,用作连词。但相较于典型的连词如"因为……所以"等,"怪不得"并非典型成员,一般还兼有表语气的作用。诱发、影响"怪不得"演变的机制主要是重新分析和类推(扩展)。

附注

① 周才珠、齐瑞端 2006《今译〈墨子〉》,湖南人民出版社,第 42 页,译为"但事实上他们得到的不是国富而是贫穷"。

② 邱复兴 2004《孙子兵学大典　第十册　名言史证》,北京大学出版社,第 144 页,译为"勇敢的士兵就不能单独前进,怯懦的士兵也不能单独后退"。

③ 刘利 2000《先秦汉语助动词研究》,北京师范大学出版社,第 168 页。

④ 柯美成等译 2014《群书治要(文白对照)贰》,中国文史出版社,第 494 页,译为"打仗胜利了却得不到赏赐"。

⑤许匡一 1993《淮南子全译(上册)》,贵州人民出版社,第 588 页,译为"所以走在险路上的人开头不能走直路"。

⑥转引自董秀芳 2004《汉语的词库与词法》,北京大学出版社,第 11 页。

⑦ 这 40 部作品分别是:明代《喻世明言》《警世通言》《醒世恒言》《初刻拍案惊奇》《二刻拍案惊奇》《西游记》《三国演义》《水浒传》《金瓶梅》《今古奇

观《三宝太监西洋记》《醒世姻缘传》《隋唐野史》《英烈传》《型世言》《封神演义》《牡丹亭》《宝剑记》《鸣凤记》《浣纱记》,清代《七侠五义》《二十年目睹之怪现状》《儒林外史》《儿女英雄传》《官场现形记》《小五义》《红楼梦》《镜花缘》《绿野仙踪》《聊斋志异》《九尾龟》《乾隆南巡记》《侠女奇缘》《八仙得道》《孽海花》《老残游记》《隋唐演义》《狄青演义》《续济公传》《说岳全传》。下文明清时期"怪不得"的语料统计均来源于上述 40 部作品。

⑧ 〔波兰〕齐姆宾斯基(Chimbinski)1988《法律应用逻辑》,群众出版社,第239 页。

参考文献

陈宝珠　2010　《"怪不得"的语法化》,《文学界(理论版)》第 5 期。

陈江　2001　《回溯推理的命题形式》,《内蒙古师范大学学报》第 1 期。

董玲玲　2009　《"V 不得"的词汇化及其例证》,上海师范大学硕士学位论文。

董秀芳　2011　《词汇化:汉语双音词的衍生和发展》,北京:商务印书馆。

何向东　1985　《逻辑学概论》,重庆:重庆出版社。

姜宝昌　1992　《卜辞虚词试析》,程湘清主编《先秦汉语研究》,济南:山东教育出版社。

蒋绍愚　1995　《内部构拟法在近代汉语语法研究中的运用》,《中国语文》第 3 期。

金颖　2011　《汉语否定语素复合词的形式演变研究》,广州:广东人民出版社。

李广瑜　2012　《辞书中"不得"处理献疑》,《辞书研究》第 3 期。

李明、姜先周　2012　《试谈类推在语义演变中的地位》,《汉语史学报》第十二辑。

李宗江　1994　"V 得(不得)"与"V 得了(不了)",《中国语文》第 5 期。

李宗江　2016　近代汉语"醒悟"类语用标记及其演变,《江西科技师范大学学报》第 3 期。

刘顺　2018　助动词"可以"的词汇化机制和动因,《湖南科技大学学报》第 6 期。

鲁健骥、吕文化主编　2006　《商务馆学汉语词典》,北京:商务印书馆。

罗竹风主编　2012　《汉语大词典》,上海:上海辞书出版社。

吕叔湘　1979　《汉语语法分析问题》,北京:商务印书馆。

吕叔湘　1980　《现代汉语八百词》(增订本),北京:商务印书馆。

任今梦 2018 认知语法视域下副词句法语义的分析与解释,《湖南科技大学学报》第 4 期。

聂俊伟 2012 《现代汉语顿悟类语气副词研究》,河南大学硕士学位论文。

任今梦 2017 基于语料库的"怪不得"的语法化研究,《佳木斯职业学院学报》第 7 期。

沈阳、冯胜利 2008 《当代语言学理论和汉语研究》,北京:商务印书馆。

唐贤清、姜礼立 2018 括入式插说的元话语功能,《汉语学报》第 1 期。

太田辰夫 1987 《中国语历史文法》,北京:北京大学出版社。

王灿龙 2005 词汇化二例——兼谈词汇化和语法化的关系,《当代语言学》第 3 期。

王利 2014 "怪不得"的语法化,《汉字文化》第 1 期。

王绍新 1992 《甲骨刻辞时代的词汇》,程湘清主编《先秦汉语研究》,济南:山东教育出版社。

吴福祥 2005 汉语历史语法研究的目标,《古汉语研究》第 2 期。

吴福祥 2009 从"得"义动词到补语标记——东南亚语言的一种语法化区域,《中国语文》第 3 期。

吴福祥 2013 关于语法演变的机制,《古汉语研究》第 3 期。

徐朝红 2017 《汉语连词语义演变研究》,长沙:湖南师范大学出版社。

徐盛恒 2004 充分条件的语用嬗变——语言运用视角下的逻辑关系,《外国语》第 3 期。

于康 2004 "V 不得"的否定焦点与语法化过程,《语文研究》第 2 期。

张宝林 1996a 连词的再分类,《词类问题考察》,北京:北京语言学院出版社。

张宝林 1996b 关联副词的范围及其连词的区别,《词类问题考察》,北京:北京语言学院出版社。

张斌主编 2001 《现代汉语虚词词典》,北京:商务印书馆。

张富翠 2009 "怪不得"的现状及其历史属性初探,《西南民族大学学报》(人文社科版)第 11 期。

张明友 2010 《"V 不得"的词汇化研究》,汕头大学硕士学位论文。

张舒雨 2016 《现代汉语领悟类语气副词研究》,南京师范大学硕士学位论文。

张薇、李秉震 2011 "怪不得"之"醒悟义"的产生,《南开语言学刊》第 1 期。

张学立 2004 《回溯推理独立存在的合理性问题探微》,《信阳师范学院学报》第 5 期。

赵元任　1979　《汉语口语语法》,北京:商务印书馆。

郑晓蕾　2005　《领悟类语气副词研究》,上海师范大学硕士学位论文。

中国社会科学院语言研究所词典编辑室　2016　《现代汉语词典》,北京:商务印书馆。

周刚　2002　《连词与相关问题》,合肥:安徽教育出版社。

朱景松　2007　《现代汉语虚词词典》,北京:语文出版社。

Crowley, Terry. 1992. *An Introduction to Historical Linguistics*. Oxford University Press.

Harris, Alice. C. & Lyle Campbell. 1995. *Historical Syntax in Cross-linguistic Perspective*. Cambridge: Cambridge University Press.

Peyraube, Alain(贝罗贝). 2008. *Diachrony and Typology on Chinese Grammar*. Presented at New Directions in Historical Linguistics, ESF-DMLL Workshop. Lyon, France, 12 - 14 May.

（原载《古汉语研究》2019 年第 2 期）

多项疑问句中"都"的关联制约[*]

牛长伟[1]　程邦雄[2]

([1] 中南财经政法大学国际教育学院　[2] 华中科技大学中国语言研究所)

0. 引言

关于副词"都"的用法,吕叔湘(1980/1999:177)指出:"表示总括全部。除了问话以外,所总括的对象必须放在'都'前。……问话时总括的对象放在'都'后。"这种"总括对象"也就是"指向"或"关联"的目标(董秀芳,2002;袁毓林,2005;潘海华,2006)。如:

(1) 大伙儿都同意。(吕叔湘,1999,下划线表示被"都"关联,下同)

(2) 你都去过哪儿?(吕叔湘,1999)

(1)中"都"关联"大伙儿",意思是:如果 x 是"大伙儿"中的一员,那么 x 就同意。(2)中"都"关联"哪儿",意思是:如果 x 是

＊ 本研究得到湖北省社会科学基金"基于优选论的现代汉语疑问词及特殊句式研究"(2016026)和中南财经政法大学中央高校基本科研业务费专项资金项目"汉语疑问-否定-情态范畴的互动模型及其二语教学研究"(2722020JCT037)的资助。潘海华教授对论文的修改提供了很大帮助,《语言教学与研究》编辑部及审稿专家提出了非常宝贵的意见,谨此一并致谢。

"你"去过的地方,那么 x 是什么地方。关于这类现象,詹卫东
(2004)、袁毓林(2005)、潘海华(2006)、张蕾等(2012)、蒋静忠和
潘海华(2013)等都曾给出过认知和形式上的解释。解释暂且不
论,汉语多项疑问句中的"都"总括或关联的对象就比较复杂,表
面上并不符合吕先生所总结的语法规则。如:

　　(3) 谁都买了什么?(伍雅清,2002a)

　　(4) 谁什么都吃?(董秀芳,2002;薛小英、韩景泉,2009)

　　(5) 什么谁都吃?(董秀芳,2002)

　　(3)是问句,"都"关联的对象可以是"谁",也可以是"什么"
(伍雅清 2002a);(4)也是问句,"都"关联"什么",询问"谁是所有
东西都吃的";(5)同样也是问句,"都"关联"谁",询问"什么是所
有人都吃的"。表面上(3)(4)(5)均为问句,但"都"询问总括的对
象不一定放在"都"之后,(4)和(5)中,"都"后并无总括的对象。
为厘清汉语多项疑问句中"都"的关联制约现象,我们将(3)概括
为句式 A"WH_1＋都＋谓词＋WH_2",(4)和(5)概括为句式 B
"WH_1＋WH_2＋都＋谓词"。接下来,先梳理一下前人对这两类
句式的研究。

1. 以往分析

1.1　关于"WH_1＋都＋谓词＋WH_2"的分析

　　伍雅清(2002a)通过英汉多项疑问句的对比,认为英汉两种
语言有相似之处,如:

　　(6) Who bought what?(伍雅清,2002a)

　　(7) 谁买了什么?(伍雅清,2002a)

　　在回答(6)时,通常需要由动词连接起来的成对答案,这种答
案是一种特殊的函数答案(Engdahl,1986;Chierchia,1993)。
Wachowicz(1974)注意到英语中多项疑问句的恰当答案必须至少

是两对答案。Comorovski(1996)指出多项疑问句中的第一个疑问词有两个特点：①它有全称意义；②它必须是与话语连接的。

而在带"都"的多项疑问句中，如例(3)，伍文认为这样的句子不符合 Comorovski(1996)的概括，因为存在三种解读，即：

① Everyone bought something.（所有人买了一些东西。）

② What is the thing x such that everyone bought?（什么东西是所有人买了的?）

③ Who is the person y and what is the thing x such that y bought x?（谁买了什么?）

例(3)若可以获得①和②解读，意味着"谁"可被"都"关联约束，即"所有人都买了一些东西/什么东西是所有人买了的?"我们认为这两种解读很难获得，要得到(3)的正确解读，还应从"都"的关联制约入手，后文再述。

1.2　关于"WH₁＋WH₂＋都＋谓词"的分析

董秀芳(2002)在解释"都"的指向目标时，使用例(4)和(5)来举例说明"都"的多个可能目标之间的不相容情况。董文给出了判定"都"的多个指向目标共现时句子合法性的五条规则，大致可概括为：不同成分对"都"垄断力不同，由强到弱依次是："特殊全称量化成分(60%)＞所有/每 NP(30%)＞普通复数意义的名词成分(0%)"。句中同一个"都"的所有指向目标的垄断力的总和不能超过 100%。当具有同样垄断力的两个可能指向目标不能同时实现为"都"的指向目标时，靠近"都"的可能的指向目标会胜出。当句中有两个对"都"具有一定垄断力的成分时，垄断力更大的成分应更靠近"都"。这些规则可以解释(4)和(5)，疑问词 WH 属于董文里提到的"特殊全称量化成分"，两个具有同样垄断力的指向目标在竞争时，距"都"近的胜出。但这样的分析存在两个问题：其一，在形式语义学框架内，"都"作为全称量化词，一次只能指向一个目标，不然就会违反禁止双重约束原则(bijectionprinciple)(Koopman&Sportiche,1982)：一个算子必须且只能约束一个变量。也就是说，不存在"可以都实现为'都'的指向目标"的可能。其二，所给出的五条规则不能解释一些句子，如：

(8) 什么书<u>他们</u>都借过？（牛长伟、程邦雄，2015）

(9) 谁<u>这些书</u>都借过？（牛长伟、程邦雄，2015）

例(8)中"都"重读时，倾向于关联垄断力小的"他们"，而非垄断力大的"什么书"，意思是"处于他们所借书的交集的书是哪些书"。(9)中"都"只能关联"这些书"，意思是"有哪些人把这些书都借过"。按照董文的分析，"什么书"和"谁"属于"特殊全称量化成分"，其垄断力大于"他们"和"这些书"，应更靠近"都"才对，但句中的"他们"和"这些书"却更靠近"都"，并且合乎语法。

薛小英、韩景泉(2009)从句法上对例(4)进行了分析，认为副词"都"必须在表层结构最大统领疑问词，疑问词才能表任指。Cheng(1995)认为，"都"的副词性质决定其只能嫁接到带有动词特征的 X' 或 X^0 位置。(4)中的"都"嫁接到了 V' 位置，最大统领"什么"，没有最大统领"谁"，所以"什么"表任指，"谁"表疑问。这种从语义来推导句法位置的思路与语义解释研究关系不大。

接下来，我们在 Koopman & Sportiche(1982)、蒋静忠和潘海华(2013)、牛长伟和程邦雄(2015)的基础上，对这两类句式中"都"的关联制约进行分析。在进行分析之前，需要特别提出两点：第一，本文分析的基本原则是"禁止双重约束原则"，即在一种解读中，"都"只能关联一个目标；第二，本文为了考察"都"在汉语多项疑问句中的关联制约，避开了一些特定句式、篇章等因素的影响。

2. "都"在"WH₁＋都＋谓词＋WH₂"中的关联制约

英语中例(6)(即 10)对应于例(7)(即 11)，根据 Wachowicz

(1974)的分析例(10)恰当的答案必须至少是两对答案,例(11)也符合此要求。除回声句(echo question)以外,当(11)仅出现一对答案时,倾向于使用第三人称代词来询问,即"他买了什么"。Comorovski(1996)指出(10)中的"who"应具有全称意义,因为最右边的疑问词"what"的答案的指称对象取决于句首疑问词"who"答案的指称对象。右边的"what"是一个函数,该函数的定义域是句首"who"的集合,值域取自右边"what"的集合。那么,多项疑问句的答案就会通过搜寻句首疑问词短语表示的整个集合来确定该函数,这样句首疑问词也就获得了全称意义。通过穷举法,列举出(11)中"谁"的集合,也就获得了全称意义。那么,添加全称量化词"都"后的(12),其语义应作何解读?

(10) Who bought what?

(11) 谁买了什么?

(12) 谁都买了什么?

潘海华(2006)采用焦点理论和三分结构,提出了"都"的语义解释规则。后经蒋静忠和潘海华(2013)修订为 P1 和 P2 规则。(12)按照 P1 规则(如果"都"左边存在着可以充当量化域的短语,或者可以由焦点、语境等推导出"都"的量化域,就把它映射到限定部分,并把句子的其余部分映射到核心部分),可以得到例(13)的解读,即"都"左向关联约束疑问词"谁",意思是"所有人都买了什么"。按照 P2 规则(如果述题中含有一个对比焦点,就把它映射到核心部分,同时把句子的其余部分映射到限定部分),可以得到例(14)的解读,即"都"右向关联对比焦点[①]"什么",约束"什么"引出的焦点变量,意思是"谁买的所有东西是什么"。

(13) $Dou_x[x\in[|人|]][[x 买了 y]\&Q_z[y=z\& 东西(z)]]$
(Q 为疑问算子,下同)

(14) $Dou_x[x 买了 y][Q_w[x=w\& 人(w)]\&Q_z[y=z\& 东西(z)]]$

　　其实，(13)的解读很难获得，(14)应是(12)的正确解读。在句式 A"WH$_1$＋都＋谓词＋WH$_2$"中，"都"会优先使用 P2 规则。也就是说，在这类句式中，当"都"的右边存在对比焦点 WH$_2$ 时，其会优先向右关联该焦点成分，并约束该焦点成分引出的变量，疑问算子约束该焦点。而当句中"都"右边的对比焦点消失时，"都"才会使用 P1 规则，向左关联并约束疑问词 WH$_1$。如：

　　(15) 谁都没买什么。

　　(16) 谁都买了什么吗？

　　(15)中的"什么"由于被否定词"没"成分统制(c-command)，表存在解读(Li,1992)，丧失对比焦点功能。此时，"都"右边的对比焦点消失，"都"就会向左关联约束"谁"，使其表全称解读，意思是"所有人都没买东西"。同样地，(16)中"什么"处于是非问句中，属于真值不确定环境，也表存在解读(Li,1992；伍雅清 2002b)，丧失对比焦点功能。此时"都"会向左关联约束"谁"，使其表全称解读，意思是"所有人都买了东西吗"。这也说明，"都"在句式 A 中"都"优先向右关联对比焦点 WH$_2$，并约束其引出的焦点变量，当该焦点消失后，才向左关联约束 WH$_1$。

　　据 Comorovski(1996)的解释，(11)应会穷尽"谁"集合中的元素，而未对"什么"集合中的元素作强制的排他性解读(冯予力、潘海华，2018)。(12)是在(11)的基础上增加了全称量化词"都"，"都"会向右关联对比焦点"什么"，并约束其引出的焦点变量，对"什么"作强制的排他性解读。所以在回答(12)时，应将"谁"中每个成员所买的所有东西列举出来。如下所示：

　　(17) A：昨天谁都买什么？

　　　　 B：张三买了苹果、梨……；李四买了橘子、香蕉……；……

　　那么，至此我们可概括出(11)和(12)的差异：(11)对"什么"无强制性列举的要求，而(12)则有此要求。这种差异与例(18)和

例(19)的差异类似,即:

(18) 晚饭你吃了什么?

(19) 晚饭你都吃了什么?

(18)并无强制要求听话人一一列举所吃的具体食物,回答"快餐"或"面条"等即可。而(19)却强制要求听话人对所吃的食物进行一一列举,如"一碗米饭、一个荤菜、两个素菜、一碗汤"等。

3. "都"在"WH_1＋WH_2＋都＋谓词"中的关联制约

3.1　以往分析的问题

在"WH_1＋WH_2＋都＋谓词"中,"都"的左边存在两个候选关联项,即 WH_1 和 WH_2。蒋静忠和潘海华(2013)的 P1 规则将"都"左向关联时的"三分结构"描写得很清楚,"都"会关联并约束左边的关联项,但当"都"左边存在两个候选关联项时,"都"的关联次序并未作说明。牛长伟、程邦雄(2015)在"三分结构"的基础上,通过语感测试的方式,对"NP＋WH＋都＋谓词"和"WH＋NP＋都＋谓词"中"都"的左向关联次序进行了总结,即"当'都'非重读时,'都'优先关联疑问词;当'都'重读时,'都'优先关联非疑问成分[②]。"此外,还运用优选论和语法系统中的局部性和显著性等语法理论,对"都"的左向关联进行了优选分析,提出了局部性制约条件(即距离制约条件)和显著性制约条件(即移位制约条件)。条件如下:

距离制约条件:距"都"最近的关联项即为优选项;

移位制约条件:移位关联项即为优选项。

以上两个制约条件处于同一个等级。这两个制约条件解决了"NP＋WH＋都＋谓词"和"WH＋NP＋都＋谓词"两个句式中"都"的左向关联制约问题。然而,上述两个制约条件还不能分析"WH_1＋WH_2＋都＋谓词"句式中部分句子的关联制约,如(5)的

优选分析,即表1:

表1   "什么谁都吃?"的优选分析

候选项 ＼ 制约条件	距离制约条件	移位制约条件
☞候选项1:什么谁都吃?		*
☞候选项2:什么谁都吃?	*	

按照表1的分析,当"都"关联距其最近的"谁"时,违反了移位制约条件;当"都"关联移位项"什么"时,违反了距离制约条件。此时,两种关联违反的制约条件等级和数量相同,应都被输出作优选项。但事实是,候选项1才应该被输出,是唯一优选项。

针对以往分析存在的问题,我们尝试通过在优选论框架内增加制约条件来修正完善"都"左向关联的优选分析。

3.2 "都"的左向关联现象

"都"的左向关联现象可分为三类句式③,即句式①"NP＋WH＋都＋谓词"、句式②"WH＋NP＋都＋谓词"、句式③"WH₁＋WH₂＋都＋谓词"(即句式B)。

先来看句式①中"都"的关联事实,即:

(20) 他们什么书都借过。④

(21) *他们什么书都借过?

(22) 这些书谁都借过。

(23) 这些书谁都借过?

在(20)和(21)中,"什么书"是移位项,也是距"都"最近的关联项。此时,"都"只能关联"什么书",不会关联"他们"。在(22)和(23)中,"这些书"是移位项,"谁"是距"都"最近的关联项。此时,"都"非重读时,倾向于关联"谁";"都"重读时,倾向于关联"这些书"。

接着看句式②中"都"的关联事实,即:

(24) <u>什么书</u>他们都借过。

(25) 什么书<u>他们</u>都借过?

(26) ＊<u>谁</u>这些书都借过。

(27) 谁<u>这些书</u>都借过?

在(24)和(25)中,"什么书"是移位项,"他们"是距"都"最近的关联项。此时,"都"非重读时,倾向于关联"什么书";"都"重读时,倾向于关联"他们"。在(26)和(27)中,"这些书"是移位项,也是距"都"最近的关联项。此时,"都"只能关联"这些书"。

最后看句式③中"都"的关联事实,即:

(28) 谁<u>什么书</u>都借过?

(29) ＊谁什么书都借过?

(30) 什么书<u>谁</u>都借过?

(31) ＊<u>什么书</u>谁都借过?

在(28)和(29)中,"什么书"是移位项,也是距"都"最近的关联项。此时,"都"只能关联"什么书"。在(30)和(31)中,"什么书"是移位项,"谁"是距"都"最近的关联项。此时,"都"也只能关联"谁"。

牛长伟、程邦雄(2015)在优选论的框架下,运用距离制约条件和移位制约条件可以分析例句(20—29)中"都"的左向关联制约。唯独(30)和(31)不能被正确分析,若仅使用距离制约条件和移位制约条件,(31)也应该是合法的句子。因为"什么书"是移位项,"谁"是距"都"最近的关联项,两者违反制约条件的等级和数量是相同的,应均被作为优选项输出,但事实上(31)是不合法的。我们认为,"都"在左向关联疑问词时,还受到了其他制约条件的影响。

3.3　新制约条件的提出

针对以上问题,我们在距离制约条件和移位制约条件的基础上,提出了"阻隔制约条件",尝试解决"都"在句式①"NP＋WH＋都＋谓词"、句式②"WH＋NP＋都＋谓词"和句式③"WH$_1$＋

WH₂＋都＋谓词"中"都"的左向关联问题。即：

　　阻隔制约条件：疑问词阻隔非重读"都"的左向关联。

　　连同距离制约条件和移位制约条件,三个制约条件的等级关系是：距离制约条件/移位制约条件≫阻隔制约条件。

　　阻隔制约条件的提出有一定的理论支撑和语言事实。首先,阻隔效应(Blockingeffect)是解释语言现象时的常用术语。在分析汉语反身代词"自己"和复合反身代词"他自己"时,Pan(2001)提出第一、二人称代词可以对第三人称的名词短语产生阻隔效应。而"他自己"的阻隔效应却受制于一个生命层级,在该层级上高的NP可以对比其低的NP产生阻隔效应,反之则不然。其次,董秀芳(2002)在分析"都"多个可能指向目标的共现时,指出表任指的代词(表全称解读的疑问词)、否定极性成分、"连NP"等特殊全称量化成分最能吸引"都"的注意力,对"都"具有最大的垄断力。最后,牛长伟、程邦雄(2015)通过语感测试,得出重读的"都"倾向于关联非疑问成分,而非重读的"都"倾向于关联疑问成分。我们认为,当"都"左向关联约束疑问词时,使其表现为全称解读。若"都"为非重读时,"都"仅左向关联约束距其最近的疑问词,该疑问词会阻断"都"向左关联约束更远处的疑问词。

　　接下来,我们分别来对句式①、句式②和句式③中"都"的左向关联作优选分析。为方便对比,将例句(20—31)的12个例句的优选竞选表合并为一个表格,即表2(表中的双划线上下例句不属同一类句式,上下例句应单独分析)。

表2　"都"左向关联疑问词的优选分析

句式及例句　　　　制约条件	距离制约条件	移位制约条件	阻隔制约条件
☞(20)他们<u>什么书</u>都借过。			
(21)<u>他们什么书</u>都借过?	！＊	＊	

制约条件 句式及例句	距离制约条件	移位制约条件	阻隔制约条件
☞(22)这些书<u>谁</u>都借过。		*	
☞(23)<u>这些书</u>谁都借过？	*		
☞(24)<u>什么书</u>他们都借过。	*		
☞(25)什么书<u>他们</u>都借过？		*	
(26)<u>谁</u>这些书都借过。	! *	*	
☞(27)<u>谁</u>这些书都借过？			
☞(28)<u>谁</u>什么书都借过？			
(29)<u>谁</u>什么书都借过？	! *	*	*
☞(30)什么书<u>谁</u>都借过？		*	
(31)<u>什么书</u>谁都借过？	*		! *

　　表 2 中，(20)和(21)是优选竞选表中的一对。(20)中"都"关联的"什么书"是距"都"最近的关联项，满足距离制约条件；同时也是移位项，满足移位制约条件；"都"与"什么书"之间不存在阻隔成分，满足阻隔制约条件。(21)中"都"关联的"他们"不是距"都"最近的关联项，违反距离制约条件；同时也不是移位项，违反移位制约条件；"都"与"他们"之间虽存在阻隔成分"什么书"，但"都"倾向于重读，不形成阻隔效应，满足阻隔制约条件。(20)没有违反任何制约条件，作为优选项输出。

　　(22)和(23)是优选竞选表中的一对。(22)中"都"关联的"谁"是距"都"最近的关联项，满足距离制约条件；但不是移位项，违反移位制约条件；"都"与"谁"紧邻，满足阻隔制约条件。(23)中"都"关联的"这些书"不是距"都"最近的关联项，违反距离制约条件；但它是移位项，满足移位制约条件；"都"与"这些书"之间虽存在阻隔成分"谁"，但"都"倾向于重读，不形成阻隔效应，满足阻隔制约条件。(22)和(23)违反制约条件的等级和数量相同,均作为优选项输出。

(24)和(25)是优选竞选表中的一对。(24)中"都"关联的"什么书"不是距"都"最近的关联项,违反距离制约条件;但它是移位项,满足移位制约条件。"都"与"什么书"之间的"他们"不是阻隔成分,满足阻隔制约条件。(25)中"都"关联的"他们"是距"都"最近的关联项,满足距离制约条件;但不是移位项,违反移位制约条件。"都"与"他们"紧邻,满足阻隔制约条件。(24)和(25)违反制约条件的等级和数量相同,均作为优选项输出。

(26)和(27)是优选竞选表中的一对。(26)中"都"关联的"谁"不是距"都"最近的关联项,违反距离制约条件;同时也不是移位项,违反移位制约条件。"都"与"谁"之间的"这些书"不是阻隔成分,不形成阻隔效应,满足阻隔制约条件。(27)中"都"关联的"这些书"是距"都"最近的关联项,满足距离制约条件;同时也是移位项,满足移位制约条件。"都"与"这些书"紧邻,满足阻隔制约条件。(27)没有违反任何制约条件,作为优选项输出。

(28)和(29)是优选竞选表中的一对。(28)中"都"关联的"什么书"是距"都"最近的关联项,满足距离制约条件;同时也是移位项,满足移位制约条件。"都"与"什么书"紧邻,满足阻隔制约条件。(29)中"都"关联的"谁"不是距"都"最近的关联项,违反距离制约条件;同时也不是移位项,违反移位制约条件。"都"与"谁"之间存在疑问成分"什么书",且"都"倾向于非重读,形成阻隔效应,违反阻隔制约条件。(28)没有违反任何制约条件,而(29)违反了三个制约条件,所以(28)作为优选项输出。

(30)和(31)是优选竞选表中的一对。(30)中"都"关联的"谁"是距"都"最近的关联项,满足距离制约条件;但不是移位项,违反移位制约条件。"都"与"谁"紧邻,满足阻隔制约条件。(31)中"都"关联的"什么书"不是距"都"最近的关联项,违反距离制约条件;但它是移位项,满足移位制约条件。"都"与"什么书"之间存在疑问成分"谁",且"都"倾向于非重读,形成阻隔效应,违反阻隔制约条件。(30)违反的制约条件少于(31),所以(30)作为优选项输出。

阻隔制约条件的提出,可以更加全面地刻画"都"的左向关联次序,这样在优选论框架下就可以统一解释句式①、句式②和句式③中"都"的左向关联现象,确定关联项后,按照 P1 规则,即可得出正确的解读。

4. 结论

在句式 A"WH_1＋都＋谓词＋WH_2"中,"都"一般会优先关联对比焦点 WH_2,并约束其引出的焦点变量,疑问算子约束 WH_2,使其表疑问解读。当 WH_2 被其他算子约束(如否定、真值不确定环境等)时,WH_2 会呈现存在解读,此时的"都"才会左向关联并约束 WH_1,使其呈现全称解读。在句式 B"WH_1＋WH_2＋都＋谓词"中,"都"只会左向关联并约束距其最近的 WH_2,使其表全称解读。为统一解释"都"的左向关联现象,在优选论框架下,提出了距离制约条件、移位制约条件和阻隔制约条件,这三个制约条件可以解释"都"的左向关联制约现象。在句式 A 和句式 B 中,看似与吕先生的断言相悖,其实是一致的。句式 A 中"都"询问总括的对象是 WH_2,处于"都"之后,询问义由 WH_1 和 WH_2 共同发出。句式 B 中"都"总括的对象是 WH_2,处于"都"之前,此时询问义仅由 WH_1 发出。

附注

① 张伯江、方梅(1996:74)在分析"谁"时,当"谁"等同于"哪个人"时,要求指别性。当"谁"等同于"什么人"时,要求说明性。只有具有指别性的疑

问焦点才是对比焦点。我们运用此方法来测试(12)中的对比焦点。即：a. ＊哪个人都买了什么？ b. 谁都买了哪些东西？ c.？谁都买了哪个东西？(12)中的"谁"不能替换为具有指别性要求的"哪个人"，即(a)，"谁"倾向于自然焦点。(12)中的"什么"可以替换具有指别性的"哪些东西"，即(b)，"什么"倾向于对比焦点。另外，(12)中的"什么"若用"哪个东西"来替换时，句子接受度就会不高，即(c)，此处倾向于使用复数性质的短语，这与"都"的 P2 规则是相符。在 P2 中，"都"要求其右向关联的对比焦点为复数性质(张蕾等，2012)。

② 当"都"前无非疑问成分，且被重读时，此时"都"本身作焦点。如审稿专家提出例句"什么书，谁，都买了？"，既询问书，也询问买书的人。此时，"都"需要被重读，引出三分结构"OP[什么书 P 看过][P＝都]"，其中特征 P 的取值可以是"十分之一""一半""四分之三"或者"百分之百"等(张蕾等，2012)。此时，"都"既不关联"什么书"，也不关联"谁"。

③ "都"的左向关联现象非常复杂，如审稿专家所举的例句一样，"所有/每 NP"、焦点标记"是""不管/不论/无论""连 NP"、篇章"的确"等成分均会影响"都"的左向关联。本文暂不考虑这些因素对"都"关联制约的影响，仅关注了更能反映"都"关联次序的简单句型，即句式①、句式②和句式③。至于以上因素对"都"左向关联制约影响的层级性，我们将另文讨论。

④ 例句(20—27)均转引自牛长伟、程邦雄(2015)。例句(28—31)改编自例句(4)(5)，为与例句(20—27)风格保持一致，对谓词进行了修改。

参考文献

董秀芳　2002　"都"的指向目标及相关问题，《中国语文》第 6 期。

董秀芳　2003　"都"与其他成分的语序及相关问题，《世界汉语教学》第 1 期。

冯予力、潘海华　2018　再论"都"的语义：从穷尽性和排他性谈起，《中国语文》第 2 期。

蒋静忠、潘海华　2013　"都"的语义分合及解释规则，《中国语文》第 1 期。

吕叔湘主编　1980/1999　《现代汉语八百词(增订本)》，北京：商务印书馆。

牛长伟、程邦雄　2015　疑问词与"都"的相对位置分析——"都"的关联词序及约束规则，《语言研究》第 4 期。

潘海华　2006　焦点、三分结构与汉语"都"的语义解释，《语法研究和探索(十三)》，北京：商务印书馆。

伍雅清　2002a　多项 WH－问句中 WH－词的功能解释，《现代外语》第

1 期。

伍雅清　2002b　汉语特殊疑问词的非疑问用法研究,《语言教学与研究》第 2 期。

薛小英　韩景泉　2009　"都"的语义关联及其句法实现,《现代外语》第 2 期。

袁毓林　2005　"都"的语义功能和关联方向新解,《中国语文》第 2 期。

詹卫东　2004　范围副词"都"的语义指向分析,《汉语学报》第 1 期。

张伯江、方　梅　1996　《汉语功能语法研究》,南昌：江西教育出版社。

张蕾、李宝伦、潘海华　2012　"都"的语义要求和特征——从它的右向关联谈起,《语言研究》第 2 期。

Cheng, Lisa Lai Shen. 1995. On *dou*-quantification. *Journal of East Asian Linguistics*. 4(3)：197 - 234.

Chierchia, G. 1993. Questions with quantifiers. *Natural Language Semantics*. 1(2)：181 - 234.

Comorovski, Ileana. 1996. *Interrogative phrases and the syntax-semantics interface. Studies in Linguistics and Philosophy*. Boston：Kluwer Academic Publishers.

Engdahl, Elisabet. 1986. *Constituent questions*. Kluwer, Boston：Kluwer Academic Publishers.

Karttunen, Lauri. 1977. Syntax and semantics of questions. *Linguistics and Philosophy*. 1(1)：3 - 44.

Koopman, Hilda & Dominique Sportiche. 1982. Variables and the Bijection Principle. *The Linguistic Review*, 2(2)：139 - 160.

Li, Yen-hui Audrey. 1992. Indefinite Wh in Mandarin Chinese. *Journal of East Asian Linguistics*. 1(2)：125 - 155.

Pan, Haihua. 2001. Why the Blocking Effect?. In Peter Cole (eds.) *Syntax and Semantics vol. 33 Long Distance Reflexives*：279 - 316. London：Academic Press.

Wachowicz, Krystyna. 1974. Multiple questions. *Linguistica Silesiana*. 1 (1)：145 - 151.

语义对立型副词连用研究

任若萌　郭曙纶(上海交通大学人文学院)

0. 前言

在和留学生的接触中我们发现留学生对于汉语中"有点太"之类的使用存在疑惑,如:"她对克南有点太残酷了"(路遥《人生》),部分留学生不能理解"有点"和"太"这两个副词连用的语义到底为"有点"还是"太"。此外,在留学生的习作中我们还观察到了"比较很顺利"这样的错误用法,由此激发了我们的联想和思考:为什么同样是两个语义对立型副词连用,前者成立,后者在汉语中却是不合法的? 又有哪些语义对立的副词在汉语中可以连用,这种用法在语义、语用等层面又有哪些规律和特点? 现有文献仅对一些连用的个案进行了研究,并未对这一语言现象进行系统、深入的探讨。因此,本文旨在对语义对立型副词连用现象进行较为全面的统计与研究。

1. 研究综述

1.1　副词连用研究的主要类型

考察后发现,有关副词连用现象的主要研究角度有:异类副词连用(如：程度副词与否定副词的连用)、同类副词连用(如：程度副词连用研究)、副词连用的顺序和规则、副词连用的语义语用研究以及一些具体连用现象的研究等。其中,从副词类别角度分类研究副词连用的文章较多,而从语义角度分类进行的研究较少。

1.2　语义对立型副词连用概念的提出

从语义角度分类的研究中,主要为对程度副词不同量级的分析,如：将程度副词连用分为"同向量级的叠加"和"反向量级的叠加",其中"反向量级叠加"就可视作一种语义对立。但这些研究只着眼于程度副词的量级领域,并未提出"语义对立"这一概念。

白丁(1986)较早探讨了语义对立型副词连用这一现象,提出："有的连用的副词在语义上 F1 和 F2 有冲突,有矛盾,且这种连用在次序上似乎都是固定的。"白丁对这一连用现象的探讨是本次研究进行的重要基础,但是他的研究浅尝辄止,并没有进行深入研究。而且,我们认为,连用的词序不一定都是固定的,如：存在"有点太"和"太有点"两种用法。

方清明(2012)首次明确提出语义对立型副词连用这一概念,它是指两个副词语义上对立,但是它们能够连用。此类连用语义上有所增值,语用上具有特殊功能。方清明的研究以基于语料库的量化研究为主,提供了研究方法上的新思路。但是他的研究只是列举了一些连用个例,并没有指明都有哪些副词有类似用法,也没有对这些连用形式的语义、语用功能进行详细的阐释。

综上,学者们虽发觉了语言中的这种连用现象,并给出了语义对立型副词连用的定义,但却缺乏对其具体内涵的界定和阐释;并且,这些研究并未指出哪些副词可以出现在这种连用结构中。因此,我们将在采用语义对立型副词连用这一概念的基础上,对其内涵进行进一步的界定,并通过语料库统计等量化研究方法,明确有哪些副词可以出现在这种连用形式中,以及这些连用形式在语言中的使用频率和连用规律。

2. 研究对象

2.1 对"语义对立"的界定

徐静(2010)提到,按照词与词义素之间的关系,词与词之间主要形成了三种基本语义对立关系:

恒等对立。词 X 与词 Y 的义素完全相同,二者可以构成绝对同义词。用符号可表示为:X(AB)=Y(AB)(X、Y 代表词,A、B 代表词的义素)

包孕对立。词 X 包含词 Y 的全部义素之外还存在词 Y 所没有的义素,X 与 Y 可以形成种属关系。用符号可表示为:X(ABC)⊆Y(AB)

交叉对立。词 X 同词 Y 除了具有两者共同的义素外,还各自具有一些独特的义素,两词依靠这些独特的义素相互区别。对立词在语义上相互交叉,同中有异。用符号可表示为:X(ABC)∩Y(ABD)

我们所研究的"语义对立"属于上述的"交叉对立",研究具有一些共同义素的副词在某个语义特征上的矛盾或反对关系[①],而不是两个语义完全不相关的副词的连用,即我们研究的是同一副词次类中的语义对立,而不是跨类研究。如:"有点太"中,"有点"和"太"均属于程度副词,但一个表示"少量",一个表示"超量",存在语义的对立。

2.2 "连用"与"共现"的区分

以句子为单位,"共现"是指两个词在句中能够同时出现,既可以是线性连用,也可以是间隔复用;而"连用"仅仅指两个词语在句中的线性连用。^①我们所讨论的副词连用现象是两个副词之间的线性连用,不包括间隔复用。

2.3　副词连用的语义指向

两个语义对立的副词连用,其语义指向可能相同,也可能不同。如"我和他都只有一个妹妹",副词"都"指向的是主语"我和他",而副词"只"指向的是宾语"一个妹妹",二者语义指向不同。而在句子"他有点太淘气了"中,副词"有点"与"太"均指向后面的谓语"淘气"。我们要研究的语义对立型副词连用是语义指向相同的副词连用。

3. 研究范围

《汉语水平词汇与汉字等级大纲》(后文简称《大纲》)是 HSK 汉语水平考试和对外汉语教学的重要参考。由于本研究缘起于对外汉语教学实践中的现实问题,因此我们将《大纲》中收录的 337 个现代汉语常用副词作为我们的研究范围。

根据杨德峰(2008)在《面向对外汉语教学的副词定量研究》一书中的分类,我们将《大纲》中的 337 个副词分为时间副词、情态副词、语气副词、程度副词、范围副词、否定副词、重复副词、关联副词和处所副词 9 种。在杨德峰划分的 9 类副词中,否定副词和关联副词是按功能划分的类别,无法在其内部寻找意义上的对立,所以不在此次研究范围之中;重复副词和处所副词内部构成较为单一,不存在语义对立的情况,不予考虑;情态副词内部构成庞杂,在划分上有一定的难度,此次研究尚不涉及,以待日后进行进一步研究;范围副词内部涉及语义对立的主要为"都""只"等表示总括与限定作用的成员,但两个副词语义指向不同,因此也不在此次研究范围之中。所以,本文涉及的副词类型为:程度副词、时间副词和语气副词。

4. 基于语料库的语义对立型副词连用统计

首先，依据某一语义特征的对立，我们将《大纲》中收录的程度副词、时间副词和语气副词进行分类，并将每一组内的各个副词与其对立组内的副词逐一进行搭配（连用）。然后，我们将这些搭配在北京语言大学 BCC 现代汉语语料库中进行检索，统计其出现的次数，以探究都有哪些语义对立的副词可以出现在连用格式中，以及它们连用的频率。语料统计范围为 BCC 语料库中的"多领域"部分，包含"人民日报""微博""文学社科""文汇报""福建日报""科技文献""都市快讯"等多种来源，BCC 语料库是一个包含多种语域的现代汉语综合语料库，语料规模约 20 亿字。（荀恩东等，2016）

4.1　程度副词中的语义对立型副词连用

《大纲》中共收录程度副词 31 个，依据副词的不同量级，我们把其中的绝对程度副词②分为三组：

① 少量：有点、有些、略微、稍微、稍

② 多量：很、顶、极、极度、极其、非常、分外、格外、十分、特别、万分

③ 超量：太、过、过于

我们认为，这三组副词中可以形成两种语义的对立，一种为"少量＋多量"，一种为"少量＋超量"（包括语序相反的情况）③，下面，我们将在语料库中，对具有这两种语义对立关系的副词连用进行统计分析，统计结果如下。

4.1.1　少量＋多量

表1　"少量＋多量"语义对立型副词连用统计

多量 / 少量	很	顶	极	极度	极其	非常	分外	格外	十分	万分	特别
有点	38/399	—	—	1/—		3/—				—	6/1
有些	—/266	—	1/—	1/—							
略微	—	—	—	—	—	—	—	—	—	—	—
稍微	—	—	—	—	—	—	—	—	—	—	—
稍	—	—	—	—	—	—	—	—	—	—	—

(说明:"/"前的数字为"少量＋多量","/"后的数字为"多量＋少量","—"表示语料库中无该用法。)

据统计,在语料库中共有 9 种"少量＋多量"(包括"多量＋少量")语义对立型副词连用形式,按照出现频率的高低依次为:很有点(399)[④]、很有些(266)、有点很(38)、有点特别(6)、有点非常(3)、有些极(1)、有点极度(1)、有些极度(1)、特别有点(1)。

4.1.2　少量＋超量

表2　"少量＋超量"语义对立型副词连用统计

超量 / 少量	有点	有些	略微	稍微	稍
太	49/1219	8/221	—	—/6	—
过	—/58	—/59		—/2	—/6
过于	—/184	—/146			

(说明:"/"前的数字为"超量＋少量","/"后的数字为"少量＋超量","—"表示语料库中无该用法。)

据统计,在语料库中共有 11 种"少量＋超量"(包括"超量＋少量")语义对立型副词连用形式,按照出现频率的高低依次为:

有点太(1219)、有些太(221)、有点过于(184)、有些过于(146)、有些过(59)、有点过(58)、太有点(49)、太有些(8)、稍微太(6)、稍过(6)、稍微过(2)。

4.2　时间副词中的语义对立型副词连用

《大纲》中共收录时间副词 64 个。依据张谊生对时间副词的分类⑤,我们分别在时间副词中的时体副词和表频副词内部划分出几组语义对立的副词。

我们将《大纲》收录的时体副词分为"已然体""未然体""持续体"三组副词:

① 已然:已、已经、早已

② 未然:回头、及早、尽快、即将、将、将要、早晚

③ 持续:在、正、正在

将《大纲》收录的表频副词划分为"高频""低频"两组副词⑥:

① 高频:成天、老是、时时

② 低频:偶尔、有时、时而

这些副词可以形成四种语义的对立:"已然＋未然""已然＋持续""未然＋持续""高频＋低频"。其在语料库中的连用统计如下。

4.2.1　已然＋未然

表3　"已然＋未然"语义对立型副词连用统计

已然＼未然	回头	及早	尽快	将	将要	即将	早晚
已	—	—	2/—	1024/—	11/—	24/—	—
已经	—	—	4/—	6/3	10/—	11/—	—
早已							

(说明:"/"前的数字为"已然＋未然","/"后的数字为"未然＋已然","—"表示语料库中无该用法。)

据统计,在语料库中共有9种"已然＋未然"(包括"未然＋已然")语义对立型副词连用形式,按照出现频率的高低依次为:已将(1024)、已即将(24)、已将要(11)、已经即将(11)、已经将要(10)、已经将(6)、已经尽快(4)、将已经(3)、已尽快(2)。

4.2.2　已然＋持续

表4　"已然＋持续"语义对立型副词连用统计

持续＼已然	已	已经	早已
在	—/3225	—/3312	—/65
正	3/18	—/4	—
正在	—/47	—/28	

(说明:"/"前的数字为"持续＋已然","/"后的数字为"已然＋持续","—"表示语料库中无该用法。)

据统计,在语料库中共有8种"已然＋持续"(包括"持续＋已然")语义对立型副词连用形式,按照出现频率的高低依次为:已在(3225)、已经在(3312)、早已在(65)、已正在(47)、已经正在(28)、已正(18)、已经正(4)、正已(3)。

4.2.3　未然＋持续

表5　"未然＋持续"语义对立型副词连用统计

持续＼未然	回头	及早	尽快	将	将要	即将	早晚
在	—	—	6/—	—	—	—	—
正	—	—	4/—	5/—	1/—	1/—	—
正在		2/—	8/—				

(说明:"/"前的数字为"持续＋未然","/"后的数字为"未然＋持续","—"表示语料库中无该用法。)

据统计,在语料库中共有7种"未然＋持续"(包括"持续＋未然")语义对立型副词连用形式,按照出现频率的高低依次为:正在尽快(8)、在尽快(6)、正将(5)、正尽快(4)、正在及早(2)、正将要(1)、正即将(1)。

4.2.4 高频＋低频

表6 "高频＋低频"语义对立型副词连用统计

低频＼高频	成天	老是	时时
偶尔	—	—	—
有时	3/—	—/1	—
时而	—	—	—

(说明:"/"前的数字为"低频＋高频","/"后的数字为"高频＋低频","—"表示语料库中无该用法。)

据统计,在语料库中共有2种"高频＋低频"(包括"低频＋高频")语义对立型副词连用形式,按照出现频率的高低依次为:有时成天(3)、老是有时(1)。

4.3 语气副词中的语义对立型副词连用

《大纲》中共收录语气副词102个。依据杨德峰对语气副词的分类,我们将这些副词划分为"确认语气"和"非确认语气"两组语义对立的副词⑦:

① 确认语气:的确、真

② 非确认语气:或许、据说、不定、大约、恐怕、说不定、似乎、未必、许、也许、约

这两组副词可以形成一种语义对立型副词连用,即"确认语气＋非确认语气"。我们在语料库中,对具有这两种语义对立关系的副词连用进行了统计分析,统计结果如下。

表7　"确认＋非确认"语义对立型副词连用统计

非确认＼确认	或许	据说	不定	大约	恐怕	说不定	似乎	未必	许	也许	约
的确	—/7	—	—	—/1	—/4	—/1	5/41	—	—	1/41	—
真	—/138	—/6	2/1	—/6	3/92	9/227	10/97	10/105	—	3/241	—

(说明:"/"前的数字为"确认＋非确认","/"后的数字为"非确认＋确认","—"表示语料库中无该用法。)

　　据统计,在语料库中共有23种"确认＋非确认"(包括"非确认＋确认")语义对立型副词连用形式,按照出现频率的高低依次为:也许真(241)、说不定真(227)、或许真(138)、未必真(105)、似乎真(97)、恐怕真(92)、似乎的确(41)、也许的确(41)、真似乎(10)、真未必(10)、真说不定(9)、或许的确(7)、据说真(6)、大约真(6)、的确似乎(5)、恐怕的确(4)、真也许(3)、真恐怕(3)、真不定(2)、不定真(1)、大约的确(1)、说不定的确(1)、的确也许(1)。

5. 语义对立型副词连用的规律

　　上文,我们基于语料库完成了对语义对立型副词的连用统计,明确了在现代汉语中,都有哪些常用的连用格式,以及它们的使用频率。接下来,我们将进一步探究这些连用格式内部存在的连用规律,从句法、语义、语用等语言本体角度,加深对这一语言现象的把握。

5.1　程度副词的连用规律

　　根据上文统计,我们发现,在每一组语义对立的副词中,其内部成员有着不同的连用能力⑧,在程度副词中,副词"有点"与"有些"的连用能力最强,分别能与表示多量或超量的副词组成8种和7种语义对立的连用格式,其他程度副词的连用能力并不突出,甚至不具备连用能力。在这些连用格式中,"有点"与"有些"

的位置较为灵活,可以在前也可以在后,例如:

(1) 我们就不该要孩子,这有点太奢侈了。(格非《江南三部曲》)

(2) 立夫监禁期间,她分明激动过甚,也太有点失常了。(林语堂《京华烟云》)

(3) 永琪看着尔康,两人都有些很不安。(琼瑶《还珠格格》)

(4) 孙少安这样一想,便很有些激动。(路遥《平凡的世界》)

例(1)与例(3)中,"有点"与"有些"在前,例(2)与例(4)中在后,并且这些连用格式口语化程度均较高,口语化程度更高的"有点"的连用能力更胜于较正式的"有些"。

语义上,包含"有点"和"有些"的语义对立的连用格式都有着较明显的语义整合倾向,倾向于与"有点"或"有些"连用的另一副词。如:在例(1)和例(2)中,想要表达的语义分别为"太奢侈"和"太失常",例(3)和例(4)倾向表达的语义分别为"很不安"和"很激动",均表示较高程度。此时,承担主要语义的"太"和"很"一般都要重读予以强调。

而连用能力较强的"有点"和"有些"在语义对立的连用格式中主要承担语用功能,具有舒缓语气,使语气变得更加委婉的作用,此时,"有点"和"有些"一般轻读。连用格式后的词汇诸如"奢侈""失常""不安"等多具有消极意义。以"很有点"为例,如表8所示,在语料库中共计有72个不同的词出现在"很有点"之后受其修饰,其中有59.7%的词汇都具有消极色彩。

表8　"很有点"所修饰词汇的感情色彩统计

	积极	中性	消极	总计
数量	8	21	43	72
占比	11.1%	29.2%	59.7%	100%

程度副词的这种语义对立的连用现象可以用"会话合作原

则"加以解释,人们故意违反合作原则,是为了突出表达话语的语用功能。"会话合作原则"由美国语言学家保罗·格赖斯提出,它由数量准则、质量准则、关联准则、方式准则等四个准则组成。格赖斯认为在理想状态下,人们在会话时应遵循合作原则以进行最高效率的信息传递,然而在实际交际中,人们常有意违反其中的某项准则,以实现某种语用功能,表达会话含义。两个语义对立的程度副词连用可视作违反了数量准则——"话语所含信息量应与交谈所需信息量一致",与方式准则——"话语表达方式应使听话人易于理解,避免晦涩含混"。在这种连用格式中,说话者使用两个同一语义类别的副词来修饰同一成分的某一特征,如"有点太过分了",使用了两个表程度的副词来修饰"过分"的程度,表达冗余,违反了数量准则;同时,两个副词语义上的矛盾又为听话者的理解带来了困难,表达含混,违反了方式准则。依照格赖斯的理论,这种对合作原则的故意违背是为了实现某一语用目的,如上文中的"有点太"的使用就可以看作是为了和缓语气,缓解紧张关系而采用的语言策略。

5.2　时间副词的连用规律

在时间副词内部,连用能力最强的副词依次为"已""已经",分别都能组成8种语义对立的连用形式,形成"已然＋未然""已然＋持续"两种语义的对立。其他时间副词的连用能力并不突出。

语序上,在包含"已"和"已经"语义对立的连用形式中,语序较为固定,"已"和"已经"一般在前,极个别例外情况多出现在非正式语体中。例如:

（5）在果子已将到手时,不摘就走,是愚蠢的。（冰心《冰心全集》）

（6）这囚车还没有完工,但已在安装抽水马桶。（王小波《青铜时代》）

(7) 我的朋友们也要逐渐搬进新居,有的<u>已经即将</u>装修完工。
(《文汇报》)

(8) 它使我国失去了许多机会,但其他国家<u>已经正在</u>利用着
这些机会。(《人民日报》)

(9) 长发<u>将已</u>及腰,单身主义也好。(微博)

从例(5)—(8)中可以看出,"已"和"已经"都处于连用格式之
前,只有例(9)例外,且正式度较低。

语义上,包含"已"和"已经"的语义对立的连用形式,其理性
意义都倾向于与其连用的另一副词。如例(5)表达的事实是:果
子将到手但还未到手。此时可用删除法判断其语义倾向,如果将
例(5)改为"在果子已到手的时候,不摘就走",则语句不成立。

"已"和"已经"在语义对立的连用形式中主要承担语用功能,
具有引起听话人注意的"提醒"功能⑨,具有加强语气的作用,连用
形式后所修饰的部分往往是言者想要强调的重点信息。"已""已
经"所在的连用形式,及后面所修饰的内容一般都要重读。如例
(5),去掉"已"后,则为陈述客观事实,缺乏提醒的作用,语气减
弱;加上"已"后,凸显强调了"果子就要到手"这一信息,此时不摘
就走,更显愚蠢,加强了言者的"惋惜"语气。

时间副词语义对立型的连用也同样可以用"合作原则"进行
解释。连用两个语义对立的时间副词是对合作原则中数量准则
与方式准则的刻意违反,意在突出话语"提醒、强调"的语用功能。

5.3 语气副词的连用规律

在语气副词中,表示确认语气的副词"的确"和"真",连用能
力均较强,分别能与表示非确认语气的副词组成 15 种和 8 种连
用格式。这些连用的语序较为固定,"的确"和"真"一般出现在第
一个副词之后,个别在前时,则口语化较强。例如:

(10) 他的名字<u>或许的确</u>没到让人耳熟能详的地步,但通过众
多患者的热心传播,确也着实在人们心中扎下了根。

《人民日报》)

(11) 她的神经<u>似乎的确</u>有毛病,双眼里闪着的惊恐使人脊梁阵阵发凉。(莫言《黑沙滩》)

(12) 赛后,他苦笑着说,"我们老了,<u>恐怕真</u>不行了。"(《人民日报》海外版)

(13) 要是再跟他闹翻了吧,他<u>说不定真</u>敢和我离婚。(赵树理《三里湾》)

(14) 在某些同志的眼里,<u>的确似乎</u>,只有学者、专家、工程师、经理才够得上是人才。(《文汇报》)

在例(10)—例(13)中,"的确"和"真"都出现在连用格式的后部,例(14)里"的确"在"似乎"前,该句口语化较强。

语义上,与程度副词和时间副词不同的是,我们认为这种"确认＋不确认"的副词连用没有明显的语义倾向,在两个副词的共同作用下,连用使得表推测语句的肯定程度介于确信与不确信之间。如例(12),"似乎的确"表达的确定程度,高于"似乎",低于"的确"。在这种情况下,删除其中任何一个副词,表达仍然成立,只是句子表达的确信度有所改变。一般情况下,语气确信度从高到低依次为:确认语气＞非确认语气＋确认语气＞确认语气＋非确认语气＞非确认语气。如:"似乎的确有毛病"的确信程度要高于"的确似乎有毛病"。我们认为,这可能与汉语的信息结构有关,句子的信息焦点在后,语序越靠后的部分越得以强调。因此,当确认语气在后时,确信度更高,反之亦然。

同样,在语用方面,表示确认的"的确"和"真"与表示不确认的"似乎""恐怕"等副词共同承担着语用功能,都表现了说话者对客观事实的一种主观评价,使语气强度处于中间状态。姚双云、姚小鹏(2011)将"真"与"的确"等副词合称为"确认性评注副词",该类词表示对前述事实和情况进行肯定和确认。

语气副词中语义对立型的连用是"语言模糊性"的产物。模糊性是语言本身所固有的特点,语言的产生是人们对客观世界与人的认知进行概括化与范畴化的过程,这一过程充满了模糊性。如程度副词"有点""很""太",每一种程度之间都没有清晰的界限;语气副词"似乎""的确",两种表示确认与非确认的语气也没有截然的分界。伍铁平(2000)在《模糊语言学》中将这些词称作"模糊限制词",当我们想要表达的语义处于几个限制词中间或者空白地带时,即语言中缺乏合适的词来表达,此时就催生了副词连用现象的出现。如"这件事似乎的确是真的",说话者想要表达的确认程度在"似乎"与"的确"之间,却没有一个专门的词来表达,因此只能借用两个副词的连用形式来表示这一种中间状态。程度副词内的语义对立型副词连用也可用语言的模糊性进行解释。

5.4 语义对立型副词连用规律总结

根据上文研究,我们总结出的语义对立型副词的连用规律如表9所示,从中我们可以得出以下几点结论。

① 语用功能明显的副词连用能力强,即在语义对立型副词连用形式中,至少有一个副词主要承担语用功能。在程度副词、时间副词、语气副词中,连用能力最强的副词分别为:有点、有些;已、已经;的确、真。

② 在语义对立型副词连用形式中,语序规律性较强,语用功能突出的副词一般固定出现在某一种连用形式的前部或后部,个别例外情况较为口语化。

③ 多数语义对立型副词连用所表达的真实语义(理性意义)有所倾向,一般倾向于语用功能较弱的副词。

④ 连用中的强调部分(重读部分)可能是主要承担语用作用的副词,也可能是主要表达理性意义的副词。

表9　语义对立型副词连用规律总结

类别及例词	规律	连用时的位置	语义倾向	语用功能	是否重读
程度副词	有 有些	不定 在前时频率高	倾向于与之连用的另一副词	舒缓语气	否
时间副词	已 已经	一般在前	倾向于与之连用的另一副词	提醒 加强语气	是
语气副词	的确 真	一般在后	无明显倾向	主观推测	是

6. 结论

本文在综合现有研究的基础上,从概念界定、分布描写、规律总结与现象解释等角度入手,对语义对立型副词连用现象进行了较为系统的分析,得到以下发现。

第一,在现代汉语中,存在着许多诸如"有点太"等语义对立型副词连用现象。此种连用副词的"语义对立"属于"交叉对立",即一些具有共同义素的副词(同一大类的副词)在某个语义特征上具有矛盾或反对关系。

第二,在程度副词、时间副词、语气副词内部,依照语义的对立类型,存在着"少量＋多量""少量＋超量""已然＋未然""已然＋持续""未然＋持续""高频＋低频""确认语气＋非确认语气"等语义对立型副词连用。

第三,不是所有满足以上语义关系的副词都可以进入这种连用形式,通过语料分析,我们发现"有点""有些""已经""已""似乎""的确"等语用功能突出的副词连用能力较强,可以组成大量的连用形式。这些连用形式在语义上一般倾向于主要承担理性意义而非语用功能的副词之上,并且拥有较为固定的连用语序。

　　第四,"语义对立型副词连用"这种语言现象的出现可视作对合作原则中"数量准则"与"方式准则"的有意违背,以获得某些特殊的语用效果,此外,语言本身所具有的模糊性也催生了这种连用的产生。

　　此次的研究范围主要在程度副词、时间副词和语气副词内部,对于内部语义较为复杂的情态副词尚未涉及,未来还有待进一步的研究。

附注

① 反对关系和矛盾关系都属于不相容关系,或全异关系,但是二者有所区别。矛盾关系是指对立的两种情况,非此即彼,比如"正义战争"和"非正义战争";反对关系是指在对立的两种情况之外,还存在其他情况,比如"红色"和"白色"。此两种全异关系都在我们的研究范围之内。

② 王力先生根据"有无明确比较对象"将程度副词分为"绝对程度副词"和"相对程度副词","绝对程度副词"没有比较的对象,如"很""太"等;"相对程度副词"语义上有所比较,如"最""更"等。

③ 在这里我们不研究"多量+超量"的情况,因为我们认为二者连用,语义对立并不十分明显。

④ 在统计语料时排除了"有些""有点"后面加名词的情况(此时"有些""有点"分别为"有一些"和"有一点"的省略,不是副词)。

⑤ 张谊生从汉语时间副词的表达功能入手,把时间副词分为表时副词、表频副词和表序副词三种词类。表时副词又可分为时制副词和时体副词两小类,表频副词可再分为高频、中频和低频三小类,表序副词再分为次序和重复两小类。(邹海清:《现代汉语时间副词的功能研究》,北京:世界图书出版社,2011年,第10页)

⑥ 张谊生将表频副词分为高频、低频和中频三组副词,为了研究方便,我们将《大纲》中属于中频的"时时",归入高频,将属于中频的"时而"归入低频。

⑦ 杨德峰(2008)认为"确认语气"是指说话人对句子内容确信无疑,"非确认语气"表示说话人对句子内容不能确认或有疑惑。

⑧ "连用能力"在这里指的是某一副词能与多少与其语义对立的副词组成连

用格式。如：均为表示少量的副词"有点"和"略微"，"有点"能分别与"很""极度""非常""特别"等 4 个表示多量的副词组成"很有点""极度有点""非常有点""特别有点"等连用格式，而副词"略微"却不能与任何一个表示多量的副词连用。"有点"的连用能力高于"略微"。

⑨ 李晓琳(2018)认为："人们常把时间副词'已经'看作客观描述事实的时间副词，但实际上'已经'却是一个带有主观性的副词，用于提醒听话人注意事件的完成，让听话人在事件与现实之间建立起联系。"

参考文献

白丁　1986　副词连用分析，《中南民族学院学报(社会科学版)》第 3 期。

范子梦　2017　不同量级程度副词与"有点"的连用现象，《语文教学通讯·D 刊(学术刊)》第 8 期。

方清明　2012　现代汉语副词连用频率考察，《汉语学报》第 3 期。

李晓琳　2018　副词"已经"的提醒功能，《语言教学与研究》第 5 期。

李运熹　1993　范围副词的分类及语义指向，《宁波师院学报(社会科学版)》第 2 期。

马清华　2003　强程度标记的叠加，《华东师范大学学报(哲学社会科学版)》第 2 期。

苏丹洁　2010　"构式—语块"句法分析法和教学法，《世界汉语教学》第 4 期。

王倩　2013　"有点太＋A"构式的量——兼论"有点"计量层次的迁移，《世界汉语教学》第 3 期。

伍铁平　2000　《模糊语言学》，上海：上海外语教育出版社。

徐静　2010　关于词语对立的一些基本问题，《北方文学(下半月)》第 4 期。

荀恩东、饶高琦、肖晓悦、臧娇娇　2016　大数据背景下 BCC 语料库的研制，《语料库语言学》第 1 期。

杨德峰　2008　《面向对外汉语教学的副词定量研究》，北京：北京大学出版社。

姚双云、姚小鹏　2011　确认性评注副词的衔接功能，《语言研究》第 3 期。

张谊生　1996　副词的连用类别和共现顺序，《烟台大学学报(哲学社会科学版)》第 2 期。

赵楠玉　2018　对外汉语教学中中国书法教学对文化教学的作用分析，《中国校外教育》，第 3 期。

赵新法　2016　从羡余的角度分析程度副词连用，《现代语文（语言研究版）》第 3 期。

邹海清　2011　《现代汉语时间副词的功能研究》，北京：世界图书出版公司。

预期与反预期评注在
小句内的兼容模式与功能[*]

邵洪亮　　谢文娟

（上海外国语大学国际文化交流学院）

0. 引言

　　评注性副词是位于句中状语位置或句首位置，表达言者对命题的主观态度、评价和情感的一类词。我们曾综合前人的研究成果，将齐沪扬主编的《现代汉语语气成分用法词典》(2011)中所列的 207 个语气副词（即我们所谓的"评注副词"）分为功能和意志两个大类。功能类包括疑问和感叹，意志类包括确认、揣测、必要、意愿、料悟、侥幸等。其中，确认类又包括证实、指明、确信。揣测类又包括或然和必然。料悟类又分为预期、反预期、领悟和契合。（邵洪亮、蔡慧云，2019）

　　通过语料考察，我们发现即使一个小句内也经常会有两个或以上的评注性副词共现的情况，其中不乏语义上明显相互抵牾的评注性副词在小句内兼容的现象。主要涉及以下三组："或然＋

---

　　* 本研究是国家社会科学基金项目"互动语言学视野下的汉语语气成分的功能与兼容模式研究"(16BYY133)的阶段性成果之一。

必然"评注、"确信＋或然"评注、"预期＋反预期"评注。例如：

(1) 如果把优秀的文艺作品和那些庸俗低级的作品科以同等
    的律法，不加区别，那[恐怕][必然]导致简单化，粗暴对
    待。(或然＋必然)

(2) 看来这[的确][好像]是场很公平的决斗。(确信＋或然)

(3) 忧伤悲叹，总想找一个酷似女儿之人，作为她朝夕思慕的
    亡女的遗念。[竟]想不到的是，[果然]得到了这女子。
    (反预期＋预期)

张谊生(2016)曾对确信与揣测评注(从该文的语料来看主要
就是我们所指的"确信＋或然"评注)的兼容模式、表达功能、合用
动因进行过较为详细的研究，并指出，对于这样一种看似自相矛
盾的表达方式，"当前语言学界关注还很不够，几乎还没有什么直
接的有针对性的研究成果。"

本文将进一步重点考察、分析其中预期与反预期评注在同一
个小句内的兼容模式。其中，预期性评注副词重点考察"果然"
"当真""果真"，反预期性评注副词重点考察"竟然""竟""居然"
"倒""倒是""反倒"。值得一提的是：在反预期评注性副词中，
"倒""倒是""反倒"的反预期语气相对弱一些；在预期评注性副词
中，"果然"比较典型，"果真""当真"则是兼表确认评注的预期评
注性副词。我们也发现了"果真""当真"当作"真的"来用的例子，
那是凸显了其确认评注，另当别论。不过，有时确认与预期确实
不太容易分辨，因为需要使用确认评注的前提是事先已经对事件
的结果已经有了必然性亦或是或然性的揣测，这些也都可以看作
是某种程度上的预期。

本文穷尽性地考察了北京大学汉语言研究中心(CCL)语料
库的相关语料。本文例句均引自 CCL 语料库，故不再作特别
标注。

1. 预期与反预期评注在小句内的兼容模式

一般认为,预期评注表示言者(包括作者,下同)对事件结果已经有一个预期,而事件的结果与这一预期是相符合的,即在言者的意料之中。反预期评注表示事件的结果与言者的预期相违背,即出乎言者意料。预期与反预期显然是互相抵牾的,但我们发现这两类评注性副词有时可以在一个小句内共现。其共现的方式主要有以下四种情况。

1.1　句中状位并存连用

句中状位并存连用是指预期与反预期评注性副词处于句中状语位置连续使用,中间没有间隔。该兼容模式只有"反预期〈预期〉"(即反预期评注性副词在前、预期评注性副词在后)这样一种情况。例如:

(4) 她爱他,这是最糟的地方。没想到眼泪、争吵和愤怒[竟然][果真]会没有用! 他只能出于一种不是自发的欲望来爱她。

(5) 谁知,等他们端着水杯回到黄国栋的办公室后,李卫东[竟然][当真]向黄国栋撒娇说:"老板,我原本觉得今晚入职培训就能完成。"

(6) 他们两人八字一配,他就要漂洋过海,还说他们两个聚少离多,现在[竟][果然]一一应验。

(7) 纯粹是由于他的过人才智和不修边幅,他[倒][果真]把宪法课变得极有趣味了。

该模式在 CCL 语料库中检索到 92 例。一般认为,例(4)—(7)中的"竟然""竟""倒"均属于反预期评注性副词。"果真""当真""果然"则属于预期评注性副词。这种情况,其中的预期评注与反预期评注都是全幅评注,其评注范围均关涉整个命题。

1.2　句中状位间隔合用

句中状位间隔合用是指预期与反预期评注性副词同处于句中状语位置,但它们中间有间隔。该兼容模式也只有"反预期〈预期〉"这一种情况。例如:

(8) 想想这件事真倒霉,我们[竟]没能[当真]胜利地把他当做我们的俘虏带回来。

(9) 倘连自己都不敢面对真实,又如何颂扬真善美呢?我所担心的[倒是]是不是[果然]认识了真实,是不是瞎子摸象。

该模式语料非常之少,在CCL语料库中仅检索到4例。这种情况,尽管预期与反预期评注在一个小句内共现,但它们的辖域是不同的,并未真正产生抵牾:其中的反预期评注"竟""倒是"是全幅式管辖,评注范围关涉整个命题,而其中的预期评注"当真""果然"是半幅式管辖。如例(8)中的"竟"表达了"'我们没能胜利地把他当做我们的俘虏带回来'是出乎言者意料的",而"当真"表达了"'胜利地把他当做我们的俘虏带回来'是符合言者预期的",因此两者并未产生抵牾。后面的讨论将排除这种情况。

1.3　外附全句和内附谓语

外附全句和内附谓语是指预期评注性副词处于句首,反预期评注性副词处于句中状语位置,即该兼容模式只有"预期〈反预期〉"这一种情况。例如:

(10) 我目光过处,仿佛看到有人刺了个汉字。仔细一看,[果然]此君[竟]刺了一个"出"字,在右手臂上。

(11) 运气很好,那伤口真的愈合起来,任何事情,只要碰到我这匹声誉显赫的好马,什么奇迹都会发生![果真],嫩枝[竟]在马体内生下了根,而且日益成长,不久就在我的头顶上结起了一顶华盖。

该模式语料也比较少,在CCL语料库中仅检索到8例,均是由"果然"外附全句。因为"果然"是一个兼有关联功能的评注性副词,故小句句首也是其常处的句法位置,加上与之共现的反预期评注性副词"竟"是单音节的,无法移至句首位置,所以在外附全句和内附谓语这种情况下,只出现"预期〈反预期〉"兼容模式也是可解释的。这种情况,尽管预期与反预期评注性副词所处的句位不同,但其中的预期评注与反预期评注仍然都是全幅评注,其评注范围均关涉整个命题。

1.4　内附谓语和内附补语

内附谓语和内附补语是指反预期评注性副词处于句中状语位置,预期评注性副词内置于句中补语的修饰语位置,即该兼容模式只有"反预期〈预期〉"这一种情况。例如:

(12) 而眼前,人们[居然]把万乘之尊的刘皇叔安排得[果真]如此"不以臣卑鄙",来替他的丞相看守大门,这岂又是套用社会等级制度就能解释了的?

该模式语料也是极少,在 CCL 语料库中仅检索到此 1 例。这种情况,尽管预期与反预期评注性副词所处的句位不同,而且反预期评注内嵌到了补语位置,但我们发现其中的预期评注与反预期评注都是全幅评注,其评注范围均关涉整个命题,如果把例(12)中"果真"的位置提升到状语位置"人们[居然][果真]把万乘之尊的刘皇叔安排得如此'不以臣卑鄙'",句义保持不变。

总之,本文通过 CCL 语料库共搜集到预期评注性副词和反预期评注性副词在小句内共现的语料共计 105 例,除去前面提到的"句中状位间隔合用"的 4 例管辖范围不一致的情况,属于真正预期与反预期评注在小句内的兼容的情况共计 101 例。其中各兼容模式语料数量和占总语料的百分比统计如表 1:

表1　预期与反预期评注在小句内的各种兼容模式占比情况

预期与反预期评注的兼容模式	句中状位并存连用	外附全句和内附谓语	内附谓语和内附补语	总计
数量（条）	92	8	1	101
占比	91.1％	7.9％	1％	100％

2. 预期与反预期评注在小句内兼容的特点

2.1 "反预期〈预期〉"数量远多于"预期〈反预期〉"

"反预期〈预期〉"和"预期〈反预期〉"在总语料中的占比统计如下表2：

表2　"反预期〈预期〉"和"预期〈反预期〉"的占比情况

兼容模式	反预期〈预期〉	预期〈反预期〉
数量（条）	93	8
占比	92.1％	7.9％

根据表2，预期与反预期评注在小句内的兼容模式中，"反预期〈预期〉"的数量远远多于"预期〈反预期〉"的数量。可见，在实际交际中更常出现的是"反预期〈预期〉"兼容模式。

从各类语气成分的共现情况来看，一般情况下，都是句子最外层的语气成分决定了整个句子的语气。如果是评注性副词，即最左边（前边）的评注性副词处于最外层；如果是句末语气助词，则是最右边（后边）的句末语气助词处于最外层。我们发现，当预期与反预期评注在小句内兼容时，几乎所有的句子在整体上仍然都是为了凸显违反言者预期、出乎言者意料的，因此，绝大多数都是反预期评注性副词位于预期评注性副词的前面。这就使得预期与反预期评注的兼容模式中"反预期〈预期〉"的数量远多于"预期〈反预期〉"的数量。

2.2　以"状位并存连用"为主

预期与反预期评注在小句内的兼容模式中,又以评注性副词"状位并存连用"兼容模式为主。"状位并存连用"占 91.1%,其他两种兼容模式合起来共占 8.9%。这说明"状位并存连用"是预期与反预期评注在小句内兼容的优势模式。

我们考察的预期评注性副词主要包括"果然""果真""当真"等,反预期评注性副词主要包括"竟然""竟""居然""倒""倒是""反倒"等。统计发现,单音节反预期评注性副词在前的兼容模式(如"竟果然""倒果然"等)多达 89 例,双音节反预期评注性副词在前的兼容模式("竟然果真""竟然当真"等)则只有 4 例。单音节语气副词在句中本来就没有双音节语气副词灵活,只能处于句中状语位置而无法前置独用,因而当它与双音节的预期评注性副词共现的时候,以句中状语位置并存连用的兼容模式为主也就可以解释了。

3.　预期与反预期评注在小句内兼容的功能

3.1　复合预期功能

按理,预期与反预期评注在一个小句内兼容是不符合逻辑的,因为事件的结果如果符合预期就不可能说是违反预期,或者违反了预期就不可能是符合预期。但是大量的语料证明两者是可以兼容使用的,这就产生了特殊的复合预期的表达功能。这里所指的复合预期包括"言者反预期＋他人预期""言者反预期＋言者预期"两种情况。

3.1.1　"言者反预期＋他人预期"的复合预期功能

我们发现,不管是"反预期〈预期〉"还是"预期〈反预期〉"的兼容模式,绝大多数情况都是表达"言者反预期＋他人预期"的复合预期功能。此处的"他人"如果再细分的话还可以分出受者(包括听者和读者,下同)以及受者之外的其他人(即第三方,包括言语中指明的人物或言语中未指明的其他人物)。在一些语境中"他人预期"具体到底是谁的预期,界限并不十分清晰。

事实上,复合预期的表达重点仍在凸显言者的反预期,表达一种出乎意料和事情的极不合理性;但相对于单纯的反预期表达,复合预期表达还反映出言者自身对某个结果在某些特殊条件下是否出现原本也不是确定的,因而利用"他人预期"反映出这种矛盾心态。这里的"他人"很可能也是不确定的甚至是虚拟的,只是反映了言者自身对某个极不合理或不合逻辑的事实非常不相信它会发生却又不确定是否会发生的一种心态。因此,这种"言者反预期+他人预期"的复合预期事实上仍然是以一种特殊的方式来反映言者自身复杂、矛盾的主观态度。例如:

(13) 我不要蓝的,她却说,像我这种手戴上蓝手套才好看呢。这一说,我就动了心。我偷偷看了一下手,也不知怎么的,看起来[倒][果真]相当好看。

(14) 后来,事实[倒][果然]验证了蒋介石的话,他对自己的妻兄宋子文可以说一直留有情面。

例(13)通过前面一个句子,可以知道有人觉得"我"的手"戴上蓝手套才好看",而事实上看起来也确实是好看的,正好符合他人(有可能也包括听了此一说之后的受者)的预期,因而言者使用了"果真"。同时,言者又在"果真"前加了"倒"来表达自身的一种反预期,即言者原先不认为自己的手戴上蓝手套会好看,但事实是它还真的好看,这是有些出乎言者意料的,因而"倒"的使用是言者主观性的外在表现形式。不过,尽管该结果不是言者预期的,但事实上言者对该结果也是不确定的,因而利用这样一种特殊的"言者反预期+他人预期"方式来反映言者自身复杂、矛盾的主观态度。例(14)"验证了蒋介石的话"是违反言者预期的,但这个结果可能符合包括受者在内的他人的预期,言者同样是利用这样一种特殊的"言者反预期＋他人预期"方式来反映自身矛盾的主观态度。

综上分析,我们也可以认为"他人预期"实则也有着言者的主观印记,包含着"言者预期",即"言者反预期＋他人预期"的复合预期功能本质上应该是"言者反预期＋他人预期(包含言者预期)"。

3.1.2　"言者反预期＋言者预期"的复合预期功能

预期与反预期评注在小句内兼容,除了大多表达"言者反预期＋他人预期"的复合预期功能之外,还有部分表达的是"言者反预期＋言者预期"的复合预期功能。尽管言者预期与反预期集于一身,并且都是全幅式管辖,但实际上它们分别评注的是两个不同的事件结果,并非真正的相抵牾。例如:

(15) 我目光过处,仿佛看到有人刺了个汉字。仔细一看,[果然]此君[竟]刺了一个"出"字,在右手臂上。

(16) 据当地人讲,山的名字源自突厥语,意思是"空山"。然而谁也没想到,苏联人[竟][果真]把这座山变成了空山。

例(15)使用"果然"说明"此君刺了个汉字"是符合言者预期的,而且前面也提到"我目光过处,仿佛看到有人刺了个汉字"。使用"竟"说明"此君刺了一个'出'字,在右手臂上"则是违反言者预期的。也就是说,此君刺了个汉字是言者意料之中的,但其在右手臂上刺了个"出"字则是言者意料之外的。因此,表面上抵牾的两种评注在小句中并非真正的相互抵牾。例(16),我们之所以认为它不可能表达他人预期是因为前面说到"然而谁也没想到",所以使用"竟"说明"苏联人把这座山变成了空山"是违反言者预期的,使用"果真"说明苏联人把这座山变成了空山之后,使得这座山真正的名实相符,这又是符合言者预期的。同样,"竟"和"果真"评注的是两个不同的结果。

3.2　双重预设触发功能

预设不是语句中直接表达的信息,而是"说话人认定的双方可理解的语言背景,属语用范畴"(文炼,2002)。

预期与反预期评注在小句内兼容具有双重预设触发功能,并由此可以推导出语句的背景信息。例如:

(17) 纯粹是由于他的过人才智和不修边幅,他[倒][果真]使宪法课变得颇有趣味了。

(18) 信中孙眉说,自己到了夏威夷,已经渡过了最困难的时期,向政府领了一块地。[果然]几年后,他[居然]成了手有余资的新富人。

例(17)如果不使用评注性副词"倒"和"果真",句子只是一个客观的表述"他使宪法课变得颇有趣味了"。受者无法从中推断出更多的背景信息。但是加上了这两个评注性副词之后,情况则不同:使用预期评注性副词"果真",句子便有了一个预设,即有人认为"他会使宪法课变得颇有趣味"。使用反预期评注性副词"倒",句子则有了另一个预设,即言者事先认为"他不会使宪法课变得颇有趣味"。上述的这两个预设正是通过句子中的预期与反预期评注推断出来的背景信息,就是说,预期与反预期评注在小句内兼容时具有双重预设触发功能。

同样,例(18)中使用"果然",句子便有了一个预设,即读了孙眉的信之后,可能有人会认为"几年后,他会成了手有余资的新富人"。使用"居然",句子则有了另一个预设,即言者事先没有想到"几年后,他会成了手有余资的新富人"。

预期与反预期评注在小句内兼容时所带来的双重预设,使得语言的表现更显张力,颇具修辞色彩。在特定的语境中,可以产生丰富的表达效果。

4. 预期与反预期评注在小句内兼容的动因与理据

4.1 交互主观性的体现

主观性是指言者在交际的时候总是不断地表明自己的主观评价、态度和情感，留下自己的主观印记。如果言者表达主观性的时候蕴含着对受者主观态度的兼顾和观照时，言者自身的主观性就上升为交际双方的交互主观性（intersubjectivity）。交互主观性体现了言语交际中言者对受者的关注，照顾到受者的观点、态度或面子等。（沈家煊，2002）交互主观性的表达特点之一便是有表示言者对受者关注的标记语，言语的表达隐含更多的言外之意。（Traugott & Dasher,2002：22-23）

相互抵牾的评注性副词在小句内兼容的现象（包括"或然＋必然"评注、"确信＋或然"评注、"预期＋反预期"评注），很多都是由交互主观性驱动使然，是交互主观性的一种体现。

就预期与反预期评注在小句内的兼容现象来看，很多情况也是言者在表达对某个事件结果出乎意料的同时，兼顾了受者对该事件结果在某种程度上的预期。例如：

(19) 少年时想从举业上飞黄腾达的同学们都饱尝了世路坎坷，落得灰心丧气，更莫望能为良相，你[倒][果然]成为良医了。

(20) "那就顺水推舟，让日本人承担罪过去呀！""嗯，这是得跟日本人说，看他们怎么办。"吴铁城[倒][果真]从秘书这里受了启发。

例(19)"成为良医"是违反言者预期的，因而言者使用了反预期标记"倒"。但这个结果是符合受者预期的（根据原文是受者从小的心愿），言者同时兼顾到了受者的立场，因而同时使用了一个预期标记"果然"。

同样，例(20)秘书在前面提出过一个建议，言者认为受者可能会因看到了秘书的建议而有了一个"吴铁城会从秘书这里受了启发"的预期,而事件结果是符合这一预期的,所以其中的"果真"正是言者站到了受者立场,观照受者主观态度,表述受者预期的,而其中的"倒"则表达了"吴铁城从秘书这里受到了启发"这个事件结果在一定程度上是出乎言者意料的。

不过,人际交往现象学模式表明,交际双方在人际交往过程中,映射到言者甲头脑中的受者乙的形象与乙的真实形象并不完全吻合,因为甲头脑中乙的形象归根结底是甲的意识的产物。(王宏印,2012:290—291)因此,即使某些表达是甲出于对乙的观照,但这种表达本身仍难免会带上甲自身的主观印记。比如前例(19)(20),尽管事情的结果不是言者预期的,但事实上言者对该结果在特定条件下是否会发生也是不确定的,因而利用这样一种特殊的包含交互主观性的表达方式来反映言者自身复杂、矛盾的主观态度,并表达了自己的出乎意料。

4.2　言者自身矛盾心态的表现

根据前述,正是交互主观性的驱动,使得言者在表述时不仅仅表达自身的主观感受,同时还要兼顾到受者的视角。除此之外,言者还可能兼顾的是受者之外的其他人(即第三方)的视角。不管言者兼顾的是受者视角还是受者之外的其他人的视角,我们可以认为,言者正是利用了这种"他人预期"反映自身的一种矛盾心态,因而这种"言者反预期+他人预期"的复合预期事实上仍然是以一种特殊的方式来反映言者自身复杂、矛盾的主观态度,从而在不同的语境中产生不同的表达效果。例如:

(21) 说来也怪,真应了八姥子的话,八舅后半生的荣耀,[竟] [果真]和这几个"光葫芦"连在了一起。

例(21)通过"八姥子的话",包括受者在内的其他人可能对"八舅后半生的荣耀和这几个'光葫芦'连在了一起"有了一定的

预期,结果确实符合预期,故言者观照了他人的主观态度,使用了
"果真"。同时,言者使用"竟"来表达自身的一种反预期,即言者
事先并不认为八舅后半生的荣耀会和这几个"光葫芦"连在一起,
但结果与此相反,因而是出乎言者意料的。其实,不仅仅"竟"的
使用是用来表达言者的主观态度,"果真"的使用虽然是对他人主
观态度的一种观照,也难免打上了自身的主观印记,表达"他人预
期"也反映了言者自身的一种复杂、矛盾心态:言者虽然不认同会
发生这种事实,觉得出乎意料,甚至认为不可思议,但在当时的这
种特定条件下,还真有可能会发生这种事情,结果是"果真"发生
了这种事情。因此,预期与反预期双重评注本质上也是言者自身
一种复杂、矛盾的主观态度的形式表征。

　　预期与反预期评注在小句内兼容,除了为表达言者对某一结
果会否实现的矛盾心态之外,也有可能是把针对不同事实的预期
与反预期纠缠在了一起,如前例(15)(16),关于这点,我们不再
赘述。

4.3　不同预期的兼顾与凸显

　　由于客观事实的复杂性和多面性,加上不同人之间因所处立
场、信息渠道、视角、观念、思维方式等等的差异,往往会对事件的
结果形成不同的预期。根据前述,预期与反预期评注在小句内兼
容,主要就是为了兼顾他人(即受者或者受者之外在言语中指明
或未指明的其他人物)的预期,而实际上也是兼顾自己复杂、矛盾
心态的另一面。例如:

　　(22)　老郑认为这个产品本厂有着独特的优势,市场别人不好
　　　　　占领,不如压库待售。[果然],几个月后,这一产品[竟]
　　　　　成为抢手货。

　　例(22)根据老郑的看法,事件的结果"这一产品成为抢手货"
是他所预期的(同时也可能成了受者的一种预期),句子中"果然"
便是指事件的结果符合言语中指明的人物老郑(可能还包括受

者)的预期,但言者用"竟"同时表达了自己的预期和事件的结果相反,是出乎意料的。

当然,预期与反预期评注在小句内兼容,也可能是为了兼顾自身对不同事实的预期与反预期。例如:

(23) 我见他神志异常清醒,担忧这是回光返照。[果然],这次见面,[竟]成永别,当天下午就传来了陈云同志逝世的噩耗。

例(23)言者之前有过"担忧",因而陈云同志的逝世是在言者意料之中的,故后面的小句使用了"果然",但同时,言者跟陈云同志的这次见面成了永别,又是出乎言者意料(或者说是言者根本不敢去想也不愿意去想的),所以小句中还使用了"竟"。

总之,预期与反预期评注在小句内兼容,其中一个原因便是言者想要同时兼顾他人预期和自身反预期,或者同时兼顾自身的预期和反预期。因此,在日常交流中,人们在语感上能够接受预期与反预期双重评注出现在一个小句中,也就可以解释了。

但兼顾的同时,预期与反预期在小句内兼容,主要目的仍然在于凸显言者的反预期。其中占绝大多数的"反预期〈预期〉"的兼容模式,由外围的反预期评注决定了言者出乎意料的语气意义,这是容易理解的。而真实的语料表明,即使是"预期〈反预期〉"这种兼容模式,整个句子归根到底还是凸显言者自身反预期的。我们看以下两个小句的变换:

(24) 现在[竟][果然]——应验。(违反言者预期＋符合他人预期)

　　⇓(去掉"竟")

(24') 现在[果然]——应验。(符合言者预期)

(25) [果真]他接下来[竟]向她道起歉来。(违反言者预期＋符合他人预期)

（去掉"果真"）

（25'）他接下来［竟］向她道起歉来。（违反言者预期）

例（24）整个句子显然属于反预期评注（即违反言者预期）。如果把前面的评注性副词"竟"去掉，变换成（24'），则属于预期评注（即符合言者预期）。因此，要保持原句语气意义不变，"竟"是不可以省略的。也就是说，"反预期〈预期〉"兼容模式中反预期类评注副词不可以省略。而例（25）和（25'）两个句子显然都属于反预期评注（即违反言者预期）。也就是说，使用在前的预期类评注性副词"果真"的隐现并不影响言者的反预期评注。因此，不管是"反预期〈预期〉"兼容模式还是"预期〈反预期〉"兼容模式，其实都凸显了言者的反预期评注。当然，一般而言，越是能表达言者交际意图的评注性副词，其位置越靠前，因此相对而言，在表达反预期评注时，"反预期〈预期〉"兼容模式的使用频率远高于"预期〈反预期〉"兼容模式也就可以解释了。

齐沪扬（2002：219—220）认为不同类别的评注性副词（作者称之为"语气副词"）的焦点表述功能强弱不同。具体表现为：料悟评注性副词＞可能评注性副词＞允许评注性副词＞能愿评注性副词。其中料悟评注性副词就包含本文研究的预期与反预期评注性副词。由此可知，相对于其他小类的评注性副词，预期与反预期评注性副词的焦点表述功能是最为突出的，即具有强焦点表述功能。而根据本文前面的考察分析，预期与反预期评注在小句内兼容，凸显的仍然是反预期评注，我们因此可以进一步得出结论：就料悟评注性副词内部小类而言，反预期评注性副词的焦点表述功能又是明显强于预期评注性副词。

参考文献

齐沪扬　2002　《语气词和语气系统》，合肥：安徽教育出版社。

齐沪扬　2011　《现代汉语语气成分用法词典》,北京：商务印书馆。

邵洪亮、蔡慧云　2019　定位语气副词的构成与特点,《对外汉语研究》(第20期),第64—79页,北京：商务印书馆。

沈家煊　2001　语言的"主观性"和"主观化",《外语教学与研究》第4期,268—275。

张谊生　2014　《现代汉语副词研究》,北京：商务印书馆。

张谊生　2016　揣测与确信评注的兼容模式及其功用与成因,《世界汉语教学》第3期,第331—341页。

王宏印　2012　《现代跨文化传通：如何与外国人交往》,天津：南开大学出版社。

文炼　2002　蕴涵、预设与句子的理解,《世界汉语教学》第3期,第5—9页。

Traugott E. C. & Dasher R. B.　2002 *Regularity in Semantic Change*, Cambridge：Cambridge University Press.

(原载《汉语教学学刊》2020年第1辑)

试论"相"的语义演变
与"相加"的词汇化

史又今（上海外国语大学国际文化交流学院）

0. 引言

现代汉语中有一些类附缀形式，如"X相加""X有加"等，它们同附缀（clitic）类似，失去语音独立性、必须依附于一个独立的词，但句法上仍有词的地位（刘丹青2017：547）。例如：

(1) 白眉和尚……当下连忙道谢，说道："老衲蒙老檀樾青眼相加，正合古谚所云'白头如新，倾盖如故'这两句老话了，老衲着实感激于心。"（司马翎《剑气千幻录》）

(2) 韩国乒乓球队在近年来的选材中，就对那些"先天不足"的苗子青眼有加。（《文汇报》2004-08-23）

(3) 不幸的是，丈夫脾气暴躁，动不动就对妻子拳脚相加。（《人民日报》2002-12-20）

(4) 尽管吴清源没有将芮乃伟列为他所看重的三大天才棋手，但言语之间对芮乃伟仍赞赏有加。（新华社2001-08-13）

关于"X有加"的形成和发展，张谊生（2017）进行了详细的分析，他指出，"有加"经常出现在双音节谓词后面，前面的"X"可以是具体的行为,也可以是特定的性状。通过与"X 有加"对比,我们发现,"相加"经常出现在双音节名词后面,前面的"X"可以是动作的主体,也可以是动作的工具;与之相伴的还有"相"的语义变化。因此,本文选取"相加"作为研究对象,对"相加"词汇化过程进行梳理,同时探讨副词"相"的语义演变。

本文用例引自北大语料库、北语语料库及部分网络语料,例句全部标明出处。

1. "相加"的性质与类别

通过对语料的分析,我们将"相加"分为三类：施加类、交加类和加和类。

1.1 施加类"相加"

施加类"相加"是单向性的,"加"的意思是"施加",从一个主体施加到另一个主体之上。"X 相加"中的 X 多具有[＋工具][＋消极]的语义特征,如"拳脚、恶语、棍棒、恶言、白眼、武力、毒刑、刀剑、声色"等。个别中性或褒义的词语如"情理、青眼"等也可以进入"X 相加"结构,但是语料并不多,褒义的"青眼相加"仅有 11条,"情理相加"仅出现 2 条。例如：

(5) 当下连忙道谢,说道："老衲蒙老檀樾青眼相加,正合古谚所云'白头如新,倾盖如故'这两句老话了,老衲着实感激于心。"(司马翎《剑气千幻录》)

(6) 诸葛亮对孟获"七擒七纵",情理相加,终于使他五体投地,全失反叛之心。(杨海军《说理"五寓"》)

相比之下,贬义词语组成的"X 相加"用例则较多,如"拳脚相加"386 条,"恶语相加"135 条,"棍棒相加"25 条,"恶言相加"24条,"白眼相加"9 条等。例如：

(7) 叶莲子当然想不到在顾秋水之后,还有一个与她什么债

权关系都说不上的男人,对她<u>拳脚相加</u>。(张洁《无字》)

(8) 当居民善意地向驾驶员提出意见甚至恳求他们体谅居民的要求时,有些驾驶员却不予理睬,我行我素,个别的还<u>恶语相加</u>。(《文汇报》2000-07-08)

考察过程中我们发现,施加类"X相加"中的X多数是名词性的,通常充当"相加"的工具,"X相加"可以变换成"以X相加"的形式。例如:

(9) 双方踢得异常粗野,不时<u>以拳脚相加</u>,不少观众也跳入球场,加入战团,足球场即刻变成了格斗场。(《人民日报》1990-05-26)

(10) 轻视了七千万的英勇的被压迫人民的力量,而<u>以白眼相加</u>,是一定会造成极大错误的。(《人民日报》1949-03-26)

可以看出,施加类"相加"及其变换形式"以X相加"都带有较强的书面语色彩,使用时文词都较为精炼。

1.2　交加类"相加"

交加类"相加"表达的是交互义,其中主语X是由两个不同的事物A和B组合而成的,"X相加"是指这两种事物A、B混合在一起交替出现,又A又B,使人心情复杂。这里的A和B多为体词性成分,且A和B具有语义相关性,如"涕泪相加""酸甜相加""愁苦相加""惊喜相加"等。例如:

(11) 很多有过敏性鼻炎的亲们一到季节交替、或者花粉密集的时候,就鼻痒难受,甚至狂打喷嚏,<u>涕泪相加</u>。(凤凰网2013-09-18)

(12) "亡命"听得脸色数变,<u>惊喜相加</u>,良久始点头道:"爷爷所言是真的。"(无极《狂风断剑》)

交加类"X相加"可以变换为"X交加"的形式。例如:

(13) 此话引来不少读者共鸣,说读得<u>涕泪交加</u>,此之谓"精神

家园"是也。(《人民日报》2017-08-15)

(14) 然而认识这种人,总也是幸会,一会子工夫,他的心里,
就<u>惊喜交加</u>起来。(张恨水《美人恩》)

可以看出,交加类"X 相加"及其变换形式"X 交加"都表示 X
中的 AB 两个元素反复交替出现,又 A 又 B,令人心情复杂的
语义。

1.3　加和类"相加"

现代汉语中还有一类"相加"表示的是"加和"的语义,通常是
前面所提到的多项成分加和,可以做简单谓语,也可后带补语说
明加和的结果。例如:

(15) 比赛内容可自由发挥,以表现南狮喜、怒、哀、乐、惊、疑、
醉、睡、动、静等形态为主,比赛结果为预、决赛成绩<u>相
加</u>。(《人民日报海外版》2005-03-01)

(16) 中国最长寿夫妻年龄<u>相加</u>215 岁称知足便会幸福(中国
新闻网 2011-12-13)

例(15)中,"相加"充当谓语,是前面的"预、决赛成绩"的加
和。例(16)中,"相加"仍是句子的谓语中心,是"夫妻年龄"的加
和,后面带有补语说明加和的结果,即"夫妻年龄相加之和为 215
岁"。加和类"相加"还可以接受状语的修饰,体现"相加"的方式。
例如:

(17) 列宁曾指出,党之所以要组织起来,就是因为,组织的整
体力量大于组织内部个体力量的<u>简单相加</u>。(《人民日
报》2003-02-25)

(18) 他发现表中,九的乘法所得的积的两位数<u>横向相加</u>都是
九,各个积数首尾都是倒数。(《福建日报》1980-06-
25)

"简单相加"是指把组织内部所有个体力量加和,即"1+1+
1+……",实际上组织的力量可以产生"1+1>2"的效果,不是简

单的加和就可以表示的,所以这里的"相加"前面使用状语"简单"进行强调。同样地,"横向"也是表示"相加"方式的状语。

2. "相加"的发展和演化

根据语义不同,"相加"可分为施加类"相加"、交加类"相加"和加和类"相加",这三类"相加"之间是否有语义关联呢?本节通过对"相加"产生和演化的过程进行历时考察,梳理"相加"的演化进程。

2.1 跨层结构演变成词

"相加"在产生初期并不是一个固化的词语,而是由副词"相"和及物动词"加"组成的跨层结构,经历词汇化过程演化成词语"相加"。例如:

(19) 凡晋、楚无相加戎,好恶同之。同恤灾危,备救凶患。
     (先秦•左丘明《左传》)

(20) 同宅而处,气相加凌,羸瘠消单,至于死亡,可(何)谓相贼。(东汉•王充《论衡•偶会》)

例(19)和例(20)是较早的"相加"用例,在这两例中,"加"是及物动词"施加",后面带宾语"戎""凌"组成动宾短语"加戎""加凌";"相"是副词"相互",修饰动宾短语作状语;"相"和"加"分属两个语法层级。由于共现频率较高而出现并存(co-occurrence)连用的现象(张谊生,2007)。受到重新分析(reanalysis)的作用,"相"与"加"之间的边界消失,经历词汇化(lexicalization)过程固化成词。"加"后面不再带有宾语,与"相"结合更紧密,凝固成词"相加"。例如:

(21) 雕镂万兽,离娄相加。(东汉《全汉文》)

(22) 乃俱却骑,前接马,交臂相加,共语良久而别。(六朝《三国志》)

例(21)中,"离娄"形容雕镂交错分明的样子,雕刻部分与镂空部分是互相交错的;例(22)中,"交臂相加"也形容手臂交错的样子。在交加类"相加"中,"加"的宾语被弱化,而主语被凸显。"相加"的主语为两个事物,它们之间互相交错,相辅相成。

随着使用的积累,"X相加"中的"X"不限于具体事物名词,也可以扩展为抽象名词。例如:

(23) 判官一言不合,怒气相加。(明·罗懋登《三宝太监西洋记》)

(24) 岁半以后。乃少阴君火主气。反为寒湿相加。(清·张志聪《黄帝内经素问集注》)

例(23)中,"怒气相加"为"怒"和"气"这两种情绪交错交加,也可以变换为"怒气交加"的形式。例(24)中,"寒"和"湿"为中医所说的人身体中的"气",也可变换为"寒湿交加"。这里的"X"均为抽象名词,"X"包含了两种事物。这种用法沿用至今,为交加类"相加"。

2.2 "相加"虚化为类附缀

另一方面,在"相加"经重新分析形成词语后,"相+加+X"发生分界转移(boundary shift),由"相+加 X"变为了"相加+X"。由于凸显表达的需要以及音步的制约(张谊生,2007),"加"原有的宾语从"加"之后提至"相加"之前,并用"以"引出,由"相+加 X"变为"以 X 相加"格式。例如:

(25) 今主上仁圣,欲以文德服叛,故遣太守,思以爵禄相荣,不愿以刑罚相加,今诚转祸为福之时也。(北宋《册府元龟》)

(26) 云长知此人有忠义之气,更不以恶言相加,亦不出战。(明·罗贯中《三国演义》)

"以 X 相加"的形式出现于北宋,其中"X"多是具有[+刑罚]义的体词性成分。发展至明朝时,"以 X 相加"的用法日趋成熟,

"X"的成分更加丰富,且多是[+贬义]的体词性成分。至清朝时,由于"以+X+相加"的共现频率较高,"X"吸收了"以"的语义,产生[+方式]的语义积淀。"以 X 相加"演变为"X 相加","以"不再出现,由"X"表示"以'X'"的语义。例如:

(27) 不料我方才说的那位舍亲丁纪昌,听了他老太太的话,回到南京之后,逢人便说,没处不谈,赶映芝到了南京,一个个的无不是<u>白眼相加</u>。(清·吴趼人《二十年目睹之怪现状》)

(28) 一曲琵琶干戈起,<u>打骂相加</u>。郎今去也各天涯,心上结深疤。(清·李百川《绿野仙踪》)

清朝至民国时期,"X 相加"发展至成熟,可以进入的"X"成分最为丰富,除[+贬义]的体词性成分外,部分[+褒义]的体词性成分也可以进入该格式。由于"X"的语义积淀使其具有更多的信息量,"X 相加"中的语义侧重由"相加"转移至"X",突出[+方式]义。同时"相加"经历"附缀化"形成了"类附缀",失去语音独立性、必须依附于"X"而不能独立使用。在此过程中,由于高频使用的推动,部分"X 有加"具有凝固成词的倾向。例如:

(29) 才露爪牙家,权臣招请,<u>优礼相加</u>,群推是玉笋兰芽。(清·李百川《绿野仙踪》)

(30) 刘隆便知她已有夫婿了,便又对她说道:"既蒙小姐<u>青眼相加</u>,刘某感激无地,不过要想真正百头偕老,那么小姐非依顺我们汉家不可。"(民国·徐哲身《汉代宫廷艳史》)

2.3 "相加"产生新义

受到内部语言类推和外部语言接触的共同影响,"相加"在清朝时出现了加和的用法,这种用法多出现在数理运算中。例如:

(31) 较和自乘【一千六百】与四句股积【四百八十】<u>两数相加</u>【二千〇八十】折半【一千〇四十】为实。(清·梅文鼎

《历算全书》)

(32) 故甲乙丙形,甲丙、甲乙<u>相加</u>为和,相减为较。(清《二十五史》)

加和义"相加"多出现于运算中,可以单独充当句子的谓语,并可后带补语表示加和的结果。加和类"相加"的两个部分经过叠加的作用,形成一个整体。

3. "相"的语义演变

在"相加"由跨层结构演变成词、由词语虚化为类词缀等过程中,都伴随着"相"的语义演变。"相"的本义是"省视、察看",《说文解字》指出:"相,省视也"(转引自周晓君,2014)。在保留原有的"省视"义的基础上,"相"在演变过程中发展出三种副词性用法:1. 彼此互为施受的交互性副词"互相、相互";2. 彼此单独施事的单向性副词"相";3. 彼此共同施事的共同性副词"共相、相共"(唐贤清,2006)。

3.1 交加类"相加"中"相"的交互义

实词"相"意义发生虚化后出现副词性用法,其中出现较早的是"交互"义。关于"交互"义产生的时间,不同学者存在不同的看法,如王力(2004:327)指出,在先秦时代,"相"的基本意义是"交互"。但经历时考察,"相"的"交互"义出现的时间应该更早,大约在周朝就出现了"相互"义的表达(周晓君,2014),春秋时期使用已较为广泛。例如:

(33) 象曰:同人之先,以中直也;大师<u>相</u>遇,言<u>相</u>克也。(周《周易》)

(34) 天必欲人之<u>相</u>爱<u>相</u>利。而不欲人之<u>相</u>恶<u>相</u>贼也。(春秋·墨子《墨子》)

在发展过程中,"相"经历了与"交"连用的过程,形成"相十

交＋X"的结构。在此类结构中,"相"表"交互"义,"交"也表"交互"义,不符合语言的经济性表达原则。例如:

(35) 招以蜀虏诸葛亮数出,而比能狡猾,能相交通,表为防备,议者以为县远,未之信也。(六朝·陈寿《三国志(裴松之注)》)

(36) 又云根钝痴盲。语似相违,便欲於其中次第通释。恐间杂佛语,文相交加。(唐《禅源诠序》)

受到语言使用经济性的制约,表义相近的"相"和"交"连用减少,分化为"相＋X"与"交＋X"两种"交互"义结构。当"X"为"加"时,就分别发展出"相加"和"交加"的用法。交加类"相加"中,"相"表"交互"义,"交互"要求至少两个成员的互动,单一主语是无法完成"交互"的。因此"相"的"交互"义使"相加"的主语得以凸显,两个主语相交互动、相辅相成。例如:

(37) 又譬钟击则鸣。刀磨则利。瑞揩金山。益其光彩。霜雪相加。松柏增秀。(明·释智旭《周易禅解》)

(38) 自万绩山松竹观起身,仍然先到杭州盟兄的缎店里,正赶上董士兴在柜上办事,弟兄二人相见,悲喜交加。(清·张杰鑫《三侠剑》)

交加类"X相加"中的 X 包括 AB 两种成分,为共同施事,X 中的 AB 两个元素反复交替出现,又 A 又 B,令人心情复杂,比简单的 A＋B 表示的语义更丰富。

3.2 施加类"相加"中"相"的偏指义

"相"的偏指用法是从交互用法发展出来的,出现在魏晋南北朝时期(吕叔湘,1990:160)。在这种用法中,"相"不再表示两个事物互为施受关系,转而表示一方对另一方的动作行为。例如:

(39) 寡人受命相灭,期之白登,师行未远,尔自送死,岂容复令生全,缴有桑乾哉!(南朝·刘义庆《全刘宋文》)

(40) 羊不大应对之,而盛进食,食毕便退。遂苦相留,羊义不

住,直云:"向者不得从命,中国尚虚。"(南朝·刘义庆《世说新语》)

"相灭"不是互相毁灭,明显是由一方作用于另一方的,即由"寡人"灭"尔"。"相留"也不是互相挽留,而是单方向地留"羊(羊祜)"。施加类"相加"便是这种偏指用法,在施加类"相加"中,两个事物之间不是互为施受关系,而是由一方将"X"施加向另一方。"相"的语义分化与"互相"的产生有关,表相互义的"相"被"互相"部分取代,在竞争过程中"相"发展出偏指义(周晓君,2014)。

施加类"相加"中的"相"具有单向性,所关涉到的两种事物不是互为施事,而是由其中一方将"X"施加向另一方,施加的这一方仅能充当施事,被施加的一方仅能充当受事,反过来是不成立的。这里的"相"具有单向性,施受关系较为固定,因而隐退为背景,"X相加"强调"X",即动作的方式或工具。例如:

(41) 先日泅泅到门,便辄白眼相加,父亲虽有千言,而怒终莫解。(清·海瑞《海公大红袍传》)

(42) 牧者怒气勃勃,将三缄扭卧,毒手相加。(清·魏文中《绣云阁》)

"白眼相加""毒手相加"都具有单向性,只能由一方施加给一方,施受关系隐退,凸显方式。"相"具有单向性,是偏指用法。

3.3 加和类"相加"中"相"的共指义

而加和类的"相加"则是在两个部分加和后形成一个整体,并且语义可以共指其最后形成的整体,从而产生"1+1>2"的表达效果,"相"产生了共指用法。董秀芳(2011:220—232)也曾分析过"相"与动词性成分组成双音词的现象,指出做交互代词用的"相"由后来的双音词"相互"代替,表偏指的功能完全消失,一些由"相"与其后的动词所构成的结构有些就发生了词汇化变成双音词,如"相信""相继""相好""相识"等。本文"相加"的发展过程也顺应了这一趋势,因此共指性"相加"的形成过程中,在语言内部受到相关词语类推作用的影响,外部受到语言接触和社会因素的影响,内外因素共同作用,使"相加"产生"1+1>2"的语义。

4. 结语

本文将现代汉语中的"相加"分为三类:施加类、交加类和加和类。通过历时考察发现"相加"由跨层结构"相"与"加"演化而来,"相+加+X"发生分界转移,由"相+加 X"变为了"相加+X"。当"加"的宾语弱化而主语凸显时,形成交加类"相加","相"表交互义。当"加"的宾语凸显时,宾语由后附到前附,形成"以 X 相加"格式;"X"与"以"连用共现吸收其方式义,"X 相加"整合完成,即施加类"相加";此时的"相加"由于语义弱化而形成类附缀,"相"具有单向性,为偏指用法。在加和类"相加"中"相"的偏指义进一步虚化,在内部的类推作用和外部语言接触的共同作用下,产生共指的用法;在共指用法中,"相加"除了表示组成部分之间相加之外,还会在加和的基础上形成一个整体语义,产生"整体大于部分之和"的表达效果。

参考文献

董秀芳　2011　《词汇化:汉语双音词的衍生和发展》,北京:商务印书馆。

刘丹青　2017　《语法调查研究手册》,上海:上海教育出版社。

吕叔湘　1990　《中国文法要略》,北京:商务印书馆。

唐贤清　2004　副词"互相"、"相互"的演变及其原因分析,《古汉语研究》第 4 期。

王力　2004　《汉语史稿》,北京:商务印书馆。

张谊生　2007　从间接的跨层连用到典型的程度副词——"极其"词汇化和副词化的演化历程和成熟标志,《古汉语研究》第 4 期。

张谊生　2017　试论"有加"的附缀化与"X 有加"的构式化,《中国语文》第 3 期。

周晓君　2014　汉语相互结构研究,浙江大学博士学位论文。

"整整"的共时和历时研究[*]

王　刚(湖州师范学院人文学院)

0. 引言

0.1　从词典中的释义说起

"整整"在《现代汉语词典》(第 6 版)中的释义为"副词,达到一个整数的"。《现代汉语规范词典》(第 2 版)对"整整"的解释是:"副词,表示足够某一量度。"

上述两部词典对"整整"做出了相应的解释,这为我们的研究提供了基础,但是我们也发现了其中的不足。

0.2　对词典中上述注释的质疑

(1) 关于"达到一个整数"的质疑

《现代汉语词典》(第 6 版)解释"整整"为"达到一个整数的"。这里面有一个关键词"整数",那么什么是整数呢? 我们又查阅了该词典对"整数"的释义,解释有两个:①正整数、负整数和零的统称。②没有零头的数目,如十、二百、三千、四万。其中第一个义项是数学上的学术定义,而在实际生活中使用的应该是第二个义

---

　* 基金项目:国家社科基金项目"互动视野下现代汉语数量构式研究"(19BYY021)。

项。那也就是说,按照词典的解释,和"整整"共现的数字应该是没有零头的。可是根据对真实语料的检索,我们认为《现代汉语词典》(第 6 版)关于"整整"的这个界定是有可商榷之处的。

(2) 关于"整整"词性及语义指向的问题

词典把"整整"的词性界定为副词,那么它的句法功能应该是只能做状语。但是根据对真实语料的检索,我们发现,如果把它定性为副词的话,会面临很多难题。

0.3　问题的提出

从以上的分析出发,结合"整整"的实际使用情况,我们认为研究"整整"需要解决以下几个问题:

第一,"整整"到底可以不可以搭配有零头的数量成分?

第二,"整整"在进入句子之后其语义指向是怎样的?

第三,"整整"的词性到底是不是副词?

第四,"整整"一词的词汇化过程是怎样的?

1.　"整整"共时层面的研究

1.1　"整整"搭配的数量情况分析

董惠宁(1998)、蔡文雯(2006)、盛祖杰(2012)都指出"整整"不能和"有零头的数字"搭配使用,其后面的数量必须是整数,他们做出这样的结论的主要依据就在于相关词典的解释和对"整"字的理解。

朱斌(2005)通过对大量语料的观察,对"整整"搭配的数量情况进行了较为详尽的描写,并且进行了细致的分类。该文的描写为我们提供了研究的基础和借鉴,但是文章也存在两个问题:第一,有些分类描写稍显繁琐,是不必要的。第二,文中列出的分类并没有数据的支持。基于此,我们针对前文提出的问题,对"整整"搭配的数量情况进行关键性描写,并且给出相应的数据支持。

1.1.1　共现成分为整数的情况

在我们随机抽取的五百条语料中，大部分例句的"整整"是和整数搭配的。例如：

(1) 投资的成本只收回了一半，方平整整赔进了 5000 万元。

(2) 1822 年，31 岁的法拉第开始做把磁转变成电的实验，经过整整 10 年的不懈努力，终于在 1831 年发现磁引起电的现象。

这样的例句占到了 67％的比例。

1.1.2　共现成分为非整数的情况

和"整整"共现的成分虽然大部分都是整数，但是我们也同时发现了很多其他例句：

(3) 茅盾在上海一座旧式建筑的三层楼上，不顾严寒与酷暑，用了整整一年零两个月的时间才完成这部数十万字的巨著。

(4) 从发现核酸到确定它是遗传物质，整整经历了 70 多年。

例句(3)中"一年零两个月"是带有零头的，例(4)中的"70"虽然是整数，但是后面加了一个"多"，也是有零头的。再来看下面两个句子：

(5) 但特洛伊人凭借着城高墙厚的有利条件，顽强反击。战争整整打了九个年头，希腊人仍未能攻破特洛伊城。

(6) 李锦和在中国科学院海洋研究所已整整工作了 42 年，然而身边却没有留下一位年轻人。

这两个句子中的具体的数字"九"和"42"是不符合《现代汉语词典》对"整数"的定义的。语料中还有这样的例句：

(7) 你会在不知不觉中，发现自己的水平整整提高了一大截。

(8) 卢梭的一生是在贫困与不幸中度过的，但他的思想却照亮了整整一个历史时代。

这两个句子中的"一大截"和"一个历史时代"既不是整数也

不能算作是非整数,而是用名词性短语来表示的一种模糊量。并且它们也不能归属于朱斌(2005)提到的定数和概数中去。

1.1.3　小结

与"整整"共现的各种数量成分所占比例具体见下表:

表1

与"整整"共现的数量成分	整数	带有零头或"多"(如例句 3、4)	具体数字(如例 5、6)	模糊量概念(如例 7、8)	无效例句
出现例句数	335	70	65	10	20
所占比例	67%	14%	13%	2%	4%

通过以上分析,我们可以得知,"整整"可以与整数成分共现,这是其主要用法,但是"整整"也可以与非整数成分共现,虽然不占优势比例,但却是重要的用法,足以成为词典修改其释义的根据。

1.2　关于整整语义指向及其词性的问题

词典中把"整整"定性为"副词",那么这个"副词"所修饰的是哪个成分呢? 其语义指向何在? "副词"的定性合适不合适呢?

1.2.1　"整整"修饰成分的分析

根据我们对语料的检索,我们发现"整整"既可以修饰动词性成分也可以修饰名词性成分。我们来看下面的例子:

(9) 我走了整整一夜,第二天清晨才回到我的租住地。

(10) 激战整整打了九天,部队伤亡殆尽,张自忠身中七弹,倒卧在地。

并且在实际的语料中"整整"修饰名词的比例要远大于修饰动词的比例。对此陈艳(2012)也做过相应的统计分析,其结果和我们的调查是一致的,现转引其表如下:

表2

总例	无效句	整整＋谓词性成分	整整＋数量短语
500	49	144	307
100％	9.8％	28.8％	61.4％

陈艳(2012)认识到了这个问题,该文借用张谊生(2004)关于范围副词的分类,把"整整"归入到趋体性副词里面。

1.2.2 "整整"语义指向的分析

例(9)的"整整"直接修饰"一夜",其语义指向"一夜"。例(10)中的"整整"直接修饰的是"打",但是其语义却不是指向"打"。例(9)中的"整整一夜"是合格的偏正短语,但是例(10)中的"整整打"却是不合法的结构,反而"整整"如果和后面的名词性成分组合却是合格的:"整整九天"。并且例(10)中的"整整"完全可以调整顺序,直接放到后面的名词性成分之前。

(11) 激战打了整整九天,部队伤亡殆尽,张自忠身中七弹,倒卧在地。

由此看来,不管是在例(9)还是在例(10)中,真正受到"整整"限制的成分不是动词性成分,而都是其中的体词性成分。也就是说,"整整"的语义其实都是指向后面的体词性成分的。

1.2.3 "整整"词性的界定

通过上面的分析,我们得出两点结论:

第一,在实际使用中,"整整"修饰体词性成分的比例远远大于谓词性成分。

第二,在实际使用中,"整整"的语义其实都是指向后面的体词性成分的。

基于这两点,我们就有理由质疑词典中关于"整整"副词词性的界定。

一般的现代汉语语法体系(2002)认为,名词只有在特定情况下才可以受到副词的修饰,这种特定情况主要包括两种:一种是名词对举使用,另一种是有序名词入句后可以直接受副词修饰。也就是说,名词一般是不能受到副词修饰的,换句话说,一般用来修饰名词的不能算作是副词。

如果把"整整"定性为副词,将会面临这样的难题:既然"整整"是副词,为什么其修饰的主要是名词性成分? 它所修饰的成分主要是名词性的,那么就与现行的语法系统相违背,势必要求我们再为名词的语法功能单列一条可以受到副词修饰的规则。

由此可见,"整整"定性为副词是不合适的。那么"整整"应该定性为什么词呢?

我们认为应该定性为形容词。

这样就可以圆满地解决上面的问题了,形容词主要就是修饰名词性成分的,所以上面统计中显示的"整整"和体词性成分共现比例较高也就属于正常现象了。形容词主要充当的句法成分本身就有两种:定语和状语。如果其直接修饰名词,那就是充当定语;如果其后面的直接成分是动词那就是状语,即使其语义是指向名词的,但是从句法功能上看还是状语。

2. "整整"的历时考察

2.1 "整"的词义发展

通过对历时语料的初步检索,我们发现,"整整"的成词及词义发展和"整"的词义发展是密切相关的。所以,我们首先把"整"的词义发展做一个大概的梳理。

2.1.1 "整"的原义

"整"最初的词义是"整齐、严整",《说文解字》注释"整,齐也"。

(12)王卒以旧。郑陈而不整。蛮军而不陈。(《春秋左氏

传·成公》)

(13) 狎狁匪茹,整居焦获,侵镐及方至于泾阳。(《诗经·小
雅·六月》)

2.2.2 "整理、整治"义的出现

上述两例的"整"从词性上来看,可以看作是形容词,但是由
于在古汉语中大量存在使动用法,所以形容词带宾语在古代汉语
中非常常见。例如:

(14) 王赫斯怒。爰整其旅。以按徂旅。以笃于周祜。以对
于天下。(《诗·大雅·皇矣》)

(15) 马之死者十二三矣;饥之渴之,驰之骤之,整之齐之,前
有橛饰之患,而后有鞭笤之威,而马之死者已过半矣。
(《庄子集解·卷三》)

这两句中的"整"后面带有宾语,从词义上看是"整理、整治"
的意思。从演化的途径上看,应该是"整"在句子中出现了
"使……整"的用法。由于"整"的原义就是"齐",所以此处也可以
理解为"整……使之齐","整"和"齐"二者经常并用,随着使用频
率的增加,"整齐"也就成词了。

2.2.3 "端庄、严肃"义的出现

后来"整"出现了"端庄、严肃"的意思。

(16) 华歆遇子弟甚整,虽闲室之内,严若朝典。(南朝宋《世
说新语·德行》)

(17) (刘世清)情性甚整,周慎谨密,在孝卿之右。能通四夷
语,为当时第一。(《北齐书·刘世清传》)

2.2.4 "整个、全部在内"义的出现

到魏晋南北朝时期,"整"出现了"整个、全部在内"的意思。

(18) 刘备以建安十三年败,遣亮使吴,亮以建兴五年抗表北
伐,自倾覆至此整二十年。(南朝宋《三国志·蜀志·诸
葛亮传·裴松之注》)

我们看以看出,此处使用的"整"和现代汉语中的"整整"意思已经基本一致。

2.2 "整整"的词汇化

基于上文对"整"的词义的梳理,我们来探究一下"整整"一词的词汇化过程。

2.2.1 "整整"的最早连用

"整整"组合在一起使用最早出现在战国时期。

(19) 无邀整整之旗,无击堂堂之阵,此治变者也。(《孙子·军争篇》)

(20) 加以日临黄道,兵起绛宫,三门既启,五将咸发,举整整之旗,扫亭亭之气,故以临机密运,非贼所解,奉义而诛,何罪不服。(《梁书卷五·本纪第五》)

这两句中的"整整"都是"整"的重叠使用,其意思还是"整齐、严整",和"整"的词义一致。

2.2.2 意义为"工整"义的"整整"

(21) 只今将弟妹,嬉戏挽羊车,忽书满窗纸,整整复斜斜。(宋·黄庭坚《次韵张仲谋过酺池寺斋》)

(22) [宋绶]尝为小字正书,整整可观。(北宋《宣和书谱·宋绶》)

此处的"整整"义为"工整",可以看做是前面意思的引申,只是其词义更趋凝固化,比前面的形式更具有了词的整合性。

2.2.3 意义为"达到一个整数的、实足的"的"整整"

(23) 聚能几日,匆匆又散,骑鹤西湖。整整一年相别,到家传语林逋。(《全宋词·赵必·贱梅分韵得疏字》)

(24) 恰便似藕丝儿分破镜花明,我则见一派碧澄澄,东关里犹自不曾经,到如今整整半载其程。(《全元杂剧·关汉卿·杜蕊娘智赏金线池第三折》)

这两句中的"整整"和现代汉语中的"整整"意义已经一致。

2.3　小结

通过以上的分析,我们发现,"整整"一词的形成是由"整"重叠使用发展而来的,其最初的意义是"整齐",具有较为明显的谓词性特征,这也印证了前文我们将"整整"定性为形容词的合理性。

3.　结语与余论

"整整"搭配的对象不仅仅是整数,也可以是带有零头的数量短语或数字。根据"整整"所修饰成分的定量统计以及定性分析,再结合其历时发展的情况,我们认为把"整整"界定为形容词更加合理。

在考察"整整"的词汇化过程方面,我们从梳理"整"的语义入手厘清了"整整"的成词过程以及词义发展。并且,我们认为"整整"的词汇化研究为我们提供了一个新的研究课题,汉语中有一系列这样的叠音词,比如:"往往""刚刚""足足"等。它们在各自的词汇化过程中是否有相类似的地方,是否有共同的诱发机制,其各自的特性如何,这些都是我们今后研究的课题。

参考文献

蔡文雯　2006　"整整"不能滥用,《咬文嚼字》第4期。

陈艳　2012　"足足"与"整整"的可替换性分析,《渤海大学学报(哲学社会科学版)》第1期。

董惠宁　1998　"整整"不整,《咬文嚼字》第7期。

李行健　2010　《现代汉语规范词典》(第2版),北京:外语教学与研究出版社。

盛祖杰　2012　"整整"难搭"数十载",《咬文嚼字》第8期。

张斌　2002　《新编现代汉语》,上海:复旦大学出版社。

张谊生　2004　《现代汉语副词探索》,上海:学林出版社。

中国社会科学院语言研究所词典编辑室　2012　《现代汉语词典》(第6版),北京：商务印书馆。

朱斌　2005　"整整"入句,《汉语学报》第1期。

（原载《牡丹江大学学报》2014年第9期）

语气的话语性及主观性[*]

王　迈(上海外国语大学国际文化交流学院)

1. 语气的界定

"语气"这一概念虽然经常被讨论,却不是语言学的基本范畴。并且,由构词语素义组合而成的字面义——"语之气",显虚显大,其内涵更是不好把握。求实须先正名,我们研究语气,首要工作是立足语言学的基本范畴,对语气的概念做出界定。

语音和语义是语言的基本单位,词汇和语法都是音义结合的,是语言的复合单位(认知语言学称之为"象征单位")。严格地说,分析语言现象,最终都应该植根于语音、语义、象征三类单位,这种限定符合语言本质特征,使语言分析方法回归到音义结合的道路上来,"它排除了任何描写上的随意性,排除任意设立的空范畴、虚迹和各种有名无实的附加符号。"(沈家煊,1994)下面的分析遵循此原则。

首先,语气之"气",既非话语发声所借助的吐纳之"气",也非话语内容所反映的说话者品性之"气";既非话语所指称概念的特

　　* 本文为国家社会科学基金项目"互动语言学视野下的汉语语气成分的功能与兼容模式研究"(16BYY133)的阶段性研究成果。

征之"气",也非言语环境所构筑的氛围之"气";其实,语气之"气",所指非它,正是语言的基本单位之一——语义。我们研究语气,就是研究语义,同时研究语义的限定、语义的分类、语义的承载段、语义的组合及其相互作用,等等。

当然,语气之"气",并非语言定义中所指的宽泛的语义,它受到多方面的限定,是大语义场中的部分语义,或者说,是大语义范畴的一个子集。其多重限定分述如下:

"语"是对"气"所做的第一个限定,也是唯一的显性限定。这里需要明确的是:语气是"语言"之气还是"言语"之气? 我们认为,语气应为"言语"之气。

以独词句"来。"为例,它所表达的语气是命令、要求还是请求? 是催促还是提醒? 仅凭句子的语言成分是无法确定的,它的语气完全取决于语调,而语调是言语的范畴,是话语的构成要素,与语言无关。任何一句话语,只要语调是确定的,语气就是确定的,或者说,语调是语气的充分条件,而语言范畴的词汇、短语或句子却不是。因此,我们说,语气是"言语"之气,不是"语言"之气。我们的研究以互动语言学为观察视角,重视口语、重视互动交流、重视话语功能,正是充分考虑到语气的言语性质的结果。

语气虽然是言语之气,但这并不表示语言中就没有语气成分,相反,语言单位也可以承载丰富的语气成分。一个词或一个结构,如果经常在话语中与某种特定语气共现,久而久之,它与这种语气成分就会建立起约定俗成的联系,语气成分就会进入语言,成为语言单位固有的词汇意义或者附加意义。语气副词、语气助词和一部分情态动词,都承载有丰富的语气成分,其本身的词性分化已经说明了这一点。还有一些固定或半固定的结构,如"难道……吗""大概……吧""简直……了",也已经成为稳定的语气表达方式,极端情况如"简直……了",甚至进一步缩略为单表语气的流行语"简直了",而"难怪了",也显示出某些词汇化的趋势,这些都是语言单位承载语气成分的例子。

虽然如此,我们仍然认为语气是"言语"之气,这并不矛盾,原因在于:语言单位承载的语气成分是固定的、死的语气,它必须进入话语,附着相应的语调,受语境的制约才能转化为鲜活的语气,才能重新获得生命力,成为传递话语信息的功能承担者。这就好像,音符的不同组合虽然能够承载旋律,但音符本身并不是旋律,音符的组合必须通过演奏,变成高低快慢变化着的声音,才能使音乐"复活",我们才能感知旋律的起伏与动听。

然后,我们需要确定,语气之"气",是"主观"之气,还是"客观"之气? 这是对"气"所做的第二个限定,是隐性的。

以往的研究中,对语气所做的分类似乎都比较随意,例如:陈述、祈使、疑问、感叹的语气;强调、肯定、推测、否定的语气;催促、提醒、警告、禁止的语气;直接、试探、委婉的语气;反诘、求证的语气;果不其然、出乎意料的语气……不一而足。如前述,语气是一种意义,意义是一个连续统,或者说,是一个包罗万象的语义场,那么语气似乎也变得无所不包,只要是意义,就可以化身语气? 这显然不是我们所期望的。

既然语气是言语之气,那么我们就可以将其置于语境中观察,看看怎样的言语之气可以与语境相协调,能够承担表达语气的功能。其实,这就是话语的语用分类。从话语指向性的角度出发,我们发现,凡是由说话者发出的、表达说话者意念的那部分言语之气,就是我们通常所说的语气,而那些指向受话者的,或者指向话语所言及的第三者(无论人、物还是事)的,都无法成为通常意义上的语气。换言之,从说话者的视角看,表达自己意念的那部分言语之气,带有主观性,即为语气;表达受话者和言及者状态的那部分言语之气,不带主观性,不能称其为语气。前节所罗列的各类语气,虽然并不系统,但无一例外都是指向说话者意念的,这也证明了我们的结论:语气之"气",乃是"主观"之气。

　　这就牵涉给语义分类的问题,怎样的语义才可以成为潜在的语气? 我们认为,具有主观性的语义才可能成为语气成分。什么是主观性的语义? 简言之,由说话者通过话语发出的带有个人意念性质的意义,就是主观性的语义。语言中,名词表述实体,动词表述变化,形容词表述性质和状态,这些意义都是客观的,无法直接表达语气,只有与说话者个人意念相结合,才能成为语气的潜在承载者。例如"明天星期五"这个句子,只是客观地表述了当下时间,无所谓语气;我们可以通过各种方法增加它的主观性,如添加副词、情态词、助词,或者赋予其语调;主观性增强的同时,语气也显现出来。

2. 语气研究的两个分野

　　如前述,语气有两种表现形式:其一为鲜活的话语成分,主要由超音段的语调承载、表达;其二为规约化的语言成分,主要由语气副词、语气助词、情态动词及半固定的句法结构承载、表达。这两种表现形式自然地将语气研究也划分为言语和语言两大分野。

　　以往的研究,相对重视第二个分野,工作主要集中在对语气副词、语气助词、情态动词所承载的语气成分进行细致的比较和分类,探寻各语气成分的共现规律和制约规则,以及对半固定的句法结构做出功能解释,其中就包括语气表达的功能。

　　在对语气成分进行分类时,学界越来越倾向于语义连续统的视角。例如,齐沪扬(2002)认为,语气词的表义功能分为传信和传疑两种,两者之间存在一个连续统,六个典型的语气词呈离散状态分布在连续统的不同部位上。刘佳(2019)通过问卷统计,对六个语气词按照确信度进行了排列,具有加强确信度功能的语气词为: 的(＋0.6)、了(＋0.5)、啊(＋0.4)、呢$_2$(＋0.3)、吗$_2$(＋0.3)、吧(＋0.1);具有减弱确信度功能的语气词为: 吗$_1$

（－0.1）、呢₁（－0.1）。

　　研究总离不开分类，如果分类的对象是一个连续统或无限集，例如语义系统，那么分类的实质就是对无限集合的有限化改造，是对连续统的离散化分割。分类之后的语义系统看似更适合研究，实则是以损失语义细节为代价的。这时，我们的注意力不应该只放在离散化的语义颗粒上，而更应该关注颗粒之间的无缝连接，也就是实现连续统全覆盖功能的机制在语言中是如何实现的。我们熟悉的词类划分，试图把无限开放的词汇系统有限化为十几个功能/形式/分布类，但马上遭遇了"词无定类"与"类无定职"的矛盾；又如义素分析，试图把无限开放的语义系统有限化为有限义素的分化组合，但最后也发现类似于元素周期表那样的义素周期表，其实是不存在的。对于语义这样的无限集合或连续统，分类与切分的同时，需要承认过渡状态的合理性，才能保留语义细节，使语义分析不至于误入歧途。

　　以 G. Lakoff 与 M. Johnson 为代表的认知语言学学者明确反对用形式化的方法切分语义，认为人们对意义的理解并不是简单的成分相加，而是必须建立在个人知识背景及百科知识网络之上。以单词"knee"为例，我们一般不会从分析语义成分开始理解和描述它，相反，我们更容易想到的是腿、灵活性、运动性、关节、支撑等由身体经验构建的语义知识库。对于另一些从未接触过的生词，只要上下文提供足够多的词义之间的关系，我们同样可以很好地理解它，并把它纳入百科知识网络。这种自顶向下、自外而内的语义认知观是对传统的语义成分分析的颠覆，它完全承认了语义无限状态的合理性，所以只把精力放在如何忠实地描述语义体系的结构和语义理解的过程，而放弃了切分提取语义单元的无谓劳动。

　　同属于语义范畴的语气研究，在分类时，也要注意这一点。这正是越来越多的学者，在分类后仍然强调连续统与词汇分布的原因所在。我们同时应该借鉴自顶向下、自外而内的语义认知观,慎用下定义、分类或语义切分的方式给语气成分做界定,而应该将其看成一个整体,多从功能的角度、多从外部特征的角度加以说明。

相对而言,语气研究的另一个分野——由超音段的语调所承载的语气信息,我们的研究则相对薄弱。超音段特征还没有像词汇那样分化出可以独立运用的物质形态,其在语流中不单独占用时间轴上的区段,而必须附着在由元辅音构成的音段音位之上,才能实现表意功能。也因此,语调等语气承载者,在研究时缺少可资把握的抓手,描述和界定都存在一定的困难。然而,由语调来承载语气,恰恰是语气最原始最根本的表现方式,是语言诞生之初就存在的方式。在语言还未分化出虚词的阶段,语气的表达只有语调这一种途径;我们关注更多的语气副词和语气助词,反而是后来者,是语调用来表达语气的这部分语用功能经语法化和词汇化后的产物。因此可以说,对语调承载的语气的研究,是动态的鲜活的语气研究,是更基础的语气研究。

3. 语气的超音段表达手段及承载单位

语气的表达需要借助一定的物质手段,语言的物质性首先表现为语音,语音也就成为表达语气的天然手段。语音的物质/物理特征可归纳为音高、音强、音长、音色四个分量;它们同时也是发音器官不同状态、协同配合的产物,具有生理特征;语音的基本职责是承载、传递意义,实现社会交际功能,因此它也具有社会特征。语音的物理、生理和社会属性相互关联,是从不同的角度对语音现象的分析描述。

表 1　语音的三种属性

物理属性	生理属性		社会属性	
	发声	感知		
音色	发音部位、方法、声带震动情况、舌位的高低、前后、唇的圆展	最为敏锐,是区别意义的主要承担者。	元音、辅音、半元音	音段音位
音高	声带的松紧	阈值 20～2kHz	声调、语调	超音段音位
音强	气流的强弱	阈值－5～130dB	重音、逻辑重音	
音长	气流持续的时间	超过原长的 1/3 可被感知	音长位、音渡等	

　　表 1 显示,音高、音强、音长是构成声调、语调、重音、逻辑重音、音长位、音渡等超音段音位的主要手段,音色是构成元、辅音等音段音位的主要手段,它们是语言承载意义、表达思想的物质基础。

　　我们认为,超音段音位是语气的基本表达手段,音段音位是语气的附加表达手段。句子可以表达意义,但这种意义是孤立的、静态的,它不是话语;句子只有进入语境,与语气相结合,才能化身为动态的、鲜活的话语。语气是构成话语必不可少的条件。一个句子,简单如独词句,其表达的可能只是客观的理性意义,而其音段音位组合没有提供容纳语气的空间,这时,我们可以对其进行音高、音强、音长等参量的调节,通过超音段手段赋予其某种主观感情色彩,实现语气。这种机制在语言中普遍存在,是我们表达语气的主要手段和基本过程。

　　文语转换(TTS, Text To Speech)是人工智能研究的热点领域之一,它把文本转换为人类可以理解的自然语流,也就是一个语音合成的过程。按照不同原理,语音合成可以分为波形拼接和参数合成两类,两者各具优劣势,当今主流的线性预测编码

(LPC)及基音同步叠加(PSOLA)都是建立在参数提取上的语音片段拼接法,是结合两种合成方法优势的成功应用。但是,如何改善合成语流的自然度,仍然是文语转换技术的难点和瓶颈。归根结底,就是如何给固定的文本(音段音位组合)精确设定合适的语气语调等超音段特征。

对于一个语音片段(音节或音词),无论采用波形编码或是参数编码,都可以较好地记录语音面貌,这样解码输出的语音片段具有良好的自然度。但是连续的自然语流同孤立的语音片段有很大不同,如果只是生硬地把语音片段拼接生成语流,效果势必不理想。其主要原因有以下几方面:

其一,小的语音片段无法记录附着在更大的语音片段之上的超音段特征。表2显示了各级语音片段及其对应的超音段特征,其包含关系为单向的自左至右(自大至小)。假设我们把音句作为拼接单位,语音库可以记录几乎所有的超音段特征,得到的合成语音具有最高自然度;但是,如果我们把音节作为拼接单位,语音库就无法记录语调、逻辑重音、重音等附着体大于音节单位的各类超音段特征,这是造成合成语音不自然的重要原因。虽然人工调控超音段特征可以改善语流的自然度,但效果往往不甚理想。

表2　语音片段与超音段特征

语音片段(由大到小)	音句	音段	音词	音节	音素
附着的超音段特征	语调	逻辑重音	重音	声调	音长位

其二,语流中的语音片段彼此影响,形成复杂的音变现象。这普遍存在于自然语流中,例如弱化、脱落、同化、变调等等。音变通常在语音片段结合时发生,具有实时性,在拼接之前无法预判其是否发生及其具体类型,也就无法随波形或参数预存储在语音库中,只能进行实时的人工干预来模仿音变发生的过程。

其三,语义和语用对语音片段的拼接及其超音段特征的形成也有影响。换言之,要想让语音合成系统正确朗读一段文本,它必须先理解文本的字面意义,甚至文本的话语意义及言外之意。

(1) 我们同行,一定充满快乐。

(2) 我们班就有一个美国留学生。

(3) 你们在干什么?

(1)句中"行"是多音字,单从词库中找寻匹配词无法确定其读音,因为存在同形异音词"同行 háng"和"同行 xíng"。只有根据上下文理解了句子的意义,才能作出正确的判断。(2)句若要表达美国留学生很少,则"就"和"一个"需重读;若要表达美国留学生很多,则"我们班"需重读。(3)句通常是一般性询问,若要表达说话者的责备或不满,则"什么"需重读。这些例子的正确朗读需要对语义和语用的正确理解,这又一次证明了语音并不仅仅只是语言的物质外壳,它与语义总是存在千丝万缕的联系,甚至要受到修辞语用的制约。

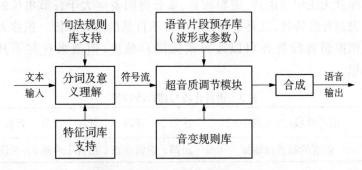

图1 语音合成系统的模块构成

为了解决上述问题,复杂一些的语音合成系统一般都设有超音质调节模块、音变规则模块以及词汇切分理解模块(图1),它们的完善程度成为影响语流自然度的决定因素。其中,音变规则库力求规则全覆盖和描写的精确细致,有些细微的音色、音高、音强或音长的变化,即使达不到音位间差异(区别性特征)的程度,也会对语流的自然度造成影响,因此也是规则库需要描述的对象。超音质调节模块一直是研究的难点,1990 年提出的基音同步叠加(PSOLA)是其中的佼佼者。通过对基频、时长、音强等参数的控制,PSOLA 可以在拼接前对语音片段的超音质特征进行有效调整,使合成语流的韵律特征与真实情况高度相似,从而获得上佳的清晰度和自然度。在语音合成与识别领域,我国科大讯飞语音实验室的工作卓有成效,一些关键技术处于世界领先水平。

4. 语气复杂度的语体分化

　　话语会产生语体分化,不同的语体之间,语气存在一定的差异,有些差异呈现出系统性。通常,语音合成对新闻政论类文本表现较好,对文艺会话类文本表现欠佳。这是由于,新闻政论类话语,一般是基于客观事实的陈述,很少带有主观成分,即使是评论类话语,也往往自视以客观公允为准绳,绝少加入复杂的主观语气成分;而文艺会话类话语,以言情咏志为基本特征,充满鲜活的主观感受和丰富的情感变化,这些都倚仗语气系统来承载、表达。这两类话语在语气复杂性和依赖度上存在显著的差异,对语音合成系统的要求也很不相同。

　　精确调节语流的音高、音强、音长、音色,使其符合说话习惯,是语音合成的关键。通常,我们利用大数据检索、模板匹配、距离测度计算,概率计算等方法给语流片段定性,并据此赋予相应的超音质调节。这种处理方式取得了一定限度的成功,但瓶颈也是显而易见的。究其原因,大概有两方面:

　　其一,处理方式不符合人类理解话语和生成话语的真实情况。人类理解和生成话语不是基于大数据检索、模板匹配和概率计算的,而是在语境认知的前提下,基于语用、修辞等内化规则,对语言单位进行的加工合成。大数据、模板匹配和概率计算是实现上述过程的人工辅助手段,但其实现原理与人们生成话语的真实过程很不相同,无法真正模拟并取而代之。

其二,分类处理不够精细,没有充分反映语气形成来源的真实情况。影响语流变化的因素是多层次多方面的,由低到高可分为语言、语用、修辞三个层级,每一个层级又包含细致丰富的次级规则。从文本到语流的合成过程,就是上述各层级规则的不同隐现、共同作用的结果。为了精确自然地再现自然语流,需要建立相应的模型来模拟这个架构。

在语言层级,首先要对一段文本进行分词处理,获取与词项对应的语音片段,在拼接前先进行音词内和音词间的参数调节,包括:轻音、儿化、音变(同化、异化、弱化、脱落、增音)、变调(连上变调、"一七八不"变调),等等。这些语流变化,根据所选拼接单位的不同,有些可能已经记录在语音片段中,无须进一步调整;有些未记录在语音片段中的,需要人工干预。然后是拼接,拼接时对语音片段进行适度调节,以使语流连贯流畅(主要是基频调节,使各语音片段的基频参照系相互统一)。基于语言规律的语流调节,规则清晰,手段明确,只要分词准确,一般都较容易实现。

语用层级,我们关心的重点是话语交际者、言语环境和话语作品。例如:言语环境的构成要素有哪些、各要素在建构和理解话语意义中的作用,以及具体的支配规律;话语交际者在言语交际中实施了哪些行为、交际的意图以及参与者共同遵守的交际原则;话语作品在语境制约下的话语意义、话语的篇章结构及其规律,以及话语中不定信息(指示)和暗示信息(预设)等的确定和获取。所有这些,都存在复杂而系统的规律,语气受到这些规律的严格制约。

修辞层级与语用层级的分工略有不同,后者要求交际双方在语境中达到对话语意义的共同理解，其标准是正确、准确；前者则从信息传递的角度，对言语交际提出了更高的要求，对话语信息的把握不仅要准确，还要充分利用语境和语言要素达到最佳修辞效果。（王德春、陈晨，2001）修辞规则对语气的影响处于话语建构的最顶层，也是语音合成关注最少、最难实现的部分。

参考文献

陈愉、张宗红等 2000 PSOLA 技术在汉语文-语转换系统中的应用，《计算机工程》第 1 期。

井晓阳、罗飞等 2012 汉语语音合成技术综述，《计算机科学》第 3 期。

刘佳 2019 句末语气词与情态动词及副词共现分析，《汉语学习》第 1 期。

齐沪扬 2002 《语气词与语气系统》，合肥：安徽教育出版社。

沈家煊 1994 langacker 的认知语法，《国外语言学》第 1 期。

王德春、陈晨 2001 《现代修辞学》，上海：上海外语教育出版社。

Lakoff, G. Women 1987 *Fire, and Dangerous Things：What Categories Reveal about the Mind* Chicago：The University of Chicago Press.

描摹性副词与形式动词共现时的
分布限制与位移选择[*]
——兼论不同分布的功能差异与表达效果

王伟民（天津中医药大学文化与健康传播学院）

0. 引言

　　现代汉语中，描摹性副词与形式动词共现时，可以在形式动词前作状语，也可后移作形式动词所带宾语（由指称性谓词充当的宾语）的宾内准定语。[①]例如：

　　<u>全力</u>进行反击——进行<u>全力</u>反击

　　<u>断然</u>予以否决——予以<u>断然</u>否决

前句中"全力"等词作状语，后句它们移到形式动词后，作"名动词"的准定语。很多学者已经注意到这一现象，并进行了相关讨论。张谊生（2000：31）认为"绝大多数描摹性副词都可以充当名动词的定语"，史金生（2011：25）则认为"具备这一特征的只是描摹性副词的一部分，很多描摹性副词不能充当动名词的定语"，二

　　* 本文得到了张谊生教授的多次指导，在此表示诚挚感谢。本文曾在"第二十次现代汉语语法学术讨论会"上宣读，与会专家李宗江先生、邵洪亮先生给予了宝贵的修改意见，在此一并表示感谢。匿名审稿专家对本文提出了重要修改意见，受益匪浅，同样予以衷心感谢。文中谬误概由本人负责。

者虽然观点不同,但都承认描摹性副词可以充当名动词定语这一事实。除此,许双华(2004)、吕瑞卿(2006)、于丽丽(2008)、杜群尔(2010)、刁晏斌(2012)等在研究形式动词过程中,也注意到了这一现象,从各自的角度进行了相关的描写与论述。综合来看,已有的研究多是在讨论其他方面问题时,提及这一现象,没有将这一现象作为主要关注重点,因此与这一现象相关的很多问题都没有解决。例如:是否所有的描摹性副词与形式动词共现时都有以上的分布;不同的分布有哪些限制条件;描摹性副词定语化后具有哪些表达功用等等。

　　本文拟对这一问题进行专门研究,尝试寻找上述问题的答案。文章除引言和结论,大体分为四个部分,首先考察描摹性副词与形式动词共现时的分布情况;其次分析不同分布所受的限制;再次讨论后移作准定语的句法环境,最后探讨后移定语化的表达功用和语用效果。

　　为称说方便,文中将"描摹性副词"称为"副词",无特殊说明所说"副词"都指描摹性副词,"形式动词"标记为"DV"。本文语料来自人民网、CCL 语料库和百度搜索,全部标注出处,个别例句略有修改。

1. 性质与分布

　　我们首先从张谊生(2000)所收录的副词中,选取 100 个词作为研究对象,考察它们与典型 DV"进行""予以"的共现情况,初次考察范围限定在人民网和 CCL。再次考察扩大范围,在百度搜索中进一步考察副词与 DV 的共现情况。[②]

1.1　搭配与移位

　　从首次考察结果看,副词与 DV 的搭配情况是不平衡的,一部分词与 DV 较少共现搭配,我们暂时称其 A 类,另一部分则较多地与 DV 搭配,我们称为 B 类。

A 类:

A 类词在人民网和 CCL 中基本没有与 DV 共现使用的情况,共有 65 个,其中表情状词有"勃然、惨然"等 23 个;表方式的有"翘首、只身"等 19 个;表比况的有"赤膊、穿梭"等 18 个;表状态的有"按理、驾机"等 5 个。例如:

(1) 在当前"互联网+"的大势下,智能家居勃然兴起(＊勃然予以兴起),空调的智能化、健康化、舒适化趋势已成为行业共识。(《科龙"省电宝"新品助阵　能效强者引领节能风》,人民网,2015-11-11)

(2) 党的十九大即将召开,东营的百姓都在翘首以盼(＊进行翘首以盼)。(《面对石油行业下行压力石油城东营加快产业转型升级步伐》,人民网,2017-10-03)

"勃然予以兴起""进行翘首以盼"这类表达一般不说。虽然考察中有个别 A 类词与 DV 配合使用,但数量很少,接受度也较低。

B 类:

这类中可以出现在 DV 前面和后面的有"定量、实地"等 19 个词,占该类词的 54.3%,暂称其为"移位式",将该类词移位到 DV 后面,作准定语的现象称为"后移定语化"。另一部分词分为两类,一类经常出现在 DV 前,较少出现在 DV 后,我们称之为"前置式",有"如期、照常"等 11 个,比例为 31.4%;一类经常出现在 DV 后,较难在前出现,暂称为"后置式",有"明令、无端"等 5 个,比例为 14.3%。例如:

(3) 检查线上,教员对每名伞兵从上到下、从前到后逐个进行检查。(《组图:解放军空降兵新战士夜间跳伞》,人民网,2016-03-04)

(4) 抢修队员对电杆逐根进行巡视,将分支线路逐一断开,对用户进行逐个检查,确保主线路尽快恢复供电。(《临海

支援余姚突击队灾区抢修全面展开》，人民网，2013 - 10
- 17)

(5) 日本海上自卫队机组人员将与越南军方进行交流，<u>顺便进行</u>休养、补给。(《日本 P3C 巡逻机停降越南日媒称其为制华动作》，人民网，2016 - 02 - 18)

(6) 超市发商贸集团经理介绍，这个集团由几家商贸公司合并而成，已有 50 家店铺<u>进行连锁经营</u>，去年营业额突破了 8 亿元。(《人民日报》1998 年 1 月)

"顺便进行休养、补给"可以说，但"进行顺便休养、补给"接受度就非常低。同样，"进行连锁经营"为正常表达，"连锁进行经营"则很少说。"逐个"可以自由地居前或后移。

以上的结论是在典型环境中得出的，"进行""予以"是典型的DV，语料来源也多为正规书面语言，所以我们的结论只在一定范围正确，脱离典型环境的情况，还要进一步考察。

1.2　范围与典型

在百度搜索中，我们进一步调查了该情况，结果显示，后置式、前置式呈现出与移位式相同的共现分布。例如：

(7) 在贾母的亲自导演下，在事关切身利益的王熙凤配合下，贾母对金玉良缘<u>迎头予以痛击</u>，让王夫人、薛姨妈当场打脸。(《红楼梦里的婆媳斗争》，搜狐网，2017 - 10 - 05)

(8) 房地产政策可能在落实方面<u>进行悄然放松</u>，尤其在限购政策方面。(《大摩：房地产政策或在落实方面悄然放松》，腾讯网，2012 - 03 - 15)

百度中的用例比人民网和 CCL 接受度低，所出现的语体也不如二者正式。所以，我们说这些用例是非典型的。对于 A 类，我们同样在百度中进行了搜索，除少数几个词外，很少出现与"进行""予以"搭配使用的例子，据此我们得出初步结论：A 类词几乎在任何环境下都不与 DV 共现搭配。

综合考察情况,我们认为,副词与 DV 搭配要区分典型情况和非典型情况。A 类与 B 类的区分,在任何情况下都基本一致。B 类内部,在典型环境下,存在后移定语化与非后移定语化之分,在非典型的环境下,B 类词一般都可后移定语化。据此,在非典型的条件下,我们可以把考察结果概括为:就能与 DV 共现的副词来说,一般情况下,都可以分布在 DV 后作定语,但内部存在着典型和非典型之分。简列如下:

$$\text{副词}\begin{cases}\text{A 类} \\ \text{B 类}\begin{cases}\text{典型后移} \\ \text{非典型后移}\end{cases}\end{cases}$$

就目前情况看,非典型后移虽然有一定用例,但其接受度还要进一步检验,即正式书面语体较容易接受的还是典型环境下的移位式。同其他副词相比,这些典型的移位式有其自身特点,这些特点决定了它更容易后移。

2. 搭配限制与移位制约

本节从句法、语义、认知等角度出发,结合典型环境,探讨副词这些不同分布形成的原因,暂不涉及非典型的情况。

2.1 配合与选择

DV 对宾语有一定选择性,朱德熙(1985)认为"虚化动词所带的宾语只能是表示动作的双音节词"。刁晏斌(2004:41)指出"并不是所有的实词都可以做虚义动词的宾语,比如大量的名词和形容词,就不能做虚义动词的宾语。即使在动词中,能做虚义动词宾语的也只是其中的一部分"。对于 DV 所带的谓词性宾语,从语义上讲,一般认为,应具有一定的"能动性",所谓"能动性"是指复杂的动作、行为或心理活动,如果某些词语缺少能动性,一般就不能充当 DV 宾语。

通常情况下,描摹性副词与动词搭配时也有一定的选择性,表现为某个副词只能与某些动词搭配,不能与其他动词配合使用。如"另眼",一般只能修饰"相看、相待"等几个词或词组。这种选择性间接影响了它与 DV 的配合使用。与副词惯常搭配的动词如果缺少能动性或能动性不强,就不能与 DV 搭配使用,相应地副词就很难与 DV 一起共现组合。A 类词就是这样的情况,表 1 是部分 A 类词对动词(形容词)的选择情况。③

表 1：惯常搭配表

副词	动词、形容词(词组)
寂然	离去、独居、死去、无声、不动
悠然	自得、闲逛、漫步、神往
蔚然	成风、兴起、成林
循循	善诱、教导

这些动词都在一定程度上缺少能动性,像"无声、独居"等词基本没有能动性,"死去、叹息"等词虽有能动性,但相对都较弱。这些词(组)与 DV 的搭配接受度都较低。例如:

　　?? 予以寂然离去?? 寂然予以离去

　　?? 进行悠然闲逛?? 悠然进行闲逛

副词居前时,因语义一般指向后面的宾语,因此也受"选择性"影响,所以无论在前还是在后,能动性都影响了它与 DV 的搭配使用。

2.2　内涵与外延

一般情况下,"描摹性副词的表义功用主要在于使表述更为生动、鲜明,重在相关行为内涵的形象性"①,该类词的意义大都与动作行为或变化的内涵直接相关。如"暗中、轮流"等词,表达的是动作行为或变化进行的方式,"全力、蓄意"表达的是行为发出者的情感、态度。就后移定语化而言,在其他条件满足的前提下,副词意义与动作内涵越接近就越容易后移,反之则较难后移。前置式词较难后移,一个重要原因就是它们的意义与内涵距离较远。这部分词与动词结合较为松散,中间可以插入较复杂的介词结构。例如:

(9) 佘清舟今日再次表示,将坚持继续履行许可合同,<u>照常按照合同约定</u>在风行网上播放江苏卫视综艺节目,并且将一直坚持播放到 2014 年 7 月 31 日合同期满。(《侵权盗播还是"一女二嫁"? 江苏卫视风行网互诉法庭》,人民网,2014 - 01 - 22)

(10) 袭击发生后,埃及安全部队<u>连日</u>在西奈半岛和其他地区对恐怖分子及其藏匿处实施打击。(《埃及军警打死 14 名恐怖嫌疑人》,人民网,2017 - 11 - 29)

"照常"表示"某种动作、情况按照过去正常的情况进行,不因条件变化而改变"⑤,与"播放"的内涵关系不大。"连日"表达的是"实施打击"在某段时间内,较为频繁地连续发生,也与其内涵无根本联系。

副词后移定语化后,限定了所修饰的动作或行为的范围,有某种分类的作用(下文将详细讨论),认知上人们一般容易从内涵或与内涵联系密切的方面给相关事物或动作分类,较少从外延上分类。我们会认为"暗中采访"是采访的一个类,但很少认为"照常采访"是一个类。正是这个原因,意义与动作行为内涵较远的前置式较少后移。

2.3　控制与实施

一般情况下,副词定语化后形成的某种方式或状态下的动作行为,可以控制或改变,人们可以选择施行这样的动作行为,也可以选择不施行。例如:

(11) 早先,电影创作者把诸多传统文化元素进行<u>如实演绎</u>或者虚构升华,——搬上大银幕时,我们自己的观众的确能够迅速产生认同感,并获得某种视听满足感。(《中青报:讲述中国故事不是自娱自乐》,人民网,2016-12-15)

(12)　此前有人指认作案者为华山景区的保安,但景区予以<u>断然否认</u>,并称是两拨游客冲突所致。(《景区岂能成"惊"区》,人民网,2012-10-08)

"如实"意为"按照实际情况"⑥,是否"按照实际情况演绎",行为人可以控制。"断然"意为"表示十分坚决而毫不迟疑,有果断的意思"⑦,具有这些情状的动作行为,行为人可以通过调控自身状态,予以实现,是可控的。

这种可控性与DV对宾语的要求相契合,DV意义为施加或实施某些动作行为,当某些动作行为不受控制,就谈不上"施加或实施"了。例如:

(13)　a.　3月9日,美韩<u>如期</u>进行联合军事演习。(《朝鲜火箭发射在即且看日本是否拦截》,人民网,2009-03-25)

　　　b.　?3月9日,美韩进行<u>如期</u>联合军事演习。

b句中,副词后移后,句义虽然基本能够理解,但总觉得别扭,接受度较低。"如期"意思是"按照期限","联合军事演习"是否"如期"受多种因素影响,不受行为者直接控制。

除以上论述的因素,还有一些因素影响分布。前置式"埋头、联袂、亲手"与动词结合后具有可控性,与动词内涵联系也较为紧密,但却较少后移。这些词与人体五官直接相联系,语义较为具体。认知上,人进行某些动作行为时,首先要调动相应五官,之后再进行动作行为,主体对这一客观事实有基本认知,反映到语言中,表现为这些副词一般在动词之前,较难后移。后置式与所修饰中心语结合得较为紧密,表现出较强的"粘谓"性质,较难离开中心语,因此较少出现在 DV 前面。还有一部分词一般不与 DV 配合,原因是具有形象色彩,如脉脉、耿耿等词,这些形象色彩与 DV 所在的语体要求相背。

综上,副词与形式动词的共现分布受句法、语义、认知等多方面因素制约,就移位定语化来说,如果副词可以反映动词的内涵特征,与动词结合后具有可控性,一般可以后移,反之不能。当然具备上述条件的副词不能在任何条件下都能后移,要在一定句法环境允许的情况下才可能后移。

3. 句法环境与后移倾向

这里的句法环境是与后移定语化相关的形式上的因素,着重分析移位式副词在什么情况下需要后移,什么情况下不能后移。

3.1 复杂与简单

DV 状语的复杂程度对后移定语化有一定影响。一般情况下,如果状语较为复杂,⑧副词往往需要后移,作 DV 宾语的宾内定语。例如:

(14) 高博文得饶一尘魏派嫡传,团内两位苏州评弹国家级代表性传承人陈希安(沈派)和赵开生以及《珍珠塔》的薛派传人薛惠君等前辈<u>也</u>纷纷对其进行悉心指导、倾囊相授。(《高博文:评弹界的"吴韵一哥"》,人民网,2013 - 07 - 05)

(15) 鲁贵民郑重地表示:"我们要在全国范围内和永康展开战略合作,凡是有合伙人的地方,我们<u>都</u>会<u>从政策等各方面</u>予以<u>全力</u>支持!"(《刘永宏公益爱心惠及 10 万多近视孩子》,人民网,2016 - 04 - 12)

上例中,副词都不宜前置,DV 前状语较多,位置拥挤,没有副词位置,相比之下 DV 宾语过于单薄,前后不对称,再加上副词与宾语

语义上的联系,表达中往往将副词后移定语化。如果将副词前置,则会形成特别复杂的状语,表达啰嗦,造成理解困难。试比较:

(16) ? ……薛惠君等前辈<u>也纷纷悉心对其</u>进行指导、倾囊相授。

(17) ? ……<u>我们都会全力从政策等各方面予以</u>支持!

例(16)和例(17)都是4层状语,过于繁琐,造成理解困难,不易接受。此外,状语中如有与副词语义相近或相关的成分,副词一般后移,避免造成语义重复、多余。

在状语相对简单的情况下,副词前置或后移,比较自由。例如:

(18) 然而,当记者问撒切尔夫人是否打算放弃爵位、重登政坛时,她<u>断然予以</u>否认。(《作家文摘》1994 年)

(19) 但是,对于他加入西班牙籍可获得 100 万欧元的报道,卡洛斯<u>予以断然</u>否认。(《新华社新闻报道》2004 年10 月)

在状语相对简单的情况下,副词前置还是后移,取决于发话人的表达需要。在状语相对复杂的情况下,因为句法位置的挤压,副词倾向于后移。

3.2 排斥与阻隔

所谓“排斥”是指,一般情况下,副词与 DV 宾语的定语成分相排斥,DV 宾语带定语时,副词一般不能后移。另一方面,副词后移定语化后,宾语一般也不能再前加修饰成分。例如:

(20) a. 冯治安又协同秦德纯前往庞炳勋处,<u>予以当面</u>警告,最后迫使庞不敢轻举妄动。(《抗战时期的冯治安将军》,人民网,2013 - 10 - 18)

　　 b. ? ……<u>予以当面(的)严厉</u>警告,最后迫使庞不敢轻举妄动。

   c. ? ⋯⋯予以<u>严厉(的)</u>当面警告,最后迫使庞不敢轻
    举妄动。

b 句和 c 句接受度都很低,但我们用"口头"替换"当面",得到的 c'
句,接受度就相对较高。试比较:

  (21) c'. ⋯⋯予以<u>严厉的口头</u>警告,最后迫使庞不敢轻举
    妄动。

"口头警告"是定中结构,"当面警告"是状中结构,一个是体词性
的,一个是谓词性的,这一区别对接受度产生了直接影响。当"当
面警告"这类结构直接在 DV 后面时,受 DV 影响,整体指称化。
一旦离开 DV,之间插入其他成分,因为这个成分的阻隔,DV 对
其影响减弱,会造成指称性弱化或消失,这样的后果就是其常规
的陈述功能恢复,这与 DV 对宾语的要求相矛盾,造成整个结构
接受度较低。而"口头警告"本身就是体词性结构,无论有无阻
隔,都是指称性的,与 DV 的要求相契合,因此整个结构接受度也
较高。

  我们将"当面(的)严厉警告"进行相同的替换,得到 b'句,我
们发现其接受度却不高。例如:

  (22) b'. ? ⋯⋯予以<u>当面的口头</u>警告,最后迫使庞不敢轻举
    妄动。

这可能与副词的"粘谓"性质相关,副词与它所修饰的中心语之间
结合紧密,一般中间不能插入其他成分。"当面"与"警告"之间有
"口头"阻隔,副词不能直接修饰中心语"警告",这种情况造成整
个表达接受度很低。另一方面"口头警告"是体词性结构,副词修
饰它们缺少理据性。"进行当面的口头警告"去掉 DV 后,"当面
的口头警告"很难成立。

3.3 共性与个性

  胡裕树、范晓(1995:273—281)从"句子要素的配列"角度分
析了 DV 所构成的句式,将其分为 12 类。⑨本文讨论的移位式可

以在该分类中的 S_1[名(施事)＋介＋名(受事)＋DV＋动]、S_3[名(受事)＋介＋名(施事)＋DV＋动]、S_6[名(施事)＋DV＋动]类句式中自由后移定语化。例如：

(23) 马克里对上述指控<u>予以断然</u>否认,并通过律师提出上诉,但 2 个月后遭联邦上诉法庭驳回。(《阿根廷联邦法官裁定马克里总统与非法窃听案无关》,人民网,2015 - 12 - 30)

(24) 委内瑞拉政府对于上述指责<u>断然予以</u>否认。(《内贾德美国"后院"找朋友》,人民网,2012 - 01 - 10)

(25) 求职者张先生在入职体检中,<u>被医院私自</u>进行乙肝检查,并告知用人单位,致使张先生被拒录用。(《首宗医院泄露携乙肝病毒案作出判决:当事者获赔》,人民网,2011 - 12 - 16)

(26) 两次考试共收取三四十万元,所收费用未开具发票,收支结余情况并未公布,<u>被他们</u>进行<u>私自</u>挪用。(《安徽省委书记王学军集中回复 113 条网友留言》,人民网,2015 - 10 - 21)

(27) 周涛心生怨气,回家后回忆起白天的情景,越想越难受,便<u>暗中进行</u>调查,得知黄晓晓男朋友叫罗杰,是一名教师。(《男子不甘前女友移情别恋 非法拘禁情敌被判刑 2 年》,人民网,2014 - 03 - 10)

(28) 接警后,海淀警方成立以刑警牵头的专案组<u>进行暗中调查</u>。(《团伙盘踞颐和园敲诈黑导游 6 人被抓获》,人民网,2015 - 07 - 21)

三类句式都有相应的一些变体,大部分情况下,在这些变体中副词都可以自由后移定语化,限于篇幅不再一一举例。

S_1 类句式,在某些情况下,"名(施事)"可以不出现,形成"介＋名(受事)＋DV＋动"的变体,我们将其称为"S_1'"。S_1'整体可以充当主语、宾语、定语等句法成分,充当这些成分时,一般情况下,与在 S_1 中情况相同,副词可以前置,也可以后置。S_1' 还可以位于介词框架之中,这种情况下副词一般倾向于后移,较少前置。例如:

(29) a. 经查,该车核载 6 人,司机<u>在</u>对车辆内部进行私自改装<u>后</u>实际载客 24 人,超员 300%。(《违法成农村交通事故主因安全意识普遍淡薄》,人民网,2013 - 07 - 09)

b. ? 经查,该车核载 6 人,司机<u>在</u>私自对车辆内部进行改装<u>后</u>实际载客 24 人,超员 300%。

b 句相对于 a 句接受度较低,表达时一般倾向于使用 a 句。b 句副词前置,形成较为复杂的状语,不利于准确表达,这点前文已经论述。

在句法限制的情况下,移位式词的前置或后移大都是强制性。实际表达中,副词所在的句法环境,很多时候没有上述讨论的条件与限制,这时副词的后移定语化多受语用因素影响。

4. 表达功用和语用效果

相对于状语,副词作准定语有特定的表达作用,这些作用影响了表达中副词的前置或后移。后移定语化之所以出现,多是出于追求表达效果的需要。

4.1 恒久与临时

移位后副词处于定语位置,位置的差异形成了不同的表达效果。定语位置典型的语义特征是静止性,状语典型的语义特性之一是变化性。同样的副词在不同位置上,人们在时间性上对它们的感知是不同的。状语位置上副词表达的方式状态,因"变化性",人们往往将它们识别为临时性。定语位置上的副词,因为定语"静止性"位置义的影响,人们一般认为其表达的方式状态比较稳定、恒久。⑩这一认识在句法上也有所表现,主要为定语化后的副词能与一些表达时间长久的成分共现。例如:

(30) 杨晓群指出,鹰潭市将一如既往地支持龙虎山丹霞地貌开发及旅游产业转型升级,希望各位专家(也)一如既往地对龙虎山进行悉心指导和热心帮助。(《第十二届中国丹霞学术讨论会暨龙虎山世界遗产保护利用研讨会举行》,人民网,2011-08-30)

(31) 李彬认为,在朝鲜出口武器方面,长期以来美朝一直在进行暗中较量,从执行联合国制裁决议来说,美国的这个举动不会受到指责。(《朝古军事合作对美国是难题考验美国智慧》,人民网,2013-07-18)

例(30)中去掉"一如既往地",将副词前置,变为"希望各位专家悉心对龙虎山进行指导",表达依然可以接受。但加上"一如既往地"、"希望各位专家一如既往地悉心对龙虎山进行指导"接受度就相应地降低了一些。这其中固然与状语的复杂有关,但人们对时间性的感知也是不可忽略的重要因素。

4.2　限定与分类

前文已经谈过,副词后移定语化后,具有从方式、状态、情状等方面限定中心语范围的作用,与单独的中心语相比,带有准定语的中心语范围缩小了,成为中心语概念下属的一个小类。例如:

(32) 据了解,这次微山全县有4500多名干部参加了"民情考试"……。同时,对测试对象联系户进行当面调查和电话调查。(《山东微山:联户干部"民情考试"熟悉农户率低于50%停职检查》,人民网,2014-01-08)

(33) 但是上述的记录并不够客观,人们更希望对疼痛进行定量描述,用数字来描述疼痛的剧烈程度。(《稍有不适就

喊疼,可你知道疼痛怎么测量吗?》,人民网,2017-05-
19)

"当面调查"和"电话调查"对举,很明显把它们看作"调查"下属的
两个小类。"定量描述"后面的"用数字来描述疼痛的剧烈程度"
是对"定量描述"的进一步解释,此处"定量描述"被看成描述疼痛
的一类方法。如果"定量"前置,句子变为:

> (34) 但是上述的记录并不够客观,人们更希望对疼痛<u>定量</u>进
> 行<u>描述</u>,用数字来描述疼痛的剧烈程度。

似乎也能说得通,但显得啰嗦,"用数字来描述疼痛的剧烈程度"
多余。动词在 DV 后指称化以后,发话人想对指称后的概念,进
行限定、描写的话,最容易选择的是它表达陈述功能时的一些修
饰成分,描摹性副词意义实在,相对于其他副词更容易作准定语。
当需要对这些概念进一步分类,区分不同性质时,使用描摹性副
词作准定语是很自然的事。

4.3　概括与评价

具体表达中,对于前文出现的某些事件或行为,当下文需要
提及时,发话人往往用副词后移定语化的方式,对前文出现的事
件或行为进行概括。例如:

> (35) 有些小青年将普通汽车排气管改成了跑车排气管,有的
> 私自油改气,等等,这些在我省都是不允许的,我省禁止
> 对汽车进行<u>私自改装</u>的行为。(《私改汽车保险不赔改
> 装爱车应适度》,人民网,2012-10-16)
>
> (36) 针对救治工作需要,天津的专家分成 2 组,国家卫计委
> 选派的专家分成了 2 个定点组和 1 个巡视组,采取集中
> 专家、集中资源、集中患者、集中救治的"四集中"方式,
> 进行<u>全力救治</u>。(《天津各大医院紧急救治伤员共收治
> 伤员 701 人》,人民网,2015-08-14)

"私自改装"是概括"普通汽车排气管改成了跑车排气管,有的私

自油改气"等行为,"全力救治"是对"四集中"的救治方式的概括。概括之后似乎也表达了发话人的评价,如例(36)中,发话人认为"国家卫计委选派的专家分成了 2 个定点组和 1 个巡视组,采取集中专家、集中资源、集中患者、集中救治的'四集中'方式"是"全力救治"的方式,是对"救治"的评价。用指称化的方式概括事件、行为,本身就表达了发话人的判断,而这种判断会或多或少地表现出某些倾向性评价。

有时 DV 后的定中结构不是对前文具体的事件、行为的概括,而是前面出现的表陈述的(相同词语构成的)状中结构的指称化。例如:

(37) 对巡视反馈意见中提到的不如实报告个人有关事项处理偏轻的 2 名干部,对照未进行如实报告时的适用规定分别给予免职和诫勉谈话的严肃处理。(《中共同济大学委员会关于巡视整改情况的通报》,人民网,2017 - 08 - 30)

例子前文中的"如实报告"一般认为是陈述性的,在 DV 后面都指称化了,表示某种抽象的动作或行为。

5. 结论与余论

经过抽样分析,我们发现描摹性副词与 DV 共现搭配的情况比较复杂。有很大一部分副词不与 DV 共现使用,能与 DV 搭配使用的副词,在非典型的环境中看,居前或居后都可,也就是大都能后移定语化,就典型的环境看,受句法、语义、认知等因素限制,有些副词只能出现在 DV 前,有些则只能在后,还有一部分前后都可以,后移定语化只是其中一部分。移位式是否后移受到复杂状语、宾内定语、特殊句式的影响与限制,在这些因素影响下,前置或后移一般是强制性的,脱离这些句法因素影响,副词前置或后移是相对自由的。副词后移定语化后,形成了特殊的功用效果,具体讲为时间上的恒久与临时,性质上的定性与分类,说明上的概括与评价,当然这些是从不同角度观察得出的结论,实际上他们的很多方面是有交叉的。

　　本文所做的调查,只是抽样调查,虽然能在一定程度上反映描摹性副词的情况,但终究不是封闭考察,难免有些情况考察不到,可能会有一些遗漏的地方,相应结论也要全面考察后进一步验证。另外副词后移定语化的句法表现有哪些还可继续寻找。关于定语化的语用动因还要继续探索。从语料库的情况看,定语化的例子在 CCL 很少,但在人民网中却大量地出现,这里面有语体的原因,也有历时发展因素,副词状语后移定语化现象呈现出逐渐增多的趋势,其历时的发展脉络及原因还要进一步分析。

附注

① 形式动词后的描摹性副词所充当成分的性质,尚有争论,本文不做详细讨论,采用"准定语"说法。

② 张文将副词分为方式、状态、情状、比况等 4 类,我们从每类副词中选择 25 个词,共 100 个词进行考察。在每个大类选词时,照顾到其下的各个小类,尽量将有代表性的小类中的典型词选出来,做到所选择词能够反映整体面貌。为准确考察,排除干扰,兼类词不在我们考察范围内,此外单音节词因为节律的原因情况较为特殊,也不在我们的考察范围内,只考察双音节。本次考察的搭配情况限制在紧邻使用的情况,即"进行如实"和"如实进行"这些情况。

③ 转引自张斌主编《现代汉语虚词词典》(2013 年版)附录(二)情态副词与动词、形容词搭配表。

④ 参见张谊生著《现代汉语副词研究》(2000 年版),第 40 页。

⑤ 释义引自北京大学中文系 1955 级、1957 级语言班编《现代汉语虚词例释》(2010 版),第 628 页。

⑥ 副词释义一般引自《现代汉语词典》(第七版),其他词典释义予以特殊说明。

⑦ 释义见张斌主编《现代汉语虚词词典》(2013 年版),第 157 页。

⑧ 我们所说的复杂和简单,是就层次而言,不是就数量说的,如"也纷纷对其进行悉心指导"[也[纷纷[对其[进行悉心指导]]]],"进行"有 3 层状语,我们就认为这些状语是复杂状语。

⑨ 原文各类句式用数字与字母符号化,为论述方便改为汉字。汉字表述形式转引自刁晏斌(2004：42—43),略有改动。

⑩ 参看沈家煊(1999)、张国宪(2000、2006)。

参考文献

北京大学中文系 1955 级、1957 级语言班　2010　《现代汉语虚词例释》,北京：商务印书馆。

刁晏斌　2004　《虚义动词论》,南开大学博士学位论文。

刁晏斌　2012　两岸四地现代汉语常用词"进行"使用情况对比考察与分析,《武陵学刊》第 3 期。

杜群尔　2010　《现代汉语形式动词研究》,上海师范大学硕士学位论文。

胡裕树、范晓　1995　《动词研究》,郑州：河南大学出版社。

胡裕树、范晓　1996　《动词研究综述》,太原：山西高校联合出版社。

吕瑞卿　2007　《形式动词"加以""进行"研究》,上海外国语大学硕士学位论文。

吕叔湘　1986　《汉语句法的灵活性》,《中国语文》第 1 期。

史金生　2011　《现代汉语副词连用顺序和同现研究》,北京：商务印书馆。

卢建　2003　可换位摹物状语的句位实现及功能分析,《语言研究》第 1 期。

沈家煊　1999　《不对称和标记论》,南昌：江西教育出版社。

沈家煊　2012　"名动词"的反思：问题和对策,《世界汉语教学》第 1 期。

沈家煊、张姜知　2013　也谈形式动词的功能,《华文教学与研究》第 2 期。

许双华　2014　形式动词虚化问题及"加以"宾语性质讨论,《艺术科技》第 6 期。

杨虹　2009　《现代汉语形式动词研究》,上海师范大学硕士学位论文。

于丽丽　2008　《现代汉语形式动词研究》,苏州大学硕士学位论文。

张斌　2013　《现代汉语虚词词典》,北京：商务印书馆。

张国宪　2000　现代汉语形容词的典型特征,《中国语文》第 5 期。

张国宪　2005　性状的语义指向规则及句法异位的语用动机,《中国语文》第 1 期。

张国宪　2006　性质、状态和变化,《语言教学与研究》第 3 期。

张谊生　1995　状词与副词的区别,《汉语学习》第 1 期。

张谊生　2000　现代汉语副词的性质、范围与分类，《语言研究》第 2 期。

张谊生　2000　《现代汉语副词研究》，上海：学林出版社。

朱德熙　1985　现代书面汉语里的虚化动词和名动词，《北京大学学报》第 5 期。

中国社会科学院语言研究所词典编辑室　2016　《现代汉语词典》（第 7 版），北京：商务印书馆。

"一量名"结构的副词化[*]

——以"一窝蜂"为例

王志英（天津外国语大学国际教育学院）

0. 引言

现代汉语中很多"一量名"结构已经演化为副词，《现代汉语词典》（第7版）已经收录的"一个劲儿、一股劲儿、一股脑儿、一连气儿、一口气、一阵风、一溜风、一溜烟、一窝蜂"等都标注为副词；虽然"一条心、一个人、一骨碌、一下子"尚未被列为副词，但是它们在现代汉语中的副词用法已经很普遍了。学者们对"一量名"的表义和固化已经有所关注，储泽祥（2003，2008，2014）分别研究了"一个人""一条龙"和"一条心"的固化现象，重点讨论其固化的过程和动因；曹秀玲（2005）重点分析了"一量名"主语句的类型，同时指出"一量名"结构有表数量和指称两种功能；宗守云（2008）分析了"一量名"和"X量名"的差异主要是"一"的虚化造成的，指出"'一'容易虚化的原因是因为是计数的起点，使用频率高"，以上研究涉及了"一量名"的表义特征和固化动因，为本研究提供了

＊ 基金项目：教育部人文社会科学研究规划基金项目"汉语三音节词语的类型和演化研究"（18YJA740052）。

理论借鉴和启发。

目前对"一量名"结构的副词化关注还比较少,曾常红(2014)分析了"一口气"词汇化的条件和过程,该研究注意到"一口气"的副词用法,对本文研究具有启发性指导意义;储泽祥(2003)分析了"一个人"的固化过程,探讨了其固化条件和固化的鉴定标准,最后得出"固化后的'一个人'主要是谓词性的,主要充当修饰语,也有一定的述谓功能",其研究已经注意到"一个人"处于谓语前面的状语位置起到修饰作用,但是对其副词功能没有展开论述;刘琪(2018)分析了"一个人"的副词用法,但是没有解释"一个人"副词化的动因和机制。

以上研究为"一量名"副词化研究提供了理论和方法上的指导,但是仅集中在个案研究,对"一量名"结构的副词化动因和机制缺少全面系统解释,为什么"一量名"结构比其他"数量名"结构更容易固化? 固化的深层动因是什么? 目前还缺少有力的解释。本文在前人研究基础上,以"一窝蜂"的演化过程为透视点,重点分析"一窝蜂"的演化过程,解释其演化的动因和机制;同时尝试探讨"一量名"结构演化的根源,及其演化的共同成因和机制,为"数量名"结构的整体研究提供理论和方法上的补充。

1. "一窝蜂"的演化过程

1.1 "一窝蜂"的起源

"'一窝蜂'最初是一个人的绰号。我国南宋建炎年间爆发了农民起义,有一支起义队伍领袖叫张遇,他的绰号就叫'一窝蜂'。"(百度网)陆游在《入蜀记》中就曾记述道:"建炎中,张遇号'一窝蜂',拥兵过庙下……"。"一窝蜂"这个绰号大有一触即发、揭竿蜂拥而起的气势。"一窝蜂"最初用于绰号并无贬义,而是表示有气势有威力的褒义词;随着"一窝蜂"的固化具有了贬义义,比喻许多人乱哄哄地同时说话或人多势众蜂拥而上的情势。现代汉语中,"一窝蜂"从感情色彩上属于贬义词。

1.2 "一窝蜂"的自由短语用法

"窝"作为量词出现比较晚,最初表示"蜂"的数量时是"数词＋蜂"或"蜂＋数词"结构,例如:

(1) 曰:一蜂至微,亦能游观乎天地;一虾至微,亦能放肆乎大海。(《关尹子·六七》)

(2) 后母欲其子立为太子,说王曰:"伯奇好妾"。王不信,其母曰:"令伯奇于后园,妾过其旁,王上台视之,即可知。"王如其言,伯奇入园,后母阴取蜂十数置单衣中,过伯奇边曰:"蜂螫我。"伯奇就衣中取蜂杀之,王遥见之,乃逐伯奇也。(《后汉书·卷六一》)

根据语料分析得出"窝"在唐代才以名词形式出现,指动物的巢穴,"窝"作为量词用法在宋代才开始出现,例如:

(3) 第九十七证胃虚自然成节病,多生寸白与蛔虫,收采蜂窝烧存性,酒调一匕有神功。(《海上仙方》)

(4) 则见后面一个人,把小娘子衣裳一揪揪住,回转头来看时,恰是一个婆婆,生得:眉分两道雪,髻挽一窝丝。(《简贴和尚》)

(5) 不见尚书家来接,只道丈夫说谎,乘着丈夫上街,便发说话:"自家一窝子男女,那有闲饭养他人! 好意留吃几日,各人要自达时务,终不然在此养老送终。"(《玉堂春落难逢夫》)

(6) 木马长三寸,下至腹口,虚其内四五寸,使药之转旋之空,上用一窝蜂大小子数百,外用一合口大石子压之,若无大石子压而激之,口大如盂,小子如栗,出口便落,不能远中,惟其腹之虚也。(《练兵实纪·杂集卷二》)

例(3)"窝"是名词,指的是蜂的巢穴,例(4)"窝"已经名词借用为量词,通过例(4)—例(6)可以推知"窝"虚化成量词以后可以用于事物、人、动物等前面,比现代汉语中用法广泛。例(6)的"一窝蜂"是一个自由短语,表示计数,表计数的"一窝蜂"结构不紧密,数字"一"可以换成其他数字,中间也可以插入其他词语,如"两窝蜂""一窝马蜂"等。

1.3 "一窝蜂"的固化

从明初开始"一窝蜂"开始固化,"固化是指两个或几个紧挨在一起的语言单位,由于频繁使用而化为一个相对稳固的、整体性的语言单位"(储泽祥、曹跃香,2005)。明初"一窝蜂"结构上固化成为习语,"一量名"结构分界消失,其中的"一"不再能用其他数字替换,在转喻机制作用下,以"一窝蜂"这一事物来指代乱哄哄的状态特征,固化后的"一窝蜂"句法功能主要是作定语、宾语和状语,对名词性成分进行陈述或描写。具有描述状态的功能和能够作状语是"一窝蜂"虚化为副词的基础,例如:

(7) 那妖闻言,呵声笑道:"这叫做个蛇头上苍蝇,自来的衣食。你众小的们,疾忙赶上去,与我拿将来,我这里重重有赏!"那些小妖,就是一窝蜂,齐齐拥上。(《西游记·第二十八回》)

(8) 崔文升道:"果然唱得好,小的们说的不差。"内官们是一窝蜂的性子,一个说好,大家都说好。(《明珠缘·第二十一回》)

(9) 士人洞中是暗处,觑出去看那灯亮处较明,乃是十来个少年妇人,靓妆丽服,一个个妖冶举止,风骚动人。士人正看得动火。不匡那一伙人一窝蜂的多抢到石洞口,众手齐来揭毡。(《二刻拍案惊奇·卷三十四》)

例(7)"一窝蜂"已经固化为习语,不再表示计量,与其原来字面意义较近又高于字面义,语义透明度还比较高,在此隐含了像一窝蜂一样乱哄哄的状态。例(8)"一窝蜂"作定语具有比况义,表示像一窝蜂一样的意思,根据语境可以推理出来比喻乱哄哄跟风的状态。例(9)"一窝蜂"处于"NP1+NP2+VP"结构中,"一窝蜂"处于 NP2 位置后面直接接动作动词,这时"一窝蜂"处于副词化的临界环境中,"一窝蜂"既可以形容"一伙人"表人多,又可以指动作状态乱哄哄的。因为该结构中 NP1(一伙人)与后面 VP结构的内容具有主谓关系,所以我们把"一窝蜂"表示动作状态乱哄哄作为优选项。"一窝蜂"在"NP1+NP2+VP"结构中只能重新分析,用于修饰后面动词,这样"一窝蜂"开始了其副词化历程。

1.4 "一窝蜂"的副词化

从明朝中后期开始,"一窝蜂"开始出现在动词前面的状语位置,此时的"一窝蜂"已经虚化为描摹性副词,结构已经凝固化为一个整体,语义上规约化为描摹动作行为的势态,直接放在动词前面,或者与其他副词或介词结构连用放动词前面,在句子中充当状语。"一窝蜂"的副词用法一直沿用到了现在,例如:

(10) 才出城,只见一簇花子拦住个出京小官儿的家眷讨钱,被那不知事的家人打了他,他们便<u>一窝蜂</u>聚起有三四百人,齐来乱打乱嚷,将女眷们的衣服都扯坏了。(《明珠缘·第十七回》)

(11) 吩咐兄弟张国威,使守了东门,一个把总萧振房守了西门,一个千总刘廷举守了南门,刀枪旗帜,且是摆得齐整。恰好这些鞑子<u>一窝蜂</u>赶来,望着城儿呆呆看,一个正坐在马上,指手划脚叫围城。这张都司眼儿清,手儿准,只一箭把他颠下马去。(《辽海丹忠录·第二十三回》)

(12) (赵武)道:"秦先锋被宇文老爷骗去,要行杀害,求老爷速往解救。"来总管听了道:"这是甚缘故?你快先走引路,我来了。"赵武跳上马先行。来总管也不顾周总管,拨马后赶。部下这些将士,<u>一窝蜂</u>都随着赶来。(《隋史遗文·第三十八回》)

(13) 不知孙大圣坐得高,眼又乖滑,看得他明白,便问:"那班

部中乱拜的是个夷人,是那里来的?拿上来!"说不了,那些小猴一窝蜂把个八戒推将上来,按倒在地。(《西游记·第三十回》)

通过对汉籍全文检索系统(第四版)和北大 CCL 语料库的考察结果来看,从明初到明末,"一窝蜂"首先是从"一量名"结构固化为习语,作定语和宾语,对名词性成分进行修饰和描述,表示乱哄哄的势态,然后再进一步虚化为副词作状语,描摹动作行为乱哄哄的状态,演化过程中内部结构逐渐凝固化、语义规约化和抽象化。

现代汉语中"一窝蜂"的习语用法和副词用法并存,但是"一窝蜂"成词以后,副词用法使用频率超过了习语用法,例如:

(14) 如果农村基层各级组织缺乏引导或引导不善,则很容易形成"一窝蜂"的局面。(1994 年报刊精选 5)

(15) 娱乐圈锦上添花,跟红顶白多的是。比如发仔,以前人人憎他,把他骂个万恶不赦,谁没写上一笔,就好像不够时髦,如今发仔行运了,走红了,大家又一窝蜂地去奉承他,连他的缺点都写成优点。(《还你前生缘》)

2. "一窝蜂"演化的动因和机制

2.1 "一窝蜂"演化的认知和语用动因

"一窝蜂"的本义主要有两种语义功能:计数和指别。计数是指对蜂数量的限制;指别的作用是指描述的主体是蜂,而不是别的,其本义并没有表示乱哄哄的语义。"一窝"有多、乱之意,蜂都是群聚并发出嗡嗡声,且蜂类具有一定的攻击性,人们根据自己的体验和知识,经过认知加工形成了"一窝蜂"表示乱哄哄和凶猛状态的意象图式,这种意象图式经过不断的概括化和抽象化,就形成表乱哄哄和凶猛的理想化认知模式(ICM)。在语言表达主观性作用下,当人们想突显事件或动作的状态、话语的主观情态或追求表达形象性时,在以上语用动因促动下,基于理想化认知模式的相似性,就会用"一窝蜂"这个词语表达乱哄哄和凶猛的势态,例如:

(16) 纪献唐道:"他会弹琵琶?去,咱们去看看去。"说着,丢下这里,一窝蜂跑到书房。顾肯堂见他进来,连忙放下琵琶让座。(《侠女奇缘》)

(17) 只见那班日本女子一个个俊眼斜睃,秋波微动,一窝蜂的都拥到这边桌上来,七手八脚的添茶伺水,应酬不迭。(《九尾龟·四》)

(18) 他再说:这表示权位何等重要。有朝一日,你爬上去了,所有人就一窝蜂跑来巴结你。(《蒋宋联姻内幕》)

在人类认知和语用动因的促使下,"一窝蜂"从短语结构虚化成描摹性副词,增加了语言的表现力,突显了说话人的主观情态和评价。

2.2 "一窝蜂"演化的句法环境和语义基础

"一窝蜂"表计量时指蜂多,这是其副词化的语义基础。明初出现了用在名词前面的"一窝蜂",其比喻义产生了,已经固化为一个习语形式作定语或宾语,对名词性成分的状态进行陈述或描写,表示乱哄哄和凶猛的状态,见例(7)和(8)。语义上具有描摹性、比况性为"一窝蜂"进一步演化为描摹性副词提供了可能。"一窝蜂"能处于谓语前面状语的位置,表示对动作性状方式的描摹,是其副词化的关键,如例(9)。明中后期出现了在动词前面描摹动作方式和状态的"一窝蜂",在句子中作状语,如例(10)—例(13),此时"一窝蜂"已经演化为描摹性副词。能否处于状位,结构是否凝固,是否能对动词性状进行描摹,也是鉴定"一窝蜂"是否副词化的标准。

2.3 "一窝蜂"的演化机制

词语的演化和词义的衍生是有理据性的,"一窝蜂"的演化是在转喻和隐喻共同作用下完成的。首先从"一量名"自由短语固化为习语是转喻在起作用，是用"一窝蜂"这一事物转指它的特征。本节第一部分提到人们根据经验在理想化认知模式中形成了"一窝蜂"具有乱哄哄和凶猛的特征，当人们想表达这一概念时，用事物本身指代了它的特征，这使得"一窝蜂"固化成具有描摹性和比况性的习语形式。

"一窝蜂"从习语进一步虚化为副词是隐喻在起作用。隐喻是一种认知方式，是利用源域的感性认知来理解抽象目标域的基本特征，是基于相似性源域向目标域的映射，隐喻映射的过程也是一个概念整合的过程。概念整合是人类把来自不同空间的输入信息有选择地提取其部分意义整合起来而成为一个新概念结构的一系列认知活动（王正元，2009：11），人们感知到事物的相似性后，会在心理上对两种事物的相似之处产生联想，能够产生联想是因为它们有一个共同的类属空间，类属空间具有隐喻源域和目标域两个概念之间的同享特点，也就是相似性。源域和目标域基于相似性就有了连通性，在整合空间中隐喻映射将源域和目标域连接起来，再经过加工、投射源自两个输入空间的内容融入整合空间，形成新的概念结构，并且在语义上出现新的浮现义。如图：

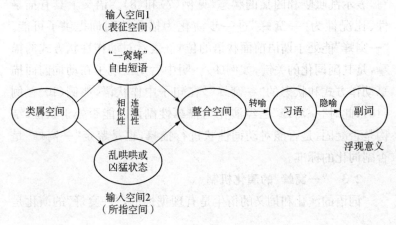

一窝蜂在现实生活中是群居,不断发出嗡嗡声且经常攻击人类,这是属于输入空间1,属于表征空间;当人们想表达乱哄哄或来势凶猛状态时,即输入空间2所指空间,基于认知感知的相似性使得两个空间具有了连通性,于是"一窝蜂"就从视听域映射到了认知域,然后两个输入空间的内容在整合空间经过加工和融合。"一窝蜂"首先凝固成一个具有比喻义的习语形式,然后基于相似性进一步融合,就使其具有了表示乱哄哄和来势凶猛的浮现义;这一语义开始使用时还需要语用推理,随着结构的凝固化和语义的规约化,人们逐渐接受并开始使用,说话人为了强调动作势态经常把"一窝蜂"放在状位,促使其进一步虚化为副词。

3. "一量名"结构的副词化

语言学界对"数量名"结构关注较早,但是"一量名"副词化的研究成果还很少,只有关于"一个人""一条心""一口气"等少数个案研究,汉语中的"一量名"结构在长期的语言发展过程中,已经不仅仅单纯表量,在表义上走向了多元化,这种发展趋势肯定不是偶然的,其背后必然有某种规律性的东西在制约着。本文选择"一窝蜂"的副词化作为个案进行分析,因为"一窝蜂"副词化的句法环境、语义特征、演化动因和机制,与其他"一量名"结构基本是一致的。"一量名"结构的系列副词化与这一结构能处于状位和具有描摹性或比况性的语义特征有密切关系,其演化动因与人类认知和语言表达主观性密切相关,演化机制都是在转喻或隐喻作用下形成的。下面探讨"一量名"结构副词化的条件和共性。

3.1 "一"的特征

数字"一"在长期的使用过程中,积淀了很多文化内涵,延伸出很多非数字用法,词义具有多元性,有"开始、完整、全部、统一、单一、短暂、全、大、多、少"等多个义项,也有数词、名词、形容词、连词、副词等多种语法功能，多义项多功能也造成了其使用频率很高，这是造成"一"虚化的一个主要原因。"一"的虚化为"一量名"结构的凝固化提供了可能，已经虚化的"一量名"结构只能用"一"，不能换成其他数词，如"一骨碌、一阵风、一个劲儿、一溜烟、一溜风、一个人、一条心、一口气"等。

3.2　"一量名"副词化的条件

为什么"一量名"能固化成词，其他数字的"X量名"没有固化成词？曹秀玲（2005）指出"'一量名'主语不单纯表示数量，还表示通常的状态，因此是类指的"，即"一量名"既可以表示数量意义，又可以表示指称意义，而"X量名"只能表示数量意义。宗守云（2008）提到"'一量名'既可以表现抽象事物，是为指虚；'X量名'一般只能表现具体的、实在的事物，是为指实。"可见"一量名"能够表状态和虚指是其进一步虚化的条件，其他的"X量名"只能表示具体的数值，失去了进一步虚化的可能。

根据语料调查得知，并不是所有的"一量名"都能副词化，这与"一量名"结构的语义特征和句法环境有关，储泽祥（2003）指出"一个人"表示"独自"的语义和能作谓语中心的修饰语是其固化基础。储泽祥（2014）分析"一条心"演化过程得出："只有'一条心'处在谓语位置，句式义才是并且只能是'双方或多方意志同一'"。曾常红（2014）指出"'一口气'结构成分的基本义和呼吸连贯短时的生理特征成为'一口气'虚化的基本语义特征"。"一口气"具有比况性和方式性描摹也提供了语义基础，位于谓语前状位为其提供了类推的句法环境。对于"一窝蜂"来说，数量多、乱哄哄、凶猛状态是使其具有比喻义的基础，语义上的描摹性是"一窝蜂"副词化的基础，经常处于状位是其演化的句法环境。例如：

（19）如今这园子安静多了。自从那日道士拿了妖去，我们摘花儿，打果子一个人常走的。《红楼梦》

（20）十八般武艺，无一件儿是会的。论文一口气直念到"蒋

沈韩杨",论武调队子歪缠到底。(《程咬金斧劈老君堂》)

(21) 方才听得报事的说,这长老要往建康去,料他去亦不远,我们一齐赶上,毕竟追着,拜求他转来如何?"众人齐道:"此论甚当"。有几个保正里长,忙忙的到县里报去了。这一班后生村民猎户,<u>一窝凤(蜂)</u>同望东南赶来。(《禅真逸史·第三回》)

例(19)"一个人"在此不表示数量义,也不表示指称义,表独自之义,处于谓语前面不作主语,而是作状语,这是"一个人"副词的句法和语义环境。例(20)"一口气"在此也不表示数量,表示连贯义,并且处于谓语动词前面,为其虚化为副词提供了语义和句法环境。例(21)"一窝蜂"在此具有比况义和描摹性,在动词前面作状语,这是"一窝蜂"虚化成副词的条件。可见,"一量名"的副词化与"一"的词义,和每一个词的最初本义和句法环境密切相关。

3.3 "一量名"副词化的动因

语言表达的主观性是促进"一量名"结构演化的动因,说话人在话语表达过程中带有主观性色彩,要传递主观情态和表达自己的主观看法和态度就会选择形象生动的词语来增强语言的表现力、主观性和形象性,这一语用目的促进了"一量名"结构的语法化。例如:

(22) 那两个后生禀道:"奉家主之命,候二位爷睡了才去"。瞿天民竟不知东西南北,也不脱衣服巾帻,放倒头径自睡了。瞿助<u>一骨碌</u>睡倒侧首铺里。(《禅真后史·第六回》)

(23) 若兄差了念头,只图一己之肥,不肯刀口上用钱,我只将这铜钱往县中出首,惟恐主仆出丑;还有一说,兄若不回家去,<u>一溜烟</u>走了,区区见了员外,求县官差委缉捕公

人,一条绳子捆将来。(《禅真后史·第十八回》)

(24) 柳绪笑道:"好姐姐,你教我打弹子"。玉友笑道:"要拜师父的那么容易,拜也不拜就教你?"柳绪道:"我拜,我拜!"说毕,对着玉友跪将下去,<u>一连气</u>磕了七八个头。(《红楼复梦·第十二回》)

例(22)"一骨碌"形象描绘出动作的利索,例(23)"一溜烟"突显了动作的迅速,例(24)"一连气"体现了动作的连贯和迅速,所以"一量名"是在语言表达主观性驱动下主观化的产物。

3.4 "一量名"副词化的机制

"一量名"结构通常是在转喻和隐喻机制作用下开始副词化的,宗守云(2008)提到"'一量名'有时会出现隐喻或转喻的用法,是为了转用;'X量名'很少有这种情况,一般都是本用的用法"。"一窝蜂、一条心、一口气、一阵风、一个人"等都是先在转喻机制作用下从计量的"一量名"短语固化为具有比喻义的习语形式,然后在隐喻机制作用下进一步语法化为副词。例如"一口气"最初"一量名"结构表示计数,在转喻机制作用下指称"烟气",曾常红(2014)指出"一口气"转喻属于受事转喻,然后在隐喻机制作用下进一步语法化为具有描摹性的副词,位于状位对后面谓语动词的状态进行描摹。以"一阵风"为例:

(25) <u>一阵风</u>来吹黑云,船中撩乱满江津。浩瀚洪波长水面,浪如银。即问长江来往客,东西南北几时分? 一过教人肠欲断,况行人。(《全唐词》)

(26) 正末云:"主公,你见这阵风么?"
刘备云:"师父,此<u>一阵风</u>,主何凶吉?"
正末云:"这<u>一阵风</u>,不按和炎金朔,是一阵信风,单主着今日午时候,必有军情事至也。"(《全元杂剧》)

(27) 童儿进来,见师父报日:"有闻太师来拜访。"赵公明听说,忙出洞迎接,见闻太师大笑日:"闻道兄,那<u>一阵风儿</u>

吹你到此？你享人间富贵，受用金屋繁华，全不念道门光景，清淡家风！"二人携手进洞，行礼坐下。(《封神演义·第四十六回》)

例(25)"一阵风"在唐代刚出现时是"一量名"结构，表示计量；元代开始固化，例(26)和(27)的"一阵风"是名词性结构，已经不表示计量，是一种转喻性指称。

(28) 金莲高叫道："奶奶、小姐勿罪，奴家幸遇仙师，离脱火坑，不得再伏侍了。"说罢，<u>一阵风</u>把他三人都送入云眼里不见了。(《韩湘子全传·第二十四回》)

(29) 那女子道："妹妹，你如何来这里？"白衣女士道："奉赵安抚请来救小衙内，坏那邪祟。"女子不听得，万事俱休，听了时，睁目切齿道："你丈夫不能救，何况救外人！"<u>一阵风</u>不见了黄衣女子。(《警世通言·第三十九卷》)

(30) 那魔十分凶猛，使口宝剑，流星的解数滚来，把个沙僧战得软弱难搪，回头要走。早被他逼住宝杖，轮开大手，挝住沙僧，挟在左胁下。将右手去马上拿了三藏，脚尖儿钩着行李，张开口，咬着马鬃，使起摄法，把他们<u>一阵风</u>，都拿到莲花洞里。(《西游记·第三十三回》)

(31) 三藏回头叫声："徒弟，这里来。"那行者本来性急，八戒生来粗鲁，沙僧却也莽撞，三个人听得师父招呼，牵着马，挑着担，不问好歹，<u>一阵风</u>闯将进去。那老者看见，唬得跌倒在地，口里只说是"妖怪来了，妖怪来了！"(《西游记·第四十七回》)

例(28)和(29)"一阵风"已经固化为一个具有比喻义的习语形式，可以理解为"像一阵风一样"，表述迅速的意思，比喻义为"一阵风"副词化奠定了基础。明代中后期在隐喻机制作用下，"一阵风"开始副词化。例(30)"一阵风"不是"把"的宾语，和后面"都拿到莲花洞里"又不是主谓关系，只能进行重新分析为副词在句子中作状语。例(31)"一阵风"已经演化成了副词，表示非常迅速的意思。

4. 结语

　　现代汉语中很多"一量名"处于演化过程之中，有些"一量名"结构已经演化成了副词，例如"一窝蜂、一条心、一骨碌、一阵风、一口气、一溜烟、一连气、一个人、一下子"等，本文以"一窝蜂"为例分析了"一量名"结构副词化的条件、动因和机制。"一量名"的副词化大致经历了表计数或指称的数量名短语→表比喻义的习语→副词三个阶段。"一"的使用频率、"一量名"结构在句子结构中的位置和表义特征是其演化的条件，语言表达的主观性是其演化动因，转喻和隐喻是其演化的机制。在转喻机制作用下"一量名"结构固化为一个具有比喻义的习语形式，在隐喻作用下使得其进一步语法化成为副词；隐喻过程也是"一量名"结构表征特征和人类理想化认知模式形成意象的概念整合过程。很多"一量名"结构还处于演化过程之中，该研究对解释其他"一量名"结构的演化具有一定的指导性意义，还有更多的演化动因和机制需要我们去探讨。

参考文献

曹秀玲　2005　"一(量)名"主语句的语义和语用分析，《汉语学报》第 2 期。

储泽祥　2003　"一个人"的固化及其固化过程，《华中师范大学学报(人文社会科学版)》第 5 期。

储泽祥　2008　固化的"一条龙"及其使用情况考察，《语言教学与研究》第 1 期。

储泽祥　2014　"一条心"：省略、量名组配分工引发的固化和词汇化，《汉语学报》第 2 期。

储泽祥、曹跃香　2005　固化的"用来"及其相关的句法结构，《世界汉语教学》第 2 期。

董秀芳　2009　汉语的句法演变与词汇化,《中国语文》第 5 期。

刘琪　2018　"一个人"的副词用法,《汉语学报》第 4 期。

罗耀华　2015　《副词化、词汇化与语法化——语气副词探微》,武汉:华中师范大学出版社。

石毓智　2006　《语法化的动因与机制》,北京:北京大学出版社。

王正元　2009　《概念整合理论及其应用研究》,北京:高等教育出版社。

曾常红　2014　"一口气"的词汇化及相关问题,《语文研究》第 3 期。

张谊生　2016　试论语法化的动因和机制,《历史语言学研究》第 2 期。

周安　2018　"一量名"固化的形成和语义条件,《阜阳师范学院学报(社会科学版)》第 6 期。

周国祥　2015　常用词"巢""窠""窝"的历时演变,《汉语学报》第 1 期。

宗守云　2008　"一量名"和"X 量名"的差异,《阜阳师范学院学报(社会科学版)》第 2 期。

Brinton, L. & C. Traugott. 2005. *Lexicalization and Language Change*. Cambridge: Cambridge University Press.

Fauconnier, G. & M. Turner. 1998. Conceptual Integration Networks. *Cognitive Science*, (2): 133-187.

Lakoff, G. & M. Johnson. 1980. *Metaphors We Live by*. Chicago: Chicago University Press.

Langacker, W 1990 Subjectificatio]. *Cognitive linguistics*, (1): 5-38.

Nunberg, G. , A. Sag & T. Wasow. 1994. Idioms. *Language*, (70): 494-538.

Taylor, J. 2002. *Cognitive Grammar*. Oxford: Oxford University Press.

(原载《天津外国语大学学报》2020 年第 5 期)

副词"直接"的话语关联及
主观性表现[*]

吴　颖　马丽雅(上海师范大学对外汉语学院)

0. 前言

　　"直接"作为现代汉语中的一个常用词,其用法也在不断地发展变化中。"直接"对应的"间接"同为属性词兼属副词。"直接"在句中既能够作定语,同时也可作状语。在《现代汉语词典》(第7版)中被解释为:形容词(属性词),表示不经过中间事物发生关系的(跟"间接"相对)。如:直接关系、直接领导、直接阅读外文书籍。《现代汉语八百词》中也将"直接"解释为:形容词,指不经过中间媒介或事物而发生关系(与"间接"相对),可直接修饰动词、名词,在句中作谓语,受程度副词"很"的修饰。学界尚无对"直接"的专门研究,虚词词典及语气词词典中也都没有收入这个词。徐济铭(2013)在研究现代汉语属性词时,认为"直接"能够受到程度副词修饰,且后加名词时不属于支配关系,具有述谓功能。另外,"直接"在句中可作谓语,可以收受程度副词修饰、不可以带宾

　　* 本文为国家社会科学基金项目"汉语性质形容词主观化与结构功能的互动研究(编号:17BYY145)的阶段成果之一。

语,以及对"直接"的词义的综合考察,将"直接"一词归为形容词。但实际上,"直接"在现代汉语中出现不少充当描摹性和评注性副词的情况。例如:

(1) 从 2 月 1 日起,27 个省份依托国家异地就医结算系统统一开展普通门诊费用(不含门诊慢特病)跨省**直接**结算试运行。(人民网 2021 - 02 - 02)

(2) 未来淡海线通到渔人码头后,游客下车后就**直接**是我们的饭店,非常便利。(人民网 2019 - 06 - 19)

值得注意的是,"直接"在现代汉语尤其是当今口语中,又出现了带有主观性的表语气的用法。例如:

(3) 我们每月 10 号发工资,我现在**直接**就不去上班了,上个月工资能拿到吗,已经是转正签订合同的员工。(找法网 2020 - 08 - 31)

(4) 为什么现在一些人一看到座机号码,就**直接**不接,或者立马挂断呢?(百度网)

由此可见,"直接"在句法功能上呈现出较大的差异性和多样性。本文重点研究"直接"在现代汉语中的主观性及其句法表现。

1. 语气副词"直接"的句法功能

现代汉语中"直接"虽然形容词性仍很强,而用于状语位置时"直接"的形容词功能相对较弱,而副词化功能凸显。具体表现为以下几个方面。

1.1 在特殊句式"把"字句和"被"字句前

张伯江(2001)从施事的角度观察"把"字句和"被"字句,指出一个强及物性的施事应该体现出自主性,或称为意愿性(volitionlity),缺乏意愿性的就是弱施事性。通过对 BCC 语料库的调查发现,把字句前加"直接"的是 107 个句子,"被"字句前加

"直接"的是 10 个句子，"直接"更多用于强及物性的施事"把"字句前，表现出强自主性。例如：

(5) 她用胳膊肘推了我一下，但很明显低估了自己的力量，所以**直接**把我推得跌向亚当，他赶快帮我稳住平衡。（塞西莉亚·艾亨《限期十四天》）

(6) 他奇怪，老三居然敢**直接**把信寄到家里来。以往老三的信总是通过秘密渠道送来，从来不经过邮局。（老舍《四世同堂》）

(7) 死了的骆驼刺一蓬一蓬地翱翔，成了巨型蒲公英。老几的三个土豆从他茶缸子里**直接**被刮到天上，由着空茶缸在后面追它们。（严歌苓《陆犯焉识》）

"直接"在"把"字句前侧重说话人的表现，关注点在说话人(Speaker-oriented)的主观态度和评价。可见，"直接"更多用于致使性的表意外义的"把"字句中。"把"字句表示强施事性动作行为，与"直接"表意外、执意和果断性的语义更相容。另外，"直接"所在的"把"字句和"被"字句一般是在转折复句的后一分句中，其转折语气与"直接"超预期语气相容。例如：

(8) 我并不把酒滴进水里，**而是直接**把水倒在酒里搅拌起来。比尔放进一块冰。（海明威《太阳照常升起》）

(9) 关于信托法在我国法律体系中的地位问题信托法律关系当然属于民事法律关系，属于平等主体间的财产关系范畴。**但直接把**其列入正在酝酿的我国法典，又多有不便之处。（BCC 科技文献）

(10) 他当年写了这首歌给任贤齐，**但直接**被拒，只好自己唱却意外火了。（百度网）

1.2 "直接"用于主语之前

语气副词"直接"带有说话人强烈的感情色彩，可用于表示不满和抱怨的意外等负面情绪的语境中，强化意外和不满的情感。

通过语料调查可以发现,如今"直接"可用于各种人称和疑问代词前,趋于结构外层分布,具有话语连接功能,作用范围扩大,功能和意义更抽象,主观意义增强。例如:

(11) 结果第二跳腿软了。第三跳**直接我**就紧张了,心跳得砰砰砰砰的。(人民网,2013 - 08 - 15)

(12) 别克车主说,他是自北向南行驶,当时正停在斑马线旁等红绿灯,突然,一辆尼桑越野车从后面直冲冲向他开来,**直接他**顶了出去。(人民网,2013 - 08 - 23)

(13) 一期的房子几年了都还没有拿到房产证,二期的房子逾期交房,滞纳金是按 60％ 赔付,三期就更可怜了,**直接什么**都没有了。(人民网,2017 - 01 - 11)

以上例句中"直接"后接主谓结构分别是"我就紧张了""他顶了出去""什么都没有了"。

1.3　"直接"用于能愿动词和否定词前

"直接"多用于"要""能""会"等能愿动词前,表达意愿和可能性,具体有一定的主观性。

(14) 文学作品描写的对象——人,本身就生活在一定的政治条件当中,他的命运**直接要**受政治的影响,在农村,是直接受到农村政策的影响。

(15) 侯寿高走出大山开了家餐馆,还买了辆微型车,**直接能**开到院子里。

(16) 现代神经——内分泌——免疫学说的理论认为,人的精神状态**直接会**影响到人的内分泌激素水平,继而影响到人的免疫系统的活力和功能。(《人民日报》海外版 2001 年 04 月 09 日)

另外,当代汉语直接用于否定词"不""没"等前的用法逐渐增多。

(17) 我电话打过去,人家口气极其不耐烦,最后听见我怒了,

更是电话放一边**直接**不听我说了。（BCC 微博）

(18) 我买房子时候因为当时签订合同时候，卖房子的**直接没**让我看就让我签订了合同。（百度网 2019 年 7 月 25 日）

(19) 既然缺点无法避免，那我们就隐藏缺点，**直接**不让领导抓到我们的把柄。（百度网）

以上(17)—(19)句中的带有"不""没"否定标记的句子，涉及人对句子所表示命题真值或事件现实性状态的主观态度和立场表达，具有强主观性。

2. 副词"直接"的话语关联

从语篇关联到话语关联表现出从客观命题到主观情态性变化，也是主观化的过程和主观性的表现。赵春利、何凡(2020)指出句子与句子之间基于逻辑语义关系所形成的话语关联并不是从微观小句层面直接决定某个副词在句内的具体句法分布，而是从宏观的话语层面通过逻辑语义关系直接制约着某个句子的分布而间接约束该句子中某个副词的分布。史金生(2003)将包含"索性"语段的语义结构进行了拆分，分析了语段各小句之间的逻辑关系，从而揭示了"索性"的话语关联。这些都为"直接"的话语关联研究提供了理论依据和研究方法。

2.1 含"直接"语段的基本语义结构模式

除了在一定的对话语体中，含"直接"的小句一般不独立成句，它大多出现在意义相对完整的语段中。根据 CCL 语料库和"人民网"的语料分析，这样的语段通常包含以下的四种要素：

A. 对客观情况的阐述

B. 新情况的出现

C. 极端情况的产生

D. 后续产生的极端情况的发展或影响等

其基本语义模式可以归结为：**A＋[B＋直接 C]＋D** 例如：

(20) 刘远平老两口和孙子的住处，处在地质灾害易发点，房前是悬崖，房后是滚石，暴雨一来，泥石流**直接**冲到墙根下，让人苦不堪言。（人民网 2019 - 11 - 27）

(21) 2014 年在一次交通执法过程中，龚德芳扣留了张某某承包的一辆超载混凝土运输车，这让张某某十分恼火，**直接**冲到工作站找龚德芳理论。（人民网 2019 - 8 - 28）

(22) 不同于高铁的预订模式，也不同于首都机场与美团外卖的送至机场指定区域的模式，此次饿了么与大兴机场的合作更进了一步，**直接**将餐送到登机口，要在大兴机场享受外卖送餐服务，旅客通过大兴机场 App 或饿了么 App 定位大兴机场，就可以享受由饿了么蓝骑士配送到登机口的服务。（人民网 2020 - 11 - 05）

例(20)中 A 阐述了句子主语客观存在的问题"房前是悬崖，房后是滚石"，为新情况的出现和"直接"行为的产生提供了语义背景，B 新情况"暴雨"的发生，导致 C 极端情况"冲到墙根下"的产生，后续产生的影响 D"让人苦不堪言"。同样，例(21)中"扣留运输车"的客观情况，引发句子主语情绪的变化，新情况的产生导致"直接"行为"冲到工作站理论"的出现，后续的发展即表明态度并做出处罚行为。例(22)中 A 交代了客观已存在的不同的情况，B 指明新情况"饿了吗与大兴机场的合作更进一步"，C"送到登机口"，"直接"行为的影响 D"旅客体验有了新变化"。

A 可以为新情况的发生和"直接"行为的产生提供语义背景，如例(20)、例(21)，往往是已然的、客观的，也可以是对比之下与新情况反差较大的常态化事件，往往有较高的认知度，如例(22)。B 新情况其实是对 A 情况追加的结果或具体指向，往往是变化的，具有反常态性。C 在说话人看来是最彻底的行为，所以 B 其实也是用来连接 A 和 C 的纽带,而 C 的这一行为往往是在说话人意料之外的,具有超常规性。D 是对"直接"行为结果的简单说明,因此往往也是客观的、已然的。

　　C 通常是一个具体的动作行为,是主要信息,在整个语段中占据核心的地位。而相对的,A、B 和 C 是次要信息,在一定的情况下可省略。当 D 不出现,就变成了**简式一(A+B+C)**,例如:

> (23) 最初有人给我打电话,自称是银行工作人员,问我需不需要贷款,还说只凭信用就可以申请,我当时根本不信,**直接**把电话挂了。(人民网 2020-10-12)

> (24) 据介绍,博世中国苏州工厂对现有设备和系统进行了软件修改和升级,实现了物流和信息流的实时匹配,**直接**把库存降低了 40%。(人民网 2020-11-11)

> (25) 有条件的建立"家庭警务亭",没条件的建立"家庭警务室",可以**直接**将警务工作的触角延伸到群众身边。(人民网 2020-10-19)

当 A 不出现,就变成了**简式二(B+C+D)**,例如:

> (26) 某股份制银行以前 6000 积分就能换一杯,今年**直接**跳涨到 12000 积分,涨幅 100%。(人民网 2018-10-23)

> (27) 有时做着家务,他脑子里突然来了灵感,**直接**把手里的家伙一扔,转身就跑进工作室,大半天都不出来。(人民网 2020-10-04)

> (28) 捣蛋猪见胖红没反馈,**直接**跑到它家中劝它结盟,因为整个海上除了猪岛和鸟岛,还有另一个岛。(人民网 2018-10-23)

有时 A 和 D 都不出现,就变成了**简式三(B+C)**,例如:

> (29) 这一场购物狂欢将开启下半年直播行业激烈的流量、用户争夺战,阿里**直接**将直播间搬到了舞台上。(人民网 2020-10-27)

(30) 高德近日宣布希望借疫情后第一个"十一"长假加大高
德地图在出行和本地生活服务领域的运营权重,**直接**将
"战火"烧向了美团的后院。(人民网 2020 - 09 - 21)

(31) 沈传多通简讯给张女未获回应,**直接**冲至张女住处理
论。(人民网 2014 - 09 - 06)

2.2 "直接"与因果复句的关系

从前面对"直接"句基本语义模式和简式的分析探讨可知,B
和 C 两个语段构成"直接"句的核心语段。CCL 语料库和人民网
语料调查显示,"直接"句 B 与 C 之间的逻辑关系是因果关系。

从形式上看,连词是显示句子逻辑层次关系最直接的方式,
是显示逻辑关系的标记。核心语段 B 与 C 之间存在的广义因果
关系可以通过连词和副词来体现,这些连词和副词分为两类,即:
一、因果关系,如"因为/因、由于、为了、所以、因而"等,如例(32);
二、前后关系,如"然后、后来、最后"等时间副词来体现,如例
(33):

(32) a. 因为我特别喜欢"小黄帽",所以**直接**购买了整盒。
(人民网 2019 - 12 - 09)

b. 为了保证按期进行钢结构施工……最后**直接**催化出
我国一种新型钢材 Q460E - Z35 的诞生。(人民网
2018 - 08 - 08)

c. 在"背靠背"举行的美网上,由于他用球误击司线裁
判,**直接**被取消参赛资格。(人民网 2020 - 11 - 13)

d. 我特别感兴趣,也比别人有经验,但因为预产期和项
目执行环节冲突,因而**直接**被排除。(人民网 2020 -
07 - 09)

(33) a. 用户可以随手拍摄 4K 视频,然后**直接**在 iPad Air 上
做剪辑。(人民网 2020 - 09 - 17)

b. 拨打客服电话的过程中,开始电话还处于排队等待

状态,后来**直接**变为空号。(人民网 2020 - 05 - 28)

  c. 男高音歌唱家林杉遇到过唱了一半音响突然坏了的
   情况,<u>最后</u>**直接**清唱。(人民网 2020 - 11 - 09)

  d. 之后傅首尔多次阻挠董婧做造型,<u>最后</u>**直接**冲上来
   厮打董婧。(人民网 2018 - 09 - 27)

  从形式上来看,表因果关系的连词和副词验证了语气副词
"直接"句逻辑层面的因果性;而从语义功能来看,无论是在具有
主观意志行为的主语句中所表现的"果断"义,还是在不具有主观
意志行为的主语句中所表的"意外致果"义,"直接"句都要具有隐
含的因果逻辑关系,即使在没有因果形式标记的复句中,如例
(34)。

  (34) a. 买家不知道评论区改版了,逛了一圈看不到中差评,
    怀疑我们好评是刷的,**直接**去旗舰店下单了。(人民
    网 2020 - 10 - 17)

   b. 再后来周峰就半夜三更等母亲睡了才悄悄出去,一
    直到第二天早上去上学,气得周峰母亲**直接**把床搬
    到了门口堵住。(人民网 2019 - 07 - 22)

   c. 施工队在隔壁钻墙打洞时操作不当,**直接**把墙打穿
    了。(人民网 2019 - 05 - 20)

   d. 2012 年,郑希怡参加应采儿的生日派对,意外坠落
    山坡,肺部**直接**被树枝贯穿,生命垂危。(人民网
    2020 - 08 - 27)

2.3　意外致果的主观情态功能

  从意义层面来看,在主语不具有主观意志的句子中时,A 和 B
的背景变化义作为原因所引发的是"直接"句作为结果的瞬时致
果义。背景变化义在情感上是意外的,出乎意料短时导致的结果
则是"直接"句所表到的意外致果义,凸显了态度的意外和语义的
短时致果。其因果关系也可通过在无因果形式标记的句中添加

因果性"形式标记"的方法来验证其因果性质及其深层的语义关系,如:

(35) a. 第 18 分钟,[因为]马赛后场传球失误**直接**将球送到德布劳内脚下。(人民网 2020 - 10 - 28)

b. 在德国,[由于]每年有超过一半的毕业生会选择接受"双元制"职业教育培训,约 70% 的学生能在毕业后**直接**被实习企业接收。(人民网 2020 - 08 - 05)

c. 有一个重大项目要组建项目团队,我特别感兴趣,也比别人有经验,但[因为]预产期和项目执行环节冲突,**直接**被排除。(人民网 2020 - 07 - 09)

d. 很快,当地森林公安摸到了在河南南阳出货的呼延等人,[所以]他们那帮人**直接**被端了。(人民网 2020 - 03 - 19)

需要注意的是,"直接"句所表达的意外致果性只有在主语不具备主观意志的句中才能体现,换句话说,"直接"句作为结果句是在背景变化义的致使下,产生的意料之外的现象。因此,"直接"句所表达的意外致果是以背景变化为前提的,从逻辑上看,其同样是基于条件的因果;从语义上看,是基于变化产生的现象;从主观情态上看,是出于言者意料之外的结果。

3. "直接"的主观性表现

主观性是指说话人在说出一段话的同时表明自己对这段话的立场、态度和感情,从而在话语中留下"自我"的印记,主观化是一种"语义语用"的演变,意义变得越来越依赖于说话人对命题内容的主观信念和态度。由形容词"直接"到情态副词"直接",再到语气副词"直接"的语法化过程中也存在着主观化的问题,即其中用来表达主观性的可识别的语法成分通过非语法成分的演变而逐步形成。

　　Traugott(1995)认为主观化同语法化一样是一个渐变的过程，起初形式和结构主要表达具体的、词汇的和客观的意义，逐渐过渡到重复使用在当地的句法环境中，到最后服务于更加抽象的、语用的、人际的和以言者为中心的功能。"直接"存在着语法化过程中的主观性主要表现在其语法功能其意义由客观转变为主观，从命题功能转变为言谈功能。

3.1　由客观意义转为主观意义

　　"直接"由表客观无中间事物义的"直接"在状语位置上逐渐虚化，产生表无中间环节的"径直义"，表语气的"直接"的过程。在这一演化过程中，"直接"的主观性增强，客观性减弱，这表现在"直接"是对"外部情景"的客观描述，如下例（36）、例（37），而"直接"加入了说话人"内在情景"的评价，其主观性就会加强，如下例（38）、例（39）。

（36）脑出血由于血肿压迫脑组织，**直接**刺激皮层，同时内压增高、脑水肿或血管痉挛、血管内凝血等因素亦有关。（BBC 科技文献）

（37）报道说，伊拉克最高当局最近经过认真研究，决定就伊美关系等问题与美国进行**直接**对话。（《人民日报》1995）

（38）当球棒按照规定由下边顺着身子**直接**向上挥动时，这个部位就能保证打成功一个堪称典范的、接近垂直的、只是一般受到风影响的高球。（君特·格拉斯《狗年月》）

（39）他一把反扣着她的右腕关节，**直接**制住她的脉门，往她体内渡入了几缕真气。（凌淑芬《秀逗大侠》）

　　例（36）中"直接"是对"血肿压迫脑组织刺激皮层"的方式进行描述，例（37）中"直接"是就"伊美关系""伊拉克最高当局"决定采取不经过第三方与"美国"对话的方式的描述，均是说话人对

"外部情景"的客观描述；例(38)、例(39)"直接"是对"球棒顺着身子向上挥动"的动作和"一把反扣着她的右手关节制住她的脉门"的结果的客观评价，这其中加入了"说话人"的评判，涉及"内在情景"范畴，客观性减弱，主观性增强。

(40) 我问我妹了，我妹说张杰演唱会只有广东场和北京场，**直接**把中原地带的我们忽略了。(BBC 微博)

(41) 主要这两天北京天气太冷，今天早上**直接**下雪了。(BCC 微博)

例(40)和例(41)中"把中原地带的我们忽略了""下雪了"不存在客观上有无中间环节的意义，"直接"仅是说话人"内在情景"的呈现，即说话人"意外"的感知，是说话人在说话这一行为中的自我表白。"直接"由客观意义转变为主观意义。

"直接"除了位于动词或形容词前之外，语气副词"直接"还呈现出左向分布特征，可单独位于否定词前或句首，从饰谓成分到饰句成分，主观化程度加深。例如：

(42) 如果我是你的话我就**直接**不考研了。(微博)

(43) 新兵刚来就要当官，团长一试他的身手，**直接**让他当连长！(百度网)

3.2　由命题功能转为言谈功能

"直接"作为形容词，在句中可以充当主要的句法成分，除在句中充当状语外，还可充当定语、补语，如例(42)、例(43)，甚至还可以充当句子里的核心谓语，具有独立的述谓性，如例(44)，因此"直接"在语用上主要行使表达命题的功能，是命题的核心组成成分。

(44) 等级排列法则是一种**直接**的方法，具体操作方法是被试将所呈现的一系列刺激按优劣和喜欢。(《当代》)

(45) 股息、红利对职工劳动积极性的调动，远不如工资、奖金来得**直接**。(1994 年报刊精选)

(46) 听得出虽然写信人满怀悲愤,但不擅长文字煽情,用语
　　　浅白,思维**直接**。(《人民日报》海外版 2004 年 04 月
　　　20 日)

例(44)"直接"阐明了等级排列法这种方法的特点,例(45)突出工资、奖金对职工劳动积极性调动的效度,例(46)体现写信人的思维方式,这三个例子中"直接"均反映了客观世界的关系,属于命题部分,体现了其命题功能。状语位置的"直接"语法化的第二个阶段即产生表方式的情态副词"直接",其所涉及的内容依然停留在句子的命题层面,表现句子主语与客观世界发生关系的方式,如以下三例:例(47)、例(48)和例(49)。

(47) 研究院的特点是各专业相兼容,科技与教育相结合,农
　　　民有什么问题,也可**直接**找研究院解决。(人民日报
　　　2000 年 07 月 10 日)

(48) 如果说甜甜圈在现代文学上能够拥有力量,那是对意识
　　　下的领域,做身份认知的某种个人性收束力,给与**直接**
　　　承认所不可或缺的要素。(村上春树《甜甜圈续》)

(49) 你放心,跟乡镇企业**直接**打交道最保险,双方互利,谁也
　　　不会捅出去,何况那边是我亲叔叔,知根知底儿。(孙
　　　力、余小惠《都市风流》)

"直接"除了表达命题本身的含义之外,强烈地反映了说话人的主观态度,在句中的作用已非客观陈述,而在于组织话语,以达到最好的言谈效果,如例(50)、例(51)、例(52):

(50) 昨儿看电影回来,姑娘**直接**把三袋面还有放茶几上的半
　　　袋锅巴吃了,包装袋还整整齐齐的放在厨房垃圾筒旁。
　　　(BCC 微博)

(51) 学校建立了短信平台,这两天频频收到老师的要求,都
　　　是如何迎接"期中"考试的! 家长也都**直接**被"摇控"了!
　　　(BCC 微博)

（52）往后一丢，他**直接**从窗户飞向大街，像只失控的鸟，街上
　　　行人的叫声和赖武光的尖叫掺杂在一块。（陶陶《哎呀
　　　我的小娘子》）

例（50）—（52）中"直接"作为语气副词已无实际的词汇义，表说话
人对"直接"后述题内容，即"把三袋面还有放茶几上的半袋锅巴
吃了""被'摇控'""从窗户飞向大街"的意外情态，在语用上主要
呈现出言谈功能，将说话人主观上感到意外的态度作用于听话
人，引起听话人的注意甚至做出语言和行为上的反应，以达到表
明言者态度的言谈语用效果。

3.3　交互主观性表现

沈家煊（2001）对交互主观性的解释是说/写者用明确的语言
形式表达对听/读者"自我"的关注，这种关注可以体现在认识意
义上，即听/读者对命题内容的关注。交互主观性表达的是说话
人所关注到的听话人的态度和视角。在句子主语和言者主语同
一的情况下，言者意外之情的表达是站在听话人角度呈现的，这
一现象体现了"直接"的交互主观性。有语气副词"直接"的句子
里都存在着一个句法形式上显性或隐性的言者主语，并在"直接"
突出焦点的语用功能的作用下，由其引发相应的交际环境，在言
者直接参与到话语交际的过程中，要求听者接受甚至做出语言和
行为上的反应。这就涉及交互主观立场表达中言者主观性对听
者主观性的作用。例如：

（53）A："你国庆也加班啊！"
　　　B："我们公司**直接**没放，一天也没多少事就是不让走。"
　　　A："辛苦了！"（BCC对话）

例（53）"直接"表示言者参照听者的常态认知，即"国庆理应放
假"，在自己的表述中带入意外情态，渴望得到听话人的共情并做
出反应，使话语交际顺利进行，这样交际主观性就在对话中体现
了出来。再如：

(54) A:"隔壁晚上唱歌,我**直接**把110喊来了。"

B:"如果唱的是《单身情歌》,其实还是可以理解的。"

(BCC对话)

(55) A:"我打球时候**直接**被人家喊叔叔。"

B:"可怜的娃,把胡子刮刮吧。"(BCC对话)

例(54)在表述中关注到听话人会对"把110喊来"感到意外的情态,在表达说话人果断而为的意志语气的同时,期待与听话人产生话语交际,得到听话人的评价。例(55)说话人预设听话人与自己有着同样的否定立场,即认为"我"不应该"被人家喊叔叔",将言者的主观意外情感作用于听话人,并期待得到听话人的正面评价,体现了"直接"的交互主观性。

关注听者是交互主观性定义的共性,可分为三种类型:态度型、回应型、篇章型。回应类包括引发听者特定言语行为或有助谈话延续或立场合作(如话轮转换、疑问标签)。据以上分析,"直接"的交互主观性属于回应型,即说话人引发听话人做出某个举动或反应。根据交互主观性的单向性假说和左/右缘假说,句法成分在语义演变上,呈现为"非/弱主观性>主观性>交互主观性"的从左到右的演变序列。因此可以判定语气副词"直接"具有"违愿"性语气交互主观性。

4. 结语

"直接"的演变过程不仅体现了"直接"的语法化,其逐渐增强的言者信念和态度也由可识别的语法成分逐渐体现了出来,也就是说"直接"在语法化过程中,同时也伴随着主观化的过程,在句法分布上呈现出左向分布特征:谓语→状语→主语→句前。本文研究证明了副词"直接"的基本功能是充当高层谓语、进行主观评注的典型的评注性副词。其话语关联的情态性与主观性的句法表现显著。主观性除了有强弱之分以外，还有立场和视角以及评价和情感等分类。邵敬敏（2017）进一步将汉语主观性的类型表现为：显示特定的视角、表示特别的认知、流露特殊的情感。后续还需要从这些角度对"直接"的主观性进行深入的研究。

参考文献

齐沪扬　2003　语气副词的语用功能分析，《语言教学与研究》第 1 期。

强星娜　2017　意外范畴研究述评，《语言教学与研究》第 6 期。

屈承熹　1991　汉语副词的篇章功能，《语言教学与研究》第 2 期。

邵敬敏　2017　主观性的类型与主观化的途径，《汉语学报》第 4 期。

沈家煊　2001　语言的"主观性"与"主观化"，《外语教学与研究》第 4 期。

史金生　2003　"索性"的语篇功能分析，《南开语言学刊》。

徐济铭　2013　《〈现代汉语词典〉属性词研究》，南开大学硕士学位论文。

张谊生　1996　《副词的篇章连接功能》，《语言研究》第 1 期。

张谊生　2014　《现代汉语副词研究》，北京：商务印书馆。

赵春利、何凡　2020　副词"索性"的话语关联与情态验证，《世界汉语教学》第 3 期。

Traugott, E. C. 1995 *Subjectification in grammaticalization.* In Stein & Wright.

肯定义句式"好不 A"的来源及"好不"的词汇化*

叶建军(温州大学人文学院)

0. 引言

现代汉语中有一种形式上否定而语义上肯定的句式"好不A"。例如：

(1) 鸿渐还在高中读书,随家里作主订了婚。未婚妻并没见面,只瞻仰过一张半身照相,也漠不关心。两年后到北平进大学,第一次经历男女同学的风味,看人家一对对谈情说爱,<u>好不眼红</u>。(钱锺书《围城》)

(2) 孩子们眼睛发亮,挑选着,比较着,挨挨挤挤,叽叽喳喳,<u>好不热闹</u>。(汪曾祺《故人往事》)

肯定义句式"好不A"中的"好不"为程度副词,吕叔湘(1999：259)认为,"表示程度深,多含感叹语气,限于修饰某些双音节形容词","与'好、多么、很'相同"。《现代汉语词典》(2016：519)(以下简称《现汉》)对副词"好不"的释义基本一致："用在某些双音形容词前面表示程度深,并带感叹语气,跟'多么'相同"。[①]因此可以

---

* 本研究得到教育部人文社会科学研究规划基金项目(19YJA740073)的资助。

认为肯定义句式"好不 A"属于感叹句式。②

　　吕叔湘(1982：313)早就注意到了肯定义"好不"或肯定义句式"好不 A"的来源问题："有人说，'好不'连用，'好'字有打消'不'字的作用。这个解说有点说不过去，'好'字并非一个否定词。这'好不糊涂'大概是'好糊涂'和'岂不糊涂'两种说法糅合的结果。"遗憾的是，吕先生未对这一见解进行论证，学界也未对吕先生的卓见予以重视。

　　袁宾(1984)猜测，"肯定式'好不'来源于否定式'好不'，最初在口语中也许是否定式'好不'的反语用法，这种反语说法用多了，其中'不'的意义就逐渐虚化，失去否定作用，依附于'好'字，'好不'遂凝固成一个相当于副词的语言单位了"。"反语说"有一定的合理之处，能够解释为什么否定形式的句式"好不 A"可以表示肯定。但是"反语说"面临两个问题：其一，难以得到历时证据的支持。所谓反语就是说反话，或正话反说，或反话正说，实际所指与字面相反。反语往往蕴含着言者对已提及或存在的人、物或事的不满、嘲讽等消极情绪或态度，因而言者使用否定义句式"好不 A"的反语说法，一般来说，应存在有人使用否定义句式"好不 A"这样的前提，或者存在一种可以导致言者产生不满、嘲讽等消极情绪或态度的语境，但是考察早期肯定义句式"好不 A"，我们未发现有这样的前提或语境。其二，反语是一种特殊的否定方式，反语"好不 A"就是对否定义句式"好不 A"的否定，但是其否定域一般是程度副词"好"，而不是"不 A"(更不是 A)，即仅仅是减弱否定的程度，因而其语义是"不 A"或"A"，而不是"好 A"。如否定义句式"好不自在"的反语义是"不自在"或"自在"，并非"好自在"。这与肯定义句式"好不 A"的"好 A"义不一致。

　　王锳(2005：130)在解释副词"好"时指出："'好'兼有'岂'、'真'二义引起了同一说法的肯定形式与否定形式同义的有趣现象：'好不伤怀'即等于'好伤怀'，'好不清净'即等于'好清静'。

原因便在于前者是以反问形式表肯定的,其中的'好'相当于'岂'。"江蓝生(2010)不同意"反语说",认为王锳(2005)的解释比较合理,进而提出了"反问说",即"好不 A"最初是反问句,其中的"好"是反诘副词;经过句式的语法化,"好不 A"完成了从反问句到感叹句的转换。"反问说"不仅可以解释为什么否定形式的句式"好不 A"可以表示肯定义,而且能够解释为什么否定形式的句式"好不 A"具有感叹语气。但是如果"好"是反诘副词,"好不 A"是反问句,那么"好不 A"便相当于"岂不 A",意思是 A,并不表示 A 的程度之深,这与肯定义句式"好不 A"的语义只是相近,而不是完全一致。

肯定义句式"好不 A"的来源到底是怎样的呢?关于这一问题,江蓝生(2010)的"反问说"颇有启发性,吕叔湘(1982:313)的"糅合说"尤应引起我们的重视。我们拟立足汉语史,首先探究肯定义句式"好不 A"的生成机制,然后探究其生成动因,最后探讨"好不"的词汇化问题。

1. 感叹句式"好 A"与反诘句式"岂不 A"

肯定义句式"好不 A"的来源与感叹句式"好 A"、反诘句式"岂不 A"有关,因此有必要先考察汉语史上感叹句式"好 A"、反诘句式"岂不 A"这两种句式的使用情况。

1.1　感叹句式"好 A"

"好"最迟在东晋时期已用作程度副词,表示程度深,并带有感叹语气(何金松,1994:12)。[3]例如:

> (3) 我不践斯境,岁月好已积。(陶渊明《乙巳岁三月为建威参军使都经钱溪》。转引自何金松,1994:12)

程度副词"好"大致可以理解成"很",但是与"很"不同的是,"好"往往带有言者的主观性,具有感叹语气。因而,程度副词

"好"与程度副词"多么"更为接近。在汉语史上,程度副词"好"一般与具有[＋程度性]的形容词(主要是双音节的)构成感叹句式,当然也可以与具有[＋程度性]的动词或谓词性短语构成感叹句式。为了行文方便,我们将这种感叹句式记作"好 A"。④感叹句式"好 A"最迟在东晋时期已有用例,如例(3);从唐代开始用例逐渐增多,并沿用了下来。下面是近代汉语中"好 A"用例:

(4) 莫厌追欢笑语频,寻思离乱好伤神。(钟离权《题长安酒肆壁三绝句》,《全唐诗》卷八六〇)

(5) 定州柏岩明哲禅师尝见药山和尚看经,因语之曰:"和尚莫猱人好。"药山置经云:"日头早晚也。"师云:"正当午也。"药山云:"犹有文采在。"师云:"某甲亦无。"药山云:"老兄好聪明!"(《景德传灯录》卷七)

(6) (净白)孩儿你去,千万有好全带花。(生)全带花。(净)似门前樟树样大底,买一朵归来,与娘插在肩头上。(末)你好辛苦!(《张协状元》第五出)

(7) 杨志立未久,只见两边的人都跑入河下巷内去躲。杨志看时,只见都乱撺,口里说道:"快躲了,大虫来也。"杨志道:"好作怪! 这等一片锦城池,却那得大虫来!"(《水浒传》第十二回)

(8) 功父看那张纸时,原已写得有字。囚犯道:"只消舅舅押个字就是了。"功父依言提起笔来写个花押,递与囚犯。两人就伸手来在囚犯处接了,便喝道:"快进去!"囚犯对着功父大哭道:"今与舅舅别了。不知几时得脱。好苦! 好苦!"(《二刻拍案惊奇》卷二十)

有时为了加强感叹语气,"好 A"后还可加语气词"呵""也"或"哩"等。例如:

(9) (正末袍盔背剑冒雪上,开)自家韩信的便是。目今秦失其鹿,天下逐之,不知久后鹿死谁手? 想自家空学的满腹兵书战策,奈满眼儿曹,谁识英雄之辈! 好伤感人呵!
(金仁杰《萧何月夜追韩信》第一折,《新校元刊杂剧三十
种》)

(10) 张三峰心里想道:"放过了这位老爷,怎么能勾见得万
岁!"你看他一骨碌爬将起来,把个脸皮儿抹一抹,把个
身子儿抖两抖。众更夫都说道:"原来一个标标致致、香
香喷喷的道士。好奇怪也!"(《三宝太监西洋记》第五十
七回)

(11) 老爷道:"前日有几员番将,武艺颇精,神通颇大,仗凭朝
廷洪福,国师佛力,俱已丧于学生的帐下诸将之手,故此
不曾敢来惊烦国师。近日出一女将名唤姜金定,虽是一
个女流之辈,赛过了那七十二变的混世魔王,好利害哩!
好利害哩! ……"(《三宝太监西洋记》第二十八回)

1.2 反诘句式"岂不 A"

这里所说的反诘句式"岂不 A",包括"不 A"前出现反诘副词
"岂""却"或"可"等,"不 A"后出现语气词"哉""乎""也"或"么"等
的反诘句式。其中的 A 也是指具有[＋程度性]的形容词、动词或
谓词性短语。"岂不 A"反诘句式在形式上是否定的,而在语义上
是肯定的,即 A。

含有反诘副词或语气词的反诘句式"岂不 A"早在上古汉语
中就已出现。例如:

(12) 时已徙矣,而法不徙,以此为治,岂不难哉!(《吕氏春
秋·察今》)

(13) 公喟然叹曰:"呜呼! 使国可长保而传于子孙,岂不乐
哉!"(《晏子春秋·谏上》)

反诘句式"岂不 A"在中古汉语、近代汉语中均得到了广泛的
使用。下面是近代汉语中反诘句式"岂不 A"用例:

(14) 项籍岂不壮,贾生岂不良。(孟郊《赠别崔纯亮》,《全唐

诗》卷三七七)

(15) 沁园春吹面无寒,沾衣不湿,<u>岂不快哉</u>!(葛长庚《沁园春·寄鹤林》,《全宋词》)

(16) 如贤献关,吾奏武王,教贤列士封侯,与尔姊报恨,天下太平,<u>岂不美哉</u>!(《全相平话五种·武王伐纣平话》卷下)

(17) 曹姨道:"周生江南秀士,门户相当,何不教他遣谋说合,成就百年姻缘,<u>岂不美乎</u>!"娇鸾点头道:"是。"(《警世通言》卷三十四)

(18) 林黛玉天性喜散不喜聚。他想的也有个道理,他说:"人有聚就有散,聚时欢喜,到散时<u>岂不清冷</u>!既清冷则生伤感,所以不如倒是不聚的好。比如那花开时令人爱慕,谢时则增惆怅,所以倒是不开的好。"故此人以为喜之时,他反以为悲。(《红楼梦》第三十一回)

使用反诘副词"岂"的反诘句式"岂不 A"较多,如以上各例;使用反诘副词"却""可"的较少,如下面三例表示同一命题义,使用了反诘副词"却"或"可"。

(19) (正末扮上了,引仆童上了)嗨! 对著此景,<u>却不快活</u>!(王伯成《李太白贬夜郎》第二折,《新校元刊杂剧三十种》)

(20) (张士贵云)罢了,今番赖不成这功了。打为百姓,也罢,作庄农去也。苦庄三顷地,伏手一张锄。倒能够吃浑酒肥草鸡儿,<u>可不快活</u>! 我是张士贵,苦庄三顷地。一顿三碗饭,吃的饱了炕上睡。(无名氏《摩利支飞刀对箭》第四折,《元曲选外编》)

(21) (杨衙内云)大姐,你方才放心了,把这两个放在牢中牢死了,俺两个做了永远夫妻,<u>可不快活也</u>!(李文蔚《同乐院燕青博鱼》第三折,《元曲选》)

　　"么"是近代汉语新兴的疑问语气词,⑤到了近代汉语开始出现了含有疑问语气词"么"的反诘句式"岂不A"。例如:

(22)（慕容垂云）符坚,你既然赤心受命于我,饶你性命! 你则是开的口大了,你<u>岂不羞么</u>! 收拾方物,准备进贡,你再休题马鞭填塞过江南!（李文蔚《破符坚蒋神灵应》第三折,《元曲选外编》）

(23) 看官,你道这女儿三生,一生被害,一生索债,一生证明讨命,<u>可不利害么</u>!（《初刻拍案惊奇》卷三十）

(24) 高髻妇人之言,无一不验,真是数已前定。并那件物事,世间还不曾有,那贵人已该在这里头眠一会,魇样得长成,说过在那里了,<u>可不奇么</u>!（《二刻拍案惊奇》卷三十二）

(25) 又问道:"可见说佳期还在何日?"慧娘低低道:"近日曾教媒人再三来说,爹道奴年纪尚小,回他们再缓几时哩。"玉郎笑道:"回了他家,你心下<u>可不气恼么</u>!"（《醒世恒言》卷八）

　　据我们考察,反诘句式"岂不 A"基本上含有单音节反诘副词,主要为四音节。之所以含有反诘副词,是因为这样便于听者从标记上识解反诘语气;之所以是四音节的居多,是因为四个音节为两个标准音步,形成两个韵律词,符合汉语"2+2"这种典型的韵律组合模式。

2. 肯定义句式"好不 A"的生成机制

　　如前所述,吕叔湘(1982:313)对肯定义句式"好不糊涂"的来源进行了推测,认为"大概是'好糊涂'和'岂不糊涂'两种说法糅合的结果"。换言之,在吕先生看来,肯定义句式"好不 A"是句式"好 A"与"岂不 A"糅合而成的。我们赞同吕先生的观点。我们认为,肯定义句式"好不 A"的生成机制是糅合,其是由感叹句式"好 A"与反诘句式"岂不 A"糅合而成的。这一生成过程可以表示为:

$$"好\ A" + "岂不\ A" \to "好不\ A"$$

2.1　从句式糅合的三个基本原则来看

我们所说的句式糅合,特指"两个语义相同或相近的句式 A 与 B,因某种语用目的主要通过删略重叠成分合并成新的句式 C 的过程"(叶建军,2013)。句式糅合要遵循语义相近原则、时代先后原则和成分蕴含原则(叶建军,2013)。换言之,如果句式 A 与 B 语义相同或相近,且先于句式 C 而存在或与句式 C 同时存在,而句式 C 又蕴含句式 A 与 B 的主要成分,甚至是全部成分,那么句式 C 就是由句式 A 与 B 糅合而成的。感叹句式"好 A"与反诘句式"岂不 A"糅合生成肯定义句式"好不 A"完全遵循句式糅合的三个基本原则。

首先,感叹句式"好 A"与反诘句式"岂不 A"的语义相近:"好 A"的语义是"多么 A","岂不 A"的语义是 A,二者均是表示对 A 的肯定。例如:

(26)(正末云)酒也,连日不见你,谁想今日在这里又相会,<u>好美哉也</u>!(高文秀《好酒赵元遇上皇》第二折,《元曲选外编》)

(27)(赵汝州云)对这好花好酒,又好良夜,知音相遇,<u>岂不美哉</u>!(张寿卿《谢金莲诗酒红梨花》第二折,《元曲选》)

(28)(张道南云)趁此月色,共饮几杯,<u>岂不美乎</u>!(无名氏《萨真人夜断碧桃花》第一折,《元曲选》)

如果例(26)"好美哉也"与例(27)"岂不美哉"、例(28)"岂不美乎"互换,虽然语气发生了变化,即由感叹变为反诘或由反诘变为感叹,但是基本语义并未改变,均表示对"美"的肯定。由此可见,感叹句式"好 A"与反诘句式"岂不 A"二者语义是相近的,具有相容性,具备句式糅合的语义条件,遵循句式糅合的语义相近原则。

其次,感叹句式"好 A"与反诘句式"岂不 A"的出现时代均早于肯定义句式"好不 A",遵循句式糅合的时代先后原则。

关于肯定义句式"好不 A"的出现时代,学界存在分歧。袁宾(1984、1987)调查了大量的文献,认为肯定义句式"好不 A"应该"是明代下半叶即十六世纪产生的";何金松(1990)则认为"至迟在十四世纪元代口语中便已产生";曹小云(1996)甚至认为出现于十三世纪初;孟庆章(1996)也认为"在南宋末年即公元十三世纪时已经出现"。肯定义句式"好不 A"的出现时代最迟应不晚于明代中叶,这是可以肯定的。那么宋元时期是否已出现可靠的肯定义句式"好不 A"用例呢? 其实有的学者列举的宋元时期的所谓肯定义句式"好不 A"用例,要么属于后时资料,要么实际上仍是否定义句式。不过,如果认为肯定义句式"好不 A"的出现时代大约是元明时期,我们觉得是可以的。⑥下面是近代汉语中肯定义句式"好不 A"用例:

(29) 当日刘知远与三娘子成亲之后,怎知他三娘子两个哥哥名做李洪信、李洪义的,终日肚闷,背后道:"咱爷娘得怎地无见识! 将个妹妹嫁与一个事马的驱口,教咱弟兄<u>好不羞</u>了面皮!"(《新编五代史平话·汉史平话》卷上)⑦

(30) (燕大云)自家燕大的便是。浑家王腊梅。今日是三月三清明节令,那同乐院前游春的王孙士女,<u>好不华盛</u>! 我与大嫂也去赏玩一赏玩。可早来到了也。(李文蔚《同乐院燕青博鱼》第二折,《元曲选》)⑧

(31) 李瓶儿道:"教他搂着孩子睡罢,拿了一瓯酒送与他吃就是了。你不知俺这小大官,<u>好不伶俐</u>! 人只离来开他就醒了。有一日儿,在我这边炕上睡,他爹这里敢动一动

儿,就睁开眼醒了,恰似知道的一般。教奶子抱了去那边屋里,只是哭,只要我搂着他。"(《金瓶梅词话》第四十四回)

(32) 这寺中每日人山人海,<u>好不</u>热闹! 布施的财物不计其数。(《醒世恒言》卷三十九)

(33) 探春李纨走出院外再听时,惟有竹梢风动,月影移墙,<u>好不凄凉冷淡</u>!(《红楼梦》第九十八回)

在近代汉语中肯定义句式"好不 A"后有时出现语气词"也""哩"等。例如:

(34) (正末云)你看他两个贼子帮着俺哥哥吃酒,<u>好不快活也</u>!(萧德祥《杨氏女杀狗劝夫》第一折,《元曲选》)

(35) 月娘叫住便问:"老薛,你往那里去? 怎的一向不来俺这里走走?"薛嫂道:"你老人家倒且说的好,这两日<u>好不忙哩</u>! 偏有许多头绪儿! 咱家小奶奶那里使牢子、大官儿,叫了好几遍,还不得空儿去哩!"(《金瓶梅词话》第九十五回)

感叹句式"好 A"最迟在东晋时期就已出现,反诘句式"岂不 A"早在上古汉语中就已出现,而肯定义句式"好不 A"出现较晚,大概到了元明时期才出现,可见感叹句式"好 A"与反诘句式"岂不 A"糅合生成肯定义句式"好不 A"遵循句式糅合的时代先后原则。

最后,感叹句式"好 A"与反诘句式"岂不 A"糅合生成肯定义句式"好不 A"遵循句式糅合的成分蕴含原则。所谓句式糅合的成分蕴含原则,是指"糅合句式 C 必须蕴含源句式 A 与 B 的主要成分,甚至是全部成分";"糅合句式 C 既然蕴含了源句式 A 与 B 的主要成分,甚至是全部成分,那么在语义上必然蕴含源句式 A 与 B,所以成分蕴含原则也可称为语义蕴含原则"(叶建军,2013)。如例(30)"好不华盛",在句法上既蕴含了感叹句式"好华盛"的所有成分,又蕴含了反诘句式"岂不华盛"的主要成分。显而易见,"好不华盛"在语义上既蕴含了感叹句式"好华盛",又蕴含了反诘句式"岂不华盛"。

2.2　从句式中感叹标记与反诘标记的同现来看②

程度副词"好"具有言者的主观性,其与具有[＋程度性]的形容词、动词或谓词性短语构成的句式"好 A"具有感叹语气,程度副词"好"可以看作感叹句式的一个标记。肯定义句式"好不 A"具有感叹标记"好",因而其具有感叹句式的特点。

反诘副词"岂"等在肯定义句式"好不 A"中不出现,因而从形式上很难看出最初的肯定义句式"好不 A"兼有反诘句式的特点。但是这并不意味着汉语史上含有疑问标记的肯定义句式"好不 A"绝对不存在。事实上,汉语史上含有疑问语气词"么"的肯定义句式"好不 A 么"有少量用例,如在明代文献中既有例(36)"好不作怪"这样的用例,也有例(37)"好不作怪么"这样的用例。

(36) 比及公牌向前验之,二人臂上皆有黑病,不能辨其真伪。王丞相惊道:"好不作怪! 适间只一个有,此时都有了。"(《包龙图判百家公案》卷六)

(37) 玳安即便出门,西门庆和李瓶儿拥著官哥道:"孩子,我与你赛神了,你好了些,谢天谢地!"说也奇怪,那时孩子就放下眼,磕伏著都睡起来了。李瓶儿对西门庆道:"好不作怪么! 一许了献神道,就减可了大半!"(《金瓶梅词话》第五十三回)

例(36)"好不作怪"与例(37)"好不作怪么"均为明代用例,命题义完全一致,均是"好作怪"(即"好奇怪")。如果从现代汉语视角来看,我们会认为例(36)是相当于"好作怪"的感叹句式,看不出其反诘语气。例(37)含有感叹标记"好",因而我们认为该句式同样具有感叹句式的特点;但是该句式末尾又有疑问语气词"么",很显然又具有疑问语气。由于句式中又出现了否定词

"不",而句式义是肯定的,因而该句式实际上具有反诘语气,这里的疑问标记"么"实际上可看作反诘标记。也就是说,从句式末尾的反诘标记"么"可以断定,该句式兼有反诘句式的特点。"糅合句式蕴含了两个源句式,最初兼有两个源句式的一些特点"(叶建军,2016),所以根据句式中感叹标记与反诘标记同现的例(37)可以断定,肯定义句式"好不 A 么"是由感叹句式"好 A"与反诘句式"岂不 A 么"糅合而成的,其生成机制是糅合。反诘标记"么"并不是反诘句式必有的,可以删略,因此句式末尾不出现反诘标记"么"的肯定义句式"好不 A"与"好不 A 么"在句法、语义、语气等方面毫无二致,最初同样兼有感叹语气与反诘语气,其生成机制同样是糅合,即由感叹句式"好 A"与反诘句式"岂不 A"糅合而成。例(36)"好不作怪"属于早期用例,比照例(37),如果从历时的视角来看,不妨认为其兼有感叹语气与反诘语气。总之,比照兼有感叹标记与反诘标记的"好不 A 么",可以看出肯定义句式"好不 A"的生成机制是糅合。

下面的三例出现于清代同一部文献,颇有启发性:

(38) 素娥道:"那日愚夫送公子回,却被月娟那贱人欲图反嫁,私着老仆王安布了毒药。一时谋杀你的哥哥,后竟与王安反嫁而去。剩我零丁,实望二位叔叔日后仕路扬眉,或代愚夫吐气。不料贤叔今又遭此天灾,教奴奴好不悲伤!"(《绣戈袍全传》第二十回)

(39) 那素娥因无人伴睡,愈觉被窝寂静,枕头孤零,好不悲伤!(《绣戈袍全传》第四回)

(40) 素娥又假造个悲哀,叫句:"夫罢,你如此枉死,复被天诛。真可谓福无重至,祸不单行。教妻子好不悲伤么!"(《绣戈袍全传》第八回)[10]

例(40)中肯定义句式"好不悲伤么"既含有感叹标记"好",又含有反诘标记"么",很显然,在句法、语义、语气等方面"好不悲伤么"既蕴含了感叹句式"好悲伤",又蕴含了反诘句式"岂不悲伤么",是一个糅合句式。例(38)(39)中肯定义句式"好不悲伤"有感叹标记"好",而没有反诘标记"么",但是比照出自同一种文献的例(40),完全有理由认为"好不悲伤"不仅具有感叹语气,而且仍然或多或少具有反诘语气。由此可以推断,早期的"好不A"当是由感叹句式"好A"与反诘句式"岂不A"糅合而成的。

除了例(40),含有反诘标记"么"的肯定义句式"好不A么"在清代仍偶见用例。再如:

(41) 曹后对韩俊娥问道:"你们当初共有几个美人?"韩俊娥答道:"朱贵儿、袁宝儿、薛冶儿、杏娘、妥娘、贱妾与雅娘,后又增吴绛仙、月宾。"曹后道:"杏娘是为拆字死的,朱、袁是骂贼殉难的了,那妥娘呢?"雅娘答道:"是宇文智及要逼他,他跳入池中而死。"曹后笑道:"那人与朱、袁与妥娘好不痴么!人生一世,草生一秋,何不也像你们两个,随着娘娘,落得快活,何苦枉自轻生?"(《隋唐演义》第五十回)

(42) 鲍师道:"帝师不知。他一个问讯,直要曲腰俯首至地,那女人只说个'师父不劳',连膝磕子也不曲一曲,他心上好不恼么!"众仙师皆大笑。(《女仙外史》第八十三回)

(43) 王安远远望见一件东西淌来,上面有许多鹰鸟搭着翎翅,好象凉棚一般的盖在半空。王安指道:"员外请看,那边这些鹰鸟好不奇异么!"员外抬头观看,果然奇异。(《说岳全传》第二回)

虽然在汉语史上"好不A么"这样的用例寥若晨星,但是恰恰是这些罕见的历史遗迹从标记上证实了我们的观点:至少在产生之初,肯定义句式"好不A"在句法、语义、语气等方面不仅蕴含了感叹句式"好A",而且蕴含了反诘句式"岂不A",其生成机制当是糅合，即由感叹句式"好 A"与反诘句式"岂不 A"糅合而成。

2.3　从同义句式"好 A""岂不 A"与"好不 A"的同现来看

感叹句式"好 A"的意思是"多么 A"，反诘句式"岂不 A"的意思是 A，肯定义句式"好不 A"与感叹句式"好 A"的语义一致，与反诘句式"岂不 A"的语义相近（均是对 A 的肯定，虽然有程度的差异），因而三者可以看作同义句式。①在汉语史上表达同一个具体的命题义，有时在同一种文献中使用了这三种同义句式。例如：

(44) 女孩儿听得，心里<u>好欢喜</u>。(《醒世恒言》卷十四)

(45) 慧娘初时只道是真女人，尚然心爱，如今却是个男子，<u>岂不欢喜</u>！(《醒世恒言》卷八)

(46) 那小和尚见静真师徒姿色胜似了缘，心下<u>好不欢喜</u>！(《醒世恒言》卷十五)

例(44)"好欢喜"、例(45)"岂不欢喜"与例(46)"好不欢喜"的语义相同或相近，均出现于《醒世恒言》中。如果将例(46)替换为"好欢喜"，命题义一致；如果将例(46)替换为"岂不欢喜"，命题义基本不变。"好不欢喜"在句法上蕴含了"好欢喜"和"岂不欢喜"的全部成分或主要成分，在语义上也蕴含了"好喜欢"和"岂不喜欢"，同时又蕴含了二者的感叹语气与反诘语气。通过比较，可以认为"好不欢喜"是由"好欢喜"与"岂不欢喜"通过删略重叠成分与次要成分糅合而成的。

再如在《喻世明言》中，同义句式"好苦""岂不苦哉""好不苦也"均有用例：

(47) 梁主急回朝，见太子复生，搂抱太子，父子大哭起来。又说道："我儿，因你蹶了这几日，惊得我死不得死，生不得生，<u>好苦</u>！"(《喻世明言》卷三十七)

(48) 吟罢，凄然泪下，想道："我今日所处之地，分明似鸡鸭到了庖人手里，有死无活。想鸡鸭得何罪，时常烹宰他来吃？只为他不会说话，有屈莫伸。今日我苏轼枉了能言快语，又向那处伸冤？<u>岂不苦哉</u>！记得佛印时常劝我戒杀持斋，又劝我弃官修行，今日看来，他的说话，句句都是，悔不从其言也！"(《喻世明言》卷三十)

(49) 有人认得这船是天荒湖内的渔船，扰船去拿那汉子查问时，那汉子噙着眼泪，告诉道："小人姓樊，名速，川中人氏。因到此做些小商贩，买卖已毕，与一个乡亲同坐一只大船，三日前来此江口，撞着这五个渔船。船上许多好汉，自称汪十二爷，要借我大船安顿人口，将这五个小渔船相换。我不肯时，腰间拔出雪样的刀来便要杀害，只得让与他去了。你看这个小船，怎过得川江？累我重复觅船，<u>好不苦也</u>！"(《喻世明言》卷三十九)

通过比较，同样可以看出"好不苦也"是由"好苦也"与"岂不苦哉"糅合而成的。

又如在"二拍"中同义句式"好快活""岂不快活"与"好不快活"同现，⑫同样可以断定"好不快活"是由"好快活"与"岂不快活"糅合而成的。

(50) 倒枕捶床了一夜，次日起来，对智圆道："你们<u>好快活</u>！撇得我清冷。"(《初刻拍案惊奇》卷二十六)

(51) 郁盛道："临清是个大码头去处，我有个主人在那里。我与你那边去住了，寻生意做。我两个一窝儿作伴，<u>岂不快活</u>！"(《二刻拍案惊奇》卷三十八)

(52) 那边素梅也自心里忒忒地，一似小儿放纸炮，又爱又怕，只等龙香回来，商量到晚赴约。恰好龙香已到，回复道："那凤官人见了姐姐的字，<u>好不快活</u>！连龙香也受了他好些脆拜了。"(《二刻拍案惊奇》卷九)

综上所述，从同义句式"好 A""岂不 A"与"好不 A"的同现来看，肯定义句式"好不 A"应是由感叹句式"好 A"与反诘句式"岂不 A"糅合而成的。

3. 肯定义句式"好不 A"的生成动因

　　发生糅合的两个源句式在句法、语义、语用等方面往往有或多或少的差异,出于不同的语用目的,两个源句式可以有两种叠加顺序:或者是言者大脑中先浮现源句式 A,后浮现、叠加源句式 B;或者是相反。换言之,如果两个源句式的叠加顺序不同,那么糅合句式的生成动因也往往不同(叶建军,2014b)。感叹句式"好 A"与反诘句式"岂不 A"浮现、叠加生成肯定义句式"好不 A"的顺序可以不同,因而生成动因也不同。

3.1　生成动因之一:凸显言者与听者的交互主观性

　　如果言者大脑中先浮现感叹句式"好 A",后浮现、叠加反诘句式"岂不 A",那么肯定义句式"好不 A"的生成动因是凸显言者与听者的交互主观性。

　　"陈述句和感叹句是使信息储存的句子"(张斌,2003:35),但是与陈述句式不同,感叹句式还具有言者强烈的主观性。程度副词"好"与"很"都表示程度深,但是与"很"不同的是,"好"带有强烈的感叹语气,渗入了言者的立场、态度或情感,表示言者主观上认为程度深,其与程度副词"多"更为接近。因而感叹句式"好 A"具有言者强烈的主观性,[⑮]表达言者对 A 的程度之深的主观看法。例如:

(53)　(铁拐云)他尚俗牵未尽,再有道理。金安寿,你看那百花烂熳,春景融和。(正末云)是好景也!(铁拐云)可早炎天似火,暑气烦蒸。(正末云)好热也!(铁拐云)你觑黄花遍野,红叶纷飞。(正末云)好惨也!(铁拐云)又早朔风凛冽,瑞雪飘扬。(正末云)好冷也!(贾仲明《铁拐李度金童玉女》第三折,《元曲选》)

　　上例中的"好热也"若替换成"很热",那只是对"可早炎天似火,暑气烦蒸"这样的事实的客观性的描述。虽然描述本身带有言者一定的主观性,但是这种描述是基于事实的,一般与客观事实相吻合,因而"很热"是言者对"热"的程度之深的客观描述。而"好热也"却是一种带有言者强烈的主观性的评价,这种评价虽然也是基于客观事实的,但是其所要凸显的是言者对"热"的程度之深的主观看法。"好惨也""好冷也"也是凸显言者对"惨""冷"的程度之深的主观看法,具有言者强烈的主观性。

　　感叹句式具有言者强烈的主观性,而反诘句式则体现了言者与听者的交互主观性,其主观性比感叹句式更强。吕叔湘(1982:290)指出:"反诘实在是一种否定的方式:反诘句里没有否定词,这句话的用意就在否定;反诘句里有否定词,这句话的用意就在肯定。"否定形式的反诘句式"岂不 A"表示的是肯定义,其表明了言者对 A 的肯定,表达了言者对 A 的立场、态度或情感,具有言者强烈的主观性。不仅如此,反诘句式"岂不 A"还表达了言者对听者立场、态度或情感的关注。疑问句"是要求有信息反馈的句子","要求语言反馈"(张斌,2003:35),一般需要言者与听者进行言语的互动。反诘句式是一种特殊的无疑而问的疑问句式,一般不需要听者用语言反馈,言者与听者的言语互动不是必然的。"反诘句式不仅表明言者的立场、态度或情感,而且也关注听者的立场、态度或情感,强制性地要求听者与言者的立场、态度或情感保持一致,具有交互主观性。"[14](叶建军,2016)所以反诘句式"岂不 A"与感叹句式"好 A"有所不同,其不仅表明言者对 A 的主观性,而且也关注听者对 A 的主观性,具有交互主观性,或者说反诘句式"岂不 A"具有更强的主观性。

　　正是因为反诘句式"岂不 A"一方面具有言者与听者的交互主观性,另一方面又往往具有令人认可的理据性,所以为了遵循礼貌原则,听者对言者的主观看法一般是表示认同或默认,而不是否定或反对。例如：

（54）公子印谓朱仓曰："若不先破卫鞅，倘函关之兵抄出，则吾首尾不敌，<u>岂不危哉</u>！"朱仓然之，各披挂引兵杀至秦寨。（《春秋列国志传》第九十八回）

（55）刘妪道："你当初怪爹娘劝你除孝改嫁，动不动跳水求死。今见客人富贵，便要认他是丈夫，倘你认他不认，<u>岂不可羞</u>！"宜春满面羞惭，不敢开口。（《警世通言》卷二十二）

（56）顺哥在后堂帘中窃窥，等吕公入衙，问道："适才赍公牒来的何人？"吕公道："广州指使贺承信也。"顺哥道："奇怪！看他言语行步，好似建州范家郎君。"吕公大笑道："建州城破，凡姓范的都不赦，只有枉死，那有枉活？广州差官自姓贺，又是朝廷命官，并无分毫干惹，这也是你妄想了，侍妾闻知，<u>岂不可笑</u>！"顺哥被父亲抢白了一场，满面羞惭，不敢再说。（《警世通言》卷十二）

当言者大脑中浮现感叹句式"好 A"以表达自我强烈的主观性时，如果言者又想凸显自己与听者的交互主观性，强制性地要求听者与言者的立场、态度或情感保持一致，那么其大脑中又会浮现、叠加反诘句式"岂不 A"。于是在外在的语言形式上，二者就通过删略重叠成分和次要成分糅合生成了肯定义句式"好不 A"。换言之，如果言者大脑中先浮现感叹句式"好 A"，后浮现、叠加反诘句式"岂不 A"，那么糅合句式"好不 A"的生成动因是凸显言者与听者的交互主观性。

感叹句式与反诘句式因凸显言者与听者的交互主观性这一语用目的而发生糅合的语言现象在汉语史上并不是孤例。如"果不（其）然"，其是由确认事实义感叹句式（或陈述句式）"果（其）然"与确认事实义反诘句式"不其然乎"类糅合生成的，生成动因就是凸显言者与听者的交互主观性（叶建军，2016）。

3.2　生成动因之二：凸显言者对程度之深的主观性

如果言者大脑中先浮现反诘句式"岂不 A"，后浮现、叠加感叹句式"好 A"，那么糅合句式"好不 A"的生成动因则是凸显言者对 A 的程度之深的主观性，或者说是言者从主观上凸显 A 的程度之深。

感叹句式"好 A"与反诘句式"岂不 A"都具有言者强烈的主观性，不过后者还具有言者与听者的交互主观性。除此之外，二者在语义上也略有差异：感叹句式"好 A"的命题义是"很 A"，体现了言者对 A 的程度之深的关注；但是反诘句式"岂不 A"的命题义是 A，仅仅表达言者对 A 的肯定，而言者对 A 的程度并不关注。如果将例（47）"好苦"与例（48）"岂不苦哉"进行比较，从语义来看，很显然前者体现了言者对"苦"的程度之深的主观认定，而后者只是表示言者对"苦"的主观肯定，言者并不关注"苦"的程度。

反诘句式"岂不 A"具有言者与听者的交互主观性，感叹句式"好 A"具有言者对 A 的程度之深的主观性，因而如果言者想表达自己与听者的交互主观性，大脑中会浮现反诘句式"岂不 A"；如果言者又想凸显自己对 A 的程度之深的主观性，或者说想从主观上凸显 A 的程度之深，那么大脑中会紧跟着浮现、叠加感叹句式"好 A"。于是在外在的语言形式上，这两种句式就会通过删略重叠成分和次要成分糅合生成"好不 A"。例如：

（57）那怪携着行者，一直行到洞里深远密闭之处。却从口中吐出一件宝贝，有鸡子大小，是一颗舍利子玲珑内丹。行者心中暗喜道："好东西耶！这件物不知打了多少坐工，炼了几年磨难，配了几转雌雄，炼成这颗内丹舍利。今日大有缘法，遇着老孙。"那猴子拿将过来，那里有什么疼处，特故摸了一摸，一指头弹将去。那妖慌了，劈手来抢。你思量，那猴子好不溜撒！把那宝贝一口吸在

肚里。(《西游记》第三十一回)

如果言者想凸显自己与听者的交互主观性,那么其大脑中就会浮现反诘句式"岂不溜撒";如果言者又想凸显自己对"溜撒"的程度之深的主观性,或者说又想从主观上凸显"溜撒"的程度之深,那么其大脑中会紧跟着浮现、叠加感叹句式"好溜撒"。在外在的语言形式上,"岂不溜撒"与"好溜撒"就通过删略重叠成分和次要成分糅合生成了"好不溜撒"。

需要指出的是,感叹句式"好 A"与反诘句式"岂不 A"无论是以哪种顺序发生糅合,在句法上都是"好"处于"不"前,形成肯定义句式"好不 A"。这主要是因为反诘句式与感叹句式具有相通性,兼有感叹语气,其与感叹句式糅合时,二者的感叹语气就会形成一股强大的合力,从而强化了糅合句式的感叹语气,弱化甚至消解了其反诘语气,或者说感叹语气占据了主导地位,可以管控或抑制反诘语气(详见下文),因而感叹标记"好"用于否定副词"不"前,对"不"进行管控,或者说"不"处于"好"的辖域内。

4. "好不"的词汇化

糅合句式最初蕴含了两个源句式句法、语义、语用等方面的特点,由感叹句式"好 A"与反诘句式"岂不 A"糅合而成的肯定义句式"好不 A"最初既有感叹语气,又有反诘语气。但是在历时演变过程中,糅合句式"好不 A"逐渐规约化,丧失了反诘语气,而仅有感叹语气。如例(58)"好不利害"、例(59)"好不寒冷"均为明代用例,从现代汉语视角来看,分别相当于"好利害""好寒冷",具有感叹语气;至于其反诘语气,从历时视角来看,因其均为肯定义句式"好不 A"早期用例,可以认为仍然或多或少保留着,不过认为已弱化乃至丧失了也未尝不可。

(58)悟净看见了八戒道:"他不知是那里来的个波物,与我整斗了这两日，何曾言着一个取经的字儿？"又看见行者，道："这个主子，是他的帮手，<u>好不利害</u>！我不去了。"木叉道："那是猪八戒，这是孙行者，俱是唐僧的徒弟，俱是菩萨劝化的，怕他怎的？我且和你见唐僧去。"（《西游记》第二十二回）

(59) 西门庆道："你今日如何这般打扮？"伯爵道："你不知，外边飘雪花儿哩，<u>好不寒冷</u>！昨日家去晚了，鸡也叫了。你还使出大官儿来拉俺每，就走不的了。我见天阴上来，还讨了个灯笼，和他大舅一路家去了。今日白扒不起来，不是来安儿去叫，我还睡哩。哥，你好汉，还起的早。若着我，成不的。"（《金瓶梅词话》第六十七回）

糅合句式"好不 A"有感叹标记"好"，但是没有任何反诘标记，其反诘语气最易弱化乃至丧失。糅合句式"好不 A"大概在明末清初已规约化了，其保留了感叹语气而丧失了反诘语气，成为纯粹的肯定义感叹句式。如下例中的"好不 A"，完全可以理解成相当于"好 A"的肯定义感叹句式。

(60) 次日，果然知观日间到刘家来。吴氏关了大门，接进堂中坐了，问道："如何那夜一去了再无消息，直到昨日才着道童过来？"知观道："你家儿子刁钻异常，他日渐渐长大，<u>好不利害</u>！我和你往来不便，这件事弄不成了。"（《初刻拍案惊奇》卷十七）

(61) 此时士人带着酒兴，一跃而过，只见里面是一所大花园子，<u>好不空阔</u>！（《二刻拍案惊奇》卷三十四）

(62) 骆校尉因说："有富平的典史，被按院赶逐，没了官，他又钻到京里，改名换姓，又干那飞天过海的营生，被厂卫里缉了事件，如今奉了严旨，行五城兵马、宛大二县合锦衣卫缉事衙门：凡有罢闲官吏，不许潜住京师。定了律

文,有犯的定发边远充军。如今正在例头子上,<u>好不严紧哩</u>!"(《醒世姻缘传》第一百回)

"好不 A"之所以发生规约化,主要是因为反诘句式与感叹句式具有相通性,可以向感叹句式转化。反诘句式具有言者与听者的交互主观性,其主观性比感叹句式更强。正是因为这种更强的主观性的制约,反诘句式往往蕴含感叹语气,因而在书面上反诘句式的末尾可以使用感叹号。例如现代汉语中的用例:

(63) 鸿渐直嚷道:"<u>岂有此理</u>! 我又不是范懿认识的那些作家、文人,为什么恋爱的时候要记日记? 你不信,到我卧室里去搜。"(钱锺书《围城》)

下例中的"岂有此理了"受程度副词"太"修饰、限制,可以认为已转化为纯粹的感叹句式。

(64) 他不放我走,说:"你这小青年<u>太岂有此理了</u>! 你是我妹妹的学生,第一次到我家里来,又赶上了吃饭的时候,不留下吃这顿饭,怎么讲也都是我的不是了!"(梁晓声《京华闻见录》)

其实"太岂有此理了"早在清代就已有用例。[⑤]例如:

(65) 凤姐道:"姑娘,不是这个话。倒不讲事情,这名分上<u>太岂有此理了</u>!"(《红楼梦》第九十回)

江蓝生(2010)认为:"反问句转换为感叹句的原因是:反问句发问为虚,加强语气是实。"叶建军(2016)的看法相似:"反诘句式的语义是确定的,而且其语气强烈,这些特点决定了其与陈述句式或感叹句式具有相通性。"换言之,反诘句式确定的语义与强烈的主观性决定了其与感叹句式具有相通性,可以向感叹句式转化。因而感叹句式"好 A"与反诘句式"岂不 A"发生糅合后,前者的感叹语气与后者的感叹语气便形成了一股强大的合力,抑制了反诘语气,从而引发"好不 A"规约化:其感叹语气得到强化,而其反诘语气弱化乃至丧失。

使用频率的升高也是"好不 A"发生规约化的一个重要因素。袁宾(1984)通过调查发现：到了明末清初，肯定义句式"好不 A"逐渐增多，且在数量上超过否定义句式"好不 A"。我们统计了明代中叶至清初若干小说中肯定义句式"好不 A"与否定义句式"好不 A"的使用情况，如表 1 所示。

表1　明代中叶至清初若干小说中"好不 A"的使用情况⑩

句式 "好不 A"	西游记	三宝太监 西洋记	金瓶梅 词话	三言	二拍	醒世 姻缘传
肯定义	7	39	110	103	56	46
否定义	16	6	15	14	7	3
总数	23	45	125	117	63	49
肯定义百分比	30.4%	86.7%	88%	88%	88.9%	93.9%

由表 1 可以看出，到了明末清初，肯定义句式"好不 A"使用频率已明显上升。这与袁宾(1984)的观点一致。随着使用频率的上升，肯定义句式"好不 A"的感叹语气得到了凸显并固化，言者与听者已不再关注其原有的反诘语气，其反诘语气已逐渐丧失。可以认为，大概到了明末清初，"好不 A"已规约化，仅具有感叹语气。

"好不 A"的规约化正是"好不"词汇化的关键动因。在糅合句式"好不 A"中，"不"是修饰、限制 A 的；"好"虽然在句法上处于"不"前，但是其既不是修饰、限制"不"的，也不是修饰、限制"不A"的，其与"不"一样也是修饰、限制 A 的。"好"与"不"在线性顺序上紧邻，"好不"是一个特殊的跨层结构。大概到了明末清初，由于"好不 A"已规约化，仅具有感叹语气，出现了肯定的语义与否定的形式的不对称。为了保持肯定的语义与否定的形式的和谐一致，这种肯定的句式义便抑制并消解了"不"的否定义，"不"便成为一个羡余的否定成分。又由于特殊的跨层结构"好不"是一个标准的韵律词,在韵律规则的作用下"好不 A"发生了重新分析,可分析为:(好+不)+A。"好"与语义漂白的"不"的分界消失,发生了融合。在较高的使用频率的推动下,"好不"大概在明末清初词汇化了,相当于程度副词"好",其中的"不"已由一个否定副词降级为一个羡余的否定语素。

5. 结语

肯定义句式"好不 A"大概出现于元明时期。根据句式糅合的三个基本原则(即语义相近原则、时代先后原则和成分蕴含原则)、句式中感叹标记与反诘标记的同现以及同义句式"好 A""岂不 A"与"好不 A"的同现,可以断定肯定义句式"好不 A"的生成机制是糅合,其由感叹句式"好 A"与反诘句式"岂不 A"糅合而成,最初兼有感叹语气与反诘语气。这一生成过程可以表示为:"好 A"+"岂不 A"→"好不 A"。如果两个源句式的叠加顺序不同,那么糅合句式的生成动因也往往不同。如果言者大脑中先浮现感叹句式"好 A",后浮现、叠加反诘句式"岂不 A",那么肯定义句式"好不 A"的生成动因是凸显言者与听者的交互主观性;反之,肯定义句式"好不 A"的生成动因则是凸显言者对 A 的程度之深的主观性。

反诘句式与感叹句式具有相通性,感叹句式"好 A"与反诘句式"岂不 A"发生糅合后,前者的感叹语气与后者的感叹语气便形成了一股强大的合力,抑制了反诘语气,从而引发"好不 A"规约化。使用频率的升高也是"好不 A"发生规约化的一个重要因素。大约到了明末清初,肯定义句式"好不 A"规约化了,仅具有感叹语气。"好不 A"的规约化正是"好不"词汇化的关键动因。大概到了明末清初,由于肯定的句式义的制约、韵律规则的作用及较高的使用频率的推动,"好不 A"发生了重新分析,特殊的跨层结构"好不"词汇化了,相当于程度副词"好",其中的"不"成了一个羡余的否定语素。

　　肯定义句式"果不其然"与"果不然"中的否定成分"不"是羡余的,句式糅合说可以对"果不其然"与"果不然"的来源作出科学、合理的解释(叶建军,2016)。通过探究肯定义句式"好不 A"的来源,我们再次看到,句式糅合说具有较强的解释力,可以科学、合理地解释汉语中一些特殊句式的生成问题(叶建军,2014a),包括否定成分羡余的肯定义句式。由肯定义句式"好不A"的规约化及"好不"的词汇化,我们也看到,糅合句式在发展演变过程中可以规约化,进而会引起句式中某个特殊结构的词汇化。换言之,汉语中某个特殊结构的词汇化有时是糅合句式规约化的结果。

附注

① "好不"也偶尔可以修饰具有[＋程度性]的谓词性短语。例如:

　(1) 后来发现一个偌大的白晃晃的钢锚,伸手去拾,竟是一口痰,好不扫兴恶心,张着肮脏的手找水。(王朔《浮出海面》)

　(2) 明天真要去逛庙,逛市场吗? 好不急杀人也!(俞平伯《古槐梦遇》)

　　其实这种例外在近代汉语中就已存在,如文中例(29)、(33)。再如:

　(3) 众朋友都在下处看经书,温后场。只有鲜于同平昔饱学,终日在街坊上游玩。旁人看见,都猜道:"这位老相公,不知是送儿子孙儿进场的? 事外之人,好不悠闲自在!"(《警世通言》卷十八)

　(4) 母亲饿得半死,见他吃得脸红,不觉怒从心起,嗔骂道:"你这畜生,你倒在外边吃得这般醉了,竟不管我在家中无柴无米,饿得半僵,还要呆着脸笑些什么? 真正是丧心病狂的畜生了,好不气杀我也! 我且问你,今日柴扒已卖尽,卖的钱却怎么用了?"(《隋史遗文》第二十七回)

　　在近代汉语中"好不"主要还是用于双音节形容词前。到了现代汉语,"好不"则基本上用于双音节形容词前。

② 需要指出的是,我们这里所说的句式是广义的句法层面的构式,其主要用作一个句子或分句,有时也充当句法成分(叶建军,2013);其可以根据研

究的需要从多个角度进行分类,如可以从语气角度分类,所以有感叹句
式、陈述句式、疑问句式(含反诘句式)等提法。

③ 何金松(1994:12)认为,"很、多么"义程度副词"好"为"'何'字音变,与
'何'同义";"何"可用作程度副词,意思是"多么、很"。

④ 感叹句式与陈述句式具有相通性,如果言者减弱感叹语气,那么感叹句式
"好 A"便可转化为陈述句式。同理,肯定义感叹句式"好不 A"也可转化
为肯定义陈述句式。但是即便将"好 A""好不 A"看作陈述句式,也不影
响本文的结论。

⑤ "吗"是现代汉语中最重要的疑问语气词,来源于否定词"无",在唐代写作
"磨、摩"等,宋代一般写作"么",清代中期以后才写作"吗"(杨永龙,
2003)。

⑥ 这一问题似乎还可以进一步探讨。但无论是将肯定义句式"好不 A"的出
现时代定在宋代还是元代,抑或是明代,均不影响下文的论证。

⑦ 《新编五代史平话》是宋朝讲说历史故事的说话人留下的一个底本,从其
不避宋讳这一点来看,可能经过元人增删过。

⑧ 学界一般认为,除了元刊杂剧三十种,流传至今的元杂剧的语言层次较复
杂,其曲文为元代作家所写,而宾白在演员演出时作过或多或少的改动,
到明代才逐渐写定。

⑨ 句式糅合要遵循时代先后原则,这里的句式当然是指抽象的句式。我们
下面是从具体的句式来考察的,而不是从抽象的句式来考察的,因此例证
不存在违背句式糅合的时代先后原则的问题。下面的 3.3 亦然。

⑩ 江蓝生(2010)已举此例,认为"这句句末有语气词'么',只宜看作反
问句"。

⑪ 这里所说的同义句式,是指命题义相同或相近的若干句式。

⑫ 同义句式出现于同一作者的不同作品中,也可看作同现。

⑬ 感叹句式"好 A"有时是作品中人物的话语,有时是作者的话语,因而其有
时具有言者强烈的主观性,有时具有作者强烈的主观性。其实"言者"可
以从广义的角度去理解,无论是作品中人物抑或是作者,都可以理解成言
者。我们这里所说的"言者"是广义的。下文提到的与"言者"相对的"听
者"也是广义的,包括作品中的人物和读者。

⑭ 所谓交互主观性,一般是指"说/写者用明确的语言形式表达对听/读者
'自我'的关注,这种关注可以体现在认识意义上,即关注听/读者对命题
内容的态度;但更多的是体现在社会意义上,即关注听/读者的'面子'或
'形象需要'"(吴福祥,2004)。关注听者的主观性,要求听者与言者的立

场、态度或情感保持一致,在我们看来,也是交互主观性的一种表现。

⑮ 程度副词"太"表示程度过头,或表示程度极高,用于形容词、动词或谓词性短语前,往往具有感叹语气(吕叔湘,1999：526)。从形式上看,"太岂有此理了"很显然是由感叹句式或陈述句式"太没有此理了"与反诘句式"岂有此理"糅合而成的,早期用例应该兼有感叹语气与反诘语气。此类用例再次证明,感叹句式可以与反诘句式发生糅合,肯定义句式"好不 A"应是由感叹句式"好 A"与反诘句式"岂不 A"糅合而成的。

⑯ "三言"《喻世明言》《警世通言》《醒世恒言》中肯定义句式"好不 A"分别有 13 例、12 例、78 例,否定义句式"好不 A"分别有 8 例、1 例、5 例;"二拍"《初刻拍案惊奇》《二刻拍案惊奇》中肯定义句式"好不 A"分别有 21 例、35 例,否定义句式"好不 A"分别有 3 例、4 例。

参考文献

曹小云　1996　《五代史平话》中已有肯定式"好不"用例出现,《中国语文》第 2 期。

何金松　1990　肯定式"好不"产生的时代,《中国语文》第 5 期。

何金松　1994　《虚词历时词典》,武汉：湖北人民出版社。

江蓝生　2010　《"好容易"与"好不容易"》,《历史语言学研究》(第 3 辑),北京：商务印书馆。

吕叔湘　1982　《中国文法要略》,北京：商务印书馆。

吕叔湘　1999　《现代汉语八百词》(增订本),北京：商务印书馆。

孟庆章　1996　"好不"肯定式出现时代新证,《中国语文》第 2 期。

王锳　2005　《诗词曲语辞例释》(第 2 次增订本),北京：中华书局。

吴福祥　2004　近年来语法化研究的进展,《外语教学与研究》第 1 期。

杨永龙　2003　句尾语气词"吗"的语法化过程,《语言科学》第 1 期。

叶建军　2013　"X 胜似 Y"的来源、"胜似"的词汇化及相关问题,《语言科学》第 3 期。

叶建军　2014a　"被 NP施 VPNP受"的生成机制与动因,《中国语文》第 3 期。

叶建军　2014b　"莫 VPNeg"类疑问句式的类别与来源,《语文研究》第 3 期。

叶建军　2016　"果不(其)然"的形成及其演变,《中国语文》第 2 期。

袁宾　1984　近代汉语"好不"考,《中国语文》,第 3 期。

袁宾　1987　"好不"续考,《中国语文》第 2 期。

张斌　2003　《汉语语法学》,上海：上海教育出版社。

中国社会科学院语言研究所词典编辑室 2016 《现代汉语词典》(第 7 版),北京:商务印书馆。

(原载《新疆大学学报》2020 年第 6 期)

试谈"还"和"又"的反问用法

殷树林（南开大学文学院/黑龙江大学文学院）

0. 引言

副词"还"和"又"在意义上有一定的相似性，即都可以表示动作的再一次出现，更重要的是，它们都可以用在反问句中，而且在有些反问句中它们还可以互换，因此可以把它们的反问用法放在一起进行分析。

柴森（1999）、张平（2004）等已经对"还"和"又"的反问用法进行过探讨，但是柴文主要探讨的是反问句中"还"和"又"的互换问题，对"还"和"又"自身的反问用法分析较少，张文对反问用法的"还"和"又"进行了历史溯源，探讨了它们的语法意义和语法功能，并没有详细探讨它们各自的反问用法以及二者的互换问题，因此进一步研究"还"和"又"的反问用法是很有必要的。

本文首先对"还"和"又"的反问用法进行分析，然后讨论二者的互换问题。

1. "还"的反问用法

"还""可""又""难道"等副词都常用在反问句中,但"还"与其他几个副词有个很大的差别,那就是"还"在反问句中大都不能删掉,而"可""又""难道"等副词大都是可以删掉的。比如,下面的例(1)删掉"还"后就不可接受。

(1) 曾文清　愫方,你跟我一道到南方去吧! 去吧!

愫　方(摇头,哀伤地)　还提这些事吗? (曹禺《北京人》,下简称"曹",497)

(2) 曾文清　愫方,你跟我一道到南方去吧! 去吧!

愫　方(摇头,哀伤地)　*提这些事吗?

将例(1)和例(2)对比一下就可以发现,删掉"还"后句子原来的反问语气体现不出来了,因而也就不再适应原来的语境了。这说明这里"还"的作用不是加强反问语气,而是表示反问语气。可能正是因为这样,《现代汉语八百词》在分析"可""又""难道"等的用法时都直接或间接地指出它们有加强反问语气的作用,而在分析"还"的用法时只是说它"表示感情为主""用于反问"等。

"还"要是表示反问语气,就要求它在句中要具有一定的意义。下面我们就看看"还"在表示反问语气时的意义。

"还"最基本的意义是"表示动作或状态持续不变;仍然"(《现代汉语八百词》增订本,下同)。在"还"表示的反问句中,"还"是这个意义的反问句最多。如:

(3) 曾思懿　你快走了,还不跟她老人家说两句话? 来呀,文清! (曹,447)

(4) "我调戏妇女?"李东宝扭回头来瞅女青年:"没有呵?"

女青年恶狠狠地:"还说没有,把他们抓起来!"(编,11)

(5) ……将一比十,放给谁,咱都得有个老底。好,放出去,海地摸锅,那还行吗? (老舍《骆驼祥子》,下简称"老",614)

例(3)中的反问句其实是以言行事,表示催促。一般地说,这类反问句中的"还"的意义都比较实在,表示动作或状态的持续。例(4)中的"还"是"仍然"的意思,只是这例中"还"所针对的动作"说"之前没有发生过。说话人的意思是:警察没有亲眼看见,你可以抵赖说没有;警察亲眼看见了,你抵赖仍然说没有就不行了。例(5)中的"还"也表示动作或状态持续,只是不如前两例明晰,要轻读。该例的意思是:将一比十,放给谁,都有个老底,这行;放出去,海地摸锅,那仍然行是不可能的。由此可见,所谓动作或状态的持续,有的是真实世界中的持续(如例(3)),有的是虚拟世界中的持续(如例(4)、例(5))。就"还"意义的明晰性来看,例(3)>例(4)>例(5)(">"读作强于)。

下面两例中的"还"表示另外一种意义:

(6)打官司自然是不会打的,柳家大院的人还敢打官司?(老,798)

(7)曾思懿　看不出来,还猜不出来?(曹,439)

例(6)中的"还"表示范围的扩大。该例隐含了背景句。如果我们把这个背景句补出来,可以是:别人敢打官司。[①]这样我们就比较好理解"还"的意义了:在敢打官司的人当中,不包括"柳家大院的人"。例(7)背景句"看不出来"的难度较小,反问句中"猜不出来"的难度较大。这里的"还"可以理解为程度的加深。总而言之,我们可以把这里"还"的意义概括为"把事情往大里、高里、重里说",表示增量,即数量、范围、程度的增加。

下面两例中的"还"也表示增量,但与上面两例有所不同:

(8)赵五都不肯帮助我,还用说别人?(老,852)

(9)总编辑室里陈主编正在打电话:"……这期赶不上了,不要急嘛,这么多年都过来了,还在乎这几天吗?……"(编,90)

从形式上说,例(6)、例(7)中的背景句(可隐含)与各自的反问句在肯定、否定方面是一致的,要么同肯定(如例(6)别人敢打官司——柳家大院的人还敢打官司),要么同否定(如例(7)看不出来——还猜不出来);而上面的例(8)、例(9)从形式上看背景句与各自的反问句在肯定否定方面却是相反的。

就例(8)、例(9)的使用语境看,说话人和受话人谈论的是反问句所传递的信息,那么说话人为什么还要让与当前谈论话题"无关"的背景句出现呢? 这个问题有些复杂。沈家煊(2001)的相关论述对理解这个问题很有启发。

上述两例中背景句和各自的反问句表示不同的语义量级。②语义量级属于经验范畴,属于人们对世界的一般认识,由人们的认知决定。因而说话人是相信这个量级的,并且相信受话人也是相信这个量级的。上述两例中的语义量级分别是:

友人的热情维度:在没有利害关系的情况下,赵五比别人更愿意帮助我;

时间的长短维度:同样的心态下,等待几年比等待几天更让人在意;

当然,语义量级是根据经验世界确立的,是人们从纷繁复杂的世界中抽取出来的一种模型(model),可能与现实世界相符,也可能不符。比如,由于领导规定了期限,所以可能以前等待几年都无所谓而现在就是等几天也让人心急如焚。

由于反问句和背景句具有以上的语义量级,它们之间就具有了一种衍推(entailment)关系。衍推的概念是现代逻辑学为了克服实质蕴涵(material implication)的不足,在严格蕴涵(strict implication)和相关蕴涵(relevant implication)的基础上提出来的。其定义是:命题 p 衍推(entail)命题 q,当且仅当 p 为真,q 也为真。衍推用符号"→"表示。③上述两例都是背景句衍推反问句:

赵五不肯帮助我→别人不肯照顾我

这么多年都过来了(不在乎)→不在乎这几天

与衍推关系密切相关的是"相对信息度"(relative informati-veness)。如果命题 p 衍推 q,也就是说,由 p 可以推知 q,而由 q 不能推知 p,那么 p 的信息度就高于 q。就上面的例(8)、例(9)而言,它们的背景句的信息度要高于相应反问句。而这也正是说话人要向受话人提供背景句的原因:说话人认为反问句的信息度低,所提供的信息量不足,需要提供另一个信息度高的背景句来满足交际所需要的信息量。这与格赖斯"合作原则"中"适量准则"的要求相一致。

以上我们分析了"还"表示反问时的两种意义:持续和增量。这样的反问句也就是对持续或增量的否定。不过,也有些句子中"还"的意义比较模糊。如:

(10) 不过,荷叶大的钱,拿着不大方便,好在有钱<u>还</u>怕没法安置吗?(老,75)

(11) "<u>还</u>用写下来,这点屁事?难道我的话不像话事是怎着?"(老,352)

(12) "谁都知道这<u>还</u>用问,"我恭维着瘸子,"全北京都在传。"(玩,77)

例(10)隐含这样一个背景句:没钱怕没法安置。把这个背景句和反问句一比较,我们就可以发现,反问句中的"还"用持续和增量两个意义都可以解释:从前一个意义上说,没钱怕没法安置可以理解,有钱仍然怕没法安置就说不过去了;从后一个意义上说,怕没法安置的人的范围不应从没钱的人扩大到有钱的人。其实,这也好理解:某种行为或状态的持续常会带来量的积累(增量)。如例(11)和例(12)所示,"还用"常用在反问句中表示不需要。不过随着说话人对"还用"前后两部分强调的不同,"还"的意义也会发生一些变化。如果说话人强调的重点在后,如例(11)中的"写下来",那么这个"还"表示程度加深;如果说话人强调的重点在前,如例(12)中的"这",那么"还"就表示范围的扩大。不过,程度的加深和范围的扩大都是增量。

我们上面提到的持续和增量两可的情形有时也可以用重音分化。比如：

(13)"咱们还是外人吗？"张大嫂急于听个下回分解。（老，260）

如果张大嫂说话时把重音放在"咱们"上，那"还"就表示范围的扩大：你和其他人是外人，但你不应该把范围扩大到你和我之间。如果张大嫂把重音放到"还是"上，那"还"就表示持续：以前咱们是外人，可现在咱们是好邻居了，你不应该仍然把我当作外人了。

不论是表示持续还是表示增量，我们都可以用用下面的公式把"还"类反问句与其相应背景句的关系刻画出来：

(x,q,)y 还 q?

因为有不同的前项 x、y，"还"的持续或增量意义就有了参照。又因为"还"类反问句是对持续或增量的否定，因此从意义上说背景句的后项和反问句的后项必须是相对的。

柴森(1999)曾指出"还"一般用于是非型反问句中，很少用于特指型反问句。就我们调查的用例看，是非型反问句确实比特指型反问句要多，但特指型反问句也是很常见的。比如：

(14)要是为他地位高，而王德钦佩他，那还怎算得了我们的好王德！（老，122）

(15)……只为肚子才出来受罪，肚子饱了就去睡，还用想什么呢，还用希望什么呢？（老，758）

和在是非型反问句中一样，"还"在特指型反问句中也有持续和增量两种意义。

2. "又"的反问用法

前面提到，"还"可以用于是非型反问句，也可以用于特指型反问句,且前一种情况比后一种情况更为常见。与此不同,"又"却只能用于特指型反问句。关于"又"的这一特点,《现代汉语八百词》、柴森(1999)、张平(2004)等都明确提到了。比如,《现代汉语八百词》指出:"加强反问。句中用疑问指代词。"下面两例是该书所举的例子:

(16) 下雪又有什么关系?(《现代汉语八百词》)

(17) 这点小事又费得了多大工夫?(《现代汉语八百词》)

因为是"加强反问",所以一般地说这类句子中的"又"都可以删掉,只是删掉后句子的反问语气有所削弱而已,上面例(16)、例(17)中的"又"就可以在不影响句意的情况下删掉。这是问题的一个方面。另一方面,是否特指型反问句都可以通过添加"又"而使语气得到加强呢? 据我们观察,许多特指型反问句是不能或不宜加上"又"的。比如:

(18) "不行,你们太了解我们的底细了,哪能留着你们,得灭口。"高洋说,……(王朔《玩的就是心跳》,188)

(19) *"不行,你们太了解我们的底细了,又哪能留着你们,得灭口。"高洋说,……

例(18)是很地道的句子,但加上"又"后所得到的例(19)却很难被接受。这是为什么呢? 要弄清这个问题,就要对"又"的反问用法进行分析。

由"又"加强的反问句从总体上看可以分为两种类型。下面我们还是结合例子来说明:

(20) 顾八奶奶……(自负而又自怜地)可是会说话又有什么用,反正也管不住男人的心。(曹,256)

(21) 江泰爹,这有什么可难过的? 人死就死了,睡个漆了几百道的棺材又怎么样呢? 这种事你就没有看通,譬如说,你今天死啦,睡了就漆一道的棺木,又有什么关系呢?(曹,543)

　　例(20)中的反问句其实隐含着一个背景句,如果把这个背景句补出来,可以是:不会说话固然不好。反问句对与背景句相对的"会说话"也进一步进行了否定:会说话也没用。例(21)中的两个反问句也同样各自隐含着一个背景句,前一个反问句隐含的背景句可以是:睡个就漆一道的棺木固然可悲,反问句对与背景句相对的"睡个漆了几百道的棺木"也同样进行了否定:睡个漆了几百道的棺材也不能怎么样;后一个反问句隐含的背景句可以是:睡了漆儿百道的棺木固然可以,反问句对与背景句相对的"睡了就漆一道的棺木"也同样进行了肯定:睡了就漆一道的棺木也没什么关系。

　　由此可见,这一类带"又"的反问句其实都有一个背景句。这个背景句的内容属于交际双方共有的百科知识的一部分,说话人认为并且相信受话人也认为是真的。我们可以用下面的公式把背景句和反问句的关系刻画出来:

　　(p,q,)¬p 又 ¬q?

　　p 和¬p 在交际双方的百科知识中通常具有对立的性质,或说话人认为当前受话人认为二者存在对立。说话人通过向受话人突出这种对立来加强结果也 q——不仅 p,q,就是具有对立性质的¬p,也 q。因为 p 和¬p 在是否 q 上一致,我们把这类反问句叫做"显同"类反问句。④

　　下面两个带"又"的反问句属于另外一种情况:

　　(22) 你看你,走到门口<u>又</u>犹疑什么?(曹,230)

　　(23) 陈白露　可是,八姐,你那位大学小姐跟你结婚<u>又</u>有什么关系呀?(曹,258)

　　和前一种情况一样,这类带"又"的反问句也都隐含着相应的背景句。例(22)隐含的背景句可以是:没出门可以犹豫。在说话人看来,背景句中的"没出门"和反问句中的"走到门口"在是否可以犹豫上是对立的:前者可以,后者不可以。例(23)隐含的背景句可以是：别的事跟你结婚可以有关系。在说话人看来，背景句中的"别的事"和反问句中的"你那位大学小姐"在跟结婚是否有关系方面是对立的：前者可以有关系，后者没有。背景句和反问句的关系可以用公式刻画如下：

(p,q,)‑p 又 q?

和"显同"类反问句不同，这类反问句中的 p 和‑p 在交际双方的百科知识中通常不具有对立的性质，或说话人认为当前受话人不认为二者存在对立，说话人要让受话人意识到 p 和‑p 的对立，进而加强对 q 的否定。因为 p 和‑p 在是否 q 上对立，我们就把这类反问句称为"显异"类反问句。

从上面的分析可以看出，无论是"显同"还是"显异"，由"又"加强的反问句都存在着相应的背景句，背景句和反问句都存在着对立的关系。"又"正是通过向受话人突出这种对立关系而实现对结果的加强。这就是人们感到"又"能使反问语气得到加强的原因。换一个角度看，加强反问的"又"需要突出对立关系，这就是由"又"加强的反问句都存在着相应背景句的原因。如果不存在对立关系，"又"也就失去了存在的基础。前面的例(19)就是因为缺乏对立关系才导致句子让人难以接受。

下面我们再谈一下"又"对问句类型的选择问题。前面提到，加强反问的"又"只能用于特指型反问句，不能用于是非型反问句。如：

(24) 在没办法之中，他试着往好里想，就干脆要了她，<u>又</u>有什么不可以呢？（老，630）

(25) *在没办法之中，他试着往好里想，就干脆要了她，<u>又</u>不可以吗？

把特指型转换成相应的是非型后得到的例(25)是不能接受的。这是为什么呢？要回答这个问题，还得从"又"的基本意义说起。

邵敬敏、饶春红(1985)认为副词"又"的基本意义是加合。史锡尧(1990)认为"又"的基本意义是增益。加合自然带来增益,因此他们的观察基本上是一致的,只是加合似乎更具体一些。邵敬敏、饶春红归纳了"又"的基本式的四种可能格式:A:S V,(S)又V(同主同谓)、B:S₁ V,S₂ 又 V(异主同谓)、C:S V₁,(S)又 V₂(同主异谓)、D:S₁ V₁,S₂ 又 V₂(异主异谓)。其他形式都是这四种格式的变式。从这四种格式我们可以看出,所谓加合,都是指向"又"后的 V(可以和前面的 V 相同,也可以不同)的。也就是说,"又"是后指的。如果例(25)成立,那么"又"就指向后面的"不可以"。"不可以"是可以和其他成分形成加合关系的,可是在例(25)中它和什么形成加合呢? 这无法理解。而例(24)在理解上没什么问题:"又"后是个特指成分,特指成分不可能和别的成分形成加合关系,于是"又"由后指转向前指,指向"要了她","要了她"和隐含的"不要她"形成对待性加合关系,突出了对立条件。

简而言之,只要有可能,"又"总是后指加合。只有在特指型问句中,因为不存在后指的可能性,"又"才可能转为前指加合。我们认为这就是加强反问的"又"强制选择特指型反问句而不能出现在是非型反问句中的原因。

3. "又"和"还"的互换

"又"是加强反问语气的,"还"是表示反问语气的,也就是说,它们尽管有时可以互换,但是性质是不同的。这是我们首先要指出的一点。另外,我们前面也说了"还"既可以用于是非型反问句,也可以用于特指型反问句,而"又"则只能用于特指型反问句。这是二者的又一个不同点。因此我们下面讨论"又"和"还"的互换问题是在特指型反问句的范围内进行的。

前面我们把由"又"加强的反问句从大的方面分为"显同"和

"显异"两种类型。下面我们就根据这两种类型来考察"又"是否可以用"还"替换？

"显同"类的"又"都不可以用"还"替换。以例(20)为例：

(26) *顾八奶奶……(自负而又自怜地)可是会说话还有什么用,反正也管不住男人的心。

用"还"替换"又"后得到的例(26)不可接受,因为这里"又"和"还"的用法是相冲突的。对于"显同"类反问句,我们前面用公式"(p,q,)⌐p 又 ⌐q?"来刻画背景句与反问句的关系。这个公式提示我们：从意义上说背景句的后项和反问句的后项是相同的——都 q。"还"在反问句中有两种意义：持续或增量。"还"表示的反问句就是对"持续"或"增量"的否定。也就是说,从意义上看背景句的后项与反问句的后项在肯定与否定方面必须是相对的。就是因为背景句的后项与反问句的后项存在着相同("显同"类反问句)与相对("还"表示的反问句)的冲突,所有的"显同"类反问句中的"又"都不可以用"还"替换。

原则上说,"显异"类反问句都可以用"还"替换其中的"又"。以上面的例(22)为例,用"还"替换后的结果如下：

(27) 你看你,走到门口还犹疑什么？

对于"显异"类反问句,我们前面用公式"(p,q,)⌐p 又 q?"来刻画背景句和反问句的关系。这个公式告诉我们从意义上看背景句的后项和反问句的后项是相对的：前者是 q,后者是 ⌐q。这满足了"还"类反问句必须相对的要求。同时,背景句的前项 p 和反问句的前项 ⌐p 的不同也满足了"还"类反问句持续或增量必须有参照对象的要求,只是这里 p—⌐p 恰好是 x—y 关系中的一种特殊的情况——对立。因此,"显异"类反问句从原则上说都可以把其中的"又"替换为"还"。如果我们把"还"类反问句与其相应背景句的公式、"显异"类反问句与其相应背景句的公式放在一起比较,"还"和"又"的兼容将会看得很清楚：

$$\overbrace{\qquad\qquad\qquad\qquad\qquad}^{\text{"还""又"兼容}}$$

（x，q，）y还q?   （p，q，）⌐p又q?

附注

① 不论是表示反问的"还"还是加强反问的"又"，从意义上说它们都必须有一个参照对象，否则"还"的"持续"、"增量"和"又"的"突出对立条件"就无从谈起了。我们把提供参照对象的句子称为背景句，以区别于"还"或"又"所在的反问句。

② 关于"语义量级""量级模型""量级命题"，可参考沈家煊(2001)。

③ 关于"衍推"，本文参考的是郭锐(2007)。

④ p、q也可能是主谓关系或状中关系，这时就是单句了，强调的是谓语表示的行为、状态等。如：(1)你要恨她，……她又何曾甘心在包袱和指缝之间活着呢!(老,192)(2)就是老张自己对着镜子的时候，又何尝不笑吟吟的夸道："鼻翅掀着一些，哼! 不如此，怎能叫妇人们多看两眼!"(老,6)下面的"显异"类反问句也同样。

参考文献

柴森　1999　谈强调反问的"又"和"还"，《世界汉语教学》第3期。

高增霞　2002　副词"还"的基本义，《世界汉语教学》第2期。

郭锐　2007　北京大学中国语言学暑期高级讲习班讲义。

吕叔湘　1980　《现代汉语八百词》，北京：商务印书馆。

沈家煊　2001　跟副词"还"有关的两个句式，《中国语文》第6期。

史锡尧　1990　副词"又"的语义及其网络系统，《语言教学与研究》第4期。

邵敬敏、饶春红　1985　说"又"——兼论副词的研究方法，《语言教学与研究》第2期。

张平　2004　表反问语气的"还"与加强反问语气的"又"，《湖南师范大学学报》第2期。

中国社会科学院语言研究所词典编辑室　1996　《现代汉语词典》，北京：商务印书馆。

认知语言学视角下的英汉副词性关联词语的自主/依存联结探究[*]

原苏荣(上海师范大学外国语学院)

0. 引言

　　前人对副词性关联词语的研究虽然不多,但早有涉及,比如 Ernst(1984)、李泉(1996)等提出了这一小类词语,陈治安(1984)、Schwarz(1999)、张谊生(1996)、许文胜(2015)等探究了该类词语的句法功能和篇章连接功能。近几年不少学者在热议副词性关联词语这一特殊类词语,如原苏荣(2013a;2015)、贺嘉宁等(2016)、殷佳越等(2017)、张银青等(2018)、杨琪(2019)。学界已有成果多是该类词语篇章衔接功能的比较研究,如 Cingue(1999)、Halliday(2004)、Johannessen(2005)、原苏荣等(2011)、陆建非等(2012)、卢莎(2013)、原苏荣(2013b;2017)、孙中源(2019)。但从认知语言学的自主/依存联结角度探究汉英副词性关联词语还很不够,从语音、词汇、复句/语篇方面研究该类词语

　　* 本文得益于牛保义教授、张谊生教授、高航教授、陆丙甫教授、张巍教授以及《外语与外语教学》编辑部评审专家的交流和指正。本项研究受国家社科基金项目(19BYY108)"言语互动视阈下汉英语篇关联模式与机制研究"资助。对以上帮助,在此一并致以衷心感谢!

认知特点、联结方式异同特点与规律还未见到。因此,本文集中从音位、词汇语义方面的认知视角比较研究该类词语。

文章语料来自"美国当代英语语料库"和"北京大学中国语言学研究中心语料库"(简称"北大语料库"),从认知语法的自主/依存联结视角对英汉副词性关联词语进行比较研究,旨在探求认知语言学视阈下英汉这一特殊类词语比较研究的新方法,探究英汉该类词语的具体应用规则和语言结构类型,在语言共性的观照下研究其认知特点、共性与差异。

1. 自主/依存联结框架/模型

根据 Langacker(1987;1991;2008)、Taylor(2002)和牛保义(2008;2011)的研究,我们发现配价关系、自主结构和依存结构与自主/依存关系在理解自主/依存联结模型时起重要作用。因此,这部分先对它们做一简述。

1.1 配价关系

配价指的是各组成结构的依存关系。配价关系反映了语言结构中不同成分之间的基本关系(牛保义,2008:1)。认知语法的配价关系主要研究对应、凸显、自主和依存以及组构四个方面的内容。配价关系指的是两个或两个以上的象征结构之间的组合关系(Langacker,1987:277)。例如:副词性关联词语 not surprisingly(难怪)的配价关系可以被分析为象征结构 not 和象征结构 surprisingly 之间的组合关系。Taylor(2002:202)指出如果结构 X 的某一特定成分被识解为结构 Y 的对应成分,那么结构 X 和结构 Y 具有配价关系。

自主/依存联结是认知语法框架下的一种分析模型,当自主成分和依存成分联结的时候,这种模型就形成了(牛保义,2011:230)。在语言应用中,它研究的是一个构式内部各个组成部分之间的配价关系。

1.2　自主结构和依存结构

　　讨论自主结构和依存结构之前,我们先了解一下象征结构。象征结构具有双极性:音位极和语义极(Langacker,1987:67)。也就是说,象征结构包含音位结构和语义结构两部分(Langacker,1987:77;牛保义,2015:35)。

　　自主结构是指,可以独立出现的、自身的语义明示不预设另一结构或者说是不需要进一步概念化的音位结构或语义结构。比如,音位结构里,辅音依附于元音,前者为依存结构,后者(即元音)为自主结构;语义结构里,动词是依存结构(Langacker,1987:468,488)。Taylor(2002:226)认为自主结构是不需要进一步概念化的音位结构或语义结构。自主结构通常比依存结构更重视意义,即自主结构的语义内容要比依存结构具体、独立、稳定(牛保义,2008:2)。

1.3　自主/依存关系

　　自主/依存关系指的是自主成分和依存成分之间的内部关系。Langacker(1987:300)将"自主/依存关系"定义为:A 和 D 为自主/依存关系,在一个配价关系中,A 是对 D 所凸显的认知结构中一个图式性的次结构所作出的阐释。成分 A 和成分 D 为自主/依存关系是指,成分 D 的语义明示依附成分 A。Langacker(1987:278)提出自主/依存关系主要依赖于自主成分和依存成分之间的对应关系。

　　根据自主/依存关系,我们可以通过阐释位和侧面限定把自主成分和依存成分联结为一个相对自主的合成结构。自主/依存联结形成的分析模型是用来分析语言中的语法配价关系的一种分析框架(Langacker,1987)。这一框架/模型可以表示为图1(参见 Langacker,1987:326):

　　图1可以解释为:D 是概念依存成分,A 是概念自主成分,C

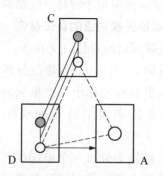

图 1　自主结构和依存结构的合成结构

是由 D 和 A 联结而成的合成结构。D 里的实心圆代表依存成分所凸显认知结构中的一个图式性次结构,空心圆代表其中另一个次结构;A 代表自主成分凸显的侧面;箭头代表阐释关系;用来连接两个圆的粗体竖线代表关系;粗体斜线表示凸显的对应关系;虚斜线表示非凸显的对应关系。本图可读作:A 和 D 为自主/依存关系,这种关系是通过 A 凸显出来的侧面和 D 的图式性次结构之间的阐释或对应关系建立起来的(牛保义,2008:4)。A 和 D 整合得到合成结构 C。该模式采用自下而上的运作方法。

　　基于上述模型,Langacker(1987:77)又指出词具有双极性:即任何一个词汇都具有语义(词的意义)语音(词的发音)两极,该模型表示为:[[语义]/[语音]],其中斜线的左边是语义极,斜线的右边是语音极。

2. 自主/依存联结框架下副词性关联词语的音位整合

　　自主/依存联结分析模型简单易行、通俗易懂、合情合理,具有较强的解释力(牛保义,2008:5)。它可以用于解释一个语言表达式的不同的方面,比如音位方面、语义方面。下面主要讨论自主/依存联结模型是如何应用于解释英汉副词性关联词语的。

2.1 英语副词性关联词语的音位整合

研究副词性关联词语的音位意义在于：一方面，有利于深入地研究副词性关联词语；另一方面，通过分析副词性关联词语的音位整合结构可以更容易地标出一个单词的重音。因为它们在某些场合下需要重读来表示特定的交际意义（Ladd，1980；Edwards，1997）。

这个模型可以被用于分析一个单词的音位整合结构。下面我们首先以英语中两个常用的副词性关联词语 just 和 surely 为例，通过认知图解来探究其音位结构的整合过程。

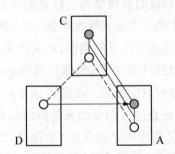

图 2　副词性关联词语 just 的认知图解

根据元音是自主结构，辅音是依存结构（Langacker，2008：199；牛保义，2011：230），图 2 的含义可以解释为：just 的音位合成结构是[dʒʌst]，有两个辅音和一个元音。D 中的空心圆代表辅音[dʒ]，它是一个依存成分，A 中的实心圆代表元音[ʌ]，它是自主结构凸显的次结构，下面的空心圆标示辅音[st]，它是非凸显的次结构，可见，在自主结构中也有非凸显的次结构。C 为由 A 和 D 联结而成的合成结构。上面的实心圆代表凸显成分[ʌst]，下面的空心圆代表辅音结构[dʒ]。箭头代表阐释关系，用来连接两个小圆的粗体竖线代表关系，虚线表示非凸显的对应关系，粗体斜

线表示凸显的对应关系。D、A 和 C 分别表示为[dʒ]、[ʌst]和
[dʒʌst]。也就是说,[dʒ]有一个图式性的子结构,该子结构与
[ʌst]建立起对应关系,联结为合成结构[dʒʌst]。just 的整合过
程就完成了。

　　副词性关联词语 surely 有两个音节,所以它的形成有别于
just。

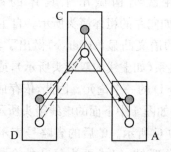

图 3　副词性关联词语 surely 的认知图解

　　图 3 的意义可以解释为:surely 的音位合成结构为[ʃuəl̲i̲]
(Langacker,1987:332;牛保义等 2013:333)①,它有两个合成结
构[ʃuə]和[li],前者是自主成分,后者是一个依存成分。每个里
面有两个小圆,两个小圆的关系可以表示为 D ○→●。A 中的实
心圆代表[uə],D 中的实心圆代表[i],C 中的实心圆代表[ʃuə];
A,D 和 C 中的下面三个小圆分别代表[ʃ]、[l]和[li]。C 中的实
心圆是 A 中凸显的次结构和非凸显结构的合成。C 中下面的空
心圆是 D 中图式性凸显的次结构和 A 中非凸显结构的组合。A、
D 和 C 可以分别表示为[ʃuə]、[li]以及[ʃuəl̲i̲],[li]有一个图式性
的子结构,该子结构与[ʃuə]建立起对应关系,联结为[ʃuəl̲i̲]。
surely 的整合过程就完成了。

　　以上是解释音位极的基本模式;每个副词性关联词语都可以
做如上分析。有了这种基本模式就可以更好地解释较复杂的词

语的音位极。由于有限的空间,其他的副词性关联词语的认知图解就不一一画出了。对于一些太长、太复杂的词,画出这样的图解就比较困难。因此,牛保义(2011:230—236)提出一个新自主/依存模型:首先,依存成分 D 语义凸显的次结构,提供了一个阐释位,用 e 表示。置于虚线方框里的这一次结构是抽象的、图式性的。自主成分 A 语义凸显的次结构对依存成分 D 凸显的认知结构中的图式性次结构做出了具体的阐释(elaboration correspondence),如向左的粗体箭头所示。自主成分 A 的语义凸显对依存成分 D 的语义凸显(salience)做出了具体的阐释,两者之间建立起对应关系(如虚线的双箭头所示),或者说自主成分 A 被识解为依存成分 D 的一个论元。因此,依存成分 D 可以与自主成分 A 组构起来(如图4中下面的虚线箭头所示),联结为合成结构[DA],如图4中 C 所示。C 后的省略号表示这样的合成结构还可以与其他成分联结,组成更为复杂的合成结构(composite structure)。

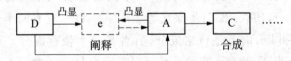

图4　自主/依存模型(牛保义 2011)

　　这个模型比较简单。我们用这个新的模型来分析副词性关联词语 moreover 的音位极。moreover 的音位合成结构为[mɔːrəuvə]((Langacker,1987:332;牛保义等,2013:333),它包括三个合成结构:[mɔː]、[rəu]和[və]。合成结构[rəu]被重读,我们把它当作自主成分$_1$,合成结构[və]为依存成分$_1$,它提供一个阐释位。合成结构[rəu]的语义凸显的次结构很好地解释了合成结构[və]的次结构,[rəu]和[və]建立起对应关系,所以它们联结合成自主结构$_2$[rəuvə],合成结构[mɔː]是一个提供阐释位的依存结构₂,元音[ɔː]是其中凸显的次结构。自主结构₂[rəuvə]的语义凸显的次结构解释依存结构₂[mɔː]语义凸显的次结构。[mɔː]和[rəuvə]音位结构中的图式性子结构建立起对应关系,联结为合成结构[mɔː rəuvə]。

2.2　汉语副词性关联词语的音位整合

汉语中,词可以是单音节,也可以是双音节。以单音节词为例,一个音节包括声母、韵母以及声调。一般情况下,汉语词的音位结构中,韵母是自主结构,声母是依存结构。

我们以汉语中的单音节副词性关联词语"仅"为例,来认识其音位合成结构是如何合成的。

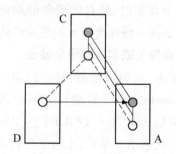

图 5　汉语副词性关联词语"仅"的认知图解

图 5 可以解释为:"仅"的音位合成结构为[tɕin²¹⁴]。它包含两部分,一个是声母[tɕ]的发音,它对应的是 D 中空心圆。另外一个是韵母[in]的发音,它对应的是 A。元音[i]是自主成分,位于上方的实心圆,而[n]是一个辅音,是 A 的非凸显的次结构。C 代表这两部分的合成结构,上面凸显的实心圆代表元音[in],下面的空心圆代表辅音[tɕ]。竖线和斜线代表直接的对应关系,虚线表示非直接的关系。D、A 和 C 分别可以表示为[tɕ]、[in]和[tɕin]。[tɕ]有一个图式性的子结构,该子结构与[in]建立起对应关系,当这两部分联结,副词性关联词语"仅"的认知过程就形成了。

3. 自主/依存联结框架下副词性关联词语的语义整合

像音节一样，每个词语也有按特定方式排列的更小的单元组成的内部结构。一个单词结构的最重要的部分是语素。与音节不同的是，语素具有双极性，换句话说，一个词的构成也是双极性的（语义极和语音极），表示为：[[语义]/[语音]]。在本公式的斜线的左边是语义极，斜线的右边是语音极。词汇就具有这种双极特性：即任何一个词汇都具有语义（词汇的意义）语音（词汇的发音）两极（Langacker，1987：77）。本文把副词性关联词语作为研究对象，来分析几个典型的、具有代表性的副词性关联词语形成的认知过程，以期对这一特殊类词语的进一步认识。

3.1 英语副词性关联词语的语义整合

英语词汇音节不一、构词复杂、特点鲜明。我们首先以英语副词性关联词语 doubtless（无疑地）为例，分析其形成的认知过程。其公式模型可以表示为[[[DOUBT]/[doubt]]—[[LESS]/[less]]]，大写字母代表语义单位，小写字母代表语音单位。符号"—"代表"结合（integration）"的意思（Langacker，1987：75）。它的认知过程可以用图 6 来表示。

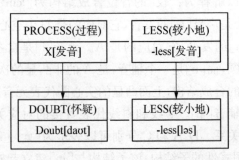

图 6 "doubtless"的认知过程

　　两个大的长方形具有对应关系,第二个长方形可以解释为:它有两层,上面一层是语义极,用大写字母表示;下面一层是语音极,它表示这个词是如何发音的,并且给出了音标。

　　自主/依存联结被用于解释词根语素和非词根语素的区别。后者包括词缀以及更加抽象的符号,比如过程语素。词根是一个词的中心。根据 Langacker(1987:307)的观点,词根是自主性的,它提供语音内容的起始的排列;非词根语素是依存的,它们的关系就好比辅音修饰元音一样。doubtless 的表达可以写成[[doubt] less]。其中 doubt 被定义为是自由语素不依靠其他成分的词根,所以它是自主结构;-less 是词缀,是依附于词根的,所以它被看作是依存结构。它与词根共同形成合成结构 doubtless。

　　其次,我们以比较复杂的英语副词性关联词语 unexpectedly(意外地)为例,分析其形成的认知过程,该词有四个组成部分:词根 expect,一个前缀 un-,以及两个后缀-ed 和-ly。和其他副词性关联词语一样,该单词的结构具有层级性,它的认知形成过程可以表示为(图 7):

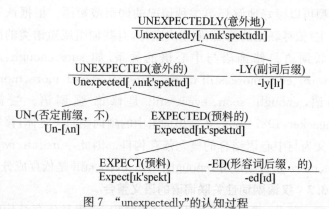

图 7　"unexpectedly"的认知过程

　　每一个象征结构都具有双层性,上面一层代表语义极,下面一层代表音位极(Langacker,1987:67),图 7 采用自下而上的分析方法来解释 unexpectedly 的认知过程，解释如下：首先，依存成分-ed 和自主结构 expect 结合成合成结构 expected，它是一个词干$_1$，词干 expected 本身是一个自主结构，因为它可以单独使用。其次，自主结构 expected 与表示否定意义的前缀 un-结合形成词干$_2$unexpected。最后，词干$_2$与副词词缀-ly 完美结合完成整个过程，合成组构成分的最高层 unexpectedly。总之，词根（expect）和两个词干（expected 与 unexpected）和最后的合成结构 unexpectedly 都是自主结构，而三个词缀 un-，-ed 和-ly 是依存结构。

基于前人研究，原苏荣（2013a：110）认为副词性关联词语有两类，一类是只有一个单词的，另一类是短语或词组。一些短语或词组被称为副词性关联词语是由于以下两个方面的原因。第一，有些固定短语也可用作（状语）副词，这些短语在形式上是恒定的，短语或词组中的几个词几乎不保留其各自的意义（Biber *et al.*，1999：540），比如 no wonder（怪不得）。第二，它们与副词性关联词语的功能相似，也被称为关联性短语副词。自主/依存联结模型可以很好地解释第二种情况的词组或短语。根据认知语法自主/依存联结的侧面/侧重决定体，有些词组或短语类的副词性关联词语是修饰语与中心语的关系，如 sure enough、soon afterward、even more、still more。sure、afterward、more、more 是中心语，enough、soon、even、still 是修饰/强调语。兰盖克（Langacker，1987：309）还指出词组中的副词侧面决定体，修饰语被定义为与中心语结合的概念依存构件。因此，sure、afterward、more、more 是自主成分，enough、soon、even、still 是依存成分。[2]

3.2 汉语副词性关联词语的语义整合

前一部分，我们遵循词根是自主结构，词缀是依存结构的原则来分析英语副词性关联词语的形成。然而，汉语中的一个词语的形成认知过程主要是词根与词根的结合（齐沪扬 2007：185—

186）。所以这一部分采用的分析方法有所不同。

根据原苏荣（2013a：38），大部分的汉语副词性关联词语是双音节结构。双音节结构指的是集成的语言片段是由两个音节组成，但是在意义上相对完整。我们把汉语的双音节结构的副词性关联词语分为两类。第一类是没有自主成分的，因为两个语素的语义都和整体的词的语义不够密切，两个音节在形成一个双音节的副词性关联词语时扮演同等角色。比如"马上"的意思和语素"马"（一种动物）与语素"上"（表示方位）的意思都不同，这两个语素相互依存。第二类是两个语素其中的一个的语义带有"整体"意义，与"整体"意义关系密切，那么我们把这个语素称之为自主成分，另一个语素称之为依存成分。"大约"就是一个例子。"大约"的"整体"意思表示概数，"约"带有"整体"意义，意义上与"整体"关系密切，但是"大"（表示面积、体积、容量、数量、强度、力量超过一般或超过所比）的语义和整体的意义关系不密切。其理据一来自 Levin（2001）、陆丙甫（1998，2010）的"语义靠近动因"和"整体效应现象"。陆丙甫（1998：355）指出语义关系密切的成分倾向于靠近在一起。双音节副词性关联词语的语义关系是受到"语义靠近"动因的作用而造成的，从"整体效应"现象解释，语素本身带"整体"意义（陆丙甫，2010）。可见，"大约"中的"约"本身带有"整体"意义，与"整体"意义上关系紧密，所以是自主成分，"大"与"整体"意义关系不密切，则是依存成分。理据二，第一类词的两个语素的意义都已虚化或转化，第二类词其中的一个语素的语义与整个词的意义还有明显联系。也就是语义合成性（composionality）的差别，第一类词语合成性弱，语义透明度低；第二类词语合成性强，语义透明度高[3]。故，双音节结构的汉语中的副词性关联词语的分类如下：

表1　汉语中双音节副词性关联词语的自主/依存结构分类④

类型	汉语副词性关联词语
第一类	马上、其实、倒是、好在、起码、无怪
第二类	单单、原本、原来、本来、随即、随后、接着、既而、当即、立刻、顿时、的确、确实、真的、肯定、果真、反而、反倒、忽地、当然、果然、自然、忽然、猛然、骤然、显然、大约、大概、大致、大略、大凡、大多、大都、几乎、终于、终归、终究、总算、总归、尤其、特别、极其、仅仅、只是、唯独、偏偏、甚至、幸亏、幸而、也许、或许、至少、至多

　　从上表可以看出,很多副词性关联词语属于第二类的。我们说这类词语是自主/依存结构的。具体的说,一个语素的意义接近整体,这个语素就是自主结构,那么另外一个语素就是依存于自主结构的依存结构。

4. 结语

　　本文主要在自主/依存联结的框架下,从音位、词汇语义方面较全面地分析了汉英副词性关联词语。基于真实语料,通过分析,我们发现自主/依存模型可以较好地解释这类词语。

　　该框架下探究英汉副词性关联词语,我们发现英汉语既有共性也有差异,比如在英汉语中都有的自主结构和依存结构、自主成分和依存成分,在这些共性下,又有差异。

　　1) 音位方面,英语中的元音是自主结构,辅音是依存结构;汉语词的音位结构中,韵母是自主结构,声母是依存结构。但是有些汉语副词性关联词语没有声母只有韵母的,比如"也""又"。这种情况下,韵母就是自主结构。

　　2) 词汇语义方面,a. 英语的副词性关联词语具有双极性(音位极和语义极)。词根是自主结构,词缀是依存结构,其认知过程图解适合用自下而上的分析方法,如 undoubtedly。b. 在一些词组或短语类的副词性关联词语中，如 still more，是修饰语与中心语的关系，那么我们把中心语叫做自主成分，修饰语部分叫做依存成分。c. 大多数的汉语副词性关联词语都是双音节结构的，其中一个语素带有"整体"意义，与"整体"意义关系紧密时，这个语素就是自主成分，剩下的一个语素就是依存成分。当汉语中一个副词性关联词语的任何一个语素的意思与整体的意义不紧密时，这两个语素相互依存。汉语自主/依存结构分类体系，见表1。

　　我们希望本文研究能够起到抛砖引玉的作用，英汉副词性关联词语的自主/依存联结还有不少问题有待更深入、更全面、更细致的探究；关于英汉副词性关联词语在复句/语篇方面的语义整合，由于篇幅关系，我们将另文讨论。

　　总之，本文验证了自主/依存联结理论框架对英汉"副词性关联词语"这一特殊类词语解释的合理性和可行性，希望为学界对该类词语的深入研究提供借鉴和方法上的启示。

附注

① 音位合成结构中的非重读音节用下划线，重读音节不用下划线表示非简化和压缩关系。[ʃuəli]中的[əu]是以非简化的形式出现，而[li]是被简化和压缩形式（详见 Langacker，1987：332；牛保义等，2013：333）。下文的 moreover 同理。

② 本文所说的"自主语、依存语"，跟依存语法中所说的"自主语"（核心）和"依存语"（从属语）不尽相同，本文主要看语义独立性。

③ 张谊生教授和高航教授审阅本文后，提出这一理据。

④ 张巍教授审阅此稿后，提出的语义透明度和语法化程度的标准，对本文所研究该类词语的自主/依存结构分类有很大帮助。谨致谢忱！

参考文献

陈治安　1984　英语连接副词，《外国语》第 2 期。

贺嘉宁、原苏荣　2016　上海地区不同版本高中英语教材中副词性关联词语的比较研究，《中学外语教与学（人大复印报刊）》第 11 期。

李泉　1996　副词和副词的再分类，胡明扬主编《词类问题考察》，北京：北京语言学院出版社。

陆丙甫　1998　从语义、语用看语法形式的实质，《中国语文》第 5 期。

陆丙甫　2010　论"整体-部分、多量-少量"优势顺序的普遍性，《外国语》第 4 期。

陆建非、原苏荣　2012　汉英复句中副词性关联词语的逻辑关系比较，《上海师范大学学报》第 4 期。

卢莎　2013　《副词性关联词语 however 的语篇衔接功能研究——以英美经典小说为例》，上海师范大学硕士学位论文。

牛保义　2008　自主/依存联结—认知语法的一种分析模型，《外语与外语教学》第 1 期。

牛保义　2011　新自主/依存联结分析模型的建构与应用，《现代外语》第 3 期。

牛保义　2015　坚持形义一体，不能重义轻形，《中国外语》第 1 期。

R. W. Langacker　2013　《认知语法基础》，牛保义、王义娜、席留生、高航译，北京：北京大学出版社。

齐沪扬　2007　《现代汉语》，北京：商务印书馆，.

孙中源　2019　《山东版高中英语〈新标准〉教材阅读语篇中副词性关联词语的调查及应用研究》，上海师范大学硕士学位论文。

许文胜　2015　基于语料库的英汉文学作品衔接性副词对比研究，《外语教学与研究》第 2 期。

杨琪　2019　《英汉副词性关联词语在公众演讲中的比较研究——以 TED 和〈一席〉为例》，上海师范大学硕士学位论文。

殷佳越、原苏荣　2017　类型学视域下的"特提"类副词性关联词语比较研究，《江苏科技大学学报》第 3 期。

原苏荣　2013a　《汉英副词性关联词语比较研究》，上海：上海三联书店。

原苏荣　2013b　汉英"侥幸"类副词性关联词语在语篇中的语义构式，《外语教学》第 12 期。

原苏荣　2015　汉英特殊类词语——副词性关联词语的性质特点和界定标准，《西安外国语大学学报》第 1 期。

原苏荣　2017　汉语的"四字格"和英语的"四词格"比较研究，《西安外国语大学学报》第 1 期。

原苏荣、陆建非　2011　汉英副词性关联词语篇章衔接功能比较，《上海师范大学学报》第 2 期。

张谊生　1996　副词的篇章连接功能，《语言研究》第 1 期。

张银青、原苏荣　2018　副词性关联词语在高中英语教材阅读部分的调查研究——以《牛津高中英语》模块六、七为例，《中学外语教与学（人大复印报刊）》第 11 期。

Biber, D. , S. Johansson, G. Leech, S. Conrad & E. Finegan. 1999 *Longman Grammar of Spoken and Written English*, London: Pearson Education Limited.

Cingue, G. 1999 *Adverbs and Functional Heads — A Cross-Linguistic Perspective*, Oxford: Oxford University Press.

Edwards, H. T. 1997 *Applied Phonetics*, San Diego/London: Singular Publishing Group, Inc.

Ernst, T. 1984 *Towards an Integrated Theory of Adverb Position in English*, Bloomington: Indiana University Linguistic Club.

Halliday, M. A. K. & C. Matthiessen. 2004 *An Introduction to Functional Grammar* (Third Edition), London: Hodder Arnold.

Johannessen, J. B. 2005 The Syntax of Correlative Adverbs, *Lingua International Review of General Linguistics* 4.

Ladd, D. R. 1980 *The Structure of Intonational Meaning: Evidence from English*, Bloomington: Indiana University Press.

Langacker, R. W. 1987 *Foundations of Cognitive Grammar*, Vol. I. *Theoretical Prerequisites*, Stanford: Stanford University Press.

Langacker, R. W. 1988 The Nature of Grammatical Valence. Rudz-ka-Ostyn Brygida ed. , *Topics in Cognitive Linguistics*, Amsterdam and Philadelphia: John Benjamins.

Langacker, R. W. 1991 *Foundations of Cognitive Grammar*, Vol. II. *Descriptive Application*, Stanford: Stanford University Press.

Langacker, R. W. 2008 *Cognitive Grammar: A Basic Introduction*, Oxford: Oxford University Press.

Levin, Beth. & Malka Rappaport Hovav. 2001 Morphology and Lexical Semantics. Spencer & Z Wicky eds. , *The Handbook of Morphology*, Oxford: Blackwell Publishing Ltd.

Schwarz, B. 1999 On the Syntax of Either... Or... , Natural Language and Linguistics Theory 2.

Taylor, J. 2002 *Cognitive Grammar*, Oxford: Oxford University Press.

互动语境中构式"又＋Neg＋Xp"的辅据言威功能

岳　辉[1]　李冬香[2]

([1]吉林大学文学院　　[2]徐州工程学院教育科学学院)

0. 引言

现代汉语中,副词"又"与否定副词共现的情况主要有五种:

(1) 她昨天没找到合适的办公楼,今天**又没找到合适的办公楼**。

(2) 她要找**既对得起她的荷包,又不辜负今夜的菜**。

(3) 咳,堵在城里的半路上,**又不能随便下车**,吃饭还真不是最大问题了。

(4) 真不敢拿我这么个大麻烦耽误你,**可又不愿离开你**。

(5) A:好吓人啊!

　　B:怕什么,**我又不是鬼**。

例(1)中,"又"为表重复义副词,整句话是对前句的重复性说明。例(2)中,"又"为表并列义副词,整句话是对前句的并列性说明。例(3)中,"又"为表递进义副词,整句话是对前句的递进性说明。例(4)中,"又"为表转折义副词,整句话是对前句的转折性说明。例(5)中,"又"为语气副词,整句话的表达重心并不在话语的字面义"我不是鬼",而是在话语的隐含意义"表达对听者言语行为的反驳"。可见,例(1)—(4)通过"又"与否定副词的简单相加可以推知其语义表达重心,而例(5)通过"又"与否定副词的简单相加无法推知其语义表达重心。根据 Goldberg 对构式的界定,任何语言格式,只要其形式或功能的某个方面不能从其组成部分或其他已经存在的构式中得到完全预测,就应该被看作是一个构式(2013:5),因此像例(5)中画线部分,我们可称之为构式,码化为"又＋Neg＋Xp",是本文的研究对象。值得说明的是,本文选取的否定词语①不限于"不",还有"没"。

查阅相关文献发现,"又＋Neg＋Xp"结构的功能研究呈现两种模式:一种将其聚焦于语气副词"又"的功能,涉及的观点有王力(1984:320)、史锡尧(1990)、吕叔湘(1990:108)、马真(2001)等提出的加强否定语气;彭小川(1999)、陈佳宏(2006)、毕文华(2016)等提出的预设否定;邵敬敏、饶春红(1985)、史金生(2005)等提出的辩驳语气;吴振国(1990)、温锁林(2010)等提出的申辩口气;张京鱼、刘加宁(2010)、张京鱼、闫军利(2015)等提出的语篇衔接。另一种将其视为构式作整体研究,即程亚恒(2016)、文桂芳和李小军(2019)认为"又＋Neg＋Xp"为原因型构式。

这些成果对本文的研究具有启示意义,但仍存在以下几点疑问:

首先,时贤将"又＋Neg＋Xp"结构的功能归功于语气副词"又",但"又"加上"Neg＋Xp"后,句法上很少独立使用,语义上有言语未尽之感,语用上不能传递焦点信息。例如:

(6) a. 张三不是领导。

　　b. *张三**又不是领导**。

(7) a. 她家没养猫。

　　b. *她家**又没养猫**。

(6a)(7a)句法上可独立使用,表达否定性判断,而添加语气副词"又"后,(6b)(7b)很少独立成句,语义有未尽之感,语用上也不能独立传递焦点信息。那么"又＋Neg＋Xp"结构表义重心的改变到底是什么因素在起作用呢?

其次,关于"又＋Neg＋Xp"结构的功能,学界从语用、语义、语篇、标记的角度均进行了论述,共概括出五种类型,如此庞大的功能,让人无法认清其本质,那么是否可以概括为一种功能呢?即"又＋Neg＋Xp"的核心功能是什么? 有无形式上的规律可循?

再次,程亚恒(2016)首次将"又＋Neg＋Xp"视为原因型构式,但将话语功能归功于构件"又",即"引起语义推导的话语提示功能"。文桂芳、李小军(2019)从历时的角度对"又＋Neg＋Xp"的形成和演变机制进行了探讨,认为"重复＞增量(并列、递进、转折)＞辩驳"是其形成过程,语用推理和语境吸收是其演变机制,但仍有未尽之处,如"XP"的允准条件是什么?"又＋不＋Xp"与"又＋没＋Xp"的分布是否均衡,为什么?"又＋Neg＋Xp"置于伴随句前后的规律是怎样的?

基于以上问题,结合"又＋Neg＋Xp"常出现的语境,本文拟从互动语言学(Interactional Linguistics)的视角,重点考察构式"又＋Neg＋Xp"的话语功能、实现形式及 Xp 的允准条件。本文语料主要来源于自然口语性质的电视剧《欢乐颂》(第一、二季)的台词转写、BCC 语料库中析出的对话、前人文献中析出的对话及部分自拟对话,合计 1001 条。

1. "又＋Neg＋Xp"的构式义及固定部件特征

1.1 "又＋Neg＋Xp"的构式义

程亚恒(2016)指出,构式"又＋Neg＋Xp"中虽然没有"不应该""不必""没有必要"等字眼,但"又＋Neg＋Xp"浮现的构式义却是主观否定情态义,经检验属实。例如:

(8) A:加拿大钱还比台湾钱贵啊?

　　B：拜托,人家**又不是战败国**,为什么不能比台湾贵啊?

（9）A：昨天他们又出去浪了,你知道吧?

　　B：我**又没有千里眼**,怎么能什么都知道啊?

例(8)是一对朋友的电话聊天,上句是 A 对加拿大钱比台湾钱贵的质疑,下句是 B 回应 A 的话语。显然,"又不是战败国",不停留在"是不是战败国"这个事实层面的陈述,而是表达"B 对 A 话语的反驳,B 认为 A 完全没有必要发出这样的质疑"。例(9)是一对朋友的闲聊,上句说的是 A 猜测 B 知道他们出去浪的事儿,下句是 B 回应 A 的话语。显然,"我又没有千里眼",不是停留在"我有没有千里眼"这件事儿上,而是表达"B 对 A 话语的反驳,B 认为 A 没有必要总关心人家的私生活"。不难看出,构式"又＋Neg＋Xp"表达的不是字面意义的陈述,而是隐含的深层意义,即表达"不应该、不必、没有必要"的否定情态义。

构式"又＋Neg＋Xp"表达言者否定情态义,这无疑与固定部件"又""Neg(不/没)"和变项"Xp"的特征有关。

1.2　构式"又＋Neg＋Xp"中固定部件的特征

构式"又＋Neg＋Xp"的固定部件为"又"和"Neg(不/没)",二者是浮现言者否定情态义的实现手段。

关于固定部件"又",语音上轻读[2];句法上位置固定,位于否定词语的前面;语义上没有真值意义,只有程序意义;语用上具有引导码功能。正如程亚恒(2016)所说,"构式'又＋Neg＋Xp'中的副词'又',是一个能够激活语义推导的语篇衔接算子,具有提醒听者注意的作用",在符合省力原则的情况下,能够最大程度地增加语境效果,为听者理解提供线索,指明方向,从而减轻听者认知处理负担。

关于固定部件"Neg",现代汉语中主要由"不"和"没"充当,二者均具有非真值意义,与张斌和张谊生(2012)、江莹(2019)的观点吻合,即"有一种非常规'不/没',附着于某种名词、形容词和动词前,失去真值否定功能,具有减量和提醒功能"。

另外,副词"又"与否定词语"不""没"的共现情况不同,也就是说,"又不 Xp"与"又没 Xp"的分布并不均衡,"又不 Xp"占语料总数的 82%,而"又没 Xp"占语料总数的 18%,二者的使用频率为何相差甚远,二者的使用特征是怎样的,均可以通过考察变量 Xp 得到证实。

2. 构式"又＋Neg＋Xp"中变量 Xp 的允准条件

能充当构式"又＋Neg＋Xp"中变量 Xp 的成分主要有名词或名词性短语、动词或动词性短语、形容词或形容词性短语三类。其中以动词或动词性短语最典型,占 94%。如表 1 所示:

表 1　Xp 的类型、频次及百分比

类型	频次	百分比	例句
名词或名词性短语	10	1	今天又不/没星期天
形容词或形容词性短语	50	5	他又不/没傻
动词或动词性短语	941	94	又不是做化学实验
			我又没养猫
总数	1001	100	——

2.1　名词或名词性短语

语料显示,具有描述性语义特征的名词或名词性短语是"又＋不＋Xp"中 Xp 的允准条件。例如:

(10) 今天**又不星期天**,不能睡懒觉。(石毓智,2001:210)

(11) **又没冬至**,吃什么饺子啊?

例(10)中的"星期天",如果不进入"又＋不＋Xp"中,指的是"星期六的下一天"。而进入"又＋不＋Xp"中,"星期天"的内涵意义被激活,即"星期天不用上班或上学,想干什么干什么",那么星期天也就被赋予"可以睡懒觉的特征"。例(11)中的"冬至",如果不进入"又＋没＋Xp"中,指的是"二十四节气之一",而进入"又＋没＋Xp"中,"冬至"的内涵意义被激活,即"冬至有吃饺子的习俗"。因此具有描述性语义特征的名词或名词性短语是"又＋不＋Xp"中 Xp 的允准条件。

2.2　动词或动词性短语

能进入构式"又＋Neg＋Xp"中 Xp 的动词或动词性短语有四类:1)判断动词"是、算……";2)心理动词"害怕、担心、喜欢……";3)能愿动词"敢、想、愿……";4)实义动词"养、玩、吃……"。其中前三类是"又＋不＋Xp"中 Xp 的允准条件,以判断动词"是"最典型,占动词总数的 62%;第四类是"又＋没＋Xp"中 Xp 的允准条件。例如:

(12) 王柏川:别一棍子打死人,别一概而论,我是好人。

樊胜美:你别代入,为什么这么说,你**又不是包子**。

(13) 布拉果沃小姐不知什么缘故恨我,我**又不喜欢上戏院**。

(14) 邱堂堂:小曲,可不可以介绍一下,我到你朋友那儿做?

曲筱绡:不行,你**又不想当服务员端杯子的**。

(15) 现在**又没火烧眉毛**,急什么急!

例(12)中的"是包子",如果不进入"又＋不＋Xp"中,"包子"指的是"包子这个人",而进入"又＋不＋Xp"中,"包子"可以激活其描述性语义特征,即"像包子一样的好人③"。值得注意的是,当 Xp 为判断动词"是"时,后面除了接名词,还可以接动词短语或代词,如"又不是做化学实验"激活描述性语义特征"需要很精细的准备和测量"。例(13)中的"喜欢上戏院",如果不进入"又＋不＋Xp"中,"戏院"指的是"戏院这个地方",而进入"又＋不＋Xp"中,"戏院"可以激活并突显其描述性语义特征④,即"具有花天酒地的特征"。例(14)中的"想当服务员端杯子的",如果不进入"又＋

不＋Xp"中,指的是"想当一名服务员",而进入"又＋不＋Xp"中,可以激活并突显"服务员"的描述性语义特征,即"服务员具有端杯子的特征"。例(15)中的"火烧眉毛",如果不进入"又＋没＋Xp"中,指的是"火烧眉毛这件事",而进入"又＋没＋Xp"中,可以激活并突显"火烧眉毛"的描述性语义特征,即"情况紧急、事态严重"。可见能够激活并突显描述性语义特征的动词或动词性短语是构式"又＋Neg＋Xp"中 Xp 的允准条件。

2.3　形容词或形容词性短语

能进入"又＋Neg＋Xp"构式中 Xp 的形容词有"傻""好""胖""蠢""笨""熟""远""穷"等,可见性质形容词是"又＋Neg＋Xp"中 Xp 的允准条件。例如:

(16) 他**又没傻**,你担心什么?

(17) 乔治:我刚才去锻炼了。

　　索密斯:你**又不胖**,你锻炼什么啊?

例(16)中的"傻"和例(17)中的"胖"均为性质形容词,对主语起到描述性作用。

总之,具有或可激活描述性语义特征的名词或名词性短语、动词或动词性短语、形容词或形容词性短语是构式"又＋Neg＋Xp"中 Xp 的允准条件。值得注意的是,根据词语在量上的特征,能够充当 Xp 的成分主要为连续量词语。首先,当 Xp 为具有描述性语义特征的名词时,以例(10)中的"星期天"为例,在量上具有连续性特征,也就是说,从凌晨至次日凌晨,在这个时间段上任意一点都可以说是"星期天",局部与整体是同质的(石毓智,2001:212)。其次,当 Xp 为可激活描述性语义特征的动词短语时,绝大多数由判断动词"是"引导。以例(12)中的"是"为例,不能用数量词语称数,不能后接助动词"了",在量上具有连续性特征,因此可以用来描述事物属性(石毓智,2001:56)。最后,当 Xp 为性质形容词时,在量上兼有连续性特征和离散性特征(王小穹,2015),如例(16)(17)中的"傻""胖"。根据"不"和"没"在量上的分工来看,石毓智曾指出,"不"只能否定连续量词,"没"只能否定离散量词(石毓智,2001:35)。而 Xp 的典型允准条件在量上表现为连续量词语,自然与否定词语"不"结合的比较多,这也就是"又不 Xp"与"又没Xp"分布不均衡的原因。虽然"又不 Xp"与"又没 Xp"使用频率不均衡,但在话语功能方面却呈现统一的倾向性特征。

3. 构式"又+Neg+Xp"的话语功能

3.1　构式"又+Neg+Xp"的核心话语功能

日常交流中,言者不仅需要传递信息,更需要使用语法手段为自己的立论提供理据,构式"又+Neg+Xp"就是这样一种语法手段,本文认为其核心话语功能是为言者立论辅助提供理据,主要表现在辅助性和理据性两方面。

3.1.1　辅助性

构式"又+Neg+Xp"的辅助性可以从其句法降级、焦点结构、省略与否三方面加以考察。

第一,构式"又+Neg+Xp"的句法降级。

构式"又+Neg+Xp"中 XP 可以为 VP、AP、NP,其中以 VP 最典型(94%),而 VP 中以判断动词"是"最典型(62%),因此用"又不是"举例。例如:

(18) a. 我不是小曲。

　　b. [?]**我又不是小曲**。

　　c. 岳西:你可得告诉我,别说你是从中介查到的。

　　　　邱莹莹:**我又不是曲曲**,还到处查人底细的。

(18a)这个句子成立,在陈述主语的身份。(18b)增加"又",语义上有未说完之感,语用上不能传递焦点信息。(18c)增加伴随句"还到处查人底细的",句法上成立,整句话凸显的焦点转移到伴随句,究其原因,主要是(18b)发生了句法降级,即从一个完整句降级为另一个完整句的附属成分(王小穹,2015),因此需要与伴随句搭配才成立,句法降级为构式"又+Neg+Xp"的辅助性功能提供了句法条件。

第二,构式"又+Neg+Xp"的焦点结构。

构式"又+Neg+Xp"与伴随句搭配⑤,可前可后,以位于伴随句之后最典型(80%),常出现在相邻对应答句(92%)中,表示对引发句的回应。例如:

(19)赵医生:好爸爸,乖爸爸,臭爸爸……哈哈哈……你想气死人啊,太邪恶了。

　　曲筱绡:**我又不是希特勒**,怎么能算邪恶?

(20)赵医生:那我跟魏兄中间一起走吧。两位小姐也尽早歇息。

　　曲筱绡:别,我开玩笑,你们别当真。**我又不是腐女**。

例(19)中,构式"又+Neg+Xp"位于伴随句之前,与"怎么能算邪恶"一起回应始发句。例(20)中,构式"又+Neg+Xp"位于伴随句之后,与"你们别当真"一起对始发句做出回应。

值得说明的是,伴随句是语义表达的重心,凸显的焦点,通常用"反正"等强调副词进行标记,而构式"又+Neg+Xp"中的"又"轻读是最好的证明。例如:

(21)曲筱绡:邱莹莹,你得懂好歹。

　　邱莹莹:反正我不跟你说,反正你不能打应勤,**你又不是我**。

例(21)中,伴随句"反正你不能打应勤"是句子陈述意义的前景信息,构式"又+Neg+Xp"是句子陈述意义的背景信息。可见,焦点结构为构式"又+Neg+Xp"的辅助性功能提供了语义解释。

第三,构式"又+Neg+Xp"的省略与否。

构式"又+Neg+Xp"与伴随句搭配出现时,在句法和语义上

不起任何作用,只在语势上起作用,可省略。例如:

(22) 邱莹莹:没有。

曲筱绡:没有什么？ 说话明白点儿,大声点儿,**你又不是蚊子细嗓门**。

(23) 安迪:我怎么感觉有人跟踪我？

包奕凡:**你又不是明星**,哪有那些狗仔队啊？

省略构式"又＋Neg＋Xp"后,例(22)仍然能够表达言者对听者的辩驳态度。例(23)仍然能够表达言者疑惑的情感态度。但是加上构式"又＋Neg＋Xp"后,例(22)(23)均可以附加说明言者立论的理据,进而彰显言者话语权威性。可见,可省略为构式"又＋Neg＋Xp"的辅助性功能提供了语用说明。

3.1.2　理据性

索绪尔认为符号与对象之间任意性的反面为理据性,词汇学家认为词的表达形式与词义之间的某种内在联系为理据性,而言语交际的理据性主要体现在明示-推理的过程中。日常交际中,言者一般不会将全部交际意图直接明示给听者,但会提供论据引导听者进行推理,这就是信据性,即为听者推理提供可信的论据(Verhagen A,2008:307—332),本文认为构式"又＋Neg＋Xp"就是言者为听者能够更好理解自我交际意图而辅助提供的理据。衡量信据性有信据力度和信据倾向两种维度(Verhagen A,2008:307—332),具体到构式"又＋Neg＋Xp",只有信据倾向维度。语料考察,客观事实和规约知识是信据倾向的典型代表。

第一,客观事实。

根据上文,实义动词是 Xp 的允准条件,而实义动词与"没"的结合,可以表达言者对客观事实的陈述。例如:

(24)(忽然陶祖泰垂头丧气进来了)

陶夫人:"怎么？ 你像只落汤鸡！ **天又没下雨**！"

(25) 姑妈:姑娘,今儿晌午别走啦,在这儿吃饭吧!

　　　　韩太太：**家里又没准备**，叫人家吃什么？

　　例(24)中，言者(陶夫人)根据陶祖泰当前状况"像只落汤鸡"，表达心中疑惑"怎么？"，为使听者迅速识解，使用客观事实"天又没下雨"作为立论理据。例(25)中，言者(韩太太)针对姑妈话语，进行反驳"叫人家吃什么"，为节省听者的释语心力，使用客观事实"家里又没准备"作为立论理据。可见，以客观事实作为立论理据，能够达到以最小的释语心力解码言者传递的最大语境信息。

　　第二，规约知识。

　　根据上文，具有或可激活描述性语义特征的名词、动词、形容词及其相应短语是 Xp 的允准条件。施春宏(2001)提出，名词的描述性语义特征有三种显现语境，即公知语境、特定语境、局部语境。具体落实到构式"又＋Neg＋Xp"，这些描述性语义特征成分有的是大众化常识、极端例子、典型代表、普遍认识，有的是特定语境中临时赋予听说双方共知的信息，有的是影视作品中的经典形象。例如：

　　(26)小卒：秀吉回来参战了！

　　　　盛政：胡说八道！**秀吉又不是神仙**，从大垣到这里那么
　　　　　　　远的路，他怎会这么快赶回来？

　　(27)奇点：是刚才追我飙车的 M3，一聊起来原来是好朋友的朋
　　　　　　　友。他带着个漂亮的女朋友，我不能没有，拜托啊。

　　　　安迪：**你又不是老谭**，还跟人比这个？刚才还飙车！

　　(28)李朝生：你依旧浓眉大眼。

　　　　关睢尔：你才浓眉呢？**我又不是蜡笔小新**。

　　例(26)中，言者(盛政)针对小卒话语，进行反驳，为使听者快速达及信息，使用大众化常识"秀吉又不是神仙"作为立论理据。例(27)中，言者(安迪)针对奇点请求，进行回拒，为使听者快速明白，使用双方共知信息"你又不是老谭"作为立论理据。例(28)中，言者(关睢尔)针对李朝生话语，进行反驳，为使听者快速识

解,使用影视作品中经典形象"我又不是蜡笔小新"作为立论理据。可见,以规约知识作为立论依据,信据价值高,心理可及性强,能够使听者快速达及言者交际意图,进而达到有效交际目的。

总之,构式"又+Neg+Xp"具有理据性,以听者心理可及性为目的,通过言者举例子、摆事实的方式进行立论。

另外,构式"又+Neg+Xp"具有理据性,还可以从反面加以考察,下面看两组对比句子。例如:

(29) a. 刚才又没下雨,地面怎么湿了?

　　 b. *因为/*听说/*我确信/*我认为刚才又没下雨,地面怎么湿了?

(30) a. 怎么会跟别的女人约会去呢? 他又不是那种人。

　　 b. 怎么会跟别的女人约会去呢?*因为/*听说/*我确信/*我认为他又不是那种人。

例(29a)中构式"又+Neg+Xp"为因,伴随句为果,由因才可以推衍出果,因通常为客观事实,因是果产生的信息来源,即"因为刚才没下雨,所以地面不应该湿",是顺应事理的推理,客观性强,属于逻辑因果⑥,像这样的例句占语料总数的20%。例(30a)中构式"又+Neg+Xp"为因,伴随句为果,由果追溯因,因通常为规约知识,即"他不会跟别的女人约会去,因为/听说/我确信/我认为他不是那种人",不是按照逻辑事理进行推理的,而是言者根据某种结论做出的主观推测,是适宜性理由,主观性强,属于实据因果⑦,像这样的例句占语料总数的80%。由此可见,构式"又+Neg+Xp"辅助提供理据的功能既包括信息来源的说明,也包括言者对知识的主观认知,与广义传信范畴表达的意义相吻合,因此构式"又+Neg+Xp"与传信标记共现时信息重复,也就是例(29b)(30b)不成立的原因。故而,反向思维也可以验证构式"又+Neg+Xp"具有理据性。

值得一提的是,廖巧云(2011:105)指出,逻辑因果关系是传统因果关系,遵循"原因-结果"的线性顺序,客观性强,而实据因果关系是扩展的因果关系,不受"原因-结果"线性顺序的限制,甚至经常以结果在先,原因在后的顺序出现,主观性强。而构式"又+Neg+Xp"是以听者为导向的维护言者话语地位的语言形式,必然多用于主观性强的语句中,这也就是以规约知识作为理据见常的原因。另外,考察发现,当构式"又+Neg+Xp"与伴随句之间为逻辑因果关系时,构式"又+Neg+Xp"通常位于伴随句前面;当构式"又+Neg+Xp"与伴随句之间为实据因果关系时,构式"又+Neg+Xp"通常位于伴随句后面,这就不难理解为什么构式"又+Neg+Xp"以位于伴随句之后为主。

3.2 构式"又+Neg+Xp"的具体话语功能

构式"又+Neg+Xp"的核心功能是为言者立论辅助提供理据,彰显言者话语权威地位,可简称为"辅据言威"功能。根据伴随句实施的言语行为[8],将构式"又+Neg+Xp"的话语功能具体化为四类[9]:1)为劝说言语行为辅助提供理据,下称"劝辅";2)为辩驳言语行为辅助提供理据,下称"辩辅";3)为告知言语行为辅助提供理据,下称"告辅";4)通过辅助提供的理据推出疑惑言语行为,下称"辅疑"。这四类话语功能在使用频次方面不尽相同,具体如表2所示:

表2 构式"又+Neg+Xp"话语功能的使用频次和百分比

话语功能		频次	百分比
辅据言威	劝辅	100	10
	辩辅	431	43
	告辅	340	34
	辅疑	130	13
合计		1001	100

根据表 2,构式"又＋Neg＋Xp"共出现 1001 次,以辩辅功能最典型(43%),劝辅、辩辅和告辅功能占总数的绝大部分(87%),是为劝说、辩驳、告知言语行为辅助提供理据,既维护言者的话语地位,又照顾听者的知识状态,互动性强。而辅疑功能只占总数的(13%),是通过提供理据推衍疑惑言语行为的产生,更多考虑言者话语地位的维护,互动性弱。从总体上看,构式"又＋Neg＋Xp"是一种以听者为导向维护言者话语地位的交互手段,即言者倾向于选取听者能够达及的信息组织使用构式"又＋Neg＋Xp"。

3.2.1　劝辅

互动中,言者表达劝说观点时,使用构式"又＋Neg＋Xp"辅助提供理据,增强言者劝说信度,帮助听者快速识解。例如:

(31)(曲筱绡故意将白主管帮自己搬家照片群发给姐妹们)

邱莹莹:他会不会和小曲好了?

关雎尔:别太担心了,你看照片上有这么多人呢,**又不是孤男寡女**。

邱莹莹:(脸色和缓起来)是啊,是啊,多大的事儿呢,我们都差点儿被曲筱绡调戏了,不上她的当。

例(31)中,引发句使用"会不会……"表达担心的言语行为,应答句使用劝阻祈使句"别……了"委婉否认担心的言语行为。为了增强劝说力度,辅助提供两个理据。理据 A 为客观事实"照片上有这么多人呢",不能令听者快速识解,追加规约知识(极端例子)"又不是孤男寡女"作为理据 B,由于极端例子易于达及,听者迅速明白,后文副语言"脸色和缓起来"和话语"是啊……,不上她的当"足以证明。

3.2.2　辩辅

互动中,言者辩驳听者时,使用构式"又＋Neg＋Xp"辅助提供理据,增强辩驳效果。例如:

(32)(赵医生提出分手)

> 曲筱绡：可你情绪低落时候不是喜欢疯狂发泄一把吗？你不是跟我玩得很开心吗？
>
> 赵医生：即使看病都有误诊率，何况是我不擅长的看人呢？**我又不是神仙**。你很好，但不是我的那杯茶。
>
> 曲筱绡：你是不是喜欢安迪？你就是从看见安迪开始转变态度的。

例(32)中，引发句连用两个反问句"不是……吗"发出质疑。应答句使用一个反问句"何况……"进行反驳，信息不对等。为了增强辩驳力度，辅助提供规约知识(典型代表)"我又不是神仙"作为理据，通过对具有"无所不能"典型代表的否定，使听者迅速达及，无力回驳，后文曲筱绡无言以对，开始转移话题"你是不是喜欢安迪"是最好的证明。

3.2.3   告辅

有些时候，言者使用构式"又＋Neg＋Xp"辅助提供理据是为了实现告知言语行为。例如：

(33)（樊胜美没去约会）

> 关雎尔：你……不是说下午有约会吗？
>
> 樊胜美：不去了，不去了，**又不是什么高富帅**。还是听音乐陶冶情操提高修养去。他妈的。

例(33)中，引发句使用是非问句"不是……吗"进行询问，应答句连用陈述句"不去了"进行告知。言者为了证明自己所说言之有据，辅助提供规约知识(双方共知信息)"又不是什么高富帅"作为理据。与后文"他妈的"呼应，共同传递言者的负面情绪，听者立即识解，后文副语言关雎尔看看邱莹莹，做一个嘘声动作，不敢追问，足以表明听者已知晓言者的立场态度。

3.2.4   辅疑

交际中，通过使用构式"又＋Neg＋Xp"辅助提供理据，推衍言者疑惑的观点。例如：

(34)(曲筱绡起早搭安迪车)

　　　曲筱绡：(打哈欠)安迪，包总走了没？

　　　安迪：还在，他今天在海市有点儿事要处理。**又没人管你考勤**，你起这么早干吗？

　　　曲筱绡：郁闷，想找你们说说。你们最好给我打气，我快支撑不下去了。

　　例(34)中，引发句的话题是"包总走了没"，应答句安迪做出回答后，并未顺着话题继续说，而是转移到曲筱绡反常的行为"起早"，疑问句"……干吗"表达言者疑惑的观点。但疑惑并不是凭空而生的，辅助提供客观事实"又没人管你考勤"作为理据，证明疑惑观点出现的合情合理，后文曲筱绡并无任何异议地接续话轮，"郁闷，想找你们说说"是最好的证明。

　　构式"又＋Neg＋Xp"的四种话语功能并不是均衡分布的，辩辅功能的使用频率最高(43%)，这一结果进一步验证了史金生(2005)和温锁林(2010)提出的辩驳和申辩功能，但有所不同的是，本文将构式"又＋Neg＋Xp"的功能定性为辅助提供理据，而不是辩驳本身，辩驳功能是伴随句带来的。同时我们也注意到构式"又＋Neg＋Xp"的告辅功能、辩辅功能和劝辅功能使用频率较高，占总数 87%。这是由理据均为规约知识，主观性强，能产性强决定的。

4. 构式"又＋Neg＋Xp"的话语形式

　　任何功能的实现都依托一定的形式，构式"又＋Neg＋Xp"四种话语功能投射的常见话语形式主要体现在引发句与应答句两方面。

4.1 "担心—劝说"相邻对的话语形式

当构式"又＋Neg＋Xp"表劝辅功能时,引发句通常行使担心言语行为,投射到话语中常以猜测句形式出现,主要有疑问猜测句"会不会……""不会……吧"和缓和猜测句"(真)怕……""肯定都觉得……"。例如:

(35)安迪:我过去看看,会不会吃坏了什么?

奇点:你别过来了,天晚,你别**又不认路**。

(36)安迪:我有时候真怕你知道某些真相后离我而去。

包奕凡:求你别说得这么严重,你没已婚,我**又不是见异思迁的人**。

应答句一般包括劝说观点和理据两部分,劝说观点是对担心言语行为的否认,句类表现多为劝阻祈使句"别……(了)"和乞免祈使句"求你别……",劝说语气委婉谦卑。理据通常有两个,理据A(天晚/没已婚)是客观事实,理据B(你又不认路/我又不是见异思迁的人)是规约知识,根据假言推理规则,否定前件,就要否定结论(你别过来了/求你别说得那么严重),达到劝说目的。因此当构式"又＋Neg＋Xp"表劝辅功能时,需要客观事实和规约知识一起充当理据。另外,语料显示,第二人称是典型主语,从对方角度出发,易于移情,劝说效果佳。

总之,当构式"又＋Neg＋Xp"表劝辅功能时,"担心—劝说"功能是常出现的相邻对。理据包括客观事实和规约知识两种,投射的常见话语形式可以码化为:

A引发句:疑问猜测句或缓和猜测句。

B应答句:劝阻祈使句或乞免祈使句,客观事实,(S你)＋又不＋规约知识。

4.2 "观点—辩驳"相邻对的话语形式

当构式"又＋Neg＋Xp"表辩辅功能时,引发句通常表达言者的观点,投射到话语的表现形式主要有判断句"你真/依旧……"

"我想……"和反问句"能……吗""为什么……""不是……吗"。
例如：

（37）邱莹莹：你真冷血。

关雎尔：我哪儿冷血了？我<u>又不是应勤</u>。

（38）曲筱绡：你为什么不顺着我的话题往下说啊？

安迪：我自己有判断，为什么交给你，<u>又不是小邱</u>。

应答句一般包括辩驳观点和理据两部分，辩驳观点是对引发
句观点的否认，句类表现多为反问句"为什么""哪儿……了"
"才……呢"。理据通常只有一个，理据（应勤/小邱）是引发句内
涵意义（冷血/没有判断力）的典型成员，是规约知识中双方共知
信息。根据三段论直言命题推理规则，否定主项 S（应勤/小邱），
也就否定谓项 P（具有冷血/没有判断力），达到辩驳目的。这里主
项 S 可以为具有谓项 P 内涵意义的所有典型代表，以常识信息和
双方共知信息为主。因此当构式"又＋Neg＋Xp"表辩辅功能时，
规约知识（典型代表）充当理据。另外，语料显示，第一人称是典
型主语，从自身情况出发，申明辩驳理据，质疑情感强烈。

总之，当构式"又＋Neg＋Xp"表辩辅功能时，"观点—辩驳"
功能是常出现的相邻对。理据是规约知识（典型代表）。投射的
常见话语形式可以码化为：

A 引发句：判断句或反问句。

B 应答句：反问句，(S_我)＋又不是＋规约知识（典型代表）。

4.3　"询问—告知"相邻对的话语形式

当构式"又＋Neg＋Xp"表告辅功能时，引发句通常行使询问
言语行为，投射到话语的表现形式多为是非问句"……行吗""不
是……吗？""不会……吧"等。例如：

（39）应父：小邱，我打算这几天我辛苦点儿，不请护工了，
行吗？

邱莹莹：可以啊，我<u>又不是什么娇小姐</u>。

(40) 曲小姐：我真的不是故意的，只是脱口而出了。安迪，
　　　　　你也不会怪我吧？
　　安迪：不会啊，**又不是什么天大的事**。

应答句一般包括告知行为和理据两部分，告知行为是对引发句的回答，句类表现多为陈述句，理据通常只有一个，理据(不是什么娇小姐/不是什么大事)是规约知识(普遍认识)。主观性较强，随意性较大，理据不具唯一性，可随语境而变换。因此当构式"又＋Neg＋Xp"表告辅功能时，规约知识(普遍认识)充当理据。另外，语料显示，主语类型比较复杂，以第一人称和话题主语最典型。

总之，当构式"又＋Neg＋Xp"表告辅功能时，"询问—告知"功能是常出现的相邻对。理据是言者认识，投射的常见话语形式可以码化为：

A引发句：是非问句。

B应答句：陈述句，($S_{我/话题}$)＋又不是＋规约知识(普遍认识)。

4.4 "意外行为—疑惑"相邻对的话语形式

当构式"又＋Neg＋Xp"表辅疑功能时，互动性较弱，与引发句的话语形式并无太大关联，真正关联的是引发句隐含的意外行为，主要包括反常理行为和超预期行为，句类表现形式比较复杂，但以陈述句和祈使句为主。例如：

(41) 谢滨：你看我，让我逮到了。
　　　　关睢尔：没有没有。你**又没抬头**，怎么看到的啊？
(42) 曲彼绡：SOS，请两位帮一个公益的忙，帮我一起将猫
　　　　　粮运上22楼。
　　　　安迪：你家**又没养猫**，难道你打算拿猫粮当零食吃？

应答句一般包括疑惑行为和理据两部分，前者是对引发句隐含意外行为的反映，句类表现多为特指反问句"怎么……""为什

么……""难道……"。理据通常只有一个,"没抬头/没养猫"都是
客观事实,根据事理逻辑因果关系,此类理据与结果"不能看到/
会拿猫粮当零食吃"存在某种相邻或相似的关系,投射到语言层
面就是因果关系表达式。因此构式"又＋Neg＋Xp"表辅疑功能
时,客观事实充当理据。另外,语料显示,主语类型比较复杂,但
以话题主语最典型。

　　总之,当构式"又＋Neg＋Xp"表辅疑功能时,"意外行为—疑
惑"功能是常出现的相邻对,投射的常见话语形式可以码化为:

　　A引发句:陈述句或祈使句。

　　B应答句:($S_{话题}$)＋又没＋客观事实,特指反问句。

　　根据上述,构式"又＋Neg＋Xp"话语功能投射的常见话语形
式可以总结如表3:

表3　构式"又＋Neg＋Xp"话语功能投射的常见话语形式

话语功能	相邻对	话语形式		
担心劝说	引发句	猜测句(疑问猜测句/缓和猜测句)		
	应答句	祈使句(劝阻/乞免)	(客观事实)($S_{你}$)＋又不	规约知识
观点辩驳	引发句	观点句(判断句/反问句)		
	应答句	反问句	($S_{我}$)＋又不是	规约知识(典型代表)
询问告知	引发句	询问句(是非问句)		
	应答句	陈述句	($S_{我/话题}$)＋又不是	规约知识(普遍认识)
意外行为疑惑	引发句	陈述句/祈使句		
	应答句	特指反问句	($S_{话题}$)＋又没	客观事实

　　由表3可知,构式"又＋Neg＋Xp"的使用条件为:

　　第一,常出现在"担心—劝说""观点—辩驳""询问—告知"

"意外行为—疑惑"等话语功能搭配相邻对中。

第二，"担心—劝说"的句类表现为"猜测句—祈使句"；"观点—辩驳"的句类表现为"判断句/反问句—反问句"；"询问—告知"的句类表现为"询问句—陈述句"；"意外行为—疑惑"的句类表现为"陈述句/祈使句—特指反问句"。

第三，劝辅理据 Xp 由客观事实和规约知识共同充当，辩辅理据 Xp 主要由规约知识中的典型代表充当，告辅理据 Xp 主要由规约知识中的普遍认识充当，辅疑理据 Xp 为一个客观事实。

值得一提的是，理据允准条件不同，能产性也不同。辩辅功能的理据为规约性知识（典型代表），由三段论直言推理命题主项 S 集合中的典型代表充当，可以是常识信息，也可以是双方共知信息，理据不具唯一性。告辅功能的理据是靠大众普遍认识而得出的，随意性较大，随语境而变换，理据较为丰富。因此，辩辅和告辅功能的理据能产性强，可供选择的机会大，使用频率高，占总数的 77％。劝辅功能的理据是由客观事实和规约知识共同充当的，理据具有限制性。辅疑功能的理据由顺应事理逻辑的客观事实充当，理据固定单一。因此，劝辅和辅疑功能理据能产性弱，可供选择的机会小，使用频率低，仅占总数的 23％。

5. 结语

综合上文可知，构式"又＋Neg＋Xp"可以浮现言者主观否定的情态义，其核心功能是为言者立论辅助提供理据，常出现在"担心—劝说""观点—辩驳""询问—告知""意外行为—疑惑"相邻对应答句中，为劝说、辩驳、告知和疑惑等言语行为辅助提供理据。其中固定部件"又"的引导码功能、"Neg（不/没）"的非真值意义和变量 Xp 的描述性特征是主观否定情态义浮现的实现手段。从互动语言学的视角研究构式"又＋Neg＋Xp"，能够让我们更全面地审视其话语功能及实现形式,但仍有未尽之处,如"又＋Neg＋Xp""也＋Neg＋Xp""还＋Neg＋Xp"等相近构式之间的联系与区别是怎样的,都将是我们今后努力的方向。

附注

① 古代汉语中能充当 Neg 成分的种类较多,有"莫、弗、无、勿、毋、未、非"等,另文讨论。

② 相关的研究,参考史金生(2005)、李君、殷树林(2008)。

③ 有些具体名词进入"又＋不＋Xp"中,名实同指,不能激活描述性特征,例如:樊嫂:我找樊胜美。曲筱绡:我又不是樊胜美,你敲什么门? 将另文讨论。

④ 这种描述性特征的激活视语境而定,以"小孩子"为例,如"又不是小孩子,还怕雷"凸显的是"像小孩子一样胆小"的特征;"又不是小孩子,会走错路走不回来的"凸显的是"像小孩子一样不认路"的特征;"我们又不是小孩子,我们不会吵架的"凸显的是"像小孩子一样喜欢吵架"的特征,另文讨论。

⑤ 也有单独充当话轮的,语料中共找到 5 例;另外,也有出现在引发语位置的,语料中共找到 3 例。均另文阐述。

⑥ 相关的研究,参考廖巧云(2011)。

⑦ 相关的研究,参考廖巧云(2011)。

⑧ 本文伴随句实施言语行为的划分是根据语境表现进行分类的。

⑨ 构式"又＋Neg＋Xp"的四种话语功能并不是完全独立的,有时甚至存在交叉情况,但差异仅体现在程度上,并不影响问题本质。

参考文献

毕文华　2016　《语气副词"又"/"并"＋否定成分的用法研究》,上海师范大学硕士学位论文。

陈佳宏　2006　《与否定项无标记关联的语气副词研究》,上海师范大学硕士学位论文。

程亚恒　2016　原因型"又＋Neg＋Xp"构式的会话功能,《汉语学习》第4期。

江莹　2019　《汉语非真值否定词"不""没"语义研究》,广西民族大学硕士学位论文。

廖巧云　2011　《因果构式的运作机理研究》，北京：中国社会科学出版社。

吕叔湘　1990　《现代汉语八百词（增订本）》，北京：商务印书馆。

马真　2001　表加强否定语气的副词"并"和"又"——兼谈词语使用的语义背景，《世界汉语教学》第 3 期。

彭小川　1999　副词"并"、"又"用于否定形式的语义、语用差异，《华中师范大学学报》（人文社会科学版）第 2 期。

邵敬敏、饶春红　1985　说"又"——兼论副词的研究方法，《语言教学与研究》第 2 期。

施春宏　2001　名词的描述性语义特征与副名组合的可能性，《中国语文》第 3 期。

石毓智　2001　《肯定和否定的对称和不对称》（增订本），北京：北京语言文化大学出版社。

史金生　2005　"又"、"也"的辩驳语气用法及其语法化，《世界汉语教学》第 4 期。

史锡尧　1990　副词"又"的语义及其网络系统，《语言教学与研究》第 4 期。

王力　1984　《王力文集·中国语法理论》（第 1 卷），济南：山东教育出版社。

王小穹　2015　降级"让"字致使结构的句法语义分，《国际汉语学报》第 2 期。

温锁林　2010　现代汉语的申辩口气——兼论语气副词的研究方法，《语言研究》第 1 期。

文桂芳、李小军　2019　构式"又不/没 Xp"的功能及其形成，《语言教学与研究》第 5 期。

吴振国　1990　前项隐含的"又"字句，《语言教学与研究》第 2 期。

张斌、张谊生　2012　非真值语义否定词"不"的附缀化倾向，《上海师范大学学报》（哲学社会科学版）第 5 期。

张京鱼、刘加宁　2010　汉语间接否定拒绝句式"又不/没有"的语义背景和使用条件，《汉语学习》，第 1 期。

张京鱼、闫军利　2015　直接和间接否定拒绝："并"和"又"的语篇衔接性，《吉林师范大学学报》（人文社会科学版）第 1 期。

Goldberg A E　2013　《运作中的构式：语言概括的本质》，吴海波译，北京：北京大学出版社。

Verhagen A 2008 Intersubjectivity and the architecture of the language system. In ZlatevJ, Racine T P, Sinha C et al. (eds.) *The Shared Mind*: *Perspectives on Intersubjectivity*. Amsterdam/Philadelphia: John Benjamins Publishing Company.

（原载《吉林大学社会科学学报》2020 年第 5 期）

从构式角度看情态副词"本来"的
形成及其进一步演变

詹芳琼　韩　笑(香港城市大学)

0. 序言

在现代汉语中,对词项"本来"语法状态的争议由来已久。吕叔湘(1980)指出,"本来"在现代汉语中既可以作非谓形容词,也可以作副词,如(1a)和(1b)—(1c)。邢福义(2003)认为,虽然(1b)和(1c)中的"本来"都是副词,但两者在功能上存在区别,"本来"在(1b)中表时间义,而在(1c)中则用作认知情态副词,标志着说话者对命题的态度。

(1) a. 这是世界本来的面貌

　　 b. 我本来有五本书

　　 c. 你本来就是学生

另外,"本来"也有一个鲜为提及的功能,在现代汉语中,它也可以出现在矩阵小句的起始位置,其后伴随着(在书面语中以逗号为标志的)语音停顿,在语篇中起到连接命题的作用,如(2):

(2) S1. 于是那天晚上,盛氏夫妇一见把小女儿惹哭了,就都不再讲什么了。

　　 S2. 本来,这几天盛小姐以为事情已然平安度过了呢。

陈廷一《宋氏家族全传》

(2)[①]中的"本来"不能理解为"起初"或者"的确"。在一系列语篇片段(S1)—(S2)中,"本来"位于(S2)的起始位置,其后紧跟着一个语音中断(在书面语中体现为逗号),因而其语法状态与在(1)中的不同。实际上,由"本来"导入的命题(S2)与先前命题(S1)呈推测关系。"本来"暗示着推测/结果,两个命题的含义共同决定着(2)的语义。因此,"本来"并不影响(2)中各片段所表达的命题内容。

语篇片段中存在一种既不属于命题内容,也不影响命题含义的表达,Fraser(1996,2006,2009)将其称为"语用标记"[②]。Fraser(2009:295)指出,语用标记中的词汇成员具有以下典型特征:它们是自由语素;出现在初始命题中;标志着或与基本信息相关,或对其进行补充的特殊信息;以语义/语用功能为依据,被归类为语用标记。

Fraser(2009:295—297)列出了四种语用标记:

i) 基本语用标记(basic pragmatic markers):标志着说话者意图在话语片段中表达的信息类型,如"I promise(我保证)","please(请)","my complaint(我的怨言)"等。

ii) 评论性语用标记(commentary pragmatic markers):标志着就基本信息发表看法,包括"传信标记(evidential markers)"(如"certainly(当然)")和"言说标记(manner-of-speaking markers)"(如"frankly(老实说)");后者又称"风格立场标记(style stance markers)"(Conrad and Biber 2000)。

iii) 话语标记(discourse markers):标志着基本信息与先前语篇片段之间的关系,如表示对比的"but(但是)",表示详释的"and(和)",表示推测的"so(因此)"。

iv) 话语组织标记[③](Discourse management markers):标志着正在进行的语篇组织的某个方面,包括"话语结构标记(discourse structure makers)",如"I add(我补充说)",和"话题指

向标记（topic orientation markers）"如"by the way（顺便说一句）"，以及"注意力标记（attention markers）"，如"look（喂）"，"now（马上）"。

Fraser 进一步提出了界定话语标记的三个条件（2009：297—299）：

条件 1：话语标记是一种词汇性表达，例如，"but"，"so"和"in addition（另外）"。

条件 2：在一系列语篇片段（S1）—（S2）中，话语标记必须作为第二个语篇片段（S2）的一部分出现（通常位于（S2）的起始位置，并可能伴随着"逗号停顿"）。如果语境适当，许多话语标记也可以在没有初始（S2）的情况下出现。

条件 3：话语标记标志着两个言语片段（S1）—（S2）之间的特定语义关系，不影响片段的语义内容。

Feng（2008）讨论了现代汉语中的语用标记。与 Fraser 的观点一致，Feng（2008）也认为话语标记是语用标记的一个子集，可以是否具有语篇的连接性来作为区分两者的依据。也就是说，话语标记是语篇连贯性的标记，而语用标记并不一定起到连接语篇片段的作用。基于 Fraser 和 Feng 的讨论，笔者认为（2）中的"本来"是话语标记，依据有两个：首先，如上所述，"本来"作为词汇性表达，不影响（2）中各片段所表达的命题内容。其次，"本来"位于（S2）的起始位置，其后紧跟逗号停顿，表明了（S1）和（S2）的连接方式，换言之，对（S1）的解释有助于理解（S2）。

但是，通过对（2）的进一步探讨，笔者发现，"本来"不仅起到连接（S1）—（S2）的作用，还标志着说话者/作者的立场。与此相关的角色包括：

i）叙述者：以第三人称发起内容并讲述故事。

ii）认知者：即盛小姐，不再与父母争论，误以为"事情已然平安度过"。

iii）叙述者：用"本来"和"以为"来对盛小姐的期望加以评价。

此处，立场概念的关键是"对命题信息在认知或态度上的评论"（Biber，2004：107）。上文提到，"本来"在（2）中是话语标记，并且在推测和反预期（即与盛小姐的期望相反）语境中标志着说话者/作者的评价立场，据此，笔者提出使用立场话语标记（stance discourse marker，SDM）④这一术语，来指代（2）中的"本来"以及汉语中的类似情况，如"原来"和"毕竟"等（见 5.3 章节）。⑤

本文重点探讨立场话语标记"本来"及其产生。正如前文所提到的，在现代汉语中，针对这一特殊功能的相关研究寥寥无几，更不用说对其历史发展的探讨了。一些研究关注了"本来"用作情态状语时的发展，如（1c）所示。例如，朱新军（2008）采用语法化理论框架（Lehmann，2002；Hopper and Traugott，2003）进行研究，认为情态副词"本来"是来源于如（1b）所示的时间追原义的用法，并且只存在于现代汉语中。但是，基于对古代语料的大量考证，笔者认为"本来"早在唐代（618—907 年）就已经作为认知情态副词出现在文言文中。此外，朱新军（2008）的研究并未指出，单音节情态副词"本"（意为对先前陈述的确认）在古代汉语时期（公元前 771 年—公元 220 年）就已经出现，因而也未能确定单音节情态副词"本"和双音节情态副词"本来"之间的关联。

基于 Traugott and Trousdale（2013）的构式化模型和 Van de Velde et al.（2013）的多重来源概念，笔者确定了副词"本来"的发展轨迹，并认为认知情态副词"本来"可能有两种来源，确切地说，其句法特征是继承于时间副词，意义则继承于单音节情态副词"本"。情态副词"本来"产生后，经过进一步的演变成为立场话语标记，位于（S2）的起始位置，其后紧跟一个表连接性的语音中断。除认知义和说话者对命题的态度以外，"本来"还标志着语篇片段间的语义关系。"本来"的词汇义变得模糊，在功能上成为元文本,标志着说话者的语篇策略。笔者提出,"本来"经历了主观化和类比化过程,才成为立场话语标记出现在语篇片段的左边缘,以下两种普遍性图式对其发展尤其重要:一种是既存的语篇连词图式,即用来标示命题间的顺序、因果和论证关系的话语标记集合;另一种是既存的评论性语用标记图式,用来标示说话者对命题内容的评论。

文章结构安排如下:第2节概述理论框架。第3节简要介绍涉及到的数据和方法论。第4节对"本来"在现代汉语中的形式和语义进行考察。第5节列举了"本来"在汉语史中发展的关键示例。第6节重点介绍促成立场话语标记发展的构式网络。第7节进行总结。

1. 理论框架相关基本概念

本研究采用的是构式化理论框架。本节将概述有关构式化框架(Traugott and Trousdale,2013)和历时语用学的一些基本概念。

1.1 构式化和构式演变

学界对历史构式语法领域的理解尚不统一(见 Barðdal et al., 2015;Fried,2008),本文采用 Traugott and Trousdale (2013)的框架。构式的定义为:具有符号性的、约定俗成的形式语义配对(Croft,2001;Goldberg,2006;Bybee,2013 等)。Traugott and Trousdale(2013:22)将构式化定义为:新构式在语言中的常规化,也就是创造约定俗成的形式$_{新}$—语义$_{新}$配对,即构式网络中的新节点。构式化过程包括"形态句法形式的新分析和语义/语用含义的新分析"(p.22)。研究表明构式化和构式演变存在明显区别(如 Traugott and Trousdale,2013;Hüning and Booij,2014,以及 Smirnova,2015 从不同角度的研究)。构式演变是"一种影响构式内在维度的变化,不产生新的节点"(Traugott and Trousdale,2013:26)。发生在构式化前后的一些微小局部变化也属于构式演变。换句话说,构式演变指作用于构式的形式或语义的一切演变过程,但这些演变过程本身不会创造形式$_{新}$—意义$_{新}$配对。该定义抓住了一个事实,即微小的局部变化可能催生出新构式,以及随之而来的其他微小变化(另见 De Smet 2016,Petré 2014)。上述区别[6]回答了有哪些步骤能驱使新构式产生,和有哪些步骤会随之出现的问题。此处假设形式$_{新}$—语义$_{新}$演变(即构式化)在相当粗略的分析中是可识别的,这与注重演变背景相关的语法化思维一致(Smirnova,2015)。

认知构式语法将构式按类别,从单独的具体微观构式到更加抽象的图式,置于不同的抽象层级。同样地,构式化也讨论单独微观构式以及普遍模板和图式的产生。构式语法具有内容性(词汇)和程序性(语法)特征,因而构式化也包含发生在这些维度中的演变。因此,构式化的研究范围与语法化存在明显区别,主要体现在语法化侧重于研究单向性上的个别变化,而且只关注程序性表达的发展。

语法化研究大多只集中探讨单一来源,着眼于将一个结构与其单一历史来源之间的直接关系概念化。这种单向线性观点已为语法化领域广泛接受(Givón,1979;Lehmann,2002)。Van de Velde et al.(2013)为分析多重来源的语言演变现象提供了框架。他提出,语言演变似乎经常涉及宏观或微观层次的多重来源。宏观层面上,多重来源关乎不同谱系的混合,这些谱系存在明显区别,每个谱系都是一个语言成分的独立来源。微观层面上,同一成分有不同的用途,以此为前提,创新可以在历史上的单一谱系中进行。(Van de Velde et al. 2013:473—474)多重来源的发展历经了来自音韵、语义和形态句法层面的考察,(3)中引用自 Van de Velde et al.(2013:484)的英语 *way*-构式:

(3) a. and we were actually kicking our way through
rubbish on the stairs (BNC, FY8 633)

b. a lady who giggled her way through Nightmare on
Elm Street (BNC, HGN 134)

Traugott and Trousdale(2013)认为,历史上有两种构式促使了现代英语中 *way*-构式的产生:一种是及物动词与带有"way"的名词短语的搭配,其中"way"作宾语,指对途径的创建或获取,见(3a);另一种是不及物动作动词与"way"的搭配,"way"作状语,见(3b)。因此,现代英语中的 *way*-构式与两种截然不同的早期构式有关。

1.2　历时语用学

历史语用学在很大程度上是一种基于使用的语言演变研究方法(Jucker,1995;Traugott,2004)。Jacobs and Jucker(1995)将历史语用学从本质上分为两种类型:其中一种侧重于研究伴随语言演变发生的物质和社会条件变化;另一种称为"历时语用学(diachronic pragmatics)",重点研究语言总藏、语言结构和使用之间的界面以及促成语言演变过程的条件和限制。

本文从历时语用学的角度来考虑情态副词"本来"的产生,及其立场话语标记功能的发展问题。笔者关注的问题在于特定变化的"轨迹"(trajectory)是怎样的,是由什么促成的,这种变化的机制是什么,以及在构式网络中,"本来"参与了何种图式,构式网络又是如何改变的。

在形态句法领域中,有两种演变机制至关重要:重新分析(reanalysis),也称为新分析(neoanalysis)(Traugott and Trousdale,2013)和类比(如 Meillet, 1958[1912];Harris and Campbell,1995)。新分析,指听者(也可能为说话者)以不同于输入的方式来分析结构;这一过程与和词素相关的含义状态变化有关。相比之下,类比,指既存模板对新构式的吸引(Hopper and

Traugott,2003：64；Fischer,2007)。在构式化框架中,它以类比思维为动因,以类比化为机制,为既存模板带来新的匹配。(Traugott and Trousdale,2013：37-38)类比化与新分析同时发生,因为类比化的每一个实例都涉及到说话者或听者对某一特定表达所知内容的轻微重组。

在动因方面,除上文提到的类比思维以外,本文也考查说话者(SP)/作者(W)以及接收者(AD)/读者(R)在二元言语事件中的语用含义和互动策略。在形态句法演变中,语义漂白通常伴随着对受邀推测①的编码(语义化),使二元言语事件得以突出：SP/W 在策略上使用语用含义,引发了 AD/R 对语义的推测。语义对元语言范围的吸引是 SP/W 和 AD/R 相互作用的策略因素之一,这一过程被认为是"主观"、"元文本"和"程序性"用法的发展。主观化是一种从语用含义中衍生出来的语义演变的历史过程(Traugott, 2004,2010)。作为一种历史语用现象,主观化被认为是"一种促使语义趋于建立在 SP/W 的主观确信立场上,或对所说内容和方式的态度上的机制"(Traugott, 2004：550)。

本文认为,情态副词"本来"的产生,及其立场话语标记功能的发展,是由主观化和类比化共同促成的(详见第5节)。

2. 数据与方法论

本文所涉及的数据均来源于由北京大学开发的 CCL(Center for Chinese Linguistics at Peking University)汉语语料库网络版检索系统(詹卫东等,2003)。CCL 语料库创建于 2003 年,容纳古今汉语语料约 716,000,000 字符。CCL 现代汉语语料库(约 1930 年至今)约 516,000,000 字符,相当于十部精选当代文学。CCL 古代汉语语料库约 200,000,000 字符,包含从东周(春秋战国时期)(公元前 500 年左右)至民国时期(1930 年左右)的文本。本文中引用的古代语料均来自 CCL 语料库。语料所属年代的划分规则如下(Sun,1996):

上古汉语:公元前 771 年至公元 220 年

中古汉语:公元 220 年至 960 年

近代汉语:960 年至 1900 年

现代汉语:1900 年至今

在 CCL 语料库对年代划分的基础上,除上古、中古和近代汉语语料以外,笔者还分别在 CCL 古代汉语语料库中检索了 1900 年至 1930 年间的语料,在 CCL 现代汉语语料库中检索了 1930 年至今的语料。Traugott and Trousdale(2013:238)认为定性和定量方法对历史语言学研究的作用是相辅相成的,本研究所持观点与之一致,在定性研究中结合了适量的定量分析。下列表格列出了针对检索条目的统计数字⑧及其所占百分比和频率值,其中定性分析结果使用数字表示。

在 CCL 现代汉语语料库中初步检索到 25,564 条"本来"语例,频率为每百万字符 49.54 次,其中有 1,023 条(频率为每百万字符 1.98 次)出现在有逗号紧随其后的语篇片段的起始位置。表 1 总结了 CCL 现代汉语语料库中"本来"语例的分布情况。

表1　CCL 现代汉语语料库中"本来"语例的分布情况

"本来"	语例数量	频率(次/百万字符)
片段中间位置(非起始,非末尾)	24,541	47.56
片段起始位置	1,023	1.98
共计	25,564	49.54

经证实,在古代汉语中,"本来"既可以看作是由两个独立的自由语素构成的字符串,也可以看作一个单独的词。在 CCL 古代汉语语料库中,共有 3,462 条字符串"本来"得到证实,频率为

每百万字符 17.31 次,表 2 列出了各类字符串的语例数量和频率:

表2　CCL 古代汉语语料库中各类"本来"的语例数量

类别	语例数量	频率(次/百万字符)
"本来"作两个独立的自由语素	184	0.92
"本来"作名词	214	1.07
"本来"作非谓形容词	332	1.66
"本来"作时间副词	1288	6.44
"本来"作情态副词	1432	7.16
"本来"作立场话语标记	12	0.06
共计	3,462	17.31

在接下来的章节中,笔者将先对现代汉语中的"本来"进行探讨,再对其在汉语史上的发展进行叙述。

3. 现代汉语中的"本来"

如上所述,在 CCL 现代汉语语料库中,共检索到 24,541 条位于片段中间位置的"本来"语例,主要用途如(1)。如引言中提到的,吕叔湘(1980)指出,现代汉语中的"本来"既可以如(1a)所示作非谓形容词,也可以如(1b)—(1c)所示作副词。邢福义(2003)认为,副词"本来"在(1b)—(1c)中的功能有区别,"本来"在(1b)中含有时间义,而在(1c)中则作认知情态副词,表明说话者对命题的态度。

唐为群(2010)认同邢福义(2003)的观点,并针对副词"本来"的功能进行了更详细的分析。

(4)他本来爱佩珊,他们整天在一块,后来苏甫反对,博文就

退避了。(茅盾《子夜》第十八章)

(5) 我一进门的时候本来就有点疑惑,现在更加疑惑了。(阿累《一面》)

唐为群(2010)认为"本来"在(4)—(5)中作时间副词,伴随其后的小句是由其他时间副词导入的,即(4)中的"后来"和(5)中的"现在"。但是,两个例句中的"本来"在功能上有区别,"本来"在(4)中部分地导入了让步句,其中第二个小句与前一句构成对比关系。而"本来"在(5)中导入了一个连贯句,强化了第二个小句的语义程度。因此,当"本来"作时间状语时,既可以出现在让步语境中,也可以出现在连贯语境中。

唐为群(2010)认为,(4)—(5)和(6)中的"本来"也有区别。(6)中的"本来"虽然也是时间副词,并且伴随着由另一个时间副词"现在"导入的小句,但在此处"本来"暗示了一个虚拟情境,而(4)—(5)中的"本来"则与事实情境相关。

(6) 这本书本来昨天就要还给你,拖到现在,真不好意思。
(路遥《人生》第七章)

在(7)中,"本来"不对时间义进行编码,而是表示对先前陈述的确认,因此它是一个认知情态副词,表明说话者对命题的肯定态度。它常与副词"就"连用以增强确认的语气。

(7) 他本来就是土地的儿子。(路遥《人生》第七章)

在(4)—(7)中,"本来"位于片段的中间位置。如(2)所示,"本来"在现代汉语中也起着标记立场话语的作用。前文中的表1显示,在 CCL 现代汉语语料库中共有 25,564 条与"本来"相关的语例,其中有 1,023 条出现在语篇片段⑨的起始位置并有逗号紧随其后,如(2)。通过对语例的进一步分析,笔者认为这 1,023 条语例可以分为以下几类:

表3　CCL中出现在片段起始位置并有逗号紧跟其后的"本来"语例

语法状态	依据	语例数量	频率(次/每百万字符)
时间状语 (如(4-6))	可理解为"起初,开始时",平行于随后片段中的其他时间副词如"后来"和"现在"	185 (18.1%)	0.36
情态状语 (如(7))	可理解为"的确,确实",情态动词如"应该"和"可以"紧随其后出现在接下来的片段中	196 (19.2%)	0.38
立场话语标记 (如(2))	起到连接语篇的作用,不能理解为"起初"或"的确"	642 (62.8%)	1.24
共计		1,023 (100%)	1.98

在用作立场话语标记的642条语例中,出现在语篇(文本段落)起始位置的有274条(42.7%),参见(8):

(8) S2. 本来,有了洪艺兵这样的人,小丁就完全是多余的。
　　(陈世旭《将军镇》)

表4　"本来"用作立场话语标记语时的位置

位置	语例数量	频率(次/每百万字符)
语篇(段落)的起始位置	274(42.7%)	0.53
片段的起始位置,且语篇的中间位置	368(57.3%)	0.71
共计	642(100%)	1.24

在(8)中,"本来"出现在语篇(段落)的起始位置。先前的语篇(段落)为(S2)提供了语境:洪艺兵受过良好的教育,非常聪明,能力很强。当前的(S2)片段陈述了一则共识,同时也是读者基于先前语篇所产生的期望,认为工厂一旦有了如洪艺兵一般的人,像小

丁一样(没有那么聪明)的人便是多余的。然而"本来"一词则表明了作者的反面评价和态度,认为情况可能并非如此。换句话说,"本来"标志着作者的评价立场与读者的期望相反。在随后的语篇中,洪艺兵分配到了其他任务,被调到了另一个工厂,因而小丁并不多余。(8)中的"本来"在功能上也是元文本,表明了作者在语篇连贯方面的策略。因此,笔者认为"本来"在此处作立场话语标记,从语境中可知,"本来"所导入的片段是对先前语篇的进一步详释。

有642条"本来"语例用作立场话语标记,其中368条(57.3%)同时位于片段的起始位置和语篇的中间位置,如(2),说明相对于其余274条语例,此处的"本来"与先前片段之间的关系要更紧密。同样的情况见(9):

(9) S1. 这个主意,我也想过的。

　　S2. 本来,这是一个好主意。

　　S3. 不过,太不尊重安妮了。

(岑凯伦《合家欢》)

(9)中的"本来"用于连接两个命题,可将由"本来"所导入的命题理解为对先前命题的进一步描述和解释。这种关系在语境中是微妙的,此处的"本来"在功能上不仅标志着语篇元文本的连贯性,还暗示了说话者/作者对命题的负面评论,尽管"这是一个好主意",但实际上说话者/作者在暗指一些不利因素。这一否定信号在S3中得到印证,S3是一个由对比连词"不过"导入的命题,与S2形成对比。

由"本来"导入的命题(S2)与先前命题(S1)之间的关系可分为以下几类:

表5 由"本来"导入的命题与先前命题之间的关系

关系	语例数量
S1＋"本来"（表明原因/理由）S2	42(11.4%)
S1＋"本来"（表明结果/推测）S2	9(2.5%)
S1＋"本来"（表明进一步解释/详释）S2	317(86.1%)
共计	368(100%)

数据显示，"本来"用作立场话语标记时有多种功能，它标志着由"本来"导入的命题与先前命题之间的关系，其中最常见的是进一步解释/详释（共计占比86.1%）。这表明，立场话语标记的用法大多用来导入详细语境。

笔者也探讨了由"本来"导入的命题与随后语篇之间的关系。对比性内容可能不会立即出现在(S3)中，而是出现在位置更远一些的语篇里（如(S4)，(S5)）。笔者在每一条由"本来"导入的命题(S2)后又检索了多达五个片段（即(S3)—(S7)），发现与S2呈对比关系的语篇占比为84.5%（如表6所示）。这充分证明了"本来"标志着说话者/作者对命题的负面评论，这一现象常发生在转折和与期待相反的语境中。

表6 由"本来"导入的命题与随后语篇的关系

关系	语例数量
"本来"S2＋S3－S7（与S2呈对比关系）	311(84.5%)
"本来"S2＋S3－S7（与S2不呈对比关系）	57(15.5%)
共计	368(100%)

本节中，笔者发现尽管"本来"在现代汉语中主要用作形容词和（时间和情态）副词，但同时也发现2.5%的语例（25,564条语例中的642条）显示"本来"可以充当立场话语标记。下文将针对

这些用法在汉语史上的发展进行探讨。

4. 汉语史上的"本来"

在本节中,笔者先就古代汉语中的自由语素"本"和"来"分别进行论述,再对字符串"本来"在汉语史上的发展加以探讨。

4.1　上古汉语中的"本"和"来"

"来"在上古汉语中是一个行为动词,意为"由彼至此",如(10)所示。

(10) 有朋自远方来(《论语》第一卷　公元前 400 年)

在《汉语大词典》(1993)中,罗竹风指出,"来"在现代汉语中可以用作后缀,表示一段时间。陈昌来(2013)也表示,自东汉(公元 25—220 年)时起,"来"就用作时间后缀,可理解为"在……时期"。"来"可以附在名词后,如"夜来",附在形容词后,如"小来",或附在副词后,如(11)中的"近来",其中"近"作副词。[10]

(11) 近来学者,多攻五姓八宅(《宅经》约公元 200 年)

"本"在上古汉语中是一个名词,意为"根源、基础、源头",如(12)所示。

(12) 民惟邦本,本固邦宁(《尚书》公元前 500 年)

同样在上古汉语中,"本"经证实用作副词,如(13)。

(13) 然而不得富而得贫,不得众而得寡,不得治而得乱,则是本失其所欲,得其所恶,是其故何也?(《墨子》公元前 400 年)

"本"在(13)中作名词,充当状语,意为"从根源上,根本地"。这种句法分布上的变化导致了语义的扩展。此处是一个历时多义(heterosemy)[11]的例子。Lichtenberk(1991)和 Traugott and Trousdale(2013:201)使用了"历时多义"这一术语来描述两种语义间的历时关系。历时多义在此处指的是从"本名词"到"本副词"的转换结果,这是一种在形式和语义上都发生了变化的构式化。当"本"用作副词时,其语义进一步发生扩展。"本"在(13)中没有时间义;而在(14)—(16)中,则用作时间副词,表示时间义"起初,开始时",这是对其名词义"根源,源头"的延伸。其中,"本"分别出现在(14)的连贯句和(15)的对比句中。在(16)中,时间副词经扩展,用来指代与事实相反的虚拟情境,用法同(6)中的现代汉语"本来"。

(14) 本姓姜氏,从其封姓,故曰吕尚(《史记》公元前 100 年)

(15) 本欲劫秦王生致于燕,邂逅不偶,为秦所擒(《论衡》公元 86 年)

(16) 本用吾言,羌虏得至是邪?(《汉书》约公元 90 年)

(17)中的"本"虽然没有时间义,但作者在此处用它来表明对先前陈述的肯定,即君子德才兼备而小人巧言谄媚,该用法与(7)中的现代汉语认知情态副词"本来"相对应。

(17) 君子与小人本殊操异行,取舍不同(《论衡》公元 86 年)

如上所述,"本来"在现代汉语中作副词时的所有功能都与"本"在上古汉语中作副词时相对应。由于汉语词汇在从上古汉语到中古汉语这一阶段有双音节化的倾向(王力,1988),笔者认为从"本"到"本来"的演变与中古汉语时期由单音节词到双音节词的系统演变有关。

4.2 "本来"的发展

汉语史上,已知可能为"本来"前身的表述,最早出现于东汉晚期(公元 25—220 年)的道教经文中。此时的"本"和"来"是两个自由语素:"本"作名词,意为"根源","来"作动词,意为"由彼至此",它们各自与另一个自由语素共同出现,构成了两个并列的动词短语。

(18) 去本来末,道之患也(《太平经》约公元 200 年)

(18)是以往没有出现过的非典型语境,"本"和"来"这两个语素虽然分属于不同的动词短语,但在此处恰好相邻。

如4.1节所述,"来"在古代汉语末期用作时间后缀,表示"在……时期",经证实,"本"自公元前100年起就作时间副词,如(14)—(16)所示。在东汉晚期的同一时期,"本来"首次用作时间副词:

(19)事本来台郎统之,令史不行知也(曹操《选举令》约公元200年)

笔者认为,在(19)中,后缀"来"附在时间副词"本"之后,构成了新的时间副词"本来",这种演变可能是由发生在上古汉语至中古汉语时期的系统性双音节化倾向所促成的。另外一种可能性⑫是,新的时间副词"本来"是对既存双音节时间副词"近来"的类比,如(11)⑬。基于这个假设,"本来"作为时间副词的微观构式发生了构式化:

[[本]副词[来]后缀 * [起初＋在……时期]]→[[本来]副词 * [起初]]

从构式角度来看,"近来"在副词的图式下,构成了一个以[单音节副词＋来]为形式,以[时间义]为语义的子图式。"本来"在产生后被纳入到该子图式中。伴随着更多带有"来"的双音节时间副词的出现,该子图式得到进一步扩展,例如"后来""向来"等。图1展示了"本来"与其他副词的网络关系。

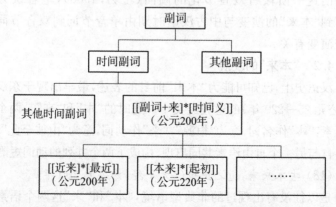

图1　汉语史上的"本来"与其他副词构式的网络关系

从六朝时期(公元 222—589 年)的佛经中可以找到(20):

(20) 体解无物,本来寂静(《宝藏论》公元 384—414 年)

例(20)中的"本来"是一个抽象名词,表达了"原始状态,真理"的禅意。(19)中的时间副词"本来"和(20)中的佛教抽象名词之间看起来存在某种语义联系。从构式角度来看,两者的语义(起初→真理)和形式(副词→名词)都发生了变化,笔者认为这是瞬时产生的节点,即瞬时产生的内容性构式(Traugott and Trousdale,2013),因为产生的新构式没有显著的微小变化。这一瞬时变化可能是受到了佛经汉译的影响。六朝时期佛教盛行,许多佛教典籍从印度和其他南亚国家传入中国。但是经书内容必须经过翻译才能为当时的公众所理解和接受。这可能就是"本来"以名词形式出现在佛经中的背景。抽象名词"本来"有几种可能的来源。一种是从时间副词到佛教抽象名词的瞬时转换,因为时间义"起初"可以被隐喻地匹配到"佛教的原始状态"含义上。另一种是由两个自由语素"本"和"来"的字符串发展来的(也是瞬时的),因为"探求基础/源头"的语义组合可以隐喻地匹配到"佛教的原始状态,佛教真理"上。构词形式在特定情况下都可能通过隐喻来实现,隐喻是一种认知过程,涉及"一个领域到另一个领域的匹配,且两者被约定俗成地、有意识地划分为不同的领域"(Barcelona,2000:9)。因此,这是个瞬时构式化过程:

[[本来]_{副词} * [起初]]
[[本_{名词}][来_{动词}] * [基础]+[由彼至此]] } → [[本来]_{名词} * [真理]]

在随后的佛经中可以找到(21):

(21) 只如行鸟道,莫便是本来面目否?(《筠州洞山悟本禅师语录》869 年)

"本来"在(21)中位于名词"面目"之前,充当定语修饰语,修饰名词"面目"。在汉语中,名词和形容词都可以表达名词属性。

名词-形容词-动词连续统（张伯江，1994；Givón，1979）表明典型名词具有"空间性"；如果用名词来修饰另一个名词的话，前者就会失去空间性，因而在用法上与形容词相似。可将其理解为，从指称性词汇项⑭到主要表示某种属性的成分的转换（李宇明，1996）。由于（21）用"本来"来对名词"面目"的属性加以说明，因此名词"本来"在用法上更接近于形容词。但显然它并不是一个"标准"形容词。笔者分别在 CCL 古代和现代汉语语料库中对"本来"进行了检索，并没有发现"本来"处在谓语位置上作形容词性谓语的语例。换言之，如果"本来"在公元 869 年左右成为了形容词，那么它就是非谓形容词，就像在现代汉语中一样。汉语中的"标准"形容词可作修饰语（修饰定语）或谓语，而非谓形容词则受限只能作定语。此外，"本来"不接受程度副词（如"很"）修饰（李宇明，1996）；通过李宇明（1996）和 Paradis（2001）的研究可知，可分级性是形容词的一个关键属性。基于上述研究，笔者认为"本来"于公元 869 年左右充当了定语成分来修饰名词，它可以从名词重新分析为非谓形容词，但在名词-形容词连续统中，它更接近名词而非形容词。"本来"的非谓形容词用法自第一次出现时起，便贯穿整个汉语史。自宋代以来，名词"本来"的使用频率开始降低。在明清时期，"本来"的名词用法已经很少出现，但非谓形容词用法得以保留，至今在现代汉语中仍然经常用到，如（1a）。

如 4.1 节所述，"本"在古代汉语中也作认知情态副词，如（17）。从公元 900 年的佛经中可以找到（22）：

（22）菩提本无树，明镜亦非台。本来无一物，何处惹尘埃？
　　　（六祖慧能《坛经》900 年左右）

（22）出自晚唐时期（618—907 年）六祖慧能的一首偈语，创作于由五祖举办的一场偈语比赛中。五祖的大弟子神秀在比赛写下了一偈道："身是菩提树，心如明镜台，时时勤拂拭，莫使染尘埃。"⑮慧能为回应神秀的诗而创作了（22）中的诗句。（22）中的

"本来"是认知情态副词,出现在本诗第二部分的开头,平行于第一部分中的情态副词"本"。这首诗意在反驳神秀对于身心即是本性的观点。两个情态副词都表示强调,表明了说话者惠能的态度⑩,即菩提无树矗立,虚空才是本心的本质和精髓。笔者认为,在类似从(19)到(22)这样的例子中,[本来]副词经历了语义变化,同时也是构式演变,可以图式化为:

$$[[本来]_{副词} * [起初]] \rightarrow [[本来]_{副词} * [的确,确实]]$$

上述变化是构式演变,而非构式化,因为只有微观构式的语义发生了变化。笔者认为,主观化机制(见下文 5.1 节)可能促成了情态副词"本来"的发展,使之表达说话者的态度和评价。然而,(22)中的"本来"平行于情态副词"本",两者共同表达了说话者强烈的主观意见。因此,另一种可能性是,情态副词"本来"的出现受到了情态副词"本"的影响。需要注意的是,原有的语义有可能继续存在,并与新的语义共存。旧的用法有可能保留在某些语境下,并限制以后的用法和分布(Bybee and Pagliuca,1987:117)。以此为依据,笔者提出情态副词"本来"可能有多个始祖(如 2.1 节所述):从结构上讲,它是从时间副词"本来"发展而来的,而语义上,它可能来源于单音节情态副词"本"。

新产生的情态副词"本来"是多义词,其词源(时间义"本来")贯穿汉语史,在现代汉语中频繁出现。

(23) 摘自一部晚清小说:

　　到家中,卢方老夫妻一瞧这房儿妇,喜之不尽。本来,小霞姑嫂生得闭月羞花之貌,沉鱼落雁之容,见了公婆,又是一番稳重端庄。(《小五义》1890 年)

在(23)中,"本来"位于片段的起始位置,其后紧随着逗号。本例的语境如下:一位名叫卢珍的官吏在百花岭结了婚,随后与新娘一同回家。到家后,卢珍的父母见到了儿媳妇感到非常高兴。"本来"所导入的命题描述了新娘的相貌。新娘小霞之美足以闭月羞花。当她见到公婆,也显得格外端庄优雅。很明显,在(23)中,"本来"只有认知义,没有时间义。相反,"本来"标志着由它导入的命题是先前命题的理由和合理解释。"本来"用来回指评价性形容词性短语"喜之不尽",但同时又通过后指,使接下来的命题为该短语提供了进行负面评价的合理解释,例如对小霞的命运进行负面评价的可能性⑰。因此,在(23)中,"本来"虽然具有一定的认知属性,但又与认知情态副词"本来"不同,因为"本来"既是回指词,也是后指词,也标志着对由它所导入的命题的态度。笔者认为(23)中的"本来"是立场话语标记,用来连接两个命题。"本来"经历了形式和语义变化,由情态副词变为立场话语标记:在结构上,它移到了片段的起始位置,与紧跟其后的语音暂停形成间隔(在书面语中体现为逗号);在语义上,它不再仅仅表示认知义,在语篇中也作元文本和连接词。这是一个构式化过程:

$$[[本来]_{副词} * [的确]] \rightarrow [[本来,]_{立场话语标记} * [连接＋评价]]$$

综上,"本来"的发展经历了构式化和构式演变。两个独立的语素"本"和"来"首先被构式化为时间副词,然后经过构式演变,成为认知情态副词。笔者认为认知情态副词"本来"可能有双重来源:从结构上看,它由时间副词"本来"发展而来,但从语义上看,它可能由单音节情态副词"本"发展而来。此外,它脱位左移到了片段的起始位置,被构式化为立场话语标记。笔者还发现,佛教抽象名词"本来"在公元400年左右出现,其构词过程经历了瞬时的内容性构式化。该抽象名词随后用作非谓形容词。"本来"的发展如图2所示:

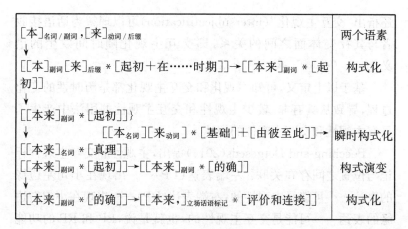

图 2 "本来"的发展

5. "本来"发展路径的构式化解读

本节中,笔者将重点介绍"本来"作副词和立场话语标记的发展。通过研究其发展背后的动因和机制(主观化见 5.1 节,类比化见 5.2 节),笔者提出了立场话语标记的构式网络。本研究在构式研究中结合了语用和语篇相关等要素,有助于推动历时构式语法领域的发展。

5.1 主观化

Traugott(1995)认为,说话者在协商意义中的言语和行为都表达了主观观点。这种主观观点是在特定语言环境中产生的受邀推测的一部分。如同其他语用含义,如果一个特定的主观观点与某种表达相关联,并为他人以类似的方式所采纳,那么通过新分析就会产生一个新编码的(语义化的)多义词。随着时间的推移,这样的语义固化现象被称为"主观化(subjectification)"(Traugott,2010,另见上文 1.2 节)。Traugott(2010:35)认为,主观化是指由说话者纳入语义并以编码来规范态度的机制。她还指出"交互主观化"(intersubjectification)可以理解为话语接收者与其社交体面之间的关系,即交互主观化随时间发生的语义化。

基于以上定义,可知主观化和交互主观化都是历时性的变化过程,导致从具有非/较少主观性和交互主观性的用法中产生了具有主观性和交互主观性的表达。

Beeching and Detgeseds(2014)提出,主观性和交互主观性标记与位置之间存在关联:左端表达(LP)——出现在小句左边缘的表达——可能是主观性的,右端表达(RP)——出现在小句右边缘的表达——可能是交互主观性的,也就是说,LP 和 RP 的功能不同(Beeching and Detgeseds,2014)。因此,被纳入到 LP 的元素经历了主观化,而被纳入到 RP 的元素经历了交互主观化。这种不对称假设主要基于针对印欧语系的案例研究,如 Degand and Fagard(2011)对法语"alors(所以)"的研究;Degand and Waltereit(2014)对法语"moi(我)"的研究;和 Ghezzi and Molinelli(2014)对意大利语"guarda(看)"、"prego(拜托)"和"dai(对)"的研究。以上研究的结果表明,这种假设是"一种强烈的趋势";Traugott(2012:8)认为,这种假设的不对称性"富有活力,但不是绝对的"。从构式化角度看,这是一个关于结构槽能否预测语义(的某些方面)的假设。根据 Traugott(2014)的研究,位置与主观性和交互主观性之间的关联取决于所考察的成分。

笔者认为,"本来"从时间副词到认知情态副词的发展是一个主观化案例。在(19)中,"本来"是表示客观时间性事实的时间副词,而在(22)中则被主观化地用作认知情态副词,来修饰动词,以强调空虚才是心的本质,表明了说话者对该命题的主观态度。然而,笔者认为,为编码态度而被说话者纳入的语义,也可能受到情态副词"本"的影响。因此,尽管"本来"继承了时间副词的形式,但受到主观化和情态副词"本"的影响,"本来"变成了一个认知情态副词。

　　笔者进一步认为,"本来"从认知情态副词到立场话语标记的发展,也是主观化的一个案例。"本来"在(22)中处于小句的起始位置(主语为空),表达了说话者的主观态度,与说话者对命题真实性的评价有关。当在 LP 中使用"本来"时,如(23)所示,说话者的主观性得到了加强。在(23)中,立场话语标记"本来"标志着由它所导入的命题为先前命题提供了理由/合理解释:说话者说"卢方老夫妻一瞧这房儿妇,喜之不尽",特别是评价性形容词性短语"喜之不尽",尤其体现了说话者的主观态度。如前一节所述,(23)中的"本来"回指了评价性形容词性短语,同时又通过后指,表明接下来的命题是对当前短语的合理解释。这也暗示了说话者对命题的负面评价。两命题间建立的联系,也是在特定语言环境下产生的受邀推测的一部分。这种推测可能是由它所导入的已为接收人所知的命题信息,而且接收人可能也已经认识到了该命题与先前命题之间的关系。这种推测与话语标记的语篇连接功能相关联,产生了一种新的语义,并被用作语篇连词,从而在句法上经新分析成为立场话语标记。它出现在"核心"小句的 LP处,通过投射说话者的态度,将浮现短语与语篇前后的语境联系起来。这种变化与主观化有关。

5.2　类比化

　　如 1.2 节所述,类比化是一种为既存模板带来新匹配的机制。在 4.2 节中,笔者认为时间副词"本来"的构式化可能类比了既存双音节时间副词"近来"的用法。"近来"的出现早于"本来","近来"在副词的图式下形成了一个以[单音节副词＋来]为形式,以[时间义]为语义的子图式。"本来"在产生后被纳入到该子图式中。当更多的带有"来"的双音节时间副词出现时,该子图式得到进一步扩展,例如"后来""原来""向来"等。

　　此外,笔者认为有两种普遍性图式在与立场话语标记的发展相关的构式网络中格外重要。一种是语篇连词(话语标记的集合)的图式;另一种是评论性语用标记的图式。换言之,出现在左边缘的立场话语标记"本来"作为一种衔接手段,起到了建立起局部连贯性的作用,在类比化过程中对既存语篇连词进行模仿,表明命题与既存评论性语用标记间的顺序、因果和并列关系,其中既存评论性语用标记用来表明说话者对命题内容的看法。

5.2.1　既存的语篇连词

语篇连词是话语标记的集合,标志着后续信息与先前语篇片段之间的关系,通常用于指示陈述内容间的顺序、因果和论证关系。在上古汉语和中古汉语中,语篇连词主要以单音节形式出现在复句中,表示结果、理由或选择。在一系列语篇 S1—S2 中,尽管一些语篇连词经常出现在 S1 的 LP 中,如用来导入条件的"若",和标志着原因的"因",但另有一些语篇连词只在 S2 的 LP 处出现。这些假设的范本使得类比思维和类比化催生出立场话语标记"本来"。如(24)中的单音节"则"和(25)中的"故"。

(24) 何为,则民服(《论语》公元前 479—前 400 年)

(25) 君重秦,故使相往(《战国策》公元前 77—前 6 年)

早期现代汉语中出现了双音节语篇连词的集合,如(26)中的"可是"。上述单音节和双音节语篇连词都出现在 S2 的 LP 中。

(26) 侯爷叫我来取藏春酒,叫你亲手拿去,当面就兑银子。

　　可是先生,白花花的三百两,难道你就独吞吗?

(《三侠五义》1879 年)

立场话语标记位于 LP 位置,用于连接两个命题,由于"本来"表示两个命题间的因果、结果和详释,笔者认为在"本来"发展成为立场话语标记的过程中,"本来"对既存语篇连词进行了类比,如"则","故"和"可是"。换言之,类比化使得"本来"能够在 LP 位置使用,并且催生出连词用法。

5.2.2　既存的评论性语用标记语

如引言所述,Fraser(2009：295—297)提出了四种语用标记,并将话语标记视为语用标记的一个子集,因此它们有许多共性。Feng(2008：266)概述了语用标记的普遍特征：

（i）表明了说话者对矩阵命题内容的评论,但不影响其真值条件。

（ii）作用于矩阵小句的命题,对其组成部分不构成影响。

（iii）在句法上可与矩阵小句分离。

（iv）依附于矩阵小句的命题内容。

话语标记与其他语用标记的唯一区别在于,虽然话语标记本质上是一种衔接手段,但语用标记并不一定连接语篇片段。

由于立场话语标记"本来"标志着对基本命题的评论,笔者认为既存的评论性语用标记是促使其成为立场话语标记的类比模型之一,该既存语用标记表明了说话者对命题内容的评论,如"可怜"和"所幸"。这些评论性语用标记语在明代末期(1368—1644年)就已经存在了：

（27）周秀才道："可怜,我那得钱来买酒吃?"(《古今奇观》1632 年)

（28）所幸彼国安富,远过中国,初无意内犯,向来许多张皇,真是杞人之忧。(《万历野获编》1607 年)

（27）的语境为：一个穷秀才带着妻儿到城里避难。碰巧下了大雪,他们便进了一家餐馆躲避。侍者问他们要不要喝点酒,穷秀才便用(27)中的话来作答。这是一个反问句,暗含"我没钱买酒"的否定含义。在(27)中,"可怜"是评论性语用标记,基于穷秀才没有钱买酒这一命题,"可怜"传达了说话者对问题的评论。在句法上,它是可有可无的,紧跟其后的是一个用作语音中断的逗号,这也说明了它实际上作用于整个命题范围,而不是从句的某一组成部分。从语义上讲,它不能作为话语独立存在。"可怜"一词表明了穷秀才对自己缺钱和"有钱买酒"的负面评价。

（28)中的"所幸"也是一个评论性语用标记语。(28)的语境为：琉球曾通过浙江和福建两省的海上交通来与中国交流。自与朝鲜交战以来，琉球便经由韩国的釜山来与中国建立联系，那里的海面平静得多，没有危险。自琉球向中国进贡以来⑧，一直通过陆路直接从山海关到北京。幸运的是，琉球是一个和平富裕的国家，从一开始就没有侵略中国的企图。但是总有人为此过度担心。在(28)中，"所幸"表明说话者对命题"彼国安富"的个人看法，并对琉球与中国交流的背景信息做出了回应。与(27)中的"可怜"一样，"所幸"只作用于命题，对命题内容的语义不构成影响。从语义上看，"所幸"表明了说话者对命题"彼国安富"的积极评价。虽然"所幸"不像"可怜"一样后边紧跟着逗号，但是它在句法上也是可有可无的。

笔者认为，在"本来"演变为立场话语标记的过程中，说话者/作者将"本来"与既存评论性语用标记进行类比，如"可怜"和"所幸"，并将其置于左边缘位置，作用于整个命题。因此，"本来"在句法上也变得可有可无，在语义上标志着说话者对其所导入命题的评论(通常是与期望相反的)，而不影响语义本身。然而，如(23)所示，"本来"既有回指性，也有后指性，因而起到连接两个命题的作用。因此，"本来"不仅仅是评论性语用标记，也可以作为一种衔接手段，即立场话语标记。

在这一节中，笔者提出了立场话语标记"本来"发展过程中的两个图式范本：其连接性质类比了语篇连词的图式，其认知性质类比了评论性语用标记语的图式。图3对立场话语标记发展中的两个可能的类比范本进行了建模。在下一小节中，笔者将概述立场话语标记发展过程中的构式网络。

5.3　立场话语标记的构式网络

如5.2节所述，笔者认为有两种图式在与立场话语标记的发

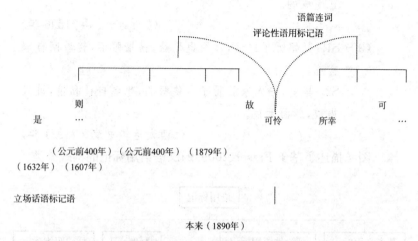

图 3　在立场话语标记发展中的两种可能的类比范本

展相关的构式网络中尤为重要：分别为评论性语用标记的图式，和语篇连词的图式。当"本来"作立场话语标记时，与评论性语用标记的图式产生联系，表明了说话者在不影响语义的前提下，对由"本来"所导入的命题的评论，同时，由于"本来"本身可作衔接手段来连接语篇，它又与语篇连词的图式产生联系。

　　基于数据分析，笔者认为"本来"是汉语史上最早使用的立场话语标记之一。当"本来"产生之后，有越来越多的立场话语标记出现，并被纳入到集合中。例如，（29）中出现于 1896 年左右的"原来"，和（30）中出现于 1921 年左右的"毕竟"先后被纳入集合。现代汉语中出现了越来越多的立场话语标记，其子图式也得以扩展。立场话语标记的子图式中的所有成员都是语篇衔接手段，同时标志着说话者的评论。

　　(29) S1. 但见王守仁既将大营撤退，这些兵马又从何处而
　　　　来呢？
　　　　S2. 原来，就是傀儡生留下的那小瓶子内许多碎草、红

豆变成的。

(《七剑十三侠》1896 年)

(30) S1. 懿妃听了这话,知哭也无益,揩揩眼泪,转着回自家官院。

S2. 毕竟,妇人家肚肠子是狭窄的,想到自己私情,被人揭破,颜面无存。

(《西太后艳史演义》1921 年)

图 4 描述了基于 Fraser(2009)的汉语语用标记的构式分类。

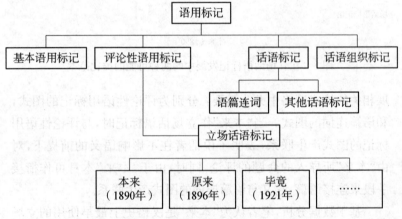

图 4   汉语语用标记的构式分类(基于 Fraser(2009))

6. 结论

本文从构式化角度探讨了"本来"在汉语史上的发展。其演变轨迹概述如下:公元 220 年左右,副词"本"和后缀"来"构式化为时间副词"本来"。公元 900 年左右,从时间副词中产生了标示说话者态度的认知情态副词。笔者认为,这一演变过程可能涉及双重输入,也就是说,虽然情态副词的句法形式来源于时间副词,但认知情态义可能来源于情态副词"本"。公元 400 年左右,经历了瞬时的内容构式化之后,佛教抽象名词出现,随后被用作非谓形容词。

　　情态副词"本来"产生后,又进一步演变为连接语篇连贯性的立场话语标记。从结构来看,它被移位到小句的起始位置,其后紧跟着一个语音中断。从语义来看,它在功能上成为元语篇,标志着说话者的语篇策略和对命题的主观评价。笔者认为,"本来"的发展是通过主观化实现的,并历经了从时间副词到情态副词,再进一步成为立场话语标记的过程。"本来"在主观化观点的作用下,产生了新编码(语义化)的多义词。此外,笔者还认为立场话语标记"本来"经历了类比化过程,并且有两个普遍性图式对"本来"的发展尤为重要:一个是语篇连词的图式,用来表示命题之间的顺序、因果和论证关系;另一个是评论性语用标记的图式,用来表示说话者对命题内容的评论。当"本来"演变成为立场话语标记,其子图式得以创建,随着越来越多的立场话语标记出现,子图式也得到了扩展。

　　本研究对构式化和构式演变在特定语言成分发展过程中的交替出现进行了更加明确的说明,有助于推动历时构式语法的发展。同时也展示了汉语中元文本立场话语标记集合的形成过程。本文不仅有助于理解汉语中的话语标记,还有助于理解语用和语篇相关现象在构式网络中的重要性。由于早期的类似构式研究大多着眼于欧洲语言,本文对于汉语中语篇推进和连贯性构建的研究,也有助于推动人类语言中语用和语篇手段发展的跨语言类型学研究。

附注

① 例(2)的语境为:盛小姐和宋子文是一对恋人,但她的父母并不认可宋子文。当晚,盛小姐与父母发生了争吵,父母见把女儿惹哭了便不再说话。

所以，这几天盛小姐误以为一切都已安然度过，但是，随后她发现父母竟然背着她对宋子文做了很多过分的事。

② Fraser（1996，2006）谈到"非真值条件意义（non-truth-conditional meaning）"，并将促成非真值条件意义的表达称为"语用标记"。

③ Schiffrin(1987)认为"话语标记"一词囊括了大量表达方式，包括感叹词和非言语表达。Fraser(1996，2006，2009)考虑到用于表明信息间关系的术语所具有的语用功能，对(iii)中所述"话语标记"一词的概念范围进行了限定。Blakemore(2002)的观点与Fraser一致，认为话语标记标志着话语间语义关系的程序性意义而非概念义。

④ 20世纪末，一些学者开始关注英语中的状语立场标记(Biber and Finegan (1988)对"frankly"和"certainly"的研究)，Schiffrin(1987)和Fraser(1988)也对话语标记("well(那么)"，"y' know(你知道)"，"on the contrary(反之)"，"by the way(顺便提一下)")做了研究。自此，语言学界开始形成对立场标记和话语标记框架的研究趋势。Journal of Pragmatics(2015)的"Stance-marking and stance-taking in Asian languages(亚洲语言中的立场确认和立场转换)"专刊表示，立场标记的相关研究部分趋同于Schiffrin对广义话语标记的研究。在该专刊中，Iwasaki and Yap(2015)从主观性、交互主观性和立场的范围对话语标记进行了探讨。

⑤ 参见Biber et al. (1999)，Conrad and Biber(2000)，和Du Bois(2007)以了解更多关于立场的研究。

⑥ 这种区别仍存在争议，见Börjars et al. (2015) and Hilpert(2018)。

⑦ 详见Invited Inferencing Theory of Semantic Change(IITSC)(语义演变的受邀推测理论)(Traugott and Dasher 2002)。

⑧ 对于存在多义和多种功能的表达式，此处只统计了与本研究相关的语义和功能。

⑨ 此处"语篇片段"的概念优于"话轮"，因为"本来"不只发生在对话里，还主要出现在叙事中。

⑩ "近"在古代汉语中有多种功能，可以用作动词、形容词和副词，其副词用法如(i)所示：
(i) 为近利市三倍(《周易》公元前771年)

⑪ Traugott and Trousdale(2013：201)认为，使用"历时多义(heterosemy)"和"多义(polysemy)"这两个术语，更易于区分历史上与构式化相关的构式之间的语义联系(历时多义)，和图式构式子类之间的历时语义联系(多义)。

⑫ 两种演变也可能相互加强。

⑬ "近来"在当时是唯一的由单音节副词附带后缀"来"构成的既存时间副词。尽管类频和例频都很低,但"近来"依然是能够促生类比和新构式的范例(Bybee 2013)。

⑭ 名词在一些语境下也可能具有属性,见 Pustejovsky(1991)对示例"begin the book"的探讨。

⑮ 身是菩提树,心如明镜台,时时勤拂拭,勿使惹尘埃。(神秀约 900 年)

⑯ 另一相关概念为普遍认知真理,普遍认知真理被认为是本体,表明了存在本身的秩序。笔者并不认为(22)中的表述是普遍认知真理,因为五祖的初级弟子慧能,当时只是在诠释他对佛教天性和精神本质的理解,而并非在讲普世真理。

⑰ 在下文中,不到一个月的时间,卢珍就离开了新娘小霞独自去了都城,并且没有告诉小霞他的归期。

⑱ 琉球在明朝时期(1368—1644 年)成为中国的朝贡国之一。

参考文献

陈昌来　2013　"近来"类双音时间词演化的系统性及其相关问题,《上海师范大学学报(哲学社会科学版)》第 5 期。

李宇明　1996　非谓形容词的词类地位,《中国语文》第 1 期。

罗竹风　1993　《汉语大词典》,北京:汉语大词典出版社。

吕叔湘　1980　《现代汉语八百词》,北京:商务印书馆。

唐为群　2010　副词"本来"和"本来"句,《武汉大学学报(人文科学版)》第 4 期。

王力　1988　《汉语语法史》,北京:商务印书馆。

邢福义　2003　《词类辨难》,北京:商务印书馆。

詹卫东、郭锐、谌贻荣　2003　北京大学中国语言学研究中心 CCL 语料库(规模:7 亿字;时间:公元前 11 世纪-当代),网址:http://ccl.pku.edu.cn:8080/ccl_corpus。

张伯江　1994　词类活用的功能解释,《中国语文》第 5 期。

朱新军　2008　"本来"的语法化,《焦作大学学报》第 1 期。

Barcelona Sanchez Antonio 2000 ed. *Metaphor and Metonymy at the Crossroads. A Cognitive perspective* Berlin/New York: Mouton de Gruyter.

Barðdal Jóhanna, Elena Smirnova, Lotte Sommerer & Spike Gildea eds 2015

Diachronic Construction Grammar Amsterdam: Benjamins.

Beeching Kate & Ulrich Detgeseds. 2014 *Functions at the left and right periphery: Crosslinguistic investigations of language use and language change.* Leiden: Brill.

Blakemore Diane 2002 *Relevance and Linguistic Meaning: The Semantics and Pragmatics of Discourse Markers* Cambridge: Cambridge University Press.

Biber Douglas 2004 Historical patterns for the grammatical marking of stance: A cross-register comparison. *Journal of Historical Pragmatics* 5.1: 107 - 136.

Biber Douglas & Edward Finegan 1988 Adverbial stance types in English. *Discourse Processes* 11: 1 - 34.

Biber Douglas, Stig Johansson, Geoffrey Leech, Susan Conrad & Edward Finegan 1999 *Longman Grammar of Spoken and Written English* Harlow, Essex: Pearson Education.

Börjars Kersti, Nigel Vincent & George Walkden 2015 On constructing a theory of grammatical change. *Transactions of the Philological Society* 113.3: 363 - 382.

Bybee Joan. L. 2013 Usage-based theory and exemplar representation. In Thomas Hoffman and Graeme Trousdale. eds. *The Oxford Handbook of Construction Grammar.* 49 - 69. Oxford: Oxford University Press.

Bybee Joan. L. & William Pagliuca 1987 The evolution of future meaning. In A. G. Ramat, O. Carruba and G. Bernini. eds, *Papers from the VIIth International Conference on Historical Linguistics.* 109 - 122. Amsterdam: Benjamins.

Conrad Susan & Douglas Biber 2000 Adverbial marking of stance in speech and writing. In Susan Hunston and Geoff Thompson, eds. , *Evaluation in Text: Authorial Stance and the Construction of Discourse*, 56 - 73. Oxford: Oxford University Press.

Croft William 2001 *Radical construction grammar: syntactic theory in typological perspective* Oxford: Oxford University Press.

De Smet Hendrik 2016 How gradual change progresses: The interaction between convention and innovation. *Language Variation and Change* 28.1: 83 - 102.

Degand Liesbeth & Benjamin Fagard 2011 Alors between discourse and grammar: the role of syntactic position. *Functions of Language*, 18. 1: 29－56.

Degand Liesbeth & Richard Waltereit 2014 Moi je ne sais pas vs. Je ne sais pas moi: French disjoint pronouns in the left vs. right periphery. In Kate Beeching and Ulrich Detges. eds. , *Discourse Functions at the Left and Right Periphery: Crosslinguistic Investigations of Language Use and Language Change*. Brill, Leiden: 24－46.

Du Bois John W. 2007 The stance triangle. In Robert Englebretson, ed. , *Stance-taking in Discourse*, 139－182. Amsterdam: Benjamins.

Feng Guangwu 2008 Pragmatic Markers in Chinese. *Journal of Pragmatics*, 40: 1687－1718.

Fischer Olga 2007 *Morphosyntactic Change: Functional and Formal Perspectives*. Oxford: Oxford University Press.

Fraser Bruce 1988 Types of English discourse markers. *Acta Linguistica Hungarica*, 38: 19－33.

Fraser Bruce 1996 Pragmatic markers. *Pragmatics*, 6. 2: 167－190.

Fraser Bruce 2006 Towards a theory of discourse markers. In Kerstin Fischer, ed. , *Approaches to Discourse Particles*. North Holland: Elsevier, pp. 189－204.

Fraser Bruce 2009 An account of discourse markers. *International Review of Pragmatics*, 1: 293－320.

Fried Mirjam 2008 Constructions and constructs: Mapping a shift between predication and attribution. In Alexander Bergs and Gabriele Diewald, eds. , *Constructions and Language Change*, 47－79. Berlin: Mouton de Gruyter.

Ghezzi Chiara & Piera Molinelli 2014 Italian Guarda, Prego, Dai: Pragmatic markers and the left and right periphery. In Kate Beeching and Ulrich Detges, eds. , *Discourse Functions at the Left and Right Periphery: Crosslinguistic Investigations of Language Use and Language Change*. Brill, Leiden: 117－150.

Givón Talmy 1979 *On Understanding Grammar* New York: Academic Press.

Goldberg Adele E. 2006 *Constructions at Work: The Nature of*

Generalization in Language Oxford: Oxford University Press.

Harris Alice C. & Lyle Campbell 1995 *Historical Syntax in Cross-Linguistic Perspective* Cambridge: Cambridge University Press.

Hilpert Martin 2018 Three open questions in Diachronic Construction Grammar. In Evie Coussé, Peter Andersson, and Joel Olofsson, eds., *Grammaticalization meets construction grammar* Amsterdam/Philadelphia: John Benjamins: 21 - 39.

Hopper Paul. J. & Elizabeth Closs Traugott 2003 *Grammaticalization* (revised edn.) Cambridge: Cambridge University Press.

Hüning Matthias & Geert Booij 2014 From compounding to derivation: The rise of derivational affixes through constructionalization. In Ferdinand von Mengden and Horst Simon, eds., special issue on Refining Grammaticalization. *Folia Linguistica*, 48. 2: 579 - 604.

Iwasaki Shoichi & Foong Ha Yap eds. 2015 Stance-marking and stance-taking in Asian Languages, Special issue, *Journal of Pragmatics* 83.

Jacobs Andreas & Andreas H. Jucker 1995 The historical perspective in pragmatics. In Jucker. ed. , 3 - 33.

Jucker Andreas H. ed. 1995 *Historical Pragmatics: Pragmatic Developments in the History of English* Amsterdam: Benjamins.

Lehmann Christian 2002 New reflections on grammaticalization and lexicalization. In Ilse Wischer and Gabriele Diewald, eds., *New Reflections on Grammaticalization*, 1 - 18. Amsterdam: Benjamins.

Lichtenberk Frantisek 1991 Semantic Change and Heterosemy in Grammaticalization. *Language*. 67. 3: 475 - 509.

Meillet Antoine 1958 [1912] L'évolution des formes grammaticales. In Antoine Meillet, *Linguistique historique et linguistique générale*, 130 - 148, Paris: Champion. (Originally published in *Scientia* (*Rivista di scienza*) XXII, 1912)

Paradis Carita 2001 Adjectives and boundedness. *Cognitive Linguistics*, 12. 1: 47 - 65.

Petré Peter 2014 *Constructions and Environments: Copular, Passive, and Related Constructions in Old and Middle English* Oxford: Oxford University Press.

Pustejovsky James 1991 The generative lexicon. *Computational Linguistics*,

17. 4: 409 – 441.

Schiffrin Deborah 1987 *Discourse Markers* Cambridge: Cambridge University Press.

Smirnova Elena 2015 Constructionalization and constructional change: The role of context in the development of constructions. In Barðdal et al., eds., 81 – 106.

Sun Chaofen 1996 *Word-Order Change and Grammaticalization in the History of Chinese* Stanford: Stanford University Press.

Traugott Elizabeth Closs 1995 Subjectification in grammaticalization. In Dieter Stein and Susan Wright, eds., *Subjectivity and subjectivisation*, 31 – 55. Cambridge: Cambridge University Press.

Traugott Elizabeth Closs 2004 Historical pragmatics. In Laurence R. Horn and Gregory Ward, eds., *The Handbook of Pragmatics*, 538 – 561. Oxford: Blackwell.

Traugott Elizabeth Closs 2010 (Inter)subjectivity and (inter)subjectification: A reassessment. In Kristin Davidse, Lieven Vandelanotte, and Hubert Cuyckens, eds., *Subjectification, Intersubjectification and Grammaticalization*, 29 – 71. Berlin; New York: De Gruyter Mouton.

Traugott Elizabeth Closs 2012 Intersubjectification and clause periphery. In Lieselotte Brems, Lobke Ghesquière, and Freek Van de Velde, eds., *Intersections of Intersubjectivity*, special issue of *English Text-Construction*, 5: 7 – 28.

Traugott Elizabeth Closs 2014 On the Function of the Epistemic Adverbs Surely and No Doubt at the Left and Right Peripheries of the Clause. In Kate Beeching and Ulrich Detges, eds., 72 – 91.

Traugott Elizabeth Closs & Graeme Trousdale 2013 *Constructionalization and Constructional Changes* Oxford: Oxford University Press.

Traugott Elizabeth Closs & Richard B. Dasher 2002 *Regularity in Semantic Change* Cambridge: Cambridge University Press.

Van de Velde Freek, Hendrik De Smet & Lobke Ghesquière 2013 On multiple source constructions in language change. *Studies in Language*, 37. 3: 473 – 488.

副词"就"的话题焦点功能研究

张新华(复旦大学中文系)

0. 引言

0.1　对"就"话题焦点现象的相关讨论

"就"的功能很多,一般认为它有焦点敏感性,分前摄、后摄两种位置关系。本文探讨其作为话题焦点敏感算子的用法,是典型前摄;话题一定重读。黑体指重读:

(1) A:可这不是这么个做法呀。B:怕什么,**我**就这么做过。

"话题焦点敏感算子"的概念是刘丹青、唐正大(2001)提出的,关注的是"可",如"他不在乎,我们<u>可</u>要在乎呀。"(该文例(30))本文借鉴该称谓。

学界很早注意到"就"的话题焦点功能,不过缺乏理论概括。吕叔湘主编(1980)指出"就"的一个功能是"加强肯定",分三小类,之一是:"主语重读,'就'轻读,表示主语已符合谓语所提的条件,无须另外寻找",如"这儿**就**很安静"。马欣华、常敬宇(1980)指出这种"就"表示"就地取材,不必到别处去找,这里就有。"前述学者都没从话题、焦点的维度解释。陆丙甫(1984)明确提到"话题",但未指出焦点的内涵:"就"表示"现成的话题,就地取材,不用多找,总而言之有'近'的意思。"

共同的是,上述文献对"就"的话题焦点功能只是义项式列举,未具体论证。本文拟做系统阐述。

0.2　关于"话题焦点"

国外学者对"话题焦点"的流行称谓是"对比话题"(Contrastive Topics)。刘丹青、徐烈炯(1998)对话题焦点的刻画是:[-突出][+对比],可见也是对比话题。屈承熹(1999)质疑道:该成分就"是地地道道的主题(亦即话题),怎么能称它作'焦点'呢? 而在刘、徐的术语中'话题'怎么能反而沦为次要的定语呢?"

类似的,国外关于对比话题在话题性和焦点性的语法性质上,同样存在争论。Kiss(1987,匈牙利语)、Büring(2003,德语)认为对比话题是话题的一个次类。Wagner(2012,德语、意大利语、英语)强调,对比话题无非是一种取宽域的焦点算子,普通焦点算子对之取窄域。Krifka(1989)、Selkirk(1984)认为对比话题实际就是焦点。Molnár(1998)取居中立场,认为对比话题兼有话题和焦点的特征。Tomioka(2010,日语)采用对比话题的称谓,但又强调,相比话题,该成分的焦点特征更为显著,并且这种话题可作为小句的唯一焦点,句中不出现其他焦点成分。

本文认为,就汉语而言,话题焦点的基本性质是话题,焦点是一种特征,所以其实也可称"焦点话题"(focus topics);Ernst & Wang(1995)就如此称谓。本文采用话题焦点的称谓,主要还是出于语言事实的考虑:"就"句话题比一般对比话题更显著地指焦点、引出新信息,相反,却抑制评述部分指新信息的功能。

1.　"就"句信息结构的基本特征

在"就"句,全句焦点信息在话题位置传达,评述中允许不指新信息,却不允许不带预设。这是由"就"句指提醒的表达功能带来的。

1.1　倒序信息结构

焦点成分都内在指向某种特定的疑问句(Rooth,1985 等),问答序列是焦点结构的鲜明体现。这一点在"就"句甚是显著。具体看,"就"句所针对的是主语位置 wh-问句,谓语是预设的,如(2)—(3);但不能用为整句新信息(即非主题判断 thetic)的答句,因为后者谓语不带预设,如(4):

(2) A：干什么能发大财呢?

　　B：你现在做的这个生意＊(就)可以 φ。

(3) A：请问,哪里有取款机?

　　B：这个大厅的西北角(就)有 φ。

(4) A：有什么新闻?

　　B：特朗普(＊就)赢得总统大选!

例(2)"能发大财"是 A 每天都在考虑的事情,强预设,现在提问的目的是让 B 指出达到该状况的手段;答句话题"你现在做的这个生意"是显而易见的,必须重读：在该语境,评述中不用"就",小句就不成立。(3)用不用"就"小句都成立,用"就"就对话题焦点化。(4)问句要求一种非主题判断,这就不允许把主语提取为焦点而把谓语处理为预设,因此与"就"句的信息结构发生根本冲突,不允许用"就"。

"就"句评述的预设性在省略形式上有确切的印证。(2)的评述只保留情态动词即功能范畴"可以",内容范畴"发大财"被省略;(3)只保留核心动词"有",宾语省略。而"可以、有"也都是回指性的,表旧信息,只起保持小句框架的纯形式作用,即,"就"句评述全无新信息——相反,话题部分的信息量却很重。(4)答句不存在省略。

"就"句信息结构的倒序性不但体现在句首话题,还体现在"把"所引次话题：

(5) ……首先检查<u>车底</u>是否藏匿物品,然后检查<u>车</u>厢和<u>车</u>后<u>座</u>……。采访游客:我不觉得很麻烦,在菲律宾时,我<u>就</u>曾把枪放在<u>车</u>上。

"车"虽非句法上的话题,却是语篇关注的核心事物,所谓"在讨论的问题"(Question Under Discussion),它在"就"句是回指成分,旧信息,却处句末——后者在常规小句默认指新信息。"我、枪"都指焦点,相对"车"而引出。

1. 2 "提醒"而不是"告知"

小句的信息结构方式是其现实表达功能的反映,小句的形式特征则是信息结构的语法化;即:表达功能→信息结构→句法形式。

"就"的基本表达功能是:前文(对方或本人)陈述到某种情况,现在用受话熟悉的事物加以验证。这意味着,"就"句指一种常规信息传达之上的高阶信息。Delin(1992)提出,英语 it-分裂句的功能是"提醒而非告知"(*remind* rather than *inform*)。本文对此理解为:"提醒"是再次、有标记的信息传达,"告知"是首次、常规的信息传达。再次、高阶的内涵是:基于更强的预设。强预设是"就"句与 it-分裂句提醒功能的共同根据:后者系词 be 所引焦点成分也带话题性质(Chomsky 1977 处理为话题),that/wh-所引关系句也指预设信息。

"就"句所带强预设是:话题事物本身是熟知的、评述所指情况前文刚说到。"就"句的功能只在于断言二者的关联。其话题的焦点内涵就来自于:事物本来[熟知],受话却[没想到]它正符合当前关注的情况——[熟知]与[没想到]的落差越大,"就"授予话题的焦点性就越强;"就"的功能即在于引导受话对话题事物做强烈聚焦,即授予话题焦点的特征。

可从四种语境得到验证:

Ⅰ."就"句一定是对特定语篇前文的回应,所以决不允许用于语篇首发句,这一点检验本文任一实例都可看出,此不赘举。

Ⅱ. 容易用为反问句,提醒话题事物"近在眼前":

(6) 三水人正规划旅游兴市苦于难寻特色项目,这荷花旅游不<u>就</u>是一个很好的项目吗?

Ⅲ. 常用于对[无 NP+VP]进行纠正(correction),即强烈提醒对方关注现实话题的存在:

(7) 佩芳道:"你又发什么大爷脾气?事先没有人说过吗?我 *(<u>就</u>)说过。"

(8) A:现在这个局面,我看谁也救不了你。B:不是吧,你 *(<u>就</u>)救得了我。

Ⅳ. 往往带有恍然大悟的意味,句首可加语气副词"原来":

(9) 原来,我们<u>就</u>是传说中的傻瓜三人组啊。

按照生成语法理论,小句的语法内涵分为三个基本层级:CP(语力)、IP(限定)、VP(客观事件)。"就"处于 CP 层,刻画为:$[_{CP}[_F TOP, F^0 就][IP(VP)]]$。"就"所针对的前文常有多个小句,但总是可概括为一个主谓小句,称为背景句;"就"所引话题一定指不同于背景句论元(不仅是话题)的另一事物。"就"的句法行为也就体现在两方面:话题的指称性与焦点性的联系,评述部分对背景句的回指方式。前者是"就"句信息传达的目的所在;后者是控制"就"句存在的支点——如评述内无回指,则"就"句不成立。

2. "就"句评述部分的回指关系与焦点特征

"就"句评述部分一定要求对语篇前文有所回指,并且往往只做旧信息的回指,而完全不出现新信息。这种回指形式很多,概括为两种类型:事件回指、实体回指。前者重复性强,"就"句语义表现为:话题属于背景句的情况;后者重复性降低,"就"句语义表现为：话题与背景句的论元在行为上相关。有时，评述部分的表层并无显性回指形式，但语义上存在联系，称为"语义回指"。另一方面，"就"句评述部分也可表示与背景句评述部分完全对立的情况，这就形成对比焦点，不过这种用法并不多见。

2.1　事件回指

从本文语料调查看，这种用法在"就"句数量占优，概括为五种回指形式。下面按照"就"句评述对背景句重复性由高到低的顺序讨论；重复性低，也就是自身携带更多新信息。

Ⅰ. 评述中只出现功能成分，内容成分完全省略。这种功能成分有两种典型类型，一是动力和道义情态动词（即根情态），如前述例(2)的"可以"，又如"能"：

(10) A：一个人不能把一辈子发生过的每一件事情都记住。

　　　B：我就能 φ。

根情态属IP，允许所组合的内容成分VP省略；认知情态属CP，无此替代能力。

二是宾语悬空的系词"是"，这种形式在"就"句出现频率相当高。

(11) 连年轻人也喊他"新波"，我就是 φ。

(12) 应松在对于诗的追求上付出了他的努力，而且结出了果实，这本集子就是 φ。

这个"是"是一个只起小句结构作用的傀儡谓语，用法固化，可回指任何具体事件（但不能回指根情态短语），而无需补出省略的成分。其语法意义也与一般系词形成较大分化：典型系词属于实词，一般功能是指等同（这是老王），或属性认定（他是好人）。上述"是"则表语篇回指、一般性的断言，即，已由词汇性转换为功能性，由VP提升到IP。

Ⅱ. "(是)＋这样/那样/如此"

(13) 以前都是茅草屋，黄土路，下雨一腿泥。我小时就是那样。

(14) 臧先生纪行体的诗有时不免散漫,《淮上吟》似乎<u>就</u>如此。

省略、回指都是指旧信息的典型手段(Halliday,1967 等)。在上面的 I 、Ⅱ两种形式,"就"句评述是对背景句的完全回指,不传达任何新信息。

Ⅲ. 抽象名词、动量词,对背景句 e_1 指称化;进入宾语位置,用实义动词引出。

(15) 亲信让老板不但能做一个人,还能做一个很舒服的人。和坤<u>就</u>很明白<u>这个道理</u>。

(16) 发展也有关键期,一般把人生的早期看作智力发展的关键期。狼孩<u>就</u>是<u>例证</u>。

(17) 中国足球一直在冲击世界杯,我本人<u>就</u>亲身经历<u>两次</u>。

Ⅳ. 用代词"这么、这样、那样"等回指背景句,占据状语位置:

(18) 我们更愿意把学外语的时间花费在创新上。其实日本人也不<u>就这么</u>做的吗?

(19) 我五十岁以前,看到漂亮女人,我会勾搭她,我老婆<u>就</u>是<u>这样</u>认识的。

Ⅴ. 对背景句做重新表述,一般要在词形上对其中重要内容有所重复:

(20) 古老的冀东平原,润泽着丰美的物产,同时也哺育了一方<u>优秀儿女</u>。张锦芬<u>就</u>是在<u>这充满希望的田野</u>上成长起来的农业科研人员。

(21) 注意到鲁迅内心"黑暗"的论者多从西方现代主义的角度来表征它,如荒诞、孤独、绝望等等。钱理群<u>就</u>曾从鲁迅的《死后》一文中分析出……的<u>荒诞</u>感。

在上述三种类型,评述部分传达较多新信息,但仍可大致概括为"属于背景句的情况",如(21)可粗略说为"钱理群就属于这种情况"。

2.2　实体回指

相比事件回指，实体回指形式中，"就"句评述传达更多新信息。所回指的 DP 在背景句中的典型形式是充当话题；回指形式在"就"句中可出现在宾语、宾语的定语、介词宾语等不同位置。"就"句的核心动词指一种与背景句动词不相干的行为。

(22) A：小姐 i 可是柔道高手，……想碰她哪有这么容易？
　　 B：至少林觉民就得手过 ϕ_i。

(23) [盐肤木]i 落叶乔木，……结小核果。五倍子虫就生在盐肤木i 的叶子上。

(24) [郑国渠]i 我国古代引泾河水灌溉的著名水利工程。……现在的泾惠渠就是在此i 基础上改造完善起来的。

"就"句 DP 所指事物也可在背景句并未编码，但通过论元关系而明确关联：

(25) 现代的公路和铁路，不仅有架空和入地的，而且还能穿过水底。上海黄浦江水底就建造了两条越江隧道。

(26) 马克思主义不是教条，而是行动的指南。马克思本人就坚决反对那种……的空论家。

这种"就"句的一般功能是：通过受话熟悉的事物在行为上与背景句话题相关，对后者做辅助解释，以显示该事物的意义、价值等。

2.3　语义回指及句类限制

从深层看，"就"句评述对背景句的回指根本上是一种语义关联，基于人们的认知理解。因此，也存在语义相关却无显性回指形式的用例，Rochemont（2009）所谓"语篇-可构建"（*cconstruable*），具有"语义先行词"（semantic antecedent）。如：

(27) 她只是处境不好。污泥里不是就长出了荷花吗？

读者会按照"污泥里长出荷花",去反向推出一个背景句,如"她只是暂时处于逆境,以后也会像荷花那样开放"。这表明:"就"句对背景句的关联,已成为一种稳定的语义模式,所以当回指关系不明确时,人们就会自作推理。

若"就"句评述对背景句偏离过大,回指关系难以建立,则"就"难读为话题焦点算子:

> (28)……,那么探索古今文化结合点就应该是<u>古为今用</u>了,前段我们斥资、划地在东郊公园重立邓世昌墓,<u>就</u>曾在中外各界引起震动。

该语篇像是要做"就"句表述:"重立邓世昌墓就是古为今用的一个成功案例",但"在中外各界引起震动"对前文偏离很大,难做语义推理,这就造成"就"不易读为话题焦点算子。

"就"对句类有明显的选择:典型用于陈述句,也用于反问句、感叹句;但不大用于疑问句,不能用于祈使句。前两种情况文中实例可以体现,此略,这里观察其对疑问句、祈使句的排斥:

> (29)顾客有时买了次货,无处退,也无处换。我<u>就</u>吃过这种苦头。/*你<u>就</u>别吃这种苦头!/*你<u>就</u>吃过这种苦头吗?

原因是:祈使句表示当面直接指令,这与"就"句评述的回指性、预设性相冲突。疑问句则不表真值,也与"就"句的预设性、断言性相违。

2.4 评述中使用自然焦点、对比焦点

国外学者一般认为,在对比话题句,评述部分也要求带有对比焦点,像前述 Tomioka 那样,认为这种句子可以只在话题部分传达焦点信息,而评述中无需引出新信息的观点,并不占主流。本文的考察则显示,上述两种信息结构在"就"字句都可存在,而常规用法则属于 Tomioka 所描述的情况。有时,"就"句评述中也可引出焦点信息,包括自然焦点和对比焦点。自然焦点也称呈现

焦点(presentational focus),是一种弱焦点,表对事物自身存在性的一般强调,并不提示此物与彼物的对比。对比焦点是强焦点,一定提示与交替项的对比关系。

　　相比而言,"就"句评述部分更容易接受自然焦点,对比焦点则是有标记的,要求更特别的语境支持。下面的对话中,B1 的"两部车"是自然焦点,小句成立;B2"两部车"是对比焦点,小句就不成立。

　　(30) A:咱们公司还没人买车。

　　　　B1:瞎说,老王**就**买了**两部车**。

　　　　B2：＊瞎说,**老王就**买了**两部车**。

B1"两部"是对"买车"行为现实存在性的自然强化:车内在是有数量的,但"两部车"对"买"仍是融合性的,构成一个整体信息单位。该句并不强调"两部"的数量有什么特别的语用价值;"两部"也重读,但强度低于"老王"。B2 强调"两部"本身的语用价值,即相比三、四,数量并不大,无需大惊小怪,这时"就"只能后摄,不能读为话题焦点算子;但"两部车"读对比焦点时,又不能同时允准话题焦点,所以小句不成立。

　　下面 B 的"泰国"构成对比焦点,与前句 A 的"海南"形成交替项的关系:

　　(31) A:今年春节旅游,同事们都去了**海南**。

　　　　　B:不是吧,**老王就**去的泰国。

从指新信息的强度看,评述中的对比焦点"泰国"要比话题焦点"老王"弱一些。韵律上,"老王"也要比"泰国"读得更重,即,话题焦点总是读为小句的最重音[①]。

　　严格看来,(31)"泰国"作为对比焦点的典型性似乎不强。表现在:该句并不是直接表示"泰国"与"海南"构成对比关系,而是为了表示反驳:"同事们去的地方"并非都是"海南"。即,"泰国"的功能只是为这个反驳提供一个事实的证据,因此带有很大的自然焦点的性质。比较，典型的对比焦点是：

（32）今年春节旅游，**老李**去了**海南**，**老王**去了**泰国**。

该句是学者们一般讨论的普通对比话题句，"老李"与"老王"构成对比话题；评述中的"海南"与"泰国"则是中性对比关系——而不是(31)那样的反驳关系，所以构成典型的对比焦点。在指新信息的强度上，(32)的对比焦点，其信息强度要比本句的对比话题高，所以前者也要读得更重。

3. "就"所引话题的量化特征

在"就"句，评述的作用主要在于建立与背景句的关联，焦点信息在话题位置传达。话题的语义特征是构成该小句表达目的的关键，包括：［部分性］［限定性］［极值性］［断言性］，四者之间内在相关。前二者属广义量化范畴，本节讨论，后二者与语力相关，下节讨论。

3.1　部分性（partitivity）

部分性也即非穷尽性、不完备性，是对比话题的定义特征（Büring，2003 等），这是由其所带焦点特征造成的，即，焦点激活一组交替项，当前话题只是其一。激活交替项是对比话题与对比焦点的共同点，区别是：前者对交替项兼容，如"是谁迟到了？""是小王。"排除别人迟到；后者却排除，如"孩子们呢？""**老大**在房间。"别人的情况尚待了解。就话题焦点算子而言，不同算子所激活交替项的具体构成仍有差异，需具体分析（Wagner，2012）。

根据与背景句相关论元（不一定是主语/话题）的关系，"就"句话题所引发的交替项分为两种类型。

3.1.1　类/集合-个体/成员

这时，"就"句话题前可加"如、比如、例如、像"等词，后者也有话题标记的性质。下面"就"句话题指类事物中的个体：

（33）她常说："……当媳妇的就得听公婆、丈夫的话，我当媳妇就是那样。"

（34）短时间的、局部的一种惩罚是完全需要的，像我们西沙就打得非常漂亮。

模态上，类事物内在带有［遍指］的量化算子，是非时间性的，只能构成类事件。类事件指一种高度概括的规律，适用于无数个体，参与者不一定在小句表层出现。这种"就"句的功能是：用受话熟知的个体的行为，来印证背景句，以帮助理解，增强说服力。

下面背景句的论元指集合事物，"就"句话题指该集合中成员：

（35）住在海边或江河边的居民，让罪犯坐上一条没有舵的船，同时将其手足捆牢，然后将其放逐。古代日耳曼人就曾这么做过。

（36）科大试验室的利用率也不那么高，至少晚间就空着。

个体对类是［例示］（examplization）的语义关系，成员对集合则是［组成］的关系。成员事物的行为是集合事物的"局部情况"（Sub-Case）。"晚间空着"指"利用率不高"的构成情况，同时，前者对后者也有证实的作用。

学者讨论对比话题时，所举实例多属集合-成员的关系。一个经典做法是：把大问题（big question）分解为次问题（sub-question）。下面是 Büring（2003）的分析：

（37）How was the concert? Was the sound good? How was the audience? ...

音乐会怎么样？**声音**好吗？**观众**怎么样？

"声音、观众"分别指"音乐会"这个集合的不同成员，构成对比话题，重读。

一个区别是："就"句话题所属的集合、类，并不要求在背景句明示，即，"就"句有很强的语义推理能力。

3.1.2 独立实体

在这种语篇模式,"就"句与背景句在事理关系上也表现为明显的分离;"就"句的功能是:通过指出受话熟悉的事物跟背景句重要论元存在某种关联,来显示后者的影响。

(38) 北京有很多庙,这个庙$_i$(注:指法源寺)不算最有名的,但它是历史最悠久的。……钦宗就曾住在法源寺$_i$。南宋有名的人物谢枋得就饿死在法源寺$_i$。

(39) 那儿有一条曲惠沟$_i$,她流淌了不知多少年,是个古老的地方,汉代西域三十六国之一危须国就曾在她$_i$滋润下辉煌一时。

例(38)语篇话题是"法源寺",中间用两个"就"句,所引"钦宗、谢枋得"都不构成语篇连续,功能只在于显示"法源寺"的影响力。

相比成员/个体-集合/类,话题指独立事物时,对交替项的提示力要弱;规律是:交替项范围越小,越明确,可及性越强。与法源寺相关的人无数,不可能做确切推理。

3.1.3 排斥全量 DP

这是"就"句话题部分性的自然推论。全量 DP 内在具有焦点性,有前置 VP 的自然倾向,并兼有话题特征。但这种话题后的"就"不能读为话题焦点算子。在下面各句,斜杠前是全量 DP,"就"都不是话题算子,斜杠后是部分量 DP,"就"都是话题算子。

(40) 化纤衣物不利于机体向外排放热量,无数的人/人们/很多人就不穿这种衣服。

(41) 这里的田园风景优美,每个产业/这个茶场就是一道景观。

(42) a. 占领军当局在济州岛单独举行伪选,岛上的全体/很多居民就坚决拒绝参加。

b. 占领军当局在南朝鲜单独举行伪选,济州岛上的全体居民就坚决拒绝参加。

例(40)"无数的人、人们"做话题时,不重读,"就"读为因果关系;"很多人"做话题时,重读,"就"读为话题算子。(41)"每个产业"内在是焦点性的,重读,但"就"不能读为话题算子:"就"聚焦话题事物本身的内涵,并不着眼其对背景句的关联。"这个茶场"指部分,"就"读为话题算子:表示话题对背景句有验证作用。

例(42)a"岛上全体居民"相对背景句"济州岛"指全量,不重读,"就"读为因果关系;"很多居民"指部分,重读,"就"读为话题焦点算子。b"济州岛上的全体居民"相对背景句"南朝鲜"指部分,重读,"就"读为话题焦点算子。

3.2　限定性

3.2.1　欢迎日常熟知,不欢迎类指

所谓一个成分"欢迎"另一个成分,指后者在语义上更加符合前者的组合选择,即双方高度契合。相比普通话题,"就"更加强调话题的熟知性,即与这种话题更加契合。话题的限定性是老问题,此不详谈,只考察其在"就"句一些有特点的行为。限定着眼DP的可定位性,这是一种客观内涵,"就"句话题并不只体现这一点,而更强调其日常熟知性,以及有代表性的意义。句法上,在"就"句话题位置,事物自身的认知显著性,直接体现为话题的强焦点性,这是指向句法的名人效应。面向普通受众的政论、科技语体,常用这种事物构成"就"句,以增强解释力。比较:

(43)［岩溶］可溶性岩石,…受含有二氧化碳的流水溶蚀,并
　　　加以沉积作用而形成的地貌。……广西等地(就)有这
　　　种地貌。著名的桂林山水＊(就)是这样形成的。

"广西等地"是普通限定,小句用不用"就"都成立;"著名的桂林山水"则强调其日常熟知性,小句就强制要求用"就"。

指话主本人的"我、笔者、记者"等是限定性最强的指称形式,它们很容易充当"就"句话题。因为话主本人的行为最具亲证力,容易验证背景句。如:

(44) 不要说游客欲访无门,就是来此工作的也是归途难觅。
我/笔者/记者就曾遇上归无计的窘境。

　　一个伴随的句法行为是:"就"句话题后欢迎"本人、本身、自己"之类反身代词,后者天然带有焦点的特征。这时,如果宾语部分用限定成分,则即便前面不出现背景句,"就"也容易读为话题焦点算子。原因是:限定成分内在是预设性、回指性的,这就关联一个背景句,因此造成"就"句的语篇模式。如:

(45) 陈水扁本人就很善于玩弄这些技巧。

"这些技巧"显然指向语篇前文,所以"就"容易直接读为话题算子。

　　一般认为,类指 DP 也具有强限定性,所以普通话题对限定和类指都同样接受。"就"在这里有所差异:不欢迎类指。如:

(46) 雨过天晴,树叶又呈深绿色。农民/我爸就根据这个信
　　　息,预报气象安排农活。

"农民"似乎能读为话题焦点,这时评述中的"这个信息"就不读为焦点;但也很容易把"这个信息"读为焦点,而这时"农民"就不读为话题焦点,而是普通话题。"我爸"做话题,则强烈读为焦点。

　　引入方式上,"就"话题与普通话题有明显不同:后者一般要求语篇回指,即便话题转换,也要尽量具有可及性,以免突兀;前者则直接引入,一定避免前文同指。这从"就"排斥"至于"可得到证明:后者典型用于语篇话题转换,而所引话题必须有可及性。比较:

(43) '……＊至于广西,就有这种地貌。

"至于"的功能是提示当前话题对前文言谈对象有同类相及关系,这就造成[可自然期待]的解读。这与"就"的提醒功能,指向相反:后者强调所引话题[既熟悉又没想到]。

3.2.2 允准弱限定的"有 NP"

(47) ……也不认为诗是那么高雅,须焚香净手方能触摸。<u>有</u>
　　　<u>人</u>就写得洒脱。

(48) ……相关研究数据也再次证明了染发剂和白血病间的
　　　密切联系。血液科主任王昭:"<u>有人</u>就把它称为染发相
　　　关性白血病,有这种提法。"

这种"就"句在语法意义上与强限定 DP 有重要差异:后者指
突显的个例,前者则指[现实存在],"有 NP－就 VP"读为:"确实
存在着 VP 的 NP"。即,关于背景句所陈述的情况,确实存在着
真实个体;在这里,[存在]与[空无]构成一组交替项。(47)后续
小句"有这种提法"显然就是对"就"句的同义解释。

相比"有 NP","一量名"及一般数量名短语就很难充当"就"
句话题:

(47)'也不认为诗是那么高雅,须焚香净手方能触摸。*<u>一/</u>
　　　<u>三个同学</u>就写得洒脱。

原因是:"有 NP"在语形上带有存在义,所以容易接受"就"的强
调;数量名指的是纯量,缺乏存在义,"就"的强调义就失去着落。

4. "就"所引话题的语力特征

语力是一种主句层的语法范畴。在"就"句,话题本身就带有
很强的语力特征,后者并投射到全句范围,即,话题构成全句语力
的来源。若句首出现多个 DP,则只允许一个是对比话题。

4.1 话题的强限定义直接表现为强断言,且伴随极值特征

"就"句的表达结构是:在"x VP"的交替项集合中,不同项符
合 VP 的强度存在差异,"就"所引 DP 是最切近(根据空间、百科
知识)的一个,也是话主认为最有把握的一个,以即刻说服受话。
所以"就"句也总是暗示认知的不完备性:其他项的情况无暇顾

及,暂不断言。

有两个形式标志:A.“就”句话题上容易添加“首先、至少、起码”,指该 DP 最有把握;B.“就”句容易伴随“别的不说/不说别的”,指暂且撇开对其他项的断言。

(49) 你认为降低条件也不行(注:指找男朋友)?金巧巧:首先我<u>就</u>是例子啊。

(50) 戊戌变法时期和辛亥时期的人物研究虽然比较多,但有些人物就没有研究清楚,<u>至少</u>说梁启超的研究<u>就</u>是这样。

(51) 不都说 win7 好用吗,<u>不说别的/别的不说</u>,控制面板<u>就</u>够反人类的了。

例(49)“首先”有所虚化:并不指客观顺序——后面无需出现“其次”之类,而指有把握断言。(51)“至少”后带“说”,是对语力的显性编码。

“就”前话题在定语与中心语的焦点性上也可形成分化,而“至少、就”总是指向其中的焦点部分:

(52) a. 说不定王丽丽还是位漂亮的姑娘呢,至少丽丽的**声音**<u>就</u>十分动听。

　　　 b. 谁说这些选手的声音都很差?至少**丽丽**的声音<u>就</u>十分动听。

“至少”与“就”句话题有很强的伴随关系:前者对后者差不多是羡余性的。需注意:在上述句子,“至少”的直接成分是话题本身,而并非整个小句;而在该组合中,“至少”是副词,而非形容词。这意味着:“至少”所刻画的是话题身上的断言语力,而非指称性。话题本身就携带显著的语力内涵,这是“就”句区别于普通话题句的一个重要特征。

在话题成分的极值性、强断言性上,“就”句话题与一般对比话题也形成分化。关于对比话题的经典论述是:该话题是一个集合中的次集,如前述 Büring(2003)"音乐会"的例子。有两点:A."乐队、鼓手"等交替项地位平等,不存在梯级特征;B. 交替项的具体个体是确定的。"就"句在这两点都不同,如:

> (53) A:音乐会的乐队、鼓手、歌手还不错吗?　B:**鼓手**(*就)很好。

"音乐会"指一个确切的集合,对其中任一成员的评述,都构成典型对比话题句。该句却不允许加"就",因为"鼓手"在该语境并不具备极值特征。这表明,"就"比普通对比话题句,焦点性更强,也就是,"就"句是在更强预设基础上发起的言语行为。

由于带有显著的焦点特征,"就"前话题在形态上也与普通话题形成一些分化。A. 排斥在评述的主语位置用代词"他、那"等回指前面的话题,普通话题则欢迎这种形式。二成分组合时相排斥,意味着双方性质抵触,欢迎则意味着性质一致。如:

> (54) a. 我们这些人当初都在北京大宅门里当花匠,*我的
> 　　　 父亲,他就在庆王府呆过。
>
> 　　　 b. 我的父亲,他在庆王府呆过。

B."就"句话题后排斥"呢、啊、么、嘛、呀"之类提顿词:

> (55) a. 我们这些人当初都在北京大宅门里当花匠,*我的
> 　　　 父亲嘛,就在庆王府呆过。
>
> 　　　 b. 我的父亲呢/啊/么/嘛,在庆王府呆过。

上述现象表明:相比普通话题,"就"句话题与评述的结合更紧密。提顿词的内涵是:肯定话题事物的存在、指出某种态度、提请注意"下面要有所评述"。这些都造成:话题本身就带有小句那样的表述内涵,即赵元任(1968)所谓零句。评述主语位置用代词回指的根据也在这里。而上述内涵都不是"就"句话题的功能指向;在"就"句:话题事物的存在是显而易见的,本句不作认证;不指对话题的态度;评述的目的不是对话题做一般性的具体陈述。

4.2   话题语力投射到全句,"就"的 CP 特征

作用方向上,"就"首先是指向话题自身的:聚焦其显而易见性,然后,这个特征又投射为整个小句层面的表达语力;这表明"就"处于 CP 层。表现为两个维度。首先是整个小句的感叹语力。比较:

(56)特朗普/＊李四就曾住在我们法源寺!!

该句感叹语力的来源显然是话题。在这种小句,信息结构的倒序特征是很显著的:句首的话题指焦点,句末的宾语指旧信息、言谈对象。话题事物自身所具备的名人效应越强,则其对语篇话题"我们法源寺"的烘托意义就越大,整个小句的感叹语力也就越强。设想李四是说话双方的朋友,即专名"李四"在限定上与"特朗普"相同,但前者不为"就"所允准;因为"就"对话题的功能指向并非 DP 的客观限定,而是事物的日常熟知。

其次,"就"所授予话题的强焦点性,还投射为全句的真值可靠性。可比较焦点标记"是",其作用对象是主语本身,并不投射为整个小句,因此句法层级要比"就"低,IP 层。

(57) a. 老赵就买了车。   b. 是老赵买了车。

"就"针对的预设是个否定句,外部否定、元否定:[并非[无人买车]],it's not the case that-S。"是"保持动词性质,其后 DP 是宾语;对"老赵"所强调的是买车的施事身份,并非话题身份。"是"针对的预设是论元,内部否定:[[是老赵而非别人],买了车],[[DP1, not DP2], VP]。虽都重读,但"就"前 DP 的音高和延续,都比"是"后 DP 略胜一筹。

话题身上的焦点特征可投射到全句(focus projection),而宾语的焦点特征就只能投射到 VP 范围,这是一般话题句都有的特征,成为学者共识(Selkirk,1984 等)。不过学者讨论话题焦点投射时所关注的语法现象,一般是非主题判断句(thetic),如"干嘛急着回家?""我妈来了。"这跟本文上述"就"句话题的焦点投射,

语法内涵不尽相同：非主题判断句的全句焦点是语义性的，刻画一个客观事件；"就"句焦点则无论是感叹语力还是真值断定，都是语用性的，即，语法层面更高。这与"就"句的信息结构特征是一致的：该句的基本表达目的并非陈述客观事件，而是高阶提醒。

　　"就"的 CP 层特征还体现在其与语气副词的位置关系。语气副词分"知识""义务"两大类（史金生，2003 等），前者的位置高于后者。"就"与前者位置相同，证据是：二者可互为先后，而语义不变。如：

　　　(58) 有一类人总是对的，夫人（显然/的确）就（显然/的确）属
　　　　　　于这类可怕的人！

　　　(59) *是老王显然/的确买了汽车。

另外，"是……的"框内 VP 有现实性限制，即对体貌敏感，这足以表明"是"位置较低。

　　"就"与句法层面更高的言语行为成分共现时，则只能居后。比较(58)：

　　　(58)'……夫人（老实说）就（*老实说）属于这类可怕的人！

义务类语气副词属于 IP 层，相对这种副词，"就"必居前：

　　　(58)"……夫人（*偏偏）就（偏偏）属于这类可怕的人！

　　语义上，"显然、的确"指强断言，是真值指向的；"老实说"指言说态度，并不直接指向真值。"就"与前者同列，也可表明其表真值的特征。综上，"就"的内涵概括为［强断言］，指真值确认；位于言语行为短语之下，IP 之上，刻画为：［［SpeechP，AssertP 就］，IP，VP］。

4.3　小句只允准一个对比话题，位置不限

　　句首出现多个话题时，"就"必指向对比话题，另一个则为普通话题，非焦点；"就"决不同时指向两个 DP，即：句首不允准两个对比话题。至于哪个 DP 被选作对比话题，则取决于与背景句的关联：一定是与背景句论元无同指关系的那个；DP 的前后顺序则

不起作用,就是,对比话题并无自身专门的位置。

(60) a. 我还是喜欢冬天。我说的是真话,至少**此时**我<u>就</u>是
　　　 这样。

　　 b. 当时人们还存有希望,至少当时我<u>就</u>有。

(61) 总体来说空调行业是一分钱一分货,至少杂牌机我<u>就</u>不
　　 敢卖。

例(60)a背景句话题是"我",所以"就"句对比话题一定不是"我",
而是"此时";b背景句话题是"当时",所以"就"句对比话题一定不
是"当时",而是"我"。(61)"就"句回指关系不明,这就造成歧义:
"杂牌机、我"可分别读为对比话题,另一个为普通话题。

　　对比话题的竞争在"就"句很普遍,下面是介词短语与代词的
选择:

(62) a. 大家在奥运会金牌数量上还是有差距的,至少**我在**
　　　 金牌数上就很落后。

　　 b. 同邓亚萍相比我还是有差距的,起码我**在奥运会金**
　　　 牌数上就不如她。

5. 结论

　　"就"句的功能内涵概括为:A. 评述部分回指特定的前文,基
本功能是表[断言],而不是陈述具体行为;B. 整个小句的一般表
达任务是指出一个符合评述部分所回指的情况的事物;C. 话题所
指事物带有非穷尽性;D. 话题带有[+显而易见]的特征,读全句
最重音;E. 话题的焦点特征投射为全句语力。上述五者,C. 是
"就"所标记的话题和普通对比话题的共同点,而在其他几点上,
"就"都有很强的个性。这表明:在"对比话题"这个语法现象上,
内部还可有复杂的表现。

　　句法上,话题焦点、对比话题并不构成一种平行于普通话题

的专门的句法成分,也不占据一个专门的句法位置。带有话题焦点、对比话题的小句,应视为一种表达特殊焦点、预设、蕴涵等信息结构的句式,且内在带有强烈的语篇指向性。

附注

① 关于"就"句评述中可出现对比焦点的用法,是陈振宇先生提醒作者注意的,谨致谢忱!

参考文献

刘丹青、唐正大　2001　话题焦点敏感算子"可"的研究,《世界汉语教学》第3期。

刘丹青、徐烈炯　1998　焦点与背景、话题及汉语"连"字句,《中国语文》第4期。

陆丙甫　1984　副词"就"的义项分合问题,《汉语学习》第1期。

吕叔湘主编　1980　《现代汉语八百词》,北京:商务印书馆。

马欣华、常敬宇　1980　谈"就",《语言教学与研究》第2期。

屈承熹　1999　从汉语的焦点与话题看英语中的 Y-Movement 及其他倒装句,《外语学刊》第4期。

史金生　2003　语气副词的范围、类别和共现顺序,《中国语文》第1期。

张新华　2018　《从词到小句:"至少""最多"在多句法层面的功能发展》,《语言研究集刊》第22期,上海:上海辞书出版社。

赵元任　1968/1996　《中国话的文法》,石家庄:河北教育出版社。

Büring, D. 2003 On D-trees, beans, and B-accents, *Linguistics and Philosophy*, 5: 511 - 545.

Chomsky, Noam 1977 On wh-movement. In Peter W. Culicover, Thomas Wasow & Adrian Akmajian (eds.), *Formal syntax*, 71 - 132. New York: Academic Press.

Delin, J. 1992 Properties of it-cleft presuppositions. *Journal of Semantics*, 9: 289 - 306.

É. Kiss, Katalin 1987 *Configurationality in Hungarian*. The Hague: Mouton.

Ernst, T. & Cheng chi Wang 1995 Object preposing in Mandarin Chinese.

Journal of East Asian Linguistics，4. 235 - 260.

Halliday，M. A. K. 1967 Notes on Transitivity and Theme in English: Part 2. *Journal of Linguistics*，2. 199 - 244.

Krifka，M. 1989. Nominal reference，temporal constitution and quantification in event semantics. In Renate Bartsch（ed.）*Semantics and Contextual Expression*，75 - 115. Dordrecht: Foris.

Molnár，Valéria 1998 Topic in focus. *Acta Linguistic Hungarica*，45: 389 - 466.

Rochemont，M. S. 2009 *English focus constructions and the theory of grammar*. Cambridge University Press.

Rooth，Mats. 1985 *Association with focus*. Ph. D. dissertation，University of Massachusetts，Amherst.

Selkirk，E. O. 1984 *Phonology and Syntax*. Mass. : MIT Press.

Tomioka，Satoshi 2010 A scope theory of contrastive topics. *Iberia* 2，113 - 130.

Wagner，M. 2012 Contrastive topics decomposed. *Semantics & Pragmatics*，8: 1 - 54.

（原载《语言研究集刊》第 27 辑）

说"终于"和"总算"

章天明(日本/小樽商科大学)

0. 引言

"终于"和"总算"的语义相近。《现代汉语八百词》[①](以下简称《八百词》)对"终于"的定义为"表示经过较长过程后出现某种结果。较多用于希望达到的结果"。但《八百词》中没有单独列出"总算"加以说明。只是在解释"总"的第 3 项意思"毕竟""总归"的时候举了这样一个例子"等了你一天,总算把你等来了"。因此"总算"也可以理解为"毕竟""总归"的意思。(《八百词》对"总归"的解释是"表示最后必然如此";对"毕竟"的解释是"后面的话表示追根究底所得的结论;究竟;终归;到底。充分肯定重要的或正确的事实,暗含否定别人的不重要的或错误的结论"。)

《现代汉语虚词例释》[②]中对"终于"的解释是"表示预料和期望中的某个事件情况,或肯定要发生的事件(情况),在经历了一个过程以后,毕竟发生了。'终于'只能用于已经发生的情况。"和《八百词》一样,它也没有对"总算"加以列出说明。

《现代汉语词典》[③]对"终于"的解释:"副词,表示经过种种变化或等待之后出现的情况。"例句是"试验终于成功了。""她多次想说,但终于没说出口。"对"总算"的解释:副词,(1)表示经过相当长的时间以后某种愿望终于实现。例句"一连下了六七天雨，今天总算晴了。""他白天想，夜里想，最后总算想到了一个好办法。"(2)表示大体上过得去。例句"小孩子字能写成这样，总算不错了。"

1. "终于1"和"总算"

从以上的解释来看，"终于"和"总算"都有表结果实现的"最终"义，所以用"终于"的句子可以替换成"总算"，如：

(1) a. 我将疑问诉诸计委相熟的一位处长，处长犹豫了半天终于道出了真情。

   b. 我将疑问诉诸计委相熟的一位处长，处长犹豫了半天总算道出了真情。

(2) a. 二十多天过去了，你们终于贯通了线路中心线。

   b. 二十多天过去了，你们总算贯通了线路中心线。

但是，并非所有用"终于"的句子都可以用"总算"来替换，如：

(3) a. 我的岳母紧绷着脸，终于绷不住，也裂开嘴陪伴着学生笑起来。

   b. *我的岳母紧绷着脸，总算绷不住，也裂开嘴陪伴着学生笑起来。

(4) a. 终于有一次，宋建平忍无可忍，这样答道。

   b. *总算有一次，宋建平忍无可忍，这样答道。

例(3)(4)的"终于"用"总算"替换后的句子不合格。这是因为例(3)(4)中的"终于"与"总算"的语义不一样造成的。例(3)(4)中的"终于"是时间副词用法的"终于1"，表示一件事情经历一段时间的发展变化而达到或实现的结果，"终于1"是对结果的客观叙述。"终于绷不住"指"绷"了一定时间后的最终结果是没有"绷住"，"终于有一次"是指最后有了"一次"这个结果，而"总算"没有这样的时间副词用法。虽然"终于"和"总算"都有表"最终"结果义，但从上面例句来看，表示时间延续终点的时间副词"终于1"只是客观叙述发生的结果，其基本语用功能是纯客观叙述。"总算"虽然也是对事件或状态的叙述，但不是表示经历一段时间某件事情或动作完成实现，而是对最终出现或完成的结果、状态进行一种基于说话者本人的判断，其基本语用功能是主观评价。因此，当语义上只是表达客观结果义时，不能用"总算"。再如：

(5) a. 喝醉了的宋建平一个人在静夜的马路上艰难地走，终于走不了了，就地坐下，坐着也困难，顺势躺下，躺下后一秒钟没有就睡过去了。

  b. ＊喝醉了的宋建平一个人在静夜的马路上艰难地走，总算走不了了，就地坐下，坐着也困难，顺势躺下，躺下后一秒钟没有就睡过去了。

(6) a. 肖莉终于开口说话的时候，声音里有一些异样，"老宋，我真不明白，你有什么必要非得这样忍受着她。"

  b. ＊肖莉总算开口说话的时候，声音里有一些异样，"老宋，我真不明白，你有什么必要非得这样忍受着她。"

同样，有些能用"总算"的句子也不能替换成"终于"，如：

(7) a. 北郊的奥林匹克中心空荡荡的看台，总算有些许观众。

  b. ＊北郊的奥林匹克中心空荡荡的看台，终于有些许观众。

(8) a. 重庆热得可怕，不过总算是个安身处所，书场生意又好。

  b. ＊重庆热得可怕，不过终于是个安身处所，书场生意又好。

(9) a. 后来，我总算争气，果然有了一份工作。

  b. ＊后来，我终于争气，果然有了一份工作。

例句（7）的"有些许观众"虽然是一个客观存在的结果，但说话人要强调的不是这个结果本身，而是说话人认为有观众比没有观众要好，或者说话人希望看台上哪怕很少也应该有观众，而这个最低希望已经实现，说话人对"总算有些观众"这个客观存在的结果进行主观评价。例句（8）也一样，"安身之处"是说话人心里一种最低限度的希望，虽然"热得可怕"，但不仅能"安身"，而且还隐含着"安度"（书场生意好），尽管不是最好，但符合一般生活的最起码标准，所以用了"总算"加以主观评价。"有些观众"和"安身之处"不是一种时间过程变化的最终结果，用"终于1"不行。例句（9）中的"争气"是一种性状，不是什么动作行为的结果，可以用在"总算"后表示说话人的主观评价，不能用在"终于1"后表示结果。

2. "终于1"和"终于2"④

2.1 关于"终于1"和"终于2"

《现代汉语八百词》对"终于"的定义（"表示经过较长过程后出现某种结果。较多用于希望达到的结果"）我们可以这样理解，"经过较长过程后出现某种结果"是时间副词"终于1"的语义特征，"终于1"只是对客观结果的叙述，不表示说话人的主观愿望和评价。"较长过程后出现"就是经历一定的时间过程后出现某种结果；"较多用于希望达到的结果"，其实就是表达说话人强烈希望自己的主观愿望实现的语气副词"终于2"。正是由于受其本身语义的影响，"终于"除了表示"出现结果"外，还有"经过较长时间过程"义，也就是说，"终于"还能强调某种"结果"出现的"过程较长"。一般来说，比较麻烦、困难和不容易做到的事情往往要经历一个"较长"过程，所以"终于"在语用表达上，又能经常表示说话人认为"不简单""不容易"这样的主观评价，成为语气副词"终于2"。

2.2　语义结构和语用功能

时间副词的"终于1"和语气副词"终于2"有不同的语义结构和语用功能表现。例如上文的例句(5)：

(5) 喝醉了的宋建平一个人在静夜的马路上艰难地走，终于走不了了，就地坐下，坐着也困难，顺势躺下，躺下后一秒钟没有就睡过去了。

"走不了"这一已然实现的事实并不是说话人希望出现的结果，而是宋建平因为"喝醉了酒"而且走得"很艰难"，所以从事理上有"走不了"这个必然结果的产生，"走不了"这个事件会在时间轴的某一点出现。(5)中的"终于"是"终于1"。再如：

(10) 南希诺诺而退，重又过筛，这样终于所剩无几。

(11) 尽管不断涌进的人群给他们的排面形成越来越大的压力，他们仍顽强地保持着队形，只是步伐越来越快，最后终于撒腿跑了起来，冲向所有的长条桌，服务员东跑西闪，四处躲藏，大厅里充满胜利的欢呼。

(12) 终于，他们小心翼翼地转向默默无语的我。

(13) 我看见许多许多的人怎样在那里面受苦，挣扎，而终于不免灭亡。

例句(10)中的"所剩无几"，例句(11)中的"撒腿跑了起来"和例句(12)的"他们小心翼翼地转向默默无语的我"表示的都是经历一段时间后，在某个时间点上某种动作发生或某个结果出现，不含有说话人的主观希望，也不表示说话人的主观评价，因此是"终于1"。"终于1"一般不可省略，省略后或者句子不成立，如(10)(12)(13)或者意思有所改变，如(5)(11)。我们再看以下几个例句：

(14) 我用力捏住筷子，不让手发抖，使劲去夹一个豆角，夹了若干次，终于夹了起来，颤巍巍地放进嘴里，试图用力去咬，可豆角还是慢慢地滑了出来，掉在桌上。

(15) 丁小鲁手停了一下，又继续剁菜："你终于有这样的朋友了。"

(16) 吴少奶奶瞪眼看着房门上那一幅在晃荡的蓝色门帘;两
　　　粒大泪珠终于夺眶而出,掉在她的手上。

例句(14)中,"夹"这个动作的结果要么是"夹起来"要么是"夹不
起来",由于"手"没有力气(所以才"用力捏"和"使劲")而且"手发
抖",一般情况下,按正常推理应该是"夹不起来",但是最后却"夹
了起来",超出了正常的预期,所以说话人主观上认定"夹起来"这
个结果的实现对"我"来说很不容易。例句(15)中,一般来说,人
"有朋友"是一般性常识,但说话人主观上强调的是"这样的朋友"
不同一般。例句(16)中,"大大的泪珠"肯定要流出眼眶,但"吴少
奶奶"却不希望这种最自然的生理现象(泪珠)的结果(流出)出
现,因为她"张大了嘴巴,似乎想喊,可是没有出声",可是心情悲
喜实在抑制不住,本该发生却不希望有的结果最终还是出现了。
这些例句中的都是"终于2"。

　　与表客观结果实现的时间副词"终于1"不同,"终于2"在句
子中可以省略,而且意思基本不变。因为主观性⑤评价是一种说
话人的态度、情感,是独立于原句子命题外的成分,所以省略后不
改变句子原来的语义值。

3. "终于2"和"总算"

3.1　高层语义与主观评价;低层语义与客观叙述

语气副词"终于2"和"总算"都可以表达命题外的一种主观评
价。如:

(17) 林家铺子终于倒闭了。

(18) 现在他对于妇人终于有了经验:好看的得养活着,不好
　　　看的也得养活着,一样的养活着,为什么不来个好看
　　　的呢。

(19) 反复演习了好几遍,战士们才总算找到了感觉。

(20) 辛楣桌下踢鸿渐一脚,嘴里胡扯一阵,总算双方没有吵起来,孙小姐睁大的眼睛也恢复了常态。

例句(17)中,"林家铺子"倒闭是客观结果,所以,如果孤立地看(17),也可以理解为表客观结果的"终于1",这是因为"终于"有低层语义和高层语义的不同。我们认为,表客观结果义只是"终于"的低层次语义,这种低层语义可以在句子和上下文语境中衍推判断出来。但当说话人对"倒闭"这一客观结果融入主观感情色彩,或者换个视点,从听话人的角度来看,听话人认为说话人并不着重强调所叙述的客观结果,而是表达某种主观感受,例如"林家铺子居然倒闭了""林家铺子好不容易倒闭了""林家铺子幸亏倒闭了"等,这时,"终于"表现出它的高层语义,就是表示一种说话人倾向性的主观评价。由于受到"终于"表客观结果这一基本语义的影响,表主观评价的"终于2"在语义上还不能完全排除表客观叙述结果义的"终于1",但我们至少可以知道,表客观结果的低层语义是"终于"所在句子的词语义、所在篇章的语境义,表现为"终于1",而表主观评价的高层语义是"终于"的语用义,即"终于2"。同样,对于例句(18),相信说话人和听话人的理解更重在主观评价而不在客观结果。

例句(19)(20)中的"总算"我们已经很难说这里的意思是"总起来算"这样一种简单语义叠加。"总算"已经是一个语法化程度相当高的语气副词,也就是说,在具体句子甚至篇章中表现出来的不再是低层的词语义和语境义,而是高层的语用义(好不容易、幸亏)了。从这一点来说,"总算"已经是经过语法化的元语用法,带有很明显的主观化色彩;而"终于2"还保留有一般用法的"终于1"。正是受到"终于"低层语义的影响,"终于2"在走向元语用法的途中,还多多少少保留或者可以说蕴含着部分客观色彩。因此,"终于2"不如"总算"的主观化程度高。

3.2　语用功能和预设实现

根据认知理论的句法相似性(iconicity)原理,句法规则和话语结构都不可能是完全任意的,都是具有一定理据(motivation),其中必然隐含着话语结构和人的经验结构之间的一种自然的联系。所以,从语用角度来看,含有"终于2"或"总算"的句子都有这样一种预设:与说话人主观预期相关的某种结果出现。如:

(21) 他终于考上了大学。

(22) 他总算考上了大学。

例句(21)和(22)都是说话人根据"他"的努力程度做出"考上大学"这个结果的预设。从前面语义分析的角度来看,因为(21)还多多少少保留有低层语义的用法,所以,同样是"考上大学",(21)在表达说话人认为"好不容易"才"考上大学"这一主观评价说明的同时,也同步关注"考上大学"这个客观结果。而(22)中用了只有高层语义用法的"总算",一般来说,与强调"考上大学"这个客观命题表达的内容相比,说话人的主观态度更加明显。对(22)的理解,"考上大学"是已经知道的或者说不是表意重心,"他""真不简单"或者"真不容易"才是说话人更想表述的内容。从话语分析角度,在一定的语境中,(22)还有"他总算考上了大学,我(总算)可以放心了/松口气了/他(总算)对得起父母了"等等的言外之意。

在预设结果或者说预期值的实现上二者也有不同表现。如:

(23) 有一天,22岁的小妹突然失手将碗筷摔到桌下,注定要发生的事情终于来了,我看着常常突然摔掉东西、突然跟跄一下的小妹,真是欲哭无泪。("来"结果实现)

(24) 封礼华盼啊盼,两眼望穿,卢庆的信终于来了。("来"结果实现)

(25) 那天晚上我坐在门口一直等你来,抹上淡淡口红。你说

过要来。我很早就醒了,你终于没来。那天晚上开始,我再也不想唱歌。突然的,就不想了。("来"结果没有实现)

(26) 看着眼前空空的位置,望着那杯差点没结成冰的咖啡,我长叹了一口气:这一夜,你终于没来。也许,你已无须再解释些……。这一夜,你终于没来。("来"结果没有实现)

(27) 李彦:来晚了但总算来了"这场胜利对于我们来说太重要了,也许对于球迷来说是晚了,但是好在总算来了。"李彦赛后兴奋不已地表示说。("来"结果实现)

(28) 春天总算来了,终于暖和了,不会再来个什么寒流吧。这样的天气应该出去踏踏青,上什么破班啊。可是……("来"结果实现)

(29) *他总算没来。("来"不是说话人期待的,"不来"这一期待的结果实现)

例句(23)(24)中的"注定要发生"和"两眼望穿"说明说话人预设"来"这一结果必定发生,而这一预设结果也最终实现。例句(25)(26)中的"来"也是说话人心里期待的,但最终并没有实现,说话人的预期结果没有出现。用了"总算"的(27)(28)中,"来"说话人预设实现,结果也实现。但我们没有检索到"总算没来"的例句,如果(29)可以说,那也是说话人原来预设的是"不来",而且最终这个预期结果实现"他总算没来"。

从上面例句我们可以得出,"终于2"的预期结果可以实现,也可以不实现。"总算"的预期结果一定实现。我们把预期结果实现标记为预期值＝＋1,没有实现(反向实现)标记为预期值＝－1,实现不实现两可的情况标记为预期值＝0。"终于2"和"总算"可以图式如下:

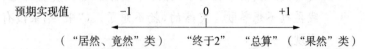

在图式序列的两端,实现度绝对值高(肯定实现或肯定不实现),中间实现度绝对值低(或者实现或者不实现),我们认为,预设实现度越高,说话人主观判断越强,主观化程度也就越高。这其实就是一种肯定和模糊判断的语气强弱。如"他明天肯定来"和"他明天绝对不来"的实现度比"他明天可能来"要高,因此,前者的主观化程度也更高。下面的例句更能清楚地说明"终于2"和"总算"在语用预期值实现度上的差别。

> (30) 不知道他(现在是"她")竟然终于有了一个儿子,而且这个儿子竟然已经死了! 所有的人间哀痛都集中到了一个瞬间! 谁能忍受???(预设"没有儿子",但结果"有儿子")

> (31) 从小爱吃卤蛋,在美国期间吃过大陆各省菜肴,皆无"卤蛋"这种东西,所以我有预感画这颗"卤蛋"的人肯定一定是来自台湾,最后果然终于被我找到了。(预设"找到",结果"找到")

> (32) ＊他竟然总算成功了。

> (33) ? 他果然总算成功了。

例句(30)和(31)可以说,是因为"终于"的预期实现值为 0,说话人的预设可以实现也可以不实现。例句(30)原来的预设是"没有儿子",而现实结果却是"有了一个儿子",出乎说话人意料之外,所以可以用"竟然"。例句(31)中,表示结果不出所料,预设如期实现,因此可以用"果然"。但例句(32)中,"总算"预期实现值为＋1,应该是不出原来预设所料,结果在预料之中,但用了表意料之外的"竟然",所以句子不成立,事实上我们也没有检索到有"竟然总算"的例句。

3.3　与其他副词共现

在例句(30)到(33)中,同样是有很强主观表现的语气副词"竟然""果然"等,在和"终于2""总算"能否共现上表现出不同的差别。这种差别,我们已经从"终于2"和"总算"的预期值实现度的不同加以了证明。但问题是例句(33),"总算"的预期实现值为+1,表示预设结果正向实现,应当可以和表意料之中的"果然"共现,但(33)明显不能成立。我们在百度搜索和谷歌搜索网上各只找到一个例句:

(34) 今早上有个很诡异的小事情,话说昨晚上睡觉前失眠,为了创造睡觉气氛,特地把电脑和台灯都关掉,果然总算睡着了,但是早上醒来,觉得眼皮子有点刺眼,抬头一看,晕,台灯居然是亮的,诡异吧,吓得我半天没敢动弹。(百度网)

(35) 真番回家,跟我室友讲她的背景。跟我相当:爸爸创业,双薪家庭,小时候没受到注意,突然间有一天爸爸妈妈都变得超黏小孩。果然总算找到一个跟我一样的人,我就觉得奇怪!我真的不羡慕啊。老爸现在退休,半年就坐一次邮轮,下一次是加勒比海巴拿马。我不羡慕她?不羡慕!(谷歌网)

而且这两句可接受性也不高。这说明除了预设值实现度的不同外,还有其他原因影响限制着"总算""终于2"和这些副词的搭配。这个原因就是"终于2"和"总算"的主观化强弱程度的不同。"总算"的语法化程度已经相当高,用在句子中表示很强的一种主观评价,所以用了"总算"后一般排斥其他同样表示主观评价的语气副词。而"终于2"可以和"竟然"等主观化程度很强的语气副词共现,也正印证了"终于2"在一定程度上还保留着的客观性,也就是说,"终于2"的主观化程度还不够高,因此在表达比较强烈的主观评价时可以和其他语气副词共现。

我们还可以通过与其他副词共现的不同,来验证"总算"的主观化程度比"终于2"高。如"最""非常""太""更"等程度副词和"总算""终于2"的共现表现就不一样。这几个副词带有很强的判断性,所以常用于判断句里表判断,这时只能与表客观叙述更强的"终于"共现,"总算"因其语用功能在于主观评价,一般不与这几个词共现。如:

(36) 那时候已经 17:00 了,思考良久我终于非常遗憾地抛下了她独自前行。

(37) *那时候已经 17:00 了,思考良久我总算非常遗憾地抛下了她独自前行。

(38) 她终于太累了,在冰箱的旁边坐了下来,把背靠在冰箱上,腿伸开,手放在肚子上,生怕里面的东西忽然冲破了飞出来。

(39) *她总算太累了,在冰箱的旁边坐了下来,把背靠在冰箱上,腿伸开,手放在肚子上,生怕里面的东西忽然冲破了飞出来。

(40) 支持郎平的人成了压倒多数,这让"铁榔头"的心终于更塌实了,也让远在大洋彼岸的美国排协终于舒眉一笑,并说"这就对了"。

(41) *支持郎平的人成了压倒多数,这让"铁榔头"的心总算更塌实了,也让远在大洋彼岸的美国排协终于舒眉一笑,并说"这就对了"。

主观化的强弱其实就是一个程度高低的问题,因此,同为主观表现的"终于2"和"总算"在和程度副词共现时表现出来的差别,说明二者本身主观化程度也不同:"终于2"可以和表程度高的副词共现,本身主观化程度低;"总算"不能和表程度高的副词共现,本身主观化程度高。

3.4　"总算"和"终于2"共现

一个句子可以包含几个子命题,而一个句子的主观语气一般只有一种。由于"终于2"和"总算"有主观化程度高低的不同,而且"终于2"还保留有低层次语义的用法,所以二者可以出现在一个句子中。如:

(42) 3月10日,国际货币基金组织总干事康德苏终于在向俄提供贷款协议书上签了字,俄领导人如释重负,总算可以松口气了。

(43) 闻此,张大千心中石头终于安然落地,这幅画的作者总算有了着落。

(44) 紧张万分的43个昼夜总算熬了过来,毛泽东终于平安地坐上了返回延安的飞机。

(45) 同志们凭着顽强的意志、惊人的毅力和高度的革命乐观主义精神,总算坚持了下来,终于一步一步地走完了万里征程。

对一个客观事件的叙述多多少少含有说话人主观表现。当说话人既想叙述一件事情结果实现,又想对这个结果进行主观评价时,"终于"和"总算"就可以同时出现。但我们发现上面的例句中,"终于"总是更倾向于客观叙述,如"贷款签字""心中石头落地""坐上飞机""走完征程",而"总算"则明显地倾向于情态描述,表现出很强的主观评价,如"松口气""有着落""熬过来""坚持下来"。从上面例句中"总算"和"终于2"的明确分工,我们可以看出,由于"总算"的存在,"终于"的主观性被淡化了,或者可以说,"终于2"的主观性受到了主观化程度更高的"总算"的压抑。我们再看一个例句:

(46) 天[A]亮了,不眠之夜[B]熬了过去。

单独看"天终于亮了"、"不眠之夜终于熬了过去"和"天总算亮了"、"不眠之夜总算熬了过去"都可以说,而且这些句子里的"终

于"也不能断言只表示纯客观结果而没有主观语气。当我们把
"天亮"和"不眠之夜熬过去"这两个命题组合成例句(46)时,请大
家对 A、B 位置上出现的最恰当词语作一判断。

我们在检索的语料中还发现了"总算"和"终于"连用的例
句,如:

> (47)去年 9 月,国泰人寿斥资 2.89 亿台币购入世华银行
> 部分股权,虽然是间接跨过了银行业的门槛,但总算
> 终于一偿夙愿,投资延伸入金融业,扩大在金融业的
> 层面。

但我们没有检索到"终于+总算"的用法,这也说明了"总
算"在表达命题外的主观情态方面要比"终于 2"高。因为一般
来说总是先有客观命题存在,然后才有说话人主观评价。从结
构上来看,"总算"评价的范围和内容当然蕴含"终于"评价或叙
述的范围和内容。当"总算"和"终于 2"连用时,在高层次的"总
算"统括位于低层次"终于"。所以不能有"终于总算"的表现
形式。

4. 结语

人类一般的认知心理是希望积极的、好的结果和状态发生
得越多越好,"总算"含有好不容易、很不简单、不轻松的意思。
一般来说,不容易、不简单、不轻松的事情一般难以实现,但最后
毕竟实现了,所以与"总算"不容易达成的语义相矛盾,从而使
"总算"的主观评价功能得到更强表现。而"终于 1"只是强调最
后客观结果出现,说话人和听话人都不注重对这个结果的主观
评价。所以,"终于 1"的主观性得不到激活。由于"终于"本身
的语义特点,在表达时间概念强调客观结果实现时,又常常隐含
着结果实现的不容易这样的语用义,这时"终于"就会带上说话

人的主观感受和评价,"终于 2"的主观评价功能就被激活,除表结果实现的客观语义外兼有表主观评价语气的语用义,成为"终于 2"。

　　"终于 2"和"总算"都可以表示说话人的主观评价,但由于"终于 2"没有完全摆脱强调结果出现的低层语义的制约,所以主观化程度还不如"总算"高。我们通过预设实现、与其他副词共现等的不同加以了证明。

附注

① 《现代汉语八百词》(增订本),吕叔湘主编,北京:商务印书馆,1999 年 1 月增订版。

② 《现代汉语虚词例释》,北京大学中文系 1955、1957 级语言班编,1982 年 9 月第一版。

③ 《现代汉语词典》修订本,中国社会科学院语言研究所词典编辑室编,北京:商务印书馆,1996 年 7 月修订第 3 版。

④ 为了便于行文叙述,本文把副词"终于"分为表示时间的"终于 1"和表示语气的"终于 2"。二者的不同主要表现在语义和语用层面,由于同属副词,句法分布上的典型区别本文没有探讨。

⑤ 沈家煊(2001):关于语言"主观性"(subjectivity)和"主观化"(subjectivisation)……"主观性"是指语言的这样一种特性,说话人在说出一段话的同时表明自己对这段话的立场、态度和感情,"主观化"是指语言为表现这种主观性而采用相应的结构形式或经历相应的演变过程。

参考文献

段业辉　1995　语气副词的分布及语用功能,《汉语学习》第 4 期。

赖先刚　1994　副词连用问题,《汉语学习》第 2 期。

廖秋忠　1989　语气与情态评介,《国外语言学》第 4 期。

齐沪扬　2003　语气副词的语用功能分析,《语言教学与研究》第 1 期。

沈家煊　2001　语言的"主观性"和"主观化",《外语教学与研究》第 4 期。

史金生　2003　语气副词的范围、类别和共现顺序,《中国语文》第 1 期。

肖奚强　2003　非典型模态副词的句法语义分析,《语言研究》第 12 期。

张伯江、方梅　1996　《汉语功能语法研究》,南昌:江西教育出版社。

张谊生　2000　《现代汉语副词研究》,上海:学林出版社。

张谊生　2004　《现代汉语副词探索》,上海:学林出版社。

张谊生　2006　论主观量标记"没""不""好",《中国语文》第2期。

　　(原以《"'终于'和'总算'的语用功能和主观性"》为题载于《现代中国语研究》2007年第9期)

副词"索性"的话语关联与情态验证[*]

赵春利　何　凡(暨南大学中文系)

0. 引言

精确定位副词的分布规律是准确提取其情态内涵的前提,而副词分布的精确定位不仅依赖于单句,而且依赖于副词所在的句子与前后其他句子所组成的话语关联,更为重要的是,副词所蕴含的"认知、情感、态度、意向"等情态内涵之间的逻辑关系也必须借助于话语关联才能得以提取与验证。

1. 前人有关副词"索性"的研究

自 1924 年黎锦熙(1924/1992:134;131)首次把"索性"归入"表决定"的"性态副词"以来,学者们根据不同的目的运用不同的

* 本项研究得到国家社科基金一般项目(17BYY026)、中央高校基本科研业务费专项资金(暨南领航计划 19JNLH04)、广东省高等学校珠江学者岗位计划资助项目(2019)、国家社科基金重大项目(16ZDA209,18ZDA291)的资助,本文在中国语言学会第十九届学术年会(中山大学 2018 年 11 月 10—12 日)上宣读,马庆株、石定栩、陈淑梅、徐阳春、陈一等专家给出了中肯的建议,同时,《世界汉语教学》匿名审稿专家提出了非常宝贵的意见和建议,在此一并特表谢忱,文中谬误当由作者负责。

理论方法围绕"索性"的语义情态、句法分布、话语关联和成词演变进行了比较广泛而细致的研究。

首先,在语义情态上,从黎锦熙(1924/1992：134)的"表决定"的"性态副词"和王力(1943/1985：179—180；175)的表"慷慨"的"语气副词",到《现代汉语虚词例释》(1982：410)的表"最干脆最彻底"的"副词",再到郑剑平(1997：64)的表"果断"的"情态副词"、张谊生(2000：46)的"评注性副词"和邓葵、吴宝安(2004：109)的"断然",各种观点因受制于语法理论和研究方法,基本上都是在单句范围内根据语感界定"索性"的语义情态,存在着一条从"心理"到"意志"再到"态度"的主观性线索,但没有揭示情态内部构成要素之间完整的逻辑关系。

其次,在句法分布上,根据《现代汉语虚词例释》(1982：410)对"索性""修饰动词"的句法界定,郑剑平(1997：63)不仅在搭配组合上从正反两个角度例举了"索性"对动词谓语的选择和限制以及对结构助词和副词的同现与排斥,提取了谓语动词的语义特征[＋述人,－心理,＋及物]和主语的语义特征[＋人,＋施事],以及本身的语义特征[＋人的主观意愿,＋干净利落,＋做某种动作行为](郑剑平1998：9),且在句类分布上还列举了"索性"对陈述句的选择和对疑问句、祈使句和感叹句的排斥,从而在动词搭配和句类选择上逐渐廓清了"索性"的单句句法分布,缺乏宏观的话语关联,也就缺乏分布规律与情态内涵之间的系统解释。

第三,在话语关联上,从最早郑剑平(1997：64)提及的"顺接"而非"反接"关系,到侯学超(1998：541)在"由于上文的行为不充分或没有办法而直截了当地采取某种行为"中蕴涵的"因 A 而 B",再到史金生(2003：86)指出的"因果关系",最后到赵万勋(2015：42)提取的"递进关系",可以说,对"索性"句的话语关联逐渐清晰,特别是史金生(2003：77)的基本语义结构模式"(先是)A＋[(但是)(因为)B＋(所以)(就)索性 C]",一方面,从话语分布上提出"主要用于叙述语体"的"结果分句"(史金生,2003:79);另一方面,从句式语义上验证"意愿性、施动性和宾语受动性"的及物性特征(史金生,2003:79—83),极大地提升了"索性"定位的准确性和解释的可靠性,但由于把逻辑关系当作语义关系,"索性"话语关联的语义概括缺乏准确性,论证方式缺乏论证性。

第四,在成词演变上,主要有两种观点:一个是"现于宋而成于明"说(杨荣祥,1999/2005:120—121;唐贤清,2004:110),一个是"始于明而成于清"说(张明颖,2007:37),作为副词的"索性"究竟成于哪个年代,应该以近代汉语"索性"与现代汉语"索性"在句法语义和话语上的关联度为研究视域,而现代汉语副词"索性"的句法和语义是鉴定近代汉语"索性"是否成词的参照基准和基本前提。

总体说来,无论是语义情态和句法分布,还是话语关联和成词演变,前人基本上廓清了"索性"的外延性特征,但在话语关联的准确性、语义情态的完整性及其制约关系的系统性还存在着不足。本文试图以 CCL 语料库为语料来源,以语义语法理论为指导,不仅准确提取和论证"索性"句的话语关联,而且完整地揭示副词"索性"的认知、情感、态度和意向,并据此系统解释话语关联对情态内涵的制约性。

2. 副词"索性"的话语关联

句子与句子之间基于逻辑语义关系所形成的话语关联(吴婷燕、赵春利,2018:360)并不是从微观的小句层面直接决定某个副词在句内的具体句法分布,而是从宏观的话语层面通过逻辑语义关系直接制约某个句子的分布而间接约束该句子中某个副词的分布,并且为提取、验证该副词的情态内涵奠定基础。

史金生(2003:77)是第一个把"(先是)A+[(但是)(因为)

B+(所以)(就)索性 C]"作为"索性"句语义结构的学者,这一观点基本上反映了语言事实,但准确地说,这不是语义结构,而是逻辑关系,为我们准确解析逻辑层次、提取语义功能并概括话语关联奠定了基础。

根据 CCL 语料库的调查,"索性"句的逻辑层次分为"外层转折关系"和"内层因果关系",这一逻辑层次所反映的语义功能则是"背景意图义、无奈势变义、果断顺为义",即"原有意图因情势变化而无奈中止,情势所迫果断顺势而为"可概括为"势迫顺为"。整体的话语功能、逻辑层次和语义功能及其例句可以通过图 1 表示出来:

话语功能		势迫顺为		
逻辑层次	外层	待转句	转折句	
	内层		原因句	结果句
语义功能		背景意图义	无奈势变义	果断顺为义
例句		她尝试着去够,	<u>但是</u>怎么也够不着,	索性小心翼翼地下了床。
		她原没打算就这样告诉他,	<u>可是</u>太性急了便冲口而出,	<u>于是</u>索性向他摊开。
		黑妖精拼命想挣开鞭子,	<u>然而</u>光靠右手根本就不够,	<u>因此</u>,她索性就这么站起身子转身就跑。

那么,如何鉴定区分外层与内层的逻辑层次?可以通过连词排序进行验证。在"索性"句的话语关联中,两类连词的排序规则是:"但、不过、却、可是"等转折连词都位于"因为、既然、如果、若是"等因果连词的前面,因此,转折关系为外层,而因果关系为内层,如(1):

(1) a. 他本来应该在行军时随着老营一道,<u>但因为</u>有些挂彩的步兵走得慢,时常掉队,所以他就<u>索性</u>跟着李过的后队走。

   b. 外文问题就此打住，<u>不过</u><u>既然</u>已经开了头，<u>索性</u>把看到的一些差错也说一下。

   c. 安琪感到非常难堪，同时自尊心也受到损害，<u>不过</u>，他<u>既然</u>一心一意要向马希浩坦白，<u>因此</u>之故，她就不再犹豫，<u>索性</u>说下去。

   d. 他知当此情形，不动手是不成的，<u>但若</u>当真比拼，自然绝不是她对手，<u>索性</u>老气横秋，装出一派前辈模样。

按照从外到内的顺序，怎么才能证明"索性"的"势迫顺为"话语关联呢？先要验证分析外层转折关系及其语义功能，然后提取验证内层因果关系及其语义功能。

3. 副词"索性"句的外层转折与语义功能

形式层面的连词标记与意义层面的语义关系是验证"索性"句外层转折性逻辑层次及其语义功能的重要方法。

3.1　外层转折关系

连词是逻辑层次关系的形式标记，是显示句子之间逻辑层次的最直接方式。根据 CCL 语料库的调查，可以发现，原因句前经常包含"但、但是、可是、不过、然而、却、只是、反而、反之"等转折连词，如(2)，这说明原因句与前面的句子之间存在着转折关系，前面的句子为待转句，而原因句与结果句共同构成转折句。

(2) a. 杨过原不想招惹她，<u>但</u>听她说话奇怪，倒要试试她有何用意，于是<u>索性</u>装痴乔呆，怔怔地望著银子，道"这亮晶晶的是甚么啊"？

   b. 1997 年，美国克林顿政府签署了《京都议定书》，<u>然而</u>，考虑到国会的批准障碍，克林顿政府<u>索性</u>没有把《京都议定书》提交国会。

   c. 钱伯母怂恿我答应这门亲事，<u>不过</u>我想你一定不愿意,所以<u>索性</u>谢绝了。

　　d. 当晚我在宿舍看电视,心里<u>却</u>想着白天试镜的事,想
　　　　着想着,我<u>索性</u>将电视关了,一个人躺在床上蒙头
　　　　大睡。

　　不仅如此,待转句经常出现"虽然、虽、尽管、即便"等待转连
词,也可以证明这一转折关系,如(3):

　(3) a. 他自己没钱的时候<u>虽然</u>是龟孙子,<u>但</u>有钱的时候就是
　　　　　大老爷,他又恰巧姓孙,所以别人就<u>索性</u>叫他孙老爷。

　　b. 马光佐身躯笨重,轻功又差,跨步<u>虽</u>大,<u>却</u>不能一跨便
　　　　四五尺,踏倒了几根木桩之后,<u>索性</u>涉水而过。

　　c. <u>尽管</u>我跑得快,还是塞给我无与伦比的湿润,我知道
　　　　我已彻底逃不掉,<u>索性</u>领情,安步当车。

　　d. <u>即便</u>他会说英文了,<u>但</u>因为他知道自己在同学眼里的
　　　　STUPID,他<u>索性</u>就那么一直不开口。

　　可以说,从形式上看,连词标记可以证明"索性"句话语关联
的第一层逻辑关系是转折关系。而从意义上看,决定这一转折关
系深层次的语义功能是什么呢?

3.2　外层语义功能

　　从语义功能来看,待转句表达的主要是意志层面的背景意图
义,而转折句中的原因句表达的是情感层面的无奈势变义,二者
构成意义层面的转折关系。背景意图义的待转句主要从话语背
景意义上表达某一主体试图做出某种行为,通常会出现"想、打
算、为了"以及自主动词等表现主体意志的自主词语,如(4):

　(4) a. 杨晓冬原想插几句客气话,不料对方话板密的没一点
　　　　　空子,便<u>索性</u>听他讲。

　　b. 刚开始的时候,阿绿还教我唱第二部,<u>打算</u>两人合唱,
　　　　但我实在是唱得五音不全,只得作罢,后来她<u>索性</u>一
　　　　个人唱个痛快。

c. 装假辫子是为了避免无谓的牺牲,但终于觉得装假没有意思而<u>索性</u>不做假辫子。

d. 他确实写出了若干草稿,但写来写去,一直不满意,后来就<u>索性</u>放弃了。

从语义上反衬待转句背景意图义的是转折句中原因句表达的无奈势变义,根据 CCL 调查,原因句中大量高频出现"无能为力义"词语,既有"拉不动、睡不着、躲不过、摊不开、跑不掉、插不上手、脱不下来、抽不出来、躲不过去、吃不下饭、说不清楚"等可能补语的否定形式,如(5),也有"无法、没法、无力、怎么也……"等否定形式,如(6):

(5) a. 她上去拉他,<u>拉不动</u>,<u>索性</u>坐在他旁边,哭起来。

b. 许多往事在他头脑里翻腾,他越想越兴奋,再也<u>睡不着</u>了,<u>索性</u>睁大了眼睛。

c. 马晓军绞尽脑汁,想尽各种办法来逃避,最后见实在<u>躲不过去</u>了,<u>索性</u>与父母不辞而别,来到了北京。

d. (他)曾试着抽出身来,怕惊醒她,没敢使劲,<u>抽不出来</u>,<u>索性</u>不动,直挺挺躺在那里,等待燥热过去。

(6) a. 余徐军行至距客户家 6 公里处,泥泞的路面使摩托车再也<u>无法</u>行驶,她<u>索性</u>将摩托车寄存在一户农家,提着鞋艰难地向前走去。

b. 夜已经深了,我怎么也<u>没法</u>入睡,<u>索性</u>起来,走到楼下的咖啡座。

c. 杨芳的医药费 7000 多元,汤雪辉因家庭生活十分困难,<u>无力</u>承担这笔费用,便<u>索性</u>长期外出打工,逃避法院执行。

d. 她同意跟西蒙松结合,这究竟是好事还是坏事? 这些问题他<u>怎么也</u>想不清楚,就<u>索性</u>不去想它们。

当待转句表达的背景意图不被原因句中的主体接受时,原因

句还会出现"不予、不能、不想、不知、不愿、不肯"等表示势变的否定词,从而引发因势变而无奈的情感,如(7):

(7) a. 反战派主将贝克将军再次提出辞职,勃劳希契<u>不予接受</u>,他就<u>索性</u>不再上班。

b. 主治医生终于同意给予大量输氧,但却发现床头墙上大量输氧的气源<u>不能</u>用,于是<u>索性</u>拔下小量输氧的管子,换床。

c. 奖券是商场对顾客投资的回报,既然<u>有些</u>消费者<u>不想</u>要他,商场<u>索性</u>收回、上交、销毁。

d. 有人曾经请他在前秦的官府里做小官吏,他也<u>不愿</u>去,后来<u>索性</u>在华阴山隐居了下来。

无奈势变义的原因句通常出现的"无能为力义"否定词,一方面与背景意图义呈语义折变关系;另一方面,又造成意志性意图势变后所形成的无奈情感,特别是可能补语否定式,更能彰显背景意图义与无奈势变义之间的转折关系。关于可能补语否定形式的语法意义,张旺熹(1997:253)在刘月华(1987:320)的"非不愿也,实不能也"基础上,提出了"愿而不能",其实,更准确地说,是"欲而不能",作为预设前提的意欲的"欲"隐含于表示"不能"的可能补语否定形式之中,二者构成转折关系。如"跑不掉"隐含着"欲跑掉"却"不能"的语法意义,可以把待转句隐含的"意欲"之义补充出来而不改变原来的语义关系,如(8):

(8) a1. 黑妖精眼看<u>跑不掉</u>了,<u>索性</u>停下脚步回过头来开始咏唱咒文。

a2. 黑妖精[想逃跑,]眼看<u>跑不掉</u>了,<u>索性</u>停下头来开始咏唱咒文。

b1. 她站在沟底,怎么担也<u>担不起</u>,她<u>索性</u>放下担子,准备一筐一筐地搬过去。

b2. 她站在沟底,[试了几次]怎么担也<u>担不起</u>,她<u>索性</u>放下担子,准备一筐一筐地搬过去。

其实,原因句中大量出现的"实在、难以、简直、反正、横竖、无论如何、非……不可"等表示几经努力而无果的副词更能直接突显其"无奈"情态,如(9):

(9) a. 记者前门进,厂长后门出,<u>实在</u>躲不过,<u>索性</u>开门见山。

b. 他回到家里,辗转反侧,<u>难以</u>入眠,<u>索性</u>跳进游泳池畅游"降温"。

c. 叶美兰搞不清楚孙建冬都有些什么要紧事儿,她知道<u>反正</u>问了也白问问,就<u>索性</u>不问了。

d. 那天我是尾随着他而去了,他知道<u>无论如何</u>甩不掉我,<u>索性</u>也就不理我了。

总的说来,无论是形式标记还是语义功能,待转句与原因句存在着逻辑层次上的外层转折关系及其背景意图义与无奈势变义的语义功能关系,这一外层关系对"索性"句而言,属于间接性的话语关联约束,约束性较弱。而内层原因句与"索性"结果句之间的因果关系对"索性"句的约束性较强,那么,如何证明内层因果及其语义功能呢?

4. 副词"索性"句的内层因果与语义功能

话语关联外层转折句所包含的内层因果关系及其语义功能可以通过形式标记从正反两个方面来验证。

4.1　内层因果关系

从形式标记上看,根据调查,原因句的无奈势变义与"索性"句的果断顺为义之间存在的广义因果关系通过连词或副词来体现,可分为四类:一是因果关系,如:"因为/因……,所以/则……""由于/为了……,……""……,所以/因此/因而/故此……"等,如

(10);二是推断关系,如:"既然……,就/为什么不/何不/不如/那么……""既已……,便……""……,就/便/那么/于是……""就算/纵是……,……"等,如(11);三是假设关系,如:"如果/要是/倘若/若是/假使……,为何……""……,就/便……""……,否则……"等,如(12);四是前后关系①,如:后来、最后、终于、末了、然后等"终后义"时间副词来体现,如(13):

(10) a. <u>因为</u>竞争的人太多,日本人<u>索性</u>裁撤了这个机关。

　　 b. <u>为了</u>不影响测量的精确度,大家<u>索性</u>取掉了防蚊帽、手套,让蚊虫咬个够。

　　 c. 那都是很模糊、很凌乱的片段,<u>所以后来</u>我就<u>索性</u>不想了。

　　 d. 高夫人最少要骂她五个钟头,<u>因此</u>,她<u>索性</u>不说话。

(11) a. <u>既然</u>春节回不了家,<u>就索性</u>好好逛逛北京城。

　　 b. <u>既已</u>忍耐多日,<u>索性</u>便再等几天。

　　 c. 妻子的工作不好调动,<u>就索性</u>辞职,到油田当合同工。

　　 d. 无法继续养活家口,<u>于是</u>他<u>索性</u>只身来到香港淘金。

(12) a. <u>如果</u>她们要杀他灭口,<u>为什么不索性就</u>在这里杀了呢?

　　 b. <u>假使</u>你觉得宾馆送的年夜饭还是不热乎,<u>索性</u>"租"个酒店大厨回家来。

　　 c. 它们<u>要是</u>怕冷,<u>索性</u>留在南方,便不用回来了。

　　 d. 有一个好父亲是重要的,<u>否则</u>还是希望<u>索性</u>不要父亲。

(13) a. 常常连周末也不能回深圳与新婚妻子团聚,<u>后来</u>,他<u>索性</u>星期日将亲人接到工地。

　　 b. 老杜无心经营酒店,生意逐渐冷淡,<u>最后索性</u>关了店门。

    c. 他却开始呻吟起来，<u>末了</u>又<u>索性</u>放声大哭了。

    d. 他们先是行动不便，<u>然后</u>坐在轮骑上，<u>然后索性</u>不能
      移动了。

可以说，表示因果关系的连词或副词从形式层面验证了内层逻辑的因果性，从语义功能来看，原因句的无奈势变义与"索性"句的果断顺为义必须形成广义因果关系，即使没有因果形式标记。

4.2　内层语义功能

从意义层面来看，无奈势变义作为原因所引发的是"索性"句作为结果的果断顺为义。也就是说，势变义在情感上是无奈的，情势所迫而导致的结果则是"索性"句所表达的果断顺为义，凸显了态度的果断和语义的顺势而为。

首先，从正面角度看，如果有因果形式标记，直接说明了因果关系，如果没有因果形式标记，则可以通过添加因果性"形式标记"的方法来验证其因果性质及其深层的语义功能，如(14)：

(14) a. [因为]被媒体拍到两人牵手的照片，周迅<u>索性</u>公开
      承认与大齐的恋人关系。

    b. 他见老板[既然]已能与他平等对话，<u>索性</u>把想说的
      话吐出来。

    c. 有些人愿意拜他做老师，[所以，]他就<u>索性</u>办了个私
      塾，收起学生来。

    d. [由于]有些老板仓空货紧，<u>索性</u>租掉门面，坐收
      其成。

值得注意的是，并非"索性"句可以不受限制地进入到任何一个因果关系的结果句位置，而必须受到无奈势变义原因句的约束。换句话说，"索性"句作为结果句是在对背景意图的势变而产生无奈情感的驱动下，断然采取的顺为行为。以(15)为例，他想回家看儿子(背景意图义)，但是春节回不了家(无奈势变义)，所

以索性逛逛北京(果断顺为义)。

(15) 家里那七个月的儿子着实让他惦记,不过他也想得开,
既然春节回不了家,就索性好好逛逛北京城。

因此,"索性"句所表达的果断顺为是以无奈势变为前提的,从逻辑上看,是基于转折后的因果;从语义上看,是基于势变后的顺为;从情态上看,是基于无奈势变的果断顺为,从意志的意图、情感的无奈,再到态度的果断,是一条决定"索性"使用的语义条件。

其次,从反面角度看,如果把复句关系分成因果、并列、转折三类(邢福义,2001:8),那么,"索性"句必须与前面句子构成因果关系,而并列关系、转折关系一旦插入副词"索性"都是不合法的,如(16):

(16) a. 我一边读,一边止不住掉眼泪。

　　——＊我一边读,一边索性止不住掉眼泪。

b. 他们不但随地大小便,而且还往桌子上吐痰呢!

　　——＊他们不但随地大小便,而且索性还往桌子上吐痰呢!

c. 虽然不高兴,但是他们压住了火气。

　　——＊虽然不高兴,但是他们索性压住了火气。

d. 我们即使吃咸菜,也要把戏唱下去。

　　——＊我们即使吃咸菜,也要索性把戏唱下去。

其实,因果关系是使用"索性"的必要条件,不是充分条件。也就是说,如果不是因果关系,那么,一定不可以插入副词"索性",而如果是因果关系,那么,还不一定能插入"索性",必须符合"无奈势变的原因与果断顺为的结果"的语义条件,否则,"索性"句不能进入到结果位置,如(17):

(17) a1. 因为胖,所以不怕冷。

a2. ＊因为胖,所以索性不怕冷。

　　b1. 我既然要这么做,就一定值。

　　b2. ＊我既然要这么做,就索性一定值。

可以说,无论是形式标记还是语义功能,原因句与"索性"句在逻辑层次上存在着内层因果关系,在语义功能上存在着无奈势变义与果断顺为义的语义关系,这一内层关系对"索性"句的分布具有直接的话语关联约束。

　　总的说来,"索性"句所处的"势迫顺为"话语关联不仅直接定位了"索性"句的话语位置和语义功能,而且间接制约着副词"索性"内在的情态内涵。

5. 副词"索性"的情态内涵

　　副词"索性"在话语关联中分布于表达"果断顺为义"结果句的状语位置(史金生,2003:79),从语体来看,既可用于叙述体(18a),也可用于对话体(18b);从体(aspect)来看,主要选择未然体、尝试体、起始体、完成体,如(19);而插入"过"经历体标记或者"着、正在"进行体标记,则都不合法,如(20):

(18) a. 我这人记不住数字,更记不住名字,所以我索性不发名片,也不向别人要名片。

　　b1. 管家说:"九爷,聂小轩要是从今后再不能烧'古月轩',你那套十八拍的壶可就举世无双了!"

　　b2. 九爷说:"那就索性趁他昏着把手给他剁下来。"

(19) a. 我实在嫌麻烦,索性打算卖了它,图个清静。

　　b. 看那人锲而不舍地追随着我们,大伙索性跟他去试试。

　　c. 云秀被碰得头昏眼花,为了迷惑敌人,索性大哭大叫起来。

　　d. 有些人愿意拜他做老师,他就索性办了个私塾。

(20) a. ＊我实在嫌麻烦,<u>索性卖过它</u>,图个清静。

　　b. ＊看那人锲而不舍地追随着我们,<u>大伙索性跟他去</u>
　　　<u>试过</u>。

　　c. ＊云秀被碰得头昏眼花,为了迷惑敌人,<u>索性大哭大</u>
　　　<u>叫着</u>。

　　d. ＊有些人愿意拜他做老师,<u>他索性正在办私塾</u>。

　无论是叙述体还是对话体,"索性"在情态上不强调已然事件的经验性,也不描述当前事件的进行性,而是基于认知上的势迫性、情感的不得已,态度上的果断性,在意向上采取的自主动作。那么,如何证明呢?

5.1　认知的势迫性

　从认知上看,"索性"所选取的动作行为是主体根据势变后的客观情势审时度势自主做出的选择,具有客观的势迫性,因此,与主观性副词都存在着排斥关系。无论是表达主观性质的"必须、务必、宁愿、总算、竟然、原来、果然"等副词,或者表达主观数量的"起码、最少、或许、大概、简直、几乎"等副词,还是表达主观关系的"反而、偏偏、毕竟、反正、好歹"等副词,还是表达主观模态的"必然、一定、可能、的确、根本"等副词,都不能与"索性"同现,如(21):

(21) a. 只是身上的衣服都沾染了血迹,＊他索性[必须]脱
　　　了上衣。

　　b. 我曾经想过如果得奖了我要说什么,但是那都是很
　　　模糊,很凌乱的片段,＊所以后来我就索性[几乎]不
　　　想了。

　　c. 她的鞋子还没全干,＊她索性[反正]脱掉鞋开车。

　　d. 森林里阴冷怕人,＊他索性[的确]把尖刀拿在手上。

　客观的势迫义却可以与"公开、公然、大方、大声、明确、直接、假意、徒步、一同"等反映动作行为方式的方式副词同现,折射出

主体行为方式的变化,如(22):

(22) a. 先是躲着抽,后来被妻子发觉了,索性<u>公开</u>抽。

b. 去省里钱也不少花,索性<u>直接</u>奔京沪广吧。

c. 老婆先是跟他吵骂,见毫无效果,便索性与他<u>一同</u>吸食,成了"夫妻毒鬼"。

d. 我从马上重重的摔了下来,还好没什么大事,但我不敢再骑了,索性<u>徒步</u>爬上山去。

5.2　情感的不得已

从情感上说,"索性"所选取的动作行为是原有意图遭遇困境而"无奈势变"后,迫于情势而做出的自主选择,因此,"索性"结果句会蕴含着与原因句的"无奈情感"一脉相承的不得已义。一方面,"厚着脸皮、硬起头皮"等状语和"算了、得了、罢了、好了、倒好、也好、为好"等句末助词可以从形式上验证该不得已义,如(23):

(23) a. 而自己却经常是有了上顿没下顿,有时饿得慌了,索性<u>厚着脸皮</u>跑到亲戚和朋友家去打游击。

b. 陈默涵觉得石云彪逼人太甚,逼得他没有退路了,索性<u>硬起头皮</u>反问了一句。

c. 你不来,我索性绝食<u>算了</u>。我一直捱着,捱到你来。

d. 我正无可奈何呢! 既然流言可畏,倒索性由她出家<u>也好</u>,免得再生嫌隙。

另一方面,可以根据施事主语与动作行为的利害关系进行语义分析,揭示主语施事的不得已,如(24a)正常来说,没有人愿意死,可是,"全家人"迫于"跑不掉"的情势而不得已选择"死在一处",可见其不得已性。(24b)没人愿意哭,可是"小莲花"迫于"镇长跑了,没人照顾她"而情不自禁地"哭了起来"。(24c)和(24d)一样。

(24) a. 反正跑不掉了,索性<u>全家人</u>死在一处吧!

b. 镇长跑了,还有我呢! 忘了他那个没良心的人吧,丢
下你跑了。小莲花索性<u>哭了起来</u>。

c. 皇后不敢替他说话,十分惊骇,感到绝望,病情忽重,
索性<u>吞金自尽</u>。

d. 同你拼命也犯不着,你不爱我,我便没人爱吗? 这样
一来,大家索性<u>离了婚</u>倒好。

5.3　态度的果断性

从态度上看,尽管"索性"所选择的行为是迫于情势不得已做
出的选择,但其态度却是坚决而果断的,态度的果断性主要体现
在行为的直接性、快捷性、彻底性、坚决性。一是表现直接性的
"直、直率、直言、径直、照直、单刀直入、直截了当、开门见山"等词
语;二是表现快捷性的"一下子、一口、一把、一举、一股脑地、一
跃、一屁股、一头、一招、不……就"等词语;三是表现彻底性的"到
底、V个彻底、V个痛快、V个通宵、统统、全部、完全、一切、都、
一……不、什么……也、哪儿也不……"等;四是表现坚决性的"尽
情、狠命、大胆、横下心来、把心一横、大V起来、一不做,二不休"
等词语,分别如(25):

(25) a. 杜洛克有些恼怒了,他索性<u>单刀直入</u>:假如找不到这
份新遗嘱,你那西毕就可以继承全部遗产了?!

b. 说来说去,你还是不爱我,你又何必推三推四,索性
<u>一口</u>回绝我好了。

c. 就连这最后一块布片都觉得是一种累赘,她们索性
<u>什么也不</u>穿,一丝不挂地下水了。

d. 实在是热得发痒闷得无聊了,崔二月索性<u>横下一条
心</u>,四区同二区的妇抗会来一场嘴皮子快活。

5.4　意向的自主性

从意向来看,"索性"所选取的动作行为是迫于情势果断做出
的不得已反应具有自主性。从正面来看,自主性主要表现在"索

性"对"躲、给、骂、买、拿、跑、找、走、离开、放弃、怂恿"等大量自主动词或"大方、小心、潇洒"等少量自主形容词、"使令结构"等自主性动词结构、"把字句、将字句、用字句"等句式的选择上，如(26)；

(26) a. 实在等得无聊，有几个人索性<u>躲</u>在树荫下打起了扑克牌。

b. 本来男左女右，只看一只，也索性<u>大方</u>些，将一双手都伸了出来。

c. 既然谈起地方出版社，就索性<u>让</u>我再多说几句。

d. 你如何今天存心难为我，索性先<u>把</u>我杀了算了！

从反面来看，主要表现在对"病、丢、怕、瘫、明白、着急、知道"等非自主动词或"好、累、甜、漂亮、内向、激动"大量非自主形容词、"可能补语肯定式或否定式"等非自主性动词结构[2]、"被动句"句式的排斥上，如(27)[3]：

(27) a. 越憋越想尿，哪敢把小便掏出来，忍不住时，＊索性<u>病</u>(尿)了。

b. 既然知道这样来钱可以，又能不冒风险，＊我索性就<u>多</u>(多拿)点。

c. 李莫愁心想，你既然知道了，＊不如索性说<u>得</u>(个)明白。

d. 夫妇倒是毫不反抗，＊索性<u>被</u>(让)人们涂个痛快。

总的说来，"索性"的情态可以概括为"情势所迫不得已而果断采取的自主行为"，分解为：认知的势迫性、情感的不得已、态度的果断性和意向的自主性。

6. 结语

分布规律反映语义情态，语义情态决定分布规律，因此，分布规律的准确定位是揭示并验证语义情态内涵和外延的逻辑前提和形式手段,而语义情态则是决定并解释分布规律的认知基础。

　　情态副词分布规律的准确定位,不能仅仅局限在其所在的单句句法位置,也不能仅仅局限在其所在单句与其他单句的复句关系,而必须按照从宏观到微观的逻辑顺序,借助话语关联定位副词所在单句的话语功能、逻辑层次及其语义情态,从而为定位情态副词的分布规律以及提取语义情态奠定基础。总的说来,就是话语关联通过逻辑层次约束了复句关系及其语义情态,复句关系又约束了单句的分布及其语义情态,而单句又约束了情态副词的分布和语义情态。从本质上,由于情态副词的语义情态不是概念性的,而是功能性的,因此,每个情态副词的语义情态都蕴含着整个话语关联的语法意义。

　　本文就是按照从话语关联再到表达形式再到语义情态的逻辑顺序,逐渐定位并细化"索性"的分布规律,从而准确界定副词"索性"的情态意义:因情势所迫不得已而果断顺势采取的自主行为。因此,"索性"的话语关联与情态内涵可以通过下图表现出来:

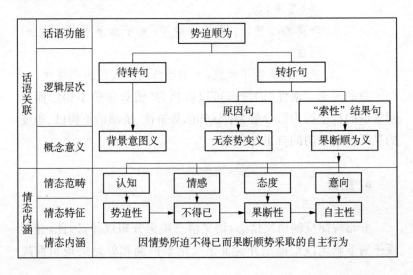

	话语功能	势迫顺为			
话语关联	逻辑层次	待转句	转折句		
			原因句	"索性"结果句	
	概念意义	背景意图义	无奈势变义	果断顺为义	
情态内涵	情态范畴	认知	情感	态度	意向
	情态特征	势迫性	不得已	果断性	自主性
	情态内涵	因情势所迫不得已而果断顺势采取的自主行为			

附注

① 从时间维度上看,广义因果关系本质上属于具有先后顺序的单向关系,因此,表示"终后义"的顺序副词可以体现前因后果的因果关系。
② 马庆株:《汉语动词和动词性结构》,北京:北京大学出版社,2005 年版,第 29 页。
③ 改为括号内的词语后,"索性"句就合法了。

参考文献

北京大学中文系 1955/1957 级语言班编　1982　《现代汉语虚词例释》,北京:商务印书馆。

邓葵、吴宝安　2004　试说"索性"及"干脆",《邵阳学院学报》第 1 期。

侯学超　1998　《现代汉语虚词词典》,北京:北京大学出版社。

黎锦熙　1924/1992　《新著国语文法》,北京:商务印书馆。

刘月华　1987　《可能补语用法的研究》,北京语言学院语言教学研究所选编《现代汉语补语研究资料》,北京:北京语言学院出版社。

马庆株　2005　《汉语动词和动词性结构》,北京:北京大学出版社。

邵敬敏　2004　"语义语法"说略,《暨南学报》第 1 期。

邵敬敏、赵春利　2006　关于语义范畴的理论思考,《世界汉语教学》第 1 期。

史金生　2003　"索性"的语篇功能分析,《南开语言学刊》第 1 辑。

唐贤清　2003　从清代"索性"类副词的使用看汉语副词演变的规律,《湖南师范大学社会科学学报》第 5 期。

唐贤清　2004　从《朱子语类》的"索性"看汉语副词的发展,《邵阳学院学报》第 1 期。

王力　1943/1985　《中国现代语法》,北京:商务印书馆。

吴婷燕、赵春利　2018　情态副词"怪不得"的话语关联与语义情态,《世界汉语教学》第 3 期。

邢福义　2001　《汉语复句研究》,北京:商务印书馆。

杨荣祥　1999　近代汉语副词研究,北京大学博士学位论文。

杨荣祥　2005　《近代汉语副词研究》,北京:商务印书馆。

张明颖　2007　"索性"在近代汉语中的特殊用法以及发展脉络,《中文自学指导》第 6 期。

张旺熹　1997　《再论补语的可能式》,《第五届国际汉语教学讨论会论文选》,北京：北京大学出版社。

张谊生　2000　《现代汉语副词研究》,上海：学林出版社。

赵春利　2014　关于语义语法的逻辑界定,《外国语》第 2 期。

赵春利、陈玲　2016　句末助词"算了"的分布验证及其心理取向,《中国语文法研究》第 5 辑。

赵万勋　2015　"索性"与"干脆"语义结构分析及教学应用,《宁夏大学学报》第 6 期。

郑剑平　1997　试论副词"索性",《川东学刊》第 1 期。

郑剑平　1998　《儿女英雄传》的副词"索性"用法研究,《西昌师专学报》第 3 期。

(原载《世界汉语教学》2020 年第 3 期)

从情状角度论副词"曾经/已经"的语法意义及相关特征[*]

朱庆祥（上海师范大学对外汉语学院）

0. 引言

关于副词"曾经/已经"的语法意义及其相关区别特征，学界主要有两种代表性观点。

0.1 《现代汉语八百词》和《现代汉语虚词例释》的观点

吕叔湘（1980：89—90）在主编的《现代汉语八百词》中指出"曾经/已经"的主要区别是：1)"曾经"表示从前有过某种行为或情况，"已经"表示事情完成；2)"曾经"所表示的动作或情况现在已结束，"已经"所表示的动作或情况可能还在继续；3)"曾经"后的动词以带"过"为主，也可用"了"；"已经"后的动词以带"了"为主，少用"过"。

《现代汉语虚词例释》（1982：481）的观点和《八百词》基本相同，比较有新意的是说"已经""用在数量词前边，表示在说话人看来，事物的数量多，或时间长、时间晚等。"也就是说，"已经"具有

＊ 本文在第五届"汉语副词研究学术研讨会"宣读。上海师范大学"比较语言学与汉语国际传播"创新团队成果。得到诸多专家指正，谨致谢忱！

主观强调性,"曾经"的客观性强。后来学者如邹海清(2012)、李晓琳(2018)等都进一步结合篇章语用阐释"已经"的主观性。金立鑫(2019)发现普通话中"已经"的作用集中在三个方面:1)标记已然体的功能;2)标记"确认"的功能;3)否定听话人语义预设的功能。其中,后两个方面主要是指"已经"的主观性语用功能,"已经"的主观性功能具有跨语言证据。

0.2　陆俭明、马真两位先生的观点

陆俭明、马真(1999)和马真(2003:23—24)认为《八百词》所说的观点存在商榷的地方,把"曾经/已经"的语法意义概括为:"曾经"主要强调句中所说的事情或情况是以往的一种经历;"已经"所说的事情或情况在某个特定的时间之前(包括说话之前和某个特定的行为动作之前)就成为事实,其效应与影响一直作用于那个特定时间之后。"已经"含有延续性和有效性,而"曾经"含有非延续性和非有效性。

对于陆先生和马先生的观点,学界有进一步支持的,如杨荣祥(2019)。也有质疑的,如胡正微(2005:25)认为马真(2003)概括出来的两个副词的基本语法意义是有道理的,但认为二者是否具备"延续性和有效性"的观点是值得商榷的。

通过上面争议,可以发现"曾经/已经"的基本语法意义及相关特征在很多方面还是值得进一步探讨的。本文将在借鉴前辈观点的基础上,主要从句子情状(situation type)层面进一步理清"曾经/已经"的基本语法意义及其相关区别特征,主要问题如下:

1)二者都可以指向"以往"的事情,但是以往的事情并非都能够用"曾经/已经",这如何从情状特征层面揭示?

2)"情状持续性"是"曾经/已经"的基本语法意义特征吗?二者在这方面有无区别?

语料主要来自北京大学语料库(CCL)、北京语言大学语料库(BCC)等。

1. 从句子情状(situation)角度研究"曾经/已经"的可行性

1.1　历时定位性的反思

学界一般认为"曾经/已经"是时间副词(吕叔湘,1980;陆俭明,马真,1999;马真,2003;张谊生,2004)。马真(2003：25—26)认为二者在时态上的差别可以归纳为："曾经"是"定时时间副词",只能用来说过去的事情;"已经"没有时间上的限制,是"不定时时间副词",无论说过去、现在、将来的事情都可以用。如下表1：

表1　马真(2003)"曾经/已经"时态差别

	过去时	现在时	将来时
曾经	＋	－	－
已经	＋	＋	＋

上述认识是有道理的,二者确实和时间密切相关,"曾经"无标记情况下就用来描述过去的事件,所描述的情状是历时发生过的事件情状的定点,一般不能指向现在或将来的事件情状,具有历时定位性(吕叔湘,1980;戴耀晶,1997;陆俭明、马真,1999等)。"已经"不受此限制,"已经"侧重指向情状"成为事实",可能是过去的,也可能是现在的,甚至是将来的。前辈讲得很清楚,这里不赘述。值得注意的是下面例子：

(1) a. ＊孔子曾经去世了。　　←→孔子已经去世了。

b. ＊黄石公曾经是老人。　←→黄石公已经是老人。

c. ＊我曾经吃过饭。　　　←→我已经吃过饭。

d. ？我曾经知道这个事情。←→我已经知道这个事情。

上述事件情状都可以指"过往"的事,但是过往的事情并非都能够用"曾经",而"已经"受到限制要少一些。这是为什么？通过上述分析，可以更加客观地看待历时定位性：

1）价值："曾经"一般是指向过去事件，而不是指向现在或将来的，有利于区分"已经"；"已经"侧重"成为事实"，既可以指向过去，也可以指向现在或将来。

2）不足：即使"曾经"具有历时定位性，但是"过去"的事情并非都能用"曾经"，这说明"从前有过某种行为或情况"这种历时定位还比较宽泛，缺乏进一步具体限制条件。

1.2　"曾经/已经"作用于句子情状层面

研究汉语的时间副词，至少可以从两个角度出发，一个是时间（tense）角度，另一个是情状（situation type）角度，这里的情状和"体"（aspect）特征紧密关联。两个角度具有一定的互补作用。尽管汉语没有印欧语那种通过词形变化体现出来的"时范畴"，但是"三时"比较特征还是有的。Reichenbach（1947：297）和陈平（1988：417）等认为"时"范畴是"三时"比较特征，即"说话时间 S""参照时间 R""事件情状时间 E"三者在时轴上的关系。无标记情况下，"说话时间 S"和"参照时间 R"是重合的，就是"当前（说话时）"。陆俭明、马真（1999：98—103）认为，汉语通常所说的时间副词大多不表示"时"，而表示"态"，现代汉语中将近 80％的时间副词是不定时时间副词，例如"已经"，不定时时间副词重在"态"，不在"时"，它既可用于说过去的事情，也可以用于说未来的事情。也就是说，汉语的时间副词主要是表"态"的，而不是表"时"的。陆俭明、马真（1999）所说的"态"不是主观语气情态，而是指"体"（aspect）特征或者说是和"体"密切相关的情状类型特征（situation type）。"体"是观察时间进程中的事件构成的方式，动词是"体"意义的集中体现者，但是"体"意义的承载单位是句子，而不单纯是动词自身特征。（Vendler，1967；陈平，1988；戴耀晶，1997；陈前瑞，2008）"曾经/已经"是作用于句子情状（situation type）层面的（陆俭明、马真，1999；马真，2003；邵洪亮，2013），而不是仅仅针对动词的。有些谓词性成分，孤立地看不能使用"曾经/已经"，但事件整体情状改变后（谓词本身不变）就可以使用了。例如：

（2）a. ＊他曾经死过。

　　b. 我曾死过，现在又活了。（《圣经故事》）

　　c. 他曾经从心疼到心死。（《杨家有女初长成》）

（3）a. ＊他已经年轻了。

　　b. 你难道看不出我已经年轻了四十岁？（《英雄无泪》）

　　c. 心态已经和当年一样年轻了。（BBC：微博语料）

　　一般认为汉语不仅没有印欧语那种"时"范畴，而且汉语的"体"标记"着、了、过"也不是强制的，汉语的完成体和进行体是语法化程度较低的语法范畴。（吴福祥2005）类似的，"曾经/已经"都不是强制的，句尾"了"可以在一定程度上替代"已经"的功能，而体助词"过"在一定程度上可以替代"曾经"。也就是说，汉语表达"过去经历"或者某种"已然态"并不是强制需要"曾经/已经"出现。因此，"曾经/已经"也并不是语法化较高的"体"范畴，也不强制，定位为指向事件的"情状类型"相对而言更加合适一点。陈平（1988：401—422）指出，根据句子的时相结构特点而划分出来的类别称作为情状类型（situation type），情状分类的对象是整个句子，不是仅仅动词本身，在决定句子的时相结构的过程中，各类成分的力量并不相等，按照作用从大到小的排列顺序是：动词＞宾语和补语＞主语＞其他句子成分。"情状类型"和"体"有密切的关系，有的学者认为就可以归属"体"的一部分（Smith，1991；陈前瑞，2008）。借鉴制图理论的内外层次性观点（司富珍，2017；蔡维天，2019；邓思颖，2019），体貌词、限定词、语气词与"核心动词"从内到外的层次顺序是：

　　Ⅰ：（（（（核心动词）体貌词）限定词）语气词）

　　"体范畴"位于体貌词这个层次，"时范畴"位于限定词这个层次，主观情态副词（评注性副词）、句末语气词等位于语气词这个层次。而"情状类型"的位置应该也在"体貌词"这个层次。严格区分的话,二者还是有区别,"情状类型"是沟通动词行为类型和句子"体"类型的中介层次。"情状类型"比"体貌词"位置低一些。更加细致描写,大致顺序如下:

Ⅱ:(((((核心动词)情状特征)体特征)时特征)语气情态特征)

说"大致顺序"是因为,汉语没有印欧语那种严格强制的形态范畴标记,汉语的情状特征、体特征和时特征不少情况下是一个综合分析的结果。汉语的"曾经/已经"基本上可以定位为处于"体貌"层次,略向"情状特征"位置靠拢,但是由于汉语时体特征不少情况下是一个综合分析的结果,所以"曾经/已经"尽管定位在"体貌"层次,但是也向"时范畴"层次辐射。如果从范畴的显赫性角度看(刘丹青,2012),在汉语的时体情状中,处于内层的情状比较显赫,外层的"时"语法化程度不高,不显赫,处于内层的显赫范畴本质是表达情状的,具有强势扩展力,可以向外层渗透。

综上,"曾经/已经"是作用于句子情状层面的,本质是情状副词。这种定位是对"曾经/已经"的宏观定位,研究汉语的时间副词实际上可以分别从时间角度和情状角度出发研究,两个角度具有互补作用。从句子情状层面对"曾经/已经"进行研究就是说,不强调从"时"的角度出发,也不完全只根据动词本身特征来研究,而是结合情状体貌特征来研究"曾经/已经"的具体分布用法。这种具体搭配限制研究的可操作性、可行性强。

2. 从情状层面探讨"曾经/已经"的语法意义

既然"曾经/已经"本质是情状副词,那么反过来事件具体情状特征必然影响"曾经/已经"的使用。鉴于"曾经"使用的范围相对较窄,限制更严,所以这里侧重先从"曾经"的情状特征入手,然后对比"已经"情状特征。在借鉴前辈成果的基础上,下面主要从事件情状特征的"间隔性""可反复性"和"阶段性"等三个方面进一步展开研究。

2.1 事件情状的间隔性

事件情状的间隔性是指事件的情状不能持续到"参照时间R"(无标记情况下就是指"说话时/当前")还在一直高频发生,要有一定的间隔性,也就是陆俭明、马真(1999)所说的"过去一度如此,现在不如此了"。历时的事情可能是过去发生,现在不发生或很少发生,间隔性明显;历时的事情也可能是过去发生,但是同类事件情状一直到现在还在高频发生。事件情状的间隔性是对情状历时性的进一步限制,事件情状不仅是历时发生和存在的,还要强调和"参照时间R"有一定间隔,不能一直高频发生或持续到"参照时间R",这样才能凸显追忆的信息价值性。"曾经"指向的事件情状具有"间隔性",实际上就是"曾经"指向的事件在参照时看来是有界的,有界才有间隔,同一/同类事件不可能持续到参照时;而"已经"不受此限制,"已经"指向的事件可以是有界的,在参照时前已经结束,也可以是无界的,持续到参照时并延续下去。例如:

(4) a1. ＊她曾经吃过饭。　←—→b1. 她已经吃过饭。
　　　(巴金《秋》)

　　a2. ＊你们曾经睡过觉。　←—→b2. 你们已经睡过觉了。
　　　(《战争与和平》)

　　a3. ＊我曾经喝过水。　←—→b3. 我已经喝过水。
　　　(《夏天的星曲》)

上面各例"吃饭、睡觉、喝水"尽管都可以是过去曾经发生的事情,但是这些事件情状高频发生,会一直持续到参照时,甚至持续到将来,而不具有事件情状的间隔性,信息价值不高,所以作为单句不成立、不自足。而"已经"侧重强调事件情状相对于参照时

（当前）"成为事实"、具有一定现实相关性（current relevance）即可。比如"她已经吃过饭"可以说，是因为"吃过饭"相对于参照时（当前）已经"成为事实"，并对现时可能存在直接或间接的影响（比如"不用再吃饭了""可以出发了""不用给她准备饭了"等），所以这类事件并不排斥"已经"，作为单句可以成立。事件情状的间隔性具有一定主观性和相对模糊性。吕叔湘（1980）指出"曾经"表示从前有过某种行为或情况，时间一般不是最近；"已经"表示事情完成，时间一般在不久以前。马真（2003：26）认为"曾经"和"已经"的区别并不在于前者"时间一般不是最近"，后者"时间一般不在以前"，能够使用"曾经"的间隔性则具有相对模糊性，这和说话人的主观视角选择有一定关系。

　　这种事件情状的间隔性实际上和事件的信息价值有密切关联，"曾经"所描述的事件特征要具有"值得追忆"的信息价值，信息量小的高频事件可追忆信息价值低。例如"吃饭、睡觉、喝水"等对于一个人来说，是天天要做的事情，信息量小，信息价值性低，所以作为单句不宜用"曾经"追忆。施春宏（2018：10）指出"信息加工只对那些需要信息处理的地方做出特别注意""标记形式就是用来标记那些需要特别标记的内容"。只要改变事件情状特征，增大信息量，原来作为单句不成立的就可以成立了。例如：

　　（5）a1. ＊曾吃过饭。　　　←→b1. 曾吃过一个锅的饭。
　　　　　《七雄劫》
　　　　a2. ＊曾经睡过觉。　　　←→b2. 俺曾睡过风流觉。
　　　　　（BBC：微博语料）
　　　　a3. ＊曾喝过水的人。　　←→b3. 曾喝过恒河水的人。
　　　　　《冰心全集》

　　信息量小，新信息性不凸出，导致句子不成立的现象并非这一孤案。又如孔令达（1985：106）指出，当"过"是经历体时，有些过去的事情并不能用经历体，如：

(6) a.　＊他吃过饭。　　＊他睡过觉。　　？他洗过脸。

　　　　？他理过发。

　　b.　他离过婚。他打过针。他打过架。他搬过家。

孔文认为，"a组"是每个人天天或经常做的事情，没有传递什么新的信息，所以不成立；而"b组"不是每个人都常做的事情，带来了新的信息，所以成立。

事件情状的间隔性说明，事件情状定位在过去还不够，因为过去的很多事件情状并不能用"曾经"，还要有一定的"间隔性"，能够凸显事件的信息价值才行；"已经"因为强调情状"成为事实"，具有"当前相关性（current relevance）"而不受此限制。但是无论是情状的历时定位性还是间隔性，都是从宏观的高层间接定位，还是没有直接指出具体的情状类型如何，没有正面深入说明。

2.2　事件情状的可反复性

基于64种语言类型的调查，Dahl（1985：135—141）指出"经历体"表示"某种类型事件情状在参照点之前的一段时间里至少发生过一次"，具有"可反复性"。"可反复性"特征在汉语学界已经被运用到经历体"过"上。（刘月华，1988；戴耀晶，1997；陈振宇、李于虎，2013）不具有可反复性的则一般不宜用经历体。"可反复性"指事件情状出现过一次，但是无标记情况下不是一次发生就结束的事件，具有再次发生的可能。"曾经"作为经历词语明显也受到事件情状的可反复性影响，如果事件不具有可反复性，"曾经"使用受限。例如：

(7) a1.　＊齐威王曾经死了。　　←→b1. 齐威王已经死了。

　　　　（《中华上下五千年》）

　　a2.　＊花/树叶曾经落了。　　←→b2. 花已经落了。

　　　　（《从现代观点看几首旧诗》）

　　a3.　＊这个戏曾经结束了。　　←→b3. 祝贺声中，戏却

　　　　已经结束。（《人民日报》1993）

"a"组不合法是因为上述事件类型都是一次性事件,不具有可反复性,无标记常规情况下,"人死"只有一次,"同一片花/树叶落"只有一次,"这个戏结束"也就没有了。这说明,能用"曾经"描述的事件无标记条件下要具有可反复性。

"曾经"无标记条件下要求事件情状具有间隔性、可反复性,反过来看,就是一直持续到参照时的事件情状不能用"曾经",持续性情状在肯定句和否定句中都存在:

1) 肯定句中,无标记条件下,如果事件情状在过去一旦出现就永远存在,具有一直持续性到参照时的特征,那么这种事件情状不可以用"曾经"。戴耀晶(1997:59)指出经历体有终结动态性特点,有些与终结语义不相容的静态动词不能搭配,比如"知道、认得、认识、认为、晓得、充满、包含"这七个动词。例如:

(8) a. ＊我知道过这件事。

　　b. ＊这里面包含过老工人多少心血啊。(戴耀晶,1997)

从逻辑上讲,静态动词指向的事件无标记情况下一旦发生、存在,则意味着一直会存在到参照时,这和经历体的情状间隔性相冲突,所以不合法。逻辑上如此,但是进入北大语料库(CCL),调查这七个动词"知道、认得、认识、认为、晓得、充满、包含"分别与"曾经"的搭配,发现只有"认得、晓得"这两个动词没有实例,其他五个动词与"曾经"搭配的例子有 136 个,绝对数量也不是太少。具体分布情况与实例如表2:

表2　"曾经＋静态动词"的分布

类型	曾经知道	曾经认得	曾经认识	曾经认为	曾经晓得	曾经充满	曾经包含
数量	11	0	23	78	0	23	1

(9) a. 即使我曾经知道他的名字,我也忘掉了。(《了不起的盖茨比》)

    b. 他也将忘记曾经认识过一个女子，是一名为新娘添妆的美容师。（CCL：佳作）

    c. 眼看着这个曾经充满年轻活力的人已枯槁销蚀。（《心灵鸡汤》）

  由于受到人的记忆能力限制，人的记忆和知识储存也是有选择性的，有些"曾经"知道的事情是可能遗忘的，并非逻辑上讲的那样，一旦"知道"则永远知道。就大部分"曾经＋静态动词"的实例看，往往都是"曾经"存在，可是这种认识是可能或可以忘记的，例如"a/b"；可能是改变了，例如"c"。也就是说，改变事件情状，使其并非是一旦"知道"则永远知道，而是具有了可变性，无标记条件下存在可重复性，句子就成立了。

  2）否定句中，一直没有发生的事情存在于过去、现在，乃至将来，具有持续性。这种否定句所表示的事件情状由于事件不存在，谈不上什么反复性，也不存在事件情状的间隔性，不能用"曾经"，但是经历体"过"不受限制。例如：

（10）a. 我在北京住了 11 年，可是我没有去过法源寺。（《李敖对话录》）

    a'. ＊我在北京住了 11 年，可是我曾经没有去过法源寺。

    b. 陈永贵没断了和乡亲的来往，但是也一直没有回过大寨。（《作家文摘》1993）

    b'. ＊陈永贵没断了和乡亲的来往，但是曾经也一直没有回过大寨。

  如果事件情状改变，原来没有发生的，后来发生改变了，使事件情状存在"间隔性"，"可反复性"，这种过去经历就可以用"曾经"了，例如：

（11）a. 韩信早年是……曾经没饭吃没衣服穿的人。（《韩信被杀之谜》）

　　　b. 曾经不赞成引进的同志尝到了甜头，纷纷向沈文荣
　　　　建议……再买一套。（《人民日报》1995）

　　"可反复性"不等于一定真反复了，前辈对这个特点也具有清
醒的认识（Dahl，1985；刘月华，1988；戴耀晶，1997；陈振宇、李于
虎，2013）。从下面最小对比看，"胡适写过某个文章""胡适去
世"这两件事都没有可反复性或其他变化了，都可以看作历时的
静止点。但是"胡适写过某个文章"可以使用"曾经"，而"胡适去
世"就不能使用"曾经"。"已经"不受此限制。例如：

　　（12）a. ＊胡适曾经去世了。←→胡适曾经写过一篇关于
　　　　　　"自由"的文章。

　　　　　b. 胡适已经去世了。←→胡适已经写过一篇关于"自
　　　　　　由"的文章。

　　所以，"可反复性"是指谓语事件无标记情况下具有"反复"的
可能，不是说真的反复了：如果事件情状无标记情况下，具有"可
反复性"，那么可以使用"曾经"；如果无标记条件下就不存在反复
的可能，则一般不宜使用"曾经"。"已经"不受此限制。从事件情
状具有可反复性到无标记情况下具有可反复性，这种延伸是有理
据可循的，只不过前面强调了这种历时情状特征局限于人的一
生/事物自身过程这个范围具有可反复性；而后者突破了人的一
生/事物本身历时过程这个范围，而是把事件放到了人类历史/社
会历史的大背景中去。这种远近联系很符合认知语言学"近取诸
身，远取诸物"的体验哲学理念。进入北大现汉语料库（CCL）验
证发现，使用"曾经"的句子有三万两千条左右，主流就是事件情
状具有可反复性或无标记情况下具有可反复性的类型。孔令达
（1985：104）对《普通话三千常用词表》所收录的 897 个动词研究
发现，其中 85% 的动词无标记情况下具有可反复性，可以用于"经
历体"。所以，"事件情状的可反复性"既比较具体，又可以解释说
明绝大部分的事实。

2.3　事件情状的阶段性

研究发现,也有一些事件情状无标记情况下不具有"可反复性",而是具有单向发展性,但是也能用"曾经",比如单向发展的"阶段性"事件。"阶段"在《现代汉语词典》(第7版)中的意思是: 名 事物发展进程中划分的段落。阶段性经历是指"年轻""青春""是娃娃"这类事件,这类事件具备从开始阶段到结束的经历过程,具有阶段发展的单向性特点,不可逆转,例如"年轻/青春→中年→年老/老年""娃娃/孩子→成人"。这类事件的非结束阶段如果是过去事件,则一般可以用"曾经",而结束阶段一般不可以用"曾经"。例如:

(13) a1. ＊我曾经老过。　　←→b1. 我们都曾经年轻过。(戴厚英《人啊人》)

　　　a2. ＊他曾经老过。　　←→b2. 给……曾经青春的四字箴言。(《人民日报》2000)

　　　a3. ＊他曾经是老人。　←→b3. 曾经是"问题儿童",今天是成功榜样。(《鲁豫有约》)

"年轻""青春""是儿童/娃娃"这种阶段性事件过去了一般不可以重复,但是作为一个过程的阶段性经历是存在的,而且事件一般不能在该阶段点就终止结束了,所以可以作为过程用"曾经"去追忆。这说明"曾经"表示"以往的一种经历"是相对后面参照点而言的,起始、中间等都可以算过往的经历,所以可以用"曾经";但是最后阶段已经终止了,就该事件本身而言,最后的阶段不能算作"过往",因为没有更加靠后的参照点。

"已经"的用法和"曾经"恰恰存在一个相反倾向。该类事件的相对起始阶段作为过去事件一般不宜用"已经",但是非开始阶段一般都能用"已经",例如:

(14) a1. ＊我已经是娃娃了。　←→b1. 我已经是中年。(鲁迅《风筝》)

a2. ＊我们已经青春年少了。　←→b2. 我们已经老了。(《作家文摘》1994)

a3. ＊你已经是小兵了。　←→b3. 你已经是老兵了。(《士兵突击》)

这说明,相对于该类事件的"起始阶段"而言,"中间阶段""最后阶段"都可以拿前面的阶段作为参照点,所描述的事件或状况相对于前面的参照点而言"成为事实"。起始阶段本身就是开始,没有更前的参照点,不宜用"已经",所以"a"组不合法。有些阶段性事件如果能够构建更前的参照点,也可以用"已经",但是事件类型可能就改变了,例如"幼儿园→小学→中学→大学"这个事件阶段类型中,"幼儿园"是开始阶段。但是如果相对于没有上幼儿园的时候来说,可以构成"不到上幼儿园的年龄→幼儿园"序列,那么"幼儿园"就不是起始阶段了,这时"幼儿园"前面就有参照点了,就可以用"已经"了,如"小朋友已经上幼儿园了,懂事多了"。

但是有些阶段性事件的非终点阶段似乎还是不能用"曾经"。杨永龙(2002:42)指出现代汉语存在两种"已经＋时间词"类型,一种类型是"已经＋时量(时段)",另一种类型是"已经＋时位(时点)"。"曾经/已经"指向阶段性事件时,如果后面直接跟着数量成分,"曾经"受到限制,"已经"不受限制。例如:

(15) a1. ＊她曾经七岁。　←→b1. 她已经七岁了。(《李敖对话录》)

a2. ＊曾经整整四十岁。　←→b2. 邹静之已经整整四十岁。(《鲁豫有约·沉浮》)

a3. ＊曾经十三岁了。　←→b3. 皇太极已经十三岁了。(《努尔哈赤》)

"一岁→两岁→三岁→四岁→五岁→六岁→……"这种事件也具有阶段单向性,但是无标记情况下并不能用"曾经"。这实际上和名词性成分前加副词作为谓语受到限制有关,一般名词性成分不宜直接前加副词性成分。而该类名词性成分前加副词性成分可以有条件作谓语，就是无标记下凸显和参照时（当前）的顺序变化有关，而这个特点和句尾"了₂"的语法特点"当前相关性（current relevance）"是无标记匹配的。马庆株（1991：59—83）指出，"顺序义"体词可以充当谓语，后面能加"了₂"，"了₂"不是强制要求出现，如果强调变化的实现就可以加"了₂"，如：

（16）a. 一天→两天了。b. 一次→两次→三次了。c. 一岁→两岁→三岁→四岁了。

无标记情况下，"已经""了₂"和当前（参照时）的事态变化密切相关，和数量成分匹配，所以上述例句"b"组成立；但是"曾经"倾向于指向过去的有界事态，该事态自身情状一般不宜和当前事态变化直接相关，从这个角度看，例（15）"a"组不成立。

2.4 小结

本部分首先借鉴了前辈的成果，在历时定位性的基础上，提出事件情状的间隔性、可反复性、阶段性等具体情状影响"曾经/已经"的使用。三类情状特征具有一定的递进限制性，首先，"情状间隔性"是对"历时定位性"的一种限制，不仅要有历时情状定位，而且要具有间隔性，凸显信息价值性，这才能使用"曾经"。其次，"历时定位性"和"情状间隔性"还是比较宏观和间接的，没有从正面具体说明情状的主要类型，而情状的无标记"可反复性"就直接正面说明了"曾经"的主要类型，可以解释北大语料库（CCL）大部分语料，而"情状的阶段性"是对"可反复性"的补充。

根据上面的研究，前文例（1）不合法的情况就可以得到分类说明：

1）"a. ＊孔子曾经去世了"，尽管"去世"可以指过去的事件情状，但是无标记情况下，"去世"是一次性就结束了的事件情状，无标记下，不具有可反复性或阶段性，所以不合法。

2）"b. ＊黄石公曾经是老人"，尽管"是老人"可以指过去的事件情状,而且也可以具有阶段性。但是无标记情况下,"是老人"
是阶段性的终结点,也就相当于一次性就结束了的事件情状,所
以也不合法。

3)"c. ＊我曾经吃过饭",尽管"吃饭"这种事件情状可以指向
过去,但是这种事件情状无标记情况下缺乏间隔性,不能凸显事
件的信息价值性,所以不合法。

4)"d. ＊我曾经知道这个事情","知道"这种静态事件情状也
可以指向过去,但是无标记情况下一旦实现则具有持续性,缺乏
间隔性、反复性,所以不合法。但是,如果情状改变,则具有成立
的可能。

这四类事件情状可以进一步概括为两大类：前两类都是一次
性事件,所以不可反复、改变；后两类是高频或持续事件,无标记
情况下,一直持续到参照时,不会改变,不具有间隔性,不能凸显
信息价值性,所以一般作为单句都不合法。

3.　"曾经/已经"与情状持续性问题

3.1　"持续性"是句子情状层面问题

吕叔湘(1980)指出,"曾经"所表示的动作或情况现在已结
束,"已经"所表示的动作或情况可能还在继续。例如：

(17)a. 我曾经在这里住过三年(现在不住在这里了)。

　　　b. 我已经在这里住了三年(现在还住在这里)。

马真(2003:26)认为,《八百词》所说的"'曾经'所表示的动作
或情况现在已结束"是符合实际的,但是"'已经'所表示的动作或
情况可能还在继续"值得斟酌。如：

(18)a. 那本书,我上个月已经烧了。

　　　b. 你要的电脑我已经给你买来了。

马文认为,这组例子根本就不能说动作或情况还在继续,既

不好说"烧"或"买"这个动作还在继续，也不好说"烧书"或"买电脑"的情况还在继续。

情状特征是句子层面特征，而非动词自身的特征。"曾经/已经"是作用于句子情状层面的，而不是单纯针对动词自身而言的。持续性的有无也是句子情状层面的问题。例如：

(19) a1. 他已经吃了饭。←→a2. 他在上周曾讲了一次。

　　　（无持续性）

　　 b1. 他已经吃过饭。←→b2. 他曾经去过北京。

　　　（无持续性）

　　 c1. 他已经吃着饭。←→c2. 他曾经一度靠着救济金生活。（有持续性）

上述三组例子对比，可以说明两个问题：

1) "持续性"是句子层面的情状特征。在上面三个句子中，动词相同，其他成分不同，则事件是否具有持续性特征不同，其中"a""b"两组不具有持续性，而"c"组具有持续性。这种对比说明，"持续性"是句子层面的情状特征，而不单纯是动词自身特征。

2) "持续性"不是"曾经/已经"的基本语法意义特征。"曾经"所描述的事件具有非持续性。有争议的就是"已经"，但是从上面例句可以看到，副词"已经"保留不变，动词不变，其他成分不同，则事件持续性不同。这说明，"持续性"既不是孤立动词自身的特征，也不是"已经"必有的基本语法意义特征。

3.2 "曾经"指向事件情状的持续性问题

"曾经"指向的事件一般认为不可持续，但究竟什么是"持续性"学界并没有做出明确而统一的界定。"曾经"所指的过去事件也存在具有持续的或者说高频发生的特点，例如：

(20) a. 谈起毛岸英，向老说他们曾经常常来往。（1994 年报刊精选）

　　 b. 李密曾经多次打败隋军。（《中华上下五千年》）

  c. 海洋捕捞曾经一直是威海市渔业经济的主导。（《人民日报》2000）

  "曾经"在句法上可以和"着""一直""常常""长期""一次次"等搭配，也说明其所指向的事件情状可以具有一定的持续性。前文证明"曾经"所指向的事件情状一定条件下要具备"可反复性"，这就和反复体关联起来，而从跨语言类型上看，反复体可以具有"持续性"（李宇明，2002；陈前瑞，2008）。所以，"曾经"指向的事件情状特征不是不可以持续，而是一般不能持续到参照时（说话时），具有情状的间隔性。无论事件是否具有持续性特征，无标记情况下，"曾经"一般指向过去的事件，和参照时（说话时）有一定的间隔性，不能持续到参照时（说话时）。但是有两点值得注意：

  1)"曾经"不能持续到参照时（说话时），"过去一度如此，现在不如此了"（陆俭明、马真，1999）。但是这并不意味着同类事件只能绝对发生在过去，现在不能有。例如：

  (21) a. 李瑞环说，1991年我曾经来过温州。7年后再来温州，感到温州的经济建设有了很大发展，各方面都发生了很大变化。（《人民日报》1998年）

  b. 别人我不论，若是自己，则曾经看过许多旧书，是的确的，为了教书，至今也还在看。（鲁迅《写在〈坟〉后面》）

  c. 你一定知道我曾经、并且现在每天还受到多少大人物的鼓励、请求和督促，要我把庞大固埃的故事继续写下去（BCC：弗朗索瓦·拉伯雷《巨人传》）

  例如"a"李瑞环同志是到了温州然后回忆"1991年我曾经来过温州"，因此，"曾经"只能是说话人认为"以往的一种经历"与当前有一定的间隔性，并不能说同类事件在当前绝对不能发生。

  2)"曾经"多数指向过去，但是也可以用在将来的语句中，或指向现在的事情。例如：

(22) a. 唔,你再瞧见我的时候,我就是纽约的钱宁小姐了。
你就是威特拉先生。我们都会忘却我们曾经一块儿
在这儿待过。(《天才》)

　　b. 努力地生活吧,让自己将来后悔的时候至少可以说
我曾经那么努力过。(《小隐于野大隐于市》)

　　c. 再过二十年,我们可以自豪地说:曾经所拥有的过去
没有虚度。(曹凤霞《副词"曾经"与"已经"的语法意
义及其他》)

3.3 "已经"指向事件情状的持续性问题

　　"已经"强调事态在某个参照点之前成为事实,不是必然具有
持续性。吕叔湘(1980)在《八百词》中使用了"可能"这个词语,应
该说对"已经"的这种事件情状用法定位还是比较准确的,并没有
说必须具有情状的可持续性,仅仅说是"可能"。"已经"指向的事
件既可以是完成、结束的,也可以是开始和持续的,所以"已经"不
仅可以和"过""了₁""了₂"搭配,还可以和体标记"着"搭配。例如:

(23) 表示事情完成

　　a. 这个问题,我早在几十年前已经提出来。(《师徒对
话》)

　　b. 牛津大学出版社已经出版了《北京法源寺》的英文翻
译本。(《李敖对话录》)

(24) 表示事情开始

　　a. 抬腕看表时,才猛然发现学校已经开饭了。(《作家
文摘》1997 年)

　　b. 到了 2004 年,当时已经开始有博客之类的了。(《创
业者对话创业者》)

(25) 表示事情持续

　　a. 但是,在开元盛世的背后已经蕴藏着危机。(《中国
儿童百科全书》)

　　b. 我们现在已经有几百人规模,已经在影响着几千万人。(《创业者对话创业者》)

(26)"已经"指向的事件不仅可以持续,而且可以持续到当前或将来。例如:

　　a. 有四个飞行器,现在已经正在飞出太阳系。(潘厚任《太空中的衣食住行》)

　　b. 至今已有七部作品已经正在被改编成电影、电视。(《作家文摘》1996 年)

3.4　小结

关于副词"曾经/已经"与情状持续性问题可以做出如下归纳:1)"持续性"是句子情状层面问题,不是副词"曾经/已经"的基本语法意义特征。2)带有副词"曾经/已经"句子都可以具有情状持续性,也可以没有情状持续性特征,这并不完全取决于"曾经/已经",而是取决于句子情状。二者的区别并不在于事件情状是否能持续,而在于怎样持续,能否持续到参照时(说话时):"曾经"指向的事件情状特征可以具有持续性,但是不能持续到参照时(说话时),要有一定的情状间隔性;而"已经"指向的事件情状特征也不是必须具备持续性,仅仅是"可能","可能"持续到参照时甚至将来。

无标记条件下,"已经"的"当前相关性"(current relevance)会给人事件具有持续到当前的认识。吕叔湘(1980:89—90)指出"曾经"后的动词以带"过"为主,也可用"了";"已经"后的动词以带"了"为主,少用"过"。由于句尾"了"无标记蕴含"当前相关性"(current relevance),句尾"了"与"已经"高频共现,这也从一个侧面证明"已经"无标记情况下强调当前相关性强;而"曾经"几乎不与句尾"了"共现,这说明其并不强调当前相关性,而强调事件情状的间隔性。尽管情状的持续性和当前相关性是两码事,但是无标记条件下,"已经"强调事实的当前相关性,那么自然就容易推理出事件情状怎么从过去发展到当前相关的,下一步怎么会影响将来的,这就和事件的情状持续性联系起来了。相反,"曾经"强调与当前具有间隔性,既然是间隔性,就不存在考虑事件情状怎么从过去发展到当前的,这种间隔性的情状特征明显和持续性的情状特征是对立的。所以,"已经"的"当前相关性"会让人认为其无标记条件下具有持续性的特征,而"曾经"的情状间隔性特征就会让人认为其无标记条件下不具有持续性的特点。

4. 总结

研究汉语的时间副词可以分别从时间角度和情状角度出发研究,两个角度具有互补作用。实质上,汉语的时间副词主要作用于句子情状层面的,正如陆俭明、马真(1999:98)和马真(2003:23)所说的,汉语通常所说的时间副词大多不表示"时",而表示"态",本文继续秉承这种理念,主要从情状角度来研究相关问题。下面回答引言提出的问题:

1)虽然"曾经/已经"都可以指过去的事情,但过往的事情并不一定能够使用这两个词语,还要受到系列情状特征限制,主要是情状的"间隔性""可反复性"和"阶段性"等。

2)"持续性"是句子情状层面问题,不是副词"曾经/已经"的基本语法意义特征。二者的区别并不在于事件情状是否能持续,而在于能否持续到参照时(说话时),是否强调"当前相关性"(current relevance)。

一个问题的研究可以展现一种研究思路。宽泛地说,"时"(tense)"体"(aspect)"情状"(situation)都属于广义的时间范畴,而语言类型学的研究成果表明,很多时体情状特征使用同一种形式。即使从制图理论的内外层看,"(((情状)体)时)"也具有连续统性,可以侧重从外到内,从"时"的一侧向内研究;也可以侧重从内到外,从"情态"一侧出发向外研究,这是两个不同的角度,可以互补。但是从汉语作为孤立语这种语言类型看,外层"时"范畴形态特征不显赫,没有语法化出来显性形态,相反,内层情状特征显赫,这也符合语法化历时规律特点。也就是说,汉语的外层"时"比较虚,而内层的"情状"比较具体显赫,那么研究就应该首先抓住具体的、更加显赫的、实在的展开研究,操作性更强。所以,我们认为,侧重从"情状"的角度展开研究更加符合汉语类型特征,可以更加具体和深入地研究该类副词的分布特征、搭配特征,具有更强的操作性。也就是说,应该大规模地从具体情状匹配的角度、对比的角度来研究汉语的时间副词,这有利于把汉语的时间副词研究推向纵深。本文是这种思路的一种探索尝试,请学界批评指正。

参考文献

北京大学中文系 1955、1957 级语言班   1982 《现代汉语虚词例释》,北京:商务印书馆。

蔡维天   2019   汉语的语气显著性和隐性模态范畴,《语言科学》第 1 期。

陈平   1988   论现代汉语时间系统的三元结构,《中国语文》第 6 期。

陈前瑞   2008   《汉语体貌研究的类型学视野》,北京:商务印书馆。

陈振宇、李于虎   2013   经历"过₂"与可重复性,《世界汉语教学》第 3 期。

戴耀晶   1997   《现代汉语时体系统研究》,杭州:浙江教育出版社。

邓思颖   2019   《形式汉语句法学》(第二版),上海:上海教育出版社。

胡正微   2005   语法场与语法意义——兼论"已经"和"曾经"的语法意义,《语言科学》第 3 期。

金立鑫   2019   《"已经"的多功能性及跨语言语义图》,第五届汉语副词研究学术研讨会论文(上海)。

孔令达   1985   动态助词"过"和动词的类,《安徽师范大学学报》第 3 期。

李晓琳   2018   副词"已经"的提醒功能,《语言教学与研究》第 5 期。

李宇明   2002   论"反复",《中国语文》第 3 期。

刘丹青   2012   汉语的若干显赫范畴:语言库藏类型学视角,《世界汉语教学》第 3 期。

刘月华　1988　动态助词"过$_2$、过$_1$、了$_1$"用法比较,《语文研究》第 1 期。

陆丙甫　1988　"已经"同"曾经"的区别究竟在哪里,《语言教学与研究》第 1 期。

陆俭明、马真　1999　《现代汉语虚词散论》,北京:语文出版社。

吕叔湘　1980　《现代汉语八百词》,北京:商务印书馆。

马真　2003　"已经"和"曾经"的语法意义,《语言科学》第 1 期。

马庆株　1991　顺序义对体词语法功能的影响,《中国语言学报》第 4 期。

邵洪亮　2013　"已经"的体标记功能羡余研究,《汉语学习》第 6 期。

施春宏　2018　影子论元的句法效应及其认知解释,《汉语学习》第 1 期。

司富珍　2017　《句法制图理论》,北京:中国社会科学出版社。

吴福祥　2005　汉语体标记"了、着"为什么不能强制性使用,《当代语言学》第 3 期。

邢福义　1991　《现代汉语》,北京:高等教育出版社。

杨荣祥　2019　从语法表现看副词"已经""曾经"的差异,《汉语学报》第 3 期。

杨永龙　2002　"已经"的初见时代及成词过程,《中国语文》第 1 期。

张谊生　2004　《现代汉语副词探索》,上海:学林出版社。

邹海清　2012　"已经"的语用功能及句法表现,《云南师范大学学报(对外汉语教学与研究版)》第 5 期。

Dahl, Osten 1985 *Tense and Aspect System*. England:The Bath Press.

Reichenbach, Hans 1947 *Elements of Symbolic logic*. New York:The Macmillan Company.

Smith, C 1991 *The Parameter of Aspect* . Dordrecht:Kluwer Academic Pulishers.

Vendler, Z 1967 Verbs and Times. *The philosophical Review*(2).

(原载《汉语学习》2020 年第 4 期)

张家口方言副词"倒"的
多功能性及其内在关联

宗守云(上海师范大学语言研究所)

0. 引言

在普通话中,副词"倒"主要用来表达"反预期"意义,是语气副词的用法。在张家口方言中,副词"倒"还可以表达时间和结果意义,有时间副词和关联副词的用法。张家口方言属于晋语。前人关于晋语副词"倒"的研究不多见,迄今没有单篇的论文研究。武玉芳(2010)指出山西大同方言"倒"有时间副词的用法,相当于"已经",例如:

(1)一赶我去了,老师倒去了。(武玉芳,2010用例)

其实不止大同方言如此,张家口方言也有这种用法。

"倒"还有关联副词的用法。邢向东(2008)举过一个例子:

(2)这点点营生,一阵阵倒做完了。(邢向东,2008用例)

这里的"倒"相当于"就",是关联副词的用法。尽管邢向东相关著述都没有提及副词"倒"的特殊用法,但从所举例来看,陕北晋语肯定也有和张家口方言"倒"相同的关联副词的用法。

本文拟讨论张家口方言副词"倒"的多功能性问题,即"倒"有语气副词、时间副词和关联副词的用法,本文还就这些功能的内在关联做出分析。

1. 作为语气副词,"倒"用来表示预期相反

在共同语中,"倒"有相反、转折、让步、出乎意料、舒缓语气等意义或用法(吕叔湘主编,1999;彭小川,1999;李宗江,2005;吴中伟等,2005;周红,2006等)。张家口方言语气副词"倒"在表示转折、相反和出乎意料方面和共同语用法相同。此外,"倒"作为语气副词,在张家口方言中还有几种特殊用法。

1.1 "倒"用于和行域预期相反

张家口方言语气副词"倒"可用于表示处置意义的句子,这里的处置是意义层面的,不是处置式这样的语法形式。一般地,在对方准备做出某种处置的时候,说话人决定做出另一种处置,这与对方行域的预期相反。例如:

(3) A:剩饭倒了吧。

　　B:倒了干啥?我倒吃了它了。

(4) A:我在你这里多住几天。

　　B:你倒回去了吧么,省得你娘结记。

有时候,对方不知道如何处置,说话人提出一种处置办法,这时反预期意义不甚明显。

这是在预期相反的基础上扩展延伸出来的用法。例如:

(5) A:这个猪咋闹嘞? B:还咋闹?倒把它宰了。

(6) A:葵花留点儿嘞不? B:不留,都倒卖了它了。

"倒"用于处置意义的句子,处置的施动者是说话人("我")或对方("你"),不能是他者,如果是他者施动,必须由说话人或对方指令。例如:

(7) A:老毛猴回家可要挨打嘞。 B:你让他倒别回家了么。

1.2 "倒"用于和知域预期相反

张家口方言有许多肯定形式表否定意义的句子,有些已经成为固定的语法现象,如情态动词"待""好(去声)"有肯定表否定的用法(宗守云,2015)等。有些还处于发展演变过程中,如果理解成反问句,就是反问句表达否定意义,这是常态现象;如果理解为陈述句,就是肯定形式表达否定意义。"倒"有时用于肯定形式表达否定意义的句子中,这是和对方知域的预期相反。例如:

(8) A:我本来想给你买礼物的。

　　 B:你倒待说。(你没必要说)

(9) A:你去看看他吧。

　　 B:我倒想看得他不行。(我不想看他)

(10) A:帮我修修车呀。B:倒有那闲工夫。(没有闲工夫)

例(8)—(10)主要是和对方知域预期相反,例(8)对方认为应该向说话人说明情况,但说话人认为对方没必要说;例(9)对方认为说话人应该去看看他,但说话人认为没必要,不愿意去看他;例(10)对方认为说话人能帮他修车,但说话人认为不可以,因为自己没有闲工夫。

1.3 "倒"用于和言域预期相反

在张家口方言中,有一种"倒 X 嘞"构式,意义相当于共同语"还 X 呢"。例如:

(11) A:我难受了。B:难受? 倒北受嘞。

(12) A:这是一块石头。B:石头? 倒木头嘞。

例(11)"倒北受嘞"相当于共同语"还北受呢",例(12)"倒木头嘞"相当于共同语"还木头呢"。这两例都是说话人对引发话语的一种嗔怪,说话人认为对方引发话语不得体,这种不得体不一定是因为表达内容不正确,而是因为表达方式不妥当,于是在对方原有话语的基础上进行语音或语义的延伸,用"倒 X 嘞"表达嗔怪意义,这是和对方言域预期相反。

　　这里说话人的话语表面看来很简单,实际理解是极其复杂的。首先,说话人根据对方话语内容进行语音或语义的延伸,例(11)是语音延伸,由"难受"先谐音为"南受",再延伸到"北受";例(12)是语义延伸,由"石头"延伸到相关的"木头"。其次,说话人用一种比较复杂的推理来表达自己嗔怪的态度,例(11)是"你说难受,我还说北受呢,我说北受是不得体的,你说难受就更不得体了",例(12)是"你说石头,我还说木头呢,我说木头是不得体的,你说石头就更不得体了",这实际上是绕来绕去达到嗔怪的目的。再次,说话人用一种简明的构式把复杂的意思表达出来,在共同语中用"还 X 呢"(宗守云,2016),在张家口方言中用"倒 X 嘞"。听话人最初听到这样的表达是需要推理的,通过推理得知说话人的意图,时间一长,这样的推理意义就固定在话语中,只要说话人这样表达,听话人马上"抄近路"得出隐含义,于是这样的构式意义在语言中得以固化并逐渐稳定下来。

　　张家口方言之所以能用"倒",是因为"倒"和"还"都表示"反预期"意义,二者在意义上是相通的,只是用法上有差异。即使在普通话中,"倒"和"还"也有相通的用法。例如:

　　(13) 房间虽小,可也倒/还干净。

　　(14) 这里各方面条件都倒/还过得去。

　　例(13)(14)"倒"和"还"意义差别不大,替换后句子意义没有什么影响,只是附带的语气略微有些差异,"倒"语气稍重,"还"语气略轻。

2. 作为时间副词,"倒"用来表示变化实现

　　张家口方言"倒"用作时间副词,和"已经"或表示时间意义的"就"用法基本相同。"倒"可以表示"已经实现某种变化",后接谓词成分或数量成分。例如:

(15) 天倒下起雨来了。

(16) 这会儿倒 11 点了。

这里"倒"都是"已经"的意思,但和"已经"的意义不完全对应,"已经"不一定有出乎意料的意思,但"倒"包含着出乎意料的意思,例(15)(16)用"倒"不但表达时间意义,也表达出乎说话人或听话人意料的意义。

例(15)(16)很容易使人想到:"倒"会不会是"都"的音变?肯定不是。首先,"倒"和"都"在张家口方言中同时存在,读音不同,意义有别,"都"有夸张的意味,"倒"表意外的情态。其次,"都"和"倒"可以并用,成为"都倒 VP 了"这样的格式。例如:

(17) 我都倒 50 岁了。

"都"和"倒"并用,既有夸张意味,也有意外的意思,二者是兼容的,不是对立的。

"倒"和"已经"一样,是"不定时时间副词"(马真,2003),可以用于过去、现在和将来时间。"倒"作为时间副词,可以表示"已经实现某种变化",也可以表示"即将实现某种变化",因此可以概括为"变化实现"。前者和"了"共现,后者和"也"共现。例如:

(18) 再过三年我倒毕业了。

(19) 火车倒开也,你别靠得太近了。

例(18)尽管是将来时间,但仍然表示"已经实现",即三年之后毕业这一事件已经实现了。例(19)是近将来,表示火车开动这一事件即将实现。

"倒"作为时间副词,意义和"已经"相同,但用法上有些差异。

首先,如果所修饰的谓词性成分是双音节的,"已经"可以不用语气词配合使用,如"已经完成、已经实现、已经到达、已经成功"等,但"倒"任何情况下都必须有语气词配合,成为框架结构,表"已经实现"的框架结构是"倒 VP 了",表"即将实现"的框架结构是"倒 VP 也"。

其次,在共同语中,"已经"重读,可以表达主观情态意义,张家口方言"倒"没有这样的用法。例如:

(20) 我们已经对不起他了,怎么会害他。

(21) 你已经很风光了,还有什么不满意的?

这里"已经"表达主观情态意义,而实现意义已经退居其次了。在张家口方言中,这里"已经"不能用"倒"替换。

再次,在张家口方言中,"倒"可单独用来进行反问回应,"已经"没有这种用法。例如:

(22) A:几点了? B:11 点了。A:倒?

在共同语中,例(22)A 的回应应该是"已经 11 点了?",不能只用"已经"回应,"已经"是不能单独回答问题的副词(陆俭明,1982)。

张家口方言"就"也可以用作时间副词,但作为时间副词,"倒"和"就"存在着差异,"倒"凸显实现,"就"凸显未实现。例如:

(23) 我倒走也,你别给我沏茶了。

(24) 我就走,我先把东西归置归置。

例(23)凸显"走"即将实现,例(24)凸显"走"尚未实现,虽然句子意义(即真值意义)相同,但说话人的主观视角不同。

3. 作为关联副词,"倒"用来表示结果达成

张家口方言"倒"用作关联副词,和"就"用法基本相同。"倒"用于结果小句,表示在某种原因或条件下,某种结果达成。主要有以下四种情况。

3.1 用于虚拟的结果

虚拟分过去虚拟和将来虚拟。过去虚拟是"必然不实现",将来虚拟是"可能会实现"。例如:

(25) 二诸葛要是不讲迷信,庄稼倒旱不死了。

(26) 你明天不去的话,我倒让别人去了。

例(25)是过去虚拟,其事件为,二诸葛因为讲迷信没有给庄稼浇水,结果庄稼都旱死了,说话人提出一个相反的假设,如果当初不讲迷信,庄稼就不会旱死,但这是"必然不实现"的。例(26)是将来虚拟,如果你明天不去,我就让别人去,"你明天不去"是或然事件,可能实现,也可能不实现。

3.2　用于条件的结果

条件分充分条件和必要条件。在共同语中,充分条件用"就"来关联结果,必要条件用"才"来关联结果。张家口方言充分条件句可以用"倒"来关联结果。例如:

(27) 只要挣下钱,盖房倒不成问题了。

(28) 这么点儿病算啥? 吃点药倒好了。

例(27)(28)都是充分条件句,"倒"关联结果,所不同的是,例(27)条件小句是有标记的,用"只要"标记;例(28)条件小句没有标记,是用"意合"表现的。

3.3　用于原因的结果

因果关系分为说明性因果和推论性因果两种,在共同语中,前者典型的标记形式是"因为 X,所以 Y",后者典型的标记形式是"既然 X,那么 Y"。推论性因果也可以用"既然 X,就 Y"的形式。在张家口方言中,推论性因果可以用"倒"来关联结果。例如:

(29) 既然天气还早,倒不用着急往家里走了。

(30) 路不远,倒别坐车了。

例(29)(30)都是推论性因果句,"倒"关联结果,例(29)原因句有"既然"来标记,例(30)则用"意合"表现,但推论性因果关系仍然非常鲜明:既然路不远,就不用坐车了。

邢向东(2002)描写神木方言因果句时提到两种特殊的推论性因果句,一是原因句句末用准语气词"还",一是原因句句末用语气词"了么""嘞么"。其实这两种因果句在晋语中非常普遍,张

家口方言也存在。这两种特殊的推论性因果句,如果语义适宜,也可以用"倒"来关联结果句。例如:

(31) 房也盖起了还,倒不用愁了。

(32) 吃饱了么,倒不吃了。

(33) 孩子都娶上媳妇嘞么,倒别操心了。

在张家口方言中,推论性因果句的结果句有否定的倾向。例(31)—(33),由"倒"关联的结果句都是否定的,邢向东(2002)对神木方言推论性因果句的描写,结果句也基本上都是否定的,当然表现形式不一样,有的以反问表否定,有的以意合表否定。

一般的推论性因果句,其结果句并没有肯定或否定的倾向。例如:

(34) 既然领导决定了,我就完全服从。

(35) 既然领导决定了,我就不说了。

在张家口方言中,例(34)"就"不能用"倒"替换,例(35)"就"可以用"倒"替换,替换后意义不变。由此可见,在推论性因果句中,"倒"所关联的结果句,极其倾向于否定句,肯定句则非常受限。

在前小句没有标记的情况下,"倒"到底关联什么结果,有时是有歧义的,但其歧义和肯定否定有关。例如:

(36) 你去,我倒不去了。

(37) 你不去,我倒去了。

例(36)"你去"有三种意义,分别是虚拟意义、条件意义、原因意义;例(37)只有两个意义,即虚拟意义和条件意义,不可能是原因意义,这是因为"倒"所关联的推论性因果句的结果小句倾向于否定导致的。

3.4 "一 X 倒 Y 了"格式

"一 X 倒 Y 了"是紧缩句形式,相当于"一 X 就 Y","一 X 就 Y"后面不一定出现"了","一 X 倒 Y 了"必须出现"了",因此该格式为"一 X 倒 Y 了"。

"一 X 倒 Y 了"有时表顺承意义，X 和 Y 先后发生，没有其他逻辑关系；有时表条件-结果意义。例如：

(38) 刚一出门倒碰着二狗油了。（刚一出门就遇见二狗油了）

(39) 明天一回家倒看见孩子了。

例(38)是顺承关系，"出门"和"碰着二狗油"是接连发生的两个行为，没有内在逻辑关系；例(39)是条件关系，是"只要一回家就能看见孩子"。

"一 X 倒 Y 了"可用于已然事件、未然事件和惯常事件。已然事件是现实事件，X 和 Y 两个行为是先后发生的顺承关系，如例(38)；未然事件和惯常事件是非现实事件，X 和 Y 两个行为是条件-结果关系，只要发生 X 行为，就会发生 Y 行为。例(39)是未然事件，再举一个惯常事件的例子：

(40) 他老是那样，一着急倒结巴起来了。

有时，"一 X 倒 Y 了"孤立地看是有歧义的，理解为已然事件，是顺承关系；理解为未然事件，是条件-结果关系。例如：

(41) 他一看倒明白了。

例(41)没有语境的情况下不能确定是已然事件还是未然事件，事件性质不同，X 和 Y 之间的关系也不相同，已然事件是顺承关系，未然事件是条件-结果关系。

4. "倒"多功能用法的内在关联

"倒"，本义是"倒下"，《说文》云"倒，仆也"。根据杨荣祥(2005)，副词"倒"来源于"倒"的动词义"颠倒"，"颠倒"表示与"正、顺"相反，因而引申虚化为表示对不合常情的性质状态或事件的强调，义近"反而"。"倒"在六朝时即发展出"不合常情"的用法,但意义还比较实在,到《敦煌变文集》中已经是严格意义的语气副词了,但仅限于修饰动词。到《朱子语类》,语气副词"倒"除了修饰动词,还可以修饰句子,这说明"倒"已经由概念功能扩展到语篇功能,起语篇连接作用。到《金瓶梅词话》,语气副词"倒"更进一步扩展延伸到修饰形容词。应该说,最晚在明代,语气副词"倒"的用法已经相当成熟了。

在共同语中,"倒"只有语气副词的用法。方言中"倒"有时间副词和关联副词的用法,它们都是从语气副词发展来的,其发展呈放射式,一方面是从语气副词到时间副词,一方面是从语气副词到关联副词。

4.1 从语气副词到时间副词

"倒"作为语气副词,主要用法是"反预期",即对预期事实进行"反转":预期如此,实际并不如此。反预期有时和交际者相关,表现为与说话人预期相反和与受话人预期相反;有时和社会固有模式相关,表现为与社会固有模式相反。例如:

(42) 本想省事,没承想倒费事了。(《现代汉语词典》第 6 版 用例)

(43) 我倒要看看他能把我怎么样。

(44) 人不大,脾气倒不小。

例(42)与说话人预期相反,说话人本想省事,没想到反而费事了;例(43)与受话人预期相反,受话人觉得说话人应该躲避或想办法对付,而说话人反倒不为所动,要看看能把自己怎么样;例(44)与社会固有模式相反,根据社会固有模式,人小,脾气也应该小,但实际情况确是反转的,人小反而脾气大,这就违背了社会固有模式。

"倒"向时间副词发展,需要一定的句法或语义条件,主要是语义的,表现为语义专化,即由基础的反转句专化为与说话人预期相反的反转句。这有点像语法化中的相邻句位,只不过相邻句位是句法条件,而语义专化是语义条件而已。如果说话人以为没有发生某件事,而实际上已经发生了某件事,"倒"就具有了时间副词的性质。例如:

(45) 我以为他还没来呢,没想到他倒来了。

例(45)"倒"仍然可以理解为"反而",是语气副词;但也可以理解为"已经",是时间副词。这时"倒"介于语气副词和时间副词依违两可之间,具有过渡性质。当对比的性质不明显甚至脱落以后,"倒"就只能理解为时间副词了。例如:

(46) 他倒来了,你给他沏一杯茶。

例(45)"倒"理解为时间副词,是语境赋予的,在特定语境中,"倒"具有时间副词的意义。随着"倒"所在反转句的发展,"倒"逐渐吸收了表达时间的语境意义,于是出现了时间副词的用法,如例(46),这是"语境吸收"(absorption of context)机制作用的结果。

"倒"发展为时间副词,一方面保留了"反转"的意义,即时间意义和反转意义并存,但时间意义凸显而反转意义抑制;另一方面继续扩展延伸,由已经实现类推扩展到即将实现,这时"倒"的时间副词意义就非常成熟了。例如:

(47) 他倒来也,你给他沏一杯茶。(他已经快来了,你给他沏一杯茶)

综上,"倒"从语气副词发展为时间副词,经历了语义专化、语境吸收、类推扩展三个过程,从而成为成熟的时间副词。

4.2　从语气副词到关联副词

"倒"的基本用法是语气副词,而不是关联副词。李焱、孟繁杰(2011)对副词"倒"的语法化历程进行了分析,结论是正确的,但把"倒"定性为关联副词,是不正确的。正如张谊生(2000)所说:"严格地讲,关联副词并不能作为一个独立的限制性副词的小类与其他副词小类并列。因为与其他小类都不同,关联副词是从句法功能、逻辑功能、篇章功能的角度划分出来的一种特殊的副词小类。而且在现代汉语中，几乎每一个关联副词都是一个兼属其他小类甚至大类的兼类副词，纯粹意义的关联副词是不存在的。"因此，"倒"作为关联副词，是不具有独立性的，是在语气副词的基础上派生出来的。

"倒"作为语气副词，主要用于行域，用于知域和言域的都是特殊情形。行域属于现实世界域，语言反映了现实世界的真实状况。"倒"作为语气副词，主要用于对预期事实的"反转"。如果"倒"只反映现实世界的"反转"，不是说话人的认定、推理、言语行为，就属于行域。例如：

(48) 说起他来，我倒想起一件事来了。(《现代汉语词典》第6版用例)

例(48)是"说起他来，(没想到)想起了一件事"，这不是说话人有意为之的，而是客观上自然出现的事实，是符合现实世界情形的，属于行域。

"倒"的关联副词用法属于言域用法。言域属于言语行为域，反映了说话人"以言行事"的行为，言域有可能符合现实世界的真实情形，也有可能只是说话人的主观言说，未必符合现实世界的真实情形。沈家煊(2011)认为，有些虚词的词义引申是由虚词进入言域引发的。"倒"从语气副词发展为关联副词，也是从行域到言域的引申。

"倒"向言域引申，是在与受话人预期相反的基础上实现的。具体为：

A. 受话人说出一个事实；

B. 说话人首先认同这一事实，因为这一事实属于行域；

C. 说话人接着再添加一个前提；

D. 说话人说加上这个前提，事实就反转了。

行域是"我陈述"，言域是"我言说"。当说话人说"添加一个

前提,事实就得以反转"时,"倒"就完成了从行域向言域的转变,成为关联副词了。例如:

(49) A:三瞎毛的病治不好。B:找个好医院倒治好了。

例(49)受话人 A 陈述一个事实,说话人 B 首先承认这个事实,但又添加一个前提"找个好医院",那么原有的事实就发生了反转,病就可以治好了。说话人的详细话语过程是这样的:三瞎毛的病治不好,对;可是我说,只要找个好医院,病就可以治好了。"我说"是言域,由于"我说",语气副词"倒"实现了关联化,成为关联副词。

例(38)"刚一出门倒碰着二狗油了"是顺承关系,不是事理逻辑关系,但仍然遵循着言域引申的原则。例(38)最有可能的引发是,对方问"你没有碰着二狗油吧?"这是半信半疑的疑问,希望得到对方肯定的回答,即"你没有碰着二狗油";说话人先认同这一事实,"如果不出门,是碰不着二狗油的",然后添加一个前提"出门",于是事情出现反转,"一出门倒碰着二狗油了"。因此,不论是顺承关系,还是事理逻辑关系,都符合从行域引申到言域的基本原则。

综上,副词"倒"的演化途径可图示如下:

　　　　　　　　　↗时间副词"倒"

语气副词"倒"

　　　　　　　　　↘关联副词"倒"

4.3　偏侧关系及语义地图

共同语副词"倒"和张家口方言副词"倒"在意义和功能上有较大的差异,这些差异形成了"偏侧关系"(skewed,赵元任,1970;李小凡,2015)。李小凡(2015)指出:"语义地图是破解偏侧关系的理想工具"。

语义地图是和语言类型学相关的研究工具。"其基本操作方式并不复杂。首先由最简单的问题出发,即若某个形式 X 在某个具体语言里具有 X1、X2、X3 三种不同的意义/用法,那么,语义地图模型可帮助我们通过比较弄清这三者之间的亲疏关系,并将其表征在一个几何空间上。"(张敏,2010)在张家口方言中,副词"倒"有三种意义/用法:X1＝语气副词,X2＝时间副词,X3＝关联副词。根据语义地图的原理我们可以预测副词"倒"在共同语和方言的各种情形,方言我们以晋语为例。具体可分四种情形。

第一种,X1。即只有语气副词的用法。共同语是这种情形,晋语吕梁片和志延片也是这种情形。

第二种,X1、X2 并存。晋语邯新片这种情形比较多见,河北邯郸涉县、河南新乡都是这种惰形。

第三种,X1、X3 并存。晋语上党片这种情形比较多见,山西长治就是这种情形。

第四种,X1、X2、X3 并存。晋语并州片、五台片、张呼片、大包片大部分都是这种情形。根据黄伯荣(1996),山西交城话"倒"几种用法都存在。例如(引自黄伯荣主编,1996):

(50)你想得倒容易。

(51)他木些夜来倒走勒。(他们昨天就走了)

(52)你不理他倒对勒。(你不理他就对了)

(53)我已经买下勒,你倒不用买勒。(我已经买了,你就不用买了)

例(50)用法和共同语完全相同,"倒"为 X1。例(51)—(53)"勒"当为"了",尽管位于句尾,但仍然是动态助词的用法。例(51)"倒"解释为"就",但实际上应该是"已经",表示"走"这一行为已经实现,这里"倒"为 X2。例(52)(53)"倒"为 X3,是关联副词。山西交城话"倒"的用法其实只是一个代表,这种用法普遍存在于晋语并州片、五台片、张呼片、大包片各地。

根据语义地图,我们不但可以预测共同语和晋语的情形,还可以预测其他方言的情形。根据前人材料,我们发现,安徽巢县话也应该属于第二种情形。根据黄伯荣主编《汉语方言语法类编》(1996)，安徽巢县话（安徽巢县已经并入巢湖市，现为居巢区，为保持文献来源的一致性我们仍然称为巢县话）有一个时间副词"到"，相当于"已经"，但又多着一层意思：已出现的状况、已发生的事态出于说话人之所料。我们认为，这个时间副词"到"应该就是"倒"。首先，从理论说，词的用法应该具有语义基础和历时联系，没有语义基础和历时联系的只能具有"记音"性质。"到"表"到达"意义，没有反预期意义，因此巢县话的这个时间副词"到"是很可疑的。"倒"具有反预期意义，而且在语义专化、语境吸收、类推扩展的情况下能够发展出时间副词的意义，因此这里的"到"应该就是"倒"。其次，从事实上，巢县话的"倒"在意义和用法上和张家口方言时间副词"倒"几乎完全相同。例如（引自黄伯荣主编，1996）：

(54) 姑娘到这么大了还不把人家啊。（把人家：出嫁）

(55) 今个到腊月二十八咧，还没办年货啊。

(56) 我老婆子今年倒七十五咧。

(57) 这会子到九点钟啦。

(58) 又到吃饭啦。

(59) 又到下雨啦。

例(58)(59)"又"和"到"同现结合成"又到"，黄伯荣(1996)的解释是，表示说话人对某一事态往复周期甚短始料未及。这一用法在张家口方言中也是如此，是完全可以接受的，而张家口方言是"倒"，因此这里也应该是"倒"。安徽巢县话"到"（"倒"）有语气副词和时间副词两种用法，时间副词用法当是从语气副词用法发展来的。

5. 结语

以上我们讨论了张家口方言"倒"的多功能性及其内在关联，

通过最简的一维语义地图预测并验证了"倒"在共同语和方言中的分布。

关于"倒"的时间副词和关联副词的用法,在方言中并不只限于张家口方言。我们目前找到的书面材料只有黄伯荣(1996)关于巢县话时间副词的用法,而且还写为"到"。在我们初步的调查中,赣方言、西南官话、广西闽南话的一些被调查者也提供了一些类似的材料,认为"倒"在某些地方也有时间副词和关联副词的用法。比如,江苏盐城"倒"有语气副词和时间副词的用法,云南曲靖陆良"倒"有语气副词、时间副词和关联副词的用法。如果我们对"倒"的用法作进一步的细化,把语义地图绘制得更加详细,并得到其他方言调查的佐证,研究当更有价值,不但能够丰富汉语方言的研究,还能够为语言类型学提供材料。

目前,基于语言成分偏侧关系的语义地图绘制,逐渐成为语言研究的热点内容,方言研究应该积极借鉴,运用于方言研究中,从而促进汉语方言研究的不断深化。

本文发音合作人

高亚楠(辽宁葫芦岛,东北官话),郭晓燕(山西长治,晋语),纪润梅(河北尚义县,晋语),李诗顿(江西南昌,赣方言),林文月(广西桂林平乐县二塘镇,闽南语),马梦婕(河南新乡,晋语),尚静(山西太原,晋语),王瑜(四川成都,西南官话),熊红丽(河北涉县,晋语),张联平(河北平山县,晋语),张曼琳(江苏盐城,江淮方言),周春林(云南曲靖陆良,西南官话)。

参考文献

黄伯荣主编　1996　《汉语方言语法类编》,青岛:青岛出版社。
李小凡　2015　《语义地图和虚词比较的"偏侧关系"》,李小凡、张敏、郭锐等著《汉语多功能形式的语义地图研究》,北京:商务印书馆。
李焱、孟繁杰　2011　关联副词"倒"的演变研究,《古汉语研究》第3期。
李宗江　2005　副词"倒"及相关副词的语义功能和历时演变,《汉语学报》第2期。

陆俭明　1982　现代汉语副词独用刍议,《语言教学与研究》第2期。

吕叔湘主编　1999　《现代汉语八百词增订本》,北京：商务印书馆。

马真　2003　《现代汉语虚词研究方法论》,北京：商务印书馆。

彭小川　1999　论副词"倒"的语篇功能——兼论对外汉语语篇教学,《北京大学学报》第5期。

沈家煊　2011　《语法六讲》,北京：商务印书馆。

吴中伟、傅传凤　2005　"倒"字句的含义及教学,《汉语学习》第4期。

武玉芳　2010　《山西大同县东南部方言及其变异研究》,北京：中国社会科学出版社。

邢向东　2002　《神木方言研究》,北京：中华书局。

邢向东　2008　《论晋语中句子后部的隐含与句中虚词的语气词化》,见邵敬敏主编《21世纪汉语方言语法新探索——第三届汉语方言语法国际研讨会论文集》》,暨南大学出版社。

杨荣祥　2005　《近代汉语副词研究》,北京：商务印书馆。

张敏　2010　"语义地图模型"：原理操作及在汉语多功能语法形式研究中的运用,《语言学论丛》第42辑。

张谊生　2000　《现代汉语副词研究》,上海：学林出版社。

赵元任　1970　《国语统一中方言对比的各方面》,《赵元任语言学论文集》,北京：商务印书馆。

周红　2006　副词"倒"的预期推断与语法意义——兼谈对外汉语副词教学,《云南师范大学学报》第3期。

宗守云　2015　晋方言情态动词"待"及其否定关联和意外性质,《中国语文》第4期。

宗守云　2016　"还X呢"构式：行域贬抑、知域否定、言域嗔怪,《语言教学与研究》第4期。

(原载《语言研究》2018年第1期)

后　　记

第五届"汉语副词研究学术研讨会"于 2019 年 11 年 16 日至 17 日在上海外国语大学举行。作为上海外国语大学 70 周年华诞的庆典活动之一，本届研讨会由上海外国语大学国际文化交流学院主办。共有来自 52 个高校和学术机构的 108 位正式代表参加会议并宣读论文，另有 200 多位学界同仁列席或旁听了本次会议。

中国社会科学院方梅研究员、唐正大研究员，北京大学郭锐教授、杨德峰教授，复旦大学张豫峰教授、高顺全教授、陈振宇教授，暨南大学邵敬敏教授，上海交通大学王珏教授，上海师范大学张谊生教授、陈昌来教授、宗守云教授、曹秀玲教授，杭州师范大学齐沪扬教授，江苏师范大学金立鑫教授，中山大学刘街生教授，华中师范大学谢晓明教授，日本大阪大学古川裕教授等 18 位知名语言学家分别作了大会报告。其余 90 位与会专家学者分别在四个分会场报告了自己在汉语副词领域取得的最新研究成果。

副词作为半实半虚的一类词，其内部成员处于由实而虚的一个连续统当中，数量上也处于一个半开放状态，不断有新成员加入。并且，在人们日常交流的表情达意上，副词起到了非常重要的作用，因而长期以来一直是汉语语法研究中一个颇受关注的重要领域。两年一届的"副词研究学术研讨会"正是搭建了一个集中讨论副词问题的平台,因而自从 2010 年初创以来,广受学界的关注和支持,目前已成为汉语语法学界最重要的专题研讨会之一。

按照惯例,我们将会议论文汇编成《汉语副词研究论集》第五辑,由上海三联书店出版发行。收录本论集的论文,大多已经在各种语言学期刊上发表过。限于文集的版面和出版时间,尚有一部分高质量的会议论文未能收录,对此,我们深表遗憾。论集尚存不足,也深望学界同仁包涵。

本论集在征文、编辑过程中,得到众多作者的支持。上海三联书店杜鹃女士对论集给予支持,并为论集顺利出版付出了辛勤的劳动。博士生刘君、王春杰,硕士生李凤旗、李文婷也在征稿与校对过程中付出了大量精力。我们在此一并表示由衷的谢意!

编者

2021 年 6 月

图书在版编目（CIP）数据

汉语副词研究论集. 第五辑/邵洪亮主编. —上海：上海三联书店，2021.9
　ISBN 978 - 7 - 5426 - 7539 - 2

　Ⅰ. ①汉…　Ⅱ. ①邵…　Ⅲ. ①汉语－副词－文集
Ⅳ. ①H146. 2 - 53

中国版本图书馆 CIP 数据核字(2021)第 190262 号

汉语副词研究论集（第五辑）

顾　　问／张谊生
主　　编／邵洪亮
副 主 编／朱建军　宗守云

责任编辑／杜　鹃
装帧设计／一本好书
监　　制／姚　军
责任校对／张大伟　王凌霄

出版发行／上海三联书店
　　　　　(200030)中国上海市漕溪北路 331 号 A 座 6 楼
邮购电话／021 - 22895540
印　　刷／上海惠敦印务科技有限公司

版　　次／2021 年 9 月第 1 版
印　　次／2021 年 9 月第 1 次印刷
开　　本／890mm×1240mm　1/32
字　　数／560 千字
印　　张／23.25
书　　号／ISBN 978 - 7 - 5426 - 7539 - 2/H・108
定　　价／98.00 元

敬启读者,如发现本书有印装质量问题,请与印刷厂联系 021 - 63779028